CB122619

O Brasil Colonial 1720-1821

Organizadores:

João Fragoso e
Maria de Fátima Gouvêa

O Brasil Colonial 1720-1821

Volume 3

7ª edição

CIVILIZAÇÃO BRASILEIRA

Rio de Janeiro
2025

Copyright © dos organizadores: João Fragoso e
Maria de Fátima Gouvêa, 2014

CIP-BRASIL. CATALOGAÇÃO NA PUBLICAÇÃO
SINDICATO NACIONAL DOS EDITORES DE LIVROS, RJ

F874b O Brasil Colonial, volume 3 (ca. 1720 – ca. 1821) / organização
7ª ed. João Luís Ribeiro Fragoso; Maria de Fátima Gouvêa. – 7ª ed. –
Rio de Janeiro: Civilização Brasileira, 2025.
il. ; 23 cm.

Inclui bibliografia e índice
ISBN 978-85-200-1133-1
1. Brasil – História – Período colonial, 1500-1822. I. Fragoso, João Luís
Ribeiro. II. Gouvêa, Maria de Fátima.

CDD: 981.03
13-01136 CDU: 94(81)'1500/1822'

EDITORA AFILIADA

Todos os direitos reservados. Proibida a reprodução, armazenamento ou transmissão de partes deste livro, através de quaisquer meios, sem prévia autorização por escrito.

Texto revisado segundo o Acordo Ortográfico da Língua Portuguesa de 1990.

Direitos desta edição adquiridos pela
EDITORA CIVILIZAÇÃO BRASILEIRA
um selo EDITORA JOSÉ OLYMPIO LTDA.
Rua Argentina, 171 – 20921-380 – Rio de Janeiro, RJ – Tel.: (21) 2585-2000

Seja um leitor preferencial Record.
Cadastre-se no site www.record.com.br
e receba informações sobre nossos lançamentos
e nossas promoções.

Atendimento e venda direta ao leitor:
sac@record.com.br

Impresso no Brasil
2025

Sumário

Apresentação

Notas sobre transformações e a consolidação do sistema econômico do Atlântico luso no século XVIII

*João Fragoso**
*Roberto Guedes***

Este trabalho pretende contribuir para o estudo das transformações socioeconômicas vividas pela América lusa durante o século XVIII e para uma melhor compreensão dos capítulos que compõem o terceiro volume de *O Brasil Colonial*. Ao longo desse período, cidades costeiras daquela América se transformaram em pontos de encontro entre, de um lado, explorações auríferas, *plantations* açucareiras, diversas lavouras de alimentos e currais de gado e, de outro, rotas mercantis e de escravos africanos vindas do Atlântico. Entre 1701 e 1800, estima-se que 6.400.000 escravos africanos desembarcaram nas Américas, dos quais 2.209.000 (35%) foram para esses mercados das conquistas lusas. Como resultado desse processo, houve a consolidação do sistema atlântico escravista luso. Além dos movimentos de cativos minas, angolanos, cabindas, entre outros, aqueles portos também receberiam milhares de açorianos, minhotos e demais reinóis. Porém, essa babel de culturas e povos seria integrada pela cultura política da monarquia católica lusa, com suas ideias de *hierarquia estamental*, *república*, *escravidão* e *família* bem como de

*Professor do Instituto de História da Universidade Federal do Rio de Janeiro/ART – Grupo de Pesquisa do CNPq.
**Professor do Departamento de História e Economia da Universidade Federal Rural do Rio de Janeiro /ART – Grupo de Pesquisa do CNPq.

sociedade naturalmente organizada pela *disciplina social católica*, na qual os mortos dominam os vivos. Paralelamente, nessas conquistas luso-americanas também se consolidou uma economia escravista e mercantil, base de uma complexa divisão regional de trabalho que unia diferentes capitanias, mas com processos de mobilidade social, incluindo a consolidação de comunidades de negociantes de grosso trato até ampliação de camadas de forros pardos e pretos nas lavouras e nas vilas. Perpassando esse último movimento, há a intensificação de uma sociedade mestiça.

Dissertar um pouco sobre essas transformações é um dos objetivos deste trabalho, que considera que um dos seus segredos para entendê-las é a ideia de Antigo Regime.

O dinamismo da economia escravista mercantil, capaz de unir pelo Atlântico áreas tão distantes como o sertão de Cuiabá (Mato Grosso — Brasil) e Massangano (Angola), de viabilizar a mobilidade social que transformava caixeiros reinóis em negociantes de grosso trato e pretos cabindas em forros pardos, ocorreu no âmbito do Antigo Regime católico. Sendo mais precisos, as transformações tiveram por eixo o alargamento de uma produção social escravista que era uma das bases fundamentais do Antigo Regime católico, leia-se, uma sociedade estamental ciosa de suas diferenças sociopolíticas (status), na qual o uso do excedente econômico visava à reiteração, no tempo, das próprias diferenças; e o mesmo ocorria com o funcionamento do mercado.[1] Com certeza, nessa economia escravista a produção social estava voltada para o mercado (açúcar, metais preciosos etc.) e também parte dos seus insumos era composta por mercadorias, a começar pela própria mão de obra comprada nos portos da Guiné e de Angola, entre outros da costa africana. Porém, esse mercado estava longe de ser regulado apenas pelas leis da oferta e procura, pois era também regulado por relações políticas. Ainda nesse sistema, o excedente econômico não se destinava tão somente à produção mercantil, mas ao sustento de uma hierarquia social definida pelo status social, quando não por uma disciplina social católica.[2] Enfim, vamos investigar um processo de mudanças em meio a um sistema cujos traços estruturais permanecem no tempo com mais ou menos fissuras, entretanto atravessaram o Setecentos.

1. As conquistas lusas na América e o Atlântico Sul em fins do século XVII: o caso do Rio de Janeiro

No ano da graça de Nosso Senhor Jesus Cristo de 1674, falece, no Rio de Janeiro, Isabel Ribeiro da Costa, natural da cidade e esposa de Jerônimo de Azevedo. Em seu testamento, ela pede que seu corpo seja acompanhado por 20 padres e 20 cruzes até a sua sepultura, no Convento de Nossa Senhora do Carmo. Ordena que no dia de seu enterro sejam rezadas tantas **missas** quantas puderem em todos os conventos, mosteiros e igrejas da cidade. Manda ainda a seus testamenteiros que todos os anos e para sempre sejam celebradas missas por sua alma. Para tanto, Isabel da Costa *vincula* um sobrado (casa de dois andares construída com pedra e cal), cujos aluguéis deveriam custear aquelas missas. A administração desse vínculo ficava a cargo de seu sobrinho, Gregório Mendes, e sua descendência masculina, até o final dos tempos.[3]

Esse testamento apresenta alguns traços do Antigo Regime católico luso presente nos trópicos em fins do século XVII. Trata-se de uma sociedade sustentada pela economia escravista e exportadora, na qual parte da riqueza social era destinada ao além-túmulo, seja na forma de missas ou de vínculos. Isso era feito pelas famílias a mando de seus mortos. Essa sociedade e economia de exportação comandada pelos mortos fica mais visível através do Quadro 1, no qual se compara o valor declarado nas doações testamentárias na freguesia da Candelária, habitada por oficias superiores da Coroa, donos de *plantations* e, principalmente, por grandes negociantes, com o valor total dos bens (engenhos de açúcar, casas, sobrados, terras, navios, entre outros) negociados nos cartórios da cidade. Evidencia-se, por exemplo, que, para os anos de 1674 e 1675, as doações correspondiam a mais de 2/3 dos negócios escriturados na cidade nos mesmos anos, e, salvo em 1740, nunca menos de 40% dos bens eram "controlados" pelos mortos. Ora, ainda que excedesse, não se deve esquecer que o **valor** dos bens doados em testamento era o que cabia na *terça* da meação de um dos membros do casal.[4]

Quadro 1[5]

Valor das doações testamentárias perante o movimento de compra e venda de bens (engenhos de açúcar, casas, sobrados, terras etc.) nos cartórios do Rio de Janeiro. Média por período (valor/nº de escrituras)

Anos	Nº de testamentos	Anos das escrituras	Nº de escrituras (bens)	Valor médio das doações	Valor médio das escrituras (bens)	% das doações nos bens
1674-1675	30	1670 a 1675	45	142$903	213$775	66,8
1699-1700	36	1696 a 1698	79	149$855	326$773	46,0
1740	36	1731 a 1740	230	268$838	936$535	29,0
1799-1800	28	1800	280	831$392	2:072$364	40,1

Pelo Gráfico 1, percebe-se com mais rigor o domínio dos mortos sobre os vivos ou as práticas católicas interferindo na reprodução econômica da sociedade em foco. Nos anos de 1674 e 1675, a soma dos valores destinados a missas, vínculos e a doações às irmandades significava mais de 70% das doações testamentárias, ao passo que a soma dos valores legados a parentes consanguíneos, afilhados e amigos atingiu 27% das doações.

Gráfico 1[6]
Distribuição dos tipos de doações nas terças testamentárias de livres e forros da Freguesia da Candelária, Rio de Janeiro: 1674-1675, 1699-1700, 1740 e 1799-1800

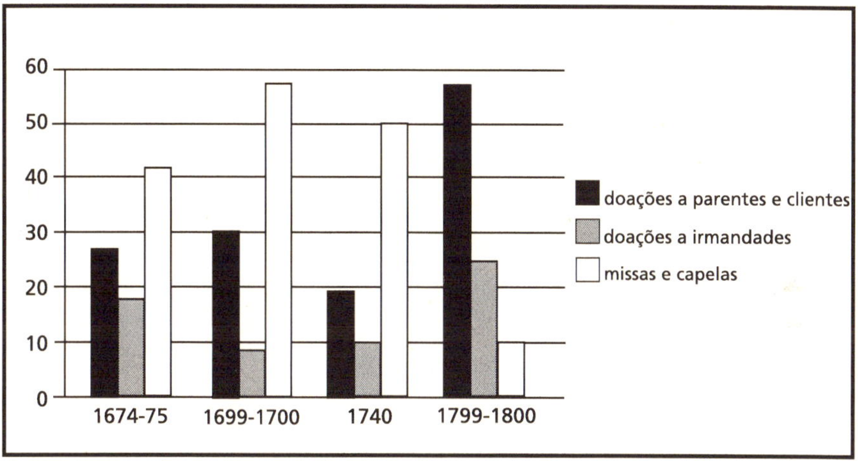

Neste instante não custa lembrar que o Rio de Janeiro, assim como demais regiões da América, reino e outras conquistas ultramarinas, subordinadas à monarquia lusa, tinha por base a visão de mundo baseada na escolástica católica, ou seja, o rei era a cabeça da monarquia, porém não se confundia com ela, já que a sociedade era polissinodal e corporativa.[7] Essa visão de mundo continha uma disciplina social e estava presente nas diversas *repúblicas* que compunham tal monarquia. Assim, em todos os municípios, de São Luís a Luanda, vigiam a ideia e a prática do autogoverno, no qual a câmara era um dos poderes concorrentes ao do rei e ao da nobreza de solar reinol da monarquia. Destarte, cabia aos camaristas o cuidar de aspectos essenciais de sua comunidade, como a justiça de primeira instância e a administração do mercado local.[8] Da mesma forma, nos municípios do reino e das conquistas ultramarinas prevaleciam princípios da tratadística católica que interpretavam e organizavam a realidade social. Basta lembrar a ideia de família, como uma instituição naturalmente organizada, que era compartilhada em

Recife, Cabo Verde e Rio de Janeiro; ou, ainda, recordar a regra de que a escravidão e suas relações sociais de trabalho eram assuntos domésticos. Igualmente, nas palavras de Hespanha, a ordem nesse Antigo Regime católico e escolástico era sustentada por uma disciplina social na qual a obediência era amorosa, portanto consentida e voluntária. Esse último fenômeno estava presente em todos os municípios, apesar das diferenças dos costumes locais, dando-lhes, na falta de uma palavra melhor, uma uniformidade social.

Em outras palavras, tal disciplina social difundida pelo catolicismo através de seus curas, de suas ordens religiosas e suas irmandades leigas criava uma linguagem comum à monarquia pluricontinental. Assim, os municípios, com o seu autogoverno e hierarquias sociais costumeiras, disseminados pelo vasto Império português, implicavam a existência de histórias sociais diferentes, porém estreitamente conectadas. Aqui não custa insistir na ideia de obediência, pois ela era capaz de exercer o papel dos mecanismos de controle de um Estado absolutista.[9] Aquela disciplina possibilitava que a subordinação às autoridades, e especialmente a Sua Majestade, fosse confundida com o amor a Deus. Mas também possibilitava que o autogoverno dos municípios fosse a base da monarquia polissinodal e corporativa.

Portanto, as doações testamentárias informam o preço pago pelas famílias pela manutenção da disciplina social e das hierarquias estamentais, o que viabilizava a reiteração temporal da sociedade analisada. Por outro lado, as somas destinadas a missas, irmandades e conventos também informam sobre as possibilidades de poupança social e linhas de crédito numa economia ainda sem o domínio do capital mercantil e muito menos sem a existência de um sistema bancário que garantisse o financiamento da produção e do comércio. Para a América lusa, e principalmente para a de língua espanhola, do século XVII, já há uma historiografia que sublinha a importância do crédito fornecido por instituições como conventos, mosteiros e irmandades, a exemplo da Santa Casa de Misericórdia.[10] Conforme Rae Floury, em Salvador da Bahia de fins do século XVII, a Santa Casa de Misericórdia era a principal responsável pelos empréstimos a lavouras, currais e ao comércio do Recôncavo Baiano.[11] No Rio de Janeiro, a realidade não foi muito diferente. Entre 1650 e 1700, o crédito fornecido pelo mercado praticamente inexistia, cabendo essa tarefa ao juízo dos órfãos, às pias instituições de caridade e aos mosteiros.[12] Assim, através das práticas rituais ligadas ao bem morrer, via celebração de missas e de dádivas aos céus, garantia-se o custeio da produção social. Provavelmente, aquelas esmolas testamentárias dadas pelos mortos oneravam os vivos das famílias,[13] mas, por outro lado, colocavam em funcionamento *plantations* e o tráfico atlântico de escravos.

O Gráfico 2 informa um pouco mais sobre a economia em análise, pois se vê que o Rio de Janeiro da segunda metade do século XVII era ainda essencialmente rural, já que ao menos 80% dos valores das escrituras registrados em cartórios eram de compra e venda de bens rurais. Então, o número de engenhos de açúcar não passava de 130 unidades.[14] As poucas pesquisas existentes tendem a encontrar nessas *plantations* uma organização do trabalho diferente daquela do Caribe britânico, onde havia *gangs* de escravos, ou seja, nas ilhas inglesas prevaleciam imensas turmas de escravos dos donos das *plantations*.[15] Ao menos no Rio de Janeiro e na Bahia, a produção de açúcar nos engenhos desdobrava-se em seu interior em diversas lavouras de cana-de-açúcar chamadas de *partidos de cana*. Logo, em um engenho de açúcar brasileiro, ao lado dos escravos e das plantações pertencentes ao dono da *fábrica* ou da moenda, havia diversas lavouras trabalhadas por cativos pertencentes a senhores sem o domínio da terra. Assim, dentro do engenho, interagiam diversas relações sociais de produção: entre senhores sem terras e seus escravos, senhores de engenho e lavradores de cana, senhores de engenho e seus cativos, homens livres pobres etc. Isso tudo sem esquecer que nesse mesmo espaço existiam relações de consanguinidade, de vizinhança entre livres, forros e cativos. Em resumo, além de escravos, senhores e donos de terras, os moradores dos engenhos desenvolviam entre si relações de parentesco, de clientela e de compadrio.[16]

Neste mundo, o espaço reservado aos prédios e chãos urbanos era praticamente insignificante. Então, a população que confessava da cidade era, conforme a visita pastoral de 1687, de menos 17 mil habitantes, e na paróquia da Candelária havia apenas cerca de 3 mil pessoas. Mesmo que a visita não tenha contabilizado índios, negros infiéis ou pagãos e as crianças menores de sete anos, o Rio de Janeiro, pelos padrões urbanos europeus da época, era uma pequena vila.[17]

Gráfico 2[18]

Evolução dos valores, em porcentagem, dos prédios, chãos urbanos e bens rurais no total dos negócios registrados nos cartórios do Rio de Janeiro (1650 e 1810)

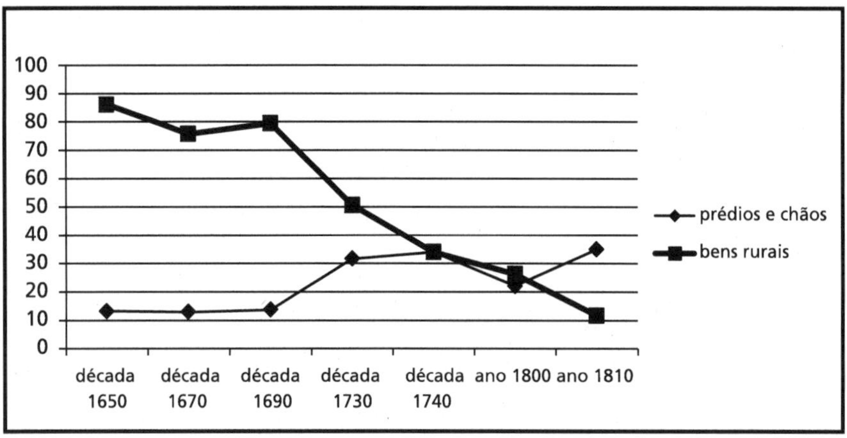

Não obstante a pequenez, a vila estava perfeitamente inserida no sistema do Atlântico Sul luso. Para entender isso, basta voltar à senhora Isabel Ribeiro da Costa, pois ela era filha, irmã e esposa de arrematantes de impostos, de senhores de engenho e de sócios no contrato de Angola, leia-se, homens que atuavam no tráfico atlântico de escravos.[19] A família de Isabel Ribeiro da Costa era composta por negociantes de grosso trato ligados a negócios atlânticos, mas os Ribeiro da Costa não pertenciam à elite social da cidade, já que não descendiam dos conquistadores quinhentistas que capitanearam a luta contra os franceses a serviço da monarquia lusa e, consequentemente, não pertenciam à nobreza principal da terra, formada pelos que ocupavam os cargos honrosos da república. Apesar dessa menor qualidade social na república, a senhora Isabel e os seus comungavam da visão de mundo que impregnava o ar da baía de Guanabara, pertenciam a uma sociedade comandada pelos mortos.

2. A descoberta da Morada do Ouro e a ampliação do sistema Atlântico Sul luso: a primeira metade do século XVIII

Talvez mais importante do que a descoberta do ouro nos sertões da América portuguesa foi a forma social de produção usada para a extração do metal. Era a época da sedimentação do sistema Atlântico luso baseado na escravidão e no catolicismo, o que significa que a descoberta de metais preciosos em Minas Gerais, em Mato Grosso e Goiás implicou o alastramento para o interior da América lusa da produção e do comércio baseados na escravidão, além da larga ampliação do tráfico Atlântico de escravos entre portos e municípios-*repúblicas* lusos situados nos dois lados do Atlântico: Rio de Janeiro, Salvador, portos da Costa da Mina e da Guiné, Luanda (Angola), São Tomé e Príncipe etc.

O Gráfico 3 ilustra essa sedimentação do sistema Atlântico luso, na primeira metade do século XVIII, através da entrada de cativos nos principais portos negreiros da América portuguesa. Entre as décadas de 1700 e 1720, a entrada de africanos em Salvador passou de 85.719 para 106.962 almas, um crescimento de 24% do tráfico de escravos no espaço de duas décadas. Mais avassalador foi o movimento negreiro presenciado no porto carioca. Ao longo da década de 1700, desembarcaram no Rio 28.200 africanos, e três decênios depois, entre 1731 e 1740, entraram 66.278 almas, um aumento de 135%. O tráfico de almas para o Rio quase triplicou no tempo de 40 anos.

Gráfico 3[20]
Estimativas de entradas decenais de escravos no Porto de Salvador da Bahia e do Rio de Janeiro: 1700 a 1780

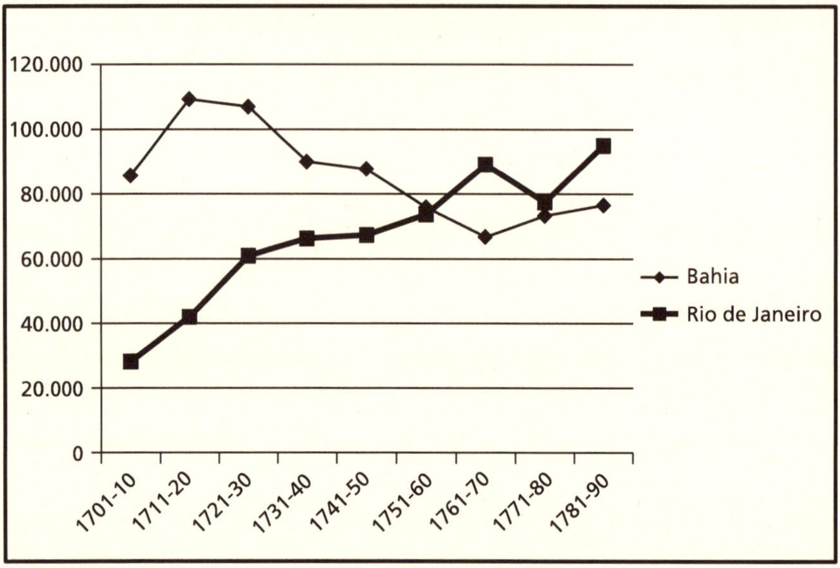

Desnecessário dizer que tais números significaram a transformação da cidade de uma vila rural com um porto voltado para o Atlântico em uma praça mercantil com freguesias rurais. Assim, mais do que o crescimento da população e das atividades econômicas urbanas no Rio de Janeiro, nas primeiras décadas do século XVIII houve a transformação da cidade numa praça comercial de redistribuição de mercadorias vindas do Atlântico para os diversos mercados regionais — com suas lavouras, currais e extrações de metais — disseminados pelo interior da América lusa.

O cenário de mudanças até agora desenhado nos leva a perguntar como foi possível a consolidação do sistema Atlântico luso, ou melhor, como em tão pouco tempo foi possível multiplicar o tráfico Atlântico de escravos e trazer milhares de homens e mulheres dos portos africanos para os da América? Quais foram os mecanismos de acumulação que viabilizaram a produção aurífera e a transformação de cidades como Rio de Janeiro em praças mercantis e a criação de elos entre o Atlântico e o interior da América lusa?

Infelizmente essas perguntas, como tantas outras, ainda não foram satisfatoriamente respondidas pela jovem historiografia brasileira e nem pela historiografia internacional. Portanto, só podemos apresentar algumas hipóteses. Ao analisar os testamentos das primeiras décadas do século XVIII da freguesia da Candelária, paróquia onde se localizava o porto carioca, comumente se encontram doações de colchas e roupas a filhos e outros entes queridos, isto é, numa época em que a entrada anual de cativas nos portos brasileiras já ultrapassava a cifra das 4 mil pessoas, um vestido ainda era tido como um bem inestimável. Tal fenômeno nos sugere que a base do sistema econômico do Atlântico sul luso literalmente repousava em alicerces pré-industriais e guardava certa distância das transformações manufatureiras ocorridas no Atlântico norte, especialmente na Inglaterra. Aliás, o próprio tráfico de escravos português dessa época se fazia através da venda de alimentos, aguardente e têxteis indianos.[21]

Em recente tese de doutorado, Carlos Kelmer[22] procura demonstrar que a viabilização da produção de metais nas Minas do Ouro deve ser encontrada na economia e sociedade preexistente na América lusa. A maioria dos empreendedores da produção aurífera de Mariana e Ouro Preto saiu do Rio de Janeiro, São Paulo e Bahia, principalmente de suas elites sociais (especialmente da nobreza principal da terra). Esses homens com suas redes clientelares, índios flecheiros e escravos armados, a serviço de Sua Majestade, na condição de capitães-mores regentes, organizaram a vida social e política dos arraiais auríferos. A isso combinaram-se a ampliação das rotas de abastecimento previamente existentes e a criação de outras em conexão com Salvador e Rio de Janeiro. O alargamento do tráfico atlântico de escravos foi possível pela prévia existência de comunidades de negociantes naquelas cidades (a exemplo da família de Isabel da Costa e a de seu marido), e mais a chamada política dos governadores de Angola. Conforme Roquinaldo

Ferreira,[23] o comércio de cativos, desde ao menos meados do século XVII, estava nas mãos dos governadores lusos de Angola. Estes, juntamente com a câmara de Luanda e os sobas do sertão, dominavam o circuito de cativos das feiras rurais (também mercado de homens) até os portos de embarque para a América. Quanto ao pagamento das despesas com operações desses negócios negreiros, vigiam ainda o conhecido mecanismo pré-capitalista das cadeias de endividamento e o pagamento em espécie, no caso, em ouro.[24]

Em 11 de março de 1720, falecia Antônio de Figueira Coutinho, integrante da velha nobreza da terra que, a exemplo de outros do grupo, fazia a ligação entre os sertões das Minas e o porto do Rio de Janeiro. Ao morrer, possuía dois imóveis no Rio de Janeiro, diversas armas, escravos e arrobas de ouro. Parte dessas últimas foi destinada à celebração de missas por sua alma e a esmolas para dezenas de afilhados-clientes distribuídos entre Minas e Rio de Janeiro. Da mesma forma, em seu testamento se refere a negócios pagos em arrobas de ouro. Em outras palavras, esse testamento, como outros, insinua que o movimento da economia, de empréstimos e compras de mercadorias em meio à montagem do complexo aurífero, fora feito em moedas, mas também com ouro. Mais ainda, esse testamento reafirma a importância das redes sociais preexistentes e comandadas pela velha nobreza da terra na organização dos novos arraiais mineiros do sertão. Nesse sentido, não custa lembrar que o testamenteiro, irmão de Antônio de Figueira Coutinho, o capitão Francisco do Amaral Coutinho, foi capitão-mor e governador do Distrito do Rio das Mortes, em Minas do Ouro,[25] naqueles tempos de alargamento das conquistas lusas pelo sertão do Centro-Oeste.

Assim, a possibilidade da mineração do ouro e demais metais e a ampliação da teia de mercados regionais voltados para o abastecimento interno e do tráfico de escravos devem ser procuradas na sociedade de Antigo Regime nos trópicos, leia-se, entre outros mecanismos, nas casas da nobreza da terra com suas redes clientelares, na disciplina social católica dos curas das almas. A presença da antiga sociedade do Rio de

Janeiro no início da exploração da *Morada do Ouro* e das atividades econômicas a ela ligadas pode ser provada pela atuação de alguns dos integrantes da tradicional nobreza da terra daquela cidade. Em seu testamento de 1703, o capitão Ignácio de Andrade Soutomaior, descendente de uma família de conquistadores da terra, com cerca de 100 anos de serviços nos cargos honrosos da *República*, ordenava que parte dos rendimentos do contrato régio por ele arrematado fosse destinada à Santa Casa de Misericórdia. Um ano depois, seu filho, o futuro capitão-mor José de Andrade Soutomaior, arrematou os dízimos da alfândega. Na década seguinte, outros integrantes da velha nobreza apareciam como fiadores de impostos: Salvador Correia de Sá, em 1713, e Francisco de Oliveira Paes e Manuel Freire, no final do decênio. Em princípios da década de 1720, os coronéis e cunhados Manuel Telo Pimenta e João Aires Aguirre arrematavam o contrato dos dízimos da cidade. Existiam, ainda, nobres com rotas comerciais ligadas ao Sul e ao tráfico atlântico de escravos, a exemplo de Francisco de Almeida Jordão & filhos e dos Cherem.[26] Outras famílias, como os Gurgel, enriqueceram via exploração mineira. Francisco de Gurgel do Amaral, que antes arrematara à cidade o abastecimento de carne, chegou a oferecer um donativo de 300 mil cruzados, em 1714, para a construção da fortaleza da Ilha das Cobras, pedindo, em troca, mercês: o foro de fidalgo, o posto de alcaide-mor de Santos e o de governador da dita fortaleza. Por último, algumas daquelas famílias procuraram estreitar seus vínculos parentais com os paulistas. Nesse sentido, o alcaide-mor do Rio, Tomé Correia Vasques, filho do mestre de campo Martim Correia Vasques, casaria, em 1706, com a filha de Gaspar Rodrigues Paes, guarda-mor das Minas. Essa última medida ampliava, em tese, a ascendência de segmentos da nobreza fluminense sobre a nova conquista.[27]

Por seu turno, a interação de práticas do Antigo Regime católico, inclusive sua respectiva disciplina social, com a transformação do Rio de Janeiro numa praça mercantil atlântica pode ser percebida pelos testamentos feitos em 1740. No Quadro 2, verifica-se que, ainda naquela época, os valores destinados pelos mortos a esmolas, missas e irmandades correspondiam a 29% do valor de todos os negócios escriturados nos cartórios da cidade. As capelas e missas continuavam a responder por mais da metade dessas doações testamentárias. Nesse cenário, é importante notar que não eram mais os mortos das tradicionais famílias da nobreza da terra, na maioria senhores de engenhos, que capitaneavam tais doações. Essas velhas famílias escravistas e fundiárias agora eram substituídas por estrangeiros. O Quadro 2 demonstra que, dos 54 testamentos feitos na Candelária em 1740, 36 (66,7%) eram de pessoas nascidas no Reino e nas ilhas atlânticas portuguesas (Madeira e Açores). Entre tais pessoas, quase todas negociantes, estavam os responsáveis pelo maior volume das doações a igrejas e irmandades, muitas situadas no Porto e em Lisboa. Em outras palavras, as práticas católicas continuavam através de novos agentes na cidade, porém velhos agentes do sistema atlântico luso: os negociantes do Atlântico.[28]

Quadro 2[29]
Origem geográfica dos livres e forros falecidos (com e sem testamentos) na Freguesia da Candelária, Rio de Janeiro: 1674-1675, 1699-1700, 1740 e 1799-1800

Áreas	1740	%	1800	%
Rio de Janeiro	13	24,0	21	39,6
Outras áreas da América lusa	2	3,7	7	13,2
Reino e Ilhas (Madeira e Açores)	36	66,7	21	39,6
Costa da Mina	1	1,9	4	7,6
Angola	2	3,7	0	
Total	54	100,0	53	100,0

Por essa altura, redes de negócios unindo diversas praças da monarquia lusa (do Porto, Lisboa, Luanda, Salvador e Bahia) fincavam raízes no Rio de Janeiro. Progressivamente, os representantes dessas redes se tornariam senhores dos contratos régios, dos financiamentos e do tráfico de escravos. Mais adiante alguns desses negociantes reinóis retornaram a Portugal e outros montaram famílias na cidade, constituindo a sua comunidade de mercadores residentes. Seja como for, a cidade tornava-se mais cosmopolita, os empresários vindos do Atlântico começavam a deslocar, da câmara e da administração da cidade, a velha nobreza da terra. Na década de 1720, essa antiga elite social da cidade perdia o controle de uma série de impostos régios, que saíam das mãos da câmara para a administração da provedoria da fazenda real. Ao mesmo tempo, a Coroa passou a controlar mais o uso de armas por parte dos senhores e seus escravos, minimizando o poder dos escravos armados dos donos de engenho. Em 1727, uma provisão régia limitava as chances da nobreza da terra em contrair empréstimos ao juízo dos órfãos, até então uma das principais fontes de crédito do grupo.[30] Anos depois, em 1752, D. José I publicava a lei do açúcar, pela qual o estabelecimento do preço do açúcar deixava de ser algo discutido entre senhores e negociantes na câmara municipal (instância na qual os senhores tinham o mando político) para ser estabelecido por uma mesa de inspeção, organismo tutelado pela Coroa, mas no qual os negociantes teriam mais influência. Isto é, as nobrezas das terras baiana, pernambucana e fluminense perdiam o privilégio de interferir politicamente no mercado de açúcar. A isso se somaria ainda a contínua elevação do preço dos escravos africanos, em razão da sua maior procura pelo crescimento da economia escravista americana.[31]

Por seu turno, a hierarquia estamental dos trópicos assumia novos formatos no seu topo, com o ingresso dos negociantes de grosso trato na administração dos negócios da cidade e o definhamento da velha nobreza da terra, mas também dava mostras de não ser rígida em sua base. Em meio às fissuras e contradições desse sistema social, a alforria de escravos e a mestiçagem criavam uma série de grupos sociais novos, como os pretos e pardos forros baseados na lavoura e no comércio.[32]

3. A consolidação do sistema atlântico sul luso e as mudanças na hierarquia social na Praça do Rio de Janeiro e em suas freguesias rurais: a segunda metade do século XVIII

No Gráfico 2, vimos que a partir da década de 1740 os valores dos bens urbanos começaram a ultrapassar os bens rurais nos negócios registrados nos cartório do Rio de Janeiro. Esse é um bom indício do avanço das atividades mercantis e, em contrapartida, do declínio, em termos comparativos, das atividades rurais, em especial dos engenhos de açúcar nos arredores da cidade. Por outro lado, as *plantations* de açúcar multiplicavam-se na distante fronteira norte da capitania, em especial no município de Campos. Em 1768, o número de engenhos nessa região era de 55, mas 20 anos depois passava para 278 unidades, ou seja, cresceu mais de 400%.[33] Voltando à Praça do Rio de Janeiro, em meio ao crescimento das atividades mercantis, houve o avanço do crédito dado pelo capital mercantil.

Em outras palavras, ao longo do século XVII, quando a capitania era dominada por negócios rurais e por sua nobreza da terra, o crédito para a produção e o comércio vinha principalmente do juízo dos órfãos, das irmandades e dos conventos, como anteriormente sublinhamos. Mas, no século XVIII, impulsionado pelo crescimento do sistema do atlântico sul luso — e com ele a multiplicação do tráfico de africanos e das produções mercantis voltadas para o abastecimento de tal escravaria e demais fluxos migratórios (do Reino e das Ilhas Atlânticas) —, o financiamento da produção social saiu das mãos dos conventos e passou para o capital mercantil. Trata-se, portanto, de uma mudança em meio a uma economia pré-industrial, assentada na escravidão e voltada para o sustento de uma hierarquia estamental. Porém, essa mudança na origem do crédito nos revela um pouco mais da dinâmica dessa economia pré-industrial e informa sobre as transformações no traçado da hierarquia estamental considerada. Antes do predomínio do crédito mercantil, o custeio da economia derivava, em grande medida, das pias doações feitas pela nobreza principal da terra e demais grupos sociais (que compartilhavam a sua visão de mundo) às irmandades e mosteiros. Essas doações — depois transformadas nas mãos das irmandades em créditos ao mercado — eram realizadas especialmente em meio aos cultos fúnebres católicos: capelas, missas e doações testamentárias. Desse modo, em tese, o crédito ao mercado resultava de práticas não econômicas, na falta de uma melhor expressão, ou, se preferirem, de práticas de fatores culturais e políticos. Como resultado da origem de tal crédito, as irmandades e mosteiros,[34] provavelmente, o dirigiam, principalmente, para o sustento dos engenhos de açúcar e negócios da nobreza da terra. Assim, as linhas de financiamento estavam dirigidas especialmente para os estratos superiores da hierarquia social e de seus clientes. Ainda na década de 1740, a maior parte dos empréstimos dados pelas irmandades e conventos ia para a nobreza da terra. Nessa época, aquelas instituições registraram mais de 33 contos de réis em escrituras de empréstimos, dos quais ao menos 14 contos (42%) pararam nas mãos de nobres da terra.[35]

Provavelmente, o domínio do capital mercantil sobre os financiamentos modificou esse cenário. O crédito tornou-se uma operação mais impessoal, e consequentemente, o mercado deu um passo no sentido da regulação pela oferta e procura, e não por relações de poder.

O sistema de crédito, nessa economia pré-industrial, ainda aguarda vários estudos para avançar em qualquer tipo de conclusão. Porém, algumas pesquisas já constataram a presença de instituições religiosas (como conventos e irmandades laicas) neste sistema e compararam o seu comportamento ao do capital mercantil. Esse é o caso dos dados apresentados por Alexandre Vieira sobre a economia de Salvador na segunda metade do século XVIII, cuja investigação sugere que a retração das atividades mercantis da cidade, entre elas o tráfico atlântico de escravos, foi acompanhada pelo avanço da Santa Casa de Misericórdia e de outras instituições pias no fornecimento de crédito. Esse cenário se modificou para finais do século, quando as atividades mercantis voltaram a crescer. Nesse novo ambiente, os negociantes tenderam a substituir as pias irmandades. Ao se atentar para o Rio de Janeiro na passagem do século XVII para o XVIII, nota-se um fenômeno semelhante. O domínio das irmandades e do juízo dos órfãos no crédito ocorreu até o momento em que a cidade se transformou numa praça mercantil de porte. A partir de então, os créditos passaram a ser dados pelo capital mercantil. Portanto, no século XVIII, no tipo de economia pré-industrial analisada, dependendo de suas flutuações, os financiamentos à produção podiam ser dados pelas pias irmandades e suas congêneres ou pela comunidade mercantil. Na verdade, estas, além do cofre de órfãos no século XVII, seriam as duas formas possíveis de financiamento nessa economia pré-industrial; assim, a substituição de uma pela outra não implicaria uma mudança de estruturas econômicas, mas principalmente a adequação da pré-industrial às diferentes conjunturas. Claro está que essas variações na fonte de crédito, irmandades ou capital mercantil, implicavam alterações na hierarquia social. O domínio das irmandades representava uma maior ascensão da nobreza da terra sobre os negócios da república.

Ainda nessa época, o Rio de Janeiro superou Salvador como porto negreiro. Na década de 1750, entrou praticamente o mesmo contingente de cativos africanos nos dois portos: em cada um deles, cerca de 73 a 75 mil pessoas. No decênio seguinte, o número de escravos desembarcados em Salvador foi aproximadamente 66 mil, ao passo que no porto carioca ultrapassou a marca dos 80 mil homens e mulheres. O Rio caminhava para se tornar o principal porto negreiro das Américas.

A comparação entre os Gráficos 4 e 4.1 ilustra um pouco mais a continuidade das transformações vividas pelo Rio de Janeiro entre a primeira metade do século XVIII e os primeiros anos do século seguinte. Como se observou, desde as primeiras décadas do Setecentos a cidade vivia a expansão do capital mercantil e de seus negócios no Atlântico. Nesse sentido, houve a elevação do preço médio das embarcações e a tendência de declínio dos negócios rurais entre 1711 e 1750. No gráfico seguinte, constata-se que tal tendência se transformou em um fenômeno padrão, ou seja, entre 1813 e 1816 o preço médio das embarcações será sempre superior ao médio dos bens rurais (engenhos de açúcar, lavouras, terras etc.).

Gráfico 4[36]
Preço médio dos bens rurais e dos navios negociados no cartório do 1º Ofício de Notas do Rio de Janeiro entre 1711 e 1750 (valores em mil-réis)

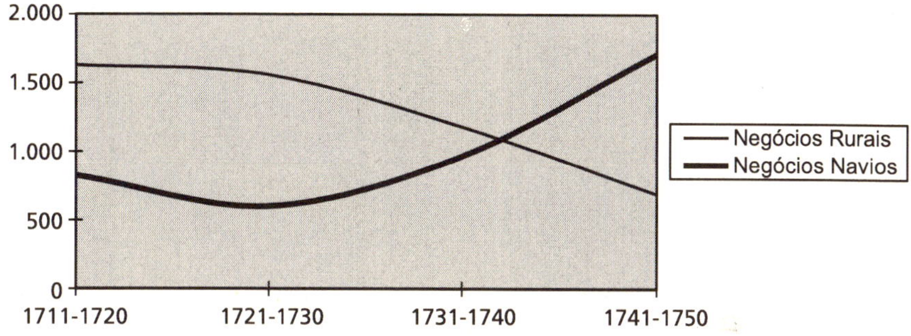

Gráfico 4.1[37]
Preço médio dos bens rurais e dos navios negociados em cartórios entre 1803 a 1816 (valores em mil-réis)

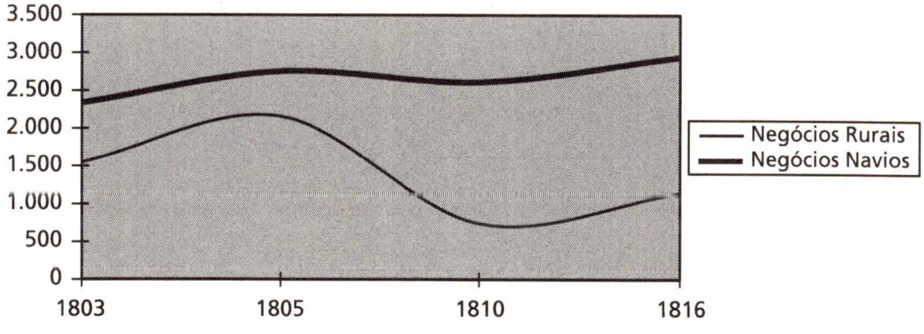

Nesse ambiente de mudanças é que se deu a redução das doações testamentárias em meio aos negócios feitos nos cartórios, como demonstra o Quadro 1. Ademais, os testadores em fins do século XVIII mudavam as suas opções nas esmolas testamentárias. Os vínculos de bens para o sustento de missas pelas almas do além-túmulo desaparecem, e as dádivas testamentárias passam a se dirigir principalmente para as famílias, amigos e clientes do falecido (ver Gráfico 1). As doações dos testadores para as suas famílias e aliados então responderam por mais de 60% das doações, e as missas caíram para 10% daquele total. Essa mudança de mentalidade, que privilegiava os vivos, provavelmente resultou da combinação de diferentes fenômenos, como o pragmatismo decorrente da maior mercantilização do cotidiano advindo do crescimento da economia mercantil. Da mesma forma, não há como negar o impacto causado pela emergência do paradigma individualista, baseado nas ideias liberais, e o recuo da visão corporativa da velha escolástica. Nessas transformações, implementam-se também as medidas empreendidas pelo marquês de Pombal (1750-1777), no reinado de D. José I, para a maior laicização do Estado e a redução da influência das ordens religiosas, em especial os jesuítas,[38] e o regalismo.

Para se ter uma ideia das transformações, estima-se que, entre 1811 e 1830, 489.950 escravos africanos entraram no porto do Rio de Janeiro, através de 2.090 viagens feitas entre os diversos portos africanos e essa cidade americana, das quais ao menos 273 (13% do total) foram controladas por 15 firmas de negociantes de grosso trato estabelecidos no mercado carioca. A expressão grosso trato era aplicada a certos personagens — como os irmãos Antônio e João Gomes Barroso, Manuel e Amaro Velho e os Carneiro Leão —, pois, na mesma época, aquelas 15 firmas controlavam 28% do comércio da cidade com Portugal, 26% dos negócios com a Ásia, 30% das entradas de charque no porto carioca e, ainda, ocupavam 28% das cadeiras da diretoria do Banco do Brasil. Noutros termos, aqueles empresários simultaneamente controlavam as artérias vitais da economia do Centro-Sul da América lusa, leia-se, a reposição física das relações de produção que viabilizavam a riqueza social, o sistema de crédito à mesma economia, o abastecimento de alimentos, entre outros negócios. Em 1711, inexistiam esse grupo social e a economia que controlavam.[39]

Entretanto, insista-se, tais mudanças ocorrem ainda numa sociedade estamental e de base escravista. Para tanto basta lembrar que, no início do século XIX, o principal negócio realizado nos cartórios envolvia prédios urbanos, aplicações que normalmente eram rentistas (compra de imóveis para posterior arrendamento ou aluguel), e não houve investimentos em manufaturas.[40] Além disso, na mesma época, vários negociantes de grosso trato abandonaram o tráfico de escravos e outros negócios para se transformarem em senhores de homens e de terras, adquirindo fazendas escravistas, o que lhes garantia prestígio nessa sociedade, apesar de essa opção representar queda em seus lucros.[41] A isso agrega-se a permanência de freguesias dominadas por descendentes da velha nobreza da terra, com seu *ethos* baseado na clientela, isto é, no parentesco ritual com lavradores pobres e com uma elite da senzala.[42] Dos últimos é que trataremos doravante.

4. Resgate atlântico de cativos, escravidão, populações e mobilidade social: a babel mestiça no Brasil colonial

Como se analisou até aqui, as transformações demográficas e sociais do século XVIII foram decisivamente influenciadas pelo tráfico (ou resgate) atlântico de cativos, bem como o influenciaram. O comércio de gente foi duramente criticado por Luís de Molina em fins do século XVI,[43] mas amplamente defendido quase um século depois por Azeredo Coutinho.[44] À revelia de juízos contrastantes desses discursos religiosos, o resgate no século XVIII consolidou mudanças iniciadas desde o período da Restauração (1640-1660), sem que, obviamente, fosse um processo linear, e que tampouco tenha atingindo da mesma forma e intensidade os estados do Grão-Pará e Maranhão e do Brasil, suas diferentes capitanias, e mesmo as freguesias de uma capitania. Mas impactou toda a América portuguesa. Aliás, a intensificação do resgate no século XVIII não foi crescente apenas na dimensão americana da monarquia pluricontinental portuguesa. O Quadro 3 demonstra que as áreas caribenhas holandesas, inglesas e francesas também viram avolumar o ingresso de almas resgatadas da África no Setecentos, contrariamente à América espanhola, já nem tão provida de prata como no século XVI, e mesmo no XVII. Todavia, desde o primeiro quartel do século XVII, as áreas de conquista da monarquia pluricontinental portuguesa na América lideravam a importação de cativos africanos. Na segunda metade do Seiscentos, período que abrange a Restauração e a consolidação da dinastia dos Bragança, as conquistas portuguesas viram chegar 532.711 africanos, isto é, 44,1% de todos os cativos trazidos nos porões dos negreiros. Longe se estava, portanto, de uma crise da economia colonial e/ou de um declínio da produção de açúcar, aguardente, mandioca, milho etc.[45] No caso fluminense, por exemplo, tendeu-se cada vez mais a se elevar o número de engenhos. Sintetizando, a expansão do sistema atlântico luso se deu em meio a perdas no Oriente, quando da chamada viragem estrutural.[46] Assim, na segunda metade do século XVII se consolidou um projeto político-mercantil bragantino, associado a nobres da terra na América portuguesa, a comerciantes espalhados nos quatro cantos do Império português, a comerciantes transimperiais, à Igreja Católica[47] e, é claro, a sobas africanos, já que se tratava também da "África e dos africanos na formação do mundo atlântico".[48] Tudo isso, antes do *boom* ocasionado pela descoberta de metais preciosos em Minas Gerais.[49]

Contudo, sem menosprezar as influências das áreas de oferta africanas de cativos, a pressão da demanda com as descobertas de metais preciosos em Minas Gerais alterou, como vimos, em definitivo, a economia da América portuguesa, mas também seus rostos humanos. Dados demográficos indicam essa transformação. Por exemplo, ainda antes da descoberta de metais preciosos, em 1687, o Bispado do Rio de Janeiro — que incluía áreas de Curitiba a Porto Seguro, passando por Cuiabá[50] — não agregava mais de 40 mil *pessoas de comunhão* (católicos com mais de 6 anos).[51] Certamente, não estão incluídas aí muitas almas africanas aportadas no Brasil, as quais — que então já eram muitas, comparativamente a outras sociedades escravistas — alcançaram patamares cada vez maiores ao longo do século XVIII. Em 1687, áreas que, posteriormente, compuseram a capitania do Rio de Janeiro somavam 6.789 pessoas de comunhão.[52] Em 1726, cerca de 30 anos depois das descobertas de metais preciosos em Minas Gerais, entre 1693 e 1695, o Provedor da Fazenda Real da capitania do Rio de Janeiro informou ao Rei D. João V que foram remetidos 12.546 cativos da cidade carioca

Quadro 3
Estimativas de desembarques de cativos africanos no mundo atlântico (1500-1866)

	Europa	América do Norte	Caribe Britânico	Caribe Francês	América Holandesa	Índias Ocidentais Dinamarquesas	América Hispânica	Brasil	África	Total
1501-1525	637	0	0	0	0	0	12.726	0	0	**13.363**
1526-1550	0	0	0	0	0	0	50.763	0	0	**50.763**
1551-1575	0	0	0	0	0	0	58.079	2.928	0	**61.007**
1576-1600	266	0	0	0	0	0	120.349	31.758	0	**152.373**
1601-1625	120	0	681	0	0	0	167.942	184.1	0	**352.843**
1626-1650	0	141	34.045	628	0	0	86.42	193.549	267	**315.05**
1651-1675	1.597	5.508	114.378	21.149	62.507	0	41.594	237.86	3.47	**488.064**
1676-1700	1.922	14.306	256.013	28.579	83.472	22.61	17.345	294.851	575	**719.674**
1701-1725	182	49.096	337.113	102.333	62.948	10.912	49.311	476.813	202	**1.088.909**
1726-1750	4.815	129.004	434.858	255.092	85.226	5.632	21.178	535.307	612	**1.471.725**
1751-1775	1.23	144.468	706.518	365.296	132.091	21.756	25.129	528.156	670	**1.925.314**
1776-1800	28	36.277	661.33	455.797	59.294	43.501	79.82	670.655	1.967	**2.008.670**
1801-1825	0	93	206.31	73.261	28.654	19.597	286.384	1.130.752	39.034	**1.876.992**
1826-1850	0	105	12.165	26.288	0	5.858	378.216	1.236.577	111.771	**1.770.979**
1851-1866	0	476	0	0	0	0	195.989	8.812	20.332	**225.609**
Total	**10.798**	**472.381**	**2.763.411**	**1.328.422**	**514.192**	**129.867**	**1.591.245**	**5.532.118**	**178.901**	**12.521.336**

para Minas, entre agosto de 1721 e janeiro de 1726[53], ou seja, quase o dobro do número de católicos 'fluminenses' de 1687. Por seu lado, entre 7 de outubro de 1727 e 2 de abril de 1728 (cerca de 6 meses) foram enviados 2.367 cativos no mesmo fluxo,[54] ou quase metade da população cristã das áreas da capitania do Rio de Janeiro em 1687. Quase um século depois da descoberta das minas, entre 11 de junho de 1762 e 4 de junho de 1763 (pouco mais de um ano), "se despacham para as minas" 6.941 no mesmo destino;[55] simplesmente mais do que todos os 6.789 católicos da capitania 'fluminense' de 1687. Sem esquecer que as fontes utilizadas não contemplam outras áreas que receberam cativos africanos, o que se quer enfatizar é a grandeza do impacto do tráfico atlântico de cativos para o crescimento populacional e para a reconstrução da sociedade na América portuguesa setecentista.

Não se quer com isso minimizar a atuação de indígenas e tampouco reduzi-los a mero reservatório de mão de obra para a colonização ou a guardiães de fronteira. Tiveram papel ativo no processo de colonização, na escolha de aliados e inimigos,[56] na moldura da legislação indigenista,[57] na manipulação de sua condição de súditos aldeados com direitos, na reordenação de suas identidades,[58] nas práticas religiosas cristãs e indígenas, nas imagens que europeus construíram de si mesmos, bem como na demonologia ocidental[59] etc. No plano socioeconômico, foram cruciais na montagem do complexo açucareiro na Bahia quinhentista, e mesmo no avançar o século XVII, pois a escravidão de origem africana só tomou impulso após exaurirem-se gerações indígenas pelo trabalho escravo, pela guerra e por doenças.[60] No planalto paulista, a mão de obra indígena escravizada e/ou administrada foi a base para o que se chamou, com certo exagero, de "celeiro do Brasil",[61] labutando na produção de trigo e, sobretudo, na de milho; foi o alicerce para construir o que Sérgio Buarque de Holanda denominou "civilização do milho".[62] Joseph Barbosa de Sá, em sua narrativa sobre as monções do século XVIII, que ligavam a paulista vila de Itu às minas de Cuiabá, menciona a venda de índios Bororó e Pareci como escravos por volta de 1728. Em 1732, o coronel João de Melo Rego, indagando ao governador da capitania a respeito de um registro em Araritaguaba, queria saber se "os bugres bororós e todo o gentio das vargens fora dos índios Parecizes", trazidos nas expedições monçoeiras, deveriam ser quintados em Araritaguaba, então uma freguesia de Itu.[63] No século XVIII, a capitania paulista só viu consolidada a presença de mão de obra africana no último quartel do século XVIII.[64] Por outras partes, no Ceará, as tropas de índios flecheiros, aliados a vassalos, impunham ordem e conquistaram o sertão em nome d'ElRei,[65] ou puseram óbices aos avanços da fronteira de colonização, entre outros aspectos.[66] Na capitania de Mato Grosso, avançado o século XVIII, em 1771, brancos eram 18,36% da população; índios e mestiços, 19,22%; pardos e pretos forros, 8,35%; e pardos e pretos cativos, 54,07%, conforme um mapa estatístico e militar, mas entre os brancos, tal como em mapas populacionais de 1769 e 1797, havia muitos índios e mestiços. O governador da capitania, Luís de Albuquerque, em 1775, aludindo a pessoas e oficiais destacados no rio Paraguai, atestou a presença de "oficiais e mais alferes, soldados brancos, índios, bastardos que vivem como o tratam de brancos".[67] Em 1802, as palavras do Diretor Geral das aldeias de índios da capitania de São Paulo, sobre as aldeias administradas do século XVIII, salientaram que se tem:

> (...) visto nos mapas [de fins do século XVIII] desta capitania um grande número de brancos. Não é assim, a maior parte é gente mestiça, oriunda do grande número de gentio, que povoou esta capitania, e que não teve a desgraça de cair em aldeias. Eles já têm sentimento, e quando são perguntados na fatura das listas [de habitantes] pelos cabos e oficiais de ordenanças, declaram que são brancos.[68]

Provavelmente, índios viam na mestiçagem e na brancura um meio de afirmar a liberdade,[69] pois muitos deles também foram descritos, e por isso considerados, como pretos cativos, a fim de serem escravizados.[70] Visando acabar com a escravidão indígena, em sua política de integração, o Diretório dos Índios, implementado em 1757, tentou regular o vocabulário social usado em relação aos povos indígenas. Segundo o Alvará:

> Entre os lastimosos princípios, e perniciosos abusos, de que têm resultado nos Índios o abatimento ponderado, é sem dúvida um deles a injusta e escandalosa introdução de lhes chamarem *NEGROS*; querendo talvez com a infâmia, e vileza deste nome, persuadir-lhes que a natureza os tinha destinado para escravos dos Brancos, como regularmente se imagina a respeito dos Pretos da Costa de África. E porque, além de ser prejudicialíssimo à civilidade dos mesmos Índios este abominável abuso, seria indecoroso às Reais Leis de Sua Majestade chamar *NEGROS* a uns homens que o mesmo Senhor foi servido nobilitar, e declarar por isentos de toda e qualquer infâmia, habilitando-os para todo o emprego honorífico. Não consentirão os Diretores, daqui por diante, que pessoa alguma chame *NEGROS* aos Índios, nem que eles mesmos usem entre si deste nome como até agora praticavam; para que, compreendendo eles, que lhes não compete a vileza do mesmo nome, possam conceber aqueles nobres ideais, que naturalmente infundem nos homens a estimação, e a honra.

Na letra da lei, os indígenas não poderiam ser igualados aos africanos (pretos da Costa da África) na condição jurídica e nos termos a eles atribuídos. *Negros da terra*, expressão corrente em São Paulo do Seiscentos e Setecentos para designar cativos indígenas, deveria, portanto, cair em desuso para promover indígenas à condição de súditos, crucial à política de povoamento. Assim, a *natureza imaginada* a índios e pretos da Costa da África não seria a mesma. Ser negro seria contrário à nobilitação. Por fim, terminantemente, ninguém poderia chamar índios de negros, nem eles mesmos, *como até agora praticavam*. A se dar crédito ao Diretório, a identidade negra era atribuída e autoatribuída, o que significaria que eram vistos e se viam como vis.

Mais ainda, por tratar-se de autoatribuição, relacionada a certa natureza, ainda que inferiorizada, os índios se antecipariam a Charles Darwin, Gobineau, ou seja, bem antes da propagação do racismo científico, e da racialização da história tão a gosto dos racialistas do século XXI, os índios, no Diretório, eram negros por natureza. No entanto, uma alternativa é atentar para a possibilidade de mudança de cor/condição social, pois, ao se modificar o vocabulário social empregado aos índios, se mudariam também seus atributos naturais, sua condição social, enfim. Digamos que entre palavra e raça prevaleceu a palavra. De vis, infames e desonrados passariam, na condição de não negros, leia-se, de escravos, a ser aptos à nobilitação. Em suma, o Diretório contribuiu para o embranquecimento dos índios, afastando-os e em contraposição à escravidão. Mais ainda, ao afirmar que pretos deviam servir a brancos, o Diretório, seguindo o que regularmente se imaginava, associava a cor branca à condição senhorial e, por contraste, a cor negra à condição escrava. A cor, muito mais do que fenótipo, era condição jurídico-social.

Todavia, não obstante a marcante atuação indígena em diferentes rincões da América portuguesa, a cor ou condição de negro ou preto — geralmente preto, pois negro quase não aparece em fontes do século XVIII, ao menos em registros paroquiais de batismo — associada à escravidão atesta a presença cada vez maior de desterrados africanos — e seus descendentes — ressocializados, sob diversas formas, na dimensão americana da monarquia pluricontinental portuguesa. Mas, ressocializados como?[71] Para responder a essa pergunta, de forma ainda liminar, cabe salientar, antes de mais nada, que não lidamos com sociedades capitalistas, industriais, individualistas. Antes, trata-se de uma sociedade cujos valores são baseados em princípios de desigualdade, de naturalização da desigualdade, de hierarquização social, de fortíssima influência religiosa, sobretudo católica,[72] mas não raro um catolicismo também advindo da África, permeado de localismos das sociedades forjadas na América portuguesa;[73] um catolicismo de Antigo Regime nos trópicos.

Na condição de escravos, a imensa maioria de cativos africanos se dedicou ao cultivo da mandioca, da cana-de-açúcar, do milho, do anil, a atividades agrícolas mais diversas, mas também trabalharam exaustivamente na mineração, pecuária, pesca, nos diversos ofícios mecânicos e no comércio a retalho urbano; enfim, em todas as atividades laborais. Delas, quando foi possível, compraram alforria, tornaram-se, na condição de libertos, senhores de escravos, tal como seus descendentes. Evidentemente, tal patamar de mobilidade social — de senhor de homens

— não foi acessível a todos,[74] mas tampouco foi uma exceção. Houve forros e egressos do cativeiro prósperos, sobretudo mulheres.[75] Se não gozavam de estima social perante autoridades coloniais, nem por isso não eram tidos em boa conta entre os seus, e não estavam aquém de nenhum grupo social, salvo, se era o caso, a elite. Poucos, afinal, compunham as elites, egressos do cativeiro, ou não.[76] Como nem sempre vale a regra do mimetismo social, um forro — parafraseando G. Levi[77] — não necessariamente queria ser barão, mas o rei dos forros — sem que deixassem de prezar referenciais de distinção de Antigo Regime. Assim, supor um abismo entre elites e outros grupos sociais compostos majoritariamente por forros e egressos do cativeiro é um equívoco. A nobreza da terra do Rio de Janeiro setecentista se aparentava a pretos e pardos. Ainda carecem, infelizmente, pesquisas sobre as cores das elites mestiças do Brasil colonial,[78] inclusive os significados do ser branco.[79] Como escreveu o padre Raphael Bluteau em seu vocabulário, de 1712-17, "homem branco" era o "bem-nascido, e que até na cor se diferencia dos escravos, que de ordinário são pretos, ou mulatos".[80] Isso significa que se podia ter a tez escura e ser socialmente branco, ou mudar de cor, ficar branco, sem que fosse um processo linear e definitivo.[81]

Contudo, os forros tiveram êxitos em receber a alforria e outras formas de ascensão social para egressos do cativeiro. As alforrias, mesmo se compradas pelos escravos, não eram operações de mercado e não se reduziam a meros esforços do *self made man* burguês. Para a manumissão, era preciso negociação política entre senhores e cativos: aceitação da doação, submissão e deferência por parte dos escravos; amor e compromisso moral por parte dos senhores, entre outros aspectos. Tratava-se de uma reciprocidade entre desiguais, e ainda que houvesse tensões era uma troca justa, pois, em sociedades escravistas de Antigo Regime, a noção de justiça era equitativa: a cada um conforme o seu lugar na hierarquia social.[82] Afinal, na Ordem do mundo, Deus fez seres desiguais. Escravos e senhores eram, pelo batismo, homens iguais perante Deus, mas africanos eram descendentes de tidos por descendentes de pecadores, daí a impureza de sangue associada à cor.[83] O tráfico resgatava almas na África, e a escravidão nas Américas purgava (ou deveria purgar) os pecados. A alforria redimia, e livrava de culpas os senhores, sobretudo na hora da morte, nos testamentos, mas também nas alforrias na pia batismal. A dádiva senhorial da alforria, assim, promovia a remissão do cativeiro. Tráfico de cativos, escravidão e alforria estavam umbilicalmente ligados.[84] Como vimos, grande parte das doações testamentárias do século XVIII era motivada pelo mundo dos valores cristãos. Insistir duas vezes no motivo econômico das alforrias é deficiência cognitiva.

Atingir a alforria podia exigir certos caminhos, como o estar aparentado, sob diversas formas. Posto que os escravos eram da espécie *Homo sapiens-sapiens*, formaram famílias, cantaram, dançaram, rezaram, criaram quilombos endêmicos — e por serem endêmicos eram parte da escravidão, negociado ou dentro da ordem. Assim, cativos almejaram melhores meios de existência na sociedade escravista, sem romper com ela. O que mais incomodava era a escravidão de si próprio, de parentes e afins, mas não a escravidão em si mesma. Afinal, vindos de sociedades altamente hierarquizadas e escravistas também na África, não há maiores razões para supor que o horizonte de ruptura política nas Américas fosse, por si só, inerente à escravidão. A escravidão era mais uma das desigualdades de uma sociedade de Antigo Regime nos trópicos, ou ao menos se casou muito bem com ela.[85] Tudo isso põe por terra qualquer princípio de anomia social derivado da escravidão como regra.

Em suas atividades econômicas, é corrente e sabido que o sistema do Brasil (protocampesinato escravista), como se dizia nas Antilhas setecentistas, permitiu acesso a recursos (acesso ou posse à terra e organização do trabalho) a escravos, ainda que fossem recursos escassos. Por isso mesmo, já se foi o tempo em que se afirmava que escravidão e campesinato eram sistemas incompatíveis. Na São Paulo do século XVIII, senhores compravam escravos após a emancipação e saída de filhos (braço familiar) de seus domicílios.[86] Alhures, senhores de pequenas escravarias — a imensa maioria dos senhores — plantavam e colhiam frutos do trabalho na terra ao lado de seus cativos. Logo, está superado o reducionismo analítico que dividia a sociedade entre senhores e escravos.

Como afirmamos, no Rio de Janeiro seiscentista e setecentista, a nobreza da terra se aparentava a pretos para afirmar-se como grupo politicamente dominante perante seus próprios pares e outros segmentos sociais, para o que era imprescindível contar com o parentesco e os braços armados de seus escravos, e demais subalternos (forros e egressos do cativeiro), numa emaranhada rede de parentesco. Evidentemente, forros e egressos do cativeiro tinham seus próprios interesses em tais alianças, por certo não avessos aos da nobreza da terra.[87] Em Minas Gerais de inícios do século XVIII, ninguém menos que o governador, o conde de Assumar, se valia de escravos armados.[88] Em São Paulo, o governo de Morgado de Mateus, em pleno período pombalino (1750-1777), julgava necessário armar cativos para combater espanhóis nas fronteiras.[89] Descendentes de escravos, por sua vez, se fizeram cada vez mais presentes nas tropas milicianas do Pernambuco setecentista,[90] bem como guardavam zelosamente a ordem em Minas Gerais do mesmo século.[91]

Ainda no plano institucional, egressos do cativeiro também se inseriram entre os membros do clero, fazendo da carreira eclesiástica um percurso de mobilidade social.[92] Nas irmandades de pretos, de pardos, de mulatos, afirmaram sua ampla capacidade de organização, construindo templos, devoções, enterrando seus mortos, comprando alforrias; e também resguardando-se de outros egressos da escravidão, e outros grupos sociais, posto que não eram um grupo monolítico. Irmandades eram instituições devocionais, mas também de identidades exclusivistas, inclusive étnicas, como a dos Mina Mahi, devotos de Santa Efigênia e Santo Elesbão, no Rio de Janeiro setecentista.[93] No decorrer do século XVIII, afirmar-se pardo podia, ainda que forros, ser uma autoidentificação da condição de nascido na colônia, uma maneira de se distanciar de africanos, mas também de mulatos, que os pardos julgavam arrogantes e desordeiros. O mulatismo guardava uma conotação de desonra e era carregado de impedimentos na própria legislação, e a isso se contrapunham os descendentes de escravos pardos, organizando-se em irmandades cujos estatutos preferencialmente usavam o vocábulo pardo, e não mulato. Aliás, com devoção também preferencial, no século XVIII, a par de variações regionais e ainda que não lhes fossem exclusivas, às Nossas Senhoras da Conceição, do Amparo e do Terço e a São Gonçalo Garcia, o primeiro santo pardo. Isso visava marcar "expectativas reveladoras a respeito das hierarquias sociais e religiosas". No entanto, diferentemente do século XVII, no século XVIII, a busca de títulos devocionais por parte dos pardos reforçava a um só tempo "a construção de suas irmandades no espaço colonial" e "mais explicitamente temas relativos às hierarquias coloniais e aos discursos sobre 'pureza' e 'impureza'", mas, no segundo caso, subvertendo-o pela valorização da mestiçagem. Além disso, afirmar as devoções pardas também expressaria um distanciamento dos pretos, sobretudo pretos angolistas, identificados ao culto de Nossa Senhora do Rosário, entre outros.[94]

Disso tudo emerge um quadro bastante distinto daquele formado por desclassificados sociais, que vagavam a esmo empurrados para as fímbrias do dito sistema, dos que não encontravam lugar na sociedade do açúcar, marginais, mesmo porque já se vai longe o tempo em que vigia a ideia de que o Brasil colonial era uma imensa plantação de cana. Nesse sentido, pretos, mulatos, pardos, cabras, crioulos, entre outros egressos do cativeiro, não produziam nenhuma função disruptiva na sociedade colonial, salvo em discursos desqualificadores de algumas autoridades, que devem ser matizados por historiadores. A alforria e a projeção social de egressos do cativeiro foram estruturais para a ordem social, pois mobilidade social implica mover-se em meio a estruturas sociais, recriando-as. Em grande parte, isso leva a entender a pompa de forras, sobretudo, mas não apenas, as forras da Costa da Mina, acompanhada de adornos e de escravaria nos centros urbanos coloniais; ou o afã de homens egressos do cativeiro de portar espadim, fardas e exibir suas patentes militares. Há, portanto, um descompasso entre discursos de autoridades coloniais, não raro vindas do Reino, e registros de cores. Por exemplo, enquanto autoridades apregoavam em seus discursos uma suposta desordem, uma função disruptiva (*uma multidão de pretos e mulatos*[95]), registros paroquiais seriais, como os de batismo — talvez a única fonte que quase cotidianamente informasse a cor —, demonstram o silêncio sobre a cor no decorrer das gerações, sem que fosse um processo linear. Por exemplo, entre 1.743 registros de batismos de livres ou forros das Freguesias de Piedade do Iguaçu e de Nossa Senhora de Jacutinga, ambas no Recôncavo da Guanabara, entre 1700 e 1800, apenas em 317 vezes as mães tiveram a cor aludida. Dos filhos dessas mulheres, apenas 6 tiveram sua cor registrada.[96] Em 1796, o conde Resende, vice-rei do Brasil, mencionava com desqualificações a "multidão inumerável de mulatos, crioulos e pretos forros" que andavam nas ruas do Rio de Janeiro.[97] Tudo indica que muitos forros perderam a cor nos registros paroquiais.[98] Por outro lado, como afirmou Loreto Couto para Pernambuco setecentista, "(...) todo aquele que é branco na cor, entende estar fora da esfera vulgar. Na sua opinião o mesmo é ser alvo, que ser nobre, nem porque exercitem ofícios mecânicos perdem essa presunção (...). O vulgo de cor parda, com o imoderado desejo das honras de que o priva não tanto o acidente, como a substância, mal se acomoda com as diferenças. O da cor preta, tanto se vê com a liberdade, cuida que nada mais lhe falta para ser como os brancos".[99] A par de juízos de valores do autor setecentista, tratava-se, tal como nas palavras do Vice-Rei, de distinção e de mobilidade social.

De tudo isso, emerge um quadro bem distinto daquele ensaiado por Gilberto Freyre, de senhores com grandes escravarias, como salientaram Francisco Vidal Luna e Herbert Klein.[100] Hoje, é corrente e sabido que os senhores de poucos cativos — conquanto variem no tempo e no espaço a noção de poucos e muitos — conformavam a maioria dos senhores, entre os quais, evidentemente, estavam egressos do cativeiro. Contudo, como afirma Sheila Faria, as afirmações de Freyre possuem demarcações teóricas precisas. Voltavam-se, mormente, para as áreas açucareiras do Nordeste e pressupunham uma forma de organização social específica, a patriarcal. Nas casas-grandes, "filhos dos senhores viviam com suas famílias, escravos, agregados e, mesmo, sitiantes proprietários se colocavam sob as vistas e ordens dos patriarcas onipresentes".[101] Ainda conforme a autora, muitas críticas de historiadores e antropólogos foram dirigidas às postulações de Freyre. Não é exagerado dizer também que boa parte das análises dos críticos de Freyre está estritamente relacionada aos estudos sobre demografia histórica — acrescento: e ao questionamento do mito da democracia racial atribuído a Freyre[102] —, o que resultou na ampliação do corpo documental ou, ao menos, numa nova maneira de cotejar fontes já exploradas. Mas, sem dúvida, a ênfase recaiu sobre fontes de natureza quantitativa, como listas nominativas de habitantes, mapeamentos populacionais, registros paroquiais de casamento, óbito e batismo. Por certo, essas abordagens, ainda de acordo com a autora, ampliaram as perspectivas sobre a escravidão no Brasil, pois foi a partir delas que se constataram formas de organização familiares distintas daquele modelo patriarcal proposto por Freyre, grupos sociais diversificados na posição de senhores, inclusive forro, mas são estudos que focalizam principalmente áreas da região Sudeste, nos finais do século XVIII e no desenrolar do XIX.[103] Faria indaga como estudiosos do porte de Gilberto Freyre aceitaram tais conclusões como verdadeiras durante tanto tempo. Segundo a autora, "todos os autores da mesma época, e Gilberto Freyre em particular, buscavam entender a origem do caráter brasileiro nos engenhos. Fizeram a história de um ideal (...). O com que eles não estavam preocupados, e nós estamos agora, é justamente a organização e a atuação dos diversos grupos no conjunto social".[104]

No entanto, a mestiçagem como fator explicativo e como fenômeno social e histórico foi inegável no período colonial. Ainda que careçam estudos sobre o tema, misturar-se e hierarquizar-se nos âmbitos social, familiar, político e cultural eram fenômenos perfeitamente coerentes em uma sociedade escravista de Antigo Regime.[105] Hierarquia e mestiçagem eram componentes das estruturas e das mobilidades sociais. Mobilidade social e mestiçagem reafirmavam a ordem e o princípio da desigualdade de uma sociedade de Antigo Regime nos trópicos. Como diria Gilberto Freyre, tratava-se de antagonismos em equilíbrio.[106]

Conclusão

Por todo o exposto, e sintetizando este prefácio, a América lusa no século XVIII viveu uma série de transformações sociais e econômicas em meio a estruturas sociais que permaneceram pré-industriais ou não capitalistas. Essas mudanças se identificaram com a consolidação do sistema atlântico sul luso baseado na escravidão. Nesse processo, a cidade do Rio de Janeiro passou a ser a principal praça da América lusa e ponto de encontro de diversas rotas comerciais vindas de Cuiabá, no interior do Brasil, centro da América do Sul, de Angola, na África, e mesmo de Goa, no Índico.[107] Ao lado disso, verificamos a acomodação de uma hierarquia social estamental com o crescimento do estrato dos negociantes de grosso trato e a multiplicação de forros e seus descendentes saídos da escravidão. Resta, ainda, realizar mais estudos sobre mudanças e permanências nessa sociedade, em fins do século XVIII, bem como analisar a dinâmica de tal sociedade de Antigo Regime perante o alargamento do capitalismo em escala mundial a partir das transformações europeias da mesma época, em especial da Inglaterra. Seja como for, foi essa América lusa, com suas hierarquias sociais de matiz estamental mas modeladas pela mestiçagem e pela dinâmica do capital mercantil, que recebeu a família real em 1808 e transformou-se na sede da monarquia pluricontinental lusa.

Anexo 1
Número de testamentos entre os óbitos de livres da Freguesia da Candelária, Rio de Janeiro: 1674-1675, 1699-1700, 1740 e 1799-1800[108]

Anos	Nº de óbitos	Nº de testamentos	Nº de testamentos/ Nº de óbitos
1674-1675	36	30	83,3%
1699-1700	44	36	81,8%
1740	56	36	64,3%
1799-1800	61	28	45,9%

Notas

1. O fato de essa sociedade escravista ser estamental não significa que era congelada. Na sociedade escravista americana de base católica, eram comuns fenômenos como a alforria e consequentemente ampliação do grupo de forros. Esses personagens, em meio a hierarquias costumeiras, podiam ter menos prestígio social do que os "livres", mas estavam inseridos na lógica social escravista, ou seja, os forros se viam e eram entendidos pelos demais estratos sociais como superiores aos escravos, com os quais não raro mantinham estreitas relações, quer como senhores, quer por meio de relações de poder via compadrio-clientela. Sobre o tema ver Cacilda Machado, 2008; Roberto Ferreira, 2008.
2. Sobre disciplina católica ver António, M. Hespanha, 1994; Bartolomé Clavero, 1990; António M. Hespanha, 2011, p. 12-13.
3. Testamento de Isabel da Costa Ribeiro, 21/5/1674. *Livro de Óbitos Freguesia da Candelária,* imagem 19.
4. *Terça* é o que dispõe um dos membros do casal para poder legar ou doar. Corresponde à terça parte de sua meação. Meação é a metade dos bens que cabe a um dos cônjuges do casal. Ver *Ordenações Filipinas*, Livro IV.
5. Fonte: *Livros de Óbitos da Freguesia da Candelária*, anos 1674/1675, 1699/1700, 1740 e 1799/1800. SAMPAIO, *Na curva do tempo,* op. cit.; João Fragoso, 1998. Obs: ver anexo 1 sobre a representatividade dos testamentos no total de óbitos.
6. Fonte: *Livros de Óbitos da Freguesia da Candelária*, anos 1674/1675, 1699/1700, 1740 e 1799/1800.
7. Ver Hespanha, 2011, p. 12-13.
8. Sobre a ideia de monarquia corporativa e polissinodal, ver John Elliott, nov. 1992. A. M. Hespanha, 1984. João Fragoso; Fátima Gouvêa, 2009. Sobre negociações no interior dos Impérios ultramarinos da Europa moderna, ver Jack Greene, 1994. Sobre municípios na época moderna, Joaquim. R. Magalhães, 1988; O espaço político e social local. In: OLIVEIRA, C. (dir.), *História dos municípios e do poder local*, Lisboa: Temas e Debates; Maria Fernanda Bicalho, 2003. Annick Lemperiere, 2004.
9. Hespanha, 2011, p. 12 -13.
10. Para a Bahia, Rae Flory, 1978; Alexandre V. Ribeiro, 2005. Para a América espanhola, John Kicza, 1986, p. 76. Kathryn Burns, 1997.
11. Floury, 1978.
12. João Fragoso, 2000 e 2001.
13. Mesmo que as doações representassem a manutenção do prestígio social e do estamento dos vivos da família do falecido, tratava-se da perda de parte do patrimônio material da família. Aqui, cabe sublinhar que os vínculos de bens não

representavam necessariamente uma estratégia para garantir a integridade de fortunas, pois não raro a administração dos bens vinculados ficava a cargo de uma irmandade ou mosteiro. Sampaio, *Na curva do tempo,* op. cit.

14. Maurício Abreu, 2011.
15. Dunn, 2000, Russell Menard, 2006.
16. João Fragoso, 2009 e 2010.
17. Arquivo da Cúria Metropolitana do Rio de Janeiro (ACMRJ), *Notícias do bispado do Rio de Janeiro no ano de 1687*, Série de Visita Pastoral, VP38. Sobre população da Europa moderna, ver Peter Kriedte, 1985.
18. Fonte: ver Quadro 1.
19. Fragoso, 2001.
20. Fonte: Nireu Cavalcanti, p. 63-65. Ribeiro, 2005.
21. Roquinaldo Ferreira, 2003 (Tese de Doutorado inédita). Sobre revolução industrial e as transformações na economia inglesa, ver Patrick Brien, 1982. O´Brien, em artigos posteriores ao de 1982, iria dar importância maior aos mercados coloniais, porém sua tese principal é que a proeminência do mercado doméstico nos primeiros tempos da industrialização inglesa permaneceria. Segundo ele, a chamada americanização do comércio externo inglês, entre 1772 e 1820, deve-se, entre outros motivos, às guerras no Velho Mundo. Entre 1814 e 1873, as exportações para a Europa cresceriam mais rapidamente do que para a América e o Caribe. P. O´Brien; S. L.Engerman, 1991. Para uma versão sobre a industrialização europeia, na qual se destaca o papel dos fluxos comerciais no interior da Europa, ver Jorge Pedreira, 1994. Em "The Global Economic History of European Expansion Overseas", publicado em *The Cambridge Economic History of Latin America*, vol. 1, 2006, O'Brien voltaria a esse tema. http://www.slavevoyages.org/tast/assessment/estimates.face
22. Carlos M. Kelmer, 2009.
23. Ferreira, 2003.
24. Carlos M. Kelmer, 2009.
25. Francisco de A. Carvalho Franco, 1989, p. 49, 132-133.
26. Francisco Pinto de Faria, de origem portuguesa e genro na família Almeida Jordão, em seu testamento, de 9 de maio de 1723, declarava-se como negociante com carregações em Angola, Lisboa e outras cidades da monarquia lusa. Seus cunhados, Ignácio de Almeida Jordão e João de Almeida Jordão, foram acusados, na década de 1730, pelo conde de Bobadela, governador do Rio de Janeiro, de manter uma rede ilegal de tráfico de escravos entre a Costa da Mina, na época nas mãos dos holandeses, alimentada pela troca de cativos por ouro. ACMRJ. Testamento de Francisco Pinto de Faria, de 9 de março de 1723. Candelária op. cit. João Fragoso; Maria de Fátima Gouvêa, 2006, p. 25-72.

27. Óbitos da Candelária Testamentos 21/3/1703 imagem 63 Ignácio de Andrade Soutomaior Imagem 63; 13/7/1739. Manuel Telo Pimenta i. 115http://www.familysearch.org/s/image/show#uri=http%3A//pilot.familysearch.org/records
28. Vide SAMPAIO, *Na curva do tempo,* op. cit.
29. Fonte: *Livros de Óbitos da Freguesia da Candelária*, Rio de Janeiro, anos 1740, 1799 e 1800. http://www.familysearch.org/s/image/show#uri=http%3A//pilot.familysearch.org/records
30. Fragoso, *À espera das frotas,* op. cit., p. 174-176.
31. Sobre o definhamento da nobreza da terra do Rio de Janeiro, ver FRAGOSO, *Fidalgos e Parentes de Pretos* ..., op. cit.
32. Sobre o movimento de mobilidade social a partir da escravidão e as estratégias usadas pelos cativos e forros, além dos processos de miscigenação, ver os trabalhos de Sheila de Castro Faria, 2005; Cacilda Machado, 2008; Roberto Guedes, 2008; Márcio de Sousa Soares, 2009.
33. Ver Sheila de Castro Faria, 1998. p. 244. Esse livro é referência obrigatória para os estudos da sociedade rural na capitania do Rio de Janeiro no século XVIII.
34. Cabe lembrar que, no Rio de Janeiro do século XVII, as irmandades eram dominadas, talvez, pela nobreza principal da terra e aliados, salvo as de egressos da escravidão. Mas carecem trabalhos sobre o assunto.
35. Ver Antônio Carlos Jucá Sampaio, *Na curva do tempo,* op. cit., p. 191; João Fragoso, *À espera das frotas*, op. cit., p. 175.
36. Fonte: Arquivo Nacional, Cartório do Primeiro Ofício de Notas. Escrituras de compra e venda.
37. Fonte: João Fragoso, 1998, p. 336.
38. Ver António Manuel Hespanha, 1993, p. 125-127; Kenneth Maxwell, 2001; Nuno Gonçalo Monteiro, 2008.
39. João Fragoso, 1998, p. 263.
40. Ibidem, p. 336
41. Ibidem, capítulo IV.
42. Idem, 2010.
43. António Manuel Hespanha, 2010, capítulo 7.
44. J. J. da Cunha Azeredo Coutinho, 1966. Cf. ainda Sérgio Buarque de Holanda, "Apresentação". In: Azeredo Coutinho, 1966. Também uma útil análise sobre o pensamento político do prelado encontra-se em Guilherme Pereira das Neves, 2000.
45. Stuart Schwartz (org.), 2004.
46. Vitorino M Godinho, 1978, p. 262-64; João Fragoso, 2001, p. 29-73.
47. Cf. indicações nesse sentido em João Fragoso; Maria de Fátima Gouvêa, 2006, p. 25-72.

48. John Kelly Thornton, 2004.
49. Sobre o crescimento do tráfico de cativos e da economia antes da emergência do *boom* do açúcar na América inglesa, ver Menard, 2006; sobre tráfico de cativos e sistema atlântico, cf. Joseph C. Miller, 1988; Manolo Florentino, 1995; Luiz Filipe Alencastro, 2000; Ferreira, 2003; Manolo Florentino; Alexandre Ribeiro; Daniel Silva. 2004, p. 83-126; Mariana Cândido, 2011. Sobre as procedências africanas dos cativos desembarcados no Brasil, cf. http://www.slavevoyages.org/tast/assessment/estimates.faces.
50. ACMRJ, *Notícias do bispado do Rio de Janeiro no ano de 1687*, Série de Visita Pastoral, VP38.
51. Para o Seiscentos, a maior parte da população sob influência ou súdita da monarquia portuguesa estava concentrada nas capitanias de Bahia e Pernambuco, então as maiores áreas receptoras de escravos de origem africana. Estima-se que ¾ da população colonial vivia nessas capitanias, evidentemente não incluídas nas visitações do Bispado do Rio de Janeiro de 1687. Apenas Pernambuco, em 1762-1763, contava com 90.105 habitantes, dos quais 23.295 eram escravos. Glacyra Lazzari Leite, 1988, p. 38-42.
52. ACMRJ, *Notícias do bispado do Rio de Janeiro no ano de 1687*, Série de Visita Pastoral, VP38. As áreas contempladas são as freguesias e/ou termos da Sé, Candelária, São Gonçalo do Amarante, Macacu, Itaboraí, Irajá, Jacarepaguá, Icaraí, Itambi, Meriti, Trindade, Guapimirim, Magé, Suruí, Pacopaíba, Inhomirim, Marapicu, Inhoaíba, Campo Grande, Inhaúma, Cabo Frio, Campos, São João da Barra, Saquarema, Maricá, Itaipu, Piratininga, Angra dos Reis e Paraty.
53. Arquivo Histórico Ultramarino. Projeto Resgate, Rio de Janeiro, Cx.16, doc.1759, 10 de maio de 1726. fl.2-5.
54. Arquivo Nacional do Rio de Janeiro, Códice 1002.
55. Ibidem, Códice 1000.
56. Manoela Carneiro da Cunha, 1992.
57. Beatriz Perrone-Moisés, 1992.
58. Muriel Nazzari, 2000; Maria Regina Celestino, 2000.
59. Laura de Mello e Souza, 1993; Ronald J. Raminelli, 1996 e 2008.
60. Stuart B Schwartz, 1998.
61. John Manuel Monteiro, 1994.
62. Sérgio Buarque de Holanda, 1994, p. 181-189.
63. Vide Silvana Alves Godoy, 2002.
64. Sobre a forte presença indígena em São Paulo dos séculos XVII e XVIII, cf. John Manuel Monteiro, 1994; Maurício Martins Alves, 2001. Sobre demografia paulista e escravidão africana, cf. Maria Luiza Marcílio, 2000; Herbert Klein; Francisco Vidal Luna, 2005.

65. José Eudes Gomes, 2011, p. 189-207; 2010.
66. Vide John Monteiro, 2001. Disponível em http://www.ifch.unicamp.br/ihb/estudos/TupiTapuia.pdf.
67. Jovam Vilela Silva, 1995, p. 215.
68. Ibidem, p. 216.
69. Isso impõe aos que lidam com listas nominativas de habitantes um extremo cuidado em caracterizar a cor das pessoas/famílias, inclusive a cor social dos senhores. Entre os tidos por senhores brancos, muitos deviam ser índios ou mestiços com índios, para além dos egressos do cativeiro de origem africana. Sobre cor nos censos paulistas, cf. Roberto Guedes, 2009.
70. Jovan Silva, 1995, p. 216, 248, 308 e segs.
71. Com efeito, há cerca de quatro décadas, não obstante a ênfase no século XIX, estudos sobre o lugar social de libertos e descendentes no Brasil avançaram em questões sobre modalidades de alforria, organização e diferenciação interna ao grupo, gênero, acesso à propriedade escrava, comportamento familiar, atuação em irmandades etc. Cf., entre outros, Herbert Klein, 1969, v. 3, n. 1, p. 3-27; Kátia M. Q. Mattoso, 1972, n. 4, p. 23-52; 1979 e 1982; Maria Inês C. Oliveira, 1979; James Patrick Kiernan, 1976, Francisco Vidal Luna; Iraci Del Nero Costa, 1980, v. 32, n. 7, p. 836-841; A. J. R. Russell-Wood, 1982; Donald Ramos, 1990; Iraci Del Nero Costa, 1992; Hebe Maria Mattos de Castro, 1995; Faria, 2005; Eduardo F. Paiva, 1995 e 2001; Andréa Lisly Gonçalves, 1999; Mariza de Carvalho Soares, 2000; Júnia F. Furtado, 2003; Klein; Luna, 2005; Manolo Florentino, 2005, pp. 207-227; Antonio Carlos Jucá Sampaio, 2005, p. 287-329; Silvia Hunold Lara, 2007; Larissa Moreira Viana, 2007; Guedes, 2009; Machado, 2008; Márcio Soares, 2009; Adriana Dantas Reis, 2010.
72. Hespanha, 2010; Ronald Raminelli, 2011, v. 1, p. 29-54; RAMINELLI, Ronald. "Império da Fé". In: FRAGOSO; GOUVÊA; BICALHO (orgs.). *Antigo Regime nos trópicos*, op. cit.; p. 225-247.
73. Linda M. Heywood, 2008, p. 101-124.
74. Não atingir a condição senhorial não implicava desarraigo social. Sobre egressos da escravidão desprovidos de escravos, afirma-se que entre eles não "havia qualquer anomalia ou anomia (...) que o contrapusesse [aos proprietários]". Iraci Costa, 1992, p. 69.
75. Sobre a posse de escravos entre forros e descendentes de escravos e sobre mulheres forras, cf. Nota 65.
76. Em São Paulo e Minas Gerais de fins do XVIII e inícios do XIX, no que se refere a grupos de cor: "(...) as pessoas livres de cor, exceto no nível da elite, eram encontradas em todas as ocupações nas quais trabalhavam seus contemporâneos brancos e apresentavam características sociais, ocupacionais e demográficas bem

semelhantes às de seus equivalentes não descendentes de africanos. Ademais (...) havia relativamente pouca diferença para as pessoas livres de cor em seus padrões de trabalho e organização familiar. Por fim (...) as pessoas livres de cor tiveram participação expressiva como proprietários de escravos." Klein; Luna, 2005, pp. 199-200.

77. Giovanni Levi, 1998, p. 203-224.
78. Vide as exceções em Márcio de Sousa Soares, 2002, v. 9, p. 165-194; Adriana Reis, 2010.
79. Os significados das cores também são históricos. Pardo, termo mais pesquisado, era bastante polissêmico no período colonial. Isso é importante, já que as cores contribuíam para a "instituição da ordem no mundo de Antigo Regime". António Manuel de Hespanha, 2005, p. 345. Sobre pardos, ver Faria, 1994, p. 115, 120, 133-137; 2005, p. 65-79; Hebe Maria Mattos, 2000; Viana, 2007; Douglas Libby, 2010. Mulato, por seu turno, era mais pejorativo. Silvia Hunold Lara, 2005, p.361-374.
80. P[e] Raphael Bluteau, 2000.
81. Cf. Roberto Guedes, 2010, p. 93-118; Márcio de Souza Soares, 2009, p. 249 e segs. Machado, 2008, capítulos 3 e 4.
82. Giovanni Levi, 2002. Vide também Hespanha, 2010.
83. Hespanha, 2010; Anderson José M. Oliveira, 2008; 2009, p. 356-388.
84. Soares, 2009.
85. Hebe Mattos. In: Fragoso; Gouvêa, 2001; p. 141-162; Silvia H. Lara, 2005a, p. 21-38; 2005.
86. Carlos de A. P. Bacellar, 2000, p. 239-254. Para Minas Gerais, ver Costa, 1992.
87. Fragoso, 2010; 2009; 2009a, p. 110-150.
88. Carlos L. Kelmer Mathias, 2008, v. 1, p. 89-106; Ana Paula Pereira Costa, 2010, p. 45-84.
89. Heloísa Liberalli Bellotto, 2007 [1979], p. 84 e capítulo 2.
90. Kalina Vanderlei Silva, 2010, p. 79-107.
91. Francis A. Cotta, 2010.
92. Anderson J. M. Oliveira, 2011, p. 51-66.
93. Soares, 2000.
94. Viana, 2007, p. 106, 123, 130-135.
95. Lara, Fragmentos, op. cit.; 2005a.
96. Banco de Dados de Registros Paroquiais do Grupo de Pesquisa Antigo Regime nos Trópicos (em elaboração).
97. Citado em Lara, 2005a, p. 368.
98. O silêncio sobre a cor é mais enfatizado para a segunda metade do século XIX. Cf. Castro, 1995. Parece, porém, que o fenômeno já se observava no século XVIII.

99. Domingos Loreto Couto, 1981, p. 226-227.
100. Luna; Klein. 2010, p. 355.
101. Sheila de Castro Faria, 1994, p. 344-345.
102. Parece-me que o mito da democracia racial é uma construção mais gestada na crítica a Freyre do que propriamente do autor pernambucano.
103. Faria, 1994, p. 241-258.
104. Faria, 1994, p. 347-348; 1998, p. 47-49. Sobre patriarcalismo, ver, também, Brügger, 2007; Paiva; Libby; Genovese; 2010, p. 93-113.
105. Sobre mestiçagens, cf. Eduardo F. Paiva; Isnara. P Ivo; I. C. Martins (orgs.), 2010; Eduardo França Paiva, 2010, p. 1-24; 2006.
106. Gilberto Freyre, 1987.
107. Vide Fragoso, 1998.
108. Fonte: Livros de Óbitos da Freguesia da Candelária, Rio de Janeiro, anos 1674-75, 1699-1700, 1740 e 1799-1800.

Bibliografia

ABREU, Maurício. *Geografia histórica do Rio de Janeiro*. Rio de Janeiro: Andrea Jackbsson, 2011.

ALENCASTRO, Luiz Filipe. *O trato de viventes*. São Paulo: Companhia das Letras, 2000.

ALVES, Maurício Martins. *Formas de viver: formação de laços parentais entre cativos em Taubaté (1680-1848)*. Tese de Doutorado, Programa de Pós-Graduação em História Social. Rio de Janeiro: UFRJ, 2001.

Arquivo da Cúria Metropolitana do Rio de Janeiro (ACMRJ), *Notícias do Bispado do Rio de Janeiro no ano de 1687*, Série de Visita Pastoral, VP38.

AZEREDO COUTINHO, J. J. da Cunha. "Análise sobre a Justiça do Comércio do Resgate dos Escravos". In: *Obras econômicas*. São Paulo: Companhia Editora Nacional, 1966.

BACELLAR, Carlos de A. P. "A escravidão miúda em São Paulo Colonial". In: SILVA, Maria Beatriz Nizza da (org.) *Brasil: colonização e escravidão*. Rio de Janeiro: Nova Fronteira, 2000, p. 239-254.

BELLOTTO, Heloísa Liberalli. *Autoridade e conflito no Brasil colonial: o governo do Morgado de Mateus em São Paulo (1765-1775)*. São Paulo: Alameda, 2007 [1979], p. 84 e capítulo 2.

BICALHO, Maria Fernanda. *A cidade e o império: Rio de Janeiro no século XVIII*. Rio de Janeiro: Civilização Brasileira, 2003.

BLUTEAU, Pe Raphael. *Vocabulário português e latino*. Coimbra: Colégio das Artes da Companhia de Jesus, 1712-1717 (Ed. Fac-símile. Rio de Janeiro: UERJ, 2000).

BRIEN, Patrick. "European economic development: the contribution of the perifery", In: *Economic History Review*, vol. XXXV (1), 1982.

BRÜGGER, Silvia Maria Jardim. *Minas Patriarcal: família e sociedade (São João Del-Rei — séculos XVIII-XIX)*. São Paulo: Annablume, 2007.

BURNS, Kathryn. "Nuns, Kurakas and credit: the spiritual economy of seventeenth-century Cuzco". *Colonial Latin America Review*. Oxford: Carfax, v. 6, n. 2, 1997.

CÂNDIDO, Mariana. *Fronteras de esclavización: esclavitud, comercio y identidad en Benguela, 1780-1850*. México, D.F: El Colegio de México, Centro de Estudios de Asia y África, 2011.

CASTRO, Hebe Maria Mattos de. *Das cores do silêncio: os significados da liberdade no sudeste escravista*. Rio de Janeiro: Arquivo Nacional, 1995.

CAVALCANTI, Nireu. "O comércio de escravos novos no Rio de Janeiro". In: FLORENTINO, Manolo. *Tráfico, cativeiro e liberdade*. Rio de Janeiro: Civilização Brasileira, 2005.

CELESTINO, Maria Regina. *Metamorfoses indígenas: identidade e cultura nas aldeias coloniais do Rio de Janeiro*. Rio de Janeiro: Arquivo Nacional, 2000.

CLAVERO, Bartolomé. *Antidora. Antropologia católica de la economía moderna*. Milão: Giuffré, 1990.

COSTA, Ana Paula Pereira. "Senhores e potentados: negociações e reciprocidades na formação de exércitos privados de escravos em Minas Gerais no início do século XVIII". In: ECHEVERRI, Adriana Alzate; FLORENTINO, Manolo; VALENCIA, Carlos (orgs.). *Impérios ibéricos em comarcas americanas: estudos regionais de história colonial brasileira e neogranadina*. Rio de Janeiro: 7 Letras, 2010, p. 45-84.

COSTA, Iraci Del Nero. *Arraia-miúda. Um estudo sobre os não proprietários de escravos no Brasil*. São Paulo: MGSP Editores, 1992.

COTTA, Francis A. *Negros e mestiços nas milícias da América portuguesa*. Belo Horizonte: Crisálida, 2010.

COUTO, Domingos Loreto. *Desagravos do Brasil e glória de Pernambuco*. Recife: Fundação de Cultura Cidade do Recife, 1981, p. 226-227.

CUNHA, Manoela Carneiro da. "Introdução a uma história indígena". In: CUNHA, Manuela Carneiro da (org.) *História dos índios no Brasil*. São Paulo: Companhia das Letras, 1992. Disponível em: <http://www.familysearch.org/s/image/show#uri=http%3A//pilot.familysearch.org/records>.

DUNN. *Sugar and Slaves — the rise of the planter class in the English West Indies, 1624 -1713*. University of North Caroline Press, 1972.

ELLIOTT, John. "A Europe of Composite Monarchies", *Past and Present*, 137, Nov. 1992.

FARIA, Sheila de Castro. "A Colônia em movimento". Tese de Doutorado, Programa de Pós-Graduação em História, Niterói: UFF, 1994, p. 344-345.

______. "Sinhás pretas, damas mercadoras. As pretas minas nas cidades do Rio de Janeiro e de São João Del-Rey (1750-1850)." Tese para concurso de Professor Titular de História do Brasil, Niterói: UFF, 2005;

______. *A Colônia em movimento: fortuna e família no cotidiano colonial.* Rio de Janeiro: Nova Fronteira, 1998, p. 244.

FERREIRA, Roberto. *Egressos do cativeiro.* Rio de Janeiro: Faperj/ Mauad X, 2008.

FERREIRA, Roquinaldo. *Transforming Atlantic Slaving: trade, warfare and territorial control in Angola, 1650-1800.* Los Angeles: University of California, 2003 (Tese de Doutorado inédita).

FLORENTINO, Manolo. "Sobre minas, crioulos e liberdade costumeira no Rio de Janeiro, 1789-1871". In: FLORENTINO, Manolo (org.) *Tráfico, cativeiro e liberdade (Rio de Janeiro, séculos XVII-XIX).* Rio de Janeiro: Civilização Brasileira, 2005, p. 207-227.

______. *Em costas negras: uma história do tráfico atlântico de escravos entre a África e o Rio de Janeiro. Séculos XVIII e XIX.* Rio de Janeiro: Arquivo Nacional, 1995;

FLORENTINO, Manolo; RIBEIRO, Alexandre; SILVA, Daniel. "Aspectos comparativos do tráfico de africanos para o Brasil (séculos XVIII e XIX)". *Afro-Asia (UFBA)*, Salvador, v. 31, p. 83-126, 2004.

FLORY, Rae. *Bahian Society in the mid-colonial period: the sugar platers, tobacco growers, merchants, and artisans of Salvador and the Recôncavo, 1680-1725.* Austin, The University of Texas, 1978, tese (doutorado).

FRAGOSO, João, "Um mercado dominado por 'bandos': ensaio sobre a lógica econômica da nobreza da terra do Rio de Janeiro seiscentista". In: SILVA, Francisco C. T. da, MATTOS, Hebe M., FRAGOSO, João (orgs.) *Escritos sobre História e Educação: Homenagem a Maria Yedda Linhares.* Rio de Janeiro, Mauad/Faperj, 2001.

______. "A formação da economia colonial no Rio de Janeiro e de sua primeira elite senhorial (séculos XVI e XVII)". In: FRAGOSO, João; GOUVÊA, Maria de Fátima; BICALHO, Maria Fernanda (orgs.). *O Antigo Regime nos trópicos: a dinâmica imperial portuguesa, séculos XVI-XVIII.* Rio de Janeiro: Civilização Brasileira, 2001a, p. 29-73.

______. "A nobreza da República; notas sobre a formação da primeira elite senhorial do Rio de Janeiro". *Topoi* (Rio de Janeiro) n. 1, 2000.

______. "Capitão Manuel Pimenta Sampaio, senhor do engenho do Rio Grande, neto de conquistadores e compadre de João Soares, pardo: notas sobre uma hierarquia social costumeira (Rio de Janeiro, 1700-1760)". In: GOUVÊA, Maria de Fátima; FRAGOSO, João (orgs.). *Na trama das redes: política e negócios no império português, séculos XVI- XVIII.* Rio de Janeiro: Civilização Brasileira, 2009.

______. "O capitão João Pereira Lemos e a parda Maria Sampaio: notas sobre hierarquias rurais costumeiras no Rio de Janeiro, século XVIII". In: OLIVEIRA, Mônica R; ALMEIDA, Carla M. C. (orgs.). *Exercícios de micro-história*. Rio de Janeiro: Fundação Getulio Vargas, 2009a, p. 110-150.

______. "Efigênia angola, Francisca Muniz forra parda, seus parceiros e senhores: freguesias rurais do Rio de Janeiro, século XVIII. Uma contribuição metodológica para a história colonial". *Topoi* (Rio de Janeiro), número 21, volume 11, 2010.

______. *Homens de Grossa Aventura: acumulação e hierarquia na praça mercantil do Rio de Janeiro (1790-1830)*. Rio de Janeiro: Civilização Brasileira (2. ed., 1. ed. 1992), 1998.

FRAGOSO, João; GOUVÊA, Fátima. "Monarquia pluricontinental e repúblicas: algumas reflexões sobre a América lusa nos séculos XVI-XVIII". *Tempo*, Niterói: Departamento de História, 2009.

______. Nas rotas da governação portuguesa: Rio de Janeiro e Costa da Mina, séculos XVII e XVIII. In: CAMPOS, Adriana; SAMPAIO, Antonio C J de; FRAGOSO, João; FLORENTINO, Manolo (orgs.). *Na rotas do Império*. Vitória: EDUFES; Lisboa: IICT, 2006, p. 25-72.

FRANCO, Francisco de A. Carvalho. *Dicionário de bandeirantes e sertanistas do Brasil*. Belo Horizonte/São Paulo, Itatiaia/EDUSP, 1989, p. 49, 132-133.

FREYRE, Gilberto. *Casa-grande e senzala: formação da família brasileira sob o regime da economia patriarcal*. Rio de Janeiro: José Olympio, 1987, 25ª. ed.

FURTADO, Júnia F. *Chica da Silva e o contratador dos diamantes: o outro lado do mito*. São Paulo: Companhia das Letras, 2003.

GODINHO, Vitorino, M. *Ensaios II*. Lisboa: Sá da Costa, 1978, p. 262- 64.

GODOY, Silvana Alves. "Itu e Araritaguaba na Rota das Monções (1718 a 1838)". Dissertação de Mestrado, Programa de Pós-Graduação em História Econômica. São Paulo: Unicamp, 2002.

GOMES, José Eudes. As armas e o governo da República: tropas locais e governação no Ceará setecentista. In: GUEDES, Roberto (org.). *Dinâmica imperial no Antigo Regime português: escravidão, governos, fronteiras, poderes, legados*. Rio de Janeiro: Mauad X, 2011, p. 189-207.

______. *As milícias d'El-Rey: tropas militares e poder no Ceará setecentista*. Rio de Janeiro: FGV Editora, 2010.

GONÇALVES, Andréa Lisly. *As margens da liberdade: Estudo sobre a prática de alforrias em Minas colonial e provincial*. São Paulo: FFCH/USP, 1999.

GREENE, Jack. *Negociated Authorities. Essays in Colonial Political and Constitutional History*. Charlottesville and London. University Press of Virginia, 1994.

GUEDES, Roberto. "Escravidão e Cor nos censos de Porto Feliz (São Paulo, século XIX)". *Especiaria* (UESC), v. 10, p. 489-518, 2009.

______. "Escravidão e legados pombalinos nos registros de cores (Itu/Porto Feliz, São Paulo, 1766-1824)". In: RODRIGUES, Cláudia; FALCON, Francisco José Calazans (orgs.) *Os significados do pombalismo no mundo luso-brasileiro* (no prelo).

______. "Mudança e silêncio sobre a cor: São Paulo e São Domingos" (séculos XVIII e XIX). *Africana Studia*, v. 14, p. 93-118, 2010.

______. *Egressos do cativeiro: trabalho, família, aliança e mobilidade social* (Porto Feliz, São Paulo, c. 1798 — c. 1850). Rio de Janeiro: Mauad, 2008.

______. Escravidão e Cor nos censos de Porto Feliz (São Paulo, século XIX). *Especiaria* (UESC), v. 10, p. 489-518, 2009.

HESPANHA, A. M. "Para uma teoria da história institucional do Antigo Regime". In ______. (ed.) *Poder e instituições na Europa do Antigo Regime*. Fundação Calouste Gulbenkian, Lisboa, 1984.

______. "Os poderes, os modelos e os instrumentos de controle". In: MONTEIRO, Nuno G. *História da vida privada*. Lisboa: Círculo de Leitores, 2011, p. 12-13.

______. "As cores e a instituição da ordem no mundo do Antigo Regime". In: FURTADO, Júnia (org.). *Sons, formas e movimentos na modernidade atlântica. Europa, Américas e África*. São Paulo: Annablume, 2005, p. 345.

______. "O paradigma individualista". In: ______ (coord.). *História de Portugal — O Antigo Regime*. Lisboa: Ed. Estampa, 1993, p. 125-127.

______. *Imbecillitas. As bem-aventuranças da inferioridade nas sociedades de Antigo Regime*. São Paulo: Annablume, 2010, capítulo 7.

______. *As Vésperas do Leviathan*. Coimbra: Liv. Almedina, 1994.

HEYWOOD, Linda M. "De português a africano: a origem centro-africana das culturas atlânticas crioulas no século XVIII". In: HEYWOOD, Linda M (org.). *Diáspora negra no Brasil*. São Paulo: Contexto, 2008, p. 101-124.

HIGMAN, B. W. "The Sugar Revolution", *The Economic History Review*, vol. 53, n. 2, 2000.

HOLANDA, Sérgio Buarque de. *Caminhos e fronteiras*. São Paulo: Companhia das Letras, 1994, 3ª. ed, p. 181-189.

KELMER, Carlos M. "A cor negra do ouro: circuitos mercantis e hierarquias sociais na formação da sociedade mineira setecentista, 1711-c. 1756". 2009. Tese (História Social). Rio de Janeiro, Universidade Federal do Rio de Janeiro.

KICZA, John, *Empresarios coloniales — familias y negocios en la ciudad de México durante los Borbones*. México: Fondo de Cultura Económica, 1986.

KIERNAN, James Patrick. *The Manumission of Slaves in Colonial Brazil: Paraty, 1789-1822*, Nova York: New York University, 1976.

KLEIN, Herbert. "The colored freemen in Brazilian slave Society". In: *Journal of Social History*, v. 3, n. 1, p. 3-27, 1969.

KLEIN, Herbert; LUNA, Francisco Vidal. *Evolução da sociedade e economia escravista de São Paulo, de 1750 a 1850*. São Paulo: EDUSP, 2005.

KRIEDTE, Peter. *Feudalismo Tardio y Capital Mercantil*, 3. ed. Barcelona: Ed. Crítica, 1985, cap. II.

LARA, Silvia H. "Conectando historiografias: a escravidão africana e o Antigo Regime na América portuguesa". In: BICALHO, Maria Fernanda; FERLINI, Vera (orgs.). *Modos de governar. Ideias e práticas políticas no Império português (sécs. XVI-XIX)*. São Paulo: Alameda Casa Editorial, 2005, p. 21-38.

______. "A cor da maior parte da gente: negros e mulatos na América setecentista". In: FURTADO, Júnia (org.). *Sons, formas e movimentos na modernidade atlântica. Europa, Américas e África*. São Paulo: Annablume, 2005a, p. 361-374.

______. *Fragmentos setecentistas: escravidão, cultura e poder na América portuguesa*. São Paulo: Companhia das Letras, 2007.

LEITE, Glacyra Lazzari. *Pernambuco 1817: estrutura e comportamentos sociais*. Recife: Massangana, 1988, p. 38-42.

LEMPERIERE, Annick. *Entre Dieu et le roi, la République. Mexico, XVI*[e] *— XIX*[e] *siècles*. Paris: Les Belles Lettres, 2004.

LEVI, Giovanni. "Reciprocidad Mediterránea". *Revista Tiempos Modernos*. Buenos Aires, n. 2, 2002.

______. "Comportamentos, recursos, processos: antes da 'revolução' do consumo". In: REVEL, Jacques (org.) *Jogos de Escala. A experiência da microanálise*. Rio de Janeiro: Fundação Getulio Vargas, 1998, p. 203-224.

LIBBY, Douglas. A empiria e as cores: representações identitárias nas Minas Gerais dos séculos XVIII e XIX. In: PAIVA, Eduardo; IVO, Isnara; MARTINS, Ilton (orgs.). *Escravidão, mestiçagens, populações e identidades culturais*. São Paulo: Annablume, 2010.

Livros de Óbitos da Freguesia da Candelária, Rio de Janeiro, anos 1674/1675, 1699/1700, 1740 e 1799/1800. Disponíveis em: http://www.familysearch.org/s/image/show#uri=http%3A//pilot.familysearch.org/records.

Livros de Óbitos da Freguesia da Candelária, Rio de Janeiro, anos 1740, 1799 e 1800. Disponíveis em: http://www.familysearch.org/s/image/show#uri=http%3A//pilot.familysearch.org/records.

LUNA, Francisco Vidal; COSTA, Iraci Del Nero. "A presença do elemento forro no conjunto de proprietário de escravos", *Revista Ciência e Cultura*. São Paulo: FEA/USP, 32(7), v. 32, n. 7, p. 836-841, 1980.

LUNA, Francisco Vidal; KLEIN, Herbert. *Escravismo no Brasil*. São Paulo: EDUSP, 2010, p. 355.

MACHADO, Cacilda. *A trama das vontades, negros, pardos e brancos na produção da hierarquia social do Brasil escravista*. Rio de Janeiro: Ed. Apicuri, 2008.

MAGALHÃES, Joaquim R. "O espaço político e social local". In: OLIVEIRA, C. (dir.), *História dos municípios e do poder local*, Lisboa: Temas e Debates.

______. *O Algarve econômico*, 1600-1773, Lisboa: Estampa, 1988.

MARCÍLIO, Maria Luiza. *Crescimento demográfico e evolução agrária paulista (1700-1836)*. São Paulo: Hucitec, 2000.

MATHIAS, Carlos L. Kelmer. "O braço armado do senhor: recursos e orientações valorativas nas relações sociais escravistas em Minas Gerais na primeira metade do século XVIII". In: PAIVA, Eduardo França; IVO, Isnara Pereira (org.). *Escravidão, mestiçagem e histórias comparadas*. São Paulo: Annablume, 2008, v. 1, p. 89-106.

MATTOS, Hebe Maria. *Escravidão e cidadania no Brasil monárquico*. Rio de Janeiro: Zahar, 2000.

______. "A escravidão moderna nos quadros do Império português: o Antigo Regime em perspectiva atlântica". In: FRAGOSO; GOUVÊA; BICALHO (orgs.). *O Antigo Regime nos trópicos*, op. cit., p. 141-162.

MATTOSO, Kátia M. Q. A propósito das cartas de alforria. Bahia (1779-1850), *Anais de História*. Assis: São Paulo, n. 4, p. 23-52, 1972.

______. *Ser escravo no Brasil*. São Paulo: Brasiliense, 1982.

______. *Testamentos de escravos libertos na Bahia no século XIX*. Salvador: Universidade Federal da Bahia/Centro de Estudos Baianos, 1979.

MAXWELL, Kenneth. *Marquês de Pombal: paradoxos do Iluminismo*. Lisboa: Ed. Presença, 2001.

MENARD, Russell. *Sweet Negotiations: Sugar, Slavery, and Plantation Agriculture in Early Barbados*. Charlottesville: University of Virginia Press, 2006.

MILLER, Joseph C. *Way of Death. Merchant capitalism and the angolan slave trade, 1730-1830*.Wisconsin: Wisconsin University Press, 1988.

MONTEIRO, John Manuel. *Negros da Terra. Índios e bandeirantes nas origens de São Paulo*. São Paulo: Companhia das Letras, 1994.

______. *Tupis, Tapuias e historiadores. Estudos de história indígena e do indigenismo*. Tese apresentada para o Concurso de Livre-Docência, Área de Etnologia, 2001. Disponível em http://www.ifch.unicamp.br/ihb/estudos/TupiTapuia.pdf

MONTEIRO, Nuno Gonçalo. *D. José I*. Lisboa: Temas e Debates, 2008.

NAZZARI, Muriel. "Da escravidão à liberdade: a transição de índio administrado para vassalo independente em São Paulo colonial". In: NIZZA DA SILVA, Maria Beatriz. *Escravidão e colonização*. Rio de Janeiro: Nova Fronteira, 2000.

NEVES, Guilherme Pereira das. "Pálidas e oblíquas luzes: J. J. da Cunha Azeredo Coutinho e a Análise sobre a Justiça do Comércio do Resgate dos Escravos". In: NIZZA DA SILVA, Maria Beatriz. *Brasil: Colonização e escravidão*. Rio de Janeiro: Nova Fronteira, 2000.

O'BRIEN, P. & ENGERMAN, S. L. "Export and the growth of the British economy from the Glorious Revolution to the Peace of Amiens". In: SOLOW. B; ENGERMAN, S. (eds.) *Slavery and the Rise of the Atlantic System*. Cambridge, 1991.

OLIVEIRA, Anderson J. M. "Padre José Maurício: 'dispensa de cor', mobilidade social e recriação de hierarquias na América portuguesa". In: GUEDES, Roberto. *Dinâmica imperial no Antigo Regime português: escravidão, governos, fronteiras, poderes, legados*. Rio de Janeiro: Mauad, 2011, p. 51-66.

OLIVEIRA, Anderson José M. *Devoção negra: santos pretos e catequese no Brasil Colonial*. Rio de Janeiro: Quartet/Faperj, 2008.

______. Igreja e escravidão africana no Brasil Colonial, *Especiaria* (UESC), v. 10, p. 356-388, 2009.

OLIVEIRA, Maria Inês C. *O liberto: o seu mundo e os outros, Salvador, 1790-1890*. Salvador: Corrupio, 1979.

Ordenações Filipinas, Livro IV. Lisboa, Fundação Calouste Gulbenkian. Ed. fac-símile da elaborada por Cândido Mendes de Almeida.

PAIVA, Eduardo F. *Escravidão e universo cultural na Colônia: Minas Gerais, 1716-1789*. Belo Horizonte: Editora da UFMG, 2001.

______. *Escravos e libertos nas Minas Gerais do século XVIII*. São Paulo: Annablume, 1995.

PAIVA, Eduardo F; IVO, Isnara. P; MARTINS, I. C. (orgs.). *Escravidão, mestiçagens, populações e identidades culturais*. São Paulo/Belo Horizonte: Annablume- PPGH-UFMG, 2010.

PAIVA, Eduardo França; LIBBY, D. C. Eugene D. "Genovese". In: LOPES, Marcos Antônio; MUNHOZ, Sidnei J. (org.). *Historiadores de nosso tempo*. São Paulo: Alameda, 2010, p. 93-113.

PAIVA, Eduardo França. *Escravidão e Universo Cultural na Colônia; Minas Gerais, 1716-1789*. 2. ed. Belo Horizonte: Editora UFMG, 2006.

______. *Por uma história cultural da escravidão, da presença africana e das mestiçagens*. Fênix (UFU. Online), v. 6, p. 1-24, 2010.

PEDREIRA, Jorge. "Introdução". *Estrutura industrial e mercado colonial: Portugal e Brasil (1780-1830)*. Lisboa: Difel, 1994.

PERRONE-MOISÉS, Beatriz. "Índios livres e índios escravos: os princípios da legislação indigenista do período colonial (séculos XVI a XVIII)". In: CUNHA, Manuela Carneiro da (org.) *História dos índios no Brasil*. São Paulo: Companhia das Letras, 1992.

RAMINELLI, Ronald J. *Imagens da colonização: A representação do índio de Caminha a Vieira*. Rio de Janeiro: Jorge Zahar Editor, 1996.

______. *Viagens ultramarinas; monarcas, vassalos e governo a distância*. São Paulo: Alameda Casa Editorial, 2008.

______. "A monarquia católica e os poderes locais no Novo Mundo". In: AZEVEDO, Cecília; RAMINELLI, Ronald (orgs.). *História das Américas: novas perspectivas*. Rio de Janeiro: Editora FGV, 2011, v. 1, p. 29-54.

RAMOS, Donald. "A mulher e a família em Vila Rica do Ouro Preto: 1754-1838". In: NADALIN, Sérgio O. *et al.* (orgs.) *História e população: estudos sobre a América Latina.* São Paulo: Associação Brasileira de Estudos Populacionais, 1990.

REIS, Adriana Dantas. "As mulheres negras por cima. O caso de Luzia jeje. Escravidão, família e mobilidade social — Bahia, c. 1780- c.1830". Tese de Doutorado. Niterói: UFF, 2010.

RIBEIRO, Alexandre V. *A cidade de Salvador: estrutura econômica, comércio de escravos e grupo mercantil* (c.1750 — c.1800). Rio de Janeiro: UFRJ, PPGHIS, 2005.

RUSSELL-WOOD, A. J. R. *The Black man in Slavery and Freedom in Colonial Brazil.* Nova York: St. Martin's Press, 1982.

SAMPAIO, Antonio Carlos Jucá. "A produção da liberdade: padrões gerais das manumissões no Rio de Janeiro colonial, 1650-1750". In: FLORENTINO, Manolo (org.) *Tráfico, cativeiro e liberdade (Rio de Janeiro, séculos XVII-XIX).* Rio de Janeiro: Civilização Brasileira, 2005, p. 287-329.

SAMPAIO, *Na curva do tempo,* op. cit., p. 191.

SCHWARTZ, Stuart (org.). *Tropical Babylons. Sugar and the Making of the Atlantic World, 1450—1680.* Chapel Hill and London, The University of North Carolina Press, 2004.

SCHWARTZ, Stuart B. *Segredos internos: engenhos e escravos na sociedade colonial, 1550-1835.* São Paulo: Companhia das Letras, 1998.

SILVA, Jovam Vilela. *Mistura de cores. Política de povoamento e população na capitania de Mato Grosso, século XVIII.* Cuiabá: Editora da UFMT, 1995, p. 215.

SILVA, Kalina Vanderlei. *Nas solidões vastas e assustadoras. A conquista do sertão de Pernambuco pelas vilas açucareiras nos séculos XVII e XVIII.* Recife: Cepe, 2010, p. 79-107.

SOARES, Márcio de Sousa. "Fortunas mestiças: perfilhação de escravos, herança e mobilidade social de forros em Campos dos Goitacases no alvorecer do oitocentos". *Estudos de História* (Franca), v. 9, p. 165-194, 2002.

______. *A remissão do cativeiro: a dádiva da alforria e o governo dos escravos nos Campos dos Goytacazes, c. 1750-c.1830.* Rio de Janeiro: Apicuri, 2009.

SOARES, Mariza de Carvalho. *Devotos da cor: identidade étnica, religiosidade e escravidão no Rio de Janeiro, século XVIII.* Rio de Janeiro: Civilização Brasileira, 2000.

SOUZA, Laura de Mello e. *Inferno atlântico: demonologia e colonização — séculos XVI-XVIII.* São Paulo: Companhia das Letras, 1993.

THORNTON, John Kelly. *A África e os africanos na formação do mundo atlântico, 1400-1800.* Rio de Janeiro: Elsevier, 2004.

VIANA, Larissa Moreira. *O idioma da mestiçagem: as irmandades de pardos na América portuguesa.* Campinas: Ed. da Unicamp, 2007.

PARTE I O mundo português em transformação: O longo século XVIII

CAPÍTULO 1

Dom João V e a década de 1720: novas perspectivas na ordenação do espaço mundial e novas práticas letradas*

*Júnia Ferreira Furtado***

1. Uma república de letras

"Mas qual se pode desejar mais sublime matéria para compor uma História que os sucessos e as ações da nossa República das Letras?"[1] — se perguntava o marquês de Abrantes na censura que redigiu para o livro que contava os primeiros anos da *História da Academia Real de História Portuguesa,* escrito, em 1726, por Manoel Telles da Silva, marquês de Alegrete. Com efeito, a criação da Academia de História, por dom João V, em dezembro de 1720, foi momento singular no processo de formação e consolidação de um grupo de intelectuais que se reunia

*Este artigo é parte de uma pesquisa mais ampla sobre a colaboração estabelecida entre dom Luís da Cunha e Jean-Baptiste Bourguignon D'Anville, geógrafo do rei da França, para a produção da *Carte de l'Amérique méridionale*, impressa em 1748. Conta com apoio do CNPq/Bolsista de Produtividade em Pesquisa, 2007-2010, Instituto de Estudos Avançados Transdisciplinares (IEAT/UFMG)/Bolsa de Professor Residente, 2007 e Capes/Bolsa de Pós-doutoramento, 2008.

**Professora associada do Departamento de História da Universidade Federal de Minas Gerais. Doutora em História Social pela Universidade de São Paulo.

em torno do monarca e nele encontrava seu principal mecenas.[2] Nesse sentido, a Academia era sintoma evidente da formação em Portugal de uma república de letras de viés iluminista. Mas como se caracterizava essa república de letras, quem eram seus componentes e como eles se articulavam entre si, com o Estado e com o monarca?

Diderot, ao redigir o verbete sobre os *philosophes* para a *Enciclopédia*, afirmou que a república de letras aspira a uma igualdade entre os filósofos/escritores e os grandes do reino.[3] O termo república abarcava exatamente esse sentimento de igualdade a que os homens de letras almejavam. D'Alembert, secretário perpétuo da Academia Francesa de Belas-Letras, reconhecia que a sociedade de Antigo Regime era desigual por natureza, mas o espaço das academias seria o lócus que nivelaria aqueles cuja glória estava fundada no talento dos oriundos da nobreza de sangue. As academias seriam, de um lado, lugar para a ascensão dos homens de letras, equiparando-os aos grandes do Estado. Mas, por outro, eram também um espaço de distinção, destacando, dessa feita, os homens de talento, verdadeiramente esclarecidos, dos homens ordinários, valorizando o mérito e a capacidade dos que contribuíam para o engrandecimento do Estado.[4] A junção dos escritores de talento com a nobreza de gosto formaria um espaço de opinião pública.[5] Mas esse não era um fenômeno exclusivamente francês. Tal qual na França, e de forma bastante precoce, a criação da Academia de História Portuguesa aglutinava e dava visibilidade ao processo de transformação cultural, sob viés iluminista, que ocorria em Portugal. Ali se configurava uma elite intelectual, composta em grande parte de nobres de nascimento, mas não só,[6] que se imiscuía no Estado, colocava sua capacidade a seu serviço, usufruía de privilégios e, ao mesmo tempo, promovia sua própria ascensão social.

Os impasses que os historiadores frequentemente encontram nas análises sobre a cultura desse período da história portuguesa se devem em certa medida a pelo menos quatro fatores principais. Em primeiro lugar, ainda que o termo Iluminismo tenha sido cunhado pelos próprios filósofos franceses no século XVIII, a definição do que hoje se considera Iluminismo foi consolidada muito posteriormente. Ou seja, é a partir do conhecimento dos fatos tal qual ocorreram e se desdobraram no passado que grande parte dos historiadores analisa a história enquanto um processo que adquire coerência a partir do futuro, ou seja, analisa-se a história de trás para frente. O grande problema desse tipo de análise metodológica é que se define um modelo ideal do fenômeno e constrói-se a análise histórica a partir dos fatos posteriores, os quais passam a conferir inteligibilidade ao que aconteceu anteriormente, e o que parece não se encaixar perfeitamente nesse modelo sequencial de acontecimentos, como é o caso da cultura portuguesa do século XVIII, é visto como exceção, como desvio da regra. Ao invés de se compreender a história na corrente dos acontecimentos, adota-se o procedimento inverso, o que torna a abordagem marcada por um viés tautológico, determinista e linear.

Em segundo lugar, resultante dessa visão determinista da história, a maioria das interpretações sobre o Iluminismo se caracteriza por definir o conceito apenas a partir de sua configuração pós-Revolução Francesa, quando sua feição antimonárquica e anticatólica se tornou efetivamente hegemônica na França revolucionária. Nessa medida, esquece-se que o Iluminismo nasceu como instrumento do Estado absolutista e teve nos monarcas, como foi o caso de Luís XV ou de dom João V, seus principais incentivadores. Como revelam as falas de Diderot e D'Alembert no início deste artigo, até a Revolução, e mesmo em seus períodos iniciais, os iluministas franceses, como os portugueses, defendiam não a abolição da monarquia, mas a ascensão dos intelectuais e dos homens de letras junto aos grandes, como reconhecimento de sua capacidade intelectual colocada a serviço do Estado.[7]

A terceira premissa decorre das duas primeiras e é o caráter francocêntrico das análises sobre o Iluminismo europeu por aqueles que acreditam que tal fenômeno foi quase que exclusivamente francês. Esse tipo de análise costuma diferenciar a cultura dos países anglo-saxões — que se moderniza pelo impacto da razão — e a dos países ibéricos — que permanece imersa no misticismo que seria característico da religião católica, particularmente sob o impacto da Inquisição. Parte-se aqui novamente de modelos ideais, caracterizados por um corte binário da realidade: moderno-atrasado; bom-mau; luz-sombra, e que não se sustentam a uma análise mais detida dos processos históricos ocorridos nessas duas macrorregiões. Da mesma forma, tomam-se os desdobramentos da história francesa como o modelo ideal para examinar os acontecimentos nos diversos países, vistos então sempre como desviantes ou incompletos.

Em quarto lugar, destaca-se a concepção, já presente na própria elite intelectual portuguesa da segunda metade do século XVIII e incorporada por boa parte da historiografia, de que a cultura portuguesa se encontrava até então mergulhada na escuridão, engessada pela Inquisição, pelo arcaísmo da nobreza e pelo misticismo da Igreja Católica. Ora, fazia parte do próprio repertório iluminista a utilização da metáfora da luz e da sombra, que apregoava que somente um novo conhecimento baseado na razão, como uma luz, tendia a se espalhar e a iluminar a todos, afastando as trevas em que a cultura estivera mergulhada até então, o que não necessariamente correspondia à realidade dos acontecimentos.[8] Esse tipo de abordagem acaba por imprimir um viés evolucionista às análises sobre a cultura e a ciência ocidental.

A junção de todas essas premissas acabou por situar o Iluminismo português, quando esse é reconhecido como existente, como uma derivação ou mesmo um desvio de sua fonte original francesa, por isso mesmo incompleto e inacabado. O Iluminismo português é situado, pela maioria dos autores, somente a partir da segunda metade do século XVIII, sendo hegemonizado pela figura do marquês de Pombal, a par com a elite por ele promovida, e se configura nas transformações então encetadas em Portugal — reforma da universidade, do ensino, da economia, racionalização da burocracia etc. Ou seja, a "vertente" portuguesa do Iluminismo teria por natureza uma feição estatal, considerada um desvio da matriz revolucionária original francesa, e é então denominada *despotismo esclarecido*.

Porém, observando-se o reinado de dom João V percebe-se um ambiente cultural par a par com o que foi denominado Iluminismo pelos indivíduos a ele contemporâneos e com feições muito próximas do que ocorria na França e em vários países da Europa na mesma época. A ascensão dos intelectuais/escritores/filósofos de talento;[9] a valorização do espírito; a criação de um mercado de letras; a aproximação entre os intelectuais, os grandes e o Estado; a formação de uma opinião pública; a proliferação das academias; a articulação de um mecenato régio e a cooptação dos intelectuais para o serviço do Estado monárquico são, entre outros, fenômenos que podem ser observados, em Portugal, já na primeira metade do século XVIII. A ampla circulação de livros, o trânsito de *savants* portugueses pela Europa e vice-versa e a articulação das redes de intelectuais[10] dos diversos países europeus propiciaram que, na época, a sociabilidade cultural do continente se configurasse de forma muito mais homogênea do que se poderia esperar.

Este artigo busca analisar a formação de uma elite intelectual que se configura como uma *república de letras* portuguesa na primeira metade do século XVIII e sua inserção no aparelho de Estado, o que muitas vezes ocorria de forma contraditória e paradoxal. Esses homens acreditavam que eram portadores de uma missão transformadora, cujos intelectos seriam capazes de, como uma luz, civilizar a cultura portuguesa, afastando-a do arcaísmo no qual estaria inserida. Buscavam a filosofia mecânica, caracterizada pelo uso da razão e do experimentalismo, como sistema capaz de transformar o entendimento humano, distanciando-o do dogmatismo que acusavam de ser até então dominante. Os limites dessa república extrapolavam o próprio reino e abarcavam o Império português, pois vários dos seus componentes eram arregimentados ou passavam longas estadas nas conquistas ultramarinas. Mas também se expandiam para além do próprio Império, já que muitos deles viveram ou passaram vários anos em outros países da Europa, onde se conectavam às elites pensantes locais. Esses homens, muitas vezes situados em locais distantes entre si, se articulavam a partir de espaços variados, como as academias, as correspondências, as clientelas, as redes de opinião, os salões, as embaixadas portuguesas etc., mas também se conectavam a partir de sua atuação na administração, especialmente a partir da diplomacia, do Conselho de Estado ou do Conselho Ultramarino. O Estado desempenhava papel fulcral nesse processo, com destaque para a proteção dispensada a esses indivíduos por dom João V, que os colocava a serviço do Império, articulando um verdadeiro mecenato régio.

Essa república de letras era constituída tanto de nobres de gosto quanto de indivíduos oriundos de estratos sociais mais baixos, que se conectavam formando redes hierárquicas que intercambiavam favores e opiniões. O grande centro desse movimento era o próprio dom João V, que se tornou patrono das ciências e das artes, fundamentais para a difusão das Luzes em Portugal. A partir do desempenho tanto de funções administrativas[11] quanto pela participação nas academias, particularmente a de História, esses homens ascendiam socialmente, acumulando mercês e graças concedidas antes de mais ninguém pelo próprio monarca.

Essa elite intelectual foi, pois, arregimentada para o serviço do Estado, e muitos deles tornaram-se ministros do governo, diplomatas nas cortes europeias, membros do Conselho Ultramarino ou da administração, tanto no reino quanto no ultramar. Mas, para além do próprio monarca, ápice de toda a pirâmide, vários foram os epicentros desse fenômeno, como foi o caso do conde da Ericeira, do marquês de Abrantes, do infante dom Manuel (irmão mais novo do rei) ou ainda do diplomata português dom Luís da Cunha, a quem será dedicada especial atenção neste artigo. Esse grupo seleto, que se preparava para a governança do Império, teve papel preponderante na corte joanina e esteve particularmente preocupado em prover a Coroa com o saber e os instrumentos mais modernos de seu tempo e em demonstrar publicamente que Portugal se abria às luzes e ao conhecimento.

2. Alguns espaços de uma república de letras

2.1. A viagem

A articulação entre os integrantes dessa *república de letras* deu-se de forma mundializada, pois o espaço do Império português onde eles se encontravam — em caráter permanente ou transitório — era um espaço global, estendendo-se pelas quatro partes do mundo.[12] Eram homens que se caracterizaram também por sua abertura e seu trânsito intelectual com o mundo europeu e que tinham na viagem o principal mecanismo do aprendizado e de formação de um conhecimento capaz de contribuir para o desenvolvimento político, econômico e intelectual do reino.[13]

A importância das viagens como forma de acesso a um conhecimento que instrumentalizasse e servisse ao poder pode ser vista no manuscrito *O peregrino instruído*, escrito por dom Manuel Caetano de Sousa durante o primeiro quartel do reinado de dom João V.[14] Grande idealizador da Academia de História Portuguesa, dom Manuel Caetano de Sousa realizou, em 1710, um amplo périplo por algumas cidades italianas, entre elas Roma e Florença, onde se relacionou com os intelectuais residentes, visitou livrarias e academias, pesquisou manuscritos e teve acesso a novos instrumentos, como telescópios e microscópios.[15] Sua viagem serviu certamente de inspiração para a confecção do manuscrito, que se constitui num roteiro formulado a partir de 212 questões que deveriam ser observadas e respondidas por "aqueles que, por meio das viagens, querem conhecer utilmente o mundo". O texto foi escrito por encomenda de dom João V, "por ocasião que esteve por ir incógnito ver as Cortes estrangeiras",[16] mas deveria servir de orientação para "todo viajante que desejava se tornar um *peregrino instruído*". Além de inventariar um rol de perguntas que deveriam ser respondidas para melhor observar e conhecer o mundo, o autor sugeria as formas de conseguir as informações necessárias. Segundo ele, o viajante curioso deveria colher as notícias gerais nos caminhos e nas estalagens; observar diretamente cada lugar; conferir as informações nos livros e, por fim, buscar os homens mais noticiosos do lugar. O manuscrito "reflete, sem dúvida, uma tentativa de padronizar o levantamento de informações das diferentes regiões do mundo, sugerindo aos viajantes 'os meios mais fáceis para adquirir o conhecimento de todas as coisas'".[17]

A importância do périplo europeu para a formação intelectual dos membros dessa república de letras portuguesa pode ser vista a partir da trajetória de vários deles. Tal é o caso, por exemplo, de um de seus expoentes, Martinho de Mendonça Pina e Proença, que foi tutor do infante dom Manuel, governador interino das Minas Gerais, membro da Academia Portuguesa de História e do Conselho Ultramarino. Em 1715, ele deixou Portugal e começou "seu giro pela Europa, visitando a Espanha e a Itália, servindo no Exército austríaco contra os turcos e percorrendo a Alemanha e a França".[18] Alguns anos depois, ele mesmo fez um resumo de sua experiência europeia:

> Saí de Portugal e, vagando por quase toda a Europa, de caminho procurei alcançar alguma notícia dos sistemas mais modernos, tive ocasião de conversar em Saxônia com Wolfio[19] e em Holanda com o S'Gravesande,[20] cujas conferências me deram alguma luz dos engenhosos sistemas e princípios de Leibniz e Newton.[21]

Por meio do contato com os *savants* nas principais universidades europeias, Martinho de Mendonça se familiarizava com o saber mais moderno ali produzido e fazia do seu périplo europeu, como recomendava o manuscrito d'O *peregrino instruído*, uma fonte de conhecimento.

Mas, uma vez no estrangeiro, esses viajantes não apenas adquiriam saber para si próprios como também compartilhavam suas ideias e seu aprendizado com outros portugueses. Para isso articulavam-se à elite de compatriotas ilustrados, residentes ou em trânsito pelos países da Europa por onde passavam, formando redes de interesse, opinião e clientela. Essas redes se articulavam no estrangeiro principalmente a partir do contato com os que ocupavam postos na diplomacia, pois estes abrigavam e auxiliavam os que chegavam para o giro europeu. Os contatos estabelecidos por Martinho de Mendonça durante sua viagem são ilustrativos da constituição dessas redes de sociabilidade, das quais ele vai se servir pelo resto de sua vida. Vejamos:

No mesmo ano de 1715 em que ele deixava Portugal, o infante dom Manuel, contra a vontade do rei, seguia destino semelhante: partia do Reino em direção aos Países Baixos, manifestando a mesma vontade de "girar pelas 'cortes estrangeiras', a cursar 'o mundo polido', para se aperfeiçoar nas suas escolas, onde tantos homens se fizeram grandes".[22] Buscava, dessa forma, conhecer o mundo, mas também demonstrar sua bravura no combate aos turcos. Junto com o infante seguia o filho do conde de Tarouca. O conde era embaixador português nos Países Baixos, juntamente com dom Luís da Cunha. Uma vez na Europa, os destinos do infante e de Martinho de Mendonça se cruzaram várias vezes. Depois de viajar pela Espanha e Itália, Martinho de Mendonça visitou a Áustria e a Hungria e, em 1717, destacou-se com bravura na batalha de Belgrado, que infligiu importante derrota ao Exército turco, dedicando seu desempenho ao infante dom Manuel, que lutava na mesma campanha, na qual esse último acabou ferido gravemente.[23] Para se recuperar de seus ferimentos, em 1718, o infante foi para Haia, tendo sido recebido pelo conde de Tarouca e por dom Luís da Cunha. Ali chegou pela mesma época Martinho de Mendonça, e os dois embaixadores o encarregam de servir a dom Manuel, ministrando-lhe aulas de matemática e outras ciências.[24]

A partir do círculo social dos dois embaixadores, do infante e sob a proteção de Tomás da Silva Teles, com quem lutara em Belgrado, Martinho de Mendonça, de retorno a Portugal, inseriu-se na rede que, a partir do marquês de Abrantes, conectava uma série de homens dessa república de letras. Assim, em 1719, apresenta-se perante o rei, em presença "dos marqueses de Abrantes e de Alegrete, do conde da Ericeira, dos padres Gonzaga e Oliveira e de Alexandre de Gusmão", mostrando seus vastos conhecimentos. Sua apresentação brilhante rendeu-lhe a designação para organizar a Biblioteca Real, juntamente com o cardeal da Mota e o conde da Ericeira.

A organização de uma volumosa biblioteca durante o reinado de dom João V refletia o mecenato intelectual dispensado pelo rei e buscava demonstrar publicamente a importância que o monarca dedicava ao conhecimento e à cultura. A biblioteca deveria equipar a elite pensante portuguesa não só com as obras clássicas, mas com o que de melhor e mais moderno estivesse sendo publicado tanto em Portugal quanto no exterior. Essa tarefa aglutinou parte significativa dessa república de letras. Em Portugal, os marqueses de Abrantes e de Alegrete, o conde da Ericeira, o padre Alexandre de Gusmão, o cardeal da Mota e Martinho de Mendonça redigiam as extensas listas de obras a serem adquiridas. Nas diversas cortes europeias, os diplomatas, como dom Luís da Cunha, José da Cunha Brochado, Sebastião José de Carvalho, o futuro marquês de Pombal, entre outros, se dedicavam à compra. Dessa forma, apesar de distantes espacialmente, compartilhavam, por meio da troca de cartas, gostos, leituras e opiniões.

De volta a Portugal, o conhecimento adquirido no estrangeiro deveria, então, ser colocado a serviço do Estado. Não bastava adquirir livros no exterior, mas produzir um novo conhecimento a partir dessa nova práxis intelectual vivenciada pelos portugueses. Martinho de Mendonça, por exemplo, não só se dedicou à organização da Biblioteca Real, mas também publicou obras de sua autoria, nas quais divulgava as novas teorias de que tomara conhecimento em seu périplo europeu. Nos *Apontamentos para a educação de um menino nobre*, publicado em 1733, propunha todo um novo programa de aprendizado para as novas gerações, par a par com o pensamento de Locke.[25] O livro era quase um decalque do livro desse filósofo inglês — a questão da autoria adquiria outros significados na época — que se intitulava *Some Thoughts Concerning Education*, publicado em 1693, e que reunia um conjunto de cartas sobre o tema que Locke escrevera quando esteve na Holanda, entre 1684-1689.[26] A par com as ideias divulgadas nesse livro, Martinho de Mendonça propunha uma nova filosofia de ensino aos jovens nobres em Portugal. Insurgia-se contra a Escolástica e propunha uma educação realista, dividida em três áreas principais — a educação física, a moral e a intelectual — e baseada na instrução de valores morais, como a virtude, a prudência e a honra.

Mas a viagem, além de mecanismo de aprendizagem, possuía ainda outra vertente, e era seu aspecto pragmático, importante para aqueles que se preparavam para a governança do Império. Assim, além de viajar pela Europa era necessário que esses homens ocupassem cargos na administração. A carreira diplomática era uma das possibilidades abertas; outra era a administração do além-mar com os muitos cargos e postos disponíveis. O desempenho de cargos administrativos era também mecanismo essencial na promoção social, pois o serviço do rei era intercambiado por mercês e novas patentes. A diplomacia e a administração do Império serviam, assim, para a escala aos cargos mais elevados da administração no Reino. Novamente tomemos o exemplo paradigmático de Martinho de Mendonça. Em 1733, ele foi designado como comissário régio no Brasil, mais particularmente nas Minas Gerais, no momento em que a Coroa se defrontava com a superprodução das minas diamantíferas e discutia a substituição do imposto do quinto pela capitação. Em ambas as questões, Martinho de Mendonça vai desempenhar importante papel.

Os diamantes foram oficialmente descobertos em 1729. Na ocasião, a Coroa abriu a exploração diamantina aos particulares em troca do pagamento de um imposto de capitação, cobrado anualmente sobre os escravos empregados nas lavras. Porém, nos anos iniciais, esse sistema gerou um excesso de produção, e, sensíveis à oferta em excesso, os diamantes viram seus preços despencar no mercado mundial. Depois de girar as terras diamantinas, em 1734, Martinho de Mendonça redigiu ao conde de Sabugosa um minucioso relato dos fatos relativos ao descobrimento dos diamantes e ao estado atual da região.[27] Ancorada nesse relatório, a Coroa decidiu-se pelo fechamento das lavras, pela interdição da produção e pela criação da Intendência dos Diamantes, responsável, a partir de então, pela administração da área.

O imposto da capitação, em substituição ao imposto do quinto, vinha sendo discutido pelas autoridades e negociado com as elites mineiras no momento em que Martinho de Mendonça aportou nas Minas, trazendo uma instrução do rei sobre o assunto.[28] Assistiu em Vila Rica à junta convocada pelo governador, o conde das Galvêas, para discutir o tema e impressionou-se vivamente com a resistência dos mineiros à aplicação do novo imposto. Sobre a questão, escreveu suas *Reflexões*.[29] Apesar de seus alertas, depois de instituída a capitação, coube a ele confrontar-se com o movimento que sublevou os sertões da capitania contra o imposto, pois, na ocasião, ocupava o cargo de governador interino, na ausência do então governador, Gomes Freire de Andrade.

A administração do além-mar servia, assim, de laboratório de aprendizagem para essa elite governante em ascensão. Após seu retorno ao reino, em 1738, Martinho de Mendonça foi nomeado para o Conselho Ultramarino. Tratava-se, claro, de uma graça régia, que o recompensava por seus serviços no Brasil, mas tratava-se também de cooptá-lo para as altas esferas da administração ultramarina, aproveitando-se de sua experiência governativa. Assim, uma vez no Conselho do Ultramar, Martinho de Mendonça participou ativamente com seus pareceres das grandes decisões relativas à administração do Império.[30] Outras mercês régias foram-lhe concedidas, como o posto de desembargador da Casa de Suplicação e guarda-mor da Torre do Tombo. Se, por um lado, revelam sua ascensão social, por outro apontam o reconhecimento, por parte da Coroa, de sua capacidade intelectual, colocada a serviço do rei.

Ao ocupar cargos no Conselho de Estado, no Conselho Ultramarino, ou participar das juntas e dos conselhos convocados por dom João V, os integrantes dessa república de letras portuguesa, como era o caso de Martinho de Mendonça, se imiscuíam nas articulações da política, discutindo amplamente, em caráter público, as questões europeias, do reino e do ultramar. Mas havia espaços de articulação intelectual e político de caráter privado ou semiprivado, que eram, por exemplo, as academias literárias.

2.2. *As academias*

As academias literárias que funcionaram em Portugal e no Brasil, entre fins do século XVII e ao longo do século XVIII, foram importantes centros de convergência desses homens instruídos e lócus de troca e de divulgação de suas ideias.[31] Como na França, "esses homens de letras não existem fora das instituições que se objetivam em um espaço social. Sua atividade depende dos aparelhos culturais do Estado e de todas as redes da sociedade civil (salões, círculos, academias)".[32] Não por acaso, dom Luís da Cunha participou das duas maiores academias que funcionaram em Portugal por essa época: a dos Generosos e a Real de História Portuguesa, surgida a partir da primeira.

A Academia dos Generosos foi fundada, em 1647, entre outras, pelo pai de dom Luís da Cunha — dom António Álvares da Cunha —, pelo conde de Tarouca, pelo 4°. conde da Ericeira e pelo conde de Vila Maior, depois 1°. marquês de Alegrete, Manuel Teles da Silva. Durante sua existência, ficou sediada na casa de dom António Álvares da Cunha e exerceu importante influência no espírito de dom Luís.[33] A academia funcionou inicialmente até 1668, quando suas atividades foram temporariamente paralisadas. Em sua segunda fase, entre 1693-1696, dom Luís da Cunha desempenhou importante papel, que contribuiu para o seu sucesso durante os três anos seguintes. Em 1696, sua partida para Londres, como embaixador, fez com que os seus trabalhos fossem interrompidos de forma permanente.[34] Essa primeira academia lançou as bases de articulação dessa república de letras na primeira metade do século XVIII e as sociabilidades e as amizades ali estabelecidas foram invocadas por esses homens ao longo de toda a sua vida. Como os demais membros, foi a partir da Academia dos Generosos que dom Luís da Cunha teceu as principais conexões sociais que manteve em Portugal, mesmo residindo no exterior durante todo o resto de sua existência.[35]

A Real Academia de História foi fundada por dom João V, em 1720, e congregou os grandes expoentes da administração e da intelectualidade portuguesa da época.[36] Criada por sugestão de Manuel Caetano de Sousa, depois de seu périplo europeu, teve entre seus primeiros sócios, entre outros, o conde da Ericeira, Martinho de Mendonça Pina e Proença, o padre Bartolomeu de Gusmão, Diogo Barbosa Machado, o marquês de Alegrete e o conde de Vilarmaior, que foi seu primeiro secretário.[37] Com sua criação, os antigos partícipes da Academia dos Generosos juntaram-se a ela. Por indicação régia, em 1723, dom Luís da Cunha se tornou membro, na qualidade de supranumerário.[38] Os sócios supranumerários eram aqueles não residentes em Lisboa, e, dessa forma, a elite intelectual da capital se conectava com os residentes no interior do país e também no exterior, como era o caso dos diplomatas.

A criação da academia servia aos propósitos dessa elite pensante de formulação de um novo conhecimento, que deveria ser construído segundo as regras do método cartesiano. A submissão estrita às regras metodológicas conferiria a esse conhecimento um estatuto científico. Segundo esse método, o texto histórico a ser produzido pelos membros da instituição deveria ser precedido de uma investigação rigorosa. As fontes históricas encontradas seriam em seguida submetidas à crítica, segundo esse novo método.[39] Era uma história afeita ao poder e, por isso mesmo, era, sobretudo, uma história administrativa. Dessas duas perspectivas — a preocupação com as fontes e o viés administrativo — decorria a necessidade de recolha e organização dos documentos a serem utilizados, que eram principalmente os oficiais, produzidos pelo próprio poder. Não por acaso, o papel de guarda-mor da Torre do Tombo foi confiado, em momentos diferentes, a dom António Álvares da Cunha e a Martinho de Mendonça Pina e Proença. Dom António esperava que dom Luís o sucedesse, o que acabou não acontecendo, e, por isso, em sua juventude, ministrara-lhe o preparo intelectual que o cargo exigia, segundo a nova metodologia nascida nas academias. São palavras de dom Luís:

> A Torre do Tombo ficou sem se acabar de reformar, ainda que me dizem que depois se pôs na ordem que meu pai havia começado esta obra e a tinha adiantado, de que fui testemunha, porque queria que o acompanhasse e me instruísse na esperança de que lhe sucederia na continuação dessa reforma.[40]

Os textos produzidos pelos acadêmicos, como homens cultos, deveriam seguir as regras do bom discurso, utilizando uma linguagem clara e objetiva.[41] Essa preocupação com o método e com a clareza da forma, segundo as novas regras do discurso histórico estabelecido nas academias, manifesta-se, por exemplo, na carta que dom Luís da Cunha escreveu a Diogo de Mendonça Corte Real, na qual pedia, em 1714, que entregasse ao rei o primeiro volume de suas *Memórias sobre a paz de Utrecht*:

> Dou a este meu trabalho o título de memórias porque de nenhuma maneira cuidei em fazer História. E ainda que cuidasse sempre seria o mesmo, porque não basta ter eu má tintura das suas regras para as seguir e saber executar com acerto (...). Não pude observar nem a pureza nem a frase do nosso idioma; porque faltando-me já com o pouco uso para o que escrevo ainda me fica sendo mais difícil achar termos próprios para o que traduzo sem lhe fazer perder alguma parte do seu verdadeiro sentido; e por isso me ajustei mais a letra do que apurei a composição.[42]

Apesar da falsa modéstia do embaixador, de tratar-se de simples memórias pessoais, o texto das *Memórias sobre a paz de Utrecht*, composto de vários volumes que ocuparam o embaixador por vários anos, seguia, como deveria se esperar de um acadêmico, as novas regras do discurso histórico. Além da análise histórico-política, era acompanhado de extenso suplemento, onde constavam as traduções das fontes utilizadas, a saber, "os mesmos Tratados, com notas Genealógicas, Históricas e Geográficas".[43]

Dom Luís cumpria, por meio de vários escritos de caráter histórico-político, no seio dos quais as *Memórias sobre a paz de Utrecht* têm lugar especial, o papel destinado a essa república de letras, em especial aos sócios da Academia de História, na construção de um conhecimento moderno, a ser disponibilizado a serviço do Estado. "O poder desses intelectuais repousa enfim sobre sua convicção de produzirem história."[44] Mas a que produziam não visava apenas a desvendar o passado, pois tinha a missão de instruir os príncipes na sua ação no devir histórico. Esse importante papel na formação dos monarcas esclarecidos que deveria ser destinado aos acadêmicos-historiadores é acentuado por dom Luís da Cunha no discurso escrito quando de sua posse na Academia:

> O estudo, que fazem da antiguidade, dando-lhes experiência de todos os tempos, os habilita, para que entre eles escolha Sua Majestade um sujeito digno de ter cuidado da educação do Príncipe nosso Senhor, pois, sendo tão versados na arte de louvar os Heróis, parece que também devem saber melhor que os outros o modo de formá-los.[45]

Os embaixadores portugueses, como era o caso de dom Luís, eram espectadores privilegiados desse "teatro do mundo" e, por isso mesmo, constantemente afeitos à produção de textos reflexivos sobre os acontecimentos que lhes eram contemporâneos. Era uma história eminentemente política, que deveria reconstituir os acontecimentos do passado, mas também instruir a Coroa em sua ação futura. José da Cunha Brochado, nas *Memórias articulares ou anedotas da Corte de França, no tempo que serviu como enviado naquela corte*, escritas entre 1696 e 1702, apontava como uma das importantes virtudes dos embaixadores, além de "grande desembaraço, muita atenção, grande sagacidade com muita dissimulação, um semblante de muitas caras e um aparato com tanto artifício que sirva a todos os gênios", a "muita erudição de História Moderna".[46] Brochado, como era de se esperar, era sócio da Real Academia de História, tendo sido seu primeiro diretor.[47] Dom Luís da Cunha se refere aos embaixadores em termos muito semelhantes. Para ele,

> os Embaixadores (se são como devem ser, e não como eu sou) têm justamente a obrigação de serem uns Jornaleiros Historiadores dos sucessos presentes, necessitando de os combinar com os passados, para poderem formar o seu juízo sobre os futuros.[48]

Observa-se aí a missão messiânica da história, de projetar para o futuro a ação dos homens presentes, à luz dos ensinamentos do passado.

Esse novo conhecimento não deveria ser produzido apenas de forma individual, mas de maneira coletiva, o que tornava a academia um espaço privilegiado de intercâmbio de ideias e de sociabilidade. "A Academia é instituída sob o signo da comunicação, o que implicava um ideal de colaboração que condena o trabalho solitário."[49] Seus sócios, por meio da instituição, ainda que distanciados espacialmente, estavam conectados, partilhando a produção de um novo conhecimento e contribuindo para ele, ligados seja sob a forma de sócios numerários ou supranumerários, como era o caso de dom Luís da Cunha.

Uma outra dimensão importante era o aspecto institucional da história a ser produzida. Essa dimensão era consoante com o projeto a que denominamos iluminista, de produção de um conhecimento a serviço do Estado, e servia à promoção dos intelectuais dessa república de letras junto aos grandes. Era um processo coevo ao que, por essa época, ocorria na França. Por isso, as ligações da academia com o rei eram estreitas: ele era o fundador e o grande mecenas da instituição, o conhecimento produzido era destinado ao seu engrandecimento e ao da nação, e, por fim, cabia a ele distribuir as graças e mercês régias em troca do conhecimento produzido. É novamente nas palavras de dom Luís da Cunha dirigidas a Diogo de Mendonça Corte Real, quando enviou para Portugal, aos cuidados do último, a primeira parte das *Memórias sobre a paz de Utrecht*, que podemos observar essa transitividade entre o conhecimento produzido por esses homens de letras e o poder régio:

> Senhor meu: atrevo-me a pedir a Vossa Senhoria que, *pelas suas mãos, suba às de Sua Majestade*, que Deus guarde, a primeira parte das minhas memórias que encerram uma concisa notícia da causa e acontecimentos da última guerra. (...) Cansei-me na brevidade, sem faltar conforme me parece ao essencial do que conduzia ao meu intento, que é de oferecer a El-Rei Nosso Senhor mais que os simples tratados, convenções e outros papéis que ajunto em volume separado, segundo os tempos que se fizeram. (...) Até o fim dela *continuarei da mesma forma as ditas memórias quando Vossa Senhoria me segure de que Sua Majestade se dignou de lhe pôr os olhos.*[50]

É também nas palavras de dom Luís que podemos perceber o outro lado dessa simbiose: a dependência dos homens de letras ao mecenato régio que garantia sua promoção social, mas, em muitos casos, sua própria sobrevivência. Em 1727, Francisco Mendes de Góes, antigo funcionário de dom Luís desde sua embaixada na Inglaterra e seu dileto amigo,[51] cansado dos meandros da carreira diplomática, resolveu abandoná-la, no momento em que era indicado agente de Portugal em França. Sobre sua decisão, que aos olhos do embaixador era um ato tresloucado, inquiriu-lhe: "Que diabo de flato lhe deu para pedir licença no tempo em que el-rei lhe faz a maior confiança? Ser *philosopho* é muito bom; mas não ter que comer é muitas vezes mau."[52]

Grande parte do cotidiano de dom Luís da Cunha era despendida na produção de textos que demonstravam o seu domínio sobre a história moderna, como era esperado de um membro da academia, especialmente em sendo embaixador. Antes de mais nada, esses textos deveriam projetar para o futuro as suas ideias sobre a política portuguesa. O culto da escrita, a certeza de possuírem uma missão civilizadora a ser colocada a serviço do Estado, o gosto pela polêmica, a certeza de terem suas opiniões ouvidas faziam com que esses intelectuais iluministas possuíssem a convicção de que faziam a história e participavam dela. Mas sua ação se situava no devir histórico e seus conselhos deveriam servir como "espelhos dos príncipes".[53] Produzidos com esse fim, os principais textos políticos de dom Luís exerceram influência não apenas em seus destinatários, mas diretamente nos reis, como dom João V, dom José I e dom João VI, bem como em mais de uma geração da elite governante portuguesa.[54] A carta de instruções a seu sobrinho dom Luís da Cunha Manuel,[55] a dirigida a Marco António de Azevedo Coutinho, conhecida como suas *Instruções políticas*,[56] e o *Testamento político*,[57] supostamente endereçado a dom José, fundaram toda uma agenda a ser seguida por Portugal nos anos vindouros.

2.3. A correspondência

As amplas distâncias geográficas que separavam espacialmente muitos dos interlocutores dessa república de letras não foram impedimento para que eles se articulassem, intercambiando ideias, projetos e ações. Se o périplo europeu e as academias eram momentos e espaços de realização dessa sociabilidade comunitária, a troca de correspondência era local ímpar de aproximação desses homens. A ampla e farta correspondência de dom Luís da Cunha é exemplo paradigmático da importância desse sistema para a conexão e o estabelecimento dessas redes de influência e interesse entre esses indivíduos, frequentemente distanciados espacialmente, o que não os impedia de estabelecerem laços comuns. Numa carta de dom Luís da Cunha, nessa época embaixador em Bruxelas, a Francisco Mendes de Góis, secretário da embaixada em Londres, ele aponta a importância da correspondência para a aproximação desses homens:

> Torno a dizer, que já que nos não podemos ver sem me arriscar a que seja muito de passagem, que tome uma hora para me dizer [por escrito] tudo o que pensa pró e contra sobre o assunto (referia-se à entrada ou não de Portugal no congresso de paz que se estabelecia para resolver os conflitos entre os Bourbon e os Habsburgo sobre questões dinásticas e territoriais, ocorridas especialmente na Polônia, Itália e Áustria).[58]

É preciso deixar claro, porém, que esses homens não constituíam um grupo fechado ou homogêneo, mas estabeleciam-se entre eles várias clivagens.

A importância da correspondência para a troca de informações, opiniões e gostos entre os membros dessa república de letras pode ser medida na resposta que dom Luís da Cunha escreve ao conde de Assumar, dom João de Almeida, seu amigo e correspondente de longa data, que se queixava de que na ocasião (1727) recebia poucas cartas e pouco se inteirava sobre os acontecimentos europeus e sobre as grandes decisões tomadas nos acordos que se articulavam em Haia, onde importantes interesses portugueses estavam em jogo. Dom Luís, que se encontrava retido em Bruxelas com problemas de saúde, ressentia-se também pelo fato de estar sendo posto à margem dos acontecimentos:

> Ora meu Senhor, vejo que em uma das suas cartas se queixa Vossa Senhoria do pouco que diz Guedes e do nada que escreve Tarouca. Eu pudera dizer o mesmo, acrescentando que também de Galvão nunca mereço correspondência, e só do meu Diogo Mendonça[59] tenho por maior o que em Haia se obra e por outras vias ignoro o que se passa.[60]

Dom Luís da Cunha, como afeito aos filósofos iluministas, acreditava que ocupava um papel especial no seio dessa elite pensante, indispensável para o estabelecimento de uma nova política para o Império, a qual deveria reinserir Portugal sob novas dimensões no seio da orquestra política europeia. Ainda que a distância, dom Luís da Cunha procurava influenciar por meio dessas missivas as grandes decisões de sua época, buscando que suas ideias chegassem aos ouvidos de dom João V. Em suas próprias palavras, ele advogava que era "o oráculo que Sua Majestade foi buscar".[61] Ao se autointitular oráculo de dom João V, dom Luís atribuía a si próprio um caráter profético, já que oráculo podia ser a resposta com voz humana que os anjos davam, ou as palavras de Deus nas sagradas escrituras.[62] Mas havia ainda um terceiro significado coevo do termo, pois oráculo podia ser também "resposta que davam os demônios debaixo do nome dos falsos deuses da gentilidade".[63] Esse significado aponta para o caráter muitas vezes heterodoxo e radical de suas ideias, o que em vida fez com que ele muitas vezes fosse também visto com suspeita.

Apesar de dom Luís da Cunha ter sido considerado à época, e por parte da historiografia, um indivíduo nem sempre a par com os interesses da Coroa, ele frisa em sua correspondência que, ainda que à primeira vista muitas das ideias por ele propostas pudessem ser vistas como radicais demais ou mesmo contra os próprios interesses régios, elas visavam sempre ao interesse da nação, materializada na figura do rei. Tal concepção é consoante com os princípios que os intelectuais europeus pregavam no início do século XVIII e que se passou a intitular como iluministas. Essa percepção entre modernização da cultura e serviço do Estado pode ser apreendida em diversos momentos da sua correspondência. Certa feita escreveu ao cardeal da Mota advogando uma reforma da Universidade de Coimbra, "não só no que respeita à medicina, mas ainda quanto às muitas faculdades". Defendia a importância dessa transformação para "ir abrindo os olhos aos que ignoram", mas segundo os princípios do "que Sua Majestade quer que saibam".[64]

Numa carta particular para Marco António de Azevedo Coutinho, antigo pupilo seu e que na ocasião ocupava o cargo de secretário do

Ultramar, ele expressa novamente esse difícil equilíbrio entre o que se reconhece como interesse do rei e o que é visto como nociva heterodoxia. Nessa missiva, dom Luís respondia a um pedido de Marco António de Azevedo Coutinho para que este pudesse falar sobre um importante e espinhoso assunto com dom João V e dar-lhe um conselho como se fosse oriundo de dom Luís, e não de si próprio (o assunto não é especificado na minuta). Diz dom Luís:

> (...) mas meu filho, se Vossa Excelência e o Eminentíssimo Cardeal da Mota (...), nesta matéria, acham, como nós aqui julgamos, que é tão inconveniente ao seu real serviço, não compreendo a razão por que seja necessário servisse de outras luzes mais que das suas próprias, que serão as que darão mais claridade e com mais força, porque os objetos de longe nunca parecem tão grandes como de perto; além de que, se a notícia é através [contra], o amo me terá por impertinente lhe falar no que ele não quer ouvir, [e] nem Vossa Excelência como os mais se atrevem, *pelo que me parece falar*, senão em nome alheio.[65]

O texto dessa carta também nos permite apreender como os diversos assuntos do Estado eram discutidos nesses círculos privados ("Vossa Excelência e o Eminentíssimo Cardeal da Mota [...], nesta matéria, acham, *como nós* aqui julgamos") e como as opiniões eram compartilhadas e intercambiadas entre eles por meio da correspondência. Pode-se também observar o importante papel que dom Luís da Cunha ocupava nessas redes de opinião, pois os articulistas garantiam que seus conselhos encontravam ressonância junto ao rei, por isso invocavam seu nome para abordar um assunto delicado. Não se pode também perder a dimensão que, mesmo para dom Luís da Cunha, na época perto de seus 80 anos, e apesar de seu aparente desprendimento, não era interessante cair em desgraça ou em má conta junto ao rei ("Não digo isso por temer algum revés da fortuna, porque não estou já em idade de temer desgraças, nem de esperar fortunas, e somente cuido em fazer a minha obrigação e esta me persuade a repetir o que deixo dito todas as vezes que cair apelo, por ser necessário dizer as coisas quando o tempo e a ocasião os requerem"), o que aponta para o papel primordial que o rei ocupava no seio dessa república de letras. A partir do monarca, esses intelectuais se conectavam em redes hierárquicas.

Dom Luís da Cunha era um dos epicentros importantes de uma dessas redes, como é atestado por vários missivistas. Já no fim de sua vida, a longa experiência acumulada pelo velho embaixador nas diversas cortes e nos diversos tratados nos quais representou os interesses portugueses era amplamente reconhecida entre os elementos de sua rede epistolar. Não era apenas ele que se via como oráculo, mas era constantemente invocado por outros membros de seu círculo relacional a emitir sua opinião sobre a política portuguesa. Tomás da Silva Teles, visconde de Vila Nova de Cerveira, ao ser nomeado embaixador em Madri, em 1746, pede a dom Luís que, com sua experiência diplomática, o instrua para que assim pudesse desempenhar com afinco a nova função. A carta também revela que grande parte do cotidiano de dom Luís da Cunha era ocupado na escritura desses conselhos, fossem na forma epistolar, fossem como textos políticos:

> Como me não esqueço de que Vossa Excelência ocupa todos os dias, a maior parte da manhã, em ditar utilíssimas instruções em matérias sempre dignas de atenção, peço a Vossa Excelência que divirta agora o fio das que ditava, ocupando o tempo em fazer-me uma instrução tão miúda que me ponha capaz de perceber qual é o verdadeiro interesse de Portugal na conjuntura presente.[66]

Poucos meses depois, ao pedir novo conselho sobre o estabelecimento da paz entre Espanha e Portugal, Tomás da Silva Teles insiste na sabedoria e na prudência de dom Luís como oráculo de Sua Majestade. Silva Teles pede que, de Paris, dom Luís o avise

> de tudo o que devo participar a esta Corte [Madri] ainda [que] sendo por modo de conselho, pois os de Vossa Excelência são livres de suspeita e sempre são cheios de prudência e fundados no grande conhecimento e experiência dos negócios da Europa.[67]

Mas esse sistema de correspondência não tinha apenas uma via. Noutra missiva ao conde de Assumar, dom Luís deixa claro que a troca de opiniões tinha sempre dois fluxos, intercambiando-se entre os missivistas. Na ocasião, dom Luís agradece ao antigo amigo

> as cartas de Vossa Excelência [que] são cheias de justas reflexões sobre esta [Londres] e a nossa Corte, em que acho uma só diferença: que esta faz o seu sistema bom ou mau e sabe segui-lo, e a nossa nem o segue nem o faz, e assim é preciso ter paciência.[68]

Para Francisco Mendes de Góis, seu antigo secretário de embaixada, dom Luís escreve, num tom muito semelhante, que "tome Vossa Mercê meia hora de tempo para me responder, porque estimarei muito ouvir a sua opinião porque a tenho muito boa quanto ao juízo que fizer".[69]

A troca de correspondência articulava e aproximava os elos dessa república de letras, mas essa não era apenas uma relação horizontal, como parecem sugerir essas missivas. Originário do rei, o poder que era intercambiado entre esses homens, por meio dessas cartas, reproduzia-se também em esferas cada vez menores, dispostas hierarquicamente e de forma desigual. Por isso se constituiu um segundo círculo de mecenato, abaixo do régio, o aristocrático. Os grandes homens de letras do reino, oriundos da grande nobreza, protegiam e apoiavam aqueles gênios nascidos em berços menos privilegiados. Dessa maneira, as cartas não eram apenas espaço de troca de informações e gostos, mas eram fundamentais para garantir a fidelidade entre uns e outros.

2.4. *A diplomacia*

A vida diplomática tornou-se ponto importante de formação e sociabilização dessa república de letras. Os embaixadores estavam constantemente em contato com as autoridades no reino, de onde as ordens eram emitidas, e era intenso o intercâmbio entre os diplomatas das diferentes praças europeias, pois isso era fundamental para a homogeneização da política diplomática. Uma vez na Europa, esses embaixadores se punham em contato com as elites intelectuais e políticas locais, não só para a realização da missão diplomática, mas como encarregados de prover livros, instrumentos científicos, estampas e o que mais servisse à modernização da cultura portuguesa. Havia ainda as conexões que se estabeleciam entre os funcionários em diferentes postos hierárquicos de uma mesma embaixada e que, em momentos diferentes, serviam a diversos embaixadores. Havia ainda o trânsito intenso de portugueses que por ali circulavam em estadas curtas ou longas. Como o périplo europeu era valorizado pelos *savants* da época, parte da sua formação ocorria no exterior e as embaixadas foram pontos de apoio para os portugueses em viagem. Tudo isso fazia das embaixadas espaços de intenso contato social, cultural e político.

Grande parte do cotidiano dos embaixadores era despendida na escritura de cartas. Algumas serviam para manter a corte informada de suas ações, mas também sobre a política europeia em geral. Os destinatários, em Portugal, eram os ministros de Estado e seus conselheiros que se encarregariam de influenciar o rei em suas decisões. No caminho para Portugal, essas cartas transitavam por várias embaixadas, onde podiam ser abertas, fazendo com que os diplomatas se informassem do que sucedia nas outras cortes europeias. Havia ainda as missivas que eram remetidas diretamente a outros embaixadores, ou a funcionários das embaixadas, além das que se destinavam ao círculo pessoal e familiar de cada um. A importância desse sistema de troca de informações para a formulação da política portuguesa pode ser medida quando, em 1725, o marquês de Abrantes enviou ao cardeal da Mota um conjunto de cartas recebidas do conde de Tarouca, de dom Luís da Cunha, de Marco António de Azevedo Coutinho, de José da Cunha Brochado e de António Guedes Pereira, todos em missões diplomáticas. Pediu, no entanto, que fossem devolvidas com presteza, pois ele ainda as leria, juntamente com o marquês da Fronteira, antes que, na tarde seguinte, todos se encontrassem com o rei para a tomada de decisões.[70]

Um embaixador deveria ser "muito familiar, popular e magnífico", ter "grande desembaraço, muita atenção, grande sagacidade com muita dissimulação, um semblante de muitas caras e um aparato com tanto artifício que sirva a todos os gênios".[71] A diplomacia, para a qual a arte da conversão era um expediente importante, contribuía para fundar e alargar laços de identidade, amizade e clientela entre esses homens da república de letras portuguesa. A rede de sociabilidade intelectual que se articula em torno de dom Luís da Cunha, por exemplo, que começa a ser tecida ainda na juventude, na casa de seu pai, sob os auspícios da Academia dos Generosos, constrói-se na vida adulta principalmente a partir dos postos diplomáticos ocupados no exterior, nos quais ele entrou em contato com vários homens da república de letras portuguesa e europeia, tornando-se, à época, um dos elementos importantes no intercâmbio de seus saberes.

A diplomacia era organizada em diferentes postos hierárquicos, embaixadores, plenipotenciários, enviados, residentes, secretários,[72] e esses homens estabeleciam laços horizontais e verticais entre si. A casa de um embaixador era servida de vários postos auxiliares, e, à medida que esses antigos funcionários subalternos ascendiam na carreira diplomática, deveriam retribuir com fidelidade a proteção e os favores recebidos. Assim se formavam as redes clientelares que conectavam esses homens por toda a vida. Quando estava em Paris, em 1724, dom Luís da Cunha escreveu uma carta de recomendação para Francisco Mendes de Góis, que buscava uma mercê régia.[73] A missiva nos permite observar essa teia de sociabilidade e serviço que se criava entre os embaixadores e seus antigos funcionários. Diz dom Luís:

> Certifico que, no ano de 1710, veio a Londres Francisco Mendes de Góis, onde o conheci, vivendo quase em minha casa com bom procedimento, e então o encarreguei de algumas diligências por achar nele a capacidade que para elas se requeria e ali ficou servindo a Joseph da Cunha Brochado até que este ministro voltou para Portugal, pelo que, vendo-se desamparado, buscou o meu abrigo em Holanda e, dali, o levei comigo

> outra vez a Londres [1715], servindo na minha secretaria e me não pôde acompanhar na embaixada de Castela. Depois o vi voltar de Inglaterra, servindo de secretário a Marco António de Azevedo Coutinho; em todo este tempo e em todas as partes observei sempre nele capacidade, modéstia, fidelidade e desinteresse.[74]

A carta também nos permite observar como um funcionário subalterno na carreira diplomática, como foi o caso de Francisco Mendes de Góis, servindo a diferentes embaixadores, funcionava como elo entre eles, como é o caso da tríade dom Luís da Cunha, José da Cunha Brochado e Marco António de Azevedo Coutinho.

A diplomacia era, muitas vezes, um primeiro degrau para a ascensão a postos administrativos mais importantes. Não é por mero acaso que Diogo de Mendonça Corte Real, Marco António de Azevedo Coutinho e Sebastião José de Carvalho, depois de ocupar cargos de embaixadores, acabaram sendo recrutados e ascenderam ao cargo de secretário de Assuntos Estrangeiros. A diplomacia tornava-se fonte de conhecimento estratégico, acumulado em benefício do Estado. Essa nova intelectualidade portuguesa, que se reunia em torno de dom João V e que tinha em dom Luís da Cunha um de seus expoentes, insistia na necessidade de que Portugal se inserisse sob novos patamares na orquestra política europeia, buscando um papel de destaque, consoante com a riqueza e o poderio da nação no século XVIII.

Esse conhecimento era, por sua vez, intercambiado por cargos e patentes, e a ascensão a postos-chave da política do reino — como os ministérios — era o reconhecimento esperado pelo serviço prestado. Mas cabia ao rei, em última instância, conceder as mercês e recompensas àqueles que se colocavam sob seu serviço. Mas se para essa ascensão era necessário mostrar-se apto no desempenho dos cargos, também era preciso invocar as redes clientelares de proteção, que influenciariam a decisão régia. Por isso, a formação dessas clientelas era importante, especialmente para os embaixadores que estavam permanentemente ausentes do dia a dia da Corte.

As redes de sociabilidade desses homens de letras não serviam apenas para sua proteção ou ascensão. Os intelectuais de uma república de letras iluminista almejam sempre persuadir, pois estão imbuídos de sua missão civilizadora. Seu tempo não se esgota no presente, pois suas ideias se projetam no futuro. Por isso, como exemplo, durante toda a sua vida, mas especialmente na maturidade, dom Luís estava sempre a arregimentar pupilos, dos quais esperava não só fidelidade, mas que se encarregassem de colocar em prática as suas ideias. A promoção de Marco António de Azevedo Coutinho, em 1736, à época seu principal discípulo, para o cargo de secretário de Assuntos Estrangeiros, encheu-o de esperanças de que muitas de suas ideias fossem colocadas em prática. Não é por mero acaso também que seu *Testamento político* apontava, a dom José, Sebastião José de Carvalho como o mais indicado para tomar conta da Secretaria de Estado do Reino, pois nesse momento dom Luís via em Sebastião José o mais afeito a, no futuro, colocar em prática sua agenda política para Portugal.[75] Não se engana o velho embaixador, sua influência sobre a política pombalina é tão evidente que não é por mero acaso que Joaquim Veríssimo Serrão considerou dom Luís da Cunha "como uma espécie de oráculo do futuro marquês de Pombal".[76]

3. Emboabas ilustrados

Do ponto de vista da historiografia, esse importante grupo de homens ilustrados que se estruturaram em torno de dom João V foi chamado de *estrangeirados*.[77] O epíteto de estrangeirados foi-lhes algumas vezes atribuído com caráter negativo, para acentuar o afrancesamento de suas ideias, a irreligiosidade de seus princípios ou ainda a falta de conexão com o reino, pois muitos passavam longas estadas ou viviam por quase toda a vida no exterior. O embaixador José da Cunha Brochado, por exemplo, ao emitir sua opinião de que não seria tão perigosa uma possível aliança entre a França e a Espanha, às vésperas da Guerra de Sucessão Espanhola, foi acusado de ser pró-francês. Ao que ele respondeu:

> Pouca razão tem Vossa Mercê de me supor francês naquele discurso, porque lhe afirmo que nada amo menos que esta nação. Conheço as inconstâncias do seu gênio, as impiedades da sua política e as extravagâncias da sua altivez.[78]

Essa crítica de afrancesado também já era dirigida a dom Luís da Cunha mesmo em vida, como aponta um trecho da resposta que lhe enviou Alexandre de Gusmão sobre o plano para realização de uma conferência de paz em Lisboa. Após Gusmão expor na corte essa proposição de dom Luís da Cunha, entre outras reações iradas foi dito "que V.Ex[a]. não era muito certo na religião, pois se mostrava muito francês".[79]

Não se pode esquecer que há por parte dos historiadores quem não concorde com a existência do termo estrangeirado, como Joaquim Veríssimo Serrão, António Banha de Andrade, entre outros.[80] A recusa ao conceito de estrangeirado se deve, de forma perspicaz, ao reconhecimento por parte desses historiadores de que o termo traz em si a ideia de que a cultura portuguesa, entre a Restauração até o início do reinado de dom José, esteve mergulhada nas trevas, o que não era verdade. Segundo Joaquim Veríssimo Serrão, "não se aceita hoje o obscurantismo intelectual com que se pretende definir a época posterior à Restauração, como se o país tivesse vivido em contraste com as luzes do exterior, sem formas de pensamento autônomo ou de convívio com o mundo culto".[81] Será então o termo *estrangeirado*, já tão eivado de críticas, o melhor para denominar essa elite intelectual? Pode-se falar que representavam um grupo homogêneo e que compartilhavam as mesmas opiniões? Quem eram esses homens de fato?

María del Carmen Rovira utiliza o conceito de ecléticos, em vez de estrangeirados, e amplia o estudo do fenômeno, restringindo-se não apenas a Portugal, mas também incluindo a Espanha e a América.[82] Para a autora, cujo estudo abarca o fenômeno de fins do século XVII ao fim do século XVIII, o que esses intelectuais possuem em comum é o enfrentamento entre, de um lado, as ideias e os conceitos escolásticos sobre a natureza e a vida e, de outro, as novas concepções de filosofia e de ciência experimental moderna.[83] De fato, esse não era um fenômeno exclusivamente português, nem ao menos ibérico. Essa elite constituída pelos homens de letras se articulava por toda a Europa, e os espaços dos salões, das academias e a correspondência agregavam homens de diferentes nacionalidades. Caracterizavam-se por defender a construção de um novo conhecimento que, à luz da razão, destruiria antigas crenças, para ser colocado a serviço do Estado monárquico.

Em Portugal, pode-se observar, durante o período joanino, a ocorrência desse fenômeno. Ali houve a articulação de um grupo de intelectuais portugueses em torno do rei, que, sob um viés que chamamos iluminista, buscava instrumentalizar o seu saber, colocando-o a serviço do Estado. Esses homens acreditavam que, dessa forma, abriam a nação às Luzes, ao progresso e à modernização. Não se pode esquecer, porém, que era afeito ao próprio discurso iluminista enfatizar o atraso em que se encontrava o pensamento até então, armadilha que deve ser evitada pelo historiador. Não se pode pensar também em um grupo homogêneo, pois diversas clivagens os separavam. Pode-se, porém, reconhecer que havia alguns espaços, entre outros, as academias, as trocas de correspondência, o périplo europeu, as embaixadas, que já foram mencionados, que articulavam e aproximavam esses homens.

Fortes defensores do pragmatismo e do empirismo, os componentes dessa república de letras eram homens viajados, sendo que vários deles estiveram, como funcionários régios, no Brasil (alguns poucos inclusive eram originários dele) ou em outras partes do Império marítimo português, que se estendia pelas quatro partes do mundo. É o chamado ao serviço do Estado e o mecenato régio que os agrupam em um conjunto; bem como o fato de que acreditavam que para esse serviço disponibilizavam uma nova cultura, aberta às Luzes, que contribuiria para a transformação da nação, equiparando-a às outras cortes europeias. No entanto, não formavam um grupo coeso, mas se podem identificar algumas redes de opinião e interesse, que se organizavam hierarquicamente entre eles. Grandes expoentes desse grupo informal foram, além de dom Luís da Cunha, Martinho de Mendonça Pina e Proença, o cardeal da Mota, Alexandre e Bartolomeu de Gusmão, o conde da Ericeira, o marquês de Alegrete, entre outros.

Por encargo régio, os elementos dessa república de letras estiveram envolvidos na formação da maior e mais ampla biblioteca do seu tempo (que infelizmente em grande parte se perdeu com o terremoto de Lisboa de 1755), na aquisição de estampas, pinturas, roupas, instrumentos astronômicos e cartográficos etc.; como também contribuíram para o afluxo de sábios, especialistas e técnicos para Portugal. Assim, seja pelo contato direto na troca de correspondência ou em encontros nas diversas capitais da Europa, na prática da diplomacia, seja pelo contato indireto na participação nas academias portuguesas ou na leitura dos mesmos livros, esse grupo compartilhava visões de mundo e estreitava os laços entre si. Alguns deles se dedicaram a traduzir do latim para o português grandes obras com o objetivo de vulgarização desse conhecimento em Portugal, outros a adaptar o conhecimento adquirido no exterior na forma de livros de fácil acesso à elite letrada portuguesa. Formavam uma verdadeira república de letras e o embrião de uma opinião pública. Dom Luís da Cunha, por exemplo, estava muito cônscio do papel pedagógico destinado a essa elite pensante na modernização e transformação da cultura portuguesa. Numa de suas missivas afirma: "Daqui se segue que não basta inculcar as pessoas de que Vossa Senhoria conhece as capacidades, é preciso instruí-las."[84]

Opto aqui por utilizar o conceito de *emboabas ilustrados*, em vez do de *estrangeirados*, já tão eivado de críticas, para identificar os membros dessa república de letras em Portugal. Chamo de emboabas ilustrados o grupo que acreditava nas ideias a que hoje denominamos Ilustração como forma de desenvolvimento do Império português, era afeito ao pragmatismo, compartilhava do mecenato régio joanino e da ideia do Brasil como local destinado aos portugueses e por eles.[85]

Dom Luís da Cunha é um dos epicentros de uma dessas redes de *emboabas ilustrados*, e, por meio de sua correspondência, podemos identificar outros elementos dessa mesma rede, que se organizava hierarquicamente. Por meio de sua correspondência, podemos conhecer alguns dos principais elementos dessa rede de emboabas ilustrados à qual se ligava o velho embaixador e examinar de que forma eles se articulavam.

Um elemento importante dessa rede era o infante dom Manuel. Como já foi apontado, em 1715 o infante saiu de Portugal para realizar seu périplo europeu e, em 1718, chegou a Haia para buscar abrigo na embaixada portuguesa, à época a cargo do conde de Tarouca e de dom Luís da Cunha. Esses dois embaixadores, durante suas atividades no exterior, por onde o infante fez longo périplo, por diversas vezes se encontraram com dom Manuel e o protegeram.[86] Além de lhe dar abrigo na embaixada, de nomear Martinho de Mendonça Pina e Proença seu instrutor, dom Luís nutria esperanças de que o infante pudesse desempenhar importante papel político no cenário europeu, por isso lhe dedicou o terceiro volume das *Memórias da paz de Utrecht*, que concluiu em 1717, quando ainda se encontrava em Haia.[87] Por essa época, o infante era hostilizado por dom João V devido a sua partida não autorizada de Portugal. Na carta de dedicatória ao infante, percebe-se que o embaixador nutria forte admiração por dom Manuel, apesar das severas restrições da parte do rei. Era um tratado consagrado à arte da diplomacia, da política, da paz em oposição à guerra. Por que dedicá-lo ao infante, que "tão generosamente quis ir aprender [a arte militar] nas extremidades de Hungria, para a satisfação dos seus altos pensamentos, para a glória da nação portuguesa e para admiração de todo o mundo."?[88] Porque dom Luís acreditava que as mudanças na política europeia, após os tratados de Utrecht e Cambrai, exigiam líderes que buscassem a paz, e não a guerra, e que o infante também reunia as virtudes necessárias para

> nos conservar esta paz, tão ditosa, de que gozamos fazendo-nos recolher os frutos que naturalmente deve produzir e como generalíssimo que será das armas de El-Rei Nosso Senhor, para nossa firme segurança, ainda sem desembainhar a espada as fará temer das potências vizinhas e respeitar das mais remotas a glória destas vitórias sem sangue.[89]

Em outubro de 1722, quando dom Luís se encontrava em Paris, ali chegou o infante dom Manuel para assistir à sagração de Luís XV. O embaixador escreveu ao reino em busca de instruções de como deveria seguir com o protocolo, visto que o infante na ocasião continuava em desgraça junto a dom João V. Apesar das ordens em contrário, mostrando sua simpatia por dom Manuel, dom Luís da Cunha insiste em que ele deve merecer todo o protocolo, pois está sempre representando o rei em terras estrangeiras e, "se teve a desventura de perder a sua graça, conserva a fortuna de haver nascido seu irmão". Diz, em tom paternal, que encontrou o infante crescido, mas não encorpado como esperava. Em 1737, após nova fuga de dom Manuel de Portugal no ano anterior, dom Luís se dispôs a tentar reconciliá-lo com o rei. Assim, após este ter sido informado pelo cardeal Fleury do intento do infante, ordenou a António Guedes Pereira, na ocasião secretariando dom Luís na embaixada em Paris, que informasse imediatamente dom João V.[90] Ao longo de sua vida, dom Luís não só protegeu o infante como ainda tentou instruí-lo para os papéis que acreditava lhe eram destinados no grande teatro do mundo europeu. O infante foi grande fonte de inspiração desse grupo de emboabas ilustrados. No discurso que o conde da Ericeira proferiu, em 1735, quando da admissão do padre Francisco Xavier de Santa Teresa, evidenciam-se as conexões de dom Manuel com a Academia de História e com o projeto intelectual de seus partícipes.[91]

O conde da Ericeira era outro com quem dom Luís manteve fortes vínculos de amizade e de correspondência intelectual.[92] O conde participou, ao lado de dom Luís e de seu pai, da Academia dos Generosos e, mais tarde, foi fundador, em Lisboa, da Academia Portuguesa (1717), na qual demonstrou sua erudição e seu desejo de constituir uma sociabilidade intelectual bem ao gosto de uma república de letras. Foi também um dos sócios fundadores da Academia Portuguesa de História, participando da elaboração de seu projeto e da redação de seus estatutos. Escritos do conde da Ericeira deixam antever sua participação nesse mesmo projeto iluminista de modernização da cultura e da nação portuguesa, tão afeito a dom Luís da Cunha e a dom Manuel. Para ele, a história produzida pela academia constituía-se como uma ciência e "vai reforçando cada vez mais a filiação dos acadêmicos de quem fala, nas correntes filosóficas modernas. (...) O conde da Ericeira gosta de realçar 'o conhecimento científico' de Alexandre de Gusmão ou 'o espírito geométrico' do marquês de Abrantes".[93] Possuía em sua casa um gabinete de física, pois o experimentalismo era a base dessa nova ciência, um museu de história natural e uma vasta biblioteca que rivalizava com a de dom João V. Participou ativamente, juntamente com Martinho de Mendonça Pina e Proença e com o cardeal da Mota, da organização da biblioteca régia e da seleção de obras a serem adquiridas, cabendo-lhe as seções de matemática e artes. Como deveria ser afeito a um *savant* de seu tempo, suas conexões intelectuais não se restringiam a Portugal, tendo sido admitido na Real Sociedade de Londres. Em 20 de janeiro de 1744, dom Luís lamentou com pesar a perda do amigo com quem compartilhava tantas identidades:

> Isto é quanto se me oferece pôr na notícia de Vossa Excelência ainda que pouco em estado de o fazer, porque me deixou penetrado da mais viva dor a morte de meu amigo velho o conde da Ericeira, no qual Sua Majestade perdeu um tão fiel vassalo e que pela sua incomparável erudição dava grande crédito a Portugal.[94]

O conde de Assumar, João de Almeida, foi dileto amigo e correspondente por toda a vida de dom Luís da Cunha. Parte da ampla correspondência trocada entre os dois está preservada na Biblioteca Nacional de Lisboa e no Arquivo do Itamaraty, no Rio de Janeiro. As cartas retratam a amabilidade, o respeito e a troca intelectual que se realizava entre eles. Versavam sobre tudo, mas especialmente sobre as questões em torno da política portuguesa após a Guerra de Sucessão Espanhola, da qual ambos eram partícipes, mas também observadores críticos. Dom João de Almeida foi nomeado sócio da Real Academia de História, em 1721 e era conselheiro de Estado. Foi a ele que dom Luís enviou sua obra *Tradução e paráfrase dos Tratados de Paz e Comércio, celebrados em Utrecht,*

Baden e Anvers, para que a tornasse pública em Portugal.[95] Além da troca de cartas, a amizade entre os dois se revelou na incumbência que dom Luís assumiu de receber em sua casa, em Paris, para se instruírem, os dois filhos do conde de Assumar — António e Pedro. Dessa forma, essa amizade estendeu-se à nova geração da Casa de Assumar. Sobre os dois rapazes escreveu dom Luís: "António de Mello de Castro parte depois de amanhã (...), eu fico com saudades dele porque me fazia muito boa e divertida companhia."[96]

> O conde de Assumar [Pedro de Almeida e Portugal] conta de partir para essa Corte. Ele, enquanto esteve na Academia, depois em minha casa, e enfim na sua, procedeu sempre muito bem e não como uma pessoa da sua idade arriscada a desmanchos e, assim, vai sem contrair algum dos vícios que aqui são quase inseparáveis dos poucos anos.[97]

A amizade e o relacionamento entre dom Luís da Cunha e o marquês de Abrantes foram longos e marcados pelo intercâmbio de ideias, por vezes discordantes. O marquês também era sócio da Academia Real de História, tendo sido inclusive um de seus censores. O marquês pertencia à velha nobreza do reino, e seus interesses intelectuais se estendiam à arquitetura e à pintura, tendo cuidado da organização da seção de história da Biblioteca Régia. Sob sua proteção e a seu serviço estiveram vários desses emboabas ilustrados de origem social mais humilde. Tal é o caso, por exemplo, da proteção que despendeu a Diogo Barbosa Machado e a Martinho de Mendonça Pina e Proença.[98]

O intercâmbio de ideias entre dom Luís e o marquês era constante, e, por meio da correspondência, o embaixador, assim como outros diplomatas, buscava a distância influenciar a política régia. Em diversos assuntos, como já foi apontado, o marquês de Abrantes era consultado pelo rei, que preferia, à convocação de instituições formais, se aconselhar de maneira informal com homens de sua confiança. Em 1729, numa carta a Marco António de Azevedo, dom Luís registra sua relação com o marquês e aponta a ressonância das opiniões dele junto ao rei:

> Parece que o marquês de Abrantes ainda não formou totalmente a sua ideia para que o amo sobre ela tome a sua última resolução e, pelo que o mesmo marquês me escreveu, entendo que ainda poderá voltar a Madri em caso que melhore das suas queixas que são muito grandes, Deus lhe dê a saúde que lhe desejo porque o amo perderia nele um ministro que faz glória do trabalho com ambição de o aproveitar.[99]

Em 1721, os dois começam a travar um diálogo intelectual, por meio de sua correspondência, a respeito do comércio português. Dom Luís registra o início do debate, que deveria se travar com inteira liberdade. Os homens de letras iluministas reivindicavam o direito à independência e autonomia de opinião, ainda que a serviço do Estado, o que nos poderia parecer uma aparente contradição. Diz dom Luís:

> Quanto à pergunta que Vossa Excelência me faz na posta passada, responderei a Vossa Excelência na suposição de que o faço com pressa e de que isto é uma carta que não passa a terceiro, e não voto público, por duas razões; a primeira porque falo com liberdade, e a segunda porque não tenho a presunção de entender bem as coisas de comércio.[100]

Nesse debate, sobre a liberdade de comércio nas possessões portuguesas, os dois acabaram por assumir posições opostas. Quando, em 1728, voltaram ao assunto em relação ao comércio das companhias de comércio holandesas na África, dom Luís se manifestou favorável a essa abertura e o marquês, não. Os termos da carta de dom Luís da Cunha ao marquês, em 7 de outubro desse ano, são demonstrativos da sociabilidade intelectual da época, na qual a liberdade de pensamento e a controvérsia deveriam ser a tônica:

> Beijo infinitamente as mãos de Vossa Excelência por se dignar de me comunicar a análise que fez do meu papel de 19 de agosto, no qual diz que difere da minha opinião em duas circunstâncias, a saber que eu suponho ser-nos conveniente e útil o livre comércio com os holandeses

> na costa da África e a segunda enquanto suponho que os tratados nos obrigam a que lhe demos aquela liberdade porque eles a estipularam e nós não. Em agradecimento pois da honra que V. Exa. me faz no fim de sua última carta e por lhe testemunhar a minha exata obediência direi (...).[101]

O conde da Ericeira, o marquês de Abrantes e o conde de Assumar faziam parte de um primeiro círculo de emboabas ilustrados formado pela alta nobreza, que dava suporte, amparo e proteção ao grupo e que também compartilhava desse círculo de sociabilidade intelectual.[102] Não é de se estranhar, pois, que dom Luís da Cunha tenha mantido intenso convívio com eles.

Havia aqueles, como Diogo de Mendonça Corte Real e o próprio dom Luís, que, oriundos da nobreza, ascendiam na carreira administrativa e mantinham contato devido a seus cargos, mas compartilhavam de relações pessoais. Diogo de Mendonça tornou-se, a partir de 1707-1736, encarregado da Secretaria de Estado de Negócios Estrangeiros. Foi a Diogo de Mendonça que dom Luís enviou a primeira parte das *Memórias sobre a paz de Utrecht*, incumbindo-o de entregá-la ao rei.[103] No texto, ele atribuía ao secretário importante papel na condução das decisões portuguesas nas negociações que se seguiriam à Guerra de Sucessão Espanhola.[104] Em 1729, Diogo de Mendonça foi nomeado membro da Academia Portuguesa de História. Seu filho, também chamado Diogo de Mendonça Corte Real, relacionou-se com dom Luís da Cunha a partir de sua indicação como embaixador para as negociações em Cambrai, na década de 1720.[105] Os dois se estabeleceram inicialmente em Paris, de onde dom Luís escreveu ao secretário de Estado elogiando a aplicação de seu filho aos negócios da embaixada.[106] Diogo Corte Real filho retribuiu a sua confiança informando-o de tudo que, na sua ausência, se passava em Cambrai.

Mas havia um outro círculo de sociabilidade, muito caro a dom Luís da Cunha. Tratava-se de seus discípulos, angariados no trato e convívio direto em suas diferentes embaixadas. O caso exemplar foi Marco António de Azevedo Coutinho. Ele "iniciou sua carreira diplomática aos 33 anos, em Paris, ao lado de dom Luís da Cunha, quando o rei lhe mandou passar carta credencial como enviado extraordinário, em janeiro de 1721".[107] A amizade que se estabeleceu entre os dois, a partir tanto do convívio pessoal quanto por meio da troca de cartas, foi profunda e intensa. Marco António referia-se a dom Luís como querido pai, e o embaixador o tratava como um filho dileto.[108] A partida de Marco António para Lisboa, em 1728, deixou dom Luís, em Haia, mortificado de saudades. Suas palavras registram a falta que lhe fazia o amigo querido e fiel:

> Escrevo a Vossa Senhoria com dobradas saudades por ser o primeiro dia que o tempo me permite que o faça no nosso balcão, vendo passar a quantidade de gente que vai e vem da *Keremesse*, da Haia, e me lembro com grande dor que nele despachávamos e nele comíamos.[109]

Noutra carta ficam registrados o intercâmbio intelectual entre os dois e a liberdade com que tratavam os vários assuntos: "Aqui achei a sua carta de 8 do corrente e também convenho em que para falar mais livremente das matérias que ela contém seria melhor estarmos tomando o nosso *thé*, depois de encarregar a Ana Nunes de ter a porta bem cerrada."[110] A confiança entre os dois era tanta que, muitos anos mais tarde, quando Marco António de Azevedo já era secretário de Negócios Estrangeiros, dom Luís da Cunha não hesitou em remeter "um livrinho que se intitula *O luxo* e se vende secretamente por ser uma sátira contra o governo e já o *Colporteur* que distribui os exemplares fica na bastilha".[111]

Havia um terceiro círculo de relacionamento que se entabulava prioritariamente a partir de contatos intermitentes, os quais uniam os partícipes dessa república de letras com afinidades comuns, mas que se encontravam raramente, porque viviam em espaços distanciados. Nesse caso, Alexandre de Gusmão foi um dos que fizeram parte do círculo de sociabilidade de dom Luís, mas cujos encontros foram esparsos e mais raros, apesar de o intercâmbio de ideias ter sido constante.[112] Em 1719, quando Luís da Cunha se encontrava em Madri, negociando com a Coroa espanhola, se encontrou com Gusmão, que viajava em direção a Lisboa, e o encarregou de "que informe a V.S. [Diogo de Mendonça] muito particularmente deste importante negócio". Não se sabe que negócio era esse. A fragilidade do sistema de correspondência era tanta que impedia que o embaixador escrevesse na missiva os detalhes do assunto. Mas demonstra que a confiança entre os dois era tanta que dom Luís da Cunha informou ao ministro que "não digo a V.S. nem tudo, nem parte do que ouvi nesta matéria porque para o fazer será muito papel e encarrego a Alexandre de Gusmão que informe a V.S. muito particularmente deste importante negócio".[113] Um ano depois, dessa feita em Paris, dá-se outro encontro entre os dois. De novo atestando a confiança estabelecida entre eles, trataram de assuntos delicados no que diz respeito à política portuguesa.[114] Além desses encontros, registre-se a missão que dom Luís da Cunha lhe confere, em 1746, de convencer o rei de que se realizasse uma conferência de paz em Lisboa, tomando a Coroa portuguesa uma ascendência na formulação da política europeia.

A confiança entre os dois e a troca intelectual, como era comum entre esses emboabas ilustrados, eram uma via de duas mãos, por isso o primeiro documento no qual Alexandre de Gusmão sintetizou seu pensamento a respeito da questão dos limites entre as duas Coroas na América, especialmente sobre a região da Colônia do Sacramento, conhecido como *Dissertation*, foi enviado a dom Luís da Cunha para que este incluísse suas observações e corrigisse o texto antes de apresentá-lo aos franceses.[115] Dom Luís da Cunha também tinha estreito contato, por meio de cartas, com o irmão de Alexandre, o padre Bartolomeu de Gusmão, que encarregava o embaixador de diversas encomendas régias, especialmente a aquisição de livros, estampas e instrumentos científicos.[116] A ligação entre os dois era tal que, quando o padre caiu em desgraça, em 1724, suspeitou-se em Portugal que dom Luís lhe dava abrigo em Paris.[117]

Como nos casos acima, havia relações que se estabeleciam entre esses emboabas ilustrados de forma direta, por meio dos contatos nos salões, nas academias, nas embaixadas, nas viagens ou por meio da correspondência; mas havia outras que se estabeleciam a partir de terceiros. É o caso, por exemplo, do médico cristão-novo Jacob de Castro Sarmento, que viveu em Roma, Paris e Londres. Castro Sarmento traduziu para o português obras de Francis Bacon e, em seus próprios livros, divulgou a filosofia natural de Newton e a medicina de Boerhaave.[118] Esse médico estabeleceu profícua correspondência com Diogo de Mendonça Corte Real (filho), que, como já foi dito, era um dos elementos do círculo de sociabilidade de dom Luís. Formado em medicina em Coimbra, Castro Sarmento refugiou-se da Inquisição em Londres, onde, em 1725, foi admitido no Royal College of Physicians of London e, em 1730, na Royal Society. A perseguição inquisitorial não impediu que fosse colocado a serviço de dom João V, tendo sido encarregado de dar sugestões para a reforma do ensino de medicina. Com o intuito de modernizar a prática dessa ciência, ele sugeriu o estudo de vários autores, como era o caso de Francis Bacon, e insistiu na necessidade do périplo europeu para a formação dos médicos portugueses.[119] Jacob de Castro Sarmento redigiu um livro de medicina, intitulado *Matéria médica, físico-histórica-mecânica, reino mineral*.[120] Publicado em 1735, era dedicado, não por acaso, a Marco António de Azevedo Coutinho, um dos expoentes dessa república de letras iluminista e que, no ano seguinte, seria nomeado secretário de Ultramar. Na corrente modernizadora apregoada por esses emboabas ilustrados, o livro divulgava a física mecânica como o único sistema verdadeiro e a experiência como a única guia dos filósofos, que os distanciaria, assim, da pura especulação.[121]

As ideias sobre a reforma de ensino apregoadas por Jacob Sarmento encontraram em dom Luís importante interlocutor. Ainda que não se possa estabelecer um contato direto entre os dois, observa-se em ambos as ressonâncias das mesmas ideias e o compartilhamento das mesmas redes sociais, especialmente a partir de Diogo de Mendonça. Em suas diversas embaixadas, dom Luís da Cunha era constantemente instado a pesquisar e adquirir, em nome do rei, o que de mais útil pudesse servir à modernização da cultura portuguesa, e, ao mesmo tempo que adquiria essas preciosidades, o embaixador se instruía e a partir de seu círculo de correspondentes compartilhava suas ideias. Certa feita, o cardeal da Mota o incumbiu de compor "um catálogo dos melhores autores que escreveram assim da Filosofia como da Medicina Moderna, ajuntando-se os de que se necessita para entender e praticar o que eles ensinam". Para levar a cabo a tarefa, ele consultou "os professores, que por ofício ensinam nesta célebre universidade de Leiden, onde estas duas ciências florescem mais que em nenhuma outra" e acabou por enviar "dois catálogos de Livros de Medicina e Filosofia Modernas", onde constavam, entre tantos outros, os nomes de Sydenham, Newton e Boerhaave.[122] Durante sua feitura, dom Luís da Cunha conheceu António Ribeiro Sanches, que era então professor na universidade. Ficou tão impressionado com sua capacidade que o recomendou ao cardeal da Mota, que preparava a reforma de ensino em Coimbra.[123]

António Ribeiro Sanches estudara medicina em Coimbra e em Salamanca e também saiu de Portugal com medo da Inquisição, pois era cristão-novo. Na década de 1730, foi designado médico do Russian College of Physicians e eleito membro da Real Academia de Ciências de Paris. De volta da Rússia, estabeleceu-se em Paris, onde se relacionou intimamente com dom Luís da Cunha, acompanhando suas mazelas de velhice e amparando-o em seu leito de morte. Suas obras mais conhecidas são o verbete sobre doenças venéreas escrito, a pedido de Diderot, para a *Encyclopédie*; o *Tratado da conservação da saúde dos povos*, de 1756, no qual responsabilizava o Estado pela conservação da saúde de seus cidadãos; o *Método para aprender a estudar medicina*, de 1763, e *Cartas para a educação da mocidade*, de 1760, importante fonte de inspiração para as reformas encetadas em Coimbra, a partir da década de 1770.[124] Suas ideias foram fortemente influenciadas por Newton, John Locke e Claude Fleury. Numa vertente iluminista, defendia ardentemente a secularização do ensino, mas, bem afeito a uma sociedade hierárquica, recomendava que a cada ordem deveria ser ministrada uma educação própria a seus afazeres e segundo a sua capacidade.

Cabe destacar ainda um último círculo de emboabas ilustrados. Observa-se que alguns são caixas de ressonância das ideias mais gerais desse grupo e, de forma indireta, partícipes dessa república de letras, sem que se possam estabelecer formas sistemáticas de contato direto entre eles. Tal é, por exemplo, o caso do médico português José Rodrigues Abreu.[125] Em 1705, ele embarcou para o Brasil e após voltar para Portugal foi designado físico-mor das Armadas. Partiu então para a ilha de Corfu, em expedição contra os turcos que a sitiavam. Foi nomeado médico e fidalgo da Casa Real e familiar do Santo Ofício. Em 1729, deslocou-se para o rio Caia, acompanhando dom João V na embaixada de troca das princesas de Portugal e Espanha. Nessa comitiva engajaram-se os principais expoentes da corte, que, não por acaso, também o eram dessa república de letras. Para além da exibição do fausto e da sociabilidade cortesã, o cortejo revela uma outra dimensão, era momento e espaço de contato entre esses homens eruditos. Rodrigues Abreu escreveu vários livros e manuscritos. Destaca-se a *Historiologia médica, fundada e estabelecida nos princípios de George Ernesto Stahl*, no qual pretendia divulgar a nova terapêutica do famoso médico, adaptando-a ao reino português. Como bom *peregrino instruído*, José Rodrigues Abreu não desperdiçou as viagens que fazia e "discorreu por todas estas terras com observação de sábio, colhendo várias notícias das virtudes medicinais das ervas e plantas que produzem aquelas vastíssimas terras".[126] Possuía vasta biblioteca e foi eleito membro da Academia Médica Ibérica, do Porto.

Ainda que pouco se saiba do contato direto entre José Rodrigues Abreu e os demais emboabas ilustrados, a luta contra os mouros; as viagens às terras do Brasil, a partir das quais formulou a ideia da centralidade das minas brasileiras; a participação no cortejo que acompanhou a troca das princesas; sua filiação a uma academia e a escritura de livros, nos quais buscava renovar o conhecimento, introduzindo e vulgarizando em Portugal os princípios de uma filosofia mecânica, o identificam a esse círculo intelectual, compartilhando de várias de suas ideias. Martinho de Mendonça Pina e Proença, que escreveu a introdução de seu livro de medicina, salientou sua capacidade de se afastar das doutrinas tradicionais, baseadas no princípio da autoridade, sob a qual se assentava a Escolástica. Exaltou o autor que, tal "qual novo Gama, conduz os portugueses, *por mares nunca dantes navegados*, a descobrir as riquíssimas Índias do conhecimento".[127] Numa clara alusão aos versos de Camões, Martinho de Mendonça fazia referência à nova sociabilidade intelectual e à república de letras da qual esses emboabas ilustrados eram partícipes. Eles acreditavam que, a serviço de dom João V, seriam capazes de reinserir Portugal, sob novos patamares, no ambiente sociocultural e político europeu.

Notas

1. Manoel Telles da Silva, 1726.
2. Isabel Ferreira da Mota,2003.
3. Diderot, 1877, p. 273-278.
4. Voltaire, por exemplo, fazia parte do *establishment* com o objetivo de poder controlar de dentro os aparelhos culturais do Estado. Didier Masseau, 1994, p. 15.
5. M. D'Alembert, 1779, p. aiij-xxx.
6. Isabel Ferreira da Mota, 2003, p. 106-111.
7. A exceção era Rousseau, que, inclusive, era visto por Voltaire e Diderot como perigoso para o movimento de ascensão dos intelectuais iluministas.
8. Nesse aspecto, observa-se, por exemplo, a discrepância de opiniões entre Voltaire e Rousseau sobre o estado da cultura francesa. Voltaire argumenta que a cultura francesa e os intelectuais/filósofos transformaram a França numa potência no século XVIII. Rousseau defende a tese de que a cultura estava corrompida e precisava de uma revolução para construir um novo mundo utópico.
9. Didier Masseau, para fins analíticos, distingue o *savant* do *écrivain* e do *philosophe*. Porém, ele mesmo reconhece que os termos eram utilizados de forma indistinta na época. Para fins deste artigo usarei os termos indistintamente. Didier Masseau, 1994, p. 8-10.
10. O termo intelectual aparece tardiamente na França, somente no século XIX. O mesmo não se observa em Portugal. O dicionário de Raphael Bluteau registra os termos intelectual e intelectivo como aquele "dotado de faculdades, inteligente. O que tem potência capaz para compreender e entender as coisas do discurso". O autor reconhece a existência de uma virtude e uma alma intelectual dotada de entendimento. Rafael Bluteau, 1739, p. 159.
11. Nas sociedades de Antigo Regime, enquanto o trabalho era visto como desonroso, o serviço do rei era fator de aquisição de honra, invocado para a solicitação de mercês.

12. Gruzinski, Serge. As quatro partes do mundo.
13. Manoel Cardozo, 1971, p. 153-167; Kenneth Maxwell, 1996, p. 14-19.
14. Luís Mott, 1971/1973.
15. Isabel Ferreira da Mota, 2003, p. 30-31.
16. Luís Mott, 1971/1973, p. 6.
17. Luís Mott 1971/1973, p. 4.
18. Joaquim Veríssimo Serrão, 1982, v. V, p. 432.
19. Wolff (1679-1754) foi um filósofo e matemático alemão, nascido em Breslau, tendo sido pupilo de Leibniz e, sucessivamente, designado professor em Marburg e Halle, onde finalmente se tornou chanceler da universidade, em 1743.
20. William Jacob's Gravesande, holandês, foi matemático e filósofo, tendo estudado e depois se tornado professor em Leiden. Foi amigo de Newton e escreveu um livro no qual explicou suas teorias, intitulado *Physices elementa mathematica, experimentis confirmata, sive introductio ad philosophiam Newtonianam* ou *Mathematical Elements of Natural Philosophy, Confirm'd by Experiments* (Leiden 1720).
21. J. R. Abreu, 1733, p. a.
22. Joaquim Ferreira Gomes, 1964, p. 21-22.
23. Lisboa. Arquivos Nacionais da Torre do Tombo (ANTT). Ministério dos Negócios Estrangeiros (MNE). Livro 137. Cartas de Diogo de Mendonça Corte Real para o conde de Tarouca.
24. Joaquim Ferreira Gomes, 1964, p. 23.
25. Joaquim Ferreira Gomes, 1964, p. 131-147.
26. Joaquim Ferreira Gomes, 1964, p. 132.
27. Martinho de Mendonça, 1902, p. 251-263.
28. ANTT. Papéis do Brasil. Regimento dado por El-Rei dom João, mas escrito por Alexandre de Gusmão, ao novo governador das Minas, Martinho de Mendonça Pina e Proença, com referências muito particulares ao sistema da capitação a inaugurar naquela capitania. 30 de abril de 1733.
29. Joaquim Ferreira Gomes, 1964, p. 77-78.
30. Joaquim Ferreira Gomes, 1964, p. 84-89.
31. No Brasil, destacam-se a Academia Brasílica dos Esquecidos e a dos Renascidos. Ver: Íris Kantor, 2004.
32. Didier Masseau, *L'invention de l'intellectuel dans l'Europe du XVIIIe siècle*, p. 6 (tradução minha).
33. João Palma-Ferreira, 1982, p. 31-38.
34. Abílio Diniz Silva, 2001, p. 27-29; Isabel Cluny, 1999, p. 23-24; Íris Kantor, 2004, p. 45-57.
35. Abílio Diniz Silva, 2001, p. 34.

36. Isabel Ferreira da Mota, 2003.
37. Isabel Ferreira da Mota, 2003, p. 33.
38. Isabel Cluny, 1999, p. 107-108.
39. Isabel Ferreira da Mota, 2003, p. 60.
40. ANTT, 18 de fevereiro de 1742.
41. Isabel Ferreira da Mota, 2003, p. 60.
42. ANTT, f.1-1v.
43. Lisboa, 16 de março de 1716.
44. Didier Masseau, 1994, p. 15 (tradução minha).
45. Luis da Cunha, 1723, p. 86 (agradeço a Ana Luiza Castro a transcrição desse documento).
46. Paris. Biblioteca Nacional de Paris (BNF). Seção de Manuscritos. Portugais 18. f.41.
47. Isabel Ferreira da Mota, 2003, p. 47.
48. Luis da Cunha, 1723, p. 87.
49. Isabel Ferreira da Mota, 2003, p. 54.
50. ANTT. Arquivo do Conde de Linhares, f.1-1v. (grifos meus).
51. A amizade adquiria uma dimensão hierárquica e desigual.
52. ANTT. MNE. Caixa 1, maço 1, doc. 71, 4 de dezembro de 1727.
53. Didier Masseau, 1994, p. 15.
54. "Voltaire desfrutava do mesmo sentimento de contribuir para o progresso da civilização, ele revelava aos homens os traços de 'barbárie' que atrasavam o mundo em sua marcha em direção às 'Luzes'." Didier Masseau, 1994, p. 16 (tradução minha).
55. D. Luís da Cunha, 2001, p. 173-179.
56. D. Luís da Cunha, 2001a, p. 181-373.
57. Luís Ferrand de Almeida, 1968, p. 81-114.
58. ANTT. MNE. Caixa 1, maço 2. doc. 13.
59. Trata-se do filho do então secretário de Estado, de mesmo nome, que fora nomeado embaixador em Cambrai.
60. Rio de Janeiro. Arquivo do Itamaraty (AI). Lata 343-1-4.
61. ANTT. MNE. Caixa 789. Legação dos Países Baixos. Cartas de 1728-1736 de dom Luís da Cunha a Marco António de Azevedo Coutinho. 5 de junho de 1736. Apud: Cluny, 1999, p. 165.
62. Rafael Bluteau, "Oráculo", 1739, p. 97.
63. Rafael Bluteau, 1739 p. 95.
64. Apud: José Sebastião da Silva Dias, 1952, p. 477.
65. Coimbra. Doc. 828, p. 1-1v.
66. AUC. Doc. 894, p. 1-1v.

67. AUC. Doc. 917, p. 1.
68. AI. Ofícios de Londres de dom Luís da Cunha, 1705-1711. Lata 343-1-4.
69. ANTT. MNE. Caixa 1, maço 2. doc. 13.
70. Maria Beatriz Nizza da Silva, 2006, p. 265.
71. BNF. Seção de Manuscritos. Portugais 18., ff. 40-41.
72. Sobre os tipos e as hierarquias na carreira diplomática da época ver: Isabel Cluny, 2006, p. 42.
73. Ver Isabel Cluny, 1999, p. 171-177. Cluny acredita tratar-se de sua nomeação como agente especial em Paris (p. 171).
74. ANTT. MNE. Caixa 1, maço 2. doc. 2.
75. Luís Ferrand de Almeida, 1968.
76. Joaquim Veríssimo Serrão, 1982, v. 5, p. 330.
77. Manoel Cardozo, 1971; Ana Carneiro; Ana Simões e Maria Paula Diogo, 2000, p. 591-619.
78. BNF. Portugais 18. f. 66.
79. Lisboa. Biblioteca da Ajuda. 54-V-32(4), doc. 11, f. 243v.
80. Joaquim Veríssimo Serrão, 1982, p. 414-417; António Rodrigues Banha, 1966.
81. Joaquim Veríssimo Serrão, 1982, p. 415.
82. María del Carmen Rovira, 1979.
83. María del Carmen Rovira, 1979, p. 12.
84. BNL. Seção de Manuscritos. Códice 10484, f. 88.
85. Esse tema da centralidade do Brasil, tão caro a dom Luís da Cunha, não será examinado neste artigo. Ver: Júnia Ferreira Furtado, 2003.
86. ANTT. MNE.Livro 791, f. 398 e seg.
87. ANTT. Dom Luís da Cunha. Maço 967. Isabel Cluny, 1999, p. 91.
88. ANTT. Manuscritos da Livraria, nº. 374, f. 2v.
89. ANTT. Manuscritos da Livraria, nº. 374, f. 3v.
90. ANTT. MNE. Caixa 560. MEIII-A- Fr. C1, nº. 122, 30 de dezembro de 1737.
91. Isabel Ferreira da Mota, 2003, p. 76.
92. Sobre a trajetória intelectual do conde da Ericeira, ver Isabel Ferreira da Mota, 2003, p. 148-154.
93. Isabel Ferreira da Mota, 2003, p. 76.
94. ANTT. MNE. Caixa 561, doc. 42, 20 de janeiro de 1744.
95. Isabel Cluny, 1999, p. 90.
96. ANTT. MNE. Caixa 561, M.E III A.Fr. C2, nº. 124, 27 de julho de 1744.
97. ANTT. MNE. M.E III A.Fr. C2, nº. 228, 8 de novembro de 1745.
98. Isabel Ferreira da Mota, 2003, p. 227-230.
99. ANTT. MNE. Caixa 789, doc. 7, 4 de outubro de 1731.
100. ANTT. MNE. Livro 790, f. 210.

101. ANTT. MNE. Caixa 789, f. 15, 7 de outubro de 1728.
102. Isabel Ferreira da Mota, 2003, p. 221.
103. ANTT. Arquivo do conde de Linhares, v. 1., ff. 1-1v
104. ANTT. MNE., Livro 789, f. 58.
105. ANTT. MNE. Livro 789, ff. 4, 58.
106. ANTT. MNE. Livro 789, f. 4.
107. Isabel Cluny, 1999, p.163.
108. ANTT. MNE. Caixa 1, maço 1, doc. 38, doc. 40, doc. 58.
109. ANTT. MNE. Caixa 789, Dom Luís da Cunha em Haia, 16 cartas de 1728 a 1736 dirigidas a Marco António de Azevedo Coutinho, nº. 5, 12 de maio de 1729.
110. ANTT. MNE. Caixa 1, maço 1, doc. 39. Bayona, 22 de março de 1729.
111. ANTT. MNE. Caixa 561, M.E III A.Fr. C2. nº. 188, 28 de novembro de 1744.
112. Várias outras cartas de dom Luís chegaram às mãos de Alexandre de Gusmão, mesmo não lhe sendo endereçadas. Jaime Cortesão, 1950, p. 584.
113. ANTT. MNE. Correspondência entre diplomatas portugueses e secretários de Estado. Correspondência de dom Luís da Cunha, livro 789, ff. 26 e 41.
114. ANTT. MNE. Correspondência entre diplomatas portugueses e secretários de Estado. Dom Luís da Cunha, livro 790, ff. 4 e 30.
115. *Dissertation* ou *Raisons qui emonstrent quels sont le territorie et Colonie du Sacrament.* Jaime Cortesão, 1950, p. 598-611.
116. ANTT. MNE. Correspondência entre diplomatas portugueses e secretários de Estado. Dom Luís da Cunha, livro 793.
117. ANTT. MNE. Correspondência entre diplomatas portugueses e secretários de Estado. Dom Luís da Cunha, livro 793, ff. 543 e 582.
118. Manoel Cardozo, 1971, p. 163-166.
119. Manoel Cardozo, 1971, p. 164.
120. Jacob de Castro Sarmento, 1735.
121. Jacob de Castro Sarmento, "Preface", 1735.
122. BNL. Reservados. Maço 62, nº. 2, doc. 210.
123. BNL. Reservados. Maço 62, nº. 2, doc. 10. Apud Abílio Diniz Silva, 2001, p. 131.
124. Manoel Cardozo, 1971, pp. 175-177.
125. Júnia F. Furtado, 2003, pp. 155-212; Júnia F. Furtado, 2005, p. 277-295.
126. Diogo Barbosa Machado, 1747, p. 895-896.
127. J. R. Abreu, T.1, p. b4v (grifo meu).

Bibliografia

ABREU, J. R. *Historiologia médica, fundada e estabelecida nos princípios de George Ernesto Stahl*, t. 1. Lisboa: Oficina de Antônio de Sousa da Silva, 1733.

AI. Ofícios de Londres de dom Luís da Cunha, dirigidos ao conde de Assumar, 1705-1711. Lata 343-1-4.

ALMEIDA, Luís Ferrand de. "A autenticidade do testamento político de D. Luís da Cunha". In: *Anais da Academia Portuguesa de História*, v. XVII, Lisboa, 1968, p. 81-114.

ANTT. Arquivo do Conde de Linhares, vol. 1. Carta a Diogo de Mendonça Corte Real, do Conselho de Sua Majestade e seu secretário de Estado. In: *Memórias de dom Luís da Cunha datadas de Utrecht, em 1714* (incompletas), f.1-1v.

______. Dom Luís da Cunha. *Memórias da Paz de Utrecht*, 1715. Manuscritos da Livraria. Maço 967.

______. Manuscritos da Livraria, nº. 374. Carta que escreveu ao senhor infante dom Manoel o embaixador dom Luís da Cunha, mandando-lhe o projeto das condições da quádrupla aliança e discurso sobre elas que por mandado do sr. Infante fez o mesmo embaixador

ANTT. MNE. Caixa 561. Doc. 42, Carta a Marco António de Azevedo Coutinho, 18 de fevereiro de 1742.

______. Caixa 1, maço 1. Minutas de cartas de dom Luís da Cunha para Francisco Mendes de Góis, doc. 71, 4 de dezembro de 1727.

______. Caixa 1, maço 1, doc. 38, doc. 40, doc. 58.

______. Caixa 1, maço 1, doc. 39. Bayona, 22 de março de 1729.

______. Caixa 1, maço 2. Minutas de cartas de dom Luís da Cunha para Francisco Mendes de Góis, 1716 a 1719, doc. 13.

______. Caixa 1, maço 2. Minutas de cartas de dom Luís da Cunha para Francisco Mendes de Góis, 1716 a 1719.

______. Caixa 560. MEIII-A- Fr. C1, nº. 122, 30 de dezembro de 1737.

______. Caixa 561, M.E III A.Fr. C2, nº. 124, 27 de julho de 1744.

______. Caixa 561, M.E III A.Fr. C2. nº. 188, 28 de novembro de 1744.

______. Caixa 789, dom Luís da Cunha em Haia, 16 cartas de 1728 a 1736 dirigidas a Marco António de Azevedo Coutinho, nº. 5, 12 de maio de 1729.

______. Caixa 789, minutas de dom Luís da Cunha quando esteve em Haia, 1728-1735, f. 15, 7 de outubro de 1728.

______. Correspondência de dom Luís da Cunha para o Reino. Livro 791, f. 398 e seg.

______. Correspondência entre diplomatas portugueses e secretários de Estado. Cartas de dom Luís da Cunha, livro 789.

______. Correspondência entre diplomatas portugueses e secretários de Estado. Dom Luís da Cunha, livro 790.

______. Correspondência entre diplomatas portugueses e secretários de Estado. Dom Luís da Cunha, livro 793.

______. Livro 790, Cópia da Carta escrita ao marquês de Abrantes em 28 de julho de 1721, f. 210.

______. M.E III A.Fr. C2, nº. 228, 8 de novembro de 1745.

AUC. Manuscritos de dom Luís da Cunha. Doc. 894, p. 1-1v.

______. Manuscritos de dom Luís da Cunha. Doc. 917, p. 1.

BANHA, António Rodrigues. *Vernei e a cultura de seu tempo*. Coimbra: Universidade de Coimbra, 1966.

Biblos. Revista da Faculdade de Letras, v. 28, p. 477, Universidade de Coimbra, 1952.

BLUTEAU, Rafael. *Dicionário da língua portuguesa*. Ampliado por Antônio de Morais. Lisboa: Oficina de Thadeo Ferreira, 1739.

BNF. Portugais 18. Cartas escritas por José da Cunha Brochado, durante sua embaixada na França, 1698-1702, f. 66.

______. Seção de Manuscritos. Portugais 18. Memórias particulares ou anedotas da Corte de França, apontadas por José da Cunha Brochado no tempo que serviu como enviado naquela Corte, 1696-1702, ff. 40-41

______. Seção de Manuscritos. Carta de dom Luís da Cunha. Códice 10484, f. 88.

CARDOZO, Manoel. "The Internationalism of the Portuguese Enlightenment: the role of the Estrangeirado". In: ALDRIDGE, A.O. *The Ibero-American Enlightenment*. Urbana: University of Illinois Press, 1971.

CARNEIRO, Ana; SIMÕES, Ana e DIOGO, Maria Paula. "The *Estrangeirados* and their communication networks". *Social Studies of Science*, v. 30, nº. 4, p. 591-619, Londres, agosto, 2000.

CLUNY, Isabel. "Das embaixadas itinerantes às embaixadas permanentes. As embaixadas solenes". In: *O conde de Tarouca e a diplomacia na época moderna*. Lisboa: Livros Horizonte, 2006.

______. *D. Luís da Cunha e a ideia de diplomacia em Portugal*. Lisboa: Livros Horizontes, 1999.

COIMBRA. Arquivo da Universidade de Coimbra (AUC). Manuscritos de dom Luís da Cunha. Doc. 828, p. 1-1v.

CORTESÃO, Jaime. *Alexandre de Gusmão e o Tratado de Madri*, v. 3, Lisboa: Seara Nova, 1950.

CUNHA, D. Luís da. "Carta de Instruções a Luís da Cunha Manuel". Apud: *Instruções políticas* (Edição de Abílio Diniz Silva). Lisboa: Comissão Nacional para as Comemorações dos Descobrimentos Portugueses, 2001.

______. "Carta de Instruções a Marco Antônio de Azevedo Coutinho". Apud: *Instruções políticas* (Edição de Abílio Diniz Silva). Lisboa: Comissão Nacional para as Comemorações dos Descobrimentos Portugueses, 2001a.

______. "Carta de D. Luís da Cunha em resposta do aviso que o Secretario da Academia lhe fez de estar nomeado Académico Supranumerário". In: SYLVA, Manoel Telles da (marquês de Alegrete). *Documentos e memórias da Real Academia de História Portuguesa*, t. 1. Lisboa: Officina de Pascoal da Silva, 1723. D'ALEMBERT, M. "Preface". In: *Éloges dus dans les séances publiques de l'Académie Françoise*. Paris: Panckoucke e Moutard, 1779, p. aiij-xxx.

DIDEROT. "Philosophe". *Oeuvres complètes*, t. XVI. Paris: A.T. edition, p. 273-278, 1877.

FURTADO, Júnia Ferreira. "As índias do conhecimento ou a geografia imaginária da conquista do ouro". *Anais de História do Além-mar*, v. IV, p. 155-212, Lisboa, 2003.

______. "José Rodrigues Abreu e a geografia imaginária emboaba da conquista do ouro". In: BICALHO, Maria Fernanda e FERLINI, Vera Lúcia Amaral. *Modos de governar: ideias e práticas políticas no Império português (séc. XVI a XIX)*. São Paulo: Alameda, 2005.

______. "Dom Luís da Cunha e a centralidade das Minas auríferas". *Anais de História do Além-mar*, v. VIII, Lisboa, 2007.

GOMES, Joaquim Ferreira. *Martinho de Mendonça e a sua obra pedagógica*. Coimbra: Universidade de Coimbra, 1964.

GRUZINSKI, Serge. *Las cuatro partes del mundo*. Ciudad de México: Fondo de Cultura Económica, 2010.

KANTOR, Íris. *Esquecidos e renascidos: historiografia acadêmica luso-americana (1724-1759)*. São Paulo: Hucitec, 2004.

LISBOA. Biblioteca Nacional de Lisboa (BNL). Seção de Manuscritos. Cartas de dom Luís da Cunha ao 2º. conde de Assumar. Códice 1608, 16 de março de 1716.

LISBOA. Biblioteca da Ajuda. Carta de Alexandre de Gusmão para dom Luís da Cunha, embaixador de Portugal em Paris. 54-V-32(4), doc. 11, f. 243v.

MACHADO, Diogo Barbosa. *Bibliotheca lusitana*, t. II. Lisboa: Oficina de Inácio Rodrigues, 1747.

MASSEAU, Didier. *L'invention de l'intellectuel dans l'Europe du XVIIIe siècle*. Paris: PUF, 1994.

MAXWELL, Kenneth. *Marquês de Pombal: paradoxo do Iluminismo*. São Paulo: Paz e Terra, 1996.

MENDONÇA, Martinho de. "Sobre o descobrimento dos diamantes na Comarca do Serro do Frio. Primeiras administrações". *Revista do Arquivo Público Mineiro*, Belo Horizonte, vol. VIII, 1902, p. 251-263

MOTA, Isabel Ferreira da. *A Academia Real da História: os intelectuais, o poder cultural e o poder monárquico no século XVIII*. Coimba: Minerva, 2003.

______. "Estratificação social dos acadêmicos e sua evolução". In: *A Academia Real da História*, op. cit., p. 106-111.

MOTT, Luís. "O peregrino instruído: a propósito de um formulário etnográfico do século XVIII". *Separata do Boletim Cultural da Junta Distrital de Lisboa,* série III, nº. 75-78, pp. 4-6, Lisboa, 1971/1973.

NIZZA DA SILVA, Maria Beatriz. *D. João V.* Lisboa: Círculo de Leitores, 2006, p. 265.

PALMA-FERREIRA, João. *Academias literárias dos séculos XVII e XVIII.* Lisboa: Biblioteca Nacional, 1982, p. 31-38.

PARIS. Biblioteca Nacional de Paris (BNF). Seção de Manuscritos. Portugais 18. Memórias particulares ou anedotas da Corte de França, apontadas por José da Cunha Brochado no tempo que serviu como enviado naquela Corte, 1696-1702, f.41.

RIO DE JANEIRO. Arquivo do Itamaraty (AI). Ofícios de Londres de dom Luís da Cunha, dirigidos ao conde de Assumar, 1705-1711. Lata 343-1-4.

ROVIRA, María del Carmen. *Ecléticos portugueses del siglo XVIII, y algunas de sus influencias en América.* México: Universidad Nacional Autónoma de México, 1979.

SARMENTO, Jacob de Castro. *Matéria médica, physico-histórica- mechanica, reino mineral.* Londres: e/a, 1735.

SERRÃO, Joaquim Veríssimo. *História de Portugal. A Restauração e a monarquia absoluta [1640-1750]*, 2ª. ed. Lisboa: Editorial Verbo, 1982.

______. "Havia 'estrangeirados' em Portugal?". In: *História de Portugal*, op. cit., v. 5, p. 414-417.

SILVA, Abílio Diniz. Introdução. In: CUNHA, Luís da. *Instruções políticas* (Edição de Abílio Diniz Silva). Lisboa: Comissão Nacional para as Comemorações dos Descobrimentos Portugueses, 2001.

SILVA, Manoel Telles da. *História da Academia Real da História Portuguesa.* Lisboa: Oficina de Joseph Antonio da Sylva, 1726.

CAPÍTULO 2 As reformas na monarquia pluricontinental portuguesa: de Pombal a dom Rodrigo de Sousa Coutinho*

*Nuno Monteiro***

Introdução

Nos marcos de uma história geral da Europa e dos seus Impérios ultramarinos, os meados do século XVIII são geralmente vistos como o início de grandes transformações e de um ciclo de reformas, frequentemente associadas ao discutido conceito de despotismo esclarecido.[1] Embora por vezes contestada,[2] essa é, em primeiro lugar, uma cronologia mais ou menos consagrada da história europeia.[3] Mas também o é para a história dos Impérios atlânticos europeus. Admite-se, em regra, e com renovado interesse e atenção recentes, que é sobretudo depois da Guerra dos Sete Anos (1756-1763), em boa medida já um conflito de disputa colonial entre potências europeias, que o reformismo se propaga ao continente americano, vindo a marcar muitas das dimensões do seu ulterior destino.[4]

*Desejo agradecer os comentários de vários colegas e amigos a diversas versões deste texto, em particular os de Helen Osório, Maria Fernanda Bicalho, João Fragoso, Roberta Stumpf e Maria de Fátima Gouvêa, a cuja memória gostaria de o poder dedicar.

**Professor do Instituto de Ciências Sociais da Universidade de Lisboa.

Por maioria de razão, o período pombalino aparece normalmente como o correspondente no espaço da América portuguesa dessas reformas levadas a cabo pelas potências europeias coetâneas. Se, por norma, é visto como um marco de ruptura na história portuguesa,[5] é natural que esse diagnóstico se estenda ao coração dos "domínios" portugueses, que, indiscutivelmente, tiveram quase sempre um papel central na política setecentista de Lisboa. No entanto, aquilo que num primeiro relance parece uma evidência deixa de o ser quando se olha com a devida atenção à bibliografia sobre o assunto que, afinal, alimenta diversas leituras.

Num mesmo volume de uma história da expansão portuguesa podemos encontrar, a par da afirmação, sustentada por Kenneth Maxwell, de que "a mais dramática reformulação da política portuguesa para o Brasil teve lugar durante o longo governo do marquês de Pombal, entre 1750 e 1777",[6] o juízo, sublinhado por Francisco Bethencourt, de que "as reformas pombalinas não transformaram [...] [o] padrão tradicional de exercício do poder no Império".[7] Ainda recentemente, Laura de Mello e Sousa admitiu que foi antes de Pombal que se começaram a verificar "mudanças substantivas" no "equilíbrio do Império" e nas "políticas metropolitanas" que sobre ele incidiam.[8] Em sentido inverso, António M. Hespanha, que em matéria de política interna portuguesa confere ao pombalismo uma dimensão essencial de ruptura com o passado,[9] afirma que só "nos finais do século XVIII se começa a tentar articular uma política colonial".[10]

Na verdade, importa desde já destacar que no Brasil, como em Portugal, independentemente da discutível origem das políticas reformistas, estas não finalizaram com Pombal. Dessa forma, um dos temas mais complexos reside exatamente na dificuldade de qualificar as fontes de inspiração das reformas pombalinas, em saber se as ditas podem ser entendidas como ilustradas e, por fim, se as reformas do fim do século têm a mesma matriz da ação pombalina.[11]

Para além disso, a conjuntura pombalina tem sido associada a diversas crises, com cronologias e incidências variáveis, mas que teriam precipitado o impulso reformista. De crise do Estado e até das finanças da monarquia portuguesa se fala a propósito dos seus primórdios;[12] à crise do comércio colonial e das remessas do ouro se alude quando se analisa o reinado de dom José nos anos posteriores,[13] e, em termos mais globais, fala-se até mesmo de crise do "antigo sistema colonial", particularmente visível com a independência americana de 1776, prenúncio de uma "crise de todo o Antigo Regime".[14]

O que se pretende com este texto é destacar as marcas essenciais da monarquia portuguesa em meados de Setecentos para, em parte em função desse legado, se analisarem as transformações sofridas depois de 1750 e o seu impacto atlântico, comparando essas mutações com as que então tinham lugar nos Impérios vizinhos mais importantes. A dimensão comparativa ajuda a apreender bem melhor, está-se a crer, as marcas peculiares do caso analisado, tanto mais quanto, no caso do Império espanhol, se trata de uma evolução que, em larga medida, se pode reputar inserida numa autêntica "história cruzada", tal a interdependência da evolução das duas monarquias peninsulares. Quase tudo aquilo que se vai analisar é bem conhecido da historiografia,[15] principalmente na sua dimensão empírica. O que se procura fornecer é uma proposta analítica diversa, valorizando-se muito mais as dimensões "objetivas" e contextuais do que aquelas que se reportam às genealogias textuais e às heranças discursivas, embora se reconheça que a opção alternativa é igualmente defensável.

A monarquia pluricontinental portuguesa no reinado de dom João V

Para as matérias que aqui interessa discutir, é essencial reterem-se alguns dos traços fundamentais da evolução da monarquia portuguesa desde a sua Restauração, em 1640: os novos equilíbrios institucionais no Reino, que se cristalizam depois do fim da Guerra com a Espanha (1668), a consolidação da aliança inglesa depois de 1703, a recentragem no Brasil — esboçada desde a Restauração e definitivamente assumida na última década do século XVII — e, de forma mais próxima, a evolução da administração central durante o reinado de dom João V (1706-1750).

Acresce que importa refletir sobre a natureza dessa monarquia e sobre o papel do Brasil nos seus equilíbrios políticos, o que se torna mais claro quando a monarquia se compara com algumas das suas congêneres. Por fim, importa ponderar as características da conjuntura de meados do século XVIII, para melhor se apreender o que ulteriormente mudou.

Alguns dos aspectos peculiares de Portugal nesse período resultaram apenas do acentuar dos efeitos de uma das heranças históricas mais importantes da monarquia portuguesa moderna na sua dimensão europeia: a escassa importância dos corpos políticos intermédios e a sua quase nula expressão territorial.[16] Construindo-se exclusivamente através da Reconquista, e não por via da união dinástica, Portugal não constituía uma "monarquia compósita", nem integrava comunidades político-institucionais preexistentes. Não se detectavam quaisquer direitos regionais, nem instituições próprias de províncias, nem sequer comunidades linguísticas acentuadamente diversificadas. Sobretudo depois de 1640, para além da escala local, as instituições com identidade institucional relevante (a começar pelos tribunais centrais) não só se localizavam quase todas em Lisboa como eram abrangidas em larga medida pelas teias da sociedade de corte. O contraponto do centro eram os poderes locais e, sobretudo, municipais. Na Europa, Portugal era uma monarquia constituída por um único reino, coisa bem singular. Acresce que os ecos públicos da intervenção desses poderes locais ou municipais foram diminuindo claramente na segunda metade do século XVII, nesses se incluindo as cortes, que depois da convocação de 1697 não mais se voltaram a reunir ao longo do século XVIII. Um outro aspecto decisivo foi a constituição de uma nova sociedade cortesã da nova dinastia (de Bragança) vencedora em 1640. Com efeito, foi-se desenhando uma fronteira social inequívoca entre a nobreza da corte e a fidalguia da província, bem como a generalidade das elites, incluindo as do Império. Com a exceção da magistratura e (parcialmente) do corpo diplomático, a esmagadora maioria dos ofícios superiores da monarquia tendeu a ser exercida pela primeira nobreza da corte, um grupo fechado a cujo interior o acesso era quase impossível.

Uma outra característica essencial do Portugal setecentista foi a aliança com a Inglaterra, potência marítima dominante, e o correlativo afastamento das questões continentais. Pode-se discutir se esse alinhamento se desenhava ou não desde a Restauração,[17] mas foi a participação portuguesa na Guerra de Sucessão de Espanha ao lado dos britânicos e os tratados negociados em 1703 com John Methuen que consolidaram essa opção. Retomando as palavras do 4° conde de Tarouca, primeiro representante português nas negociações em Utrecht (1712): "Os holandeses e ainda os ingleses hão de ser nossos procuradores nesta parte e (...) por essa razão hei de desforçar mais as instâncias na Europa (...) porque bem vejo que a conservação do Brasil nos importa mais do que pretendermos poder em Espanha."[18] Como se afirmava triunfalmente na *Gazeta de Lisboa* no início de 1744:

> Portugal continuando a sua neutralidade, se acha livre de todas as calamitosas perturbações da guerra que atualmente estão padecendo hoje quase todas as Províncias da *Europa*; porque as ideias do Soberano, que o dominam, só são ambiciosas de ostentar mais magnificência no Culto Divino, e fazer lograr aos seus vassalos as conveniências do comércio, e as felicidades de Paz.[19]

Aliás, como se verá, essa opção não foi significativamente alterada no reinado subsequente.

A recentragem dos equilíbrios sociais, políticos e financeiros da monarquia no Brasil, acentuada de forma inquestionável quando se difundiu a nova descoberta do ouro e no decurso do ciclo aurífero da primeira metade do século XVIII, é um fato indiscutível e marcante e tem particular relevância para a discussão de três tópicos. Em que medida emprestava à monarquia a natureza compósita que esta não tinha no continente europeu? Até que ponto se pode, para esse terreno, falar de políticas sistemáticas? Esses cenários contrastavam com o de outras monarquias europeias?

A primeira questão, o problema constitucional de se saber até que ponto o Brasil, do qual os presuntivos sucessores à Coroa tomavam desde 1645 o título de príncipes,[20] e as outras conquistas conferiam à monarquia portuguesa aquela natureza compósita que não tinha na Europa,[21] merece um tratamento mais detalhado do que aquele que é aqui possível. De fato, apesar da referida designação, não existiu institucionalmente, pelo menos até 1808, um principado ou reino do Brasil, pois a América portuguesa não constituía uma unidade, exceto para os decisores políticos do Reino, antes um imenso território pulverizado entre múltiplas capitanias. Na Europa, Portugal era apenas um pequeno reino, e eram os seus "domínios" ultramarinos que lhe conferiam a dimensão territorial de monarquia, nome que, segundo o dicionarista Bluteau, se dava a "grandes reinos ou Impérios, governados por um só senhor absoluto".[22] Mas os vínculos estreitos estabelecidos nesse contexto autorizam, no mínimo, que se fale de uma monarquia pluricontinental.[23] Os equilíbrios institucionais, as conexões financeiras, os estreitos circuitos de circulação das elites, os fluxos migratórios sem paralelo, que adiante se detalharão, são apenas alguns dos elementos que fazem com que se não possa considerar o Império, sobretudo atlântico, um mero apêndice da monarquia setecentista portuguesa.

Quanto ao tema da política colonial, há que sublinhar que entre a transposição anacrônica para o passado de formas de governo da época contemporânea[24] e a imagem do "Império colonial português, desprovido de centro e reduzido a uma meada confusa de laços de poder",[25] existem outras possibilidades de análise. No quadro do Conselho Ultramarino (criado em 1642), pode supor-se que se foi esboçando uma política colonial mais ou menos sistemática, embora sujeita a ratificação em instâncias ulteriores.[26] O lento declínio do Conselho de Estado, que deixou de se reunir em meados do reinado de dom João V, quando antes era ouvido em todas as matérias politicamente relevantes, e a criação em 1736 das três secretarias de Estado não significaram, no entanto, a adoção efetiva do sistema dos ministérios que vigorava já nas monarquias vizinhas e o abandono do sistema de decisão política baseado nas consultas dos conselhos.[27] Dom João V, com efeito, foi-se sempre consultando com quem quis, recorrendo para o efeito a juntas e a diversos personagens,[28] entre os quais avultaram Alexandre de Gusmão, seu secretário pessoal, sobretudo em matérias relativas ao Brasil, bem como os velhos cardeais patriarca (Almeida) e inquisidor-mor (Cunha), bem como frei Gaspar da Encarnação na fase derradeira da vida do monarca. Assim, as secretarias de Estado só se tornariam verdadeiros ministérios no meio século seguinte.

O que não oferece dúvidas é que o Brasil estava permanentemente no cerne das atenções das elites políticas do centro, em particular após a descoberta da região aurífera em fins do século XVII, o que explica, em parte, muitas das propostas de reforma, algumas delas concretizadas nos reinados joanino e josefino, como a alteração do sistema da capitação para cobrança do ouro em 1736. Ou ainda a criação do Tribunal da Relação no Rio de Janeiro, desde há muito solicitada,[29] como também a atuação e as competências exorbitantes conferidas a Gomes Freire de Andrade, que acumulou o governo do Rio de Janeiro com jurisdição em um amplo território.[30] A morte em 1746 do monarca espanhol Filipe V e a ascensão ao trono do seu filho Fernando VI, casado com dona Maria Bárbara de Bragança, irmã de dom José, suscitaram uma viragem na política espanhola, claramente encaminhada para uma pacificação das relações externas, em geral, e para uma aproximação com Portugal, em particular. Foi esse cenário que tornou possível o início da preparação do Tratado de Madri, o qual, substituindo o remoto acordo de Tordesilhas, pretendia fixar os limites territoriais do Brasil e da América espanhola, sobretudo nas zonas onde esses eram mais indefinidos: a região da Amazônia e a Platina. A concretização desse tratado, assinado em Madri a 13 de janeiro de 1750, poucos meses antes da morte de dom João V, iria dominar, em larga medida, a agenda política dos primeiros anos do reinado de dom José.

Deve destacar-se que, embora o tema dos ilustrados críticos da situação existente se possa colocar, bem como o da existência de uma restrita "opinião pública", a maior parte dos juízos referidos tem lugar no âmbito das instituições oficiais da monarquia.

Antes de compararmos as reformas nas duas monarquias ibéricas, importa destacar quanto à cronologia que se o ciclo da reforma interna em Espanha, contemporâneo da chegada dos Bourbons, é claramente anterior ao de Portugal, a verdade é que tanto no caso português como no espanhol se pode sustentar que as reformas atingem os Impérios de forma mais notória na segunda metade do Setecentos.[31] Mas a cronologia dessas é claramente discrepante. Enquanto no caso português se pode associar o início do reinado de dom José (1750) a uma reorientação e a um reforço das políticas reformistas, no caso espanhol essa viragem dá-se nos anos sessenta, já depois do início do reinado de Carlos III.

Os Impérios ibéricos em meados de Setecentos: dimensões sociais

As comparações possíveis entre os dois Impérios atlânticos das monarquias ibéricas, aproximadas pelo tratado de 1750, e as reformas que sofreram ao longo de Setecentos podem constituir uma chave importante para um melhor enquadramento das marcas peculiares do caso português.

Os governos desses dois Impérios americanos compartilhavam muitas coisas, entre as quais muitas características que se apontam ao Império espanhol, como o fato de "todo o mundo poder apelar aos distintos tribunais reais (....), aos quais estava sujeito o próprio vice-rei",[32] ou a combinação do princípio da autoridade com o da flexibilidade.[33] Mas aqui interessa, sobretudo, sublinhar os pontos de discrepância. Dentre esses sobressaem desde logo a dimensão e a diversidade da América espanhola, bem mais extensa, mais populosa e ainda mais diversificada, de quase todos os pontos de vista — incluindo a composição étnica e social — do que a América portuguesa, na qual cedo o elemento quantitativamente dominante foram os descendentes das populações de origem africana, decorrentes da utilização da mão de obra escrava proveniente da África, em detrimento da ameríndia. A pluralidade administrativa espanhola era também mais pronunciada e traduzia-se na existência de múltiplos poderes regionais, parte deles com o estatuto vice-reinal, que na América portuguesa só era conferido à cabeça formal do Estado do Brasil. Acresce que a máquina administrativa da América hispânica era bem mais ampla e complexa, designadamente pelo número mais elevado de tribunais superiores. Também a tropa de primeira linha (ou seja, o Exército propriamente dito) era ali bem mais numerosa. Em parte pelos aspectos antes invocados, as elites crioulas[34] da América espanhola, onde existiam imprensa, universidades e outros polos avançados de formação, e uma bem mais acentuada venda de ofícios, atingiram altos cargos na administração de forma mais notória do que no Brasil, onde tais realidades estavam ausentes ou tinham menor relevância.

Para explicar essa última dimensão talvez se possa invocar uma outra diferença, particularmente notória no século XVIII: os fluxos de circulação de pessoas entre a Europa e a América eram, em termos relativos, bem mais importantes no caso português e, sobretudo, tinham um peso mais decisivo na estruturação das suas elites americanas. Por outras palavras, os naturais da península foram muito mais abundantes e marcantes na configuração dos equilíbrios de poder nos brasis, cuja população se multiplicou por dez ao longo do século XVIII, do que na América espanhola.[35] Mesmo que se não dê crédito aos autores que acreditam que o número de emigrantes portugueses para o Brasil nos momentos altos do surto aurífero alcançou os 9 ou 10 mil por ano[36] e se situe o seu montante num máximo de 2 ou 3 mil por ano,[37] tais valores superam o dos ibéricos que emigraram para a América espanhola. Com efeito, tendo em conta apenas a emigração legal, "calcula-se que 53 mil espanhóis emigraram para a América durante o século XVIII (...) uma média de apenas 500 por ano parece pequena, e certamente o número foi menor do que havia sido nos séculos XVI e XVII".[38] Se se aceitar que a emigração ilegal duplicou esses números, então na melhor das hipóteses o número de emigrantes alcançaria ao longo do século XVIII os 100 mil.[39] Ora, só entre 1700 e 1750 terão emigrado para o Brasil, no mínimo (ou seja, admitindo que foram só 2 mil por ano), uns cem mil portugueses, o que é também bastante superior à emigração das ilhas britânicas para as suas colônias da América do Norte, no mesmo intervalo temporal.[40] De resto, os maiores volumes de emigração da península para a América espanhola registraram-se no século XVI,[41] os das ilhas britânicas para a América inglesa no século XVII[42] e os de Portugal para o Brasil no século XVIII.

No início do século XIX a população espanhola seria de 11,5 milhões de habitantes, 3 milhões a de Portugal, a da América espanhola 13,5 milhões, contra 3,3 milhões no Brasil. Mas, apesar de o número de "brancos" no Brasil ser inferior ao da América espanhola, representavam uma parcela proporcionalmente mais elevada da população no Brasil e resultavam de volumes acumulados de emigração europeia equivalentes (600 a 800 mil), aliás, também idênticos aos dos EUA. Para além da fraca capacidade de crescimento da população "branca" no caso do Brasil, não restam dúvidas de que o esforço emigratório de Portugal (relação população de origem/emigração) foi cerca de três vezes superior ao de qualquer outra potência europeia, tal como sugere Livi Bacci.[43] É certo que os números não se baseiam em fontes seguras e, sobretudo, que não se contabilizam as taxas de retorno. Mas as grandes diferenças não deixam de se realçar, apesar disso.

Mas o que se revela mais impressionante não são apenas os volumes da emigração portuguesa para o Brasil, mas sobretudo a natureza desta e o papel aparentemente estrutural que ela adquiriu na configuração das próprias sociedades da América portuguesa. Apesar de a emigração espanhola se ter modificado no século XVIII, passando a ter origens geograficamente mais diversificadas, o primeiro lugar de partida continuava a ser a Andaluzia (com cerca de um quarto dos emigrantes legais), e os criados (com cerca de 37% do total) eram o grupo mais numeroso; é certo que as províncias do Norte (bascos, galegos, cantábrios e asturianos) forneciam agora mais gente (somadas, cerca de um quarto do total), que os emigrantes eram esmagadoramente masculinos e que ofereciam a base de recrutamento da maioria dos negociantes de cidades como a do México e a de Buenos Aires. Só que esse padrão, semelhante ao português, não era nem universal nem sequer dominante.[44] Com efeito, a emigração "espontânea" portuguesa (isto é, não organizada pela Coroa) tinha sobretudo origem no Norte de Portugal, particularmente no Minho (que fornecia em norma mais de dois terços dos migrantes), seguida pelas ilhas e por zonas do centro do reino e de Lisboa (do Sul dos trabalhadores diaristas pobres, quase nada). Era uma emigração majoritariamente jovem, masculina e, ao que tudo indica, alfabetizada, que se inseria em grande medida dentro de uma lógica de expulsão de filhos excedentários de grupos domésticos de lavradores razoavelmente abastados do Nordeste, a zona agrícola mais rica e densamente povoada de Portugal, e também de filhos de artesãos.[45] Uma emigração de remediados, portanto, dotados de dois capitais extremamente valiosos: saber ler e escrever, num território esmagadoramente analfabeto, e um espectro de relações que lhes garantiam uma colocação conveniente no local quase sempre urbano de destino.

Com efeito, substituindo desde, pelo menos, fins de Seiscentos os grupos de cristãos-novos, e contando com a proteção de redes familiares e locais bem consolidadas, era por essa via que estruturavam os grupos mercantis das várias praças do Brasil,[46] bem como grande parte das elites da região de Minas.[47] Tudo parece sugerir que as palavras escritas há alguns anos por Stuart Schwartz captam no essencial a singularidade da situação: "No século XVIII, as elites terratenentes eram cada vez mais originárias da colônia", ao passo que "a classe mercantil permanecia essencialmente europeia" (de nascimento).[48] Europeia quer dizer portuguesa e majoritariamente do Norte. É certo que as elites mercantis têm sido renovadamente estudadas nos últimos anos e que é talvez estultícia pretender apresentar uma breve síntese sobre o tema. De resto, tinham uma origem geográfica e social semelhante no Rio, na Bahia, no Recife, em São Paulo, nos vários municípios de Minas ou no Rio Grande do Sul,[49] embora as modalidades e a cronologia da sua afirmação como grupo autônomo, da sua aproximação ou afastamento das elites terratenentes e, por fim, do seu maior ou menor acesso à elite camarária (aquilo que em sentido restrito configurava propriamente a "nobreza da terra" em cada município da monarquia portuguesa) têm constituído objeto de investigações múltiplas. O laço umbilical existente entre a emigração nortenha portuguesa e os grupos mercantis brasileiros (e portugueses) prolongou-se bem depois de 1822.[50] Algo que na época era por vezes notado, pois, como afirmava Henriques da Silveira (1789), "a maior parte dos homens de negócio do reino e das conquistas são nascidos naquela(s) província(s)" do Minho.[51] Sublinhe-se ainda que o fato de não se venderem ofícios de vereador na monarquia portuguesa, ao contrário do que acontecia com os regedores na monarquia espanhola e seu Império, permitia que fosse mais fácil o acesso dos reinóis aos senados municipais na América portuguesa, pois esses não constituíam ofícios vendidos e patrimonializados pelas famílias já estabelecidas.

Ora, se a maioria dos negociantes do Brasil era natural do Norte de Portugal e disputava com as elites terratenentes o acesso às câmaras, nas quais em vários casos não conseguiram até tarde ingressar, o fato é que na segunda metade do século XVIII, em maior ou menor proporção, todos acabaram por entrar nos principais municípios brasileiros, ao contrário do que aconteceu com quase todos os municípios importantes do reino.[52] Foi o caso mais emblemático do Rio de Janeiro,[53] de Salvador,[54] do Recife,[55] de São Paulo[56] e de Porto Alegre,[57] para além dos vários municípios mineiros ou do pequeno e efêmero município de Viamão, no Rio Grande do Sul (1763-1773).[58] Em conclusão, em fins do período colonial, os negociantes de grosso trato, majoritariamente nascidos no nordeste do reino, integravam ou até hegemonizavam todos os principais municípios da América portuguesa e os senados das câmaras que eram os grandes interlocutores dos governadores ou de Lisboa. Um cenário muito diverso do que se verificava na generalidade da América espanhola.

Essa mudança não resultou diretamente de qualquer iniciativa da Coroa ou reforma por ela decretada; está articulada com uma alteração da relação de forças entre os grupos mercantis e a nobreza da terra desde meados de Setecentos, favorável aos primeiros. No caso particularmente bem estudado do Rio de Janeiro,[59] essa evolução resultou em larga medida da crescente prosperidade comercial do Centro-Sul, que reforçou os grupos ligados ao capital mercantil e acentuou o declínio ou até a extinção dos "conquistadores". O destino da descendência dos negociantes não deixou de ser, porém, em muitos casos, a aquisição de bens fundiários e até a aliança com a velha nobreza da terra, embora também pudesse passar pelo investimento numa carreira judicial ou burocrática ou no regresso ao reino.

Acresce que a circulação no Atlântico era parte integrante dos percursos de vida, não só daqueles que chegavam a integrar-se nos grupos mercantis das várias praças do Brasil, mas ainda daqueles que alcançavam o estatuto de negociante grossista e matriculados da praça de Lisboa, conforme demonstrou Jorge Pedreira, e em aberto contraste com o predomínio cristão-novo no século XVII.[60] Para mais, a circulação no Atlântico alcançava patamares muito elevados. A investigação recente permitiu ainda contabilizar os níveis extremamente significativos das remessas, designadamente de ouro, do Brasil para o reino, cujo montante anual podia ultrapassar o das receitas da monarquia.[61]

Culminados percursos bem-sucedidos nas atividades mercantis, os negociantes e os seus filhos podiam ter destinos diversos (incluindo o regresso ao reino ou a frequência da Universidade de Coimbra, para esses últimos), mas de uma forma geral parece registrar-se uma tendência para serem absorvidos pelas elites agrárias e escravistas estabelecidas, particularmente na segunda metade do século XVIII. É o que se verifica em parte no Rio, conforme sugeriu João Fragoso, mas também, entre outros, no caso do Recife. Esse último caso é particularmente significativo, pois o município surgira no início do século, como é bem sabido, do enfrentamento entre reinóis/negociantes e naturais/senhores de engenho;[62] essa dupla polarização, de acordo com recente estudo, tende a atenuar-se ao longo do século, no interior de uma elite plural mas cuja identidade se reforçava, entre outros fatores, pelos laços de parentesco e por uma polarização em face de uma população majoritária de escravos e mestiços.[63]

Em sentido inverso, o número de naturais da América foi aumentando em outras instituições. Na verdade, a proporção de reinóis, muito deles nascidos na primeira nobreza da corte, só cresceu ao nível dos governadores de capitania. O topo do exército de primeira linha fora quase sempre um reduto aristocrático.[64] E a política da Coroa de pôr a primeira nobreza a servir nas conquistas deu os seus frutos. Com efeito, detectamos um claro processo de aristocratização ou elitização dos recrutados para os governos das capitanias brasileiras entre os séculos XVII e XVIII, visível quer nas principais capitanias, quer na esmagadora maioria das capitanias subordinadas. No Brasil tomado como um todo, os descendentes de titulares, da primeira nobreza de corte e de fidalguia inequívoca, passam de 20% dos classificados no século XVII para 45% no século XVIII. E nas capitanias não dependentes passa de 57% para 82%. Em sentido inverso, verifica-se uma clara redução do número de "brasílicos" e naturais das terras nomeados. Na América portuguesa, a percentagem dos naturais desce de 22% no século XVII para apenas 10% no século seguinte, quando os naturais da terra representam 3% dos classificados nas capitanias principais (antes alcançavam 27%), desaparecendo nos governos da Bahia e do Rio.[65] Caso único no contexto europeu, a maior parte das grandes casas aristocráticas portuguesas teve algum dos seus membros num governo das ilhas e dos domínios ultramarinos. Mais de metade das 130 casas titulares que existiram em algum momento entre 1640 e 1810 teve um dos seus senhores nesses ofícios ao longo dos séculos XVII e XVIII. Mas se considerarmos apenas as que tiveram uma existência durável, esse número sobe para mais de dois terços. E teríamos, a rigor, de acrescentar as casas da primeira nobreza que por essa via ascenderam à grandeza, recebendo título. No período considerado, não parece existir nenhuma outra elite aristocrática europeia para a qual a circulação e o desempenho de ofícios num Império fora da Europa tenham desempenhado um papel comparável. Na monarquia espanhola, embora predominem os ibéricos, os representantes de casas com grandeza à data do seu nascimento desempenhando governos no Império foram quase inexistentes no século XVIII.[66]

Mas nos demais ofícios os naturais da América portuguesa foram crescendo. Ao contrário do que ocorria antes na Bahia,[67] pelo menos um terço dos desembargadores do Rio de Janeiro providos entre 1750 e 1808 era natural do Brasil.[68] E se o clero paroquial no primeiro terço do século XIX nascera em cerca de três quartos dos casos no Brasil,[69] a grande novidade esteve no aparecimento dos primeiros bispos aí nascidos, pelo menos seis dentre os bispos nomeados para o Brasil entre 1770 e 1822.[70]

Tudo o que antes se disse é essencial para explicar a diferença entre as reformas da segunda metade de Setecentos nos territórios americanos das duas monarquias ibéricas. E há quem sustente que, "em termos gerais, Brasil e Portugal permaneceram em contato mais estreito e com menos distinções entre si do que a América espanhola e Espanha".[71] Na diversidade das reformas também pesou o fato de na monarquia portuguesa não existirem sequer categorias para classificar de forma diversa as elites nascidas no reino das naturais da América. Como se sublinhou, não havia no Brasil um termo de utilização comum nas diversas capitanias correspondente ao *criollo* nas Américas de Espanha.

Certamente, o peso do Império nas finanças da monarquia portuguesa constituiu um traço estrutural delas, de há muito conhecido.[72] Desde os primórdios da época moderna, na maior parte das conjunturas, era o Império que direta ou indiretamente sustentava a monarquia, fornecendo em regra, pelo menos, metade dos seus réditos. Através das receitas das alfândegas, que raras vezes representaram menos de um quarto do total e muitas vezes se aproximaram da metade; depois através dos vários monopólios ligados ao Império; e, por fim, por via dos impostos diretos, em particular sobre metais e pedras preciosas. Em 1716, as receitas das alfândegas representavam mais de um terço do total, os monopólios do tabaco e do pau-brasil, mais de 18%, e o quinto do ouro, mais de 10%, mas essa receita deve ter sido bem mais elevada em outros anos. As reformas da segunda metade de Setecentos, adiante referidas, não alteraram esse padrão. Embora variável ao longo do tempo e decisiva em várias conjunturas, parece certo que a dependência da monarquia espanhola das receitas do Império não seria tão esmagadora. Mas ao fato bem conhecido da conexão financeira, haverá agora que acrescentar outro, sustentado nas páginas anteriores. Em nenhum Estado europeu as elites possuíam uma experiência do Império comparável à portuguesa. A monarquia portuguesa tinha uma dimensão imperial única no contexto da Europa do século XVIII. Não apenas pela referida dependência financeira, mas também porque as respectivas elites tinham, quase na mesma medida em que se fecharam à Europa, uma experiência de circulação pelo Império que não tinha paralelo na época. Acresce que os naturais do Reino tinham um peso sem equivalente na estruturação das elites do Brasil. Em parte, isso se explicará pelo fato de a população da América portuguesa ter crescido no século XVIII mais rapidamente do que a espanhola e sobretudo à conta da emigração (de europeus e, sobretudo, da forçada dos africanos), e não do crescimento natural, como no caso espanhol. Mas a explicação não residirá só aí.

O tempo das "providências" josefinas

Normalmente, o início do ciclo de reformas da monarquia portuguesa e seus domínios é atribuído ao reinado de dom José (1750-1777), pois todos esses anos coincidiram com a presença do futuro marquês de Pombal numa secretaria de Estado. O reinado pautou-se, efetivamente, por uma imensa produção legislativa, tal como atesta um dos mais próximos colaboradores do ministro, num escrito elaborado alguns anos depois da morte do rei. Num elogio histórico aos reis de Portugal, afirmava que "Leis nenhumas dos Reis passados publicou tantas, nem tão saudáveis, como El-Rei D. José", destacando entre essas as providências "a favor do comércio assim interno, como externo".[73]

No entanto, desde há largo tempo que os historiadores se dividem sobre a forma de encarar essas persistentes intervenções. Por um lado, há quem duvide da sua coerência, assim como da unidade do período em causa. "A apreciação global dos vinte e sete anos da governação Josefina"[74] é posta em dúvida, pois "não se pode (...) manifestamente uniformizar essa legislação num plano estabelecido, ou sequer numa seriação intencional de medidas", pois estas teriam oscilado em função das preocupações do momento.[75] Para outros autores, ao invés, a ação pombalina e as disposições a que deu lugar são coerentes em seu conjunto,[76] pois desde a sua entrada para o governo, "ao nível econômico e social, Pombal concebeu um plano ambicioso para restabelecer o domínio nacional sobre as riquezas das possessões ultramarinas que aportavam a Lisboa".[77]

Em todo caso, parece certo o que se sabe sobre o pensamento de Sebastião de Carvalho antes de aceder ao governo, designadamente dos tempos do seu périplo pela diplomacia, para além da omissão quanto às suas concepções políticas, é precisamente o tema do comércio, a primeira e a mais antiga marca das suas reflexões e de seus escritos.[78] Como afirmara em 1741,

> sendo grandes os interesses do comércio com os estrangeiros, são ainda maiores os lucros quando ele se faz com as próprias colónias. Não só este comércio é o mais útil, mas também o menos arriscado (...) Cada nação monopoliza o tráfico das suas e exclui delas as nações estranhas irremissivelmente. (...) É também o mais útil este comércio pelo número infinito de pessoas que faz subsistir e enriquecer na Europa, ou no Continente, além das que se enriquecem nas mesmas colónias (...) Sendo estes os motivos porque destas partes se tem feito não só a exclusiva dos estrangeiros, mas também o cuidado de vigiar sobre o seu comércio e de o fertilizar cada dia mais para brotar novos ramos.[79]

As palavras transcritas, para além de denotar claros fundamentos doutrinários, refletem um diagnóstico da situação portuguesa que vinha muito de trás. Para retomar uma expressão consagrada, Portugal vivia "sob o signo de Methuen".[80] Além do pão — sobretudo trigo — há séculos necessário para alimentar Lisboa e outros centros urbanos, Portugal importava produtos manufaturados, para consumo do reino e das suas conquistas, principalmente do seu principal parceiro comercial, a Inglaterra. Exportava pelo Porto o vinho, quase sempre o principal produto de exportação do reino, e comerciava, sobretudo por Lisboa, os produtos coloniais que tinham procura na Europa, quase todos de proveniência brasileira (açúcar, tabaco, couro e só mais tarde o café e o algodão). O principal intermediário e fornecedor hegemônico dos navios que demandavam dos portos portugueses era a Inglaterra, embora a França, que nesse comércio ocupava um quinto da posição inglesa, nunca deixasse de lhe querer disputar a primazia. Como as balanças comerciais de Portugal com a Inglaterra eram cronicamente favoráveis a esta,[81] pode sustentar-se que um dos principais produtos da exportação portuguesa seria o ouro do Brasil,[82] que fornecia um meio de pagamento à Inglaterra, onde as moedas portuguesas tinham uma ampla circulação,[83] sendo esse o destino da maior parte do ouro amoedado na monarquia portuguesa (Portugal e Brasil) entre 1688 e 1797.[84]

A legislação josefina visava, ao mesmo tempo, incentivar a produção de bens exportáveis do Brasil e impor e preservar o monopólio português do comércio com os seus portos, reprimindo o contrabando e a atuação de todos os agentes reais ou encapotados dos ingleses (como seriam, na sua ótica, os comissários volantes[85]). E, por outro lado, intentava melhorar globalmente as relações de troca de Portugal com a Inglaterra, protegendo os preços (do vinho, por exemplo), substituindo importações e tentando diminuir a dependência de Portugal da navegação inglesa. Nessa matéria, sem diminuir o peso das circunstâncias, há que reconhecer alguma coerência global à atuação prosseguida no decurso de todo o reinado, sempre apoiada em mecanismos do monopólio e do exclusivo. Que, de resto, permitiam erigir alguns personagens concretos como interlocutores privilegiados. Na arrematação dos contratos, como na criação das companhias de comércio, parece ter havido sempre o propósito de escolher os que davam garantias e inspiravam confiança: os grandes financeiros e negociantes "pombalinos".[86]

Entretanto, se as ideias de Carvalho sobre o comércio em geral e sobre o comércio colonial em particular são razoavelmente claras, importa destacar que nem sempre foram aplicadas de forma sistemática, pois não se pode sustentar, sem sérias reservas, que se sobrepuseram a outras prioridades no que se reporta à política para o Brasil. Desde logo, Sebastião José não teve, antes de 1755-56, o total controle político sobre as iniciativas para o Brasil,[87] as quais foram se sucedendo ao sabor das diversas conjunturas: aplicação do Tratado de Madri, expulsão dos jesuítas, guerra com Espanha, dificuldades comerciais e financeiras... Acresce que se pode mesmo sustentar que outras dimensões predominaram sobre a política comercial, designadamente as de política internacional.[88]

Assumindo que Carvalho se tornou desde 1756 o principal decisor político, embora nunca formalmente investido do estatuto de "primeiro-ministro",[89] e que desde então as secretarias de Estado se tornaram o centro da decisão política e do expediente administrativo, haverá que reconhecer que a sua sintonia com o irmão Francisco Xavier de Mendonça Furtado, secretário de Estado da Marinha e Ultramar entre 1760 e 1769, foi muito maior do que a que teve com o sucessor desse, Martinho de Mello e Castro (em funções até 1795), que nunca deixou de revelar autonomia. De forma sumária e esquemática, as principais disposições do reinado josefino no que ao Brasil se reporta se arrumarão em quatro tópicos, que não correspondem nem a uma hierarquia de importância nem a uma sequência temporal: disposições sobre comércio, administração, fazenda e, por fim, a guerra e a política internacional.

A criação de companhias comerciais monopolistas foi um traço marcante. Todas surgiram em resposta a reais ou simuladas solicitações e todas suscitaram reações mais ou menos acentuadas. Foi o caso da Companhia Geral do Grão-Pará e Maranhão, criada em 1755 por sugestão do mesmo Francisco Xavier, quando governava aquela capitania. A oposição dos jesuítas, entre outros, àquela iniciativa suscitará as primeiras declarações do secretário de Estado inequivocamente hostis a esses.[90] A criação da Companhia Geral de Pernambuco e Paraíba (1759) parece enquadrar-se na sequência de várias tentativas e petições anteriores de senhores de engenho e negociantes radicados no Brasil relacionadas com o controle do tráfico de escravos.[91] A solicitação para a sua criação foi feita em julho de 1759, numa altura em que a situação em Pernambuco não era especialmente gravosa, através de uma petição subscrita por 12 personalidades, entre as quais o próprio conde de Oeiras, e um grupo de grandes financeiros e negociantes, quase todos residentes em Portugal.[92] Recentemente, foi mesmo sugerido que através dessa companhia se procurava assegurar a participação de negociantes metropolitanos no tráfico de escravos, amplamente hegemonizado então por residentes no Brasil e no caso do Nordeste por baianos, e que só a oposição desses teria impedido o alargamento da sua área de atuação à capitania da Baía.[93]

A "política econômica" pombalina, nos seus primeiros esboços, não constitui uma resposta a uma crise comercial e financeira, ao contrário do que se afirma muitas vezes. Para além de convicções programáticas mercantilistas, antes sugeridas, foi a reação a circunstâncias concretas, combinada com os objetivos pessoais de Carvalho, nesses se incluindo a conquista do valimento, que foi moldando as coisas. Só depois com o terremoto (1755), com a conjuntura da guerra (1762-63) e com o efetivo declínio das remessas do ouro se pode falar, por fim, numa plausível crise, ou viragem comercial.

No anos sessenta, tornam-se, enfim, inquestionáveis os indicadores de "crise", que se torna bem evidente para todos os agentes políticos intervenientes. Se a quebra do comércio luso-britânico[94] e das remessas e amoedação do ouro do Brasil é indiscutível,[95] pode-se questionar se a "crise" não correspondeu, afinal, a uma viragem,[96] a qual acabou por favorecer alguns dos desígnios intencionalmente procurados pelo valido de José. Desde pelo menos 1762 que é patente uma quebra nas exportações inglesas para Portugal,[97] de produtos manufaturados e de cereais. Ou seja, se o valor global do comércio luso-britânico sofre uma quebra assinalável, o crônico déficit comercial de Portugal nas suas relações com a Inglaterra torna-se agora muito menos pronunciado.

Assim, as explicações para a invocada "crise" estariam fundamentalmente ligadas ao Brasil. Decorreria esta, simultaneamente, de uma quebra no preço e no montante das exportações do açúcar brasileiro[98] e de uma redução na extração e remessa do ouro, irreversível desde 1765, acompanhada anos mais tarde dos diamantes. Globalmente, os efeitos desse declínio se saldariam numa diminuição da capacidade portuguesa para pagar as importações.[99] Em síntese, mais do que de "crise", será adequado falar-se de modificação parcial da inserção da economia portuguesa no comércio internacional, associada a uma diminuição do peso da Inglaterra enquanto principal parceira e intermediária comercial.

A análise das receitas da monarquia, estruturalmente dependentes dos fluxos coloniais, ao longo do reinado josefino fornece-nos um indicador indireto sobre algumas das variáveis discutidas. Durante o período 1762-1776, as receitas das alfândegas representam em média cerca de 25% dos proventos do Estado, cerca de 10% menos do que no início e no fim do século XVIII.[100] Pode, assim, admitir-se ter havido uma quebra nos montantes do comércio externo. Mas, caso se tenha verificado, terá tido lugar antes de 1762, pois entre 1762 e 1776 os valores são sempre aproximados com uma ligeira, mas sustentada, tendência para crescerem.[101] Em compensação, o quinto do ouro representa ao longo do período considerado a volta de 12% das receitas da Coroa, mas registram-se grandes oscilações de uns anos para os outros e uma inequívoca tendência para a baixa nos últimos anos registrados. Os monopólios régios do tabaco, do pau-brasil e dos diamantes forneceram em conjunto, durante o intervalo considerado, 24% das receitas e outras receitas ultramarinas, 5%. Somando essas três entradas com a parcela do rendimento alfandegário decorrente do comércio direto com o ultramar e da reexportação de produtos coloniais, conclui-se que 57% das receitas provieram direta ou indiretamente do Império.[102] Ou seja, essa dimensão essencial, associada sobretudo ao Brasil, iria se manter no período em análise.

Por tudo o que se disse, os interesses dos comerciantes ingleses foram abalados, o que se traduziu em diversos protestos e numa intensa disputa no campo da diplomacia econômica. Num desses requerimentos, datado de 1766, produz-se uma avaliação crítica dos efeitos da política pombalina sobre a comunidade mercantil inglesa ligada a Portugal. Destacam-se, entre outros pontos, as críticas às companhias comerciais já criadas, as referências à quebra nos afluxos de prata vindos do Brasil como resultado da diminuição do contrabando na região do rio da Prata e, por fim, à explícita denúncia da intenção do conde de Oeiras de criar companhias monopolistas para a Bahia e para o Rio de Janeiro, os principais centros urbanos e comerciais da colônia.[103] A esta responderá um escrito de 1770, atribuído ao próprio conde de Oeiras, no qual se contestam as acusações e o diagnóstico apresentados, refutando-se, entre outras coisas, o declínio do comércio externo português, invocando-se para o efeito as receitas das alfândegas e rejeitando-se qualquer intenção do governo português de criar companhias monopolistas na Bahia e no Rio de Janeiro.[104] Em síntese, os núcleos essenciais da atividade econômica do Brasil, situados já então no Centro-Sul, não foram, nem estavam destinados a ser, decisivamente afetados pelas orientações comerciais prosseguidas durante o reinado.

Quanto às medidas nos domínios administrativo e fiscal, prosseguiram orientações já antes traçadas,[105] e a sua imputação a Carvalho, designadamente no início do reinado, é duvidosa. Está nesse caso a incorporação à Coroa das capitanias cedidas aos donatários. O processo iniciado havia mais de um século seria encerrado em 1754 com a indenização paga aos Castro Almirante de Portugal, donatários da capitania de Ilhéus.[106] No mesmo sentido, a criação de um tribunal da relação no Rio de Janeiro, havia longo tempo reivindicada pela Câmara e por outras autoridade locais, tinha já recebido, pelo que se sabe, um parecer favorável do Conselho Ultramarino de 1734.[107] Aprovada enfim nos diversos tribunais centrais, culminando no Desembargo do Paço, a decisão obteve a sanção real em fevereiro de 1751, sendo concretizada em junho de 1752. Dispunha-se agora de um tribunal de apelação para a zona econômica nevrálgica, o que não deixaria de pesar no estatuto que haveria ulteriormente de alcançar. Em nenhuma dessas decisões parece ter pesado de forma marcante a vontade do futuro marquês de Pombal.

Embora se possa presumir que esse seria o resultado natural dos desenvolvimentos antes referidos, a verdade é que a decisão final acerca da transferência da sede do vice-reinado para o Rio de Janeiro foi antes, pelo menos no imediato, uma resposta a circunstâncias concretas. Em abril de 1761, na sequência da morte ocorrida meses antes do vice-rei 1º marquês do Lavradio e numa conjuntura de guerra iminente, Gomes Freire, governador do Rio de Janeiro interinamente com a tutela de boa parte das capitanias do Sul, recebeu instruções para passar para a sede do governo na Bahia. Em resposta, alegou que deixar sem "cabeça" o Rio podia dar lugar a "desordem", o que era grave, sendo aquela cidade o maior "Empório do Brasil, pois tem este porto as circunstâncias de uma posição e defesa fortíssima e de uma barra incomparável (...) as principais forças militares que há no Brasil nele se acham", acrescentando que "a maior causa das demandas no Brasil são sem dúvida as minerais" e que essas eram julgadas no Tribunal da Relação do Rio. Ali veio a falecer, em janeiro de 1763, diz-se que do desgosto provocado por saber da capitulação da Colônia do Sacramento. A 11 de maio, seria nomeado vice-rei o 1º conde da Cunha, com a expressa indicação de ir residir no Rio de Janeiro, onde tomou posse no fim desse ano.[108]

A existência de um vice-rei no Rio, entretanto, não alterou no essencial o modelo de administração da colônia. O Brasil era demasiadamente grande e os recursos do vice-rei demasiadamente escassos para que pudesse ter a tutela efetiva sobre todo o espaço da América portuguesa. No qual, de resto, depois das vicissitudes várias do período pombalino, o estado do Maranhão e Piauí terá subsistido até 1811 e os de Grão-Pará e Rio Negro até mais tarde não integrados formalmente ao Estado do Brasil.[109] Sobre as capitanias deles dependentes, os vice-reis tinham uma autoridade mais efetiva. Mas o mesmo não ocorria com as nove capitanias (para além da cabeça do vice-reinado no Rio, na Bahia, em Goiás, no Grão-Pará, Maranhão, em Minas, Pernambuco, Mato Grosso e São Paulo), que tinham à sua frente um capitão-general, fidalgo nomeado diretamente pela Coroa e que com ela se correspondia direta e regularmente. Nesse particular, a regra de que "na prática (...) a autoridade dos vice-reis do Brasil do século XVIII se restringia à sua capitania-geral exceto em circunstâncias extraordinárias"[110] manteve-se sem alteração apreciável. Como também já foi sublinhado, pode parecer surpreendente que "o marquês de Pombal, geralmente tido por centralista, não tenha colocado os capitães-generais (...) totalmente sob o controle e a disciplina dos vice-reis".[111] É sobretudo no plano militar que se pode falar de uma maior concentração de recursos no vice-rei, justificada pela situação de tensão quase permanente no sul da América, que culminaria, depois da crise de 1762, na de 1777.

Uma das características fundamentais da administração portuguesa na colônia era a sua divisão, não só espacial mas também setorial, em instâncias múltiplas, as quais mantinham todas canais de comunicação política com Lisboa e que, frequentemente, colidiam entre si. O que se aplica à administração militar, à organização fiscal, à judicial — na qual pontificava uma magistratura letrada que circulava à escala do Império, a partir de nomeações feitas no reino — à eclesiástica e também à estrutura administrativa local — as câmaras — principal instrumento de integração política da colônia e das suas elites no espaço imperial.[112] O equilíbrio de poderes entre essas diversas instâncias tinha como centro político Lisboa, com destaque cada vez maior do secretário de Estado da Marinha e Negócios do Ultramar e cada vez menor do Conselho Ultramarino. Mas o seu papel arbitral não deixou de se exercer, podendo desautorizar um capitão-general em resposta a uma petição camarária. Esse modelo de atuação, que vinha no essencial muito de trás, não se terá modificado decisivamente durante o reinado de dom José.

No plano fiscal, é certo que, a par da ampliação das "providências" e imposições da metrópole — nas quais se destaca o "donativo" para a reconstrução de Lisboa —, houve algumas reformas. Desde logo, do sistema de cobrança dos quintos do ouro, com o abandono do sistema de capitação. No entanto, parece certo que mais uma vez essa não foi uma iniciativa de Carvalho.[113] Apesar dos esforços feitos nos anos 1770 para a travar, através de derramas extraordinárias, a quebra nas receitas do quinto do ouro não deixou de se verificar, como já foi referido.[114] Na sequência da conjuntura militar de 1762, tinha-se reformado o sistema fiscal da colônia, organizando-se nos anos seguintes Juntas da Fazenda em todas as capitanias do Estado do Brasil, que deviam adotar os métodos de contabilidade do Erário Régio, recém-criado no Reino.[115] Os efeitos racionalizadores dessas disposições parecem indiscutíveis, embora elas só por si não chegassem para fazer frente às crescentes despesas militares de meados dos anos 1770 determinadas pela iminência de novos conflitos.[116]

De resto, estão ainda por se aprofundar os estudos da legislação, designadamente de 1761 e 1770, que procurou impedir a transmissão hereditária dos ofícios locais, judiciários e fazendários. Embora a uma escala inferior, essa patrimonialização dos ofícios não desapareceu durante o reinado e a legislação em questão foi pouco depois revogada.[117]

Por fim, haverá que sublinhar que a política internacional, com a sua tradução militar, foi um dos fatores que mais pesaram nas vicissitudes do reinado, aí se incluindo diversos acontecimentos imprevistos. O Tratado de Madri foi um legado marcante do reinado anterior e gerou, tanto em Portugal como em Espanha, ferozes oposições, que atingiram os seus principais responsáveis, dom José de Carvajal (do lado espanhol) e Alexandre de Gusmão (do lado português). Entre os seus oponentes mais destacados estavam os jesuítas, pois perderiam as suas missões, e o próprio Sebastião de Carvalho, defensor intransigente da manutenção da Colônia do Sacramento, cuja entrega se previa a troco dos territórios das missões jesuíticas. Não admira que, para além das expressões de simpatia que inicialmente manifestou pelos padres da companhia, ele fosse visto, em geral, como seu protetor por ir contra Alexandre de Gusmão, o patrocinador do Tratado de Madri. Entretanto, no contexto de sua aplicação, as fortes oposições imputadas pelos governadores reverteram por completo o posicionamento do ministro de dom José. Carvalho opunha-se ao tratado, ao mesmo tempo que tinha de zelar pela sua aplicação. Se inicialmente fora patrocinado pelos jesuítas, passou a campeão europeu da luta pela extinção da companhia.

Na verdade, embora não fosse um projeto previamente elaborado, foi a Amazônia o território mais atingido pela intervenção da política pombalina na América do Sul portuguesa.[118] Os diplomas de 1755 que estabeleceram a Companhia Geral do Grão-Pará e Maranhão instituíram também a liberdade dos índios e o fim do governo temporal das missões. Concebido em 1757, e publicado em Lisboa em 1758[119] (mantendo-se em vigor até 1797), o *Directório que se deve observar nas povaçoens dos indios do Pará, e Maranhão*, cuja autoria é geralmente atribuída a Francisco Xavier, concebia um programa de colonização dos índios da Amazônia com características que se podem considerar indiscutivelmente inovadoras. Os seus objetivos mais gerais consubstanciavam-se num projeto de "ocidentalização dos espaços amazônicos" através de casamentos mistos entre luso-brasileiros e índias, do ensino da língua portuguesa e da promoção econômica da região.[120] O programa de erradicação da chamada "língua geral", misto de português e de tupi e efetivamente falado por uma parte das "nações" indígenas da região, e de imposição do português antecipou claramente muitas políticas contemporâneas e colocou o problema dos professores, em face da expulsão dos jesuítas e da resistência de outras ordens religiosas à sua aplicação.[121] De resto, a aplicação das disposições exigia a adoção de novas formas de organização do poder local nas vilas e nos aldeamentos dos índios, combinando diretores seculares e párocos colados, com formas de auto-organização local, nas quais até mesmo os ameríndios chegaram a desempenhar funções como juízes e vereadores nas câmaras ou como oficiais das ordenanças. O balanço final desse processo está longe de se poder considerar um êxito absoluto: nem mesmo o uso da língua portuguesa conseguiu superar o tupi como língua dominante na região meio século mais tarde. Mas não há dúvida de que constituiu um importante precedente. De resto, algo de semelhante terá ocorrido em Angola, através da ação de dom Francisco Inocêncio de Sousa Coutinho, governador entre 1764 e 1772, muito próximo a Pombal e que levou a cabo um esforço assinalável de colonização para Sul e para o interior,[122] essa última defrontando-se inexoravelmente com a principal atividade econômica do território: o fornecimento de escravos africanos para o Brasil.

Na verdade, as preocupações militares, associadas às sempre complexas e recorrentemente belicosas relações com o vizinho ibérico no território americano, foram parte essencial da política externa durante o reinado de dom José. A guerra de 1762 e a conquista da Colônia do Sacramento, ulteriormente devolvida, ao contrário de outros territórios ocupados, mostraram bem a vulnerabilidade da América portuguesa, associada agora a novos temores que incluíam suspeitas quanto às pretensões do aliado britânico.[123] Até o desenlace final, associado à queda da Colônia em 1777, quando o rei exalava os últimos suspiros, não mais a tensão militar desapareceu do Brasil, para onde foram enviados em 1767 alguns dos melhores regimentos portugueses comandados por um estrangeiro.[124] Na verdade, tal como acontecia com as finanças do Reino, as despesas militares eram em regra o principal encargo das capitanias do Brasil, a começar pela do vice-reinado fluminense. E, no entanto, os efetivos de primeira linha foram sempre chocantemente reduzidos para a imensidão do território: pouco depois de chegar ao vice-reinado (1770) o 2º marquês do Lavradio constatou a existência na sua capitania de menos de 4.200 efetivos,[125] e em 1774 todos os que estavam sob sua dependência seriam 6.587 homens.[126] Podem-se considerar certamente exageradas as estimativas segundo as quais a tropa paga (primeira linha) alcançaria em todo o Brasil no início do século XIX cerca de 15 mil homens.[127] O elemento mais decisivo, porém, é que, pela mesma altura, grande parte dos soldados e a esmagadora maioria dos oficiais tinham nascido no reino. Apesar de faltarem números globais e de se ter transformado em 1792 a antiga Aula Militar na Real Academia da Artilharia, Fortificações e Desenho do Rio de Janeiro, todos os elementos esparsos conhecidos confirmam sem sombra de dúvidas que o número de oficiais e suboficiais naturais da América portuguesa era muito reduzido.

Nada de mais contrastante com o que se passava com a América espanhola pela mesma altura. Em 1770, os oficiais americanos no exército de veteranos já eram 45% e em 1810 alcançavam os 70%![128] E o mais impressionante é que, enquanto na América espanhola existira, de permeio, uma política deliberada de afastamento dos crioulos do governo local, nada de semelhante se pode invocar no caso do Brasil! Se o papel das forças de milícias (milícias e ordenanças no caso brasileiro), de base sempre local, era similar em ambos os casos, no que ao exército de primeira linha se reporta as diferenças foram gritantes.

Embora se discuta a avaliação do caráter mais ou menos sistemático, coerente e programado dos respectivos reformismos, o certo é que as reformas imperiais no reinado de dom José (1750-1777) (protagonizadas por Pombal) e as do reinado de Carlos III (1759-1788) (associadas de forma menos unilateral, mas apesar de tudo dominante, à figura de José de Galvez, intendente e visitador da Nova Espanha [1765] e mais tarde secretário das Índias [1776-1787]), parecem ter tido uma natureza notoriamente discrepante. De resto, não só a cronologia delas não coincide como as reformas carolinas surgiram na sequência de uma derrota espanhola na guerra, o que não se verificou em Portugal. Mas eram sobretudo os objetivos que divergiam: "*comércio livre*, aumento das alcavalas, estabelecimento dos novos estancos sobre o tabaco e a aguardente, criação das intendências, expulsão dos crioulos dos postos chave da administração."[129]

Apesar de parte da historiografia recente relativizar os seus resultados, não oferece dúvidas que na política levada a cabo pelos ministros de Carlos III pesou de forma decisiva e assumida o objetivo de "desconstrução do Estado crioulo".[130] Isso implicava, desde logo, uma mudança do modelo constitucional. Como sublinhou Elliot, com as reformas bourbônicas "a Espanha virara as costas à ideia de uma monarquia compósita", enquanto os territórios da América espanhola "continuavam a ver-se como membros de uma monarquia compósita".[131] Isso veio a traduzir-se na prática de Galvez, que não se pode duvidar em classificar de "militante anticrioulo",[132] "na preferência por espanhóis da Península, com exclusão de candidatos crioulos, em todas as esferas e níveis do governo colonial".[133] Independentemente dos seus resultados, que acabaram por não coincidir com o pretendido, a verdade é que, como notou desde há muito Stuart Schwartz, "parecia faltar às medidas de Pombal o tom especialmente anticrioulo dos esforços de Galvez na América espanhola (...) as reformas pombalinas não excluíram do governo os grupos brasileiros em posição mais elevada; tenderam, isso sim, a ampliar o seu papel".[134] Haverá que perguntar por que existiu tal diferença. E a que parece mais evidente é que, não obstante todos os esforços do nacionalismo historiográfico brasileiro para erigir a "inconfidência" mineira (1788-89) ou a conspiração baiana (1798) em prenúncios de uma consciência nacional, para a quase totalidade dos contemporâneos residentes da América portuguesa não existia uma fratura geral, suscetível de ser alargada a todas as capitanias, entre "crioulos" e "peninsulares", como acontecia na América espanhola, dicotomia que nem sequer tinham um equivalente no vocabulário português da época, como antes se destacou.

Um segundo ponto de demarcação é a política comercial prosseguida para as Américas. No caso espanhol, a proliferação do contrabando e o enfraquecimento do exclusivo comercial que se tinham seguido à Guerra da Sucessão foram combatidos entre 1714 e 1756, entre outras vias através da criação de companhias comerciais. Mas depois de 1756, quando se criou a Real Companhia de Barcelona, essa orientação não foi retomada.[135] A partir de 1765, quando se abriu o comércio das Caraíbas espanholas com nove portos da Península, e sobretudo depois de 1778, quando o famoso decreto do *comercio libre* aboliu o monopólio de Cádis e o sistema das frotas, abriu-se a todos os navios espanhóis o comércio entre os portos da Península e os das Américas, alterando drasticamente os parâmetros do comércio colonial, que, de resto, prosperou. Embora não se devam confundir essas orientações com a adoção do liberalismo econômico,[136] o certo é que elas diferem claramente das adotadas no reinado de dom José, assemelhando-se, porventura, mais às que foram prosseguidas no reinado seguinte.

Mas as discrepâncias não ficam por aqui. Parece claro que as reformas carolinas se traduziram também num aumento da carga tributária sobre o Império, o que, pelo contrário, não é de todo evidente durante o reinado de dom José.[137] Por fim, as reformas bourbônicas suscitaram diversas ondas de rebelião, algumas de grandes dimensões.[138] Nada de semelhante teve lugar no Brasil. Em síntese, ao contrário do que por vezes se sugere,[139] Pombal e Galvez tiveram atuações no essencial divergentes.

As reformas do fim do século

A queda de Pombal em 1777, se teve efeitos apreciáveis em algumas dimensões da política no reino, não se traduziu em nenhum tipo de inversão notória da política colonial. O secretário de Estado da Marinha e Ultramar, Martinho de Mello e Castro, já o era havia anos e assim se manteria até a sua morte. Em junho de 1777, publicava-se com a chancela oficial um violento libelo no qual se afirmava que "estão ainda vertendo sangue as feridas, que rasgou no coração de Portugal esse despotismo ilimitado, e cego, que acabamos de padecer". A Providência, porém, desvanecera "essa ilusão" e entre as "sábias disposições do presente governo" destacava-se a "liberdade no comércio"... Em matéria de política colonial, com efeito, a mais notória inversão da política pombalina seria a abolição da Companhia do Grão-Pará e Maranhão e depois a da de Pernambuco e Paraíba. Ora, curiosamente, Mello e Castro votou contra.[140] Globalmente, portanto, não houve nenhuma alteração significativa. E a mudança mais notória limitava-se a reproduzir a orientação seguida havia muito na monarquia vizinha.

Uma das marcas do reinado de dona Maria seria a inexistência de "primeiro-ministro" ou sequer de qualquer personagem politicamente dominante de forma continuada. Tal figura fora formal e politicamente condenada depois da queda de Pombal e nunca os "ministros assistentes ao despacho" tiveram esse perfil. Apesar do relançamento do Conselho de Estado em 1796, este não só integrava os secretários de Estado, como acontecia desde o tempo de Pombal, como nunca se substituiu a esses enquanto polo central da decisão política. Aquilo que alguns qualificavam "despotismo Ministerial, que é o maior flagelo dos Povos",[141] não se alterou, portanto, depois do afastamento de Pombal. Os conselhos, designadamente o Ultramarino, não desapareceram e até reforçaram os seus poderes em algumas conjunturas. Mas o centro da decisão política eram agora as secretarias de Estado e assim se manteriam.

Mas a "Viradeira" revestiu uma dupla e aparentemente paradoxal faceta: a par de dimensões que se podem associar a um fenômeno de "reação aristocrática", boa parte do pessoal político manteve-se, e verificaram-se mesmo novas iniciativas "esclarecidas". A marca decisiva na difusão da cultura das Luzes e de outras formas de pensamento "moderno" foi dada com a criação em 1779-1780 da Academia Real das Ciências, que, com a chancela da Coroa, podia publicar sem censura prévia. Apesar dos seus limites, as reformas da Universidade de Coimbra tiveram um forte impacto na formação das elites e nas viagens científicas promovidas pela Coroa que geraram um novo conhecimento do Brasil.[142] No entanto, esse impulso indiscutível foi limitado pela sua coincidência com uma censura literária apertada e com a atuação da

Intendência Geral da Polícia, particularmente no quadro da atuação do famoso intendente Pina Manique. Globalmente, a difusão da cultura e da sociabilidade das Luzes parece limitada, e, sobretudo, elas parecem pouco autônomas em relação aos círculos oficiais. Não há nada em Portugal que tenha a amplitude das sociedades econômicas "de amigos do país" em Espanha. Apesar de alguma insistência da bibliografia recente na importância da "opinião pública" no período em apreço, a verdade é que as suas expressões não podem deixar, em termos comparativos, de se reputar bastante restritas.[143] Pode-se sugerir que no Brasil o controle oficial foi bem menos eficaz.[144] Mas parece difícil descobrir aí uma vitalidade do movimento ilustrado finissecular comparável à que teve lugar na América espanhola.

O impacto da Revolução Americana e da Revolução Francesa, para além dos contextos locais, irá gerar duas importantes tentativas sediciosas, a primeira em Minas Gerais (1788-89) e a segunda na Bahia (1798).[145] Se no primeiro caso se pode reputar ter existido uma resposta local a uma política régia hostil às elites regionais por causa dos descaminhos do ouro, cuja responsabilidade se lhes imputava, o mesmo se não pode dizer do segundo cenário. Em todo caso, foram eventos isolados, dos quais se não pode inferir um descontentamento geral.

O fim do século foi marcado por uma notável prosperidade comercial. Para os anos de 1796-1807, acerca dos quais dispomos de dados globais para o comércio externo português, a reexportação de produtos coloniais manteve o papel dominante nas exportações portuguesas, correspondendo a quase dois terços do seu valor total. A novidade está na crescente procura europeia do algodão brasileiro, com um peso cada vez mais relevante, a par da exportação cada vez mais significativa do cacau e do café. A marca mais singular dessa prosperidade comercial, porém, foi a crescente importância que os mercados coloniais adquiriram não apenas como fornecedores de matérias-primas, mas agora também como consumidores de exportações metropolitanas. Na verdade, embora a reexportação de produtos europeus representasse cerca de metade das exportações portuguesas para o Brasil, a verdade é que as exportações de produtos manufaturados portugueses (sobretudo têxteis — algodão, lanifícios e linho — e ferrarias) superaram em muito o vinho e outros produtos alimentares.[146]

Entretanto, num contexto ideológico e intelectual no qual as antigas formulações mercantilistas sobre a política colonial começam a dar lugar a ideias mais favoráveis à liberdade de comércio, quando não abertamente defensoras do liberalismo econômico smithiano,[147] o grande intérprete dos mais arrojados projetos de reforma institucional foi dom Rodrigo de Sousa Coutinho (1755-1812), cujos primeiros passos tinham sido protegidos por Pombal e que, depois de passar pela diplomacia, foi sucessivamente secretário de Estado da Marinha e Ultramar (1796), da Fazenda (1801-1803) e, já depois da ida da corte para o Brasil por ele tão defendida, da Guerra e Negócios Estrangeiros (1808-1812). Sobre as suas projetadas reformas muito se tem escrito. Destaquem-se apenas duas notas. A primeira para sublinhar que se para o reino as suas propostas interferem nas estruturas essenciais do Antigo Regime, antes de 1808, ou seja, antes da partida da família real para o Brasil, em particular na sua *Memória sobre os melhoramentos dos domínios de Sua Majestade na América* (1797/1798), nunca o seu "reformismo (...) afeta (...) as características de base do Antigo Regime colonial, conservando Portugal o papel de entreposto necessário dos produtos brasileiros e o Brasil o de mercado reservado para os artigos portugueses".[148] Em segundo lugar, para sublinhar que, quando o cerco napoleônico se apertou cada vez mais, foi dom Rodrigo quem com mais clareza formulou a concepção plástica da monarquia como um espaço pluricontinental, no qual Portugal não era "a melhor e mais essencial Parte", pelo que restaria aos soberanos nas circunstâncias da guerra europeia "o irem criar um poderoso Império no Brasil, donde se volte a reconquistar o que se possa ter perdido na Europa".[149] Coube-lhe, assim, ser o inspirador próximo de um projeto com raízes anteriores bem remotas, pois que a monarquia dos Bragança repousava nas relações do Reino com o Brasil, mas que as circunstâncias da guerra iriam finalmente impor. Por tudo isso, esse reformismo final faz já parte de um contexto distinto daquele que se discutiu ao longo da maior parte das páginas antecedentes.

Notas

1. Cf. Hamish M. Scott (ed.), 1990.
2. Cf. Jeremy Black, 2004, p. 134.
3. Cf. Hamish M. Scott, 1990, e Derek Beales, 2000, p. 131-177.
4. Cf. John Elliot, 2006.
5. Cf. o recentíssimo debate: António Hespanha, 2007 e Nuno Gonçalo Monteiro, 2007.
6. Kenneth Maxwell, 1998, p. 410.
7. Francisco Bethencourt, 1998, p. 241.
8. Laura de Mello e Sousa, 2006, p. 49.
9. António Hespanha, 2007.
10. Hespanha, 2005, p. 12.
11. Sustentando a fundamental coincidência de objetivos, contra o meu ponto de vista, cf. José Luís Cardoso e Alexandre Mendes Cunha, 2011.
12. Cf. Jorge Borges de Macedo, 1982a, p. 17.
13. Jorge Borges de Macedo, 1982b, p. 85.
14. Cf. Fernando António Novais, 1979, p. 116. Esse ponto de vista encontra alguma correspondência em outras historiografias, como a espanhola, cf. J.M. Portillo Valdés, 2011, p. 337-352.
15. Cf., entre outros: Andrée Mansuy-Diniz Silva, 1998, p. 477-518; Maria Beatriz Nizza da Silva (coord.), 1986; e Francisco Bethencourt e Chauduri, Kirti (dir.), 1998.
16. Cf. Nuno Gonçalo Monteiro, 2007, p. 19 e segs.
17. Até 1703, a França era uma efetiva alternativa comercial e até política, pois Portugal começou por apoiar o candidato Bourbon na Guerra. Cf., entre outras, as colaborações de Leonor Freire Costa e Gonçalo Monteiro Nuno, 2003.
18. Isabel Cluny, 2007, p. 256.; Cf. J. Borges de Macedo, 1979.
19. Cit. Caetano Beirão, 1936, p. 235.
20. Chamou a atenção para a relevância desse tópico Maria de Fátima Gouvêa, 2001.
21. Cf. Jack P. Greene, 1994, e idem, 2002, p. 267-282; François-Xavier Guerra, 2005.
22. Rafael Bluteau, 1712-1721. O tópico referido merece uma muito mais ampla discussão.
23. Expressão discutível, cuja semântica pode invocar perspectivas ideológicas pretéritas que estão nos antípodas do que se pretende destacar, mas que utilizamos já em Nuno G. Monteiro, 2005, p. 96, e que foi retomada em João Fragoso e Maria de Fátima Silva Gouvêa, 2007.

24. Justamente criticada por J. Greene, 2002, p. 268.
25. António Hespanha, 2005.
26. A propósito do Conselho Ultramarino no reinado joanino, cf., entre outros, Mafalda Soares da Cunha e Nuno G. Monteiro, 2005, p. 211-214, e Maria Fernanda Bicalho, 2007, p. 37-56; para a sua fase inicial, cf. Edval de Souza Barros, 2008.
27. Cf. Nuno G. Monteiro, 2001, p. 961-987.
28. Cf. Eduardo Brazão, 1945; Jaime Cortesão, 1984; José Pedro Ferraz Gramoza, 1882, p. 7-11; e Luís Ferrand de Almeida, 1995, p. 192-194.
29. Cf. Maria Fernanda Bicalho, 2003, p. 83-85.
30. Cf. Mónica Ribeiro, 2010.
31. M. Lucena-Giraldo, 2009.
32. Anthony Paggden, 1997, p. 180 (tradução do autor).
33. Cf. Josep M. Delgado Ribas, 2007, p. 22-23.
34. Por tal se entendem as elites locais dominantes, geralmente de origem europeia. Não havia correspondente semântico no Brasil. Penso que não é por acaso. Segundo Bluteau, crioulo queria dizer "escravo que nasce na casa do seu senhor"; o termo "crioulo da terra" foi utilizado uma única vez no processo da Inconfidência Mineira e para designar um homem de cor parda (cf. Roberta G. Stumpf, 2010, p. 200). No mesmo contexto, o termo "mazombos", tão relevante em Pernambuco no início de Setecentos para qualificar os locais (cf. Evaldo Cabral de Melo, 1995), só aparece como uma ocorrência secundária (cf. R. Stumpf, op. cit.).Tema desenvolvido em Nuno Gonçalo Monteiro, 2009, p. 65-81.
35. Parte do que aqui se diz baseia-se em extrapolações feitas a partir de Máximo Livi Bacci, 2002; no entanto, algumas das explicações sugeridas pelo autor (cf. p. 142) situam-se nos antípodas daquelas que aqui se fornecem.
36. Números propostos por Vitorino Magalhães Godinho, 1978, p. 5-32 e retomados, entre muitos outros, por Robert Rowland, 1998, p. 305.
37. Livi Bacci, 2002; A. J. R. Russell-Wood, 1998, p. 98, apresenta valores um pouco mais elevados.
38. Nicolas Sánchez-Albornoz, 2004, p. 52; os mesmos valores são apresentados por Lynch, 1996, p. 39.
39. Cf. Carlos Martínez Shaw, 1994, p. 167 e 249.
40. Cf. James Horn, 2001, p. 32; no terceiro quartel de Setecentos, no entanto, a referida emigração inglesa foi superior (perto de 150 mil pessoas em 25 anos).
41. Cf. Carlos Martinez Shaw, 1994.
42. Cf. James Horn, 2001, p. 31.
43. Bacci, 2002, p. 146.
44. Cf. Carlos Martinez Shaw, 1994, p. 178-194.

45. Cf. os trabalhos decisivos de Jorge Pedreira, entre os quais 2001, p. 47-72. Deve-se sublinhar que a articulação entre emigração e mundo rural no Minho se apoia numa ampla bibliografia sobre esse, que não cabe aqui citar.
46. Cf. para a Bahia os dados retomados por Jorge Pedreira, e para as outras capitanias, a bibliografia adiante citada.
47. Cf. Junia Ferreira Furtado, 2006, p. 154; e Carla M. C. Almeida, 2005, p. 370.
48. Stuart Schwartz, 2003, p. 228-230.
49. Cf. bibliografia adiante citada e Helen Osório, 2007, p. 277 e segs.
50. Cf. os dados apresentado para 1823-1834 em Gladys Sabina Ribeiro, 2002, p. 181 e segs., que confirmam o predomínio dos jovens solteiros, minhotos, alfabetizados e destinados a serem recebidos por comerciantes já estabelecidos no Rio entre as centenas de emigrantes portugueses chegados com passaporte nos anos posteriores à independência.
51. António Henriques da Silveira, 1990, p. 50.
52. Entre os raros municípios portugueses nos quais havia negociantes elegíveis em número apreciável estão os da Figueira da Foz (tardiamente criado em 1771) e os da Covilhã e Fundão (ligados à indústria dos lanifícios; casos absolutamente excepcionais e que não abrangiam nenhum centro urbano sede de comarca ou especialmente relevante); cf. Nuno G. Monteiro, 2007, p. 62-64.
53. Cf. Maria de Fátima Gouvêa, "Os homens da governança do Rio de Janeiro em fins do século XVIII e início do XIX". In: *O município no mundo português*, cit., p. 545-562 e cf. João Fragoso, Almeida e Antonio C. Jucá de Sampaio (orgs.), 2007.
54. Cf. Avanete Pereira Sousa, 2003, p.143-145; e idem, "Poder local e autonomia camarária no Antigo Regime: o Senado da Câmara da Bahia (século XVIII)". In: Maria Fernanda Bicalho e Vera L. A. Ferlini, *Modos de governar*, cit., p.319.
55. Cf. George F. Cabral de Souza, 2007.
56. Cf. Maria Aparecida Borrego, 2006, p. 141-142.
57. Cf. Adriano Comissoli, 2008, p. 70.
58. Cf. Fábio Khun, 2006/2007, p. 46-49.
59. Cf. João Fragoso, Carla M. C. Almeida e Antonio C. Jucá de Sampaio (orgs.), 2007, p. 25-29; João Fragoso, 2007, p.34-120; António Carlos Jucá de Sampaio, 226-264; João Fragoso, 1998; idem e Manolo Florentino, 1998.
60. Cf. Jorge M. Pedreira, 1995.
61. Cf. Maria Manuela Rocha e Leonor Freire Costa, 2007, p. 77-98.
62. Cf. Evaldo Cabral de Melo, 1995.
63. Cf. George F. Cabral de Souza, 2007, p. 617-618.
64. Cf. Nuno G. Monteiro, 2007, p. 116-122.
65. Cf. Monteiro e Cunha, 2005.

66. É o que se conclui a partir de alguma pesquisa feita com base em David Heinige, 1970.
67. Cf. Stuart Schwartz, 1973.
68. Arno Wehling e Maria José Wehling, 2004, p. 268-269.
69. Cf. Guilherme Pereira das Neves, 1997, p. 193 e seg.
70. Cf. José Pedro Paiva, 2006, p. 555-557 e informações generosamente fornecidas pelo autor.
71. Stuart B. Schwartz e James Lockhart, 2002, p. 450-451.
72. Cf. Vitorino Magalhães Godinho, 1978; Fernando Tomaz, 1988; e Álvaro Ferreira da Silva, 2004.
73. António Pereira de Figueiredo, 1785, p. 261 e 263-265.
74. J. Borges de Macedo, 1982, p. 18.
75. Cf. J. Borges de Macedo, idem, p. 33; no mesmo sentido, Joaquim Romero Magalhães, 2004.
76. Cf. João Lúcio de Azevedo, 1990.
77. Cf. K. Maxwell, 2001, p. 111.
78. Cf. Francisco José Calazans Falcon, 1982, p. 292.
79. José Barreto, 1986, p. 42-43.
80. Cf. J. Lúcio de Azevedo, 1978.
81. Cf. H. E. S. Fisher, 1984.
82. Cf. Leonor Freire Costa, 2004, p. 264.
83. Cf. H. E. S. Fisher, 1984, p. 153-154.
84. Do total, 82%, segundo Maria Manuela Rocha e Rita Mantins de Sousa, 2004, p. 221.
85. Presunção em larga medida infundada; cf. Leonor Freire Costa, 2006.
86. Cf. José Augusto França, 1965; J. Borges de Macedo, 1982, p. 49 e segs.; J. Miguel Pedreira, 1995, K. Maxwell, 2001, cap.4.
87. Cf. Nuno Gonçalo Monteiro, 2008, p. 87 e segs.
88. Cf. Joaquim Romero Magalhães, 2004, p. 16.
89. Cf. Nuno Gonçalo Monteiro, 2008, p. 286-309 .
90. Cf. Idem, p. 97-101.
91. António Carreira, 1983, p. 231-232.
92. António Carreira, 1983, p. 222 e 281-302; José Ribeiro Júnior, 2004.
93. Luiz Felipe de Alencastro, 2006, p. 359.
94. Cf. H. E. S. Fisher, 1984, p. 68-80.
95. Cf. Maria Manuela Rocha e Rita Mantins de Sousa. In: Pedro Lains e Álvaro Ferreira da Silva (orgs.), 2004.
96. Cf. Leonor Freire Costa, 2004, p. 288.
97. Cf. Fisher, 1984, p. 68.

98. Cf. J. Borges de Macedo, 1982, p. 85-99; H. E. S. Fisher, 1994; p. 74 e segs.; J. Miguel Pedreira, 1994, p. 44 e segs.
99. K. Maxwell, 1978, p. 68; Maria Manuela Rocha e Rita Mantins de Sousa, 2004, p. 217.
100. Alvaro F. Silva, 2004, p. 241.
101. F. Tomaz, 1988, p. 376.
102. Tomaz, 1988, p. 366-367.
103. Francisco José Calazans Falcon, 1982, p. 294-296; K. Maxwell, 2001, p. 137 e segs., especialmente p. 145.
104. Francisco José Calazans Falcon, 1982, p. 297-300.
105. Como judiciosamente reconheceu há muito por Dauril Alden, 1968, p. 11.
106. António Vasconcelos Saldanha, 2001.
107. Maria Fernanda Bicalho, 2003, p. 83-84; Arno Wehling e M. José Wehling, 2004, p. 126 e segs.
108. M. Fernanda Bicalho, 2003, p. 83-85.
109. Fabiano Vilaça dos Santos, 2009, p. 205-230.
110. Dauril Alden, 1968, p. 42. Cf. ainda Charles Boxer, 1965, p. 145.
111. Dauril Alden, 1965, p. 472.
112. Cf. Charles Boxer, 1965; Maria Fernanda Bicalho, 2001, p. 189-221.
113. Cf. Joaquim Romero Magalhães, 2004, p. 3.
114. K. Maxwell, 1978, p. 88.
115. Dauril Alden, 1965, p. 281 e segs.; K. Maxwell, 1978, p. 63.
116. Dauril Alden, 1965, p. 312-352.
117. Cf. Roberta Stumpf, trabalho em curso.
118. Alencastro, 2006, p. 360.
119. Rita H. de Almeida, 1997, p. 373 e segs.
120. Ângela Domingues, 2000, p. 66.
121. Domingues, 2000, p. 116 e segs.
122. Cf. Catarina Madeira Santos, 2005, p. 817-848.
123. K. Maxwell, 2001, p. 142 e segs.
124. Dauril Alden, 1965, p. 111-112.
125. Dauril Alden, 1965, p. 53.
126. Cf. Heloísa Liberalli Belloto, 2007, p. 254.
127. Arno Welling, 1986, p. 195.
128. Juan Carlos Caravaglia e Juan Marchena, 2005, p. 309.
129. J. Delgado Ribas, 2007, p. 31.
130. John Elliot, 2006, p. 44.
131. John Elliot, 2006, p. 317-319.
132. M. Lucena-Giraldo, 2009, p. 316.

133. D. A. Branding, 2001, p. 406.
134. S. Schwartz e J. Lockhart, 2002, p. 448-449.
135. Cf. J. M. Delgado Barrado, 1996, p. 123-143.
136. Cf. Pedro Perez Herrero, 1996, p. 85 e segs.
137. Apesar dos novos impostos lançados sobre o Brasil depois do terremoto, pode com toda a probabilidade dizer-se que a carga tributária direta e indireta sobre o interior do Brasil (excetuando zonas de mineração) era muito menos pesada do que aquela que incidia sobre o interior do reino; basta lembrar que, enquanto na América portuguesa a base tributária da administração da Coroa era o dízimo, no reino, além desse, cobravam-se direitos de foral (em ambos o casos não era, em regra, a Coroa que os recebia, mas o clero e a aristocracia) e, para além de uma panóplia de impostos indiretos, o imposto direto da décima, fortemente reforçada em 1762-1763. O assunto merece um outro tratamento, pelo que aqui apenas se esboça essa problemática.
138. Cf., entre outros, J. Lynch, 1996, p. 49-54.
139. Cf. Jeremy Aldeman, 2006, p. 32
140. K. Maxwell, 1978, p. 94.
141. Marquês de Alorna, 2008, p. 89-92; ao contrário do que se indica nessa edição, é provável que o manuscrito tenha sido escrito pelo 6º conde de São Lourenço.
142. Cf. Ronald Raminelli, 2008.
143. Cf. Maria Alexandre Lousada, 1995; Ana Cristina Araújo, 2003.
144. Cf. Luis Carlos Villalta, 2009, p. 119-139.
145. Cf. Roberta Stumpf, 2010, e Istvan Janksó, 1996.
146. Valentim Alexandre, 1993, p. 44-89; e Jorge Pedreira, 1994, p. 272.
147. Cf. José Luis Cardoso, 2001, e Gabriel Paquette, 2008.
148. Valentim Alexandre, 1993, p. 85.
149. Ibidem, p. 132.

Bibliografia

ALDEMAN, Jeremy. *Sovereignty and Revolution in the Iberian America*, Princeton: Princeton University Press, 2006.

ALDEN, Dauril. *Royal Government in Colonial Brazil with Special Reference to the Administration of Marquis of Lavradio, 1769-1779.* Berkeley: University of California Press, 1968.

ALENCASTRO, Luiz Felipe de. "Le versant brésilien de L'Atlantique-Sud: 1550-1850", *Annales HSS*, Paris, Ano 61, nº 2, 2006.

ALEXANDRE, Valentim. *Os sentidos do Império. Questão nacional e questão colonial na crise do Antigo Regime português*. Porto: Afrontamento, 1993.

ALMEIDA, Carla M.C. "Homens ricos em Minas Colonial". In: BICALHO, Maria Fernanda e FERLINI, Vera L.A. *Modos de governar. Ideias e práticas políticas no Império português séculos XVI-XIX*. São Paulo: Alameda, 2005.

ALMEIDA, Luís Ferrand de. *Páginas dispersas. Estudos de história moderna de Portugal*. Coimbra: Faculdade de Letras da Universidade de Coimbra, 1995.

ALMEIDA, Rita H. de. *O diretório dos índios. Um projeto de "civilização" no Brasil do século XVIII*. Brasília: Editora UnB, 1997, p. 373 e segs. (facsmil).

ARAÚJO, Ana Cristina, *A cultura das luzes em Portugal. Temas e problemas*. Lisboa: Livros Horizonte, 2003.

AZEVEDO, João Lúcio de. *Épocas do Portugal económico*, 4ª ed. Lisboa: 1978.

______. *O marquês de Pombal e a sua época*, 2ª ed, Lisboa: Clássica, 1990.

BACCI, Massimo Livi. "500 anos de demografia brasileira: uma resenha", *Revista Brasileira de Estudos de População*, v. 19, nº. 1, jan./jun. 2002.

BARRADO, J.M. Delgado. "Reformismo borbónico y compañias privilegiadas para el comercio americano (1700-1756)". In: Augustín Guimerá (ed.). *El Reformismo borbónico*. Madri: Alianza Universal, 1996.

BARROS, Edval de Souza. *"Negócios de tanta importância": o Conselho Ultramarino e a disputa pela condução da guerra no Atlântico e no Índico (1643-1661)*. Lisboa: CHAM, 2008.

BEALES, Derek, "Religion and Culture". In: T. C. W. Blaning (coord.), *The Eighteenth Century*, Oxford: Oxford University Press, 2000.

BEIRÃO, Caetano. *Cartas da rainha D. Marianna Vitória para a sua família de Espanha (1721-1748)*. Lisboa: 1936.

BELLOTO, Heloísa Liberalli. *Autoridade e conflito no Brasil colonial: o governo Morgado de Mateus em São Paulo (1765-1775)*. São Paulo: 2007.

BETHENCOURT, Francisco, "A América portuguesa". In: BETHENCOURT, Francisco e CHAUDURI, Kirti (dir.). *História da expansão portuguesa*, v. 3. Lisboa: Círculo dos Leitores, 1998.

BICALHO, Maria Fernanda. *A cidade e o império. O Rio de Janeiro no século XVIII*. Rio de Janeiro: Civilização Brasileira, 2003.

______. "As câmaras ultramarinas e o governo do Império". In: FRAGOSO, João, BICALHO, Maria Fernanda e GOUVÊA, Maria Fernanda (orgs.). *O Antigo Regime nos Trópicos: a dinâmica imperial portuguesa (séculos XVI-XVIII)*, prefácio de A.J.R. Russell-Wood. Rio de Janeiro: Civilização Brasileira, 2001, p. 189-221.

______. "Inflexões na política imperial no reinado de D. João V", *Anais de História de Além-Mar*, v. VIII, Lisboa: AHA, 2007.

BLACK, Jeremy. *Kings, Nobles & Commoners. States & Societies in Early Modern History. A Revisionist History*. Londres: 2004, p. 134.

BLUTEAU, Rafael. "Monarquia". In: *Vocabulario portuguez e latino, aulico, anatomico, comico, critico, chimico, dogmatico, dialetico & Autorisado com exemplos dos melhores escriptores portugueses e latinos; e offerecido a el rey D. João V*, 8 v., Coimbra, 1712-1721.

BORREGO, Maria Aparecida. *A teia mercantil. Negócios e poderes em São Paulo colonial 1711-1765*. São Paulo, dissertação, mimeo., 2006.

BOXER, Charles. *Portuguese Society in the Tropics. The Municipal Councils of Goa, Macao, Bahia, and Luanda*. Madison: University of Winconsin Press, 1965.

BRANDING, D.A. "A Espanha dos Bourbons e seu império americano". In: BRETHEL, L. (org.), *História da América Latina*, vol. I. São Paulo: USP, 2001, p. 406.

BRAZÃO, Eduardo. *D. João V. Subsídios para a história do seu reinado*. Porto: Portucalense Editora, 1945.

CARAVAGLIA, Juan Carlos e MARCHENA, Juan. *América Latina de los orígenes al a Independência II. La sociedad colonial ibérica en el siglo XVIII*. Barcelona: Crítica, 2005.

CARDOSO, José Luís e CUNHA, Alexandre Mendes. "Discurso econômico e política colonial no Império Luso-Brasileiro (1750-1808)", *Tempo*, 2011 (no prelo).

______. "Nas malhas do império: a economia política e a política colonial de D. Rodrigo de Souza Coutinho". In: ______ (coord.). *A economia política e os dilemas do império luso-brasileiro (1790-1822)*. Lisboa: Comissão Nacional para as Comemorações dos Descobrimentos Portugueses, 2001.

CARREIRA, António. *As companhias pombalinas: de Grão-Pará e Maranhão e Pernambuco e Paraíba*, 2ª ed. Lisboa: Presença, 1983.

CLUNY, Isabel. *O conde de Tarouca e a diplomacia na época moderna*. Lisboa: Livros Horizonte, 2007.

COMISSOLI, Adriano. *Os "homens bons" e a Câmara Municipal de Porto Alegre (1767-1808)*. Porto Alegre: 2008, p. 70.

CORTESÃO, Jaime, *Alexandre de Gusmão e o Tratado de Madri*, t. I, 2ª ed. Lisboa: Livros Horizonte, 1984.

COSTA, Leonor Freire. "Da Restauração a Methuen: ruptura e continuidade". In: CARDOSO, José Luís *et al. O Tratado de Methuen (1703). Diplomacia, guerra e economia*. Lisboa: Livros Horizonte, 2003.

______. "Entre o açúcar e o ouro: permanência e mudança na organização dos fluxos (séculos XVII e XVIII)". In: FRAGOSO, João *et al.* (eds.). *Nas tramas da rede*. Rio de Janeiro: Record, 2006.

______. "Relações económicas com o exterior". In: LAINS, Pedro e SILVA, Álvaro Ferreira da (orgs.). *História económica de Portugal 1700-2000*, v. I. Lisboa: ICS, 2004.

DEREK, Beales. "Religion and Culture". In: BLANNING, T.C.W. (coord.). *The Eighteenth Century*. Oxford: Oxford University Press, 2000.

DOMINGUES, Ângela. *Quando os índios eram vassalos. Colonização e relações de poder no Norte do Brasil na segunda metade do século XVIII*. Lisboa: Comissão Nacional para as Comemorações dos Descobrimentos Portulenses, 2000, p. 66.

ELLIOTT, John. *Empires of the Atlantic World. Britain and Spain in America 1492-1830*. Yale: Yale University Press, 2006.

FALCON, Francisco José Calazans. *A época pombalina (Política econômica e monarquia ilustrada)*. São Paulo: Ática, 1982.

FISCHER, H.E.S. *De Methuen a Pombal — O comércio anglo-português de 1700 a 1770*. Lisboa: Gradiva, 1984.

FIGUEIREDO, António Pereira de. *Elogios dos reis de Portugal em latim e em portuguez illustrados de notas históricas e críticas*. Lisboa: Officina de Simão Tadeu Ferreira, 1785.

FRAGOSO, João; FLORENTINO, Manolo. *O arcaísmo como projeto. Mercado atlântico, sociedade agrária e elite mercantil no Rio de Janeiro, c.1790- c.1840*. 3ª ed. Rio de Janeiro: Atual, 1998.

______. GOUVÊA, Maria de Fátima Silva. "Portuguese Oceanic Expansion, 1400-1800". *e-Journal on Portuguese History*, v. 5, nº 2, Porto, inverno, 2007.

______. ALMEIDA, Carla M.C. e SAMPAIO, Antonio C. Jucá de (orgs.). *Conquistadores e negociantes. Histórias de elites no Antigo Regime nos trópicos. América lusa, séculos XVI a XVIII*. Rio de Janeiro: Civilização Brasileira, 2007.

______. "Fidalgos e parentes de pretos: notas sobre a nobreza principal da terra do Rio de Janeiro (1600-1750)". In: FRAGOSO, ALMEIDA e SAMPAIO, op. cit.

FRANÇA, José Augusto. *Lisboa pombalina e o Iluminismo*. Lisboa: Livros Horizonte, 1965.

FURTADO, Júnia Ferreira. *Homens de negócio: a interiorização da metrópole e do comércio nas Minas setecentistas*, 2ª ed. São Paulo: Hucitec, 2006.

GODINHO, Vitorino Magalhães. "Finanças públicas e estrutura do Estado", *Ensaios*, vol. II. *Sobre História de Portugal*, 2ª ed. Lisboa: Sá da Costa, 1978.

______. "L'Emigration portugaise (XVe-XVIIIe siécles)", *Revista de História Económica e Social*, nº 1, p. 5-32, Sá da Costa, 1978.

GOUVÊA, Maria de Fátima. "Poder político e administração na formação do complexo atlântico português (1645-1808)". In: FRAGOSO e GOUVÊA (orgs.), *O Antigo Regime nos trópicos: a dinâmica imperial portuguesa, séculos XVI-XVIII*. Rio de Janeiro: Civilização Brasileira, 2001.

______. "Os homens da governança do Rio de Janeiro em fins do século XVIII e início do XIX". In: *Centro de História do Atlântico — Região Autônoma da Madeira*.

O município no mundo português, Funchal: Centro de Estudos da História do Atlântico, 1998.

GRAMOZA, José Pedro Ferraz. *Sucessos de Portugal. Memórias históricas políticas e civis em que se descrevem os mais importantes sucessos ocorridos em Portugal desde 1742 até ao anno de 1804* (reunidos por Francisco Maria dos Santos). Lisboa: 1882, p. 7-11.

GREENE, Jack P. "Transatlantic colonization and the redefinition of empire in the early modern era. The British-American experience". In: DANIELS, C. & KENNEDY, M. (eds.). *Negotiated Empires. Centers and Peripheries in the Americas, 1500-1820*. Nova York: Routledge 2002.

______. *Negotiated Authorities. Essays in Colonial Political and Constitutional History*. Virginia: University Press of Virginia, 1994.

GUERRA, François-Xavier. "L'Etat et les communautés: comment inventer un empire?", *Nuevo mundo/Mundos nuevos* (revista eletrônica), fevereiro 2005 (http://nuevomundo.revues.org/document625.html).

HEINIGE, David. *Colonial Governors from the Fifteenth Century to the Present. A Comprehensive List*. Madison: University of Wisconsin Press, 1970.

HERRERO, Pedro Perez. "Reformismo borbónico y crecimiento económico en la Nueva España". In: GUIMERÁ, Augustín (ed.), *El reformismo borbónico: una visión interdisciplinar*. Madri: Alianza Editorial, 1996.

HESPANHA, A.M. "Por que é que foi 'portuguesa' a expansão portuguesa ou O revisionismo nos trópicos" (www.hespanha.net/papers/2005).

______. "A Note on Two Recent Books on the Patterns of Portuguese Politics In the 18th Century", *e-Journal on Portuguese History*, v. 5, nº 2, inverno, 2007.

HORN, James. "British Diaspora: Emigrants from Britain, 1680-1815". In: MARSHAL, P.J. (ed.). *The Oxford History of the British Empire — The Eighteenth Century*. Oxford: Oxford University Press: 2001.

JANCSÓ, Istvan. *Na Bahia contra o Império. História do ensaio de sedição de 1798*. São Paulo: Hucitec, 1996.

KHUN, Fábio. "O poder na aldeia: as elites locais na fronteira da América portuguesa. Viamão (1763-1773)", *Revista do Instituto Histórico e Geográfico do Rio Grande do Sul*, nº 141, 2006/2007.

LOUSADA, Maria Alexandre. *Espaços de sociabilidade em Lisboa: finais do século XVIII a 1834*, tese de doutorado, mimeo., Lisboa, 1995.

LUCENA-GIRALDO, M. "The Limits of Reforms in Spanhish America". In: PAQUETTE, Gabriel (ed.). *Enlightened Reform in Southern Europe and its Atlantic Colonies, c 1750-1830*. Baltimore: The Johns Hopkins University, 2009.

______. "The Limits of Reforms in Spanish America". In: PAQUETTE, Gabriel (ed.). *Enlightened Reform in Southern Europe and its Atlantic colonits, c. 1750-1830*. Baltimore: The Johns Hopkins University, 2009.

LYNCH, John. "El reformismo borbónico e hispanoamérica". In: GUIMERÁ, Augustín (ed.), *El reformismo borbónico: una visión interdisciplinar.* Madri: Alianza Editorial, 1996.

MACEDO, Jorge Borges de. *História diplomática portuguesa. Constantes e linhas de força.* Lisboa: Bertrand, 1979.

______. *A situação económica no tempo de Pombal* (1ª. ed., 1945-1951), 2ª. ed., Lisboa: Quercus, 1982a.

______. *O marquês de Pombal. 1699-1782.* Lisboa: Biblioteca Nacional, 1982b.

MAGALHÃES, Joaquim Romero. "Sebastião José de Carvalho e Melo e a economia do Brasil". *Revista de História Económica e Social*, nº 8, 2ª série, 2004.

MARQUÊS DE ALORNA. *Memórias políticas* (apresentação de J. Norton). Lisboa: Tribuna, 2008.

MAXWELL, Kenneth. "Ideias imperiais". In: BETHENCOURT e CHAUDHURI (dir.), 5 v., Lisboa: Círculo de Leitores, 1998.

______. *O marquês de Pombal.* Lisboa: Editorial Presença, 2001.

______. *A devassa da devassa. A Inconfidência Mineira: Brasil e Portugal 1750-1808.* São Paulo: Paz e Terra, 1978.

MELLO, Evaldo Cabral de. *A fronda dos mazombos. Nobres contra mascates: Pernambuco, 1666-1715.* São Paulo: Editora 34, 1995.

MELO, Sebastião José de Carvalho e. *Escritos económicos de Londres: 1741-1742.* José Barreto (sel., leitura, introd. e notas). Lisboa: Biblioteca Nacional, 1986.

MONTEIRO, Nuno G.; CUNHA, Mafalda Soares da. "Governadores e capitães-mores do império atlântico português nos séculos XVII e XVIII". In: MONTEIRO, N.G., CARDIM, P. e CUNHA, M.S. da (orgs.). *Óptima Pars. Elites Ibero-americanas do Antigo Regime.* Lisboa: Imprensa das Ciências Sociais, 2005.

______. "Portugal, a Guerra da Sucessão de Espanha e Methuen: algumas considerações gerais". In: CARDOSO, José Luís et. al. *O Tratado de Methuen (1703). Diplomacia, guerra e economia.* Lisboa: Livros Horizonte, 2003.

______. "A circulação das elites no império dos Bragança (1640-1808): algumas notas", *Tempo*, nº 27, 2009.

______. "Identificação da política setecentista. Notas sobre Portugal no início do período joanino", *Análise Social*, n.º 157, 2001.

______. *D. José, na sombra de Pombal*, 2ª ed. Lisboa: Temas e Debates, 2008.

______. "Governadores e capitães-mores do império atlântico português no século XVIII". In: *Modos de governar. Ideias e práticas políticas no Império português.* São Paulo: Alameda, 2005.

______. "The Patterns of Portuguese Politics in the 18th Century or the Shadow of Pombal. A Reply to António Manuel Hespanha", *e-Journal on Portuguese History*, v. 5, nº 2, inverno, 2007.

______. *Elites e poder. Entre o Antigo Regime e o liberalismo*, 2ª ed. Lisboa: 2007.

NOVAIS, Fernando António. *Portugal e Brasil na crise do antigo sistema colonial (1777-1808)*. São Paulo: Hucitec, 1979.

OSÓRIO, Helen. *O Império português no Sul da América. Estancieiros, lavradores e comerciantes*. Porto Alegre: UFRGS, 2007.

PAGGDEN, Anthony. *Señores de todo el mundo. Ideologias del Imperio en España, Inglaterra y Francia (en los siglos XVI, XVII y XVIII)*. Barcelona: Península, 1997, p. 180 (tradução do autor).

PAIVA, José Pedro. *Os bispos de Portugal e do Império 1495-1777*. Coimbra: Imprensa da Universidade de Coimbra, 2006.

PAQUETTE, Gabriel. *Enlightenment, Governance, and Reform in Spain and its Empire 1759-1808*. Basingstoke: 2008.

PEDREIRA, J. Miguel. *Estrutura industrial e mercado colonial. Portugal e Brasil (1780-1830)*. Lisboa: Difel, 1994.

PEDREIRA, Jorge. "O Brasil, fronteira de Portugal. Negócio, emigração e mobilidade social (séculos XVIIe XVIII). In: CUNHA, Mafalda Soares da (coord.). *Do Brasil à metrópole. Efeitos sociais (séculos XVII-XVIII)*. Évora: Universidade de Évora, 2001.

______. *Os homens do negócio da Praça de Lisboa de Pombal ao Vintismo (1755-1822). Diferenciação, reprodução e identificação de um grupo social*, Lisboa: Faculdade de Ciências Sociais e Humanas, 1995 (Tese de doutorado), mimeo.

RAMINELLI, Ronald. *Viagens ultramarinas. Monarcas, vassalos e governo a distância*. São Paulo: Alameda, 2008.

RIBAS, Josep M. Delgado. *Dinámicas imperiales (1650-1796). España, América y Europa en el cambio institucional del sistema colonial*. Barcelona, Bellaterra, 2007.

RIBEIRO, Gladys Sabina. *A liberdade em construção. Identidade nacional e conflitos antilusitanos no Primeiro Reinado*. Rio de Janeiro: Faperj/Relume Dumará, 2002.

RIBEIRO JÚNIOR, José. *Colonização e monopólio no Nordeste brasileiro. A Companhia Geral de Pernambuco e Paraíba (1759-1780)*. São Paulo: Hucitec, 2004.

RIBEIRO, Mónica. *"Se faz preciso misturar o agro com o doce": a administração de Gomes Freire de Andrade (1748-1763)*, Niterói, Universidade Federal Fluminense, 2010 (Tese de doutorado).

ROCHA, Maria Manuela; COSTA, Leonor Freire. "Remessas de ouro brasileiro: organização mercantil e problemas de agência em meados do século XVIII", *Análise Social*, v. XLII (1.º), 2007 (n.º 182).

ROCHA, Maria Manuela; SOUSA, Rita Mantins de. "Moeda e crédito". In: LAINS e SILVA (orgs.), História Económica de Portugal (1700-2000). Imprensa de Ciências Sociais, 2005.

ROWLAND, Robert. "O problema da emigração: dinâmicas e modelos". In: BETHENCOURT e CHAUDHURI (dir.), *História da Expansão Portuguesa*, v. 4, Lisboa: Círculo dos Leitores, 1998.

RUSSELL-WOOD, A. J. R. *Um mundo em movimento: os portugueses na África, Ásia e América (1415-1808)*. Lisboa: Difel, 1998.

SALDANHA, António Vasconcelos. *As capitanias do Brasil: antecedentes, desenvolvimento e extinção de um fenómeno atlântico* (pref. Frédéric Mauro). Lisboa: Comissão Nacional para as Comemorações dos Descobrimentos Portulenses, 2001.

SAMPAIO, António Carlos Jucá de. "Famílias e negócios: a formação da comunidade mercantil carioca na primeira metade do setecentos". In: FRAGOSO, João, ALMEIDA, Carla M.C. e SAMPAIO, Antonio C. Jucá de (orgs.). *Conquistadores e negociantes. Histórias de elites no Antigo Regime nos trópicos. América lusa, séculos XVI a XVIII*. Rio de Janeiro: Civilização Brasileira, 2007.

SÁNCHEZ-ALBORNOZ, Nicolas. "A população da América Espanhola Colonial". In: BRETHEL, L. (org.). *História da América Latina*, v. II. São Paulo: EDUSP, 2004.

SANTOS, Catarina Madeira. "Entre deux droits: les Lumiéres en Angola (1750-v.1800)", *Annales HSS*, nº 4, p. 817-848, 2005.

SANTOS, Fabiano Vilaça dos. "Governo e governadores do Estado do Grão-Pará e Maranhão", *Anais de História Além-Mar*, v. X, 2009, 205-230.

SANTOS, Guilherme Pereira dos. *E receberá mercê: a Mesa da Consciência e Ordens e o clero secular no Brasil, 1808-1828*. Rio de Janeiro: Arquivo Nacional, 1997.

SCHWARTZ, Stuart; LOCKHART, James. *A América Latina na época colonial*. Rio de Janeiro: Civilização Brasileira, 2002.

SCHWARTZ, Stuart. *Da América portuguesa ao Brasil*. Lisboa: 2003.

______. *Sovereignty and Society in Colonial Brazil. The High Court of Bahia and its Judges 1609-1751*. Los Angeles: University California Press, 1973.

SCOTT, Hamish M. (ed.), *Enlightened Absolutism. Reform and Reformers in Later Eighteenth-Century Europe*. Londres: Basingstoke, 1990.

SHAW, Carlos Martínez. *La emigración española a América*. Gíjon: 1994.

SILVA, Álvaro Ferreira da. "Finanças públicas". In: LAINS e FERREIRA (orgs.), *História Económica de Portugal* (1700-2000). Lisboa: Imprensa de Ciências Sociais, 2004.

SILVA, Andrée Mansuy-Diniz. "Portugal e o Brasil: a reorganização do império, 1750-1808". In: BRETHEL, L. (org.), *História da América Latina: A América Latina Colonial*. São Paulo/Brasília: EDUSP/FUNAB, 1997.

SILVA, Maria Beatriz Nizza da (coord.). *O Império luso-brasileiro 1750-1822*, v. VIII de SERRÃO, J. e MARQUES, A.H. Oliveira (dir.). *Nova história da expansão portuguesa*. Lisboa: Estampa, 1986.

SILVEIRA, António Henriques da. "Racional discurso sobre a província do Alentejo", *Memórias Económicas da Academia das Ciência de Lisboa* (1ª ed. 1789, reed. de José Luís Cardoso). Lisboa: Banco de Portugal, 1990.

SOUSA, Avanete Pereira. *Poder local, cidade e atividades econômicas (Bahia, século XVIII)*. São Paulo, USP, 2003 (dissertação, mimeo.).

______. "Poder local e autonomia camarária no Antigo Regime: o Senado da Câmara da Bahia (século XVIII)". In: BICALHO, Maria Fernanda e FERLINI, Vera L. A. *Modos de Governar: Ideias e práticas políticas do Império Português*. São Paulo: Alameda, 2005.

SOUZA, George F. Cabral de. *Elite y ejercicio de poder en el Brasil colonial: la Cámara Municipal de Recife (1710-1822)*. Salamanca, Universidad de Salamanca, 2007 (Tese de doutorado, mimeo.).

SOUZA, Laura de Mello e. *O sol e a sombra. Politica e administração na América portuguesa do século XVIII*. São Paulo: Companhia das Letras, 2006.

STUMPF, Roberta G. *Filhos das minas, americanos e portugueses: identidades coletivas na Capitania das Minas Gerais (1763-1792)*. São Paulo: Hucitec, 2010, p. 200.

______. *A venalidade de ofícios na América portuguesa do século XVIII*, trabalho em curso.

TOMAZ, Fernando. "As finanças do Estado pombalino (1762-1776)". In: *Estudos e ensaios em homenagem a Vitorino Magalhães Godinho*. Lisboa: Livraria Sá da Costa, 1988.

VALDÉS, J.M. Portillo. "La crisis imperial de la monarquia española". In: BROERS, M. *et al* (eds.). *El império napoleónico y la nueva cultura política europea*. Madri: 2011.

VILLALTA, Luis Carlos. "Montesquieu *Persian Letters* and reading praticies in the Luzo-Brazilian world". In: PAQUETTE, Gabriel (ed.). *Enlightened Reform in Southern Europe and its Atlantic Colonies, c 1750-1830*. Baltimore: The Johns Hopkins University, 2009, p. 119-139.

WEHLING, Arno; WEHLING Maria José. *Direito e justiça no Brasil Colonial. O Tribunal da Relação do Rio de Janeiro (1751/1808)*. Rio de Janeiro/SãoPaulo: Editora Renovar, 2004, p. 268-269.

WEHLING, Arno. *A administração portuguesa no Brasil de Pombal a D. João (1777-1808)*. Brasília: Fund. Centro da Formação do Servidor Público, 1986.

PARTE II Transformações na economia e na sociedade

CAPÍTULO 3 Nobreza principal da terra nas repúblicas de Antigo Regime nos trópicos de base escravista e açucareira: Rio de Janeiro, século XVII a meados do século XVIII[1]

*João Fragoso**

Neste capítulo, analisam-se os traços da nobreza principal da terra, ou seja, um grupo que a historiografia para a América lusa escravista e com base no açúcar costuma, por vezes, denominar de senhores de engenho. Na primeira parte, abordo a formação desse grupo social em diferentes capitanias e, na segunda parte, detenho-me no Rio de Janeiro do século XVII, sociedade de que possuo maiores informações empíricas.

1. A conquista da América e a formação de repúblicas: a nobreza principal da terra

Como se sabe, a colonização foi marcada pela distribuição da América lusa em capitanias hereditárias, seguindo práticas conhecidas pela monarquia lusa desde a reconquista cristã da Península Ibérica e aplicadas

*Professor da Universidade Federal do Rio de Janeiro.

em outras paragens ultramarinas, como Madeira e Açores. Por essa prática, o príncipe concedia terras, como mercê, a um leal vassalo e esse, na condição de capitão, ganhava a prerrogativa de mando sobre as gentes de tal terra, cabendo a ele e à sua casa — portanto, à sua custa — a montagem e a organização dos elementos indispensáveis para o funcionamento da república: administração, justiça e economia. Com isso, o capitão devia garantir o bem-estar dos moradores da capitania e assegurar o domínio da monarquia (ver capítulo 12, vol. 1, de *O Brasil Colonial*).

Conforme Gabriel Soares de Sousa, nas primeiras décadas do século XVI o fidalgo Pero de Campo Tourinho recebeu do rei a capitania de Porto Seguro, na atual Bahia, e, à custa de sua fazenda, com parentes, amigos e moradores, partiu de Viana em direção à América. Nela edificou duas vilas e engenhos de açúcar. Porém as sucessivas guerras com os tupiniquins destruiriam os engenhos e as fazendas, desbaratando os povoamentos.[2] Segundo frei Vicente do Salvador, os empreendimentos de outro capitão donatário, o fidalgo Vasco Fernandes, tiveram o mesmo destino. Esse último teve a mercê da capitania do Espírito Santo como remuneração dos serviços prestados na Índia. Com recursos próprios — adquiridos naquela parte do Império e com gentes de sua casa —, Vasco desembarcou no Espírito Santo, onde construiu quatro engenhos de açúcar. Tempos depois, os gentios queimaram as fazendas e mataram D. Jorge de Menezes, locotenente de Fernandes e com vasta experiência militar na Índia.[3]

O mesmo frei Vicente do Salvador narrou os desacertos de outro capitão, Francisco Pereira Coutinho, donatário da capitania da Bahia, por mercê de D. João III. Ele, após servir na Índia, em 1535, comandou uma grande armada para a Bahia e aí, depois de acertar paz com os indígenas e com recursos próprios, começou a montar dois engenhos. Passado algum tempo, os indígenas desbaratam os engenhos e os povoados, poupando apenas Diogo Álvares Correia — o Caramuru.[4]

Um último exemplo de empresas de conquista, esse bem mais feliz do que os mencionados, foi o das parentelas de Duarte Coelho e de seu cunhado Jerônimo de Albuquerque, em Pernambuco. Ambas as famílias serviram na conquista de Malaca, Estado da Índia, e aí acumularam recursos para as suas fazendas. Com esses cabedais e a mercê de D. João III, desembarcaram no rio Igaraçu, em Pernambuco, edificaram vilas e engenhos, fenômenos possíveis devido a alianças com segmentos das populações indígenas da região, e, com esses pactos, fizeram guerras a outras facções (ver capítulo 3, vol. 2).[5]

Entre as desventuras e o único exemplo de sucesso dos capitães donatários, anteriormente apresentados, podemos tirar alguns traços em comum. Os quatro receberam terras e o domínio jurisdicional sobre as capitanias como mercê dada pelo rei, por serviços prestados à monarquia. O custeio da organização das empresas americanas, como o estabelecimento das vilas, correu a expensas das fazendas dos donatários. Parte dos capitães valeu-se de serviços ao rei e dos recursos por eles acumulados em diferentes lugares da Ásia. Naquelas operações de custeio, temos o envolvimento das casas dos capitães, entendidas como conjunto formado por parentelas, aliados, moradores, agregados e escravos, todos sob a tutela de um chefe. Sublinho a importância dessas *casas*, pois se constituíram em ferramentas conceituais, através das quais as parentelas se organizavam na sociedade corporativa do Antigo Regime.[6] E, mais, foi através das casas que tivemos um dos instrumentos de montagem da sociedade na América lusa.

Nenhum dos capitães procurou estabelecer vilas de camponeses e produções de autossubsistência no Novo Mundo, a ocupação das terras e sua produção foram identificadas com o engenho de açúcar, com base no trabalho escravo. Curioso é que, mesmo após o fiasco dos capitães donatários e a incorporação das capitanias à monarquia, o engenho de açúcar continuou a ser o eixo da ocupação das terras. Foi assim na Bahia e no Rio de Janeiro, por exemplo. Talvez o fato de o açúcar, na ocasião, possuir alta cotação no mercado internacional fosse a garantia de a Conquista conseguir o seu rápido autossustento, dentro dos padrões de uma sociedade agrária pré-industrial, e, assim, permitir o bem-estar dos moradores e o cabedal para a Fazenda Real.

O padrão visto lembra muito aquele experimentado na Madeira, no século XV, em que os clientes e as parentelas subordinadas à casa do duque de Viseu aparecem como sujeitos na ocupação da ilha, sendo nela desenvolvida a produção de açúcar à base de escravos e colonos.[7]

Em outras palavras, essa reincidência nos leva a crer que, talvez, estejamos diante de um repertório comum de práticas que guiavam a ocupação e a formação de repúblicas no ultramar: da ilha da Madeira, passando por São Tomé e chegando às terras americanas, sendo uma explicação possível para que tal coincidência seja dada pelos preceitos da monarquia corporativa e polissinodal. Leia-se a ocupação de terras ultramarinas, portanto da monarquia, resultava de mercês concedidas a fidalgos, entendida como uma aristocracia de serviços ao príncipe, sendo tal operação feita pelos componentes da casa do súdito (parentelas, aliados e escravos).[8] Nos parâmetros da monarquia polissinodal, o povoamento devia ser organizado enquanto uma república, com sua câmara dirigida por homens bons, de modo a garantir o autogoverno e manter ao mesmo tempo elos de dependência para com o capitão donatário e o rei. A riqueza da Conquista visava garantir o bem comum e a monarquia, ou seja, produzir excedentes para manter uma hierarquia social marcada pela equidade.

Contudo, a experiência vivida pelos reinóis na América a distancia muito da deparada nas ilhas do Atlântico, pois essas eram despovoadas, e a América, não. No Novo Mundo existiam sociedades indígenas e, em algumas áreas, agrupamentos europeus, como a França Antártica de Villegagnon no Rio de Janeiro. Assim, a América precisava ser conquistada pelos lusos.

Insisto, o estabelecimento do povoamento luso — com as suas repúblicas — só foi possível através de operações de conquista, sendo seguidas por engenharias de alianças com frações das populações indígenas. Na verdade, Duarte Coelho e os Albuquerque só conseguiram se fixar em Pernambuco e transformá-lo numa capitania em razão de as guerras e os pactos com parcialidades de indígenas terem êxito. Nos demais casos narrados o mesmo não ocorrera: os lusos perderam nos embates contra as sociedades preexistentes. Bahia, Espírito Santo e outras capitanias tiveram de esperar pelo estabelecimento do governo geral para poder ser conquistados.

Nesse instante, deparamo-nos com outra particularidade da ocupação lusa na América: a aliança com segmentos das populações indígenas para fazer guerra a outros (ver capítulo 7, vol. 1). Como vimos, foi isso que ocorreu em Pernambuco. Voltaria a ocorrer no tempo do primeiro governador-geral, Tomé de Souza (ver capítulo 12, vol. 1) nas lutas pelo domínio da Bahia, assim como na expansão de Pernambuco, comandada pelos Coelho e Albuquerque, em direção ao Rio Grande do Norte, Ceará e depois ao Maranhão (ver capítulo 3, vol. 2). Esses pactos com grupos indígenas originaram, em diferentes partes da América lusa, populações de mamelucos, entre os quais filhos e netos dos conquistadores europeus. Basta lembrar os filhos de Jerônimo de Albuquerque, cunhado do donatário de Pernambuco, Duarte Coelho, com Maria Espírito Santo Arcoverde, filha do chefe Tabajara.[9] Entre tais filhos, temos Jerônimo de Albuquerque Maranhão, o conquistador do Maranhão dos franceses e seus aliados índios, a descendência de Caramuru na Bahia, os filhos de Brás Cubas e de outros bandeirantes paulistas.[10] Considerando que os mamelucos, filhos de conquistadores, participariam da elite dirigente das repúblicas da América lusa, tal fenômeno remodela a ideia de estratificação estamental vinda do reino (centrada no princípio da equidade, portanto prevendo uniões entre iguais e condenando a mestiçagem), criando na prática uma estratificação de tipo antigo, porém com regras diferentes das do reino; voltaremos a esse tema mais adiante.

Como afirmei, a conquista da América pela Coroa lusa apoiou-se nos serviços das casas de seus vassalos. E esses esperavam, conforme as regras da economia do dom, ser recompensados com benesses: terras, comendas, cargos, privilégios etc.[11]

A fórmula operações militares *mais* alianças com frações indígenas e *mais* o serviço das casas dos vassalos como equação para a conquista esteve também presente nas situações comandadas pela Coroa. Foi dessa forma que o governador Mem de Sá procedeu para garantir o domínio efetivo nas capitanias de Ilhéus, Porto Seguro, Espírito Santo e Rio de Janeiro. Ou seja, nessas oportunidades o governador se valeu do uso de sua parentela. No Espírito Santo, enviou o seu filho Fernão de Sá como capitão-mor da gente de guerra.[12] Para o Rio de Janeiro mandou seu sobrinho Estácio de Sá. Mais tarde, coube a outro sobrinho de Mem de Sá, Salvador Correia de Sá, o governo da capitania do Rio de Janeiro. Portanto, a parentela do governador teve papel essencial na organização da sociedade de Antigo Regime no recôncavo da Guanabara.[13]

Nessa última região, os parentes de Mem de Sá contaram com a ajuda essencial das casas dos homens bons, já instaladas na América, de outras localidades.

Isso explica a presença do capitão-mor de São Vicente, Jerônimo Leitão, na expedição de 1575, comandando uma força militar paulista composta por 400 portugueses e 700 índios.[14] Antes desse capitão, outros já tinham participado das operações militares da década de 1560; entre os capitães-mores paulistas temos Brás Cubas e Jorge Ferreira. Esse último, num pedido de sesmaria, de 1573, declarava que "veio [ao Rio] por chamado do governador Mem de Sá a tomar a fortaleza do Villegagnon aos franceses e tamoios com muita (...) gente e mantimentos; e armas com seus filhos e netos e cunhados, e parentes e amigos". Tudo isso a sua custa.[15] Posteriormente, autoridades coloniais de igual estirpe e de outras áreas da América seguiriam o mesmo destino, como o provedor da Fazenda e depois capitão-mor Marcos de Azeredo, em 1605, do Espírito Santo.[16] A esses se juntaria outro tipo de conquistadores, os não oficiais régios, porém alguns já cavaleiros, como Manuel Veloso Espinha, André de Leão e João Pereira de Souza Botafogo.[17]

Tanto um grupo como o outro aportaram no Rio não só com "suas pessoas", mas também com cabedais, parentes, criados, escravos e flecheiros. André de Leão afirmava, em 1566, numa solicitação de sesmarias ao rei, que viera ao Rio, sob as ordens de Estácio de Sá, "em uma canoa sua, equipada de índios à sua custa". Ainda nessa expedição, e também em um pedido de terras, Antônio de Mariz — antigo vereador em São Paulo — declarava o mesmo.[18] Por conseguinte, a conquista do

Rio contara, definitivamente, com a fazenda dos fidalgos e de outros moradores da própria América lusa.

A conquista do Rio de Janeiro, portanto, fora feita por casas de fidalgos ou pretendentes a essa honraria, ambos vindos principalmente de São Paulo. Sendo tais casas compostas não só por suas parentelas e amigos, mas também por flecheiros. Aliás, a autoridade de um potentado paulista era medida pelo número de arcos que tinha sob seu mando. Fenômeno que reforça a existência de alianças, anteriormente citada, entre lusos e facções indígenas, muitas referendadas por práticas maritais, mas também a formação de famílias da elite paulista de origem mestiça, resultado daquelas uniões.[19] Um outro ponto é que em São Paulo, ao contrário de Pernambuco e Bahia, a república e a monarquia não tiveram, apesar das tentativas, por base o engenho de açúcar. A base da colonização foi a produção de grãos para o abastecimento de outras áreas.

Mas voltemos à Bahia e vejamos os processos subsequentes à conquista. Gabriel Soares de Souza sublinha que o domínio efetivo das capitanias de Ilhéus, Porto Seguro, Espírito Santo e Rio de Janeiro resultou não tanto das armadas do Reino, mas do socorro prestado pelos moradores de Salvador da Bahia e suas cercanias sob o comando de Mem de Sá. Mais adiante acrescenta "desses serviços e despesas os moradores dessa cidade não receberam nenhuma honra nem mercê, do que vivem mui escandalizados e descontentes".[20]

Apesar dessas reclamações, os moradores da Bahia, ao menos os que estavam à testa da organização da república, receberam como resultado dos embates contra o gentio: terras (sesmarias) e escravos índios como presas de guerra. Ou seja, um dos processos subsequentes à conquista foi a montagem de uma sociedade baseada no trabalho escravo, numa hierarquia estamental e nas ideias da escolástica.

Por volta de 1587, dos 35 engenhos de açúcar do recôncavo baiano 24, ou 70%, estavam nas mãos de homens da administração periférica da Coroa e da governança da terra (juízes ordinários, vereadores etc.).[21] Em outras palavras, os engenhos estavam nas mãos daqueles que comandaram a conquista da terra e depois responderam pela organização das instituições básicas que viabilizavam a sociedade tal como era conhecida pelos lusos. A viabilização da vida social e econômica — do bem comum — da região pressupunha a existência de uma câmara municipal. Cabia a ela, entre outros papéis, o exercício da administração política e da justiça de primeira instância, e garantir a regulação do abastecimento dos povos. Os componentes dessa câmara, cabeça da governança da terra, saíam das melhores famílias e por elas eram escolhidos por meio de eleição. Esse processo de escolha, sem a interferência de elementos externos àquelas famílias, garantia o princípio de autogoverno, uma das bases da monarquia lusa e da concepção corporativa e polissinodal baseada na escolástica.

Ao lado da governança da terra, nas capitanias pertencentes à Coroa aparecia uma administração periférica composta por ministros e oficiais régios: provedores da fazenda, juiz da alfândega, ouvidor régio, provedor dos defuntos, alcaide-mor, escrivães, oficiais da infantaria paga etc. A eles cabiam também o exercício da justiça régia, a administração da Fazenda Real e os assuntos da guerra.[22]

Quando cruzamos as informações de Gabriel Soares de Souza e as presentes na genealogia de Jaboatão para a Bahia descobrimos um dos caminhos para a formação da elite social local. Nesse cruzamento, observamos a aliança, via matrimônio, entre componentes da administração régia e donos de engenhos, esses também vindos de casas de ministros da Coroa, além de conquistadores da terra. Conforme informações da genealogia de Jaboatão, duas das netas de Rodrigo Argolo, um dos primeiros povoadores de Salvador e seu provedor da Alfândega, Joana e Helena, casaram-se com detentores de engenho, vindos de importantes casas da terra. Joana Barbosa foi esposa de Diogo de Sande Correia, da casa dos Correia de Sá (Salvador Correia de Sá, governador do Rio de Janeiro). Diogo Sande tinha um dos melhores engenhos da Bahia e aldeias de índios forros e foi também incumbido por Mem de Sá de combater os aimorés de Ilhéus. Helena Argolo fora esposa de Manuel de Sá Souto Maior, filho de Diogo de Sá da Rocha, sobrinho de Mem de Sá e também dono de engenho.[23]

Assim, estamos diante de um estrato social formado por famílias que comandaram a conquista, receberam sesmarias e a delegação de tutelar índios e exerceram ofícios régios. Um outro traço comum a alguns dos integrantes de tal estrato era o fato de terem chegado à América como componentes de casas fidalgas reinóis. Além do exemplo de Mem de Sá e sua parentela, temos Gabriel D'Ávila, criado do governador Tomé de Souza e fundador da Casa da Torre, onde temos a maior concentração de terras do período colonial.[24] A combinação desses traços resultou na constituição de um grupo com pretensões de ter o mando político sobre a chamada sociedade colonial através do controle sobre a governança da terra. E isso em razão de os serviços por eles prestados à monarquia, na conquista e na defesa militar da América, além de possuírem legitimidade social diante dos índios e dos escravos negros (ou melhor, de terem construído tal legitimidade).[25]

Apesar das diferenças entre Pernambuco, Bahia e Rio de Janeiro (nas últimas, o governo central esteve mais presente na conquista), os mecanismos não foram muito diferentes quanto à distribuição dos fatores de produção, a montagem da hierarquia social e de sua elite local. Em Pernambuco, a fórmula para a tomada da região pelos reinóis fora "operações militares + alianças com frações indígenas + o serviço das casas dos vassalos", sendo o resultado uma sociedade de base escravista e comandada por um estamento de conquistadores. A captura de terras e índios via guerras foi acompanhada pela montagem de repúblicas, cuja organização estava nas mãos dos próprios conquistadores, sendo tal organização feita por dois outros movimentos:

- alianças matrimoniais entre as famílias dos potentados, algumas já mamelucas, ou seja, miscigenadas por alianças pretéritas com líderes indígenas;
- e, provavelmente, criação de mecanismos que assegurassem a legitimidade social diante dos grupos subalternos: índios, mamelucos e escravos negros.

Como se sabe, as alianças maritais entre conquistadores e líderes indígenas viabilizaram a conquista de Pernambuco pelo agregado Duarte Coelho—Albuquerque; no caso, trata-se da união citada, entre Jerônimo de Albuquerque e Maria Arcoverde. Além de contribuir para a apropriação de terras e mão de obra indispensáveis para a Nova Lusitânia, aquele entrelaçamento e outros do mesmo tipo marcaram o início da formação de uma elite local, descendente de conquistadores, mas também mestiça, ou seja, mameluca. Para tanto, basta reparar que duas filhas e uma neta do casal Jerônimo e Arcoverde foram esposas de outros conquistadores e primeiros sesmeiros da capitania.[26] Foi o caso de Sibaldo Lins e de Filipe Cavalcante, casados, respectivamente, com Brites e Catarina de Albuquerque. Os integrantes dessas famílias, sob o comando de Jerônimo de Albuquerque Maranhão, participariam da conquista da Paraíba, do Rio Grande do Norte e do Maranhão.[27] As alianças entre famílias de conquistadores se tornariam uma prática social nas gerações posteriores. Antônia de Holanda, filha do sesmeiro Arnão de Holanda, contraiu núpcias com Filipe de Albuquerque, neto de Maria Arcoverde. Uma bisneta de Arnão, Ana do Couto, se casaria com um neto do sesmeiro João Paes Velho Barreto, João Paes de Castro.[28] A família Paes Velho Barreto instituiu o morgado do cabo. O sesmeiro João Paes foi um dos conquistadores do Cabo de Santo Agostinho e compartilhou dos arranjos familiares aos quais se integravam dois dos filhos mamelucos do velho Jerônimo de Albuquerque: Jerônimo de Albuquerque e Maranhão e o senhor de engenho Filipe de Albuquerque.[29]

Ao lado das práticas de endogamia, temos também a incorporação de comerciantes nas casas dos conquistadores. O comerciante André do Couto casou-se com Adriana de Mello, filha do conquistador e sesmeiro João Gomes de Mello e neta do também sesmeiro Arnão de Holanda. Outro filho de João Gomes, Francisco Gomes de Mello, governou entre 1625 e 1627, o que nos informa a importância da família no grupo social considerado.[30] Portanto, apesar de as práticas endogâmicas terem contribuído para a fundação do estrato dos conquistadores, não impediram a incorporação de sujeitos vindos do capital comercial, a exemplo do que ocorreria no Rio de Janeiro.

Essas passagens genealógicas ilustram os mecanismos de formação da elite local de Nova Lusitânia: alianças com líderes indígenas, daí derivando a mestiçagem como elemento fundador de tal estrato; a transformação de conquistadores em sesmeiros e em dirigentes da governança da república; alianças endogâmicas entre gerações das famílias de conquistadores etc. As famílias citadas controlavam 22, ou 22%, dos 78 engenhos listados por Diogo de Campos Moreno para Pernambuco em 1609.[31] Por conseguinte, aquelas foram algumas das práticas consideradas da elite, em sua formação.

Em uma série de textos, hoje canônicos na historiografia brasileira, Evaldo Cabral de Mello defendeu a hipótese de que, ao longo do século XVII, os descendentes dos povoadores chegados com Duarte Coelho se transformariam de uma açucarocracia numa autodenominada nobreza da terra.[32] A açucarocracia corresponderia a uma situação de mercado e, portanto, a entrada e a saída de seus membros derivavam das flutuações comerciais da economia açucareira. O grupo compreendia os donos de engenho e lavradores de cana, sendo a sua origem social heterogênea (funcionários da Coroa, letrados, pequenos fidalgos, comerciantes etc.).[33] A nobreza da terra correspondia a uma situação estamental e era formada por aqueles elementos da açucarocracia que "haviam participado das lutas contra os holandeses, ascendido à posição de donos de engenho ou exercido cargos civis e militares, os chamados cargos honrosos da república".[34] Além disso, ao batizar-se como nobreza da terra, em meados do século XVII, ela pretendia também redefinir os vínculos entre a capitania e a Coroa. Eles seriam vassalos mais políticos do que naturais, pois, à custa do sangue e da fazenda de seus pais e avós, tinham restaurado Pernambuco das mãos dos holandeses. Em razão disso, solicitavam para si, nobreza da terra, a reserva dos cargos públicos nas capitanias do Nordeste.[35]

Em suma, a açucarocracia, a partir de meados do século XVI e ao longo de seus embates com os negociantes vindos do Reino, decantouse em uma nobreza da terra, ou seja, em uma oligarquia municipal, arrogando-se para si a exclusividade dos cargos honrosos da república. Segundo Mello, esse processo, guardadas as suas proporções, se havia verificado também em Portugal, onde a elite local, ao cabo de algumas gerações, também reivindicava o acesso aos escalões inferiores da nobreza; a diferença entre Pernambuco e o reino estava nas tensões com os mascates.[36]

A formação e a ação da elite local em Pernambuco nos séculos XVI e XVII merecem ainda maiores estudos e, assim, toda conclusão é precipitada. Porém, a título de sugestão, parece-me que a nobreza principal da terra, enquanto grupo social, se originou do processo de conquista e da constituição das repúblicas em Pernambuco, sendo as suas características comuns a outras áreas da América lusa, como o Rio de Janeiro.[37] Na verdade, parto da hipótese de que a sociedade da América resultou de um processo de conquista realizada por homens do Antigo Regime que compartilhavam de alguns valores que orientavam a sua ação entre eles: o sentimento de pertencimento à monarquia lusa, às concepções corporativas da sociedade; a ideia de casa/família como sociedade naturalmente organizada, incluindo relações pessoais de dependência e proteção com escravos e forros; a ideia de uma economia das mercês, ou seja, em que a política prevalece sobre o mercado (a exemplo da distribuição de terras e ofícios como mercês dadas pela Coroa). Desnecessário reafirmar que tais ideias precisam de sólida comprovação empírica.

De qualquer forma, temos, quando da invasão dos holandeses, uma amostra da força do *ethos* daquele grupo descendente dos conquistadores quinhentistas. Na ocasião, dos 150 engenhos de açúcar do Nordeste existentes em 1630, 65 foram abandonados por seus donos, atendendo a uma ordem de Matias de Albuquerque, comandante das forças da monarquia lusa na região e irmão do donatário Duarte Albuquerque Coelho.[38] Várias famílias que abandonaram aqueles engenhos, como afirmei, descendiam dos antigos conquistadores quinhentistas.[39] Acredito que, talvez, tal fenômeno possa ser explicado pelo fato de aquelas famílias compartilharem alguns valores, como o de pertencerem a um estrato de mandatários da terra e da defesa da monarquia lusa. Parece-me que aquele abandono em larga escala, resultando na paralisia temporária da economia açucareira, dificilmente ocorreria caso o engenho fosse encarado pelos seus senhores como uma *plantation*, submersa ao mando do capital mercantil, e se vissem como empresários capitalistas.

2. A ideia de nobreza principal da terra e sua composição no Rio de Janeiro, século XVII

Para o Rio de Janeiro, capitania sobre a qual possuo mais informações, a formação da república na Guanabara foi simultaneamente a geração de uma elite da terra, constituída por *bellatores*, transformados em homens bons e também em oficiais régios. Algo de se esperar em razão das próprias Ordenações Filipinas, segundo as quais os postos honrosos da república, elite política local, deviam ser ocupados pelos mais sábios e moderados descendentes dos primeiros povoadores.[40] No caso da conquista americana nos séculos XVI e XVII, ao lado da condição de primeiro povoador, outro fenômeno se impôs: o de ter o comando da conquista das novas terras e, com isso, ter defendido os interesses da monarquia. Assim, a constituição daquelas repúblicas (além do Rio de Janeiro, de Pernambuco e da Bahia) foi também de uma elite que se via como aristocracia conquistadora; pois, a seus olhos, fora à custa de seu sangue e de suas casas que a terra estava nas mãos do príncipe. Além disso, foram eles os responsáveis pela organização das instituições (câmara, provedoria da fazenda, ouvidoria, juízo dos órfãos etc.), que viabilizavam uma república. Essas famílias no Rio de Janeiro, nas primeiras décadas dos Seiscentos, perderam os ofícios régios, porém mantiveram o monopólio sobre o governo político da república por quase duzentos anos, ao menos até meados do século XVIII.[41]

Nesse contexto, as famílias de conquistadores Mariz, Homem da Costa e Azeredo Coutinho, por exemplo, responderam por 20 a 34% de todos os camaristas da cidade entre 1565 a 1754. Esses números ilustram a tese da constituição, desde meados do século XVI, de um grupo social cujas marcas eram a descendência dos capitães da conquista e a ascendência sobre os cargos honrosos da república. Esses últimos postos permitiam a seus ocupantes, entre outros, os seguintes privilégios sobre os demais moradores da capitania:

1) a prerrogativa da justiça de primeira instância sobre os demais citadinos, através do juízo ordinário;[42]
2) o comando das ordenanças, o que implicava interferir no governo militar da capitania, e o exercício do mando político, via o posto de capitão-mor, sobre os moradores das freguesias;
3) o controle sobre o mercado de abastecimento por meio dos almotacés, o oficialato das ordenanças;
4) a mediação política entre o município e o centro da monarquia;
5) a prerrogativa de promoção social dos moradores de citadinos a cidadãos.

Essas prerrogativas e sua passagem de geração para geração entre as famílias de conquistadores são motivos que me levam a crer que o conceito de estamento, tal como apresentado por M. Weber, pode ajudar a entender melhor a lógica da nobreza principal da terra. Segundo Weber, a estratificação estamental vai de mãos dadas com uma monopolização de bens ou oportunidades ideais ou materiais. Além da honra estamental específica, que sempre se baseia na distância e na exclusividade, encontramos toda sorte de monopólios. Essa monopolização pode ser efetuada seja legal seja convencionalmente.[43]

Em outras palavras, a nobreza da terra criou, em meio a sua prática social com a monarquia e os grupos sociais da Conquista, uma concepção de mundo, leia-se um sistema de parentesco, transmissão de patrimônio, relações de patronagem etc. Nesse processo, o domínio dos cargos honrosos da república transformou-se em uma das principais vigas da sua identidade e do seu poder. Aqui, não podemos esquecer que a concepção corporativa e polissinodal da sociedade garantia o autogoverno das localidades. Isso facultava às casas da nobreza o domínio da câmara municipal, transformando-a numa verdadeira assembleia da aristocracia da terra, e das freguesias, por meio da oficialidade das ordenanças. Da mesma forma, tentavam diminuir as distâncias com a fidalguia solar e o centro da monarquia, através de serviços, pedidos de mercês e casamentos. Afinal, a capitania pertencia ao rei. Assim, para os sujeitos da nobreza principal da terra, não existia contradição em defender seus interesses como elite política na república e as estratégias de inserção nas hierarquias, cujo centro era o reino, a exemplo do pedido de mercês para o exercício de ofícios e de casamentos com fidalgos da Casa Real.

Entretanto, esse cenário começou a mudar com a entrada do século XVIII. Por volta de 1730, a nobreza principal da terra, mesmo na Câmara, sentiu-se ameaçada pelo avanço dos negociantes de grosso trato, baseados na acumulação de capital dos tratos do Atlântico Sul e no alargamento dos tratos do mercado interno, fenômenos intimamente ligados à transformação de Minas Gerais na "morada do ouro", na acepção de Caldeira Brant, um potentado mineiro da época. Em meio a esses conflitos, temos a oportunidade de ler os escritos da nobreza principal da terra sobre as ideias que tinham sobre si enquanto grupo social, ou seja, sobre hierarquia social da conquista, relações com a monarquia e o que entendiam sobre engenhos de açúcar.

A interpretação da nobreza principal da terra sobre essas questões aparece na correspondência enviada a Lisboa, em 1732, pelo procurador do Senado do Rio de Janeiro, Julião Rangel de Sousa Coutinho. Para ele, o pertencimento ao referido grupo não se resumia à descendência dos primeiros povoadores da capitania do Rio de Janeiro, mas, sim, a ter por antepassados *conquistadores* da dita capitania. Portanto, a nobreza principal da terra era formada por famílias descendentes dos capitães da conquista que, desde essa época e por gerações seguidas, continuaram servindo, à custa de suas vidas e fazendas, à monarquia e ao bem comum. Em razão disso, cabia aos "filhos e netos dos cidadãos descendentes dos conquistadores daquela capitania de conhecida e antiga nobreza, e de nenhuma sorte os netos a governança da República". Em hipótese nenhuma aquela governança podia ser exercida pelos descendentes de oficiais mecânicos ou de avós de inferior condição, sem embargo que alguns, por possuir cabedais, estivessem vivendo a lei da nobreza. Quanto aos oriundos desse reino, somente os que tivessem os foros de graduação da casa de V. M., com a moradia de moços fidalgos, fidalgos escudeiros e fidalgos cavaleiros e os criados de V. M., ou as pessoas de notória nobreza podiam ocupar os cargos honrosos da república.

Em outra passagem, Julião Coutinho informa sobre a relação entre engenho de açúcar, sociedade e monarquia.

> É sem dúvida, que a utilidade desta capitania tem total dependência da conservação dos engenhos, que nela há, reedificação dos mesmos, criação de outros novos, trilhando-se os sertões e cultivando as terras; por que sem serem habitadas (...) se não segura o domínio real, o que bem servido por sua Majestade, foi servido dispor no capítulo 14 do regimento dos governadores (...) que aumentasse essa capitania, e que seus moradores a cultivassem e povoassem pela terra dentro fazendo cultivar as terras, e que se edificassem novos engenhos e os que de novo se reedificarem.

Para Julião Rangel, a monarquia e a sociedade local estavam sendo intimidadas pela usura dos comerciantes, que ameaçavam a existência dos engenhos de açúcar e, com isso, punham em perigo o povoamento e os interesses da monarquia. Portanto, para esse procurador do Senado os engenhos de açúcar não eram somente empresas monocultoras e escravistas, voltadas para o mercado internacional. Para ele, na verdade, as fábricas de açúcar desempenhavam um serviço fundamental à monarquia e ao bem comum. A existência das fábricas de açúcar visava garantir o povoamento, portanto o sustento das gentes e a defesa da terra, e não tanto os interesses dos negociantes.[44]

Curiosamente, na mesma ocasião em que Julião escrevia tal carta, comerciantes transformavam parte de sua acumulação mercantil, vinda dos negócios no Atlântico Sul, em engenhos de açúcar. Com esse movimento, a nobreza principal da terra começava a perder o controle social sobre freguesias como Irajá e, mais adiante, Campo Grande. Entre outros resultados, a investida do capital mercantil implicaria uma nova concepção de relações com a escravaria e os forros, diferente daquela dos antigos conquistadores quinhentistas. Em realidade, tal ingresso no campo do capital mercantil não era novidade. Desde o século XVII negociantes compravam engenhos, mas também reconheciam a autoridade dos potentados tradicionais sobre a sociedade e, mais, procuravam a sua aliança via casamentos. O século XVIII apresentava um cenário econômico e social diferente para o Rio de Janeiro. A cidade, progressivamente, convertia-se na praça comercial mais importante da monarquia lusa e sua comunidade mercantil passava a controlar vetores econômicos, como o tráfico de escravos e o financiamento, essenciais para a *plantation*.

Neste ponto, cabe retomar a ideia de nobreza principal da terra, expressão através da qual Julião e partidários gostavam de ser conhecidos, enquanto estamento dominante na hierarquia social da Conquista. Tal vocábulo social, no reino, era associado aos principais das terras que ocupavam os cargos honrosos da república. Em Portugal do século XVI, não necessariamente constituíam uma fidalguia ou pertenciam às ordens militares. No reino, a nobreza da terra designava um conjunto de famílias vindas do Terceiro Estado, com a tradição de ocupar os cargos honrosos da república, pois consistiam nas mais antigas da localidade. Nesse sentido, tal nobreza era política, e não de sangue ou solar.[45] Em Castela, essa nobreza política tinha a sua correspondência com *caballeros*, oligarquia de famílias ou *gentry* urbana, que governava as cidades. Esse segmento, segundo I. A. A. Thompson, equivalia aos escalões inferiores da aristocracia castelã e era formado por ricos comerciantes, advogados, burocratas, pessoas que não necessariamente eram *hidalgos*.[46] Tanto a nobreza principal da terra americana como a nobreza política peninsular possuem origens plebeias e a sua distinção diante do Terceiro Estado consistia no domínio sobre a administração das repúblicas. Entretanto, as diferenças começam quando percebemos que na América ibérica, como lembra Anneck Lempérière para o México,[47] não existiram senhorios jurisdicionais. Tanto em Castela como em Portugal as populações tinham a vida social organizada por esses senhorios e pelas municipalidades. Em Portugal, segundo Hespanha, 40% das terras estavam nas mãos daqueles senhorios.[48] Em Castela, não era raro os *caballeros* manterem relações clientelares com as grandes famílias aristocráticas e algo semelhante, segundo Mafalda Soares, ocorria nas terras dos duques de Bragança, em Portugal.[49]

Algo diferente ocorreu na sociedade do Antigo Regime da América lusa, a inexistência de senhorios jurisdicionais fez com que o dia a dia da sociedade fosse organizado e gerido pelas repúblicas e, nelas, pela nobreza principal da terra. Além disso, tal nobreza não mantinha laços clientelares com a grande aristocracia titulada, simplesmente pelo fato de ela não existir na América. Da mesma forma, salvo engano, a nobreza da terra americana não pertencia a redes clientelares dos titulados do reino. Antes de pertencer a tais malhas de patronagem, a nobreza da terra americana sustentava a sua legitimidade social em redes clientelares formadas por escravos, forros e outros estratos sociais (ver capítulo 9, vol. 2). Em outras palavras, tendo por base a ideia de autogoverno presente nas leis da monarquia, cabia à nobreza principal da terra a ascendência sobre a justiça de primeira instância, o mercado e a cogestão sobre as ordenanças (poder sobre as milícias, compartilhado com o governador) nas municipalidades. Insisto, nas mãos daquelas famílias sob a tutela da monarquia e da Igreja foram realizadas a conquista da América e a viabilização da rotina da sua vida social.

Assim, a nobreza principal da terra não pertencia aos escalões mais baixos da fidalguia de pergaminhos da monarquia, mas, sim, compunha as posições cimeiras da hierarquia social americana. Cabe sublinhar que o fato de um sujeito ser fidalgo da Casa Real ou ter um hábito de Cristo não o habilitava, automaticamente, a assumir os postos conselhios. Para tanto, devia ser escolhido pelas melhores famílias da terra.[50] Outra coisa era a preocupação das famílias da nobreza principal da terra de obter, através de serviços e casamentos, comendas militares e títulos de fidalgos. Tal nobreza sabia que os títulos e as comendas representavam maior aproximação com a monarquia e, portanto, maior grandeza para as suas casas. Enfim, essas notícias separam, definitivamente, a nobreza política do reino da existente nas repúblicas americanas. A meu ver, são dois grupos sociais distintos. A diferença, entre outros pontos, reside no fato de que a nobreza americana adquiriu tal título costumeiro em razão da conquista e por dominar as repúblicas, essa a única forma de gestão da vida social conhecida pelas gentes americanas.[51] Por seu turno, ao contrário da nobreza de solar lusa, a americana não vivia de ofícios e não só de serviços à monarquia, tinha por base, principalmente, o trabalho escravo.

Vejamos mais as características legais nesse último ponto. O título de nobreza principal da terra decorria de práticas costumeiras, não possuía um estatuto legal, além daquele concedido aos cidadãos. Esses últimos entendidos como pessoas habilitadas para compor as listas produzidas pelos homens mais sábios da região e pelo ouvidor, quando da composição do colégio eleitoral, para os cargos do governo político da república. A coincidência entre tal lista e as famílias de conquistadores quinhentistas, em tese, dava base legal à nobreza principal da terra diante das ordenações da monarquia. Assim, não existia, nas chancelarias do reino, uma lista de pessoas sob a rubrica de nobreza principal da terra, como havia para cavaleiros moradores da Casa Real, que referendasse o seu estado de fidalguia.[52] Da mesma forma, as parentelas da nobreza da terra americana não recorriam a instituições internacionais, como os Cavaleiros da Ordem de Malta, para terem seu status reconhecido, a exemplo dos nobres italianos do século XVII.[53] Por conseguinte, a existência da nobreza principal da terra dependia do seu monopólio sobre os cargos conselhios e isso, por seu turno, resultava de práticas de legitimidade social. Em outras palavras, o controle sobre eleições da Câmara devia estar assegurado pelas famílias de conquistadores, caso pretendessem ter legitimidade diante das leis da monarquia. Assim, a existência de tal nobreza dependia da sua legitimidade social ou da capacidade de convencimento diante dos demais grupos da sociedade, entre eles escravos e forros. Dizendo de outra forma, se a fidalguia solar europeia dependia do reconhecimento social ou costumeiro da sociedade, na América isso era mais vital. Daí a importância das práticas de patronagem diante dos escravos e forros nessa América.[54]

A partir desses pontos, entende-se o sentimento de perda de poder de Julião Rangel diante do avanço dos negociantes de grosso trato, que, além de controlar a economia, cobiçavam o domínio do governo político da república e o topo da hierarquia social. Esse atrito entre nobreza principal da terra e negociantes ocorreu em diferentes partes da América lusa. Em Pernambuco, foi chamada de revolta dos mascates ou, como prefere Evaldo Cabral de Mello, fronda dos mazombos.[55] Desse modo, estamos diante de movimentos de mudança ou de acomodação na sociedade do Antigo Regime na América, ou seja, as investidas do capital mercantil, até onde sei, não implicaram uma mudança de estruturas ou a emergência de uma sociedade e uma economia pautadas no modelo liberal. Entretanto, aqueles movimentos tiveram, como resultado, a consolidação de negociantes de grosso trato como grupo capaz de intervir na vida política, partilhando-a com potentados rurais, e mais alterações na dinâmica social das áreas rurais.

Alguns traços desse enfrentamento e suas consequências sobre a sociedade foram tratados em outros capítulos. Para efeito do presente, o dito conflito me interessa, apenas, pela oportunidade de perceber indícios do ideário de uma elite social em definhamento. Em outras palavras, aquele conflito insinua a existência pretérita de uma sociedade cuja dinâmica social se traduzia no domínio político e social da nobreza principal da terra. Nas páginas seguintes, analisarei fragmentos do funcionamento dessa sociedade rural, o que será feito tendo como eixo a nobreza principal da terra nas freguesias rurais do Rio de Janeiro e, em particular, na área de Campo Grande, freguesia que, na passagem do século XVII para o XVIII, foi ocupada por casas nobres, descendentes dos conquistadores quinhentistas, provenientes de várias áreas do recôncavo da Guanabara. Essas casas organizaram a vida social de tal freguesia, nela construíram seus engenhos e mantiveram domínio sobre a política até ao menos meados do século XVIII.

Gráfico 1
Número de livres, de escravos e tráfico atlântico de escravos nas freguesias urbanas e rurais do Rio de Janeiro

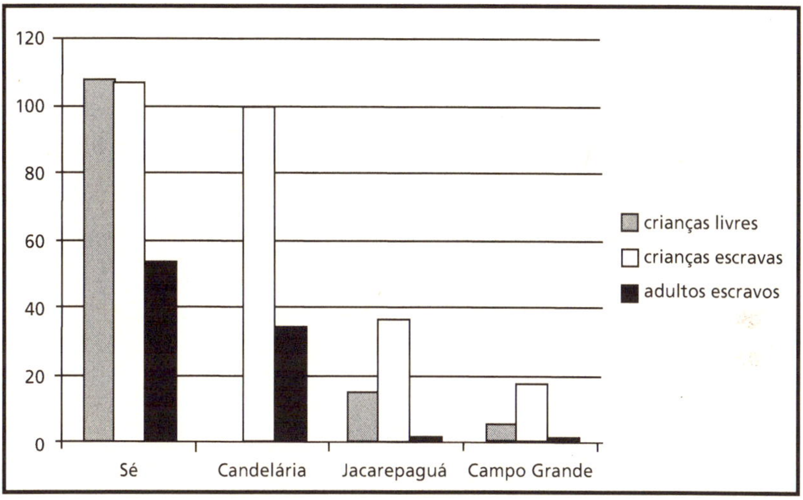

Fonte: Banco de Dados Nobreza Principal da Terra — ART / IH / UFRJ.

Através do Gráfico 1, podemos perceber aspectos da sociedade de Antigo Regime no Rio de Janeiro, no início do século XVIII, numa época em que a sua população era de cerca de 12 mil habitantes[56] e o seu governo político estava nas mãos da nobreza principal da terra. Além disso, o mesmo gráfico apresenta indícios do processo que transformou tal urbe na principal praça mercantil do Atlântico. Nas quatro freguesias consideradas, o número de batismos dos escravos foi superior ao dos livres, o que sugere a ampla base cativa da sociedade estudada; e isso fica mais nítido quando lembramos que a taxa de nascimento entre as mães livres era bem superior à das escravas. Na Sé da cidade, freguesia do Sacramento, o número médio anual de batismos de crianças escravas foi 126, e de livres, 108. Algo semelhante ocorreu nas áreas rurais, dominadas por engenhos de açúcar, como Jacarepaguá e Campo Grande. Nessas freguesias, a discrepância entre a população escrava e a livre era ainda maior. Na Sé, para cada criança livre batizada ocorreu 1,1 batismo escravo. Em Campo Grande, tal relação foi de 3,6, ou seja, o número de batismos de escravos era quase quatro vezes maior do que o verificado entre as famílias livres.

Além da grande presença demográfica de escravos em diferentes recantos do Rio de Janeiro de início do século XVIII temos o enorme predomínio da população urbana sobre a rural, fenômeno que é nitidamente visto no Gráfico 1. Como disse, o número médio de batismos livres na Sé foi de 108 crianças. Em Jacarepaguá, ele caiu para 15 e, em Campo Grande, não ultrapassava cinco crianças. Assim, apesar de a nobreza da terra ainda controlar a Câmara, a cidade, cada vez mais, se conectava com as rotas comerciais do Atlântico e com as vindas dos confins da América. E isso é particularmente visto quando usamos o batismo de adultos escravos como índice para medir a chegada de africanos nas freguesias urbanas e rurais da cidade. Na Sé, o número de africanos batizados por ano foi de 54, ou seja, uma cifra semelhante à dos livres na mesma ocasião. Em contrapartida, a soma dos adultos nas freguesias rurais era inferior a três por ano, ou menos de 6% dos batismos de africanos da Sé. Por conseguinte, isso sugere que uma pequena fatia dos africanos desembarcados no porto do Rio ia para as suas áreas rurais. Provavelmente, a maior parte dos cativos africanos era enviada para áreas produtoras, distantes das cercanias da cidade, e, principalmente, para as Minas do ouro.

Essa última afirmação, porém, não invalida a existência de *plantations* açucareiras nas freguesias rurais da cidade. Nelas achamos sólidas sociedades rurais escravistas, caracterizadas por uma forte concentração de terras e mão de obra com poucos senhores. A presença de cativos como base das relações de produção de tais áreas rurais já foi sugerida pelo fato de o número de batismos de crianças escravas ser mais de três vezes superior ao dos livres. Além disso, em Jacarepaguá, apenas o capitão Inácio da Silveira Vilalobos respondia por mais de 10% dos batismos de escravos. Em Campo Grande, entre 1704 e 1730, 49% dos batizados de cativos foram realizados em seis engenhos da freguesia. Entre os donos desses engenhos, situados na zona oeste da cidade, temos as famílias da nobreza principal, vindas de diferentes partes dos confins do Recôncavo da Guanabara, como os Manuel de Mello, oriundos de Meriti, e os Pacheco Calheiros, procedentes de Irajá. Essas famílias, com seus escravos e seus *ethos*, saíram das terras localizadas no interior para recriar na costa atlântica do Rio de Janeiro a sociedade rural que conheciam desde inícios do século XVII. Entre 1704 e 1740, a nobreza principal da terra, na recém-povoada Campo Grande, correspondia a 53 mães, ou a 24,5% da população materna presente nos registros de batismos de livres. Essa alta porcentagem de famílias nobres entre as livres informa sobre a natureza desbravadora a serviço da monarquia de tal grupo na formação da sociedade e da economia açucareira. Em áreas de povoamento mais antigo, como Guaratiba, de fins do século XVIII, os nobres, mesmo dominando os engenhos da região, correspondiam a 6,6% de uma população materna de 229 pessoas, na década de 1770.[57]

A partir dessas últimas informações, podemos refinar a interpretação do Gráfico 1. Nele temos indícios da transformação do Rio de Janeiro na principal praça mercantil do Atlântico, mas também a recriação, nas cercanias da cidade, de uma sociedade rural sob a tutela da antiga nobreza principal da terra. Portanto, através de tal freguesia podemos perceber traços da dinâmica de tal sociedade por intermédio de sua elite rural.

*

Cerca de 150 anos antes, a montagem da sociedade de tipo antigo e de sua economia se dava, *pari passu*, com a formação de uma nobreza principal da terra e, depois, com a conversão de parte de suas fileiras em donos de engenhos. Assim, ao contrário de Pernambuco e da Bahia, no Rio de Janeiro a instalação da produção canavieira ocorreu décadas após a fundação da cidade; além disso, seu açúcar seria de qualidade inferior aos das capitanias do norte.[58] O estabelecimento da agroexportação na região aconteceu entre 1612 e 1629. Nesse intervalo de tempo, o número de fábricas de açúcar cresceu a uma taxa anual de 7,9%, passando de

14 para 60 unidades. Considerando que, em finais do século XVII, o total de moendas era cerca de 130, em 1629 já tínhamos a metade da economia açucareira instalada na capitania.[59]

Quanto ao cálculo da população na época, a capitania ainda espera estudos sobre a sua evolução demográfica. As estimativas disponíveis são muito pouco confiáveis. Porém, podemos ter alguns indícios sobre a população do Rio de Janeiro açucareiro. Em 1612, a capitania tinha 15 fábricas, enquanto a Bahia, 50, e Pernambuco, 66, ou seja, o Recôncavo da Guanabara não devia atrair grandes fluxos emigratórios nem receber avalanches de escravos africanos para suas *plantations*, comparativamente com outras áreas do Brasil, e, muito menos, com o Caribe inglês.[60]

Segundo os cronistas da época, na passagem dos Quinhentos para os Seiscentos, antes do domínio da produção canavieira, prevaleceu a produção de alimentos para o tráfico atlântico de escravos, principalmente para Luanda (Angola).[61] Essa produção de mantimentos, à semelhança do que ocorria com a agricultura paulista de gêneros,[62] se assentava na escravidão e era comandada por uma elite fundiária. Assim, a instalação da agroexportação escravista no Rio de Janeiro teve parte de seus recursos acumulados na venda de alimentos para o comércio atlântico e em atividades entre as quais, penso, especialmente, a título de hipótese, no apresamento de índios, prática conhecida pelos conquistadores vindos de São Paulo e instalados no Recôncavo da Guanabara.

A base social daquela produção de alimentos e do tráfico de índios fora gerada pelo citado processo de conquista feita conforme as regras da sociedade aristocrática europeia. Leia-se, uma vez assegurada a vitória sobre os franceses e os tamoios, terras e índios capturados foram distribuídos entre os conquistadores, como mercês por seus serviços à monarquia. Acredita-se que somente a campanha militar do governador Antônio de Salema, em 1675, tenha resultado no cativeiro de quatro mil índios.[63]

A essa repartição de índios cativos acrescente-se a distribuição de sesmarias e, com isso, a repartição das terras do Recôncavo da Guanabara entre os conquistadores. Segundo Maurício Abreu, na virada do século XVII as sesmarias garantiram à família Correia de Sá o domínio de toda a atual Zona Oeste do Rio de Janeiro. Antônio de Mariz tinha mais de 19 mil hectares na banda do além (atual São Gonçalo). Mais 19.602, na mesma "banda", foram concedidos ao parente dos Sá de nome Diogo da Rocha de Sá e o antigo capitão e ouvidor de São Vicente possuía 17.424 hectares em Guaxindiba (rio Meriti).[64] As famílias desses e de outros potentados, como os avós de Julião Rangel de Sousa Coutinho, na segunda metade do século XVII, consolidavam o seu domínio territorial sobre o Rio de Janeiro. Por essa ocasião, as concessões de sesmarias já eram majoritariamente de "sobejos de terras", ou seja, de interstícios entre uma antiga doação e outra.[65]

No Quadro 1, procuro diferenciar as linhagens descendentes de conquistadores, que se transformaram em nobreza principal da terra, do Rio de Janeiro e de outras, que, apenas em algum instante dos Seiscentos, tiveram engenhos de açúcar sem ter um passado na conquista e posterior organização da sociedade local. Com isso, pretendo reafirmar a ideia de que nobreza da terra se distinguia de donos de engenhos. Na época, não bastava comprar terras e escravos para ingressar na nobreza principal da terra. A entrada nesse grupo era mais complicada, ia além de um ato mercantil, pois pressupunha descender de ou manter vínculos com descendentes da conquista quinhentista da Guanabara. Insistirei nesse ponto ao longo deste artigo; por ora, importa precisar melhor o uso do conceito de família, seja para a senhorial seja para a nobreza da terra.

O conceito de linhagem foi usado para designar agregados parentais (consanguíneos e maritais), organizados em genealogias, a partir de um casal fundador, ou seja, como algo puramente instrumental, pois parto das genealogias feitas por Carlos Rheingantz para o Rio de Janeiro do século XVII.[66] Recorro a essas genealogias desde que, entre os seus componentes, em uma de suas várias gerações, um fosse dono de engenho nos Seiscentos. Nas situações em que as filhas ou netas do fundador de linhagens se casaram com maridos estrangeiros, considerei que essa união marital e sua prole faziam parte da genealogia da esposa. Quando esse último tipo de casal possuía um engenho tínhamos linhagem extensa. Assim, a noção de linhagem extensa pressupõe a formação de casais com engenhos, sendo a esposa descendente de linhagens da terra e seus maridos estranhos na capitania. Trocando em miúdos: quando um casal tronco tinha uma filha casada com um estrangeiro e ambos possuíam um engenho, estávamos diante de uma linhagem extensa. Os descendentes desse último casal formavam um ramo de linha feminina. Caso a neta daquele casal tronco também se consorciasse com um estrangeiro e ambos adquirissem, da mesma maneira, um engenho, teríamos mais um ramo de linha feminina. Com isso a linhagem extensa considerada possuía, no mínimo, dois ramos de ascendência matrilinear.

O Quadro 1 reúne, além das linhagens extensas, que chamei de simples, e que compreendo como as que têm genealogias cujos engenhos, ao longo de gerações, pertenceram aos seus varões. Nesse texto, a linhagem simples, na verdade, só possui um único ramo que coincidia com a descendência masculina.[67] Nelas, portanto, todos os donos de engenho descendiam do casal tronco e a incorporação de genros estrangeiros não implicou a constituição de um casal com moendas.

Quadro 1

Períodos de instalação das linhagens donas de engenhos no Rio de Janeiro no século XVII

Períodos	Tipos de linhagens				Totais de linhagens	
	Simples		Extensas			
	Abs.	Acumulado	Abs.	%	Abs.	Acumulado
1565-1600	11	11,4	14	42,4	25 (19,4)	19,4
1601-1610	4	15,2	3	51,5	7 (5,4%)	24,8
1611-1630	28	44,8	11	84,8	39 (30,2%)	55
1631-1650	22	67,7	4	96,9	26 (20,1%)	70,2
1651-1670	14	82,3	1	99,9	15 (11,6%)	86,8
1671-1700	17	100	0	-	17 (13,9%)	100
Totais	96	74,4	33	25,6	129	100

Obs.: considerei a suposta data de matrimônio dos casais fundadores a de sua instalação na capitania.
Fonte: Banco de Dados Nobreza Principal da Terra — ART/IH/UFRJ.

No Quadro 1, estimei a existência, no Rio de Janeiro do século XVII, de 129 linhagens com fábricas de açúcar.[68] Dessas, ao menos 32, ou 24,8%, estavam na capitania antes de 1610, época cujo número de engenhos foi estimado em 14 unidades. Portanto, essas linhagens viviam na cidade, nela exerciam atividades econômicas e políticas, antes da construção de suas fábricas. Em 1630, a capitania possuía 60 engenhos, ou menos da metade dos 130 presentes em 1700; em contrapartida, até 1750, 70% de todas as linhagens donas dessas fábricas se fixaram no Rio. Essa discrepância entre o ritmo de instalação das linhagens donas de engenhos e a montagem de suas fábricas insinua que o custeio desse último processo ocorrerá dentro dos muros da cidade. A anterioridade das linhagens aos seus engenhos de açúcar é percebida, especialmente, no caso das linhagens extensas; 85% delas estavam na capitania em fins da década de 1620. Entre essas últimas temos a nobreza principal da terra. Identifico-a, a princípio, especialmente com as 25 linhagens que se instalaram no Rio de Janeiro até 1600; elas correspondem a 19,4% do Quadro 1. As demais 104 linhagens denomino de "senhoriais" ou, apenas, donas de engenhos.

Portanto, apenas 25, ou 19,4%, das linhagens possuidoras de engenhos, em algum momento dos Seiscentos, na capitania do Rio de Janeiro, participaram das lutas contra os inimigos da monarquia no século XVI. As demais 104 constituíram engenhos, porém chegaram à capitania depois da conquista e, com ela, o término da distribuição das sesmarias e os índios enquanto presas de guerra. Da mesma forma, aquelas 104 linhagens não participaram da organização da república no recôncavo e da tomada vitalícia de seus cargos honrosos.

Uma vez reafirmada, ao estilo dos procuradores da câmara até 1730, que a fundação da nobreza da terra coincide com a conquista da capitania, podemos ir um pouco mais adiante. Na verdade, a sua composição não se resumiu à data de chegada ao Rio de Janeiro nem ao fato de as famílias comandarem as lutas contra os franceses. Em outras palavras, diversos sujeitos solitários ou integrantes de linhagens instaladas no Rio nos anos 1610, e mesmo depois de 1630, via matrimônio ingressariam na nobreza da terra. Voltarei a esse tema mais adiante. Ao mesmo tempo, nem todos os descendentes de conquistadores chegaram a construir engenhos de açúcar.

Conforme o Quadro 1, a nobreza principal da terra foi constituída, majoritariamente, por linhagens extensas, essas últimas somavam 14 das 25 analisadas. Mais do isso, quase a metade das *linhagens extensas* era nobre. No Quadro 1, das 33, 14 eram de nobres. Com isso, temos outro traço da nobreza principal da terra. Trata-se de um grupo que, apesar de ser cioso de suas origens quinhentistas, estava aberto a novos integrantes, isto é, a nobreza tinha uma política de absorção de sujeitos que pudessem retroalimentar o grupo.

Todas as linhagens vistas no Quadro 1 contêm as famílias conjugais que, ao longo dos Seiscentos, construíram, compraram e venderam engenhos de açúcar, portanto famílias que foram donas, em algum momento de suas vidas, de moendas.

Antes de continuar, cabe, depois de ter instrumentalizado a ideia de linhagem, tornar mais preciso o conceito de família no Antigo Regime católico. Segundo os tratadistas da época, a família era uma *sociedade* formada por um casal, seus filhos, agregados, criados e escravos. Os nossos agentes do Rio de Janeiro seiscentista também entendiam a família como equivalente de casa, sendo ela gerada através do casamento. Os filhos que saíam da família ou da casa, via matrimônio, formavam uma nova família, a sua própria casa. Ao menos, é isso que Julião Rangel de Sousa Coutinho informou no seu testamento, datado de 3/2/1747. Esse senhor, antes de ir estudar no reino, morava com sua mãe e seu irmão, porém, ao voltar de Lisboa casado, recebeu ordens de sua mãe para construir sobrados para acomodar "(...) decentemente (...) ambas as famílias, a sua [mãe] e a minha, e, com efeito, entrando eu a fazer [os] dois sobrados em que atualmente vivemos".[69]

Por conseguinte, o uso da expressão *sociedade* para designar família conjugal não foi empregado de maneira aleatória. Insisto, os tratadistas da época moderna percebiam a família como uma "sociedade naturalmente auto-organizada". Desse modo, as relações entre pai, mãe, filhos e escravos eram fundadas no amor, mas devidamente hierarquizadas, e o mando estava nas mãos do pai. Assim sendo, as linhagens mencionadas tinham por base famílias conjugais ou casas. Por seu turno, tais casas saíram do lado materno ou paterno, linhagens anteriormente vistas. Mais do que isso, cada lado da linhagem se desdobrou em várias casas ou famílias conjugais.

A partir disso, posso diferenciar o Quadro 1 do Quadro 2. Se o Quadro 1 informa sobre a época de instalação na capitania de uma linhagem, através da data do matrimônio do seu casal fundador, o Quadro 2 identifica a ocasião em que tal linhagem adquiriu, por compra ou construção, o seu primeiro engenho. E isso pode ter ocorrido na primeira geração, ou seja, como resultado da ação do próprio casal fundador, ou nas gerações subsequentes. Nessa última situação — segunda, terceira e quarta gerações — o engenho foi adquirido por uma dada família entre as várias que formavam os ramos materno e paterno da linhagem. No caso do ramo materno, estamos frente a uma linhagem extensa e a situação fica um pouco mais difícil. Essa pode ter diversos casais com engenho, sendo a esposa filha ou neta dos fundadores da linhagem e seu marido estrangeiro. Como já afirmei, cada casal desse tipo constituiu um ramo, ou seja, a linha feminina de uma família extensa era formada por vários troncos na primeira, na segunda ou na terceira geração. Quanto à linha masculina, em razão do *pater*, ou chefe da parentela, ser descendente do casal fundador, havia apenas um único ramo em diversas gerações.

Quadro 2
Períodos de instalação dos primeiros casais com engenhos das linhagens nobres e "senhoriais"

Períodos	Ramos de linhagens nobres			Ramos de linhagens "senhoriais"			Totais
	l. materna	l. paterna	Total	l. materna	l. paterna	Total	
1565-1600	8	3	11 (12,6)	–	–	–	11 (5,5%)
1601-1610	1	1	2 (2,3%)	1	1	2 (1,8)	4 (2 %)
1611-1630	20	3	23 (26,4)	10	19	29 (25,7)	52 (26%)
1631-1650	30	1	31 (35,6)	17	15	32 (28,3)	63 (31,5%)
1651-1670	14	2	16 (18,4)	8	23	31 (27,4)	47 (23,5%)
1671-1700	3	1	4 (4,6)	7	12	19 (16,8)	23 (11,5%)
Totais	76	11	87 (43,5)	43	70	113	200

Fonte: Banco de Dados Nobreza Principal da Terra — ART/IH/UFRJ.

No Quadro 2, procurei identificar a origem materna ou paterna do casal responsável pelo primeiro engenho da linhagem. Por exemplo, na linhagem extensa dos Mariz o primeiro dono de engenhos de que tenho notícias foi Diogo de Mariz Loureiro, filho de Antônio e Isabel Velha, casado, em torno de 1593, com Paula Rangel. Portanto, a instalação do primeiro casal com engenho dos Mariz ocorreu no período entre 1565 e 1600 e foi um empreendimento da linha masculina da linhagem. Antônio de Mariz só teve um filho com engenhos e mesmo se tivesse mais de um nessa condição, todos aparecem compondo o mesmo ramo. Esse foi o caso da linhagem dos Correia. Três irmãos dessa linhagem vieram para o Rio: Salvador Correia de Sá, Duarte Correia Vasques e Gonçalo Correia Vasques. Tiveram engenhos, porém no Quadro 2 só aparecem compondo um único ramo. Isso porque tais engenhos e casas saíram, em tese, da mesma morada e não implicaram alianças através de mulheres. Os descendentes homens daqueles irmãos com engenhos irão aparecer em um único ramo, o masculino, no Quadro 2.

Como afirmei, as linhagens extensas tinham diferentes ramos femininos. Esse também foi o caso dos Mariz. Essa linhagem teve dez ramos do lado feminino e um do lado masculino (o citado Diogo de Mariz), ou seja, 11 no total. Cada um daqueles ramos femininos adquiriu seu engenho em diferentes períodos, sendo que a época de constituição do ramo não coincidiu, necessariamente, com a das aquisições.

Essa foi a situação experimentada pela linhagem de João Pereira de Souza Botafogo, bandeirante paulista já citado. Uma de suas filhas, Andreza, casou-se com Baltazar da Costa em c. 1595, porém esse ramo feminino da linhagem, conforme os meus critérios, só foi constituído na geração seguinte, com o filho do último, Francisco da Costa Barros, quando se uniu com Helena Pinta, em 1616, e adquiriu um engenho. Portanto, tal ramo só apareceu, no Quadro 2, no período entre 1611 e 1630, ou na terceira geração da dita linhagem. Por seu turno, o casal Andreza e Baltazar deu origem a um outro ramo feminino, constituído pela filha Gracia da Costa e o estrangeiro Francisco de Oliveira Vargas. O matrimônio dos últimos ocorreu em 1637, mas eles não tiveram moendas. Algo que só irá ocorrer com seu filho Inácio de Oliveira Vargas, casado em 1669, no período de 1651 a 1670. Mais uma vez, segundo meus critérios, em tal data os Souza Botafogo ganharam mais um ramo feminino. Desse modo, os ramos femininos de tal linhagem, como outras linhagens extensas, aparecem em diferentes períodos do Quadro 2.[70]

Cruzando o Quadro 1 com o Quadro 2, vemos que ao menos 87 casais/ramos com engenhos saíram de linhagens instaladas no Rio de Janeiro até 1600 e foram protagonistas da nobreza principal da terra. Se somarmos esse número com os 31 ramos de linhagem "senhoriais", constituídos até 1630, chegamos à cifra de 118, ou 71%, dos duzentos casais com fábricas de açúcar. Essa última porcentagem atesta a antiguidade das linhagens com engenhos. Em outras palavras, provinham de conquistadores quinhentistas mesmo aqueles casais nobres com engenhos cujas núpcias ocorreram em fins do século XVII e a partir dessa época constituíram sua descendência ou seu ramo.

Por exemplo, o casal Antônio e Maria foi o primeiro do ramo Azedias Machado, da linhagem Homem da Costa, a ter um engenho de açúcar e isso ocorreu depois de 1682, data do matrimônio dos nubentes. Porém, Antônio correspondia à terceira geração dos Azedias e essa, por sua vez, como afirmei, descendia, por via feminina, da linhagem dos Homem da Costa, conquistadores quinhentistas. Os Azedias Machado só adquiriram sua primeira moenda em finais do século XVII, mas seus antepassados estavam na capitania desde o século anterior. Descendiam dos capitães da conquista e de sua economia quinhentista. Provavelmente, o fato de grande parte dos engenhos surgir de linhagens com longo passado na capitania ajuda a entender melhor o processo de acumulação da qual saiu a economia açucareira no Recôncavo da Guanabara. Talvez fração dessa acumulação resulte daquela economia de mantimentos e de apresamento de índios, já mencionada, e, mais, dos ganhos econômicos e políticos dos capitães conquistadores.

A antiguidade, outro traço dos casais do Quadro 2 e que nos ajuda a desvendar os mecanismos de montagem de engenhos no Rio de Janeiro, diz respeito a seus laços parentais. A exemplo dos Azedias Machado, 59,5%, ou 119 daqueles 200 casais, pertenciam a ramos de descendência feminina de velhas linhagens. Em outras palavras, os casais que construíram ou compraram engenhos não eram pioneiros na terra, mas pertenciam a vastas redes parentais. Portanto, o entendimento da dinâmica de tais redes e as regras costumeiras surgidas nessa dinâmica são decisivos para entender um pouco mais não só a economia açucareira, mas a própria sociedade de Antigo Regime considerada. Seja como for, a economia quinhentista e os laços de parentela aparecem como bases da economia açucareira. Isso nos faz voltar à nobreza principal da terra.

Em 1600, as linhagens desse estrato já estavam constituídas e somavam 25 parentelas, que deram origem, ao menos, a 87 ramos com engenhos, ou 43,5% do total dessa última categoria (Quadros 1 e 2).[71]

Portanto, a capacidade de produção de fábricas de açúcar da nobreza, da forma de acumulação por ela representada, foi bem superior à daquelas linhagens por mim denominadas de "senhoriais".[72] Em termos relativos, deparamo-nos com o seguinte cenário: cada linhagem nobre fabricou 3,48 ramos (87/25) e cada linhagem não nobre, 1,09 (113/104). Em suma, a economia da nobreza da terra — com as suas mercês vindas da conquista (terras e índios), mais as prerrogativas decorrentes da organização da república (controle sobre cargos que intervinham no mercado), mais a política de alianças e as práticas sociais desenvolvidas — foi mais eficiente na montagem de engenhos do que as famílias por mim denominadas como "senhoriais".

Repare, ainda, que a sobrevida das linhagens nobres teve por base os ramos de origem feminina. Dos 87 ramos de tal linhagem, 76 eram da linha feminina e somente 11 de origem masculina, ou seja, tal linhagem foi mais marcada pela incorporação de genros estrangeiros, entre eles fidalgos da Casa Real e oficiais régios, do que os ditos "senhoriais", em que 70 eram ramos masculinos, e 43, femininos.

Podemos refinar um pouco mais o cenário da montagem da economia açucareira quando nos detemos na variável tempo. No caso, o tempo foi medido pelo número de gerações em que o ramo residiu na capitania e o de posse de engenhos. Em outras palavras, o comportamento dos nossos personagens — as suas escolhas econômicas, os laços de amizade, as opções matrimoniais, os valores etc. — dependeu do tempo de residência de sua linhagem na capitania. Afinal, um ramo de linhagem com duas gerações de vida e de domínio de um engenho, com certeza, teve uma percepção diferente do mundo da que morou no Rio por 75 anos e somente na primeira ou na última geração possuiu uma fábrica de açúcar.

O Quadro 3 considerou, apenas, os ramos com mais de três gerações na capitania e, em uma delas, a posse de engenhos de açúcar. Em outras palavras, todos os ramos parentais presentes em tal quadro viveram ao menos três quartos dos Seiscentos, portanto foram personagens da república seiscentista do Rio de Janeiro, fenômeno que nos possibilita conhecer, com mais rigor, a nobreza principal da terra e as linhagens senhoriais.

Quadro 3
Número de gerações de senhores de engenho nos ramos de linhagens (simples e extensas) com mais de três gerações de existência no Rio de Janeiro

Nº de Gerações	Tipos de Linhagens		Total
	Nobres	"Senhoriais"	
1	22 (35,5%)	28 (52,8%)	50 (43,5%)
2	28 (45,1%)	19 (35,8%)	47 (40,9%)
3	7 (11,3%)	6 (11,3%)	13 (11,3%)
+ de 4	5 (8,1%)	0	5 (4,3%)
total	62 (54%)	53 (46%)	115

Fonte: Banco de Dados Nobreza Principal da Terra — ART/IH/UFRJ.

O Quadro 3 apresenta 115 ramos, ou 57,5% dos 200 vistos no Quadro 2. Desses 115 ramos, 50, ou 43,5%, tiveram moendas em apenas uma geração; as posteriores não desfrutaram esse privilégio. Essa foi, por exemplo, a história da linhagem "senhorial" iniciada pelo casal Antônio da Costa Ramirez e Beatriz da Costa, cujo matrimônio ocorreu por volta de 1616. Tiveram uma filha, dois netos e dois bisnetos, um deles com o nome Pedro da Costa Ramirez, que se casou, por volta de 1668, com Pascoa Barbalho e teve um engenho de açúcar. Porém foi o primeiro senhor e o único da linhagem, com três gerações de vida na capitania, a ter engenho. Algo semelhante ocorreu com a linhagem nobre iniciada pelo matrimônio, em 1600, de Francisco Lopes Cerqueira e Domingas Gonçalves. Eles tiveram três filhos, entre os quais Gregório Lopes Cerqueira, que adquiriu o engenho de São Gonçalo. Com a sua morte, por volta de 1678, a esposa Catarina da Fonseca perdeu a dita fábrica. Todos os seis filhos de Gregório e Catarina montaram casas, pois tiveram cônjuges, mais nenhum conseguiu ter novamente uma moenda.

Temos, assim, uma imagem ao menos curiosa do grupo dos *senhores de engenho*, ou seja, de uma expressão tão cara à historiografia colonial. Segundo os dados do Quadro 3, trata-se de um segmento profundamente volátil, quando definido a partir do domínio de moendas de açúcar, pois essas saíam de suas existências no espaço de uma vida.

Segundo o mesmo quadro, as fábricas de açúcar permaneceram mais tempo na nobreza principal da terra. Para começar, esse último estrato reuniu 62 ramos, ou 54%, do total do Quadro 3, dos ramos com mais de três gerações no Rio. Daquelas 62 parentelas, quase dois terços compartilharam a posse de engenhos por mais de duas gerações, sendo cinco deles por quatro vidas. Desse modo, talvez essas cinco parentelas sejam as únicas que possam ostentar o título de *senhores de engenho* eternizado por Antonil.[73] Entre aqueles ramos temos: o, por linha masculina, dos Correia, cujo principal personagem foi general Salvador Correia de Sá e Benevides;[74] os Barcelos, por linha feminina dos sete da linhagem nobre dos Homem da Costa; os Sampaio, linhagem nobre dos Sampaio; os Andrade Machado, família derivada da linha feminina dos nobres Pontes, à qual pertenceu o capitão-mor José de Andrade Soutomaior; da mesma linhagem dos Pontes e de sua linha feminina temos o ramo dos Silveira Vilasboas, ao qual pertencia o capitão Inácio da Silveira Vilasboas e o juiz de órfãos Francisco Teles Barreto. Todos esses senhores, a seguir, serão devidamente apresentados. Assim, o que denomino de nobreza da terra correspondeu ao que a historiografia costumou chamar de *senhores de engenho* do Rio de Janeiro da época.

Seja como for, os dados apresentados anteriormente insinuam que a elite rural do Rio de Janeiro seiscentista tinha bases econômicas extremamente precárias, pois estava sujeita à rápida perda de seu patrimônio fundiário. No Quadro 3, 97, ou 84,3%, dos ramos analisados não conseguiram manter por duas gerações suas fábricas. Portanto, a instabilidade econômica e a falência era algo corriqueiro para a elite econômica.

Insisto, tal cenário não era somente dramático para famílias/ramos que perdiam seus engenhos, mas para a sociedade agrária considerada. Lawrence Stone, uma vez, usou a imagem de um ônibus para definir uma elite social: famílias entram e saem da elite, como de um ônibus, porém tanto a elite como o ônibus continuam seu percurso.[75] No Rio de Janeiro do século XVII o tempo de permanência das famílias em tal ônibus era extremamente curto e nem dava tempo de esquentar as poltronas. Vendedores e compradores, antigos e novos donos de moendas permaneciam à frente de suas fábricas apenas por uma geração. A grande maioria dos filhos de *senhores de engenho* não sucedeu a seus pais nos negócios da família, pois tais empresas tinham virado pó. Desse modo, segundo o Quadro 3, a elite rural era fugidia, estruturalmente fugaz ou incompleta, as suas práticas sociais nunca tiveram tempo para amadurecer.

Assim, o diagnóstico tradicional da historiografia sobre a aristocracia agrária da América Latina colonial, aparentemente, é válido: a elite rural colonial é um estrato social volátil. Conforme tal perspectiva, uma das razões para essa volatilidade era a não adoção de práticas racionais de gerenciamento e, consequentemente, de estar mais voltada para o desperdício.[76] Aliás, o mesmo diagnóstico é dado para a aristocracia europeia do Antigo Regime.[77] O problema desse tipo de visão é tornar a economia colonial algo impossível de ter existido, pois se os componentes de sua elite recorrentemente faliam, a sociedade vivia em contínuos sobressaltos, ou, como afirma W. Kula, nenhuma sociedade pode existir durante muito tempo com suas contas desequilibradas.[78] Portanto, caso não tomemos cuidado, aquela fragilidade da elite rural nos pode levar a crer que sua economia foi fruto da nossa imaginação ou, pior, podemos correr o risco de transformar a história econômica colonial numa história da carochinha ou em um conto de terror.

2.1. Nobreza principal da terra, engenhos e identidade social

Atestado que a sociedade do Rio de Janeiro existiu entre os séculos XVII e XVIII e teve por base engenhos de açúcar, o bom senso leva a trabalhar com mais cuidado os resultados do Quadro 3.

Em outras palavras, a rapidez da perda dos engenhos de açúcar pelos seus donos não impediu que a economia considerada subsistisse e, ainda, aquelas falências devem ser vistas como parte daquele funcionamento. Consequentemente, tal fenômeno não impedia a existência da referida elite rural nem da sua sociedade. Acredito que a partir desses pressupostos podemos ter um retrato mais rigoroso dos *senhores de engenho* e da nobreza principal da terra.

Entretanto, apesar daqueles cuidados, seguindo a trajetória dos 115 ramos do Quadro 3, encontramos, a princípio, um cenário mais tenebroso. Nesse quadro, 50 ramos de linhagem só tiveram engenhos numa única geração. Desses 50, 27 ramos adquiriram e perderam seus engenhos na mesma geração, ou seja, o mesmo casal que comprou ou construiu a moenda anos depois a perdeu por algum motivo. Assim, para os seus filhos, que já foram ex-senhores de engenhos, e para seus netos, as fábricas são uma vaga lembrança.

O mistério da elite fugidia ou fugaz começa a ser resolvido quando se percebe que entre aqueles 115 ramos temos 71 (61,7%) que pertenciam a linhagens extensas, ou seja, não eram parentelas isoladas no tempo e no espaço. O pertencimento de tais ramos a redes sociais mais amplas e de longa data fica mais patente ainda quando sublinhamos que, nos mesmos 115, pouco menos da metade (51) era da nobreza principal da terra. Assim, as experiências desses 51, ou mesmo daqueles 71 ramos na sociedade estudada — em termos de concepção de mundo, pertencimento a redes sociais de alianças e compartilhamento de identidade — ultrapassavam o tempo em que tiveram engenhos.

Esse, provavelmente, foi o caso de João Gomes da Silva, fidalgo da Casa Real. O ramo de João, por mim chamado Gomes da Silva, teve início com o casamento de seu avô com Maria de Mariz, neta do conhecido Antônio Mariz. Portanto, o nosso herói descendia, por linha materna, de uma linhagem extensa. Em outras palavras, ele pertencia a uma linhagem acostumada ao mando local, pois vários de seus antepassados ocuparam os postos mais honrosos da república (vereança, ordenança e almotaçaria), além da Provedoria Real da Fazenda e outros ofícios régios.

João pertencia a um dos 46 ramos de linhagens que tiveram, em duas gerações, engenhos de açúcar. Com certeza, o senhorio sobre tais moendas deve ter contribuído para modelar a sua visão de mundo. Tanto é assim que João Gomes da Silva receberá o mesmo nome de seu avô paterno, o outro senhor de engenho da família. Porém a identidade de João também foi modulada por outras informações, como, por exemplo, a possibilidade de um ramo/família da nobreza da terra perder um engenho sem, contudo, ficar privado do status de nobre.

Explicando melhor: o pai e os tios paternos de João não tiveram moendas, Assim, em algum momento da trajetória do seu ramo houve a experiência da perda de uma fábrica de açúcar; a geração do pai correspondia a um vazio em termos dominiais. Entretanto, tal vazio não impediu que o nosso João tivesse núpcias com uma filha de senhor, também membro da nobreza principal da terra. Talvez o seu avô fosse lembrado não só por seu engenho de açúcar, mas também por ter ocupado, na Bahia, a capitania de uma fortaleza e ser cavaleiro fidalgo da Casa Real. Em suma, o nosso João Gomes da Silva casou-se em 1663, mas pertencia a uma elite rural de longa data, com origem nos Quinhentos, e, provavelmente, o domínio sobre moendas era um importante traço da experiência do grupo, mas não o único.

Essas últimas informações redefinem por completo a ideia de elite rural em uma economia açucareira tendo como principal critério a propriedade de engenhos de açúcar. Em realidade, essas informações lembram que, além de açucareira, portanto, voltada para o mercado internacional, a economia também era de Antigo Regime. Em outras palavras, no caso estudado, os chamados *senhores de engenho*, pela historiografia, eram majoritariamente, na verdade, integrantes da nobreza principal da terra, um estrato social cuja definição não estava ancorada no mercado, mas, principalmente, na propriedade sobre terras, escravos e moendas. Além dessas relações sociais, outras também davam identidade ao grupo, no caso: um passado comum no serviço à monarquia; o domínio hereditário sobre os cargos honrosos da república; e as regras costumeiras geradas pelas experiências vividas pelo grupo (matrimoniais, acesso à terra etc.). Vejamos, com mais calma, essas regras costumeiras, criadas pelas relações entre os integrantes da nobreza da terra, pois acho que nelas temos algumas das chaves para entender a dinâmica do grupo. Entre essas regras teríamos as normas de acesso à terra, as práticas maritais, a ideia de casa (as relações de patronagem entre chefe e demais integrantes da família: consanguíneos, agregados, escravos etc.) e as práticas de partilha de herança.

2.2. *Indícios das práticas de casamento da nobreza principal da terra*

Para começar, voltemos aos Quadros 1 e 3, com o objetivo de insistir que os *senhores de engenho* do Rio de Janeiro do século XVII saíam, na sua maioria, da nobreza principal da terra. Desse modo, tanto as famílias que adquiriam como as que vendiam engenhos vinham do mesmo estrato social: a nobreza da terra. Mais do que isso, muitas procediam das mesmas linhagens ou, ainda, eram filhos e netos de casais que, no passado, através de seu matrimônio, significaram o entrelaçamento de distintas linhagens nobres.

A compra e a venda de engenhos entre aparentados são exemplificadas por uma escritura registrada em 1682. Nela, Manuel Faleiro Homem comprava uma fábrica de açúcar de Manuel Cabral de Melo. O primeiro pertencia à linhagem dos Pontes, e o segundo, dos Homem da Costa e tinham ainda primos em comum nas linhagens Mariz, Correia e Azeredo Coutinho. Assim, muitas vezes, a perda do engenho por uma família implicava a sua ida para outra pertencente à mesma malha de linhagens. Os engenhos circulam no mesmo estrato e, às vezes, na mesma linhagem. Saíam das mãos de um sujeito para ir cair nas de outros, sendo ambos portadores dos idênticos valores, compartilhando de igual sentimento de pertencimento ao mesmo estrato. Em 1664, o casal Pedro de Abreu Rangel e Maria Viegas vendeu um engenho de açúcar a Francisco Gouveia e a sua esposa Felipa Sá Barbosa Souto Maior. Pedro era tio de Felipa, ambos descendiam de Vasco Fernandes Coutinho, capitão donatário do Espírito Santo.

Esse cenário fica mais completo quando lembramos que a perda de uma moenda por uma família não implicava a privação dos seus direitos enquanto componentes da nobreza. E isso é válido quanto aos direitos de acesso aos cargos honrosos da república e à terra. Como veremos a seguir, as alianças matrimoniais e a consanguinidade conferiam aos filhos e às filhas da nobreza sem engenhos o acesso a fazendas, a partidos de cana ou a sítios no interior dos engenhos de outras famílias, ou seja, a capitania pertence à nobreza principal da terra enquanto estrato social.

Gráfico 2
Origem dos genros nas famílias nobres

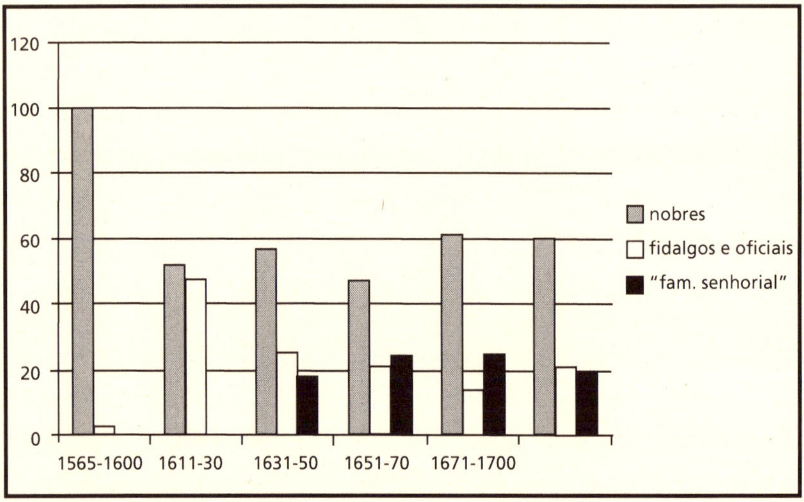

Obs.: Totais de noivos: 9, 23, 28, 42, 65 e 187.
Fonte: Banco de Dados Nobreza Principal da Terra — ART/IH/UFRJ.

O Gráfico 2 apresenta as opções de casamentos de 112 noivas nobres, entre 1565 e 1700. Apesar da grande presença de casos sem informações (152, ou 44,8% do total), nos casos conhecidos as noivas e suas famílias preferiam rapazes da mesma origem social, ou seja, nobres da terra. Isso ocorreu em todas as décadas analisadas. Considerando todo o período, dos 187 esposos conhecidos, 112, ou 60%, eram nobres. Desse modo, há uma clara tendência para a endogamia nas práticas maritais da nobreza principal da terra. E isso é ainda mais reforçado quando reparamos que a segunda opção eram os noivos fidalgos (moradores da

Casa Real e cavaleiros das ordens militares) e/ou os oficiais régios. Essa segunda opção somou 39 noivos, ou 34,8% daqueles 187 rapazes. Essa estratégia assegurava à família da noiva e a seus descendentes maiores ligações com a monarquia, fenômeno que, por seu turno, nos fala da visão de mundo de tal estrato: eles se viam como nobreza principal numa conquista da Coroa e almejavam estreitar seus laços com escalões da elite social da monarquia situada no reino. Repare-se que a opção por esses tipos de esposos pela nobreza da terra ocorreu principalmente entre 1611 e 1630. Nesse período o número de engenhos pulou de 14 para 60 e aqueles fidalgos e oficiais régios corresponderam a 11 dos 23 noivos conhecidos.

A terceira e a quarta maiores escolhas incidiam sobre as famílias "senhoriais" com antiguidade na terra; foram 26, ou 15,2% de 187 noivos. Foram várias linhagens "senhoriais" que, a partir da segunda e da terceira gerações, procuram multiplicar seus laços de aliança com a nobreza da terra. Isso ocorreu, por exemplo, com os filhos do alferes da fortaleza e senhor de engenho Luís do Couto (linhagem com três gerações de senhores de engenhos). Seus pais, Manuel do Couto e Domingas da Costa, já estavam na cidade em 1610, quando do nascimento de Lucas, que, em 1640, se uniu a Joana Soberal, irmã de Maria Viegas, esposa do quinhentista Pedro de Abreu Rangel. Desde 1646, por carta de sua majestade, Lucas do Couto portava a patente de alferes da Fortaleza de Santa Cruz e guarda dos navios,[79] posto que lhe assegurava uma posição estratégica na entrada de naus na cidade. Mais tarde, o ofício passou a ser chamado de guarda-mor da Alfândega. Portanto, Lucas tinha algo a oferecer à família e aos aliados de sua esposa. O filho do casal, também chamado Lucas do Couto, viúvo do primeiro matrimônio, casou-se com Isabel Coutinho. Essa uma nobre da terra, filha do negociante e dono de moendas Pantaleão Duarte Velho e ainda neta materna do alcaide-mor da cidade, Francisco Lemos de Azevedo. Lucas do Couto Viegas ao todo teve nove crianças, das quais quatro se ligaram a noivos nobres. Assim, os descendentes de Lucas do Couto passaram a compor a nobreza da terra, como os Viegas já o tinham feito.

Figura 1

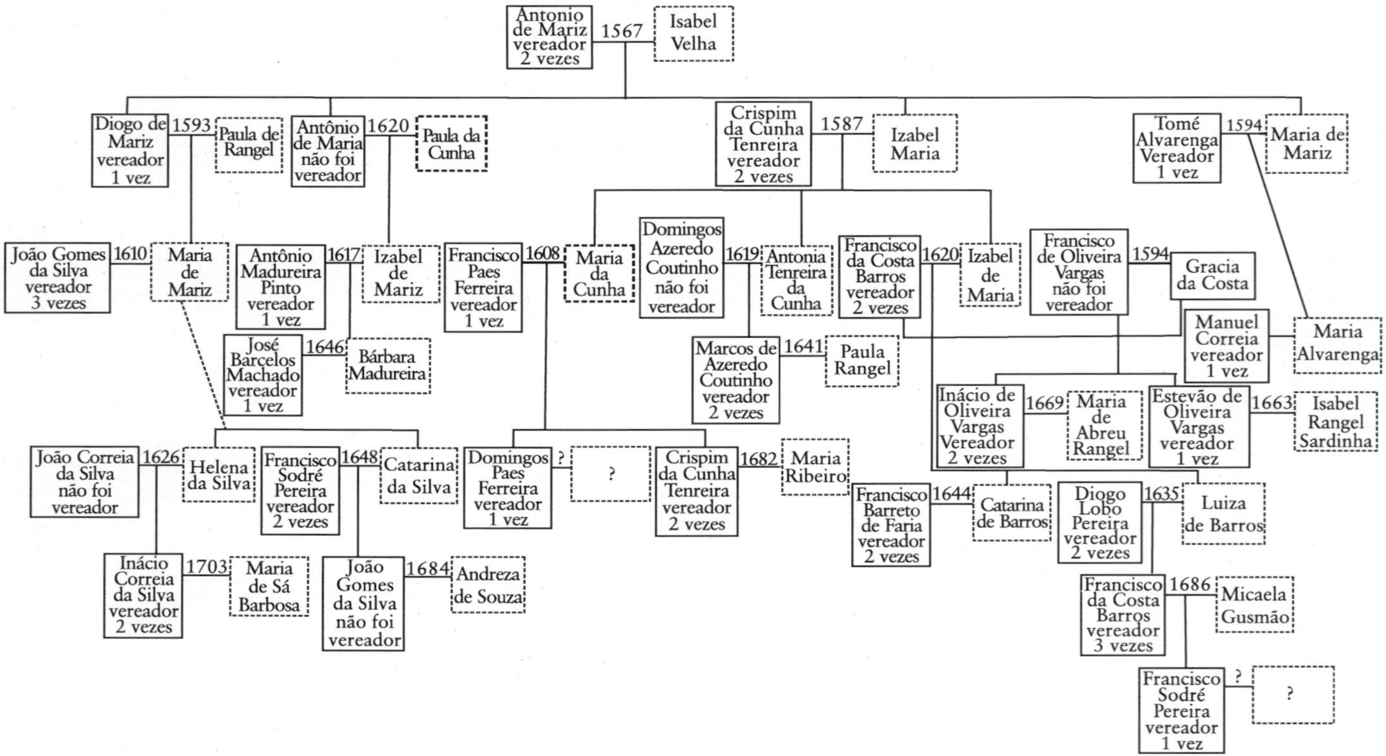
Antonio de Mariz vereador 2 vezes
1567
Isabel Velha
Diogo de Mariz vereador 1 vez
1593
Paula de Rangel
Antônio de Maria não foi vereador
1620
Paula da Cunha
Crispim da Cunha Tenreira vereador 2 vezes
1587
Izabel Maria
Tomé Alvarenga Vereador 1 vez
1594
Maria de Mariz
João Gomes da Silva vereador 3 vezes
1610
Maria de Mariz
Antônio Madureira Pinto vereador 1 vez
1617
Izabel de Mariz
Francisco Paes Ferreira vereador 1 vez
1608
Maria da Cunha
Domingos Azeredo Coutinho não foi vereador
1619
Antonia Tenreira da Cunha
Francisco da Costa Barros vereador 2 vezes
1620
Izabel de Maria
Francisco de Oliveira Vargas não foi vereador
1594
Gracia da Costa
Manuel Correia vereador 1 vez
Maria Alvarenga
José Barcelos Machado vereador 1 vez
1646
Bárbara Madureira
Marcos de Azeredo Coutinho vereador 2 vezes
1641
Paula Rangel
Inácio de Oliveira Vargas Vereador 2 vezes
1669
Maria de Abreu Rangel
Estevão de Oliveira Vargas vereador 1 vez
1663
Isabel Rangel Sardinha
João Correia da Silva não foi vereador
1626
Helena da Silva
Francisco Sodré Pereira vereador 2 vezes
1648
Catarina da Silva
Domingos Paes Ferreira vereador 1 vez
?
?
Crispim da Cunha Tenreira vereador 2 vezes
1682
Maria Ribeiro
Francisco Barreto de Faria vereador 2 vezes
1644
Catarina de Barros
Diogo Lobo Pereira vereador 2 vezes
1635
Luiza de Barros
Inácio Correia da Silva vereador 2 vezes
1703
Maria de Sá Barbosa
João Gomes da Silva não foi vereador
1684
Andreza de Souza
Francisco da Costa Barros vereador 3 vezes
1686
Micaela Gusmão
Francisco Sodré Pereira vereador 1 vez
?
?

Na Figura 1, através da genealogia dos Mariz, temos outras pistas sobre a formação do que chamo de nobreza principal da terra, através das trajetórias e das ações de seus sujeitos. Nela se veem casamentos entre os filhos e os netos dos conquistadores. Além disso, na mesma figura reafirma-se o controle de tais parentelas, ao longo do século XVII, sobre as vereanças, os engenhos de açúcar e alguns dos ofícios régios. Por volta de 1568, Antônio de Mariz — homem bom, em São Paulo, e conquistador no Rio de Janeiro — recebeu a incumbência da criação do ofício da Fazenda Real no Rio de Janeiro. Em 1583, o também conquistador Julião Rangel de Macedo foi provido no cargo de ouvidor da cidade e da capitania.[80] O posto de provedor da Fazenda, ao longo dos Seiscentos, foi exercido em comum com o de juiz da Alfândega. Conforme a Figura 1, os filhos de Antônio de Mariz e de Julião Rangel, respectivamente Diogo de Mariz Loureiro (provedor da Fazenda em 1606) e Paula Rangel de Macedo, casaram-se em 1593. Com esse enlace, as duas famílias, saídas das lutas contra os franceses e responsáveis pela organização da cidade, sacramentavam uma aliança entre duas das mais poderosas parentelas da época.

Outra filha de Antônio de Mariz, Isabel de Mariz, casou-se em 1591 com Crispim da Cunha Tenreiro, criado do governador e provedor da Fazenda Antônio de Salema. Desse matrimônio nasceu Antônia, esposa, em 1616, de Domingos de Azeredo Coutinho. Esse Domingos foi capitão-mor dos descobrimentos, por graça de Sua Majestade, e descendia de Vasco Coutinho Fernandes, donatário do Espírito Santo, e do seu genro, o citado capitão-mor Marcos de Azeredo.[81] Os Azeredo Coutinho e os Mariz mantiveram representantes na Câmara até o século XVIII e personificaram a circulação de famílias de conquistadores nas duas esferas de poder na capitania, a Câmara e a administração periférica, em fins do século XVI.

A Figura 1 apresenta também ligações dos Mariz com outros *bellatores* dos Quinhentos, como João Pereira de Souza Botafogo. Um de seus descendentes, Francisco da Costa Barros, proprietário do ofício de escrivão da Fazenda e da matrícula da gente de guerra, tornou-se, em 1620, esposo de Isabel de Mariz, cunhada de Antônia Tenreira (ver Figura 1); portanto, nessa ocasião, temos ligações entre os Mariz, os Azeredo Coutinho e os Souza Botafogo.[82]

Com o tempo, outras linhagens de conquistadores aparecem na Figura 1, ou seja, os Mariz multiplicaram as suas alianças. Por exemplo, José Barcelos Machado, vereador e provedor da Fazenda, descendente dos Homem da Costa, em 1646 tomava por esposa Bárbara Madureira, neta de Antônio de Mariz. Segundo Carlos Rheingantz, os Homens da Costa resultaram da união de Jordão Homem da Costa com Apolônia Rodrigues. Infelizmente, não tenho maiores notícias sobre o casal, porém sei que um de seus genros, Aleixo Manuel, chegou à cidade na companhia de Estácio de Sá, foi capitão de infantaria e, por diversas vezes, camarista.[83]

Esses exemplos sugerem a adoção, pela nobreza da terra, de uma política de endogamia. Porém, o mesmo Gráfico 1 também informa que esse não era o único costume matrimonial conhecido pelos fidalgos da terra, mas o mais importante que houve, em uma época em que, praticamente, prevaleceu a exogamia. Em outras palavras, as famílias conquistadoras, conforme as circunstâncias, podiam mudar suas estratégias e suas escolhas, ou, ainda, a nobreza da terra, enquanto estamento, é algo gerado no tempo e diversos de seus produtores foram os genros estranhos à conquista quinhentista. Desse modo, temos o feliz matrimônio, por volta de 1610, de Maria de Mariz, neta de Antônio de Mariz, com o capitão João Gomes da Silva, proveniente da Bahia, onde fora governador da fortaleza de Santo Antônio. Por conseguinte, João Gomes chegara ao Rio tendo no currículo postos de comando na administração militar da Coroa, o que, com certeza, aumentava o valor de seu passe no mercado matrimonial da cidade, em especial diante dos olhos de um grupo que se pretendia nobreza. Na cidade, o nosso capitão ocupou a capitania da Fortaleza de São João e, mais, a provedoria da Fazenda Real da cidade.[84]

Algo não muito diferente ocorreu no casamento de Beatriz Rangel, em princípios do século XVII, com Diogo Sá da Rocha. Ela era filha do conquistador e ex-ouvidor Julião Rangel; já Diogo, por seus serviços prestados à Coroa, foi nomeado pelo rei, em 1637, para ser ouvidor-geral para as capitanias do Espírito Santo, do Rio de Janeiro e de São Vicente.[85] Por seu turno, ainda na segunda metade do século XVII, os conquistadores continuavam a incorporar genros estrangeiros. Por exemplo, o capitão de infantaria e fidalgo da Casa Real Francisco Sodré Pereira, natural da ilha da Madeira, provavelmente desembarcou na cidade na década de 1640, portanto quase um século depois das lutas contra a França Antártica. Porém isso não foi impedimento para esposar Catarina da Silva Sandoval (Mariz) em 1648. Em 1654, Sodré Pereira aparecia na Câmara.

Desnecessário insistir que as famílias de conquistadores, ao abrigar estrangeiros do naipe de João Gomes da Silva e Diogo Sá da Rocha, representavam o acrescentamento do poder e da riqueza de suas casas. Não por acaso os capitães conquistadores e seus filhos optaram por tais genros, leiam-se seus predicados, no momento da sedimentação da economia e da república no Recôncavo da Guanabara. O fato de esses fulanos serem estrangeiros, quase sempre reinóis, não os impediu de se tornarem *capi* da nobreza principal. Para tanto, basta lembrar que no século XVI quase todos os camaristas dos Homem da Costa, por mim conhecidos, eram genros reinóis e o mesmo ocorreu com os Mariz na primeira metade do século seguinte. Quero insistir na tese de que a incorporação desses genros foi decisiva na constituição da nobreza da terra. A partir dessas últimas informações, torna-se mais clara a minha insistência em relação aos ramos de linha feminina ao estudar a composição das linhagens da elite rural.

Por seu turno, a ideia de descendência da conquista, como substrato que daria acesso ao poder na sociedade, em particular aos cargos honrosos da república, é algo construído por aquelas famílias. A nobreza principal da terra, através de sua ação e de suas escolhas, construiu-se como um estamento. Um dos momentos dessa política foi o das alianças via casamentos, ou seja, os jogos entre as práticas de endogamia com as de exogamia marital; e, como veremos mais adiante, outro momento foi o parentesco ritual com uma *elite das senzalas* (ver capítulo 9, vol. 2).

Entre os produtos da exogamia temos arranjos parentais, que denominei linhagens extensas. No caso, a capacidade de uma parentela de conquistadores, através de suas filhas e netas, de incorporar genros estrangeiros com currículos na administração periférica da Coroa, de origem na fidalguia de solar ou, mesmo, comerciantes. Nos Quadros 2 e 3 vimos que tal política contribuiu para a retroalimentação da nobreza no tempo.[86]

Quanto aos resultados das práticas maritais, Jerônimo de Albuquerque, cunhado de Duarte Coelho, recebeu a alcunha de Adão de Pernambuco; acredito que o mesmo pode ser dito para Antônio de Mariz. Os filhos e as filhas de ambos os personagens dos Quinhentos povoaram as suas capitanias, ou melhor, *povoaram* as suas elites. Seus filhos e noras e as filhas e os genros constituíram o ponto de partida de elites sociais, pois se casaram com filhos e filhas de outros potentados. Tais casamentos endogâmicos geraram uma elite com prerrogativas do governo econômico e militar das suas regiões, pois passaram a monopolizar os cargos municipais. Aqueles patriarcas foram cabeças de *emaranhados familiares* ou de redes de alianças, cimentadas pelo casamento, que se transformaram em parte de um estamento social. Isso porque aqueles *emaranhados* retiraram das demais famílias das respectivas sociedades prerrogativas políticas, jurídicas e econômicas, através das práticas conselhias e outras costumeiras. Com certeza, tal prática e os seus resultados não tiveram o referendo da monarquia, que não reconheceu a existência daquele estamento.[87] Apesar disso, aqueles sujeitos, com o intuito de resguardar privilégios, geraram uma economia e uma visão de mundo, mesmo que tosca.

O entrelaçamento parental, em um número reduzido de linhagens, reforçou os laços de consanguinidade entre os integrantes do referido estrato. Neste instante, cabe lembrar que os casamentos na nobreza, a partir de certo momento, passaram a ser matrimônios realizados dentro de suas próprias fileiras ou entre primos de diferentes graus. Assim, ao parentesco consanguíneo uniu-se o casamento. Curiosamente, essa prática criou um estrato social, e não a ideia política de linhagem.

2.3. *Indícios de um direito fundiário costumeiro da nobreza da terra: estamento e as terras da capitania*

Explicando melhor, estamos diante um grupo social, pois seus integrantes compartilhavam de práticas que lhes conferiam identidade e, portanto, distância social diante de outros grupos. Entre tais práticas temos, além do exercício de casamentos endogâmicos, a consciente defesa da posição de mando na sociedade, práticas de clientela diante da escravaria (política de ampliação da casa através da clientela) e o acesso privilegiado à terra. Neste instante, interessa-me apresentar alguns *indícios* desse último traço, ou seja, a existência de práticas rotineiras, criadas entre os nobres, de modo a facilitar o acesso dos descendentes do grupo à terra.

A nobreza da terra era formada por diversas famílias conjugais ou casas. A cada geração ocorria a multiplicação de casas, em razão da propagação dos casamentos. Assim, quatro irmãos casados equivaliam a quatro casas, sendo um dos traços das famílias nobres as suas extensas proles. Em suma, no Rio de Janeiro, ao menos, casa significava família conjugal. Por conseguinte, o significado de casa, aqui, não é o mesmo da nobreza solar lusa. Na última, casa significava linhagem; todo o patrimônio dos pais ia, apenas, para um único herdeiro e, portanto, inexistia a partilha igualitária.[88]

Na nobreza solar lusa também prevaleciam as uniões endogâmicas. Através delas, as linhagens/casas procuravam preservar seus bens e impedir que se fragmentassem. Ao contrário do que ocorria na época em Castela e em Portugal, no Rio de Janeiro a nobreza da terra não optou majoritariamente pelo sistema de morgadio ou *mayorazgo*.[89] Ou seja, por sistema de transmissão de bens em que apenas um filho herdava o patrimônio e o nome da família e os demais irmãos eram preteridos. Nas cercanias do Recôncavo da Guanabara, os casamentos endogâmicos não asseguravam a existência de linhagens ou morgadios, mas de um grupo social. Nesse último existiam várias casas e as fortunas paternas eram fragmentadas. Porém, o pertencimento ao grupo garantia às suas casas o acesso às posições cimeiras da sociedade e à terra.

Suponho que um casal de nobres sem terras podia ter acesso a elas através de dotes ou de relações de clientela com seus parentes. Nesse ponto, voltamos à conquista do Rio de Janeiro, que assegurou o rápido controle das terras em poucas mãos, na forma de sesmarias. Os contínuos casamentos entre os descendentes dos conquistadores, além de criar a nobreza principal da terra, garantiram a continuidade da posse das terras da capitania nas mãos da dita nobreza, como afirmei anteriormente. E, insisto, *pari passu* com esses processos, temos a produção de normas, reconhecidas por todos os nobres, quanto ao acesso à terra: suponho que aos nobres sem terras cabia o acesso a partidos ou sítios nos domínios de seus aparentados e isso sem o pagamento de uma renda ao dono da terra.

Para evitar equívocos, devo lembrar que tais normas eram costumeiras e não se traduziam em tratados, até porque tal nobreza, em grande medida, era iletrada e tosca. O fato de essas normas, principalmente a respeito da terra, não serem escritas cria uma clara dificuldade para a sua demonstração empírica. Portanto, o acesso da nobreza à terra, via pertencimento ao grupo, através de relações de patronagem ou clientela, é uma hipótese que procurarei mostrar através de indícios. Feitos tais esclarecimentos, aquelas normas provavelmente acentuaram as diferenças entre a nobreza e os demais moradores livres da capitania no que diz respeito à terra.

Para o período 1610 a 1698 encontrei, nos cartórios, 122 transações com partidos de cana: compra/venda, dotes e arrendamentos. As escrituras de arrendamento e de compra/venda demonstram a existência de um mercado para as plantações de cana, porém estava longe de ser autorregulado. Basta lembrar que cerca de 15% daquelas escrituras eram dotes e, portanto, resultavam de alianças matrimoniais. Esses partidos foram concedidos pelos pais ou aparentados da noiva ao futuro genro, para ele dar início a uma nova casa, fenômeno bem diferente da compra e venda de canaviais.

Da mesma forma, ao menos seis das 104 escrituras de arrendamento e compras foram realizadas entre consanguíneos. Provavelmente esse número aumentaria caso fosse obrigatória a informação do grau de parentesco entre outorgados e outorgantes das escrituras. Assim, mais uma vez, relações políticas ou de parentesco interferiam no valor dos negócios. Claro está que dotados e parentes eram minoritários entre os que participavam dessas transações e, por isso mesmo, estamos em uma sociedade em que o acesso à terra era mediado por privilégios dados por uma sociedade estamental. A terra era subtraída ou monopolizada da sociedade por um dado grupo, aos demais grupos sociais restava a lei da oferta e da procura do mercado.

Maurício Abreu, em trabalho recente, consultou 41 escrituras de partidos nos Seiscentos.[90] Entre elas, dez eram entre parentes, sendo oito acertos envolvendo genros e sogros. Essas informações reforçam a ideia da existência de regras diferenciadas de acesso à terra. Alguns lavradores conseguiam a terra, através de relações de pertencimento ao grupo, de relações parentais, de acordos maritais e de outros meios através do mercado. Deve-se lembrar que, apesar da pequena densidade demográfica no Rio de Janeiro no século XVII, os conflitos pela posse da terra não eram incomuns.[91]

O sistema de fragmentação de patrimônios de uma geração para outra e a prática de multiplicação de casas por geração não resultaram na implosão da nobreza da terra como estamento. Ao longo do século XVII, tenho notícias da circulação de 161 casais, 100 nobres e 61 "senhoriais", pela capitania, depois de seus matrimônios. Daquele total, 98, ou 61%, das 161 noivas permaneceram em suas freguesias de nascimento depois do matrimônio, sendo isso mais comum entre as "senhoriais"; 72% das suas noivas tendiam a residir em áreas próximas aos domicílios dos pais; depois de casadas permaneceram nas suas freguesias natais ou nas suas cercanias. Para as noivas nobres, os números foram mais equilibrados: 54% permaneciam nas proximidades da freguesia de origem e 46% migravam.[92]

Considerando que o sistema de herança igualitária e a consequente fragmentação de fortunas paternas eram comuns nas famílias senhoriais e nobres, parece que os rebentos da nobreza tinham mais condições do que os senhoriais de resolver tal problema, através da migração para outra área da mesma capitania. Nessas últimas freguesias, muitas inóspitas, os novos casais nobres tinham oportunidade de estabelecer fazendas, sítios nos engenhos de seus aparentados e mesmo moendas, em sesmarias ainda não desbravadas. Com essa migração, as novas casas resolviam seus problemas e reafirmavam um dos traços de seu *ethos*: o serviço à monarquia. Para a monarquia, aquela migração de nobres representava o povoamento, a defesa militar e a organização política da região inóspita, através da instituição das capelas, das ordenanças e das casas, entendida como "sociedade naturalmente auto-organizada por suas relações de patronagem".

Desse modo, a produção de casas garantia o serviço a Sua Majestade, no que tange à organização da sociedade, além de estender a autoridade do grupo e de suas redes de poder às novas áreas. Vista sob esse ângulo, a fragmentação dos patrimônios e a formação de novas casas eram algo desejado pela monarquia e pela nobreza principal da terra, como estamento.

Aos olhos da nobreza principal da terra, a organização política e militar das capitanias, baseada na ideia de autogoverno das repúblicas, devia estar em suas mãos. Esse dever e esse privilégio, dependendo do ponto de vista, foram, recorrentemente, defendidos na assembleia da nobreza principal da terra: o Senado da Câmara

Conforme os registros paroquiais de Itaipu, área situada distante da Sé e próxima de Cabo Frio, os filhos e os netos do antigo capitão de fortalezas Pedro Gago da Câmara estabeleciam suas casas em, ao menos, dois engenhos de açúcar.[93] Entre eles, temos diversos fidalgos da Casa Real e a irmã de um desembargador do Tribunal da Relação da Bahia, Úrsula da Silveira. A qualidade dos Gago da Câmara pode ser medida por suas ligações, via casamento, com o governador do Rio Grande do Norte e o filho de Jerônimo de Albuquerque, Matias de Albuquerque; os Gago da Câmara acolheram Matias e família quando da sua fuga do norte, depois da invasão holandesa. Suponho que os Gago da Câmara tenham saído de Irajá para a precária Itaipu.

Em princípios do século XVIII existiam em Campo Grande cerca de sete engenhos, sendo seis da nobreza. Entre os últimos havia famílias como as dos capitães João Manuel de Mello, Manuel Pacheco Calheiros, Francisco Teles de Menezes e Manuel Freire Alemão. Eles saíram da freguesia de Irajá e proximidades e montaram quatro dos seis engenhos da região, ou seja, saíram do fundo da baía de Guanabara e foram para uma freguesia situada a oeste da capitania. No período citado, como vimos, as freguesias da Sé e da Candelária já integravam as rotas comerciais mais importantes do Atlântico Sul e, penso, passavam por um momento de crescimento urbano e de melhoria de suas respectivas comodidades de vida. A região de Campo Grande, como freguesia ainda em instalação, em termos demográficos e políticos, era vista através de alguns números. Nas duas primeiras décadas do século XVIII a Sé registrou o batismo de 2.435 crianças livres, das quais 188, ou 7,7%, eram nobres. Na mesma época, temos, para Campo Grande, os respectivos números 77 e 23, ou 29,9% do total. O grande número de crianças nobres em Campo Grande, diante das de outros estratos, informa que a nobreza aparece como grupo social majoritário entre os primeiros povoadores da região. As experiências dos engenhos de João Manuel e dos demais nos falam sobre aspectos das práticas costumeiras de acesso à terra na sociedade rural considerada.

João Manuel de Mello descendia do ramo masculino de uma das mais remotas linhagens nobres da cidade, os Aleixo Manuel. Apesar da antiguidade da linhagem nobre da qual saíra, ela contara, nas suas mais de seis gerações, com apenas dois engenhos. João Manuel foi a segunda geração com moendas; o primeiro fora o seu tio Antônio Muniz Menezes. João se casou, em 1667, com sua prima, Maria de Amorim Soares, nascida no engenho da Lagoa, área distante de Campo Grande. Segundo uma escritura de fiança de 1679, o casal aparecia como lavradores de cana em um engenho do ex-governador Salvador Correia de Sá e Benevides em Irajá. Em 1686, o dito capitão comprava metade de um engenho, chamado Coqueiro, em Campo Grande, de José Nunes da Silva, e que pertencera antes a Manuel Teles de Menezes, um tio distante (de outra linhagem) do nosso capitão. Três anos depois, João Manuel de Mello vendia um partido de cana a Manuel Correia de Brito, provavelmente na parte adquirida de Coqueiro e já com o nome de Retiro.[94] Ao menos cinco dos seis filhos de João moravam no dito engenho com as suas respectivas escravarias e demais agregados.[95]

Um dos genros de João Manuel, João Muniz de Albuquerque, era também seu sobrinho. A história desse foi o retrato do percurso atribulado das famílias nobres com seus engenhos de açúcar. Ele nascera em Meriti. Após a venda do engenho da família, seu pai foi para Jacutinga, onde instalou um partido de cana no engenho do capitão Manuel da Guarda Muniz.[96] Casado, João Muniz migrou para as terras do sogro em Campo Grande, como atestam os assentos paroquiais da freguesia.

Outro genro de João Manuel de Mello, Manuel Alfradique de Souza, viveu uma trajetória semelhante à descrita anteriormente, só que o engenho perdido pela sua família situava-se não em Meriti, mas em Jacutinga. O engenho do Retiro abrigou também os maridos das filhas e das netas de João Manuel de Mello. Esse foi o caso de Maria de Amorim Soares, filha do já conhecido João Muniz e de Felícia de Menezes, e seu esposo Inácio de Madureira Veiga.

Manuel Pacheco Calheiros também pertencia a uma velha linhagem da capitania, já classificada como simples. Era bisneto do bandeirante e apresador de índios André de Leão, porém a sua estirpe na capitania tinha, apenas, duas gerações de senhores de engenhos: a do próprio Manuel e de seu pai Antônio Pacheco Calheiros. Provavelmente, Manuel não conseguiu herdar o engenho do pai, pois, em 1688, ele possuía um partido de cana, em Irajá, nas terras de seus sogros, Antônio de Andrade Souto Maior e Maria Pimenta.[97] Pouco antes, em 1686, ele, mais dois nobres da terra e o cristão-novo José Gomes da Silva formavam uma sociedade para arrecadar os dízimos da cidade.[98] Quatro anos depois, os rendimentos da lavoura de cana e do capital mercantil tinham-lhe permitido comprar o engenho do capitão-mor e cavaleiro da Ordem de Cristo Gaspar Mariz de Almeida e de sua esposa Luzia de Abreu Rangel. Provavelmente tratava-se do engenho do Cabuçu, em Campo Grande.

Manuel abrigará seus genros e suas filhas em suas terras. Porém, diferentemente do capitão João Manuel, no Cabuçu também encontramos Bento Ferreira de Melo, filho de um nobre que também perdera seu engenho em Jacutinga.

Como afirmei, não encontrei tratados coevos sobre o uso da terra na América lusa, porém acredito que a lógica de patronagem (clientelar) das casas no Antigo Regime criava a possibilidade de benfeitorias, sítios e partidos em terras alheias sem a contrapartida do pagamento de renda.[99] Essa hipótese baseia-se em passagens de testamentos da primeira metade do século XVIII. A exemplo do testamento, datado de 1745, de D. Josefa de Macedo Freire, filha do capitão Francisco Paes Ferreira e de Maria de Macedo e esposa do tenente Luís de Araújo Malho. Nele, a testamenteira declara ter um sítio no engenho da Água, de propriedade do visconde de Asseca. O já citado Julião Rangel de Souza, em seu testamento de 1747, menciona a existência, em um engenho de açúcar sob sua administração, de um partido de cana no qual vivia sua tia D. Ana de Sampaio. Anos antes, em 1737, Manoel Vieira de Sousa declarava possuir 11 escravos e lavouras nas terras do juiz de órfãos Antônio Teles de Menezes.[100] Nessas passagens e em outras em nenhum momento foi mencionada a existência de foro ou qualquer outro tipo de renda fundiária devida ao senhor do engenho. Além da obrigação de moer cana no engenho, provavelmente a outra contrapartida era a obediência política ao senhor das terras.

Esses traços e mais a dinâmica da concepção de mundo da época (segunda escolástica) sugerem que os nobres da terra podiam estabelecer suas casas em engenhos de açúcar alheios. Nessa sociedade, a posição na hierarquia rural era medida por relações de patronagem e tamanho de clientela. Segundo essa lógica, a casa da dona do engenho, supostamente, tinha a sua grandeza alargada pela qualidade dos moradores de suas terras. Talvez tais relações tivessem como modelo as sociais, advindas do estabelecimento das famílias de genros e filhas e de filhos e noras nas terras dos pais e sogros, prática comum nessa época, como sugerem os exemplos do Retiro e do Cabuçu. Afinal, aquelas relações, como as de compadrio, se inspiravam na ideia de amor e autoridade, presentes na concepção de família evidente na escolástica.[101]

A presença dessas relações de patronagem, nas quais o dono de engenho permitia a instalação de outras casas nobres, sem laços consanguíneos diretos, era mais nítida na fazenda do Coqueiro, de Francisco Teles de Menezes, da linhagem nobre dos Pontes. Os pais de Francisco, Manuel Teles de Menezes e Mariana de Souza Leite, supostamente chegaram a Campo Grande através de um dote concedido, em 1658, pelo sogro e pai Feliciano Coelho Cão.[102] Como vimos, Manuel Teles fora sócio de João Manuel de Mello. As relações desses personagens eram típicas da nobreza da terra. Eles eram parentes distantes, pelo lado paterno, e, provavelmente, se reconheciam mais com integrantes de um mesmo estrato social do que consanguíneos. Na verdade, pertenciam a linhagens distintas. Seja como for, em 1704 existiam os engenhos do Retiro e de Coqueiros, que abrigavam, além de filhos e genros do capitão Francisco, as casas nobres vindas de diferentes partes da capitania, entre elas: Henrique Alfradique de Souza, o tenente Francisco de Araújo Abreu e o capitão Inácio Rangel de Abreu. E, ao lado de tais famílias nobres, a exemplo de outros engenhos da época, em Coqueiros encontramos casas e plantações de pardos forros. Por último, repare-se que a grandeza daquelas famílias nobres e do engenho que as acolheu pode ser medida pelo fato de elas contarem com oficiais das ordenanças, ou seja, oficiais escolhidos pela monarquia para garantir a organização política e militar da freguesia.

Provavelmente, eram famílias que, por um motivo ou outro, tiveram de migrar de suas freguesias e o fizeram com as suas parentelas e as suas patentes das milícias: afinal, em Campo Grande, no início dos Setecentos, segundo os registros paroquiais, existia uma inflação de capitães. Suponho que, no caso dos Abreu Rangel, uma onda de migração para Campo Grande se tenha iniciado com D. Luzia de Abreu Rangel, esposa de Gaspar Mariz de Almeida e antiga dona do Engenho do Cabuçu.

2.4. *Experiências dos nobres da terra: indícios de uma economia de bens imateriais e de diversos sistemas de heranças e formas de acumulação na hierarquia social costumeira*[103]

O sistema de heranças da nobreza principal da terra, ou melhor, os sistemas no plural, assim como a hierarquia social costumeira, vivida pelos sujeitos da sociedade estudada, devem ser vistos tendo como pano de fundo o cenário anteriormente apresentado, qual seja, aquele grupo definia-se por relações de mando (com a monarquia, a república e a escravaria), e não a partir da propriedade de engenhos de açúcar. Portanto, fenômenos como apenas duas gerações da linhagem possuírem engenhos e a multiplicação de casas a cada geração não colocavam em risco a existência da economia e da nobreza da terra. A economia rural, dita colonial, ampliou-se com a fragmentação de fortunas e nobreza e sobreviveu à ausência de morgadios. O acesso à terra, sem a contrapartida de foros, era possibilitado pelas relações de patronagem. A multiplicação de casas contribuía para a reprodução ampliada da sociedade rural de Antigo Regime nos trópicos, através da ocupação efetiva de novas terras, fato incentivado pela lógica da monarquia e da nobreza principal da terra. Com certeza, tais fenômenos criaram lógicas sociais ainda não decifradas e uma estratificação dentro da nobreza também pouco conhecida.

A economia estudada, como todos sabem, estava vinculada ao mercado internacional. Além disso, na Conquista, partidos de cana, terras, sobrados, benfeitorias, entre outros produtos, eram transacionados. Portanto, estamos em meio a uma economia que possuía um mercado, porém isso não esgotava o seu entendimento e muito menos da sociedade a que ela dava vida.

Podia-se ter acesso àqueles mesmos partidos e engenhos de açúcar através de relações de parentesco, como o casamento ou compadrio. Não podemos esquecer que os dotes registrados em escrituras correspondiam a 31% (15:992$960) de 51:123$572, valor de todos os 110 negócios transacionados nos mesmos cartórios entre 1662 e 1698. Ao lado disso, entre 1650 e 1698 as compras e as vendas de fábricas realizadas entre parentes e aliados corresponderam a mais de 42% dos valores de todos os engenhos negociados.[104] Assim, parte respeitável das negociações mercantis e registradas em cartório tinha, na base, pactos políticos: entre parentes, entre patrões e clientes. Pelos números apresentados, acredito que não preciso me estender mais sobre o impacto daqueles acordos políticos sobre o funcionamento do mercado. Em outras palavras, tal mercado não era autorregulado e a economia passava pela política.

Enfim, em meio às transações mercantis ditas impessoais existiam várias outras que selavam acordos políticos entre os agentes da produção. Consequentemente, se alguns sujeitos tinham acesso à terra por relações impessoais, através da oferta e da procura, outros não conseguiam lavouras e fábricas de açúcar por meio da política, por ser genros, filhos ou clientes daqueles que tinham as terras. O importante, aqui, é sublinhar a coexistência desses dois sujeitos — um com acesso impessoal aos meios de produção e outro que os conseguia por meio de relações pessoais — no mesmo mercado, na mesma sociedade e época. Portanto, trata-se de uma sociedade corporativa, e isso pela existência de estratos sociais portadores de privilégios não partilhados por outros segmentos.

Essa última conclusão leva à seara da hierarquia rural. A sociedade considerada era de Antigo Regime, portanto ciosa de suas diferenças estamentais. Os sujeitos partiam para a ação considerando os recursos e as obrigações de seu estrato ou corporação social. Esses recursos eram diferentes de uma corporação para outra. Um sujeito da nobreza da terra tinha direitos distintos dos citadinos pardos (ex-escravos) de uma república da Conquista. Por seu turno, um fidalgo da Casa Real, em tese, possuía mais privilégios do que um nobre da terra diante dos conselhos palacianos, como a Mesa de Consciência e Ordem.

Desse modo, o acesso à riqueza social, ao mando e à mudança de estrato econômico nessa sociedade não dependia, apenas, da capacidade de um sujeito fazer operações impessoais mercantis, mas também do estamento de sua família e, ainda, do prestígio e do mando por ela acumulados.

Trata-se de uma sociedade de Antigo Regime, em que o rei detinha fração da produção da riqueza social e dos bens econômicos existentes na sociedade, a exemplo da terra. Por seu turno, essa riqueza era distribuída na forma de mercês entre as famílias/casas, como remunerações por serviços prestados à monarquia. Essas mercês podiam assumir a forma de hábitos militares com pensões (ordem de Cristo, por exemplo), de moradias na Casa Real, como também com pensões (fidalgo cavaleiro, por exemplo), ofícios régios, sesmarias e, até certo momento da época moderna, aqueles serviços podiam ser remunerados com capitanias e senhorios jurisdicionais.[105] Assim, um agente que pertencia a uma casa fidalga, com gerações de serviços à monarquia, tinha mais chance de receber mercês do que um outro de origem social plebeia e menos serviços prestados. Nesse momento, entram em cena pactos entre plebeus e fidalgos ou entre fidalgos de diferentes grandezas.

Por seu turno, não era apenas a monarquia que tinha capacidade de distribuir benesses. A república, através da câmara, também podia distribuir monopólios econômicos (por exemplo, exploração do açougue e do trapiche públicos) e privilégios políticos, prerrogativas que estavam nas mãos da nobreza principal da terra. Em outras palavras, através de eleições, as casas da nobreza da terra escolhiam os componentes da Câmara Municipal. Em meio a esse último processo, os homens bons tinham a prerrogativa de promover citadinos a cidadãos, ou seja, de conferir a plebeus direitos políticos. Apesar de a nomeação do oficialato das ordenanças passar pelo governador da capitania e, depois, pelos conselhos centrais e, finalmente, pelo rei, a indicação dos candidatos era feita pela Câmara. Leia-se, pelas casas presentes em tal assembleia. Por conseguinte, os camaristas interferiam na vida das populações da república. Nesse instante, entramos num campo mais delicado, pois envolvia acordos e disputas entre casas, alianças matrimoniais e formação de bandos da terra para o controle do governo da república.

Enfim, tanto no acesso às mercês régias como nas dadas pela república, encontramos uma verdadeira política movimentada por famílias de diferentes status ou recursos. O movimento de tal engenharia podia ser feito por meio de pactos, através de casamentos, compadrios etc.

Através desses pactos — por meio de dotes, por exemplo — circulavam engenhos, lavouras e capital simbólico entre as casas da nobreza da terra, entre elas e as da fidalguia solar e, ainda, entre aquelas e as famílias que pretendiam ingressar na elite rural. Por conseguinte, os pactos e a circulação de bens materiais e imateriais não só eram válidos para os jogos no interior dos municípios ou no poder local, mas também no acesso ao poder central. Os acordos de citadinos com famílias da nobreza da terra podiam render aos primeiros direitos de mando sobre a população, através de cargos como vereador e juiz ordinário. Por seu turno, o acesso às mercês régias e o ingresso na fidalguia da Casa Real e nas ordens militares dependiam de alianças dos nobres da terra com fidalgos de pergaminho e com personalidades instaladas nos conselhos palacianos.

Portanto, sendo mais preciso, os jogos para ingressar no governo municipal e ter acesso à economia do dom promovido pela Coroa criavam toda uma economia e uma troca de bens materiais e imateriais. O peso desses negócios, em termos de valor movimentado nos cartórios, pode ser auferido anteriormente, através dos números já fornecidos sobre os dotes e as transações entre genros e sogros.

Esse capital simbólico era formado por recursos, como a posição na hierarquia estamental do centro, serviços ao rei, portfólio de alianças com casas da nobreza, links com a escravaria etc. A combinação de alguns desses recursos permitia o ingresso nos cargos da república e uma outra servia para galgar posições na hierarquia do centro, como a entrada na fidalguia da Casa Real. O manejo de tal capital simbólico permitia ao seu portador, por exemplo, através de casamentos, o acesso a partidos de cana e a outros bens materiais. Assim, aquele capital simbólico podia reparar a perda de um engenho de açúcar por dívidas. Uma casa falida pelo mercado, em razão do seu prestígio, podia assegurar o sustento de seus filhos através de mercês régias ou por meio de casamentos.

Provavelmente, a recorrência de tais práticas criou um sistema de trocas e uma economia simbólica, via laços parentais e do casamento, que ultrapassava o simples ato de ingressar na nobreza da terra ou na fidalguia, com matrícula na Casa Real. Refiro-me a um sistema económico, na falta de uma melhor expressão, capaz de sustentar, por gerações, casas, através de casamentos, heranças e serviços a sua majestade, ou seja, sem que elas se dirigissem ao mercado. Mais do que isso, a recorrência de tais atos, provavelmente, ajudou a modelar o *ethos* da nobreza da terra.

Essa economia e o sistema de trocas ainda são pouco conhecidos pela historiografia. Porém, eles tinham como uma de suas derivações um sistema de transmissão de patrimônio entre gerações: herdeiro preferencial, distribuição igualitária de bens, desigual etc.[106] Da mesma forma, devia ter um cálculo econômico que orientava as opções de casamentos: escolha dos cônjuges, época dos casamentos etc. Provavelmente, os filhos apareciam como peças fundamentais para os *capi* assegurarem a continuidade da grandeza de suas casas. Por exemplo, em 1680, falecia o capitão Marcos de Azeredo Coutinho de Mello, na ocasião chefe de uma das mais prestigiadas linhagens da capitania, Azeredo Coutinho, com uma folha infinita de serviços à república e à monarquia.[107] Em seu testamento, constavam as seguintes passagens:

> Ordenou que seu corpo fosse sepultado em capela dos terceiros de N. S. do Carmo de que era irmão e amortalhado em hábito da mesma Senhora e o acompanhassem os mesmos religiosos e pedia a Irmandade da Santa Casa de Misericórdia, de que também era Irmão, o acompanhasse e o enterrasse em sua tumba. Ordenou que o acompanhasse o seu vigário com seis clérigos e seis cruzes.

Essas frases indicam o status do referido capitão. Mais adiante, no final do curto testamento, esse Azeredo Coutinho informa sobre o estado de suas finanças. "Pede a seu filho e irmãos pelo amor de Deus fazer os gastos de seu enterro e sufrágios de sua alma por que não tinha com que os mandar fazer por serem as dívidas muitas."[108]

O capitão Marcos, moço fidalgo da Casa Real, teve nove filhos, dois homens e sete mulheres. Desses, sete chegaram à idade adulta e se casaram. Entre as moças, tenho notícias de seis. Todas se casaram nas melhores famílias da terra ou com oficiais régios, ao menos três com engenhos de açúcar. Ao que parece, essas moças pertenciam a um naipe de noivas acima das rivalidades na capitania, pois eram cobiçadas por famílias rivais da nobreza da terra. Esse foi o caso das famílias Barcelos Machado (linhagem Homem da Costa) e Barbalho Bezerra. As rusgas entre essas famílias remontavam à rebelião contra a governança dos Correia de Sá, datada de 1660-61. Os Barcelos Machado eram aliados dos Correia de Sá e, em 1668, o seu varão, o licenciado Luís Barcelos Machado, casou-se com Catarina de Melo, filha do capitão Marcos Azeredo Coutinho. A irmã de Catarina, Brites de Azeredo Coutinho, contraiu núpcias, em 1672, com Francisco Barbalho, parente do chefe daquela rebelião, e por isso foi degolado a mando dos Sá.

Portanto, parece que a casa do capitão Marcos Azeredo Coutinho, apesar de falida em 1780, acumulava capital simbólico suficiente para ser alvo de concorrência entre famílias inimigas. Entre os netos de Luís Barcelos e Catarina de Melo temos o mestre de campo dos auxiliares João Velho Barreto Coutinho. Mais adiante, os Barcelos Machado acrescentavam aos seus apelidos o nome Coutinho.

Na trajetória da descendência dos rebentos de outra filha do capitão Marcos de Azeredo Coutinho encontramos também um desenrolar feliz. No caso, tratava-se do matrimônio de Paula Rangel de Macedo com o dono de engenho Domingos Pereira da Silva. Entre os netos do casal temos o moço fidalgo e desembargador João Pereira Ramos Azeredo Coutinho, presidente do conselho do Príncipe, e o bispo Francisco Lemos F.P. Coutinho, responsável pela reforma da Universidade de Coimbra.

Com isso, não é minha intenção afirmar que essas trajetórias foram decorrências do capital simbólico herdado da casa do capitão Marcos de Azeredo Coutinho. A esse capital se acrescentariam, por exemplo, os serviços à monarquia e o poder acumulado por Clemente de Azeredo Coutinho e Manuel Pereira Ramos, respectivamente avô e pai daquele desembargador e do citado bispo.[109] Porém acredito que entre os recursos disponibilizados na ação daqueles Azeredo Coutinho do século XVIII, temos o patrimônio imaterial de seus antepassados, principalmente; caso lembremos, estamos numa sociedade estamental. Afinal, o capitão Marcos Azeredo Coutinho e parentes, na década de 1640, participaram da jornada das esmeraldas. Além disso, os Azeredo Coutinho descendiam de Vasco Coutinho, cujos serviços no Oriente Quinhentista lhe renderam a mercê da capitania do Espírito Santo. Em outras palavras, apesar da pobreza material do capitão Marcos, ele tinha recursos imateriais incalculáveis e que se traduziram, entre outros elementos, no mando, na Conquista e em engenhos de açúcar.

Não tenho notícias de o capitão Marcos Azeredo Coutinho possuir engenhos de açúcar. Sei que ele cultivava um partido de cana no engenho de sua prima, e também cunhada, Catarina Sandoval da Silva (linhagem Mariz), esposa do também moço fidalgo da Casa Real Francisco Sodré Pereira.[110] Porém sei que os descendentes do nosso capitão tiveram fábricas de açúcar. Assim, a casa considerada é um bom exemplo de capital simbólico numa sociedade estamental.

Fenômenos semelhantes a esses expostos podem ser vistos em outras experiências, como as de João Barbosa de Sá (linhagem Azeredo Coutinho) e Francisco Paes Ferreira (linhagem Mariz). Ambos pertenciam a linhagens formadas em meio à conquista quinhentista; portanto possuíam um capital simbólico na forma de tradição de mando na terra (câmara e oficialato nas ordenanças) e estoque de relações de parentesco (alianças sedimentadas no tempo com outras linhagens). Por seu turno, ambos também não possuíam engenhos, mas somente partidos de cana em terras de parentes. Porém o prestígio que possuíam foi suficiente para que seus filhos realizassem casamentos e, com eles, adquirissem engenhos de açúcar.

Assim, acredito que no estudo dos sistemas de transmissão de patrimônio, devem-se levar em conta não somente os bens materiais da casa, mas também o seu capital simbólico. Além da grandeza dos bens materiais e imateriais, parto da hipótese de que a análise do sistema de transmissão de patrimônio precisa levar em conta as alianças matrimoniais, feitas pelo chefe da família. Cabe lembrar a autoridade do pai na escolha dos cônjuges para seus filhos e, provavelmente, essas opções não eram aleatórias, mas tinham relações entre si nas estratégias para a grandeza da casa paterna. Além disso, podiam condicionar a vida e o sustento material das futuras casas dos noivos. Em suma, esses elementos provavelmente interferiam, em cada geração, na opção por um herdeiro preferencial ou pela distribuição igualitária de bens entre todos os descendentes da casa. Vejamos um pouco mais tais fenômenos, através das experiências de João Barbosa de Sá e de Francisco Paes Ferreira

O avô de João Barbosa de Sá, Diogo Sá da Rocha, fora ouvidor-geral da repartição sul no governo de Martim de Sá e sua esposa, Beatriz Rangel, pertencia à linhagem Azeredo Coutinho. Um tio de João, por serviços prestados à monarquia, fora cavaleiro da ordem de Aviz.[111] A bagagem de serviços à monarquia, mais os laços de aliança matrimoniais tecidos no passado, deve ter contribuído para a trajetória da família derivada à qual pertencia João Barbosa. Seja como for, a família considerada contou com fábricas de açúcar em três gerações diferentes. Uma delas foi a do próprio João, porém, para seu azar, os senhores de engenho foram três de seus cinco irmãos, e não ele. A João restou ser lavrador de cana nas terras de seu irmão Manuel Barbosa de Sá.

João Barbosa casou-se com Joana Soberal Freire, filha do reinol Francisco de Macedo Freire, sargento-mor da tropa paga, senhor de fábricas, membro por casamento da linhagem dos Viegas e, de quebra, aliado dos Correia Vasques.[112] O capital simbólico, herdado e ampliado pelo casamento desse lavrador, deve ter contribuído para que sua família se mantivesse no topo da hierarquia social costumeira da capitania. A viúva de João Barbosa, Joana Viegas, em seu testamento, datado de 11/7/1705, declarava ter um partido de cana em terras alheias, porém não faz menção a pagamento de foro, e 16 escravos, entre grandes e pequenos.[113] Apesar disso, ao menos três dos seis filhos conhecidos ocuparam papéis centrais na sociedade: um coronel das ordenanças em Saquarema, uma filha via matrimônio tornou-se proprietária de engenho em Irajá e o terceiro, de nome Francisco de Macedo Freire, chegou à patente de coronel, com uma fábrica de açúcar na freguesia de Inhaúma.

Através desse último coronel, entramos em um novo capítulo do sistema de herança: o *imbróglio parental*, tios casando com sobrinhas, primos com primas etc. Imbróglio que, além de reforçar a identidade da nobreza da terra, facilitava às suas casas o acesso a terras de parentes. Francisco de Macedo Freire casou-se, em 1697, com Bárbara Viegas de Azevedo, sua prima e filha do senhor de engenho Lucas do Couto Viegas (linhagem dos Viegas). O casamento de Francisco e Bárbara foi uma cerimônia entre primos em vários graus; tenho esperança de ser entendido pelo Grafico 2. Provavelmente tal matrimônio ou aliança política fosse, entre outros objetivos, um ato de reforço da autoridade política dos Couto, dos Viegas e dos Sá Barbosa no poder local. As freguesias em que residiam eram próximas: Magé, Inhaúma e Irajá.

De qualquer forma, as casas que surgiram desse imbróglio ocupariam terras em Jacarepaguá, Campo Grande e Guaratiba, freguesias distantes do fundo da baía, pouco povoadas no final do século XVII e onde os Viegas e os Barbosa de Sá possuíam sesmarias. Em fins daquele século, Isabel Coutinho, esposa de Bento Barbosa e tia do coronel Francisco de Macedo Freire, instalou o curato de Guaratiba, na capela de Santo Antônio de seu engenho. Com esse ato, contribuía para a formação de uma nova freguesia e dava início à transformação dos Viegas e dos Paes Ferreira em potentados locais.[114]

Retornando ao casal de primos Francisco de Macedo Freire e Barbara Viegas de Azevedo, por volta de 1699 tiveram uma filha de nome Brites de Sá Soutomaior. Essa, com 16 anos, em 1715, casou-se com o capitão Francisco Paes Ferreira (terceiro com esse nome, no ramo masculino — aqui chamado de 3°), viúvo de sua prima em segundo grau, Inês, filha de Bento Barbosa de Sá. Esse capitão era a quarta geração de um dos ramos femininos da linhagem dos Mariz e dono dos engenhos de Guaratiba e do Morgado.[115]

As notícias sobre os Paes Ferreira, com duas gerações de donos de engenho, são vagas. O segundo avô de Francisco Paes Ferreira (3°), também chamado de Francisco (1°), teve uma moenda no início do século XVII, no fundo da baía de Guanabara. Um dos tios-avós de Francisco (3°) fora vereador e cavaleiro da Ordem de Cristo, Pascoal Pais Vidigal, e uma tia-avó de nome Beatriz Paes foi esposa de João de Moura Fogaça,

Figura 2
Redes parentais na nobreza principal da terra:
Os Paes Ferreira, os Viegas e os Sá Barbosa

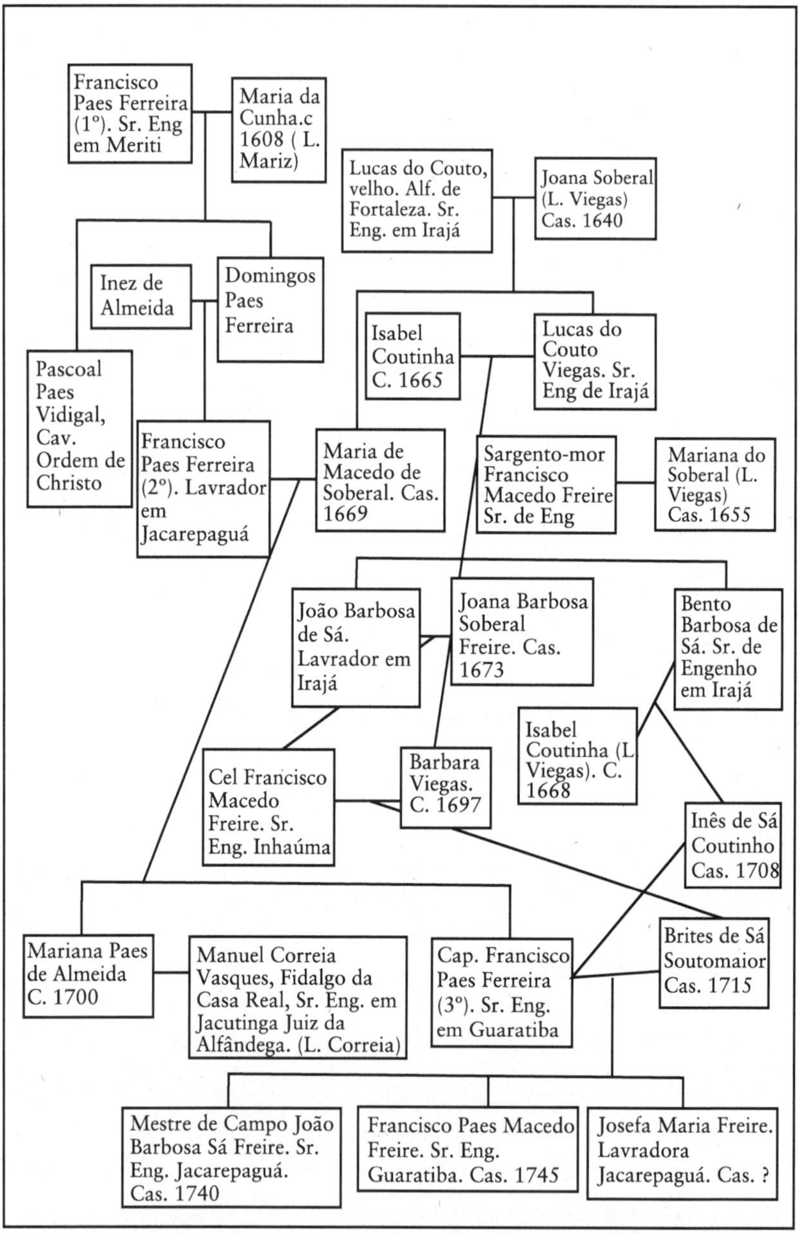

capitão de fortaleza e também cavaleiro da Ordem de Cristo.[116] O pai do capitão Francisco (3°), outro com o mesmo nome (2°), foi lavrador de cana no engenho do sogro, Lucas do Couto — o velho, em Irajá, e depois no engenho Água, dos herdeiros do general Salvador Correia de Sá e Benevides, em Jacarepaguá.[117] O fato de Francisco Paes (2°) ser lavrador não o impediu de casar suas filhas com algumas das melhores famílias da Conquista. Entre seus genros, temos o capitão e Dr. Manuel Correia Vasques, fidalgo da Casa Real, proprietário do ofício de Juízo da Alfândega, dono de moendas e integrante da linhagem dos Correia de Sá. A isso ele combinava o apadrinhamento de crianças livres e escravas, leiam-se relações de patronagem com lavradores humildes e com escravos. Assim, apesar das poucas notícias dos Paes Ferreira, elas eram emblemáticas no tipo de sociedade tratada: a família considerada tinha um respeitável capital simbólico, traduzido em serviços à monarquia, em pertencimento à fidalguia de pergaminhos e à nobreza principal da terra (ver Figura 2).

O capitão Francisco Paes Ferreira (3°), casado com sua prima Brites de Sá Soutomaior, marca um capítulo decisivo nas alianças Paes Ferreira com os Couto, Viegas e Barbosa de Sá. Conforme se vê na Figura 2, é inevitável pensar que aqueles matrimônios não resultaram de estratégias de poder dessas famílias sobre Guaratiba, Campo Grande e, consequentemente, a zona oeste da capitania. Talvez não seja uma obra do acaso o domínio dos Viegas e dos Paes Ferreira sobre mais de três engenhos de um total de sete, na primeira metade do século XVIII, em Guaratiba.[118] Da mesma forma, talvez não fora coincidência, na segunda metade do século, um neto de Francisco Paes Ferreira, de nome João Barbosa de Sá Freire, tornar-se mestre de campo dos auxiliares, com jurisdição sobre as freguesias de Engenho Velho, Inhaúma, Irajá, Jacarepaguá, Campo Grande e Guaratiba, e um dos seus sobrinhos-netos, José Pacheco de Vasconcelos, será capitão-mor de Guaratiba.[119]

Enfim, esse imbróglio familiar sugere estratégias de mando, um dado sistema de transmissão de bens imateriais da nobreza da terra. Através desses bens imateriais podia-se chegar aos engenhos de açúcar sem ter de comprá-los no mercado.[120] Não custa sublinhar, mais uma vez, que Francisco Paes Ferreira (2°), um dos principais protagonistas da família, fizera as suas estratégias como lavrador de cana em terras alheias, dispondo como principal recurso o capital simbólico herdado das gerações precedentes e por ele ampliado, através dos casamentos de suas filhas, ou seja, Francisco Paes Ferreira, filho de nobres da terra sem engenhos, soube usar bem o que tinha de melhor em suas mãos: o capital simbólico e relacional.

Somados os dois matrimônios de Francisco (3°), foram mais de dez filhos. Dois chegaram à idade adulta com engenhos de açúcar e no topo do oficialato dos auxiliares e das ordenanças: João Barbosa de Sá Freire e Francisco Macedo Freire (neto). Entretanto, outros não obtiveram a mesma sorte. Como foi o caso de D. Bárbara Maria Viegas, casada com Luís Teles de Menezes, moradora em terras do Engenho de Dentro, na freguesia de Guaratiba. Esses exemplos sugerem a distribuição diferenciada do patrimônio paterno. Entretanto, também insinuam que, para além daqueles recursos garantidos pelo pertencimento ao estamento considerado, o destino de cada casa resultava das suas opções ao longo da sua existência; uns perdiam e outros adquiriam honra e moendas ao longo de suas vidas.

Anteriormente me referi ao sistema de herança em que um herdeiro é escolhido como preferencial pela casa paterna e passa a exercer o papel de *capo* diante de seus parentes preteridos. Esse tema foi objeto da magistral tese de Manoela Pedroza; em razão disso, não vejo motivo para nele me deter.[121]

Um outro tipo herdeiro preferencial é dado por famílias com a propriedade de ofícios régios, a exemplo do Juízo dos Órfãos, que, por quatro gerações, ficou nas mãos do Teles Barreto. Os fragmentos da história dessa sucessão de juízes de órfãos oferecem, também, a oportunidade de estudar a formação de casas nobres por diferentes irmãos e, ainda, a subordinação de práticas mercantis ao *ethos* da nobreza da terra. Francisco Teles Barreto nasceu em 1625, filho mais velho do capitão de infantaria e juiz de órfãos Luís Lobo Teles e de Maria da Silveira, neta de Belchior Pontes, patriarca da linhagem nobre do mesmo nome. Por volta de 1655, casou-se com sua tia Inês de Andrade, rebenta dos donos do engenho de Santo Antônio da Pedra, em Irajá. Na condição de varão mais velho, Francisco recebeu de seu pai, com o consentimento régio, o exercício do Juízo de Órfãos.[122] Desse modo, os demais irmãos foram preteridos, entre eles Manuel Teles de Menezes, quarto dos nove filhos de Diogo e Helena, de quem já tratamos.[123]

Francisco Teles serviu na campanha de Angola, sob as ordens do general Benevides, passou uma temporada em Lisboa e, depois de três anos de casado, em 1658, comprou metade do engenho Nossa Senhora de Bonsucesso, em Jacarepaguá, de seu tio e cunhado Antonio de Andrade Soutomaior. Esses bens, entre eles o Juízo de Órfãos, passaram para as mãos do filho, o Dr. Luís Teles Barreto (licenciado em direito por Coimbra). Luís não se casou, porém teve três filhos reconhecidos em testamento, entre eles o terceiro juiz de órfãos da família, Antônio Teles Barreto de Menezes,[124] também formado em direito em Coimbra. Em sua estada no reino, Antônio casou-se, em 1715, com a filha de Carlos Soares, administrador da Junta de Comércio do Rio de Janeiro. Talvez essa união seja um indício da proximidade de Antônio com a acumulação mercantil, em um momento em que a cidade começava a surgir como uma das principais praças comerciais do Atlântico Sul. O fato é que, com aquele matrimônio, Antônio tornava-se concunhado de Inácio de Almeida Jordão, componente de uma das mais importantes famílias de negociantes do eixo Lisboa-Rio de Janeiro.[125] Os contatos entre os Teles Barreto e os Almeida Jordão continuariam por mais de uma geração, através do compadrio entre os seus filhos.

Se essa aproximação de Antônio Teles Barreto não ajudou, com certeza não atrapalhou as suas aplicações rurais enquanto potentado em Jacarepaguá. No mesmo ano de seu casamento, 1715, ele comprava o engenho Nossa Senhora dos Remédios, na dita freguesia e depois o restante do engenho de Bom Sucesso.[126] Com isso, Antônio Teles tornava-se um dos maiores potentados de Jacarepaguá. Os pactos da casa de Antônio, ao menos em termos de núpcias, com representantes do capital mercantil foram reforçados, em 1752, com o casamento de sua filha Ana Joaquina com José Rodrigues Vieira. Esse José era filho de Matias Rodrigues Vieira, que, além de estar envolvido com o tráfico atlântico de escravos, fora caixa do contrato de diamantes arrematado pelo capitão Felisberto Caldeira Brant em 1753 e possuía ligações com alguns dos grupos mercantis mais importantes do Império luso.[127]

Ao lado dessa aproximação com o capital mercantil, Antônio Teles de Menezes permanecia seguindo as normas costumeiras da nobreza da terra. Na década de 1750, ao menos, em cinco ocasiões seus filhos e netos batizaram crianças escravas, estabelecendo parentesco fictício com famílias cativas. Algumas dessas famílias ostentavam o apelido Teles e adquiriram alforria e, provavelmente, se transformaram em lavradores forros nas terras de seu antigo senhor, sem a contrapartida de foro.

A presença de relações clientelares como meio de acesso às terras dos engenhos de Antonio Teles pode ser verificada através de testamentos de Jacarepaguá. Feliciana Barbosa de Siqueira, em seu testamento, datado de 1747, afirmava possuir dois escravos e lavouras nas terras daquele senhor e em momento algum houve referência ao pagamento de renda fundiária ao proprietário da terra. Algo semelhante afirmou, em 1741, Francisco Nunes Corte Leal,[128] dono de 12 escravos. Provavelmente, nas terras do Dr. Antônio coexistia uma multidão de relações de produção, diferentes estratos socioeconômicos, desde lavradores forros com suas famílias e seus escravos até remediados donos de cativos; o que os aproximava eram as relações pessoais e clientelares com aquele nobre da terra, ou, ainda, o fato de eles viverem as mesmas normas costumeiras.

Por seu turno, os Correia Vasques (linhagem dos Correia), com mais de quatro gerações de senhores de engenho na região e repletos de fidalgos da Casa Real, apresentam outras opções quanto à transmissão de patrimônio de uma geração para outra. Não foi raro, em cada uma dessas gerações, contar com casas donas de engenhos. Tal foi o caso dos irmãos Manuel e Salvador Correia Vasques, em finais do século XVII. Esses Correia também foram exemplos de casas unidas pela autoridade de um único *capo* e cautelosos contra a dispersão dos bens materiais para outras famílias de potentados. Após a morte de Tomé Correia Vasques e o perigo de sua viúva e herdeira, Antônia Teresa Maria Paes, se casar com José Velho Barreto e, com isso, transferir os bens para outra família, os irmãos Correia Vasques, com negros armados, raptam a cunhada.

Os Correia de Sá e Benevides instituíram um morgado: os viscondes de Asseca. Nesse último caso, trata-se de uma linhagem da nobreza solar reinol, com propriedades nos trópicos, algo diferente do que tratamos anteriormente. Uma história parecida com a dos Correia de Sá e Benevides foi a de um dos ramos descendentes do capitão Marcos Azeredo Coutinho, já citado. Refiro-me aos descendentes do desembargador João Pereira Ramos de Azeredo Coutinho. Essa família, ou casa, até fins do século XVIII pertencia ao que denominei de linhagem nobre extensa, no caso dos Azeredo Coutinho, depois se transformou, por ato régio, numa casa fidalga, com a instituição de um morgado. Nessa condição, o dito desembargador se tornou o primeiro senhor da casa/morgado de Maripicu.[129]

Assim, na dita sociedade, temos a chance de diferentes sistemas de transmissão de patrimônio. Da mesma forma, há situações de embates judiciais entre herdeiros para o domínio do patrimônio da família. Tal foi o caso dos embates entre os cunhados capitães-mores José de Andrade Soutomaior Machado e Clemente Pereira Ramos de Azeredo Coutinho pelos bens de Ana Alarcão e Luna, mãe do primeiro e sogra do segundo.[130]

José de Andrade Soutomaior pertenceu a um dos ramos femininos de linhagem quinhentista, com engenhos em quatro gerações. Casou-se com sua prima paterna Ana de Araújo Andrade. Como dote, na década de 1690, recebeu de sua sogra e tia o engenho de Nossa Senhora do Desterro, em Meriti. No início do século seguinte, ele vendia essa fábrica e, a partir dos bens paternos, começava a dirigir suas atenções para a atual Zona Oeste da cidade, especialmente Gericinó, e para a área de ocupação recente, Campo Grande. Na mesma época, o capitão José de Andrade continuava a tradição do pai de se envolver com a arrematação dos impostos da cidade.[131] Porém, ao contrário do pai, que se contentou em reforçar suas alianças com a nobreza principal da terra, José de Andrade Soutomaior procurou alcançar posições para si e para os seus descendentes na hierarquia social, cujo eixo era o centro da monarquia. Em outras palavras, optou por casar duas de suas filhas com moços fidalgos da Casa Real: Maria de Andrade Soutomaior com o filho do mestre de campo de infantaria paga da cidade Gregório Moraes de Castro Pimentel e Ana de Alarcão e Luna com Francisco Pinto de Miranda.[132]

Não sei até que ponto essa intenção de ingressar na fidalguia de pergaminhos era compartilhada por todos os componentes da nobreza principal da terra. O certo é que, desde cedo, diversas casas procuraram isso, como vimos no Gráfico 2, em que se viu que a segunda opção de matrimônio das ditas casas eram os noivos fidalgos, portadores de hábitos militares e oficiais régios. Portanto tais casas se viam pertencendo à monarquia, e não apenas a esse ou àquele município, daí a sua pretensão de se aproximar do reino, não somente via patentes do oficialato das ordenanças, mas também dos graus de fidalguia e dos hábitos militares. Contudo, ao lado desse pertencimento, também se impunham os compromissos com as redes sociais locais: nobres da terra, escravos e pardos. Nesses últimos compromissos, se trataria do pertencimento à hierarquia social costumeira da Conquista. Segundo os registros de batismo de Campo Grande, o mesmo capitão-mor José de Andrade fora compadre de sete famílias livres, entre elas cinco nobres. O seu genro, o fidalgo Mathias, foi compadre de, ao menos, duas famílias escravas. Ao morrer, em 1752, o capitão-mor deixou forras famílias pardas. Algo semelhante ocorreu com os fidalgos da Casa Real Tomé e Salvador Correia Vasques, ao batizarem escravos em Jacutinga. O capitão-mor das ordenanças José de Andrade Soutomaior, como outros nobres da terra, compartilhava compromisso e um *ethos* produzidos no Antigo Regime dos trópicos.

As informações empíricas deste capítulo foram retiradas do Banco de Dados Nobreza Principal da Terra — ART (Antigo Regime dos Trópicos, grupo de pesquisa do CNPq)/IH/UFRJ. Trata-se de um banco de dados digitalizado de base onomástica formada pelos integrantes da nobreza da terra do Rio de Janeiro entre os séculos XVI e XVIII. O seu ponto de partida foram as genealogias presentes nos três volumes Carlos Rheingantz, os assentos paroquiais de batismo de livres e escravos localizados no Arquivo da Cúria do Rio de Janeiro (freguesias de Irajá, Jacutinga, Jacarepaguá, Guaratiba e Campo Grande), escrituras públicas do 1º Ofício de Notas do Rio de Janeiro (Arquivo Nacional, Biblioteca Nacional e Arquivo Geral da Cidade do Rio de Janeiro).

Notas

1. Esta pesquisa é financiada pelo CNPq e pela Faperj.
2. Gabriel Soares Souza, 1987, p. 84.
3. Frei Vicente Salvador, 1982, p. 108-109. Sobre os recursos vindos da Índia, ver Gabriel Soares Souza, 1987, p. 92.
4. Frei Vicente Salvador, 1982, p. 113-114.
5. Gabriel Soares Souza, 1987, p. 57 e 58.
6. Ver Gilberto Freyre, 2006; Sérgio Buarque de Holanda, 1995. Sobre relações clientelares no Brasil, ver Maria Isaura Queiroz, 2006, pp. 172-212. Ver ainda Linda Lewin, 1993. Sobre Antigo Regime nos trópicos, ver Mária de Fátima Gouvêa & João Fragoso, 2009; João Fragoso; Maria de Fátima Gouvêa & Maria Fernanda Bicalho (orgs.), 2001; Maria de Fátima Gouvêa, 2009.
7. João José Abreu Souza, 2005, t. I, p. 85-89. Luis da Cunha Pinheiro, 2005, t. II.
8. Sobre a colonização lusa da América ser movida por agregados familiares, ver capítulo 6, vol. 1. Ver também Regina Célia Gonçalves, 2007.
9. Bartira F. Barbosa, 2007, p. 76.
10. Sobre mestiços filhos de conquistadores, ver, entre outros: Alcântara Machado, 2006; Alfredo Júnior Ellis, 1976; Washington Luís, 1956; Francisco de Assis Carvalho Franco, 1989; Pedro T. A. Paes Leme, 1980.
11. A. Xavier & A. Hespanha, 1993, p. 382-386; João Fragoso, 2000, p. 45-122.
12. Frei Vicente Salvador, 1982, p. 153
13. C. R. Boxer, 1973, p. 19-20, passim.
14. Washington Luís, 1956, p. 182-184.
15. Biblioteca Nacional, *Anais*, 1935, vol. LVII, p. 264-265.
16. Francisco de Assis Carvalho Franco, 1989, p. 49.
17. Elysio O. Belchior, 1965, passim.
18. Idem, pp. 272 e 313; Biblioteca Nacional, 1962, p. 270.

19. Ver nota 8.
20. G. S. Souza, 1987, p. 132.
21. Rodrigo Ricupero, 2009, p. 264-266. Baseado em Gabriel Soares de Souza, 1987.
22. Sobre a administração periférica da Coroa, ver Antônio M. Hespanha, 1994. Ao provedor cabia a responsabilidade de resguardar os interesses da Fazenda Real e, em particular, supervisionar a arrecadação dos dízimos reais sobre a administração periférica. Sob a tutela do juiz da alfândega caía a responsabilidade de intervir "em todas as causas, dúvidas e demandas movidas entre os mareantes e mercadores sobre fretes, avaria, soldadas, entregas de mercadorias, cargas e descargas e de todo dano a mais de que conhece nesta cidade". Arquivo Histórico Ultramarino (Ahu, Rj, Ca.), cx. 4, doc. 668.
23. Antônio de S. Maria Jaboatão, 1946, p. 71; Rodrigo Ricupero, 2009, p. 249 e 259.
24. Rodrigo Ricupero, 2009, p. 249 e 259.
25. Essa hipótese para o Rio de Janeiro foi inicialmente apresentada por mim em João Fragoso, 2000, p. 45-122.
26. As informações sobre sesmeiros foram retiradas de Bartira F. Barbosa, 2007.
27. Frei Vicente Salvador, 1982.
28. Ibidem, p. 293-294; Antônio J. V. Fonseca, 1926.
29. Ibidem, p. 293.
30. Idem, p. 294.
31. Diogo de Campos Moreno, 1984; Rodrigo Ricupero, 2009, p. 285.
32. Evaldo C. Mello, 1997; Evaldo C. Mello , 2007; Evaldo C. Mello, 1995.
33. Idem, 1995, p. 134.
34. Idem, 1997, p. 167.
35. Idem, 1995, p. 138.
36. Ibidem, p. 137.
37. Entre essas, destaco a descendência dos capitães no processo de conquista, as práticas endogâmicas de casamento, o monopólio sobre os cargos de mando na República, a ideia de patronagem sob os grupos subalternos.
38. Evaldo Mello, 2007, p. 319.
39. José Mello, 2004, p. 51-95. Como se sabe, alguns integrantes da antiga elite pernambucana voltaram a seus engenhos durante o domínio holandês e outros estabeleceram laços matrimoniais com eles. Ver José Mello, 2001, p. 146-149.
40. Ordenações Filipinas, liv. 1, t. 67, nº 6, p. 155, nota 1, 1985.
41. Ver João Fragoso, 2007, v. 1, p. 33-120.
42. Sobre a justiça, ver Sílvia Lara, 1995; Livia Monteiro, 2009.
43. Max Weber, 1982, p. 223 e 225. Sobre as famílias de conquistadores e o domínio dos cargos conselhios, ver João Fragoso, 2007.

44. Arquivo Histórico Ultramarino (AHU), Castro Almeida (CA), RJ, cx. 34, doc. 7550, 1732.
45. Ver Joaquim Romero Magalhães, 1970, 1988; A. M. Hespanha, 1994; Maria Fernanda Bicalho, 2003; Gonçalo Monteiro, 1996; João Fragoso, 2007.
46. I. A. A. Thompson, 2007, p. 204.
47. Lempérière, Annick, 2004.
48. A. M. Hespanha, 1994, p. 431.
49. I. A. A. Thompson, 2007; Mafalda Soares da Cunha, 2000.
50. Ver João Fragoso, 2007.
51. Não é meu interesse, neste instante, discutir as regiões cuja organização social não tinha por eixo a Câmara, a exemplo das áreas de fronteira, como o Rio Grande do Sul do século XVIII.
52. Sobre as eleições para a Câmara, o direito do porto para o Rio de Janeiro, ver João Fragoso, 2005.
53. Cláudio Donati, 2007, p. 291-292.
54. Sobre esse ponto, ver João Fragoso, 2003; e o capítulo 9, vol. 2, da presente coleção.
55. Evaldo Cabral de Mello, 1995.
56. Francisco C. T. da Silva, 1990, p. 117.
57. João Fragoso, 2010.
58. Ibidem, "A nobreza vive em bandos", 2003.
59. Idem, 2000.
60. Richard S. Dunn, 1972; B. W. Higman, 2000, p. 213-236; Stuart Schwartz, 2004. Sobre o Caribe, ver Robin Blackburn, 2003.
61. Ver Frei Vicente Salvador, 1982; Luiz Filipe Alencastro, 2000; Maurício de Almeida Abreu, 2011.
62. John M. Monteiro, 1994, passim.
63. Maurício de Almeida Abreu, 2011, p. 163.
64. Idem, p. 222.
65. Idem, p. 227.
66. Carlos Reingantz, 1965-1995. Sobre a metodologia que usei para tais genealogias, ver João Fragoso, 2000. Sobre sistemas de parentescos, ver, entre outros trabalhos, F. Zonadbend, 1996, pp. 13-66; A. Burguière & F. Lebrum, 1996.
67. Quero reafirmar que a concepção de família, aplicada no Quadro 1, enquanto genealogia ou linhagem construída a partir de um casal fundador, é puramente instrumental. No decorrer do texto, usarei a ideia de família vivida pelos sujeitos doa séculos XVI e XVII, leia-se um grupo formado por um casal, seus filhos, agregados, criados e escravos. A ideia de linhagem ou de família alargada era mais vivida pela nobreza solar. A. M. Hespanha, 2000,

p. 119-127. Voltarei a esse tema quando tratar da ideia de casa em vigor no Rio de Janeiro.

68. A discrepância entre os números dessa tabela e de outras, diante das apresentadas em textos por mim publicados, quanto ao número de famílias "senhoriais" e de conquistadores deve-se à continuidade da minha pesquisa, que, seguidamente, acarretou a revisão de antigas estimativas. Da mesma forma, a publicação de investigações possibilitou a correção dos meus cálculos. Cito, em particular, o monumental trabalho de Maurício de Almeida Abreu, 2011.
69. Falecido: Julião Rangel de Sousa Coutinho, casado com Maria Antônia de Lancastre. Data de falecimento: 3/2/1747. Arquivo da Cúria Metropolitana do Rio de Janeiro. Livro de Óbitos e Testamentos de Livres e Escravos, freguesia do Santíssimo Sacramento da Antiga Sé (1746-1758). AP-0155.
70. A expressão *família derivada* deve ser entendida, a seguir, como família derivada do lado materno de uma linhagem. As famílias conjugais ou casas das linhagens que não adquiriram engenhos, mesmo pertencendo à parte masculina ou feminina da linhagem e dando origem à descendência ou aos ramos, não foram consideradas no Quadro 2.
71. Para efeito da comparação entre as linhagens nobres e "senhoriais" quanto à capacidade de instalação de engenhos de açúcar, usei como indicador o número das primeiras fábricas instaladas pelos ramos com engenhos conhecidos.
72. As aspas nesse texto para a expressão linhagem "senhorial" são propositais, pois indicam a existência de um grupo/dono de engenhos sem pertencer à nobreza da terra.
73. André João Antonil, 1976.
74. A linhagem Correia foi construída por Gonçalo da Correia, que teve três filhos; todos deram origens a descendências com engenhos. Neste capítulo, considero que eles formaram um único ramo, como já foi postulado.
75. L. Stone, 1982.
76. Stuart Schwartz, 1996, p. 115.
77. Bartolomé Yun-Casalilla, 2005.
78. W. Kula, 1979.
79. AHU CA, cx. 6, doc. 975-977, 1664. Relação dos postos do governo.
80. E. Belchior, 1965, p. 285.
81. Biblioteca Nacional. Seção de Obras Raras, Ms. 5, 3, 13-15; João Fragoso, 2005; E. Belchior, 1965, p. 154.
82. E. Belchior, 1965, p. 89; Francisco de Assis Carvalho Franco, 1989, p. 77-78.
83. Ibidem, p. 306-307.
84. C. Rheingantz, 1965, vol. 2, p. 277.
85. José de S. A. Pizarro e Araújo, 1935, p. 277.

86. Esses temas foram por mim mais bem desenvolvidos em João Fragoso, 2007.
87. Sobre a concessão de hábitos de Cristo na Bahia e em Pernambuco, veja o excelente trabalho de Thiago Krause, 2010.
88. Nuno Gonçalo Monteiro, 1998; A. M. Hespanha, 1994.
89. Idem, 1996; A. Burguière &e F. Lebrum, 1996; Bartolomé Clavero, 1974.
90. Maurício de Abreu, 2011, vol. 2, passim.
91. Sobre conflitos fundiários e pagamento de foros fundiários, ver Sheila de Castro Faria, 1998; Mariana, G. Guglielmo, 2011.
92. Sobre a migração de frações de famílias tradicionais da elite rural para a fronteira agrícola entre 1750 e 1850, ver Carlos Bacellar, 1997.
93. Cúria de Niterói, Assentos de Batismos de Escravos e Livres de Itaipu.
94. Arquivo Nacional. Cartório do 1° Ofício de Notas. Livros de Escrituras Públicas.
95. Arquidiocese do Rio de Janeiro. Arquivo da Cúria Metropolitana do Rio de Janeiro. Livros de Registro de Batismo de Livres e Escravos de Campo Grande.
96. Maurício Abreu, 2011, p. 164.
97. Idem, p. 165.
98. AHU, RJ, CA, doc. 1571; Arquivo Nacional, Cartório do 1° Ofício de Notas. Livro de Escrituras Públicas do Rio de Janeiro. Escritura de Composição, 1686.
99. Essa prática foi identificada por Hebe Matos para o século XIX. Hebe Mattos, 2009. Através das compras e vendas de partidos e outras benfeitorias encontradas nas escrituras públicas do século XVII no Rio de Janeiro, tal direito rural devia ser de longa data. Ver Livros de Escrituras Públicas do 1° Ofício do Rio de Janeiro. Século XVII — Arquivo Nacional. Para o século XIX, ver sobre o tema Manuela Pedroza, 2008.
100. ACMRJ. Livro de Óbito de Livres, Jacarepaguá (1734-1796). AP-0208. Falecida: Josefa de Macedo Freire, mulher do tenente Luís de Araújo Malho. Data de falecimento: 4/7/1745; Falecido: Manoel Vieira de Sousa, casado com Ana Ferreira. Data de falecimento: 10/4/1737; ACMRJ. Livro de Óbitos e Testamentos de Livres e Escravos, freguesia do Santíssimo Sacramento da Antiga Sé (1746-1758). AP-0155. Falecido: Julião Rangel de Sousa Coutinho, casado com Maria Antônia de Lancastre.
101. Para o conceito de patronagem nas sociedade católicas do Antigo Regime, ver Bartolomé Clavero, 1990.
102. Feliciano Coelho Cão fora dono do engenho Nossa Senhora da Cabeça na Ilha do Governador, sesmeiro em Campo Grande. Em 1661, possuía um partido de cana em terras de Salvador Correia de Sá e Benevides, na freguesia Campo Grande. M. Abreu, 2011, vol. 2, p. 159.
103. A ideia de hierarquia social costumeira para o Rio de Janeiro dos séculos XVII e XVIII foi desenvolvida em João Fragoso, 2009; João Fragoso, 2010. Sobre

sistema de heranças em sociedades rurais da época moderna, ver, entre outros, A. Burguière & F. Lebrum, 1996; Jack Goody, Joan Thirsk & E. P. Thompson, 1976.

104. João Fragoso, 2005, p. 69.
105. A partir também dessa relação de vassalos — monarquia, na forma de dons e contradons — fica mais clara a existência de uma hierarquia estamental: o estrato fidalgo acumulava privilégios dados no passado e vivia de serviços prestados à monarquia. Ver Nuno Monteiro, 1996.
106. Para uma discussão de sistema de patrimônio entre 1750 e 1850 no Brasil, ver Carlos de Almeida Prado Bacellar, 1997, p. 23-33.
107. Ver BN. Seção de Obras Raras, Ms. 5, 3, 13-15.
108. Testamento do capitão Marcos Azeredo Coutinho, Sacramento — Sé, p. 92, Livro de Óbitos 1673-86. htts — www.familysearch.org. Rio de Janeiro.
109. João Fragoso, 2005.
110. Maurício Abreu, 2011, vol. 1, p. 161.
111. Arquivo Nacional Torre do Tombo, Inventário dos Livros das Portarias do Reino, vol. II (1653-1664): IHGB, vol. I, 1639-1653 (ARM. 34-8). Mercê a António de Sá da Rocha, filho de Diogo de Sá da Rocha, de capitão de cavalos no Brasil, e de 20$000 de pensão numa comenda de Avis, p. 207.
112. AHU — RJ. Avulsos. Caixa 6, doc. 618. 1697 (206-1, 9/1/42). Carta do ouvidor da cidade do Rio de Janeiro, Manuel de Sousa Lobo, sobre os motivos do conflito com o antigo governador Sebastião de Castro e Caldas.
113. Testamento de Joana de Soberal 11/7/1705, Sacramento — Sé, Livro de Óbitos. htts — <www.familysearch.org>.
114. J. Pizarro Araújo, 2008, p. 101. Mais adiante, nas décadas de 1740 e 1750, Irajá e outras freguesias do fundo da baía de Guanabara presenciariam o ingresso dos negociantes de grosso trato, frutos dos tratos do Atlântico Sul e com pretensões sobre os engenhos daquelas freguesias. João Fragoso, 2005.
115. Eduardo M. Peixoto, 1906, p. 254.
116. Arquivo Nacional Torre do Tombo. Inventário dos Livros das Portarias do Reino, vol. II (1653-1664): IHGB, vol. I, 1639-1653 (ARM. 34-8). Mercê a João de Moura Fogaça da promessa de 20$000 de pensão na comenda de Cristo, p. 208.
117. ACMRJ. Livro de Óbito de Livres, Sacramento — Sé. Falecido: capitão Francisco Paes Ferreira. Data de falecimento: 9/8/1720. Testamenteiro: Bento Barbosa Soares.
118. João Fragoso, 2010; J. Pizarro Araújo, 2008, p. 108 e 109.
119. Requerimento do mestre de campo do novo Terço de Auxiliares de Infantaria das freguesias de Engenho Velho, Inhaúma, Irajá, Jacarepaguá, Campo Grande

e Guaratiba, João Barbosa de Sá Freire, ao rei [D. José], solicitando confirmação da carta patente no dito posto. AHU — RJ, cx. 94, doc. 29.

120. Para evitar qualquer mal-estendido, devo sublinhar que a existência de operações com bens materiais à margem do mercado e através de casamentos, sistemas de heranças e outras normas costumeiras da nobreza da terra não colocava o grupo ileso diante da ação do capital mercantil. Os Sá Barbosa, por exemplo, em várias ocasiões da passagem do século XVII para o XVIII, pediram empréstimos aos negociantes Almeida Jordão. Filhos, inclusive, chegaram a estabelecer pactos de amizade através do compadrio; um dos filhos de João Barbosa de Sá Freire era afilhado de Francisco de Almeida Jordão. Empréstimos de Almeida Jordão aos Sá Barbosa. João Fragoso, 2009.
121. Manuela Pedroza, 2008. Para exemplo dessa prática, ver também o exemplo da linhagem dos Sampaio: João Fragoso, 2009. E também Carlos de Almeida Prado Bacellar, 1997.
122. Francisco exerceu esse ofício entre 1662 e 1681, AHU, RJ, CA, doc. 844.
123. Apesar de Francisco e Manuel formarem casas distintas, eles mantinham laços de proteção. Francisco, em seu testamento, deixa os créditos feitos ao irmão Manuel para as filhas desse. Testamento de Francisco Teles Barreto, 6/6/1679, Candelária, Livro de Óbitos Candelária, 1668-95. htts — www.familysearch.org.
124. Raul Telles Rudge, 1983, p. 86-87; Registros paroquiais de batismo de livres de Jacarepaguá, 1750-1759.
125. Entre os empreendimentos da família Almeida Jordão temos arrematação de impostos, tráfico atlântico de escravos e os empréstimos. Ver João Fragoso, 2007.
126. Raul Telles Rudge, 1983; e Registros paroquiais de batismo de livres de Jacarepaguá, 1750-1759, p. 90-92
127. AHU, RJ, CA, cx. 69, doc. 16.112, 23 de abril de 1753. Ofício do governador Gomes Freire de Andrade, em que se refere à falta de aceites das letras sacadas por Felisberto Caldeira Brant e pelo caixa Mathias Rodrigues Vieira, 1753.
128. ACMRJ. Livro de Óbito de Livres, Jacarepaguá (1734-1796). AP-0208. Falecida: Feliciana Barbosa de Siqueira, mulher de Inácio de Oliveira Lobo. Data de falecimento: 4/11/1747. Falecido: Francisco Nunes Corte Leal. Data de falecimento: 10/1/1741.
129. Sobre a trajetória dessa família, BN, Seção de Obras Raras, Ms. 5, 3, 13-15.
130. Cf. minha pesquisa — "Fidalgos parentes de pretos" — financiada pelo CNPq. Sobre o tema partilha, ver João Fragoso, 2003.
131. Ao morrer, em 1703, o pai, Inácio de Andrade Soutomaior, tinha o imposto das miunças da cidade e pedia, em testamento, que seus ganhos fossem deixados para as noivas honradas e órfãs, sob a tutela da Santa Casa de Misericórdia. Livro de

Óbitos Candelária, https:www.familysearch.org, CD. 2, cx. 25, rolo 25, doc. 5657, 1727. Requerimento de José de Andrade Soutomaior sobre a forma de pagar à Fazenda Real o que devia como contratador dos dízimos da Alfândega do Rio de Janeiro. Maurício Abreu, 2011, p. 119.

132. [ant. 1785, Janeiro, 21] Requerimento do coronel do 2º Regimento de Infantaria do Rio de Janeiro Gregório de Moraes Castro e Pimentel e sua filha Ana Francisca de Castro Moraes e Miranda à rainha [D. Maria I], solicitando que se confirme a atribuição de um morgado de terras constituído pela fazenda e pelo engenho de Bangu, gados e escravos, situados na freguesia de Nossa Senhora do Desterro do Campo Grande.

Bibliografia

ABREU, Maurício de Almeida. *Geografia histórica do Rio de Janeiro (1502-1700)*, 2 vols. Rio de Janeiro: Andrea Jackobson, 2011.

ALENCASTRO, Luiz Filipe de. *O trato de viventes*, São Paulo: Companhia das Letras, 2000.

ANNICK, Lempérière. *Entre Dieu et le roi, la République. Mexico, XVIe-XIXe siècles*. Paris: Les Belles Lettres, 2004.

ANTONIL, André João. *Cultura e opulência do Brasil*. São Paulo: Melhoramentos, 1976.

ARAÚJO, J.S.A. PIZARRO e. *O Rio de Janeiro nas visitas pastorais de Monsenhor Pizarro*, vol. 1. Rio de Janeiro: Inepac, 2008.

_______. *Memórias históricas do Rio de Janeiro*, vol. 7. Rio de Janeiro: Imprensa Nacional, 1935.

ARQUIVO HISTÓRICO ULTRAMARINO (AHU), Castro Almeida (CA), RJ, cx. 34, doc. 7550, 1732. Carta do procurador do Senado Julião Rangel de Sousa Coutinho contra a interferência dos ministros nas eleições do Senado.

_______. Coleção Rio de Janeiro, Castro Almeida (AHU, RJ, Ca.), cx. 4, doc. 668.

ARQUIVO NACIONAL TORRE DO TOMBO. Inventário dos Livros das Portarias do Reino, vol. II (1653-1664), IHGB, vol. I, 1639-1653 (ARM. 34-8).

BACELLAR, Carlos de Almeida Prado. *Os senhores da terra*. Campinas: Unicamp, 1997.

BARBOSA, Bartira F. *Paranambuco — Poder e herança indígena*. Recife: UFPE, 2007.

BELCHIOR, Elysio O. *Conquistadores e povoadores do Rio de Janeiro*. Rio de Janeiro: Brasiliana Belchior, 1965.

BIBLIOTECA NACIONAL, Seção de Obras Raras, Ms. 5, 3, 13-15.

BICALHO, Maria Fernanda. *A cidade e o império: Rio de Janeiro na dinâmica colonial portuguesa. Séculos XVII e XVIII*. Rio de Janeiro: Civilização Brasileira, 2003.

BLACKBURN, Robin. *A construção do escravismo no Novo Mundo*. Rio de Janeiro: Record, 2003.

BOXER, C.R. *Salvador de Sá e a luta pelo Brasil e Angola, 1602-1686*. Rio de Janeiro: Brasiliana, 1973.

BURGUIÈRE, A. & LEBRUM, F. "As mil e uma famílias da Europa". In: BURGUIÈRE, A. et al. *História da Família*, vol. III, Lisboa, Terramar, 1996.

CLAVERO, Bartolomé. *Antidora — Antropologia católica de la economía moderna*. Milão: Giuffré, 1990.

______. *Mayorazgo, propriedad feudal em Castilla (1369-1836)*. Madri: Siglo XXI, 1974.

CUNHA, Mafalda Soares da. *A Casa de Bragança, 1560-1640: práticas senhoriais e redes clientelares*. Lisboa: Estampa, 2000.

DUNN, Richard S. *Sugar and Slaves — The Rise of the Planter Class in the English West Indies, 1624 -1713*. Londres: Jonathan Cape, 1973.

ELLIS JÚNIOR, Alfredo. *Os primeiros troncos paulistas*. 2ª. ed., São Paulo: Cia. Editora do Livro, 1976.

FRAGOSO, João & GOUVÊA, Maria de Fátima & BICALHO, Maria Fernanda (orgs.). "Introdução". In: *O Antigo Regime nos trópicos: a dinâmica imperial portuguesa, séculos XVI-XVII*. Rio de Janeiro: Civilização Brasileira, 2001.

______. "Efigênia angola, Francisca Muniz forra parda, seus parceiros e senhores: freguesias rurais do Rio de Janeiro, século XVIII. Uma contribuição metodológica para a história colonial". In: *Topoi*. Rio de Janeiro: UFRJ, nº 21, vol. 11, julho-dezembro 2010.

______. *À espera das frotas: micro-história tapuia e a nobreza principal da terra (Rio de Janeiro, c. 1600-c. 1750)*. Conferência apresentada no concurso público para professor titular de teoria da história do Departamento de História da Universidade Federal do Rio de Janeiro (texto inédito), 2005.

______. "A nobreza da República; notas sobre a formação da primeira elite senhorial do Rio de Janeiro", *Topoi*, Rio de Janeiro, UFRJ/7 letras, nº 1, 2000, p. 45-122.

______. "A nobreza vive em bandos: a economia política das melhores famílias do Rio de Janeiro, século XVII". *Tempo — Revista do Departamento de História da UFF*, Niterói, v. 8, n. 15, p. 11-35, 2003.

______. "Capitão Manuel Pimenta Sampaio, senhor do engenho do Rio Grande, neto de conquistadores e compadre de João Soares, pardo: notas sobre uma hierarquia social costumeira — Rio de Janeiro, 1700-1760". In: *Na trama das redes. Política e negócios no império português. Séculos XVI-XVIII*. 1ª ed. Rio de Janeiro: Civilização Brasileira, 2009, p. 200-245.

______. "Fidalgos e parentes de pretos: notas sobre a nobreza principal da terra no Rio de Janeiro". In: FRAGOSO, João & SAMPAIO, Antônio Carlos Jucá de & ALMEIDA, Carla (orgs.). *Conquistadores e negociantes: histórias de elites no Antigo Regime nos trópicos. América lusa, séculos XVI a XVIII.* 1ª. ed., Rio de Janeiro: Civilização Brasileira, 2007.

FRANCO, Francisco de Assis Carvalho. *Dicionário de bandeirantes e sertanistas do Brasil.* Belo Horizonte/São Paulo: Itatiaia/USP, 1989.

FREYRE, Gilberto. *Casa-grande & senzala: formação da família brasileira sob o regime da economia patriarcal.* São Paulo: Global, 2006.

GENOVESE, Eugene. *A terra prometida: o mundo que os escravos criaram.* Rio de Janeiro: Paz e Terra, 1988.

GONÇALVES, Regina Célia. *Guerras e açúcares. Política e economia na Capitania da Paraíba — 1585-1630.* Bauru: Edusc, 2007.

GOUVÊA, Maria de Fátima & FRAGOSO, João. "Introdução". In: *Na trama das redes. Política e negócios no império português. Séculos XVI-XVIII.* Rio de Janeiro: Civilização Brasileira, 2009.

GOUVÊA, Maria de Fátima. "Monarquia pluricontinental e repúblicas: algumas reflexões sobre a América lusa nos séculos XVI-XVIII". *Tempo.* Niterói: UFF, 2009.

HESPANHA, A.M. *Imbecillitas.* Belo Horizonte: UFMG, 2000.

______. *As vésperas do Leviathan.* Coimbra: Almedina, 1994.

HIGMAN, B.W. "The sugar revolution", *Economic History Review.* LIII, 2, 2000, p. 213-236.

HOLANDA, Sérgio Buarque de. *Raízes do Brasil.* São Paulo: Companhia das Letras, 1995.

JABOATÃO, Antônio de S. Maria. "Genealogia baiana". *Revista do Instituto Histórico e Geográfico Brasileiro,* vol. 191. Rio de Janeiro: IHGB (org. por Afonso Costa), 1946.

KRAUSE, Thiago. *Em busca da honra.* Niterói: UFF, dissertação de mestrado, 2010.

KULA, W. *Teoria econômica do sistema feudal.* Lisboa: Presença, 1979.

LARA, Sílvia."Senhores da régia jurisdição". In: LARA, Sílvia & MENDONÇA, Joseli M. N. (orgs.). *Direitos e justiças no Brasil.* Campinas: Unicamp, 1995.

LEWIN, Linda. *Política e parentela na Paraíba.* Rio de Janeiro: Record, 1993.

LUÍS, Washington. *Na Capitania de São Vicente.* São Paulo: Livraria Martins Editora, 1956.

MACHADO, Alcântara. *Vida e morte do bandeirante.* São Paulo: Imprensa Oficial, 2006.

MAGALHÃES, Joaquim Romero. *Algarve econômico durante o século XVI.* Lisboa: Cosmos, 1970.

MATTOS, Hebe. *Ao sul da história.* Rio de Janeiro: Fundação Getulio Vargas, 2009.

______. *Algarve Econômico 1600-1773.* Lisboa: Estampa, 1988.

MELLO, Evaldo C. de. *Fronda dos Mazombos*. São Paulo: Companhia das Letras, 1995.

_______. *Olinda restaurada*, 2ª. ed. Rio de Janeiro: Editora 34, 2007.

_______. *Rubro veio*, 2ª. ed., Rio de Janeiro: Topbooks, 1997.

MELLO, José A. Gonçalves de. *Fontes para a história do Brasil Holandês. A economia açucareira*, vol. I, Recife: Cepe, 2004.

_______. *Tempos dos flamengos*. Rio de Janeiro: Topbooks, 2001.

MONTEIRO, John M. *Negros da terra*. São Paulo: Companhia das Letras, 1994.

MONTEIRO, Lívia. *Administrando o bem comum: os "homens bons" e a Câmara de São João del Rei 1730-1760*. Rio de Janeiro: UFRJ, dissertação de mestrado, 2009.

MONTEIRO, Nuno Gonçalo. "O espaço político e social local". In: OLIVEIRA, C. (dir.). *História dos municípios e do poder local*. Lisboa: Temas e Debates, 1996.

MORENO, Diogo de Campos. "Relação das praças fortes, povoações e coisas de importância que Sua Majestade tem na costa do Brasil, fazendo princípio dos baixos ou ponta de São Roque para o sul do estado e defensão delas, de seus frutos e rendimentos feita pelo sargento mor desta costa (...)". In: *Revista do Instituto Arqueológico, Histórico e Geográfico Pernambucano*, vol. 57, 1984.

ORDENAÇÕES FILIPINAS, liv. 1, t. 67, nº 6, p. 155, nota 1, 1985.

PAES LEME, Pedro T. A. *Nobiliarquia paulistana histórica e genealógica*, 3 vols., Belo Horizonte: Itatiaia/São Paulo: USP, 1980.

PEDROZA, Manuela. *Engenhocas da moral: uma leitura sobre a dinâmica agrária tradicional*, tese de doutorado. Campinas: Unicamp, 2008.

PEIXOTO, Eduardo M. "Apontamentos sobre a freguesia de Guaratiba". In: *Revista do IHGB*. Rio de Janeiro, LXVII, 1906.

PINHEIRO, Luís da Cunha. *O Arquipélago do Golfo da Guiné: Fernando Pó, São Tomé, Príncipe e Ano Bom São Tomé*. In: MATOS, Arthur Teodoro de (org.). *Nova história da expansão portuguesa — A colonização atlântica*. Lisboa: Estampa, 2005, t. II.

QUEIROZ, Maria Isaura. "O coronelismo numa interpretação sociológica". In: FAUSTO, Boris. *História geral da civilização brasileira*, t. III, vol. 8., 8ª ed. Rio de Janeiro: Bertrand Brasil, 2006, p. 172-212.

RHEINGANTZ, Carlos. *Primeiras famílias do Rio de Janeiro*. 3 vols. Rio de Janeiro: Livraria Brasiliana Rheingantz, 1965-1995.

RICUPERO, Rodrigo. *A formação da elite colonial*. São Paulo: Alameda, 2009.

RUDGE, Raul Telles. *As sesmarias de Jacarepaguá*. São Paulo: Kosmos, 1983.

SALVADOR, frei Vicente do. *História do Brasil, 1500-1627*. Belo Horizonte: Itatiaia/ São Paulo: USP, 1982.

SCHWARTZ, Stuart. "The Landed Elite". In: HOBERMAN, L.S. & SOCOLOW, S.M. *The Countryside in Colonial Latin America*. Albuquerque: University of Texas, 1996.

______. (ed.). *Tropical Babylons*. Chapel Hill: University of North Carolina Press, 2004.

SILVA, Francisco C.T. da. *A morfologia da escassez*, tese de doutorado. Niterói: UFF, 1990.

SOUSA, João José Abreu. "A sociedade: tentativa de caracterização". In: MATOS, Arthur Teodoro de (org.). *Nova história da expansão portuguesa — A colonização atlântica*. Lisboa: Estampa, 2005.

SOUZA, Gabriel Soares de. *Tratado descritivo do Brasil em 1587*. São Paulo: USP, 1987.

STONE, L. *La crisis de la aristocracia, 1558-1641*. Madri: Alianza Editorial, 1982.

THIRSK, Joan & THOMPSON, E.P. (eds.). *Family and Inheritance, Rural Society in Western Europe, 1200-1800*. Cambridge: Cambridge University Press, 1976.

THOMPSON, I. A. A. "The Nobility in Spain, 1600-1800". In: SCOTT, H. M. *The European Nobilities in the Seventeenth and Eighteenth Centuries*. vol. 1. Basingstoke: Palgrave Macmillan, 2007.

WEBER, Max. *Economia e sociedade*. vol. 1. Brasília: UnB, 1982.

XAVIER, A. & HESPANHA, A. "As redes clientelares". In: HESPANHA, A. M. (coord.). *História de Portugal — Antigo Regime*. Lisboa: Estampa, 1993, pp. 382-386.

YUN-CASALILLA, Bartolomé. "Old Regime Aristocracies, Colonial Elites and Economic Development. A Reconsideration". In: JANSSENS, Paul & YUN-CASALILLA, Bartolomé. *European Aristocracies and Colonial Elites*. Londres: Ashgate, 2005.

ZONADBEND, F. "Olhar etnográfico sobre o parentesco". In: BURGUIÈRE, A. et al. *História da família: mundos longínquos*, vol. I. Lisboa: Terramar, 1996.

CAPÍTULO 4 Elite das senzalas e nobreza da terra numa sociedade rural do Antigo Regime nos trópicos: Campo Grande (Rio de Janeiro), 1704-1741

*João Fragoso**

Introdução

Entre 1601 e 1800, o tráfico atlântico trouxe para as Américas 5.609.869 escravos, dos quais aproximadamente 39% para o Brasil, tornando-o o principal porto de destino daquele negócio.[1] Assim, ao longo de dois séculos, o sistema atlântico luso, com suas práticas de resgate nas costas africanas, arrematações de contratos e economia de mercês, expedientes políticos da monarquia corporativa polissinodal nada regulados pelo mercado,[2] conseguiu superar as importações tumbeiras custeadas pelo capital mercantil/bancário de Londres e Amsterdã.

No Caribe inglês, aqueles cativos, conforme Blackburn e Higman,[3] foram usados nas chamadas *plantations* integradas — protótipos do sistema manufatureiro europeu — dirigidas pelo capital absenteísta situado em Londres. Na América lusa, os engenhos de açúcar, ao con-

*Professor da Universidade Federal do Rio de Janeiro. Agradeço ao CNPq e à Faperj os auxílios de pesquisa.

trário das imensas *gangs* de escravos de Barbados, se desdobravam nos chamados partidos de canas, explorados em geral pelo dono do engenho e por lavradores com seus parentes e escravos. Em 1795, o engenho de São João Batista de Sapopema, um dos 13 situados em Irajá, freguesia rural da então principal praça comercial do Atlântico Sul português, contava com 113 cativos responsáveis por cerca de um quarto do valor das colheitas daquele ano. Os demais três quartos do açúcar foram colhidos nos 14 partidos de cana de lavradores livres, alguns dos quais consanguíneos e compadres dos senhores do engenho, como Miguel Cardoso Castelo-Branco, primo e cunhado do capitão João Pereira Lemos, senhor de Sapopema, e o tenente Antônio Gomes de Abreu, compadre da mesma família senhorial. Tais fenômenos transformavam essa centenária empresa, como outras da mesma época e América, num empreendimento em que as relações econômicas se confundiam com as parentais. Porém a distância desse cenário do apresentado pela historiografia mais tradicional, que resume os engenhos a grandes canaviais, sujeitos aos caprichos dos comerciantes europeus, ainda não terminou. Ao lado daqueles lavradores livres existiam os chamados partidos dos pretos, ou seja, lavouras de cana nas mãos de 11 escravos da fazenda, como o cabra José Batista, componentes de uma reduzida elite das senzalas, pois tinham prerrogativas, como a acima apresentada, vetadas ao restante da escravaria (Quadro 1).

Quadro 1
Distribuição dos partidos de cana entre diferentes estratos sociais: Engenho São João de Sapopema

Partidos de cana	Nº de lavradores	Valor	%
Do engenho		115$200	24,3
Dos lavradores livres	14	332$500	70,2
Dos libertos	2	5$200	1,1
Dos pretos da fazenda	11	20$500	4,3
Total	27	473$400	99,9

Fonte: Inventário *post mortem* de Ana Maria de Jesus, 1795, nº. 9.225, cx. 872.

Na sociedade do cabra José Batista e do capitão João Pereira Lemos existia a escravidão, a produção mercantil para o mercado europeu. Porém ela dificilmente podia ser resumida a uma *plantation* integrada de Barbados. Esses personagens e suas relações sociais foram produtos das mudanças vividas na América lusa, em especial nas cercanias do Rio de Janeiro, ao longo do século XVIII. Sendo mais preciso, o escravo José Batista e seu dono foram personagens de finais do século XVIII. Ao longo dos Setecentos, a América lusa estudada teve por base a escravidão e o Antigo Regime, porém vivenciou processos de mudanças que alteraram a composição das elites rurais e de suas relações com escravos. Para tanto, basta lembrar o definhamento da nobreza da terra — responsável pela Conquista dessa América, nos Quinhentos, e sua organização enquanto sociedade, nos Seiscentos — e o crescimento demográfico dos forros e de sua importância na organização da sociedade rural. José Batista, escravo, e seu capitão são personagens surgidos em meio a essas transformações rurais.

O texto a seguir procura trabalhar alguns *indícios* desse movimento, em particular as mudanças e as permanências nas relações senhores e escravos. Destaquei a palavra indícios porque a historiografia sobre a América lusa ainda não possui pesquisas suficientes sobre aquelas relações escravistas na *plantation* do século XVIII. Basta recordar que até pouco tempo se estudava a empresa açucareira escravista daquele século como um empreendimento semelhante ao do Caribe inglês.[4] Portanto, neste momento, só posso apresentar indícios do processo considerado, assim como as afirmações a seguir devem ser entendidas como hipóteses. Por seu turno, parto dos meus estudos sobre as freguesias rurais do Rio de Janeiro, pois infelizmente ainda não há investigações de fôlego sobre tal tema para o norte açucareiro.

No capítulo 3 deste volume afirmei que, através da Freguesia de Campo Grande do Rio de Janeiro, procurei analisar aspectos da sociedade rural com base na *plantation* escravista e de mando da nobreza da terra na América portuguesa. Uma das razões para essa escolha, além da facilidade de material empírico, deve-se ao fato de essa região ser de ocupação tardia por engenhos na capitania considerada. As famílias de conquistadores do Rio de Janeiro e, depois, organizadores de sua sociedade de Antigo Regime só em finais do século XVII ocuparam de fato a Zona Oeste da cidade do Rio de Janeiro. Eram famílias já com tradição de mando em outras freguesias rurais e, portanto, ao se dirigir para Campo Grande tinham práticas sociais consolidadas na organização do poder local e em especial no trato com os escravos. Desse modo, através dessa freguesia, é possível perceber alguns dos códigos que informavam as relações senhor/escravo implementadas por famílias cuja nobreza remonta ao século da Conquista, no caso século XVI, assim como perceber também a manipulação desses códigos pela escravaria.

1. Sociedade rural e Antigo Regime nos trópicos

Na economia da América lusa, entre os séculos XVII e XVIII, a política interferia no funcionamento do mercado — esse, portanto, estava longe de ser autorregulado —, a hierarquia social era estamental e no seu topo, povoado por uma elite que se via como nobreza principal da terra, mais do que simples donos de fábricas de açúcar, alguns desses senhores podiam ser compadres de escravos. Nessa sociedade havia fortes desigualdades, inclusive uma elite nas senzalas e nos forros que tinha escravos, ou seja, escravos e forros que se distinguiam diante dos seus respectivos grupos sociais. E, ainda, parte das normas sociais vigentes nessa América foi inspirada numa concepção corporativa e polissinodal da sociedade (segunda escolástica), em que o príncipe era a cabeça da sociedade, porém não se confundia com ela. Portanto, ao lado dos oficiais régios (como os governadores-gerais e o tribunal da relação), dos municípios e da Igreja, essa América fora organizada por famílias nas quais, a exemplo dos municípios, prevalecia a ideia de autogoverno. Na verdade, as famílias eram vistas como uma sociedade naturalmente organizada. Em tal contexto temos os engenhos de açúcar com seus moradores de diferentes status, condições jurídicas e suas múltiplas relações sociais.

Neste instante, devemos resgatar a genialidade de autores como Gilberto Freyre e Sérgio Buarque de Holanda.[5] Ambos sublinharam o papel central da família patriarcal na organização da sociedade rural, dita colonial. Parece-me que esse papel é reafirmado quando consideramos que a sociedade analisada era de Antigo Regime, nela prevalecendo uma concepção de mundo inspirada na segunda escolástica. Mais do que isso, tais autores informaram que no interior das famílias patriarcais e rurais existia uma hierarquia social, ou seja, nelas encontramos estratos com prerrogativas diferentes, o mando de um *pater* e o ordenamento de tal universo era dado por relações pessoais. Sérgio Buarque de Holanda sublinhou que o brasileiro era avesso a normas formais que ordenavam a sociedade e regulavam as relações sociais, preferindo a informalidade do convívio familiar com seus aspectos mandonistas.[6] Esse ponto ganha especial relevância quando lembramos que, na América lusa, a escravidão não era regulada por códigos produzidos pelo Estado, como ocorria no Caribe francês e no inglês; na América lusa não existiu um *Code Noir*[7] Na nossa América, as relações senhores e escravos eram do âmbito da casa, ou seja, cabia-lhe regulá-las. Da mesma forma, cabia à família/casa normatizar as vinculações dos seus demais moradores. Nesse processo de normatização, os lavradores livres, os escravos e os forros, além dos seus respectivos estatutos legais, podiam ser reclassificados como consanguíneos, aliados, compadres ou estrangeiros. A historiografia sobre as sociedades do Antigo Regime europeu já chamou a atenção para a existência de hierarquias e normas que regulavam as práticas sociais no interior das famílias e entre elas.[8] Em outras palavras, no avesso do brasileiro, a existência de regras formais não implicava, nos séculos XVII e XVIII, a inexistência de um Estado e de regras sociais. Na verdade, naqueles séculos temos uma monarquia corporativa e polissinodal, em que o príncipe respeitava o autogoverno das comunidades e nelas o papel das famílias era fundamental no ordenamento da sociedade.[9]

Por esses e outros motivos, parece-me essencial o trabalho dos assentos eclesiásticos de batismo, casamento e óbitos/testamentos como fontes privilegiadas para a compreensão da dinâmica das comunidades rurais. Basta lembrar que, tendo como cenário a sociedade estamental, o registro de batismo permite adentrar em tal sociedade patriarcal, na falta de uma melhor expressão, e conhecer as suas regras sociais.

*

Florinda e João, Matilde e Antônio, todos pardos, nasceram na última década do século XVIII em Campo Grande, freguesia açucareira do Rio de Janeiro, numa época em que a cidade já era a principal praça mercantil do Atlântico Sul e centro econômico da monarquia pluricontinental lusa. A classificação dessas crianças como pardas, pela Igreja, representou um ponto de inflexão na história da sociedade de Antigo Regime na América lusa, pois atesta a consolidação social e demográfica de um grupo social saído da escravidão, ou seja, aquela classificação indicava um movimento de ascensão em uma hierarquia social estamental por definição e, portanto, pouco sensível a mudanças de status.

Menina Florinda, parda forra, e o cabra escravo José Batista foram contemporâneos e tiveram estreitas ligações com a elite das senzalas de suas respectivas regiões. Ao mesmo tempo, esses sujeitos personificam diferentes elites ou, talvez, melhor informam sobre a sua história e a sua dinâmica com a elite rural. História que pode, de imediato, ser ilustrada no Gráfico 1, em que se observa a redução do número de mães escravas pardas e o aumento do de mães pardas livres. Não é preciso ser muito esperto para concluir que tal redução das pardas cativas não significou o seu desaparecimento da população escrava, mas sim a progressiva mudança de status social de seu grupo em meio a uma estratificação social estamental. Além disso, o mesmo gráfico insinua a existência de diferentes segmentos nas senzalas.

No Gráfico 1, aquelas crianças correspondiam à terceira geração de forros em famílias de Campo Grande com mais de 50 anos. Por exemplo, a terceira avó de Florinda chamava-se Ana Freire e, no primeiro período do gráfico (1704 a 1720), era uma escrava parda da casa dos Alemão Freire, família ligada à nobreza da terra. E isso numa época em que, na dita freguesia, o pertencimento à elite das senzalas podia traduzir-se em laços de compadrio com os donos de engenho, majoritariamente nobres da terra. Como se verá no Gráfico 3, a nobreza apadrinhou quase 16% das crianças escravas entre 1707 e 1741. Além disso, as mães forras correspondiam a cerca de 10% da população materna da região (ver Gráfico 2), formada especialmente por mulheres solteiras, como na Irajá de José Batista, no período considerado.[10] Nessa época, as famílias forras conjugais ainda se estavam constituindo e sua interferência na organização social da sociedade era diminuta.[11] No Gráfico 3, os forros correspondiam a menos de 10% dos padrinhos de escravos, em diferentes freguesias rurais.

Gráfico 1
Mães pardas/escravas e mães pardas/livres em meio ao total de mães (escravas e livres). Campo Grande, 1704-1799

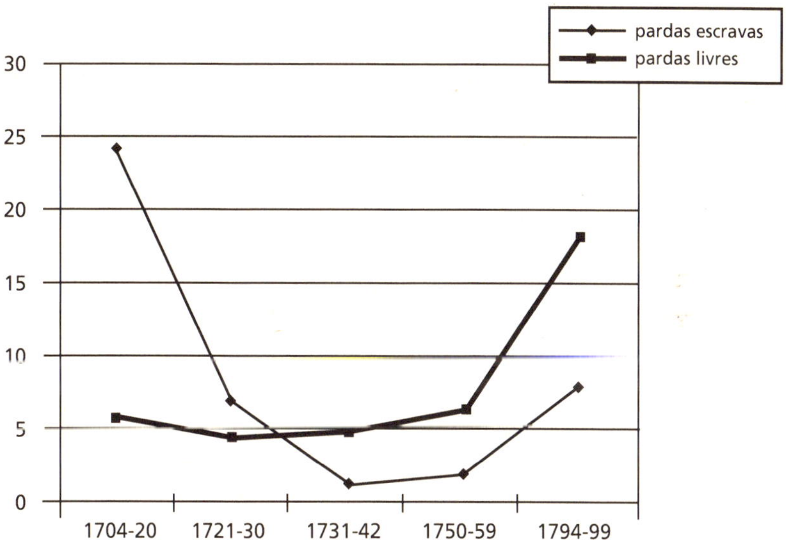

Fonte: Livro de Assentos Paroquiais de Batismo de Livres e Escravos de Campo Grande, 1704-1799, da Cúria Metropolitana do Rio de Janeiro.

Por seu turno, José Batista retratava a elite das senzalas e suas relações com a sociedade rural em fins do século XVIII. Por essa época, na maioria das freguesias rurais, a elite das senzalas não tinha mais por traço o compadrio com a nobreza da terra, o mesmo acontecendo com a fração de libertos com mais acesso à terra e a cativos. Na verdade, a própria nobreza estava desaparecendo, demográfica e economicamente, das freguesias rurais, cedendo espaço a senhores de engenho vindos do grande comércio do atlântico. Uma época em que as mães forras respondiam a mais de 40% da população de mães livres de Campo Grande e, em Irajá, elas estavam casadas; portanto, a insegurança socioeconômica representada pela solteirice e o fato de viverem fora dos padrões canônicos de família eram algo do passado (ver Gráfico 2). Da mesma forma, o peso dos libertos na organização da sociedade alargou-se sensivelmente. No Gráfico 3, depois da década de 1750 e em diferentes freguesias, os padrinhos forros respondiam por mais de 12% do apadrinhamento dos escravos.

Gráfico 2
Comportamento da população de mães livres por grupos sociais "costumeiros" na Freguesia Rural de Campo Grande, ao longo do século XVIII

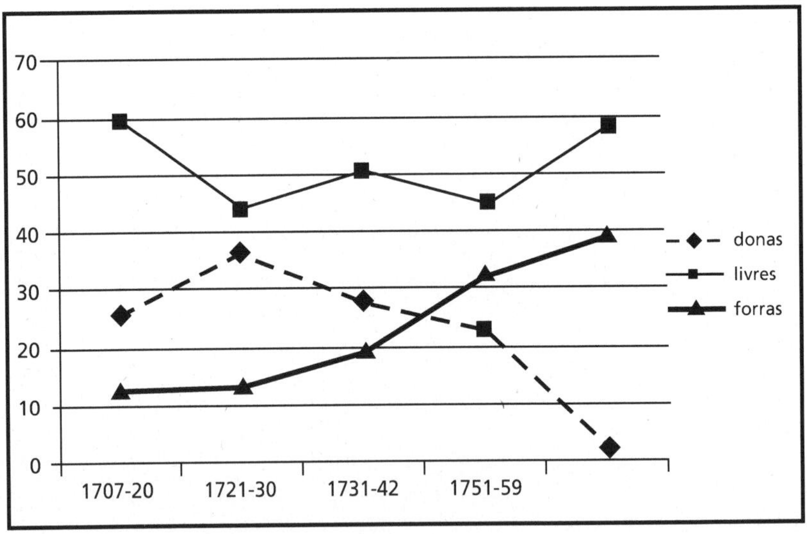

Fonte: Livro de Assentos Paroquiais de Batismo de Livres e Escravos de Campo Grande, 1707-1799, da Cúria Metropolitana do Rio de Janeiro.

Nas freguesias onde prevalece a nobreza entre os donos de engenho, esses participam mais do apadrinhamento de escravos do que naquelas regiões onde os engenhos estão nas mãos dos livres (capital mercantil), o que implica um tipo de concepção de sociedade e de hierarquia social. Nas regiões dominadas pela nobreza, a definição elite das senzalas passa pelas suas relações pessoais com a casa nobre. Nas demais, a qualificação técnica possuía mais peso na definição da elite das senzalas.

Com o amadurecimento da região, o número de padrinhos forros tende a aumentar.

O Gráfico 3 ilustra a diferença de ritmos sociais nas freguesias do Rio de Janeiro no século XVIII. Em outras palavras, apesar de todas as apresentadas existirem na mesma capitania, viverem segundo o mesmo sistema normativo, terem por base o trabalho escravo e a produção de açúcar, comportavam lógicas sociais distintas, fenômeno que sublinha, mais uma vez, a complexidade do estudo das estruturas agrárias na América lusa.[12]

Através de diversas fontes — escrituras de compra e venda, testamentos e visitações pastorais —, sei que Campo Grande, de 1704 a 1741, Jacarepaguá, nos períodos de 1700-09 e 1750-59, e Guaratiba, entre 1762 e 1788, viviam sob o mando econômico e político da nobreza principal da terra.[13] Essa informação é confirmada pelas notícias dos assentos de batismos de escravos e livres das freguesias consideradas. Nelas, o paternalismo das casas nobres sobre os demais grupos sociais podia ser medido pelo apadrinhamento de escravos e, com ele, a interferência do grupo na organização da sociedade. Um dos traços de tal organização era a construção da sua hierarquia social costumeira, cujo eixo consistia nas relações pessoais com a nobreza da terra. Tal fenômeno era mais acentuado em freguesias com montagem da sociedade católica na localidade, a exemplo de Campo Grande e Guaratiba. Na primeira, entre 1704 e 1741, mais de 16% dos escravos batizados tiveram nobres por protetores. Na segunda, em finais do século XVIII, a porcentagem foi de 12%. Nessa região, a nobreza e os sujeitos com seu *ethos* mantinham seis dos sete engenhos e entre eles temos algumas das famílias nobres apresentadas no capítulo 8 deste volume, como: os Macedo de

Gráfico 3
Escravos e seus padrinhos por status social em diferentes freguesias rurais do Rio de Janeiro

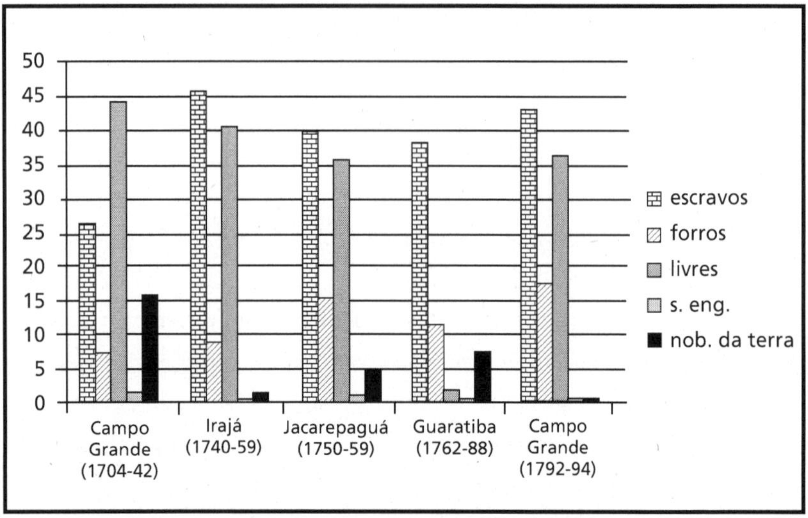

Fonte: Livro de Assentos Paroquiais de Batismo de Livres e Escravos de Campo Grande, Jacarepaguá, Irajá e Guaratiba da Cúria Metropolitana do Rio de Janeiro.
Obs.: s. eng = senhores de engenho não pertencentes à nobreza da terra; nob. da terra = nobreza da terra. Totais de registros de batismos de escravos por freguesia: Campo Grande (1704-41), 516 registros; Irajá (1740-59), 1.182 registros; Jacarepaguá (1750-59), 354 registros; Guaratiba (1762-88), 885 registros; Campo Grande (1792-94), 266 registros.

Vasconcelos (linhagem Viegas[14]), os Macedo Freire (linhagem quinhentista dos Mariz), os Lucena (linhagem dos Veloso Dória, descendentes do bandeirante Brás Cubas), os Leão Antunes (linhagem quinhentista dos Azeredo Coutinho) e os Souza Rangel (linhagem quinhentista dos Azeredo Coutinho). Estima-se que Campo Grande possuía, em 1685, 143 fogos (residências) e uma população de 1.252 habitantes.[15] Para o período considerado no Gráfico 1 não tenho estimativas populacionais, porém o número de assentos de batismos de crianças sugere que a população escrava devia ser bem superior à livre; entre 1704 e 1741 aqueles assentos foram, respectivamente, de 508 e 306 crianças. Por volta de 1794, segundo monsenhor Pizarro, a freguesia contava com 314 fogos,

2.364 adultos e 14 engenhos de açúcar.[16] Nesse último período, a nobreza da terra já tinha desaparecido do mando econômico local. O mesmo não ocorria com Guaratiba; ainda em finais dos Setecentos dominava a economia açucareira da região. Em 1794, contava com 341 fogos, 2.851 almas e seis fábricas de açúcar, uma da Religião do Carmo e as demais pertencentes à nobreza ou a senhores a ela ligados.[17]

Uma vez ultrapassada a fase de montagem da sociedade local e mais consolidada a hierarquia social costumeira, a nobreza continuava nos batismos de cativos. Porém a presença de suas casas na organização da vida dos fregueses era feita mais através da elite das senzalas e dos "pardos da casa" (forros), por exemplo. Desse modo, o apadrinhamento de escravos por nobres passava para 5,6% do total dos registros em freguesias onde o mando da nobreza estava consolidado, como Jacarepaguá e Campo Grande do período entre 1750 e 1759. Cabe sublinhar que essa presença da nobreza da terra também era sentida nos batizados livres.[18]

Um fenômeno diferente ocorria nas freguesias onde o mando sobre a política e as economias locais estava nas mãos de sujeitos cujas fortunas rurais foram derivadas de acumulações mercantis feitas nos negócios do Atlântico Sul e do mercado interno da América lusa. Tal era o caso de Irajá e de Campo Grande de fins do século XVIII. Nessas áreas, a nobreza da terra praticamente tinha desaparecido e a nova elite agrária dominava a região. Em Campo Grande dessa época, diversos dos 14 engenhos eram dominados por pessoas saídas do comércio com as Minas e o Atlântico Sul, como os Cardoso dos Santos e os Antunes Suzano; os primeiros tinham duas fábricas, e os segundos, três.[19] Esses senhores tinham outra visão da vida social; portanto, sobre as relações de compadrio com os escravos e com os forros. No Gráfico 3, nota-se que esses donos de engenho deixaram de se interessar em trazer cativos para as suas parentelas. Provavelmente, apostavam em outras formas de organização da sociedade. Ao menos é isso que sugere o gráfico: o comportamento dos donos de engenho não nobres para Guaratiba, de 1762 a 1788, e Campo Grande, de 1792 a 1794, freguesias e períodos nos quais nenhum componente de tal grupo batizou escravos. O mesmo gráfico demonstra que em Irajá, de 1740 a 1750, tempo em que a freguesia passava do mando da nobreza da terra para os donos de engenhos, o apadrinhamento de cativos pelos últimos limitou-se a 0,4% do total. Ao pequeno envolvimento dos novos donos de engenhos no compadrio com cativos junta-se o fato de essas já serem antigas e, portanto, os escravos e os forros terem as suas próprias formas de organização social e parental mais precisas. Por essa época, como veremos a seguir, os escravos pardos e os mais qualificados tinham, na senzala, uma ascendência sobre os demais e procuravam construir as suas redes de alianças entre si e com os forros.

2. *Ethos* da nobreza da terra e a elite das senzalas: as madrinhas escravas e forras parceiras da nobreza

Entre 1707 e 1742, foram registrados 278 batismos de livres na Freguesia de Campo Grande, com 206 madrinhas entre nobres da terra, livres e forras. Cento e três nobres da terra batizaram 154 crianças, das quais 67 eram também nobres, e diversos, seus consanguíneos: sobrinhos, netos etc. Portanto, para esse grupo, o compadrio consistia num ritual que confirmava o parentesco ou o pertencimento à sua família e/ou à sua casa. Assim, ao batizar crianças livres, porém não nobres, e forros, eles se tornavam parentes rituais. Com isso, alianças preexistentes eram reafirmadas ou se estabelecia a paz entre a família dos padrinhos e a do afilhado. Além desses traços do batismo, presentes nas sociedades católicas em geral, podemos também verificar nessas cerimônias indícios das normas costumeiras da sociedade de Antigo Regime na América lusa, ou, sendo mais preciso: com quem mulheres da nobreza da terra podiam compartilhar esses e outros rituais de sociabilidade? No caso, qual devia ser o grupo social do padrinho? A qual estrato social devia pertencer um sujeito para poder compartilhar cerimônias sociais com mulheres de uma casa nobre?

Daquelas 154 cerimônias, em 138, ou 89,6% delas, os padrinhos também vinham de casas nobres da terra. Portanto, a nobreza da terra fazia questão de suas mulheres compartilharem rituais com homens do mesmo status.

Na mesma freguesia, foram realizados, de 1705 a 1741, cerca de quatro centenas de batizados de escravos. As mulheres nobres da terra participaram de 54 cerimônias, todas de crianças, nas quais os padrinhos estavam presentes. Dessas cerimônias, em 46, ou 85,1% delas, os padrinhos também pertenciam à nobreza. Portanto, como era de esperar, as casas nobres seguem o mesmo procedimento adotado nos rituais para crianças livres. As filhas e as esposas da nobreza da terra tinham como parceiros, nos batismos de crianças escravas, majoritariamente, outros nobres. Considerando que a mesma prática de escolher parceiros de estrato igual ou superior era ainda regra nos casamentos, conforme vimos no capítulo 3 deste volume, podemos dizer que estamos diante de uma norma costumeira. Nessa sociedade estamental, ciosa de suas diferenças sociais, as mulheres eram induzidas por suas casas a terem como parceiros, nos rituais de aliança diante da Igreja — matrimônios e batizados, respectivamente, maridos e padrinhos —, sujeitos saídos do mesmo estrato social.

Por seu turno, essa norma era também válida para as demais mulheres moradoras das casas nobres, independentemente de seu estatuto jurídico. Nos Quadros 2 e 3, observamos que, entre 1704 e 1741, 52 nobres da terra, ou 13,3% de 392 padrinhos, compareceram a 87, ou a 17%, de 517 batizados escravos.[20] Fenômeno que transformava o nobre da terra no personagem social mais solicitado em tais cerimoniais, na freguesia e nos períodos considerados. Da mesma forma, os quadros sugerem que esses potentados provavelmente percebiam tal cerimônia como uma obrigação decorrente de sua posição na sociedade. Aqueles 52 nobres tornaram-se compadres de 85 escravas, ou de 21,7% de uma população de 392 mães.

Quadro 2
Escravos e seus padrinhos por status social.
Campo Grande, 1704-1741

Padrinhos		Afilhados	Afilhados/ Padrinhos
Escravos	133 (34%)	141 (27,3%)	1,1
Forros	33	42	1,2
Livres	174 (37,5%)	247 (47,8%)	1,4
Nobres	52 (13,3%)	87 (17%)	1,6
Total	392	517	

Fonte: Livro de Assentos Paroquiais de Batismo de Escravos de Campo Grande, da Cúria Metropolitana do Rio de Janeiro.

Em 46, ou 52,9% daquelas 87 cerimônias, os nobres foram acompanhados por 41 mulheres, ou 54% do total, da mesma procedência social, portanto também nobres (ver Quadro 3). Porém, em cerca de um quarto daqueles rituais, os nobres da terra tiveram como parceiras dez escravas e sete forras, ou 22,3% do total. Em outras palavras, em um quarto das cerimônias de batismos de escravos, em que os padrinhos eram nobres, 17 madrinhas tinham um status inferior; entretanto, compartilhavam com a nobreza principal da terra relações de patronagem[21] para com seus afilhados e para com os pais dos últimos. Portanto, nessas cerimônias, padrinhos nobres e madrinhas escravas ultrapassavam diante da Igreja as diferenças de suas condições jurídicas e passavam a ter o mesmo papel de proteção diante dos afilhados e de seus pais.

Com isso, não pretendo afirmar que esses padrinhos e essas madrinhas tivessem a mesma posição na sociedade. Na verdade, pretendo apresentar indícios de que escravas e forras podiam pertencer a casas de nobres numa posição diferente e superior à dos demais cativos daquela família. O fato de as madrinhas escravas consideradas serem parceiras de nobres, em rituais sociais, insinua ao menos dois fenômenos óbvios: a maior proximidade dessas escravas com a nobreza e sua maior distância da senzala. Aquelas cerimônias, por conseguinte, sugerem o pertencimento dessas mulheres às casas nobres por outro caminho, para além da escravidão das senzalas. Por seu turno, tal aproximação com o centro da casa nobre informava a presença de uma hierarquia nas senzalas ou na escravaria.

Entre 1704 e 1741, contei 211 escravas na condição de madrinhas, das quais apenas dez, ou 4,7%, compartilharam relações sociais da importância do compadrio com padrinhos da nobreza da terra. Quanto às forras/madrinhas no período considerado, somaram 32 mulheres, sendo que sete, ou 21,9% delas, apareceram como parceiras de nobres nos rituais vistos. Não há como não perceber a discrepância entre as escravas e as forras/parceiras da nobreza diante dos totais de seus respectivos estratos sociais: os 4,7% dentre as escravas crescem para mais de um quinto do total das forras/madrinhas. Essa discrepância pode insinuar que as forras eram ex-escravas integrantes do segmento da elite das senzalas e próximas do centro da casa nobre.

Quadro 3

Padrinhos nobres da terra e suas parceiras madrinhas nos batizados de crianças escravas em Campo Grande, 1704-1741

Tipos de madrinhas	Número de madrinhas	Número de afilhados
Donas	41 (54%)	46 (52,9%)
Livres	10 (13,1%)	11 (12,6%)
Forras	7 (9,2%)	12 (13,8%)
Escravas	10 (13,1%)	10 (11,5%)
Não constam	8 (10,5%)	8 (9,1%)
Total	76	87

Fonte: Livro de Assentos Paroquiais de Batismo de Escravos de Campo Grande da Cúria Metropolitana do Rio de Janeiro.
Obs.: Total de padrinhos conquistadores — 52.

Uma das formas de identificar tais moças escravas e forras como pessoas com status superior ao da escravaria e ao dos alforriados é através da observação mais detalhada dos registros de batismos em que elas aparecem como madrinhas/parceiras de nobres. Em 5/8/1731, João Freire Alemão e Ana Freire batizaram Manuel, filho de Antônia do gentio da Guiné, escrava do capitão Manuel Freire Alemão, e de pai desconhecido. No registro, a madrinha Ana Freire, cuja condição jurídica era de cativa, foi designada como "parda da casa do capitão Manuel Freire Alemão". O fato de ela poder compartilhar da cerimônia com o filho de seu dono, João Freire Alemão, foi sublinhado pelo cura no registro da localidade, através de duas anotações. A primeira: Ana possuía um apelido, o mesmo de seu senhor. A segunda: Ana foi designada como pertencente a uma casa. Em outro registro, datado de 6/1/1730, Salvador forro e Joana preta, escrava de Inácio de Madureira Veiga (linhagem Homem da Costa), batizaram seu filho Estevão e os padrinhos escolhidos foram Francisco de Moniz de Albuquerque (linhagem Homem da Costa) e Mariana da Silveira. Segundo as anotações do cura, Mariana era "parda assistente na casa de Francisco Moniz de Albuquerque". Nesse último caso, o apelido não foi da casa. Porém Mariana foi apresentada como moradora de uma casa nobre e, mais, compartilhou com o chefe dessa uma cerimônia religiosa.[22] Enfim, talvez não exista uma regra única, informando o pertencimento dessas madrinhas forras e cativas a famílias nobres.

Apesar de uma hipótese a verificar em outras regiões escravistas dos séculos XVII e XVIII da América lusa, acredito que os "pardos e forros da casa" seja uma prática da lógica das casas da nobreza da terra de Antigo Regime nos trópicos.[23]

Para efeito deste texto, basta perceber que a possibilidade de aquelas forras e escravas partilharem com nobres das cerimônias de autoridade, diante da escravaria, resultava da história das suas relações pretéritas com a nobreza da terra. Trocando em miúdos: Ana Freire, conforme o registro de livres de Campo Grande, datado de 13/2/1750, batizou um de seus filhos e apresentou-se como sendo forra e filha de José Freire Alemão. Salvo engano, acredito que esse José seja João Freire Alemão ou outro parente próximo do capitão Manuel Freire Alemão. Acredito que Mariana da Silveira seja Mariana, uma criança batizada em 12/12/1706, em Campo Grande, filha de Maria da Silveira, preta forra, com o pai, identificado como Eugênio de Melo, irmão ou primo de Francisco Moniz de Albuquerque. Na ocasião, os padrinhos foram João Moniz de Albuquerque e sua filha Mariana, ambos, respectivamente, suponho, avô e tio de Mariana. Assim, a história de Mariana informa sobre a origem de seu apelido e, mais, do seu pertencimento à casa Moniz de Albuquerque.

O pertencimento a uma casa da nobreza, como condição de uma escrava e/ou uma forra partilhar com nobres cerimônias religiosas e de prestígio diante de outros cativos, é dado também pela vida de Catarina de Souza, escrava e depois forra/parda na casa do capitão Manuel Freire Alemão. Em um dos registros de batismo de escravos, de 24/9/1719, em que apareceu como madrinha, o cura escreveu que se tratava da "ama do capitão Manuel Freire Alemão". Portanto, nesse caso, o pertencimento à casa da nobreza da terra não teve origens na consanguinidade. Parece que a mestiçagem não era o requisito para uma escrava ou uma forra compartilhar com nobres o apadrinhamento, tal requisito podia assumir outras relações de afinidade com a casa-grande.

O esclarecimento da relação de poder daquelas madrinhas diante dos demais escravos, portanto, era dado pela trajetória cruzada da casa nobre com as madrinhas e as suas parentelas. A isso acrescenta-se o fato de estarmos num ambiente corporativo e católico, em que a família, ou a casa, era vista como uma sociedade naturalmente auto-organizada. Por ser entendida como uma sociedade, a família comportava diferentes integrantes, organizados segundo uma estratificação de poder, cujo mando estava nas mãos do *pater*. Além disso, a casa também comportava relações clientelares ou de patronagem com os escravos. Em outras palavras, os cativos eram vistos como subordinados à casa, devendo-lhe obediência, lealdade e trabalho, porém, em contrapartida, cabiam ao *capo* a direção e a proteção dos cativos.[24] Um outro traço desse Antigo Regime era o fato de, no interior das senzalas, existir uma hierarquia social; a escravaria era também estratificada consoante normas criadas pelas práticas costumeiras.

Apesar de o fato de um escravo portar um sobrenome ou apelido não ser único, era o melhor indício de seu pertencimento a casas nobres ou a redes sociais organizadas. Seis daquelas dez madrinhas escravas tinham sobrenomes, sugerindo que tal característica era uma forma de dar identidade ao cativo, separando-o dos demais da senzala e fazendo-o pertencer a uma família. No campo das hipóteses, acredito que um escravo com sobrenome podia indicar não só o seu pertencimento a uma família nobre, senhorial, mas também a famílias formadas por forros e escravos; nesse último caso, também estariam em um patamar superior ao dos escravos africanos recém-chegados e sem organização parental.

O fato de as dez madrinhas escravas consideradas indicarem a existência de um segmento social acima dos demais cativos pode ser ainda percebido através de seu comportamento nas cerimônias de batismos de escravos. O Quadro 4 informa sobre o comportamento de tais moças enquanto madrinhas, notando-se nele que elas compareceram em vinte cerimônias de batismo. Em 60% daquelas ocasiões, foram acompanhadas por padrinhos nobres, e em 30%, por livres. Por conseguinte, tais escravas apareceram como madrinhas, ao longo de cerca de três décadas, principalmente para compor o casal de padrinhos com nobres da terra. Mais do que isso, tal quadro sugere que essas senhoras só podiam celebrar rituais sociais fazendo par com pessoas de status jurídico superior ao seu. Em apenas uma situação o seu parceiro padrinho foi escravo. Assim mesmo, um cativo com sobrenome.

Quadro 4

Madrinhas escravas (parceiras de nobres) e suas escolhas de padrinhos nos batizados de crianças escravas em Campo Grande, 1704-1741

Tipos de padrinhos	Número de padrinhos	Número de afilhados
Nobres	11	12 (60%)
Livres	5	6 (30%)
Escravos	1	1 (5%)
Não consta	1	1 (5%)
Total	18	20

Fonte: Livro de Assentos Paroquiais de Batismo de Escravos de Campo Grande da Cúria Metropolitana do Rio de Janeiro.

O mesmo resultado foi encontrado para as madrinhas forras vistas anteriormente. No Quadro 5, foram 26 cerimônias, das quais 77% tiveram como padrinhos nobres da terra ou livres. Observe-se que essas madrinhas forras, assim como as escravas, pertenciam a diferentes casas nobres. Isso foi válido principalmente para os Alemão Freire (linhagem senhorial dos Álvares Pereira), mas também para os Manuel de Melo (linhagem quinhentista Homem da Costa) e para os Pacheco Calheiro (linhagem quinhentista Leão). Portanto, o fato de tais moças pertencerem a uma dada casa da nobreza da terra não as impedia de participar de rituais sociais na companhia de padrinhos das suas casas. Voltarei a esse tema mais adiante.

Quadro 5
Madrinhas forras (parceiras de nobres) e suas escolhas de padrinhos nos batizados de crianças escravas em Campo Grande, 1704-1741

Tipos de padrinhos	Número de padrinhos	Número de afilhados
Nobres	12	12 (46,1%)
Livres	6	8 (30,8%)
Forro	4	4 (15,4%)
Não consta	2	2 (7,7%)
Total	24	26

Fonte: Livro de Assentos Paroquiais de Batismo de Escravos e Livres de Campo Grande da Cúria Metropolitana do Rio de Janeiro.

Por conseguinte, o fato de essas escravas e forras pertenceram a casas da nobreza da terra ou terem relações próximas com elas as fazia obedecer a certas normas sociais. A exemplo das filhas e das mulheres da nobreza da terra, aquelas escravas e forras só podiam compartilhar compadrios e casamentos com homens com um estatuto social superior. Essa norma costumeira (insisto, por ela as escravas consideradas adquirem proeminência, mas também distância dos demais cativos), por motivos óbvios, tinha uma série de consequências.

A mais visível no registro de batismo de escravos era o fato de elas não aparecerem como mães, acompanhadas de maridos escravos. Em realidade, nos mais de 400 registros de batismos de crianças vistos para Campo Grande e nos 900 para Irajá (1740 a 1759), não localizei nenhuma madrinha escrava que tenha compartilhado o apadrinhamento com nobres, na condição de mãe. Isso, de imediato, implica afirmar que as normas costumeiras vividas nessa sociedade estamental resultavam não só em hierarquizar as senzalas, mas também em subtrair úteros da escravaria. Em outras palavras, aquela norma incidia diretamente no cálculo econômico da reposição de mão de obra cativa e provavelmente contribuía para o aumento do tráfico atlântico.

Avançando um pouco mais essa hipótese, parece que tal norma social, que subtraía as escravas próximas das casas nobres, de alguma forma servia como referência para outros segmentos da escravaria. Há pouco afirmei que os cativos com sobrenome, quando não pertenciam a casas nobres ou senhoriais, integravam as redes sociais de escravos e forros provavelmente organizadas na forma de famílias. Suponho que essa organização fizesse dirigir suas mulheres para matrimônios ou relações maritais com pessoas de igual status ou superior ao seu. Nas mais de 400 madrinhas de Campo Grande, entre 1704 e 1741, 41 tinham sobrenome, mas apenas duas aparecem como mães, fosse nos livros de batismos de escravos ou nos de livres. Nos de escravos, apenas oito, em um universo de 393 mães, aparecem com sobrenomes. Enfim, esses números sugerem que estamos frente a uma sociedade que é muito mais do que uma *plantation* voltada para o mercado internacional e cuja reposição da mão de obra segue a lógica do capital mercantil. Parece que nessa sociedade há normas costumeiras que regulam o tráfico de escravos.

Por seu turno, o que afirmei não significa que o destino das escravas com maior proximidade do centro das casas nobres fosse a solteirice. Esse pelo menos não foi o caso de Ana Freire. Em algum momento da sua vida ela aparece como mãe nos livros de batismo de livres de Campo Grande e casada com José Barcelos, livre e exposto, José Batista aparecerá na década de 1750 como dono de escravos nos assentos de batismos.

Esse pequeno trecho da vida de Ana Freire nos leva a outro tema da alforria. Das dez escravas do Quadro 3, ao menos cinco apareceram como forra nos mesmos registros de batismos de escravos de Campo Grande e, nessa nova condição, continuavam como madrinhas, acompanhando os nobres de suas casas.

As madrinhas escravas e forras indicavam a existência de normas costumeiras que redefiniam o estatuto jurídico da escravidão, insinuavam a presença de uma hierarquia nos plantéis de cativos e também de relações de patronagem entre casa-grande e senzala. Além desses fenômenos, seguindo os passos de tais senhoras, podemos encontrar outros traços da sociedade considerada, assim como indícios de suas fendas.

2.1. Escravos compadres de nobres e a hierarquia das senzalas

O Quadro 6 apresenta os diferentes tipos de famílias escravas das quais os nobres da terra eram compadres, ou seja, diante da Igreja tinham estabelecido relações de patronagem. Com isso, apresento um outro conjunto de escravos com os quais a nobreza principal da terra mantinha relações privilegiadas e diferenciadas diante do restante da escravaria. Acredito que aquele conjunto de cativos, no caso, compadres da nobreza, pertencia também à elite das senzalas.

No Quadro 6, em 69 cerimônias, ou mais de 79% das 87 efetuadas entre 1704 e 1741, as crianças batizadas eram ilegítimas. Em outras 18 ocasiões, os nobres da terra apadrinharam 17, ou 18,4%, de 87 crianças legítimas, filhas de casais de escravos, seus compadres. Assim, comparando esses dois resultados, os padrinhos nobres prometiam abençoar principalmente crianças ilegítimas de mães escravas solteiras.

Por seu turno, ao lado desses dois grupos podemos formar um terceiro, constituído de mães solteiras, mas que identificaram os pais de seus filhos, ou seja, puderam anunciar para a sociedade local o nome de seu amásio. Daquelas 87 cerimônias, em 41, ou quase a metade das crianças do Quadro 6, as escravas solteiras citaram o nome dos pais. A partir desses novos números, posso afirmar que os padrinhos nobres se comprometiam a proteger principalmente crianças escravas de pais conhecidos.[25] E, conforme o Quadro 6, tais pais eram majoritariamente livres ou forros. Assim, as bênçãos dos nobres eram dadas principalmente a crianças saídas de relações entre estamentos, ou seja, a nobreza protegia particularmente as crianças frutos de relações ilícitas, pois se tratava de homens e mulheres de condições jurídicas diferentes. Obviamente que tal proteção dependia da importância do pai e da mãe. Entre essas uniões mistas destacam-se especialmente aquelas cujos pais identificados saíram da nobreza da terra.

Esses últimos correspondiam a 12 cerimônias, ou 21% das 59 com pais identificados. Antes de continuar, devo dizer que tais situações ocorreram até 1719. Depois dessa data, nessa região, não tenho mais nenhuma notícia da citação em registro paroquial de um pai saído da nobreza. Diversos motivos devem ter contribuído para isso, desde a difusão das normas do Arcebispado da Bahia, publicadas em 1720,[26] até o fato de, até aquela data, a região ainda estar em montagem, enquanto uma sociedade. Seja como for, entre esses pais temos potentados da área, como Manuel Pacheco Calheiros, senhor do Engenho do Cabuçu, descendente do conquistador André de Leão e chefe de sua parentela. Em 1710, fora indicado pela parda Antônia, escrava do mesmo Pacheco Calheiros, como pai do pequeno Sebastião. Dois anos antes, José Pacheco Vasconcelos (linhagem Viegas), jovem tenente das ordenanças e futuro capitão-mor de Guaratiba, foi citado pela mulata Luísa, escrava do capitão João Barbosa Calheiros, como pai de Maria. Na ocasião, o padrinho foi o próprio senhor dessa, o capitão João Barbosa, que suponho ser aparentado de Francisco Paes Ferreira. A importância desse ritual de compadrio, ou melhor, a importância dada pela sociedade, pode ser ainda medida pela presença de padrinhos do porte do capitão-mor José de Andrade Soutomaior, do alferes Sebastião de Macedo Vasconcelos, irmão de José Pacheco Calheiros, e do capitão Francisco Teles Barreto, entre outros potentados da região. Por seu turno, quase todas as madrinhas daqueles filhos escravos de pais nobres eram Donas, ou seja, mulheres das melhores famílias da terra (ver Quadro 6). Observe-se que os ditos pais, além de pertencer aos mandatários locais, em vários casos eram casados, porém isso não os impediu de aparecer como pais identificados por escravas.

Quadro 6

Padrinhos nobres e seus compadres nos batizados de crianças escravas em Campo Grande, 1704-1741. Número de cerimônias (registros de batismos)

Madrinhas	Pai não declarado	Pai nobre	Pai livre	Pai forro	Pai escravo	Total de afilhados
Donas	15	9	10	5	7	47
Livres	4	2	2	1	2	11
Forras	3	0	4	2	3	12
Escravas	6	0	0	0	4	10
Não consta		1	4		2	7
Total	28	12	20	8	18	87

Fonte: Livro de Assentos Paroquiais de Batismo de Escravos de Campo Grande da Cúria Metropolitana do Rio de Janeiro.
Obs.: Um mesmo pai nobre batizou dois filhos. Daí o total de número de pais ser 86, e o de cerimônias, 87.

Quanto a essas mães escravas, em geral foram apresentadas como pardas. Leia-se que elas vinham de famílias com ao menos duas gerações na terra. Portanto, não eram mulheres recém-chegadas da África, mas pertenciam a redes sociais sedimentadas. Além disso, a palavra parda pode insinuar serem mestiças, filhas ou netas de brancos livres. Seja como for, seus filhos eram mestiços, legítimos pardos, e nasceram em meio a uma rede social formada por padrinhos que lhes davam proeminência nas senzalas. Definitivamente, não eram mais um escravo no cativeiro. Temos assim, claramente, um segmento do que chamei hierarquia nas senzalas. Provavelmente as meninas desse segmento social se tornariam mais tarde as madrinhas escravas e forras de uma casa nobre. Como foi o caso de Ana Freire e de Mariana da Silveira já citadas.

Um segundo tipo de compadre dos nobres da terra que merece destaque no Quadro 4 foi o constituído por casais de escravos. Somaram 18, ou 21%, dos 87 com pais declarados. Nesse caso, apesar de o pai e de a mãe serem cativos, eles se tornaram compadres de nobres e entraram em suas famílias como parentes fictícios. Desses casais, 16 estavam unidos conforme o Concílio Tridentino e apenas em dois casos os pais eram solteiros. Portanto eram casais majoritariamente estáveis, e seus filhos, legítimos. Quando houve referência à cor ou à naturalidade, os ditos casais apareceram como pretos e crioulos. Da mesma forma, nenhum é mencionado com alguma qualificação profissional e apenas três pais com sobrenome e somente duas mães o possuem. Apesar de o número de pequenos exemplos impedir maiores conclusões, parece que estamos diante de outro segmento da elite das senzalas, constituído não por mestiços ou descendentes de livres nem por mães ou saídos das casas nobres, mas um grupo cuja proeminência resultou de uma dinâmica escravaria e casa-grande por mim desconhecida. Porém, uma coisa é certa: a sua origem foi diferente do processo de relações de mestiçagem anteriormente apresentado. E tal grupo representava cerca de 18% das 100 famílias escravas, com pai e mãe declarados, em Campo Grande, entre 1704 e 1741. Além da presença de famílias escravas estáveis, tal grupo também se caracterizava pela suas grandes proles (quatro ou mais filhos), algo raro na escravidão brasileira. No período estudado, contabilizei na freguesia 12 casais com mais de dois filhos, dos quais seis pertenciam ao referido segmento da elite das senzalas.

Outra informação que atesta o pertencimento desses casais à hierarquia das senzalas é a de nenhum de seus filhos ter sido batizado por escravos. Portanto, tais famílias cativas raramente mantinham relações de reciprocidade com outros iguais. As 18 famílias consideradas tiveram 33 filhos, dos quais somente três foram batizados por escravos e, assim mesmo, eram cativos assinalados pelo cura como sendo da casa de seu senhor ou por madrinhas parceiras de nobres, em cerimônias de compadrio. Portanto, o segmento da elite da senzala representada por aquelas 18 famílias tinha relações de compadrio verticais majoritariamente com patronos nobres da terra ou livres, o que reforça o seu prestígio nas senzalas (ver Quadro 7). As demais famílias conjugais de escravas tiveram 166 filhos, sendo que em 92 cerimônias foi possível caracterizar o status do padrinho, e o resultado foi o seguinte: 50 livres, cinco forros e 37 escravos (ver ainda Gráfico 3).

Quadro 7
Casais de escravos compadres de nobres: filhos e padrinhos por status social. Campo Grande, 1704-1741. Número de cerimônias (registros de batismos)

Número de crianças	Escravos	Forros	Livres	Nobres	Não consta	Total de afilhados
Absoluto	4	3	6	17	2	32
%	12,5	9,3	18,8	53,1	6,3	

Fonte: Livro de Assentos Paroquiais de Batismo de Escravos de Campo Grande da Cúria Metropolitana do Rio de Janeiro.

O padrão de compadrio desses 18 casais de escravos sugere que, apesar de cativos, deviam possuir mais recursos do que muitos casais de forros e livres. Não custa insistir que mais da metade dos seus filhos teve por padrinhos homens da nobreza. Isso significa a possibilidade de eles terem patronos com acesso ao poder na república e a terras, fenômeno que nem todo casal de livres tinha a seu dispor, ou seja, estamos diante de uma situação social em que, mais uma vez, em tese, relações de aliança redefiniam status jurídico.

No Quadro 6, temos ainda os casais formados por forros e mães escravas. Corresponderam a oito: três casais formais e cinco amásios ou pais identificados pela mãe. As mulheres desse grupo foram dadas como pardas e todos os homens tinham sobrenome, alguns dos quais lembravam apelidos de famílias de conquistadores: Manuel Azedias, Inácio Barcelos e Sebastião Moniz. Esse último fenômeno sugere que tais sujeitos teriam saído dessas casas.

Nove dos 11 filhos desses oito casais foram batizados por padrinhos da nobreza da terra, dois por livres e nenhum por forro, fato que informa a proximidade do grupo com a nobreza. Três daqueles forros apareceram em quatro cerimônias apadrinhando crianças escravas.

Por último, no Quadro 6 temos as mães que não declararam o nome de seus parceiros: somava 28 casos e correspondeu a mais de 32% das 87 situações analisadas. Desse modo, foi significativo entre os batismos de escravos por nobres. Cresceu principalmente depois de 1720, quando temos 23 daqueles 30 casos. Provavelmente, por essa época, pais, principalmente quando nobres e livres, e aliados não permitiram que seus nomes fossem revelados pelas mães escravas. Curiosamente, na mesma ocasião, conforme vimos no Gráfico 1, o número de pardas como mães escravas diminui sensivelmente e o de mães escravas pardas passou a crescer, ou seja, aquele gráfico insinua que as pardas, apoiadas por suas redes de aliados, resistem a ser mães. Portanto, ao lado da resistência dos pais a se deixar identificar temos a resistência das pardas a se transformar em mães escravas, de modo que esse tema merece muito mais pesquisas.

Apesar de dificilmente um casal em que o marido era nobre, livre ou forro, e a mulher, escrava, aparecer unido legalmente, isso não permite concluir que todas essas uniões eram instáveis. No Quadro 6, temos alguns exemplos disso. João de Araújo, que suponho ser filho de João Manuel de Mello e, portanto, integrante da linhagem quinhentista Homem da Costa, em 28/4/1715 registrava Cecília sua filha com Luiza, escrava de Manuel Pacheco Calheiros. Três anos depois foi a vez de Helena. Em 15/10/1731, o mesmo casal registrou a terceira menina, de nome Catarina. Portanto, entre um registro e outro passaram-se 16 anos, o que demonstra a estabilidade da união. Na última data, Luiza já era forra. Em ambos os batizados os casais de padrinhos pertenciam à nobreza da terra. Histórias semelhantes de estabilidade podiam ser encontradas entre os pais livres e forros.

No Quadro 2, afirmei que dez escravas acompanharam nobres, na condição de madrinhas, em cerimônias de batizados de crianças escravas. Da mesma forma, escrevi que tais moças deviam compartilhar um status diferente e superior ao dos outros cativos das senzalas, de cuja elite comporiam um dos segmentos. Acredito que pertenciam à casa de seus senhores, eram pardas ou pretas e estavam mais próximas do centro da família nobre do que os demais cativos das senzalas. Isso, porém, não significa que fossem sempre acompanhadas por padrinhos da mesma casa de seu senhor ou que dela batizassem apenas crianças. Das 11 cerimônias de batismo consideradas, em apenas uma o padrinho e o dono da madrinha pertenciam à mesma casa; nas demais, essa coincidência não ocorreu. Portanto, essas cerimônias reforçavam os laços de amizade entre diferentes, além de demonstrar a circulação dos escravos em terras de outras casas; isso acontecia apesar das disputas que existiam entre elas, situação que é reforçada pelo fato de em apenas duas cerimônias o padrinho nobre e a dona da mãe escrava pertencerem à mesma família ou a casas diferentes. Por seu turno, tal fenômeno de circulação também criava condições para a formação de laços de amizade entre escravos da elite de suas senzalas de diferentes casas. Esse último ponto, para efeito deste capítulo, é de extrema importância, pois chama a atenção para a possibilidade de formação de redes sociais por cativos saídos de diferentes escravarias, sendo isso resultado da dinâmica das práticas senhoriais.

No Quadro 3, vimos que os padrinhos nobres participaram de 87, ou 17,2%, de 516 batizados feitos no período, em Campo Grande, de 1704 a 1741. Conforme os Quadros 4 e 5, as madrinhas escravas e forras dos nobres, provavelmente as representando, apareceram em outros 19, acompanhadas por 16 padrinhos forros e livres. Com isso, já temos dois tipos de batizados de escravos em que as casas da nobreza da terra estavam representadas. A esses dois podemos juntar um terceiro, tendo como eixo aqueles 16 padrinhos não nobres. Para isso, parto do pressuposto de que esses 16 sujeitos deviam ter alguma relação com as casas da nobreza. Portanto, acredito que quando eles participavam de outros batizados — com outras madrinhas —, tais cerimônias e seus agentes tinham alguma relação com a nobreza da terra de Campo Grande e ocorreram 53 vezes. Pois bem, somando os três tipos de batismo nos quais a nobreza estava presente, encontramos 159 (87 + 19 + 53), ou 31% dos 516 realizados no período.

Isso implica afirmar que a escravaria da sociedade rural, oriunda da Conquista, era organizada através das normas da nobreza da terra. Acredito que Campo Grande, na virada do século XVII para o XVIII, tenha vivido o processo de organização da sociedade de Antigo Regime na condição de uma freguesia recém-instalada. No período analisado nos registros de batismos, encontrei 393 famílias escravas (solitárias e de pais incógnitos e solitárias com pais identificados e casais) das quais ao menos 106, ou 26,9% do total, estiveram direta ou indiretamente sob a tutela, via compadrio, de casas da nobreza da terra. Para medir a importância do compadrio na organização do tipo de sociedade considerada, basta lembrar que parte expressiva de sua população era de estrangeiros: reinóis, ilhéus, escravos da Mina, escravos da Guiné etc. Trocando em miúdos, para medir a importância do compadrio nessa sociedade de estrangeiros, basta lembrar alguns pontos: 1) os responsáveis por boa parte da riqueza social eram os escravos e esses, em grande medida, estrangeiros, introduzidos na sociedade via tráfico atlântico; 2) uma das maneiras de incorporação de tais estrangeiros ao seu novo mundo era através do compadrio; 3) além do que, em tal sociedade de Antigo Regime, a família e o parentesco ritual tinham um papel essencial na organização das suas gentes.

Entre aquelas normas, temos: a ideia de hierarquia como fenômeno natural; a de família como sociedade naturalmente organizada; o princípio da autoridade do *pater* e da existência de uma estratificação no interior da parentela; o estabelecimento de alianças entre parentelas através da troca de mulheres etc.

Devo ainda sublinhar que no mesmo processo em que nobreza, via compadrio, organizava a sociedade, ela gerava também alianças hierárquicas com escravos e forros. Através das normas do Antigo Regime, os escravos adquiriam ferramentas conceituais para criar redes sociais e implementar estratégias de seus interesses.

3. Teresa Barbosa e Mariana de Sousa, forras: geração de forros, hierarquia das senzalas, redes sociais dos escravos e forros

Com o passar do tempo, Ana Freire e Paula Micaela, madrinhas escravas da casa dos Alemão Freire, tornaram-se forras. E, nessa nova condição, continuaram como madrinhas, acompanhando nobres em batizados de escravos. Em outras palavras, acredito que se tenham transformado em "assistentes da casa", a exemplo das forras do Quadro 5. Por conseguinte, seu comportamento permanecia pautado pelo pertencimento a uma casa nobre. Paula Micaela forra apareceu em dois batizados: no primeiro, como parceira do nobre Antônio Barreto Pizarro, filho de D. Margarida de Sampaio, ligados aos Teles Barreto (linhagem quinhentista dos Pontes), e, no segundo, acompanhando o então chefe da sua casa, João Alemão Freire. Não tenho notícias de Paula ter constituído família, fosse solitária ou conjugal. Assim, o seu comportamento não foi muito diferente de outra forra e assistente em casa nobre, Mariana da Silveira, cuja história já mencionei. Mariana, sempre como acompanhante de um nobre da sua casa, batizou em 1729 um exposto e, no ano seguinte, filhos de dois casais de escravos.

Algo diferente ocorreu com Ana Freire. A partir de 1735, começou a aparecer como esposa do exposto José Barcelos. O sobrenome do marido sugere que ele tinha alguma ligação com os Freire Alemão, pois um dos apelidos da casa era Barcelos. Aliás, uma das filhas do capitão Manuel Freire Alemão chamava-se Merência Barcelos e vários escravos da casa usavam esse apelido. Portanto, há indícios de José ter sido exposto na dita casa ou de alguma casa aparentada. Confirmando essa hipótese, o casamento de Ana e José realizou-se sob os auspícios dos potentados Alemão Freire. Apesar disso, não podemos perder de vista que o casamento implicava, segundo a escolástica, a formação de uma nova família e, portanto, de casa. Desnecessário dizer que essa última informação, provavelmente do conhecimento dos personagens tratados, colocava Ana Freire numa situação diferente da de quando era solteira.

Em tese, pelo casamento ela saía da casa dos Alemão Freire para formar uma própria. Porém, a implementação da sua autonomia nessa sociedade pressupunha que o casal tivesse principalmente acesso à terra. Até onde sei, Ana e o marido permaneceram nas terras do Guandu e, portanto, deviam manter lealdade aos seus senhores.

A subordinação e, com ela, a condição de protegidos de Ana e José diante da antiga casa de ambos fica patente com o batizado do seu primeiro filho. Nessa cerimônia, os padrinhos foram João Alemão e a prima Isabel Barcelos. Com isso, os antigos laços de pertencimento de Ana e José à casa dos Alemão Freire foram reforçados através de mais um vínculo de parentesco fictício. Provavelmente, por essa altura aquele casal devia viver uma situação próxima à do contemporâneo Manuel Francisco, que, em testamento, declarava ter um sítio com lavouras nas terras de Inácio de Almeida Sampaio, na Freguesia de Jacarepaguá.[27] Portanto, Ana e família viviam uma relação clientelar com os Alemão Freire.

Em 1740, nascia o segundo filho de Ana e José e os padrinhos foram Antônio Garcia do Amaral e esposa, os quais, até onde sei, não tinham ascendência na nobreza da terra, mas no comércio, e na ocasião consistiam nos novos senhores do engenho do Viegas. Por enquanto, não há como saber ao certo a natureza dessa última escolha, ou melhor, por que o casal optou pela aproximação de um novo potentado na região. Talvez essa fosse uma estratégia de aproximação do Alemão Freire com os novos potentados na região. Se isso foi verdade, provavelmente também o foi a estratégia daquela família de lavradores de multiplicar seus elos com patronos poderosos na região.

Entre 1731 e 1735, Ana apareceu como madrinha em seis cerimônias, cujos escravos pertenciam à nobreza da terra e a lavradores com canaviais nos engenhos dos primeiros. Entre esses temos: Roque Gonçalves, lavrador nas terras de Viegas, e Diogo de Oliveira,[28] que era forro, oficial de ferreiro e lavrador no engenho do Retiro da casa dos Manuel de Melo (linhagem Homem da Costa). Quanto aos padrinhos, eram filhos nobres, como Inácio Manuel de Melo, e forros, a exemplo de Cipriano Furlam, oficial de pedreiro do engenho Guandu; o último, provável vizinho de Ana e José Barcelos. Ana e Cipriano batizaram, em 1731, Antônio, natural da Costa da Mina e escravo adulto de Matias Ferreira de Sampaio, nobre da terra. Repare-se que, nesse ritual, temos a presença de pessoas pertencentes a três categorias jurídicas diferentes diante das leis do reino: escravos, forros e livres. E, segundo as regras costumeiras, três estratos sociais distintos: escravos, nobreza da terra e assistentes forros de casas nobres. Coube a Cipriano e Ana apresentarem esses códigos ao estrangeiro Antônio.

Como padrinho, Cipriano tivera uma vida intensa na região. Entre 1730 e 1731 batizou cinco afilhados, todos de senhores residentes no engenho Guandu; dois deles eram adultos. Por três vezes foi acompanhado por madrinhas pardas ou assistentes da casa dos Alemão Freire. Em 1732, aparecia no registro de batismos de escravos como dono de cativos. Possivelmente, tanto Cipriano como Ana desempenhavam, entre outros papéis, o de intermediários entre o centro da casa nobre e a escravaria.[29] Ao fazer isso, também criavam as suas próprias redes sociais, ao menos duas: uma entre as suas respectivas famílias consanguíneas e outra com seus afilhados cativos. Acumulavam, assim, recursos ou um portfólio de amizades entre escravos e forros, com os quais se tornavam peças vitais para o funcionamento dessa economia escravista, cuja base eram as relações pessoais, ou seja, aqueles padrinhos e madrinhas não eram apenas marionetes de seus senhores, mas capazes de organizar as suas próprias malhas de amizades, jogar com os senhores e adquirir novas posições na hierarquia social costumeira.

Um bom exemplo das alianças construídas entre os forros, muitos oriundos de casas de nobres, pode ser ilustrado pelo batismo de Francisco, adulto de Diogo de Oliveira. O padrinho foi o próprio filho de seu senhor e a madrinha, Ana Freire, de modo que temos assim o reforço de pactos entre dois sujeitos forros e que lavravam em terras alheias. Portanto, padrinhos de integrantes do mesmo grupo social de Diogo, a exemplo do que o capitão Manuel Freire Alemão ou João Manuel de Mello fazia com seus cativos. Além disso, Diogo, ao designar seu filho para batizar um cativo, recorria a outras práticas de patronagem com os escravos usados pelos nobres. Provavelmente, através delas procurava, a exemplo das casas nobres, criar relações de obrigação e dependência com parte de seus cativos e, com isso, garantir a subordinação desses.

Para efeito deste capítulo, é minha intenção apenas apresentar indícios do emaranhado de redes pessoais, na forma de parentesco, clientela e amizade, produzindo uma hierarquia costumeira que não se limitava às relações senhor/escravo, mas também a uma gama de outras situações socioeconômicas, entre as quais famílias de lavradores com ou sem cativos oriundos da escravidão. A vivência daquele emaranhado podia assumir diferentes formas.

Estêvão, barbeiro, era escravo preto de Roque Gonçalves Dias, lavrador nas terras do engenho do Viegas, nas mãos de Antônio Garcia do Amaral desde 1730. Na condição de cativo de Roque, batizou escravos de diferentes senhores entre 1730 e 1735, como Rita, Mina, escrava de um lavrador de cana chamado José Duarte, e Inácio, um dos quatro filhos de Garcia Rodrigues e Feliciana Pacheco, escravos de Manuel Pacheco Calheiros.[30] Em 1740, Estêvão aparecia forro e acrescentava ao seu nome o apelido de seu antigo dono, passando a se chamar Estêvão Gonçalves. Como tal, batizou um casal de Leonor Freire, aparentada de João Alemão Freire. Dois anos depois, mudava de condição jurídica e passava para o registro de livres. Nessa nova condição levou sua filha e da forra Mariana de Souza, de nome Antônia, para ser batizada por Francisco Alemão Freire e Úrsula Pinto. O padrinho era irmão de João Alemão, e a madrinha, irmã da mãe da criança. Antes de continuar com as experiências de Estêvão e, através delas, ver algumas das relações e dos processos de mobilidade social nessa sociedade rural, vamos ver um pouco quem era o seu antigo senhor: Roque Gonçalves. Através desse agente é possível perceber mais a complexidade da sociedade considerada e, portanto, compreender trajetórias como a vivida por Estêvão.

A família de Roque Gonçalves morava no engenho do Viegas desde a década de 1710, quando ainda pertencia à casa do tenente-coronel Francisco de Azevedo Viegas (linhagem Viegas), pai do citado alferes Sebastião de Macedo Vasconcelos. Segundo Manoela Pedroza, ainda em 1725 o engenho pertencia à família; entretanto, na década seguinte deve ter passado para Antônio Garcia do Amaral,[31] sujeito que suponho estivesse ligado ao comércio da Praça do Rio de Janeiro.[32] A passagem do domínio do dito engenho não implicou a saída dos Gonçalves do Viegas. Portanto, a troca de senhorio de terras não implicava necessariamente o despejo dos antigos moradores sem terras e a perda de suas benfeitorias (casas, lavouras etc.), que podiam permanecer nas suas residências, mantendo as respectivas lavouras.

Essa última hipótese, caso comprovada por outras pesquisas, pode relevar traços de um direito agrário costumeiro em que o novo senhor do engenho da propriedade reconhecia a posse dos lavradores sem terras sobre as benfeitorias.[33] Com certeza, o tipo de acordo dependia dos interesses das partes envolvidas e devia variar de situação para situação. Porém não me assustaria esse pacto traduzir-se na obrigação de moagem das colheitas no engenho e no reconhecimento do mando político do novo senhor. Algo que, por exemplo, era experimentado por Diogo Duarte de Sousa, possuidor de benfeitorias de plantas no engenho da Serra, do tenente José Francisco de Sousa Leite, na vizinhança de Jacarepaguá, na década de 1740[34] — prática ainda comum em Irajá de finais do século XVIII.[35]

Cabe sublinhar que Antônio Garcia, ao entrar em Campo Grande, o fazia na condição de dono de engenho e escravos, mas também como estrangeiro diante de um emaranhado de redes sociais com seus direitos e obrigações costumeiras, ou seja, muitas não escritas e mantidas pela tradição oral. Entre essas normas, como vimos, temos alguns fenômenos que talvez um desavisado pudesse estranhar, como, por exemplo: 1) o fato de a nobreza da terra ter mando político na república, apesar de vários serem lavradores de cana, mas sem terras; e 2) a presença de uma hierarquia nas senzalas que podia alçar cativos à posição de parentes daqueles nobres. Nas décadas de 1730 e de 1740 os Garcia ainda eram vistos como estrangeiros pelo poder local. Nenhum integrante dessa família transformou-se em oficial das ordenanças, patente usufruída por nobres da terra sem engenhos na localidade, como o capitão Mateus de Escudeiro Machado, genro de Manuel Pacheco Calheiros, dono do engenho do Cabuçu e da linhagem quinhentista de André de Leão.

Além da oportunidade de observarmos indícios dos traços do direito rural costumeiro da região, o cruzamento das histórias de Roque Gonçalves e do forro permite também adentrar no emaranhado de redes sociais com suas normas costumeiras que organizavam a citada sociedade.

Como Estêvão, sua esposa fora moradora na fazenda de Coqueiros, do capitão Francisco Teles Barreto. Pelo menos foi com tal endereço que Teresa Barbosa, preta forra, se apresentou ao registrar, em 1727, sua filha Mariana, de pai declarado como desconhecido. Os padrinhos da menina foram Cristóvão Velho de Araújo e Maria da Conceição Souza, que suponho ser forra.[36] O padrinho era nobre e aparentado do capitão Francisco Teles Barreto, senhor daquelas terras, fato que transformava Teresa em comadre de nobre. A madrinha era filha de Maria de Souza e de Ventura Gonçalves e irmã de Felícia de Azevedo, de quem falarei daqui a pouco. Tratava-se de uma família de lavradores e donos de escravos residentes em Coqueiros e, por sugestão do sobrenome, próximos dos Gonçalves Dias. Em razão dessas informações, suponho que todos os personagens enumerados mantinham laços de amizade havia tempos. Além de Mariana, filha de Teresa e futura esposa de Estêvão (ver Figura 1) e de outra filha de Maria de Sousa e de Ventura Gonçalves, batizaram outros filhos de forros; como dois de Diogo de Oliveira e de Luísa de Sousa, casal já apresentado. Assim, a viúva Maria de Souza aparecia na freguesia como ponto de encontro de uma vasta rede de famílias forras, cujos homens foram escravos oficiais mecânicos.

Na década de 1740, a identidade do pai de Mariana — agora com o apelido de Souza, indicando sua proximidade com a madrinha — foi dada por ela mesma ao registrar a sua filha Leonor, quando assinala que os avós maternos da criança eram Teresa Barbosa e Valério Pinto, que aparece como preto forro em 1733.

Acredito que integrava uma parentela de escravos, também com o sobrenome Pinto, da viúva de João Manuel de Melo e seu filho, donos do engenho do Retiro. Cabe lembrar que, nos anos 1710, tal família, com seus aliados e clientela, entre os quais os escravos, estava em pé de guerra com os Viegas e os Teles Barreto pelo controle dos cargos honrosos da república.[37] Suspeito de que Valério e Teresa, pertencentes a bandos inimigos, tenham vivido esses acontecimentos nas suas infâncias. A primeira notícia que possuo dos Pinto, no Retiro, remonta a 1715, quando um pardo, chamado Inácio Pinto, e sua mulher Joana, escrava de João Muniz de Albuquerque, batizaram um outro cativo. Quase um quarto de século depois, Inácio reaparecia como escravo de Diogo de Oliveira, já citado, e Joana, como forra, registrando dois filhos: Valentim e Apolinário. O padrinho do primeiro foi João Pinto, oficial de ferreiro, e os do segundo, Manuel Pereira e Maria da Conceição, os dois últimos residentes em Coqueiros. Este parágrafo encerra várias informações.

A primeira delas é que os Pinto constituíam uma família cujos componentes possuíam diferentes estatutos jurídicos, o que não os impedia de renovar seus laços de pertencimento via parentesco ritual. Portanto, mais uma vez vemos a família, segundo os preceitos da escolástica, criando e, ao mesmo tempo, contornando tensões da estratificação estamental. Além disso, os Pinto contavam com oficiais mecânicos nas senzalas, o que sugere a antiguidade da família na região e, em razão disso, possuir recursos para alcançar melhores patamares na estratificação social local.

Em realidade, os assentos paroquiais dos Pinto registraram a experiência de ascensão social, então vivida pela família escrava. Os ditos registros os apresentaram como oficiais mecânicos, preocupados em renovar suas alianças com redes de lavradores forros e com escravos. Essa última ideia pode ser vista pela escolha para batizar o pequeno Valentim, em 1734, da madrinha Maria da Conceição de Souza, a mesma que já fora patrona de outra Pinto, no caso Mariana de Sousa, filha de Valentim Pinto (ver Figura 1).

Portanto, desde os anos 1720 os futuros sogros de Estêvão mantinham relações privilegiadas com o centro da casa dos Teles Barreto e dos Manuel de Mello. Valério Pinto e Teresa Batista andavam entre pardos e forros de diferentes casas nobres e tinham acesso a seus titulares. Assim, o casamento de Estêvão Gonçalves, barbeiro, e Mariana de Sousa não fora um encontro fortuito do destino, fora de forros que circulavam em um meio restrito tutelado pela nobreza. Como, aliás, atestou o padrinho da primeira filha de Estêvão, em 1742, de nome Antônia. Nessa ocasião, Estêvão e sua esposa ampliavam o seu capital simbólico, como vimos, convidando Francisco Alemão Freire para tutelar a vida do bebê Antônia. Em uma escritura datada de 1733, João Freire Alemão comprava parte do engenho do Retiro da viúva de João Manuel de Mello. Portanto, ao reconhecer o mando dessa última família e solicitar a sua proteção, Estêvão estava ampliando os seus recursos na hierarquia costumeira da região. Porém, ao mesmo tempo, para os Freire, a cumplicidade de Estêvão e dos Pinto era vital para concretizar seu domínio sobre lavradores e cativos nas suas novas terras do Retiro, já que esses moravam havia tempos no engenho: primeiro como escravos, e, depois, como lavradores forros.

Talvez a mesma manobra de poder feita por Estêvão forro e João Freire tenha sido usada, em 1733, por Antônio Garcia do Amaral, dono da fazenda Viegas, quando assistiu à entrada de Valério Pinto, celebrando o batismo do filho de um casal de cativos da citada fazenda. Na década de 1650, Estêvão e Mariana apareciam como assistentes na fazenda Viegas e nela possuíam três casais de escravos, segundo o livro de batismo de cativos da época. Curiosamente, Teresa Barbosa e Valério Pinto sempre apareceram como forros pretos; já seus filhos seriam designados como pardos forros.

Entretanto, a história de sucesso na escravidão de Estêvão e Mariana não está ainda completa. Ao lado daquelas manobras com a nobreza da terra e os donos de engenho menos nobres temos os pactos com os escravos mecânicos e os lavradores forros, saídos dessa última categoria profissional. Por exemplo, diferentes momentos da vida do casal foram marcados pelo reforço de pactos de amizade e proteção com a família da viúva Maria de Souza e de Diogo de Oliveira. Salvo engano, ambas as famílias eram de lavradores forros, donos de pequenas escravarias, e residiam em terras alheias.

Maria de Souza e Diogo transformaram as suas relações de vizinhança em relações de compadrio e nelas envolveram os Pinto, Estêvão Gonçalves e Ana Freire. Entre 1725 e 1735, Diogo e sua esposa tiveram quatro filhos. Através dessas crianças, tornaram-se compadres e protegidos do capitão Inácio Rangel de Abreu, morador do Coqueiros, e de D. Leonor Freire, moradora do Guandu. Mas duas de suas crianças eram afilhadas das filhas da referida viúva, ou seja, de pessoas da mesma qualidade social, leiam-se também forros.

Através da história de Estêvão, percebe-se a ascensão, na estratificação social, de um escravo para a condição de lavrador forro com escravos, de um cativo cujo ponto de partida não fora a sua proximidade do centro de uma casa da nobreza da terra, a exemplo de Ana Freire. Era escravo de Roque Gonçalves, porém esse não era nobre e nem tinha engenho e suas plantações estavam em terras alheias, no engenho do Coqueiros, de Teles Barreto. Ao lado disso, tornou-se senhor de escravos em outro engenho de açúcar, o do Retiro. Esses movimentos indicam a complexidade da hierarquia social costumeira estudada e as possibilidades de ação de um pequeno segmento de cativos situado no topo das senzalas.

As experiências de Ana Freire e Estêvão insinuam que as suas vidas não estavam ligadas às casas de seus donos. Ambos e suas famílias não só sobreviveram ao declínio das casas da nobreza; além disso, enriqueceram. Talvez o fato de eles saírem de antigas famílias da terra, de conhecerem os códigos locais e possuírem ascendência sobre lavradores pobres e escravas tenha ajudado naquele enriquecimento. Talvez, também, não seja coincidência ambos pedirem proteção aos novos senhores da terra: os Garcia Amaral, vindos do comércio atlântico, subordinação essa provavelmente aceita de bom grado pelos ditos potentados.

Outra moradora de Coqueiros e também frequentadora do pequeno círculo da elite das senzalas foi Felipa Gonçalves, mulher descrita, pelo cura de Campo Grande, como mestiça, escrava do capitão Francisco Teles Barreto. Em 1721, ela registrou o seu filho Salvador e declarou como pai o homem livre Francisco Alvarenga. A importância de Felipa e de seu parceiro para os senhores de Coqueiros me foi revelada pelo fato de a filha e o genro daquele capitão terem apadrinhado o pequeno Salvador. Francisco de Alvarenga morava em Coqueiros, ao menos desde 1707, e, por diversas vezes, foi chamado para tutelar batizados na capela da fazenda; um deles foi o dos escravos de Roque Gonçalves Dias, senhor de Estêvão. Possivelmente, em fins da década de 1720, Alvarenga se transformou em um pequeno senhor de escravos no mesmo engenho, pois, em 1730, comprava dois adultos. Um ano depois, nasceu outra filha de Francisco de Alvarenga, de nome Antônia.[38] Nessa ocasião, mais uma vez o casal reforçava seus elos com a nobreza da terra; a madrinha de Antônia foi D. Brites Barcelos, da parentela dos Alemão Freire. Através de uma segunda menina, de nome Francisca, nascida em 1734, o casal ampliava as suas amizades com lavradores de cana do engenho do Retiro, vizinho de Coqueiros. O padrinho de Francisca foi José Duarte, o mesmo lavrador cuja escrava Rita era afilhada de Estêvão [Gonçalves] desde 1731. A ligação daqueles forros pardos com a nobreza da terra permaneceria na geração seguinte dos Alvarenga.

Salvador Alvarenga, filho de Francisco e Felipa, não registrou o nascimento de nenhum escravo, provavelmente ele não os tinha ou, então, os cativos já eram velhos. Porém, ele e sua mulher Josefa Gonçalves tiveram três filhos, sendo dois batizados por nobres da terra: Manuel Freire Alemão e João de Morais Castro Pimentel (parente do capitão-mor José de Andrade Soutomaior, portanto da linhagem Pontes). Assim sendo, talvez Salvador fosse mais pobre do que seu pai, porém, apesar disso, mantinha o capital simbólico deixado por seus pais, na forma de compadrios com famílias escravas, de lavradores livres e nobres da terra. Essa rede de amizades e compromissos recíprocos garantia a reiteração da hierarquia social costumeira em Campo Grande e, através dela, o status dos Alvarenga no círculo restrito de forros próximos à nobreza da terra. A família Alvarenga, provavelmente, ocupava um papel-chave no funcionamento desse emaranhado de redes sociais e hierárquicas através das quais funcionava a sociedade local.

3.1. Geração de forros, relações de patronagem e a elite das senzalas

Em Campo Grande, entre 1707 e 1741, de sete madrinhas forras, quatro foram acompanhadas por padrinhos nobres. Antes de continuar tal raciocínio, é importante ter o cenário de organização social dos forros, no qual aquelas relações ocorreram. Ao longo daqueles mais de trinta anos, 33 mães forras e suas 52 crianças, compondo diferentes tipos de arranjos parentais, compareceram à matriz de Campo Grande e foram recebidas por 36 madrinhas, das quais apenas sete eram também forras, ou seja, compartilhavam da mesma condição jurídica; as demais ou eram da nobreza, ou livres, ou escravas. Essa informação fala sobre a estratégia de tais mães e de seus aliados naquele instante e, mais, revela a precariedade dos forros de tutelar, ou seja, organizar os seus parceiros. Portanto, estamos numa época marcada pela formação dos forros enquanto grupo social. Dito isso, podemos voltar às madrinhas forras, acompanhantes de padrinhos nobres.

Nesta altura do texto, todas as referidas madrinhas já são nossas conhecidas: Mariana da Silveira, Paula Micaela, Catarina de Sousa e Úrsula de Sousa. Como vimos em outras ocasiões, os seus nomes informam que essa forras tinham proximidade com as casas da nobreza da terra. Desse modo, essas casas assumem um papel de patronos de famílias saídas da escravidão. Cabe lembrar que a alforria implicava o recém-saído da escravidão conseguir meios para prover a sua vida. No cativeiro, o outro lado do trabalho forçado consistia na proteção dada pelo senhor na forma de alimentação e direção na vida social. Com a alforria, o ex-escravo perde essa proteção e deve, portanto, procurar inserir-se em relações sociais que lhe garantam o seu sustento e o de suas famílias. Essa, provavelmente, foi uma das preocupações das forras e de seus parceiros ao escolherem os padrinhos de seus filhos, ou seja, patronos que auxiliassem na formação de suas famílias, quando em liberdade. Considerando que em Campo Grande, até ao menos 1740, a terra e o mando político estavam nas mãos da nobreza, portanto, de seus antigos senhores, não há surpresas no Quadro 8. Nele, cerca de 45% dos padrinhos eram da nobreza e responderam por quase metade dos batizados entre 1707 e 1741.

Comparando o Quadro 2 com o Quadro 8, nota-se que a nobreza principal da terra exercia um papel fundamental na vida dos escravos e dos forros em Campo Grande, no início do século XVIII. Ambos os quadros confirmam a natureza paternalista como um dos elementos que definiam o *ethos* da nobreza diante dos grupos subalternos. Para ela, provavelmente, uma de suas funções na vida era orientar e proteger escravos e forros. Afinal, eles se viam como organizadores da sociedade na Conquista e como responsáveis pelo governo político da república; claro está que tudo isso sob a tutela do príncipe.

Em meio a essa concepção de mundo, destaca-se o peso dado pela nobreza à patronagem aos forros. Entre os escravos, os nobres corresponderam a 13% dos padrinhos e batizaram 17% dos escravos; entre os forros, esses números subiam, respectivamente, para 44% e 48%. Insisto, isso nos fala sobre o *ethos* da nobreza da terra. Na sua visão paternalista, cabia-lhes organizar a vida das famílias forras. Por seu turno, aqueles números, da mesma maneira, falam da percepção de mundo dos ex-escravos. Para eles e pelas razões já apontadas, era fundamental estar sob a tutela dos nobres. Isso lhes garantiria, por exemplo, terem acesso a terras sem a contrapartida de foros. Porém, além disso, contavam com as suas redes de amizades entre escravos e famílias forras mais antigas, como as trajetórias de Teresa Barbosa e Estêvão Gonçalves demonstraram.

Quadro 8

Forros e seus padrinhos por status social. Campo Grande, 1707-1741

Padrinhos		Afilhados	Afilhados/ Padrinhos
Escravos	4 (8,2%)	4 (7,7%)	1
Forros	1 (2%)	1 (2%)	1
Livres	22 (44,9%)	22 (42,3%)	1
Nobres	22 (44,9%)	25 (48%)	1,1
Total	49	52	1,06

Fonte: Livro de Assentos Paroquiais de Batismo de Livres de Campo Grande da Cúria Metropolitana do Rio de Janeiro.

O Quadro 9 demonstra que, na mesma freguesia e no mesmo período, os nobres foram compadres de 21 forras, ou metade de todas as mães forras da época; com isso, tornaram-se pais espirituais de 26 crianças forras. Alguns desses afilhados, como adultos, já apareceram no Gráfico 2. Nele, observamos o crescimento absoluto e o relativo do número de mães forras, entre as demais livres em Campo Grande, entre 1707 e 1789. No intervalo de 1707 a 1720, as mães forras correspondiam a apenas 12% da população de livres. Na mesma época, as donas correspondiam a um quarto da população de mães livres. Porém, desde fins da primeira metade do século aquela distribuição começava a mudar radicalmente, especialmente com o crescimento das famílias forras. No último intervalo, de 1780 a 1789, as mães forras passam a corresponder a quase 40% da população e as nobres praticamente sumiram. Essas mudanças no perfil sociodemográfico da região indicavam alterações na sociedade rural analisada, o que não vem ao caso, neste instante, estudar. Interessa-me, sim, sublinhar que as famílias forras consideradas em grande medida surgiram das casas daquela nobreza principal da terra, foram seus escravos e depois forros.

Entre 1750 e 1759 temos 28 famílias forras, entre solitárias e conjugais; dessas, em ao menos 14, ou metade daquelas 28, um dos pais foi batizado por um nobre, antes de 1740. Através dessas mães temos práticas sociais sobre a passagem da escravidão para a alforria. Entre aquelas mães temos Ana Freire, Josefa Gonçalves, esposa de Salvador Alvarenga, Micaela Barbosa, filha de Teresa, e Leonor, filha de Felícia de Azevedo. Por conseguinte, temos diferentes histórias ou relações sociais envolvendo nobres, cativos e forros.

Por seu turno, aquelas 14 mães forras da década de 1750 responderam por 32 registros, ou 67% de todas as crianças batizadas do estrato social considerado. Dessas 32 crianças, ao menos 13 eram segundas netas de Teresa Barbosa e de Mariana de Sousa, moradoras, em inícios dos Setecentos, no engenho de Coqueiros. Por essa época, como vimos, as mulheres dessas famílias foram comadres de nobres, como Francisco Alemão Freire, afilhadas de Cristóvão Velho de Araújo, e batizaram crianças de diferentes posições na hierarquia das senzalas. No último quartel do século, os engenhos de açúcar pertenciam mais à nobreza principal da terra, pois as casas daqueles padrinhos sumiram.

Quadro 9

Tipos de famílias de mães forras apadrinhadas por nobres. Campo Grande, 1707-1740

Parceiros de mães forras e comadres de nobres		Número de filhos
Tipos de parceiros	Número de pais	
Nobre	1 (4,8%)	1
Dono de engenho	1 (4,8%)	1
Livre	3 (14,3%)	3
Forro	8 (38,1%)	12
Não consta	8 (38,1%)	9
2Total	21	26

Fonte: Livro de Assentos Paroquiais de Batismo de Livres de Campo Grande da Cúria Metropolitana do Rio de Janeiro.

O domínio da nobreza da terra sobre a organização das primeiras famílias forras deve ser, contudo, mediado pelas bênçãos da elite das senzalas. No Quadro 8, vimos que quatro escravos batizaram mães forras e seus filhos. Uma dessas mães foi Simoa, esposa de José Dias, ambos moradores de Joari e pais de Joana. Em 19/4/1740, Joana foi batizada e teve por padrinho Francisco Vaz, escravo de Helena Garcez. Essa última era viúva e ainda filha do capitão Francisco Vaz Garcez, potentado falecido da região, onde foi dono de dois engenhos. Assim, o padrinho de Joana ostentava um dos apelidos de sua casa, fenômeno que me leva a crer tratar-se de um escravo da elite das senzalas. Talvez isso explique o porquê de ele ter condições de proteger uma criança forra e compartilhar de tal ritual com uma forra, Micaela Barbosa, filha de Teresa Barbosa. Acima, já escrevi o suficiente sobre a importância dessa última nos jogos políticos da freguesia. Outra filha dela está presente no Quadro 8; trata-se de Úrsula Pinto. Ela e João Pinto batizaram, em 1738, o seu pequeno parente Apolinário, filho do casal citado, Joana forra e Inácio. Assim, parece-me que os pequenos Joana e Apolinário sublinham, mais uma vez, a importância da elite das senzalas na organização horizontal dos grupos subalternos na região.

3.2. Ethos *da nobreza, pardos e o tráfico atlântico de escravos*

A esta altura do texto, cabe analisar as relações sociais cuja repetição no tempo gerou os forros e, com isso, esclarecer aspectos da hierarquia social costumeira e da economia da sociedade rural estudada. Com respeito aos liames entre a geração dos forros e a economia escravista, trata-se de adentrar os fenômenos que criavam a demanda para o tráfico atlântico de escravos, pois, a princípio, a alforria implicava subtrair cativos da produção de riqueza, o que, mais cedo ou mais tarde, podia envolver a compra de novos escravos.[39] Para responder a essas questões, ainda temos de aguardar mais reflexões teóricas, baseadas em pesquisas empíricas.

Através do Quadro 3, vimos a existência de normas sociais costumeiras, que transformaram dez escravas e sete forras em integrantes das casas nobres e, portanto, com status superior ao dos demais cativos. Das dez escravas consideradas, quatro foram descritas como pardas, três, como pretas, e, quanto às outras, a cor foi omitida. Entre as sete forras, apenas uma apareceu como preta, as outras seis eram conhecidas como pardas. Portanto, entre aquelas madrinhas, escravas e forras, as pardas eram tidas como as mais privilegiadas. Quando essas madrinhas foram acompanhadas nos batismos por padrinhos escravos e forros, esses também eram pardos.

Por sua vez, as 85 cativas, comadres de nobres, foram assim classificadas pelos padres locais: 35 (41,1%) pretas, cinco crioulas e 14 (16,5%) pardas e as outras 31 não tiveram a cor mencionada. Como já veremos, a grande maioria da maternidade na escravidão estava, principalmente, associada às pretas; dificilmente as pardas apareciam como mães. Portanto, era perfeitamente razoável a nobreza da terra escolher famílias cativas com mães pretas para estabelecer laços de parentesco fictício.

Através desses laços, os nobres colocavam em prática a sua visão paternalista sobre as parentelas escravas. Assim, aquele compadrio com famílias cativas, inevitavelmente, tinha de ser com comadres negras.

Entretanto, essa lógica muda de figura quando se tratava das relações de amasio com mulheres cativas. Nesse momento, as cores das escravas escolhidas pelos nobres da terra adquiriram outra tonalidade diante da sociedade. No Quadro 4, vimos que 12 crianças escravas tiveram por pais nobres da terra. As dez mães dessas crianças, antigas amásias de nobres da terra, foram assim classificadas pelo padre: três eram pretas, e sete, pardas. Portanto, quando se tratava de amantes da nobreza da terra, as escravas eram, tendencialmente, vistas como pardas.

Não estou empenhado em discutir se essas pardas eram, de fato, mestiças, ou seja, filhas de negros com brancos ou de escravas com livres. Mas interessa-me identificar uma classificação social, cunhada pela sociedade da virada do século XVII para o XVIII, para classificar o topo da hierarquia das senzalas, ou seja, um segmento social da escravidão percebido pelos contemporâneos como sendo superior e portador de maiores recursos diante dos demais escravos. Acredito que esse segmento era denominado de pardo pelos diferentes sujeitos sociais do período considerado.

O Gráfico 1 (na verdade, uma ilustração), apresentado no início deste capítulo, demonstrou, através dos registros de batismos, a diminuição de mães pardas escravas nos plantéis de escravos de Campo Grande e, em contrapartida, o crescimento das mães pardas forras no mesmo período (1709-89). Parece-me que, nesse gráfico, há indícios da existência de relações na sociedade rural considerada, que subtraíam escravas classificadas como pardas da constituição de famílias conjugais cativas ou, sendo mais preciso, da fecundidade cativa. O mesmo gráfico sugere que aquela subtração de pardas da maternidade das senzalas coincidia com a passagem delas para o grupo dos forros, ou seja, para as famílias de tal grupo.

Nos três primeiros períodos retratados pelo gráfico, Campo Grande esteve em mãos da nobreza principal da terra; o mesmo não ocorreu nos dois últimos, quando a região passou a ser dominada por donos de engenhos, oriundos do comércio. Isso talvez explique o crescimento relativo, entre 1731-42 e 1790-94, do número de mães escravas pardas. Por essa época, a sociedade rural local, apesar de ainda ser de Antigo Regime, vivia sob a lógica econômica e social de um grupo menos afeito às ligações com as senzalas, ao menos no tópico do parentesco fictício.

Apesar da ruptura do período 1790-94, considero que o Gráfico 1, *grosso modo*, retratou movimentos de uma sociedade cujo mando pertencia à nobreza da terra. Em meio à sociedade considerada, acredito que na passagem das pardas escravas para a condição de forras havia uma mudança de condição jurídica, mas não de redes sociais. Sendo mais preciso, parto da hipótese de que o dito gráfico pressupunha a existência de dois fenômenos na sociedade rural analisada:

1) Primeiro, a presença de uma hierarquia nas senzalas, cujo topo era ocupado por segmento que possuía relações privilegiadas com a nobreza da terra, como já foi demonstrado, através das cerimônias de parentesco ritual (madrinhas escravas, compadrio, apadrinhamento). Essa fração social tinha autoridade sob os demais cativos e era classificada como parda;

2) Segundo, o segmento dos pardos possuía relações de amizade com as famílias forras e suas redes sociais. Assim, existiam canais de ligação entre aquele segmento e as redes sociais de forros, essas últimas muitas vezes constituídas por várias famílias.

Através do Gráfico 4, observa-se que o desaparecimento das mães pardas dos registros de batismos de escravos não significou o sumiço dessas mulheres das senzalas. O gráfico procura confrontar o número de pretas e escravas em suas condições de mães e madrinhas. Como era de esperar, o número de escravas pretas nas duas condições foi superior, enquanto o de mães somava 161 mulheres, ou mais de 75% do total (212), e o de madrinhas era de 64 cativas, ou quase 60% da categoria (110). Quanto às pardas, nota-se um nítido desequilíbrio entre a sua vocação para a maternidade no cativeiro e o seu papel de madrinha. Como mães, elas não chegaram a constituir um quarto da população considerada; porém, como madrinhas, representaram quase 40% de todas as escravas convidadas para mães espirituais.

Gráfico 4

Mães e madrinhas escravas por cor/status (pretas e pardas). Campo Grande, 1704-1741

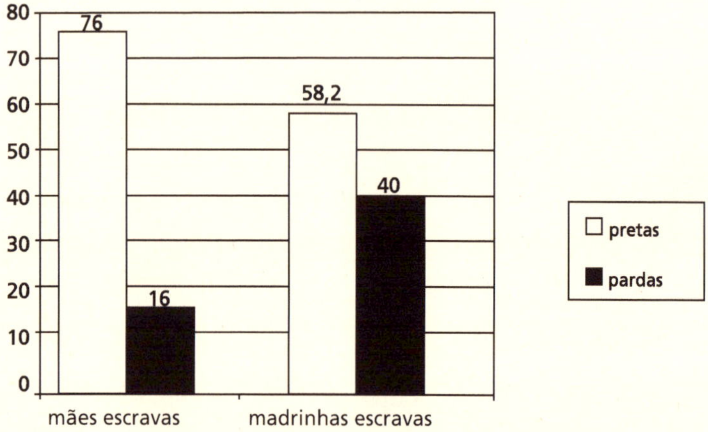

Fonte: Livro de Assentos Paroquiais de Batismo de Escravos de Campo Grande da Cúria Metropolitana do Rio de Janeiro.
Obs.: 212 mães escravas: 161 pretas, 17 crioulas e 34 pardas/110 madrinhas escravas: 64 pretas, duas crioulas e 44 pardas.

Desse modo, em meio aos jogos sociais das senzalas ou no interior das escravarias da região, os pretos e os pardos ocupavam um espaço social distinto. À escrava preta cabia principalmente o papel de mãe. Provavelmente, várias delas eram africanas e, portanto, desenraizadas pela violência do tráfico escravo do atlântico e tinham pressa de construir laços de sociabilidade na nova terra. Através dessas mulheres pretas, novas famílias eram organizadas e, com isso, as sociabilidades dos recém-chegados. As africanas deviam ser também cobiçadas pelos homens das parentelas mais antigas das senzalas, diante da não vocação das pardas para o matrimônio.

Já as pardas, por hipótese, pertenciam a redes familiares e de amizades com mais de uma geração na região, além de dominar as normas da localidade e as suas gentes. Essa talvez fosse uma das razões de as últimas serem proporcionalmente mais convidadas como madrinhas e, com isso, estenderem a tutela de suas redes de amizades para as famílias em formação nas senzalas.

O Quadro 10 reafirma as diferenças entre os segmentos de pretos e pardos através do estado civil das mães escravas. A quase totalidade das mães casadas e, portanto, constituindo formalmente famílias diante da autoridade da Igreja Católica era de pretas. A vocação das mulheres dessa fração escrava para a maternidade, comparativamente aos demais segmentos sociais das senzalas, era assim confirmada, ou ainda, as mulheres classificadas como pretas estavam mais fadadas à constituição de novas famílias conjugais, dentro das normas legais vigentes, do que as crioulas ou as pardas. De 55 escravas casadas, 53 foram denominadas pelo cura e pelos fregueses como pretas. Portanto, as pardas e as crioulas estavam mais afeitas à solteirice na sociedade considerada.

Quadro 10
Estado civil das mães escravas por cor/status (pretas e pardas). Campo Grande, 1704-1741

Mães escravas	pretas		crioulas		pardas		Totais por estado civil
	mães	filhos	mães	filhos	mães	filhos	
Casadas	53 (96,4%)	125	1	1	1	2	55 (25,9%)
Solteiras	108 (67,1%)	47	16 (94%)	18	33 (97%)	38	157 (74,1%)
Total por segmento social de mães escravas	161	172	17	19	34	40	212

Fonte: Livro de Assentos Paroquiais de Batismo de Escravos de Campo Grande da Cúria Metropolitana do Rio de Janeiro.

O Quadro 10 demonstra ainda que, diante das normas legais, a escravidão era constituída principalmente pelas chamadas famílias solitárias, ou seja, mães solteiras e seus filhos. De 212 unidades familiares, entre 1704 e

1740, 157, ou 74% delas, eram compostas por mães solteiras. Isso, fique bem claro, segundo as normas legais da monarquia lusa. Como veremos a seguir, homens e mulheres podiam manter relações estáveis sem ser casados.

Através do Quadro 11, verificamos que entre as mães solteiras várias identificaram os pais de sua criança.[40] Considerando a totalidade do período entre 1704 e 1741, temos uma amostragem de 141 casos de mães solteiras. Desse universo, 73, ou pouco mais da metade das mães, identificaram no batismo seus parceiros. Por conseguinte, temos a chance de definir melhor a ideia de casal e de família na sociedade considerada. Para além dos casais sacramentados pela Igreja, tínhamos as uniões socialmente estáveis, leiam-se aceitas pelas normas rotineiras da sociedade, isto é, entre as 73 mães que identificaram os pais de seus filhos, ao menos oito o fizeram em mais de duas ocasiões, fenômeno que demonstra a duração da união e, portanto, das suas famílias completas. Esses oito casais insinuam a existência, na prática, de outros arranjos maritais, além do convencionado pela Coroa. Tal foi o caso de Bartolomeu Francisco e sua mulher, parda de D. Teodósia, Cardoso, que o apresentou como pai de seus filhos em duas ocasiões, uma em 1706 e outra em 1709.

Quadro 11
Identificações dos pais pelas mães escravas por cor/status (pretas e pardas). Campo Grande, 1704-1741

Mães escravas	pretas		crioulas		pardas		Total geral
	mães	filhos	mães	filhos	mães	filhos	
Pai identificado	44 (47,7%)	47	–	–	30 (91%)	38	73 (51,8%)
Pai não identificado	64 (59,2%)	78	1	1	3 (9%)	4	68 (48,2%)
Total por segmento social de mães escravas	108	125	1	1	33	42	141

Fonte: Livro de Assentos Paroquiais de Batismo de Escravos de Campo Grande da Cúria Metropolitana do Rio de Janeiro.

A natureza estamental dessa sociedade, ou ainda a introspecção dessa concepção nas escolhas cotidianas dos escravos e dos forros, pode ser também apreendida no Quadro 11. Nele, observa-se que as mães pardas quase sempre *podiam* identificar os pais de seus filhos. Das 33 escravas classificadas como pardas, 30 declararam os parceiros. O mesmo não ocorreu entre as saídas do segmento identificado como preto. Das 108 mulheres pretas, 64 escravas, ou 59,2%, não disseram em público o nome dos pais de seus filhos; portanto, nesse instante inverte-se por completo a situação antes vista no Quadro 10. Nele, as mães pretas, proporcionalmente, casavam-se mais do que as demais frações sociais da escravidão, sendo tais casamentos feitos com pais também cativos. Porém, o cenário mudava por completo quando a relação entre eles era ilegítima.

Quando o filho era ilegítimo, as pretas tinham menos chances do que as pardas de declarar o nome do pai de seu filho. Devo insistir que ambas as mães não estavam sozinhas no mundo e, portanto, as suas decisões eram compartilhadas com os seus respectivos aliados, ou melhor, provavelmente os pardos escravos estavam mais organizados, tinham mais e melhores coligados do que os pretos. Daí as diferentes chances para cada um dos grupos analisados.

Quadro 12
Status dos pais identificados pelas mães escravas por cor/status (pretas e pardas). Campo Grande, 1704-1741

Pais identificados	pretas		pardas		Total geral
	mães	filhos	mães	filhos	
Escravos	28(60,9%)	28	0	0	28 (35,4%)
Forros	6 (13%)	6	0	0	6 (7,6%)
Livres	12 (26,1%)	14	26 (78,8%)	28	38 (48,1%)
Nobres	0	0	7 (21,1%)	8	7 (8,9%)
Total por segmento social de mães escravas	46	48	33	36	79

Fonte: Livro de Assentos Paroquiais de Batismo de Escravos de Campo Grande da Cúria Metropolitana do Rio de Janeiro.

Apesar de as famílias conjugais ilegais existirem, o Quadro 12 reafirma que as uniões entre homens e mulheres tinham como pano de fundo uma sociedade ciosa de suas diferenças. Em outras palavras, sugere que a capacidade de pressão da mãe solteira escrava sobre o pai vinha da inserção da última na sociedade estamental considerada. Segundo esse quadro, temos 79 pais identificados cujo status foi mencionado. Desse total, 28, ou 35,4%, eram cativos, seis, ou 7,6%, forros e os livres nobres ou não somavam 45, ou 57%, daqueles 79 pais. Portanto, cerca de dois terços dos pais tinham um status superior ao das mães, fenômeno que reduzia as chances dessas mulheres e dessas amigas diante dos pais e dos amigos dos últimos. Logo, numa sociedade ciosa das suas diferenças, o casamento entre pessoas de diferentes status parecia pouco aceitável. Entretanto, insisto, isso não implicava que os agentes sociais não admitissem uniões consensuais, ou seja, que um homem livre e uma escrava pudessem constituir um domicílio e ter filhos.

A introspecção da natureza hierárquica da sociedade pelos cativos, entendidos como agentes sociais, em suas relações cotidianas nas senzalas, é também verificada no Quadro 12. Nele, observa-se que, entre os pais identificados pelas pardas, nenhum foi escravo; todos eram livres e alguns, nobres. Uma leitura possível é que as moças do segmento dos pardos da escravaria não se envolviam com os pretos. A sociabilidade do grupo se dava intragrupo e com estratos superiores. Essa hipótese foi sugerida pelos dados do Quadro 11. Entre as mães solteiras pardas, quase todos os pais foram citados (30 de 33) e, portanto, pude identificar a sua origem social. O mesmo não aconteceu com as mães pretas; quase a metade dos pais permaneceu desconhecida.

Já vimos que os casamentos entre pessoas de estratos diferentes eram algo remoto. Isso nos obriga a perceber os agentes envolvidos nas relações sociais consideradas (pais, mães, seus respectivos aliados e donos) em um novo cenário, em que realizaremos um exercício de abstração: tentemos pensar as opções de vida daqueles pais livres, muitos recém-saídos da escravidão ou estrangeiros, numa sociedade profundamente hierarquizada e com poucas possibilidades. Em tal ambiente, talvez estivessem mais propensos a facilitar a declaração de sua paternidade de crianças escravas, desde que os segmentos das mães tivessem recursos a lhes oferecer. Parece que esse foi o caso dos pais com ofícios mecânicos e profissões especializadas, muitos, suspeito, saídos da escravidão. Localizei nove sujeitos com esses atributos, entre os 108 pais de 1704 a 1741; deles, sete tiveram filhos ilegítimos com pardas escravas, ou seja, tiveram seus nomes declarados pelas mães. Nesse instante, devemo-nos lembrar dos recursos disponibilizados para as pardas, já apresentados comparativamente a outros segmentos da senzala: elas correspondiam à segunda ou à terceira geração na América e tinham mais acesso ao centro das casas nobres e as suas redes sociais envolviam forros e escravos.

A hipótese de as mães pardas e de seus aliados terem recursos para oferecer aos pais identificados não nobres pode ser notada no Quadro 13. O número de mães solteiras pardas que revelaram o nome dos pais livres, não nobres, de seus filhos foi 29. Em oito situações, os padrinhos eram nobres, em 17, eram livres, e em quatro, desconhecidos. Algo diferente ocorreu no caso das mães do segmento dos escravos pretos. Os seus compadres se distribuíam do seguinte modo: dois nobres, seis livres, cinco escravos ou forros.

Portanto, conforme os dados do Quadro 13, talvez não fosse mau negócio para os pais livres e solteiros se deixarem identificar pelas escravas pardas, pois, em tese, elas os podiam incluir em poderosas redes de aliados. O contato com esses dessas mães escravas talvez compensasse para o pai livre tornar público para a sociedade estamental a sua *amizade* com uma mulher cativa. Talvez não tenha sido mau negócio para Manuel Pereira, oficial de carpinteiro, ter sua ligação denunciada por Maria, parda de Paula Francisca, moradora de Coqueiros. Caso consideremos que os padrinhos dessa ligação ilícita foram Matias Ferreira Sampaio, da linhagem dos Viegas, e a parda forra Lourença de Abreu. Algo semelhante pode ter ocorrido com Antônio Antunes, solteiro e livre, cujo nome fora apontado, em 1727, por Maria, parda de Manuel Pacheco Calheiros. A madrinha da criança foi D. Teresa, filha do quinhentista João Barbosa Calheiros.

Quadro 13

Pais livres, não nobres da terra, identificados e os compadres das mães escravas por cor/status (pretas e pardas). Campo Grande, 1704-1741

Padrinhos	Mães escravas		
	pretas	pardas	Total
Escravos	3		3
Forros	2		2
Livres	6	17	23
Nobres	2	8	10
Não informado	0	4	4
Total por segmento social de mães escravas	13	29	42

Fonte: Livro de Assentos Paroquiais de Batismo de Escravos de Campo Grande da Cúria Metropolitana do Rio de Janeiro.

Enfim, conforme essas últimas informações, posso reafirmar a hipótese da presença de uma hierarquia nas senzalas, e mais: ela resultava da ação dos escravos em suas relações com os demais segmentos da sociedade. As escravas pardas tinham menos vocação para a maternidade no cativeiro do que as pretas e, quando o faziam, apareciam principalmente como mães solteiras e "amigas" de pais livres, ou seja, na solteirice as pardas escravas tinham filhos principalmente de homens livres e dificilmente de outros escravos. Mais do que isso, as pardas possuíam mais condições de identificar os seus parceiros ilegais.

Apesar de tal denúncia sublinhar a transgressão de uma das regras básicas da sociedade estamental, qual seja, a interdição das ligações mais íntimas entre homens e mulheres de status diferentes, ela era feita. Observe-se que as uniões entre pardos escravos e livres, se por um lado infringiam as normas das diferenças estamentais, por outro as reforçava, pois reafirmavam as diferenças sociais entre os cativos. Em outras palavras, os escravos, ao elaborar suas estratégias, partiam do pressuposto da existência de uma sociedade estamental dentro e fora das senzalas, ou, ainda, pautavam suas vidas conforme as diferenças sociais no interior das escravarias.

O cruzamento desses resultados, além da ideia da hierarquia nas senzalas, permite avançar para as seguintes hipóteses:

1) O segmento dos pardos, ao subtrair mulheres da maternidade em cativeiro, interferia no cálculo senhorial de reposição de mão de obra e, com isso, sua ação contribuía para o tráfico atlântico de escravos.

2) Essa subtração resultava de amizades entre os escravos pardos e os estratos livres da sociedade. As mães solteiras pardas tiveram livres como companheiros e compadres.

3) Essas últimas amizades devem ter contribuído para a libertação das pardas; portanto, a produção da alforria tinha início no cativeiro e na sua hierarquia social.

Nesse cenário, o predomínio das pardas sobre as pretas na população de forras nos livros de batismos de livres de Campo Grande, entre 1707 e 1741, surge como um resultado esperado. De um universo de 39 forras, 12 eram pretas, e 25, pardas. Essas mães registraram, respectivamente, 13 e 32 crianças, ou seja, se no cativeiro as mulheres designadas como pretas prevaleciam, entre as mães, na liberdade dominavam as pardas.

Por seu turno, não há como deixar de escrever mais sobre as escolhas das pardas cativas e de suas redes sociais com o tráfico atlântico de escravos. Em outras palavras, nos assentos de batismos de escravos das freguesias do Rio de Janeiro, do século XVIII, há indícios de que, nas áreas dominadas pela nobreza da terra, a compra de africanos adultos era mais frequente do que nas freguesias dominadas por senhores de engenhos, que não pertenciam à nobreza e não compartilhavam de seu *ethos*. Isso me foi sugerido pelo batismo de adultos. Em Campo Grande, entre 1704 e 1741, a porcentagem dos batismos de africanos correspondeu a 10,1% do total (516 registros). Em Guaratiba, onde o mando da nobreza da terra se mantinha, ainda no período de 1762 a 1788, tal porcentagem foi de 8,6% de 885 batizados. Essa porcentagem cai quando tratamos de freguesias dominadas por donos de engenho oriundos do comércio. Tal foi o caso de Irajá, entre 1780 e 1795, e de Campo Grande, de 1792 a 1794. Nessas freguesias, os africanos correspondiam, respectivamente, a

2,6% de 266 e a 3,3% de 775 batizados realizados no período. Assim a lógica econômica da *plantation* analisada passa a ser também resultado do *ethos* da nobreza da terra e da hierarquia das senzalas.

Conclusão

Desnecessário dizer que as ideias expostas pretendem, apenas, contribuir para o melhor entendimento da sociedade da Conquista ou, se preferirem, colonial e isso, especialmente, para o período anterior a 1750 e em áreas agroexportadoras.

No início deste capítulo, mencionei que a sociedade rural estudada vivenciou mudanças no âmbito do Antigo Regime nos trópicos. Entre tais fenômenos temos o definhamento da nobreza principal da terra e sua substituição por senhores de engenho, formados em meio à acumulação mercantil. Isso foi acompanhado por novas configurações das relações escravistas, como, por exemplo, a redução do apadrinhamento dos donos de escravos feito a cativos e forros. Tal mudança implicou, provavelmente, uma nova concepção de escravidão, mais distante da casa-grande (família proprietária dos cativos). Da mesma forma, o definhamento da sociedade de mando da nobreza contribuiu para dois outros fenômenos: um novo formato da hierarquia das senzalas e um novo papel dos forros na organização da sociedade, via compadrio, especialmente entre os escravos e os próprios libertos. Com isso, voltamos ao engenho de açúcar São João de Sapopema, do capitão João Pereira Lemos, e ao cabra escravo José Batista com sua família e o partido de cana.

Com esses moradores da Freguesia de Irajá comecei o capítulo e exemplifiquei alguns dos vários traços que diferiam a *plantation* da América lusa das presentes no Caribe inglês dos Setecentos. Neste momento, é importante, também, sublinhar que tais personagens surgiram do processo gerativo em curso, no século XVIII, nas cercanias da praça mercantil do Rio de Janeiro. Em outras palavras, as relações entre aquele capitão, os forros e os escravos, ao redor do cultivo de roças no engenho de São João de Sapopema, nem sempre existiram. Foram o resultado, em parte, dos processos anteriormente descritos.

José Batista pertencia ao restrito da elite das senzalas do engenho de Sapopema, do capitão João Pereira Lemos. Essa elite, em 1795, era composta por oito famílias, em meio às 25 existentes, em um plantel de 113 cativos.[41] Ao menos, a combinação de duas características daquele grupo permitiu-me chamá-la de elite: as oito famílias possuíam ofícios qualificados e plantações de cana. Em outras palavras, elas compartilhavam, com os forros e os lavradores brancos, o privilégio do cultivo de plantações próprias no engenho. Tal elite escrava era composta por apenas um casal de africanos, fenômeno que referenda uma prática vinda de outras épocas: os cativos nascidos na terra (portanto, filhos e netos de africanos) tinham mais chances do que os estrangeiros, como diversas vezes sublinhei. Por seu turno, naqueles casais prevaleciam os homens nascidos na terra e as mulheres africanas, como fora o caso do próprio José Batista e de Raimundo, esse último pastor com lavoura de cana e casado com Marcela Angola.

Portanto, sob certos aspectos, essa elite consolidava um processo visto ao longo deste capítulo, qual seja, uma vez alcançado o ofício mecânico, o cativo ampliava sensivelmente seus recursos diante da escravaria. A presença de Estêvão, *oficial de barbeiro*, e de João Pinto, *oficial de ferreiro*, nas redes de escravos e forros, e seu acesso a terras nos engenhos, não foi coincidência. Porém esses últimos, ao contrário de seus homólogos de finais do século, tinham nas ligações pessoais, via compadrio, com a nobreza da terra um dos seus traços fundamentais, ou seja, como vimos em Estêvão e Cipriano, personagens das décadas de 1720 e 1730, há a combinação da habilidade mecânica com o paternalismo das casas da nobreza. O mesmo não ocorria com igual frequência, nas décadas de 1780 e 1790, nas freguesias onde o poder passara da nobreza da terra para os senhores de engenho vindos do comércio. Nessas décadas, a elite das senzalas montava suas redes sociais seguindo três princípios: buscar aliados entre estratos sociais com mais recursos na sociedade local, forros e livres; reafirmar pactos de amizade entre seus componentes; e formar uma clientela entre os demais escravos. Por sua vez, isso implicava afirmar que, nessa época, os escravos com relações mais pessoais com o centro da casa-grande tinham perdido espaço na elite das senzalas. Na verdade, os novos donos de engenho abandonaram a política de apadrinhamento dos cativos. O parentesco fictício entre escravos e forros com os donos de engenho recuou e as madrinhas escravas e forras, acompanhantes de padrinhos da elite rural, sumiram.

Em outras palavras, a sociedade rural passava a ser organizada de outro modo. O recuo das relações de compadrio entre nobreza da terra e escravos cedia espaço para novas ligações de parentesco ritual, isso numa sociedade em que o parentesco cumpria diversos papéis fundamentais em vários aspectos da vida social. Nesse cenário, temos o avanço do apadrinhamento feito por forros, tanto entre os escravos como entre os recém-saídos do cativeiro, como, aliás, vimos no Gráfico 3.

Nesse cenário de fins de século e nas freguesias rurais dominadas pelos senhores vindos do Atlântico, as relações sociais escravistas continuavam a permitir que as pardas tivessem pouca vocação para a maternidade nas senzalas e quando isso ocorria, elas continuavam com mais chances de escolher padrinhos de melhor qualidade do que as escravas pretas. Daí a presença da esposa africana nos casais de oficiais mecânicos. As prerrogativas das pardas escravas permaneciam, traduzindo-se no seu domínio entre as forras.[42]

Nesse mundo de mudanças, outras permanências merecem destaque. Uma delas é a prática de os forros batizarem seus próprios escravos e os de seus aliados, também forros. Em 13/2/1791, a pequena Paula, filha de Manuel das Almas e sua mulher Anna Perpétua, escravos de João Batista, foi levada à igreja para receber os Santos óleos. O padrinho foi o próprio filho de João Batista, ainda escravo, José Batista. Repete-se, assim, uma prática muito usada pelas casas da nobreza da terra, como vimos, ou seja, estabelecer parentesco ritual com os moradores de suas senzalas.

Caso passemos para Jacarepaguá da década de 1750, freguesia ainda dominada pela nobreza da terra, veremos a repetição do fenômeno.

Rosa, filha de Benedita, escravas de Francisco de Souza Quintanilha, pardo forro, em 24/2/1755, foi apadrinhada por Francisco da Silva. Esse último era filho de um outro pardo forro, dono de escravos: Boaventura Sampaio, lavrador com sua família e cativos no Rio Grande, engenho que tinha por senhor o capitão Manuel Pimenta Sampaio. Como o apelido de Boaventura sugere, ele foi pardo da elite da senzala dos Sampaio, linhagem quinhentista já apresentada. Por seu turno, José de Sousa, pardo e filho do citado Francisco de Souza Quintanilha, se dispôs a ser pai espiritual, em 7/2/1757, de uma menina do casal Antônio e Maria, cativos de Pedro da Silva de Carvalho, forro e lavrador nas terras do engenho do então capitão João Barboza de Sá Freire (linhagem Mariz).[43]

No início deste capítulo, apresentamos uma ciranda semelhante, só que os padrinhos não eram pardos, mas da nobreza da terra. Provavelmente foi com os Sampaio e os Mariz e outros nobres que os pardos Boaventura, Francisco Quintanilha e Pedro da Silva aprenderam a prática de criar elos de subordinação e de compromisso com a escravaria através do compadrio. Ao mesmo tempo, o fato de os forros donos de escravos adotarem aquelas práticas da nobreza da terra informa-nos que estamos diante de um traço da moralidade senhorial ou, ainda, de um dos mecanismos de geração de relações de dependência usados para a produção da riqueza nas sociedades de mando da nobreza.

Da mesma forma, há indícios da permanência do acesso a terras dos engenhos por forros e seus descendentes, na década de 1790, em Campo Grande; ou seja, a existência de sitiantes, leiam-se lavradores em terras alheias, sem a contrapartida de foros, continuava como prática social, sendo tal realidade também encontrada nas áreas dedicadas à produção de alimentos, como Iguaçu. Em 1792, João da Silva, forro, em seu testamento, declarava possuir escravos e um sítio de mandioca em terras alheias, em Iguaçu.[44]

Em fins do século XVIII, a nobreza da terra praticamente sumiu de Campo Grande, como afirmei diversas vezes; porém seus "antigos escravos e pardos da casa" permaneceram na região, ou melhor, os descendentes da velha elite das senzalas da época da nobreza da terra continuaram, ao que parece, ocupando um papel importante na organização social local. Isso me foi sugerido pelo próprio início de vida de Florinda, quarta neta de Mariana de Sousa, pelo lado paterno, e segunda neta de Ana Freire, pelo lado materno. Seus pais permaneceram, como seus antepassados, vivendo como lavradores em antigos engenhos de açúcar, como o Viegas. Ela era filha do açoriano Alexandre José e de Maria do Desterro, essa descendente de pardos; porém, no registro, tal passado na escravidão desaparecerá, o padre não o mencionou no de Florinda, que fora batizada em 2/7/1789 pelo capitão Inácio Coelho Borges, cunhado do senhor de engenho José Antunes Suzano.[45] Sua tia, chamada Rosária, tivera pouco antes, em 10/7/1784, por padrinho outro Antunes Suzano: o alferes Manuel Antunes Suzano. Como já afirmei, os filhos de Ana Freire foram batizados por nobres da terra, como Manoel Freire Alemão, e novos potentados. A filha de Ana Freire e avó de Florinda, de nome Maria de Santa Rosa, fora batizada por Francisco Garcia do Amaral, filho do nosso conhecido Antônio Garcia do Amaral, dono do engenho do Viegas. Assim, temos uma cadeia de relações clientelares, vivida pela família de Florinda, que vem desde a primeira metade do século XVIII, ultrapassando o definhamento da nobreza da terra, continuando entre os novos potentados, vindos do comércio. Esses últimos batizaram mais de duas gerações de descendentes da velha elite das senzalas. Portanto, no caso dos descendentes de Ana Freire, tais potentados permaneciam com a prática paternalista, abandonada para os forros e os escravos.

Uma das explicações para isso talvez seja a importância de tal linhagem de pardos na organização social da hierarquia estamental na região, com seus senhores, forros e escravos. Caso essa hipótese se comprove, temos um cenário no qual a ordem social depende dos remanescentes, agora livres, da velha elite das senzalas, ou, o que é o mesmo, as relações de dependência e de proteção, via compadrio, continuavam a exercer um papel na autoridade da elite rural.

A permanência da proteção dada à descendência de Ana Freire, ou, ainda, a sua importância para a ordem social na localidade, talvez seja mais percebida caso observemos que estamos diante de uma rede social.

Ana Freire e o esposo José Barcelos adotaram práticas sociais de aliança já vistas, ou seja, em meados do século XVIII procuraram selar pactos de aliança com outros forros importantes na região, como os descendentes da nossa conhecida Mariana de Sousa. Maria de Santa Rosa, em meados do século, casou-se com Alexandre Rodrigues, filho de Luiza de Mello, descendente de Mariana de Sousa e de Gonçalo de Mattos, lavrador forro, próximo ao engenho do Retiro, quando pertencia à família dos Manuel de Mello, da nobreza da terra. Desse modo, a pequena Florinda era o ponto de encontro de velhas redes sociais e de parentela que se estendiam por Campo Grande. Para se ter uma ideia de tal rede, basta dizer que na década de 1790 foram batizadas 245 crianças, descendentes de forros, das quais mais de 20 eram consanguíneas de Florinda.

Uma história parecida com a da pequena Florinda foi a de Maria, nascida em 1799, filha de Crispim da Cruz e de Tereza Maria, ambos pardos. O padrinho foi Joaquim Cardoso dos Santos, filho de Marcos Cardoso dos Santos, dono de dois engenhos em Campo Grande. Talvez um dos segredos de tal apadrinhamento esteja no fato de os avós paternos de Maria, Manuel e Maria da Cruz, na década de 1750, terem por compadres nobres da terra, como Gregório de Morais Castro. Portanto, os avós pardos forros estavam inseridos em redes sociais que conectavam forros e escravos com potentados.

Enfim, as relações de proteção e dependência, inauguradas pela nobreza da terra, permanecem quando o grupo desaparece da região. Foram remodeladas e um dos agentes desse processo foi a descendência da antiga elite das senzalas, da época do mando da nobreza da terra.

As informações empíricas deste capítulo foram retiradas do Banco de Dados Nobreza Principal da Terra — ART (Antigo Regime dos Trópicos, grupo de pesquisa do CNPq)/IH/UFRJ. Trata-se de um banco de dados digitalizado de base onomástica formada pelos integrantes da nobreza da terra do Rio de Janeiro entre os séculos XVI e XVIII. O seu ponto de partida foram as genealogias presentes nos três volumes de Carlos Rheingantz, os assentos paroquiais de batismo de livres e escravos localizados no Arquivo da Cúria Metropolitana do Rio de Janeiro (Freguesias de

Irajá, Jacutinga, Jacarepaguá, Guaratiba e Campo Grande), escrituras públicas do 1º Ofício de Notas do Rio de Janeiro (Arquivo Nacional, Biblioteca Nacional e Arquivo Geral da Cidade do Rio de Janeiro).

Notas

1. Ver Eltis, Richardson, Berhens e Florentino, em <http://wilson.library.emory.edu>.
2. Sistema pelo qual a Coroa concedia o privilégio do comércio de cativos em determinadas áreas da costa africana. Por exemplo, no século XVI, os moradores de Cabo Verde tinham tal exclusividade na área da Senegâmbia. Ver André. A. Teixeira, 2005; e João José Abreu Souza, 2005, p. 85-89. Através da economia do dom, os serviços prestados à monarquia, no Atlântico e em outras paragens, eram pagos com a concessão de hábitos militares, tenças, monopólios etc. Sobre o tema, ver Ângela B. Xavier & António M. Hespanha, 1993, p. 382-386; e João Fragoso, 2000a, p. 49-52.
3. Robin Blackburn, 2003; B. W. Higman, 2000, p. 213-236; Richard S. Dunn, 1972.
4. Ver Stuart Schwartz, 1988; Stuart Schwartz, 2004.
5. Ver Gilberto Freyre, 2006; Sérgio Buarque de Holanda, 1995. Sobre relações clientelares no Brasil, ver Maria Isaura Queiroz, 2006, p. 172-212. Ver ainda Linda Lewin, 1993.
6. Sérgio Buarque de Holanda, 1995.
7. Ver Adriana Pereira Campos, 2003.
8. Ver E. Grendi, 1978; Manuela Pedroza, 2008.
9. Entre os estudos pioneiros, temos Sheila de Castro Faria, 1998. Ainda na década de 1990, José R. Goés, 1993; ver, também, Silvia, M. J. Brügger, 2007; Roberto Guedes, 2008; Cacilda Machado, 2008; Martha Daisson Hameister, 2006; Manuela Pedroza, 2008.
10. Para Irajá, ver João Fragoso, 2010c.
11. Nessa sociedade católica, o batizado representa aliança entre os pais da criança e os padrinhos ou pais espirituais, na qual os últimos respondem pelo ensinamento cristão e dos bons costumes. Ver Sebastião Monteiro da Vide, 2010, p. 153. Assim, o apadrinhamento, entendido como parentesco ritual numa sociedade em que a vida religiosa se confundia com a social, e os laços familiares tinham papel vital no cotidiano e podem ser encarados como um índice que mede o peso dos grupos na organização social considerada.

12. Cabe sublinhar que estamos numa economia cujo mercado não era autorregulado e prevaleciam circuitos locais de comércio. Em outras palavras, as relações pessoais e políticas continuam influenciando a dinâmica econômica. A isso acrescenta-se a ideia de autogoverno diante da monarquia e, assim, a possibilidade de as localidades serem dominadas por potentados e suas casas.
13. José de Souza Azevedo Pizarro & Marcus Monteiro, 2008; marquês do Lavradio, 1843. Cartório do 1° Ofício de Notas do Rio de Janeiro. Arquivo Nacional e Biblioteca Nacional. <https.www.familysearch.org.> Óbitos — Testamentos Freguesias da Sé, Candelária, Campo Grande, Jacarepaguá, Rio de Janeiro.
14. Para o uso da expressão linhagem, ver capítulo 3 deste volume.
15. Antônio F. P. Caetano, 2003, p. 150.
16. José de Souza Azevedo Pizarro & Marcus Monteiro, 2008, vol. 1, p. 92.
17. Idem, p. 105-108.
18. Ver João Fragoso, 2010b, p. 200-245.
19. José de Souza Azevedo Pizarro & Marcus Monteiro, 2008, p. 95. Sobre a trajetória da família Suzano nas Minas, ver Mathias Kelmer, 2009.
20. Entre esses padrinhos, temos os donos de engenhos e de escravos e seus filhos. Desse modo, apresento resultados diferentes dos expostos por Schwartz, segundo o qual o apadrinhamento de cativos por seus donos colocava em perigo a autoridade dos senhores diante de seus cativos. Parto de uma hipótese contrária à desses autores e procuro demonstrá-la. Stuart Schwartz, 1988, p. 331.
21. Para o conceito de patronagem nas sociedades católicas de Antigo Regime, ver Bartolomé Clavero, 1990.
22. Mariana, como veremos, era filha de uma forra chamada Maria da Silva.
23. A norma citada foi também válida para dez mulheres livres que foram madrinhas em rituais de batismos com padrinhos nobres (ver Quadro 2). Conforme a norma estudada, essas mulheres livres, por estarem ligadas a uma casa nobre da terra, vínculo indicado no referido ritual, só poderiam reaparecer em cerimônias acompanhadas por homens do mesmo ou de status superior. E foi isso que aconteceu. As únicas cerimônias de batismo a que elas compareceram foram aquelas em que os nobres eram padrinhos.
24. Ver Eugene Genovese, 1988.
25. Trata-se de casos em que os pais não eram casados com as mães, mas foram por elas identificados no batismo da criança.
26. Sebastião Monteiro da Vide, 2010.
27. Livro de Óbito de Livres, Jacarepaguá (1734-1796). AP-0208. Falecido: Manoel Francisco, casado com Maria de Souza. Data de falecimento: 9/6/1747. Livro de Assentos Paroquiais de Óbitos de Jacarepaguá da Cúria Metropolitana do Rio de Janeiro. Ver site <www.familysearch.org>.

28. Na construção das relações sociais que deram vida a Diogo de Oliveira, fiquei na dúvida se ele era ou não forro. Seja como for, tinha forte laços de amizade com forros, como já demonstrei.
29. Não custa recordar que, além de intermediários com a escravaria, as escravas e as forras também batizavam filhos escravos de seus amos.
30. Garcia e Feliciana pertenciam ao restrito grupo de casais de escravos, já vistos, compadres de nobres.
31. Manoela Pedroza, 2008, p. 54-56.
32. Isso é sugerido pelas ligações da família da esposa, Ana Maria Rosa, de Antônio Garcia do Amaral com o negociante de grosso trato capitão Antônio de Oliveira Durão. O cunhado de Antônio Garcia, Antônio da Rosa, em 1753, teve um dos seus filhos batizado pelo capitão Oliveira Durão. Livro de batismos de Irajá, Assento de batismo datado de 1º/5/1730, feito por Antônio Garcia do Amaral e Anna Maria da Rosa; Livro de batismos de Irajá, Assento de batismo datado de 20/1/1753, feito por Antônio da Rosa. Arquivo da Cúria Metropolitana do Rio de Janeiro. Sobre os negócios de Antônio de Oliveira Durão, ver Francisco Pinheiro Guimarães, 2009. Agradeço a Helen Osório a fonte.
33. Essa prática foi identificada por Hebe Mattos para o século XIX. H. Mattos, 2009.

Através das compras e vendas de partidos e outras benfeitorias encontradas nas escrituras públicas do século XVII no Rio de Janeiro, tal direito rural devia ser de longa data. Ver Livros de escrituras públicas, 1º Ofício do Rio de Janeiro, século XVII, Arquivo Nacional.

34. Livro de Óbito de Livres, Jacarepaguá (1734-1796). AP-0208. Falecido: Diogo Duarte de Sousa. Data de falecimento: 17/3/1748. Livro de Assentos Paroquiais de Óbitos Jacarepaguá da Cúria Metropolitana do Rio de Janeiro. Ver site <www.familysearch.org>.
35. João Fragoso, 2010c.
36. Essa suposição baseia-se na classificação dada aos parentes de Maria, como Gonçalo de Mattos, forro pardo, Registro de Livres de Campo Grande, assentos de 7/11/1783 e 26/3/1759.
37. João Fragoso, 2005.
38. Nesse registro de batismo, a mãe era Florência Gonçalves. Não sei se o cura se confundiu e trocou Felipa por Florência, se Francisco arrumou uma nova companheira ou, ainda, se há outra explicação para o nome da mãe de Antônia não ser Felipa Gonçalves. Seja como for, o fato de Florência e Felipa terem o mesmo sobrenome sugere que pertenciam à mesma parentela.
39. Ver Márcio de S. Soares, 2009.

40. A discrepância entre os totais desse quadro e os das mães solteiras no anterior deve-se à qualidade da informação; entre as mães solteiras nem sempre foi possível determinar se o pai era identificado ou não. Arcebispado da Bahia, Sebastião Monteiro da Vide. Cabe sublinhar que, em tais normas, a mãe solteira tinha a possibilidade de identificar o pai da criança.
41. João Fragoso, 2010c; 2010b.
42. Ver os capítulos 4 e 9 deste volume, João Fragoso, 2010c.
43. Ver João Fragoso, 2010b.
44. Para a permanência de lavouras em terras alheias em Campo Grande, ver Manoela Pedroza, 2008. Testamento de João da Silva, 23/3/1792, Livro de Óbitos da Freguesia de Nossa Senhora da Piedade do Iguaçu. Agradeço a Roberto Guedes Ferreira a fonte e a informação sobre a presença de lavradores forros sem terras em Iguaçu.
45. Manoela Pedroza, 2008.

Bibliografia

BLACKBURN, Robin. *A construção do escravismo no Novo Mundo*. Rio de Janeiro; Record, 2003.

BRÜGGER, Silvia M. J. *Minas patriarcal, família e sociedade*. Belo Horizonte, Annablume, 2007.

CAETANO, Antônio F.P. *Entre a sombra e o sol — A revolta da cachaça, a freguesia de São Gonçalo de Amarante e a crise política fluminense (RJ, 1640 -1667)*, dissertação de mestrado. Niterói: UFF, 2003.

CAMPOS, Adriana Pereira. *Nas barras dos tribunais: direito e escravidão no Espírito Santo do século XIX*, tese de doutorado. Rio de Janeiro: UFRJ, 2003.

CLAVERO, Bartolomé. *Antidora — Antropologia católica de la economía moderna*. Milão: Giuffré, 1990.

DUNN, Richard S. *Sugar and Slaves — The Rise of the Planter Class in the English West Indies, 1624 -1713*. Chapel Hill: University of North Caroline Press, 1972.

FARIA, Sheila de Castro. *A colônia em movimento: fortuna e família no cotidiano colonial*. Rio de Janeiro: Nova Fronteira, 1998.

FRAGOSO, João. *À espera das frotas: micro-história tapuia e a nobreza principal da terra (Rio de Janeiro, c. 1600-c. 1750)*. Conferência apresentada no concurso público para professor titular de teoria da história do Departamento de História da UFF (texto inédito). Niterói: 2005.

_______. "A nobreza da República; notas sobre a formação da primeira elite senhorial do Rio de Janeiro". *Topoi*. Rio de Janeiro: UFRJ, nº. 1, 2000a, p. 49-52.

______. "Capitão Manuel Pimenta Sampaio, senhor do engenho do Rio Grande, neto de conquistadores e compadre de João Soares, pardo: notas sobre uma hierarquia social costumeira (Rio de Janeiro, 1700-1760)". In: *Na trama das redes. Política e negócios no império português. Séculos XVI-XVIII*, 1ª. ed. Rio de Janeiro: Civilização Brasileira, 2010b.

______. "Efigênia angola, Francisca Muniz forra parda, seus parceiros e senhores: freguesias rurais do Rio de Janeiro, século XVIII. Uma contribuição metodológica para a história colonial". *Topoi*. Rio de Janeiro: UFRJ, nº 21, vol. 11, julho-dezembro 2010c.

FREYRE, Gilberto. *Casa-grande & senzala: formação da família brasileira sob o regime da economia patriarcal*. São Paulo: Global, 2006.

GENOVESE, Eugene. *A terra prometida: o mundo que os escravos criaram*. Rio de Janeiro: Paz e Terra, 1988.

GOÉS, José R. *O cativeiro imperfeito. Um estudo da escravidão no Rio de Janeiro da primeira metade do século XIX*. Vitória: Lineart, 1993.

GRENDI, E. "La micro-analisi: fra antropologia e storia". In: *Polanyi: dall'antropologia economica alla microanalisi storica*. Milão: Etas Libri, 1978.

GUEDES, Roberto. *Egressos do cativeiro*. Rio de Janeiro: Faperj/Mauad, 2008.

GUIMARÃES, Francisco Pinheiro. *A Habilitação da Ordem de Christo*, M 19, nº 8, Torre do Tombo. Lisboa: HAMEISTER, Martha Daisson. *Para dar calor à nova povoação: estudo sobre estratégias sociais e familiares a partir dos registros batismais da Vila do Rio Grande (1738-1763)*, tese de doutorado. Rio de Janeiro: UFRJ, 2006.

HIGMAN, B.W. "The sugar revolution". In: *Economic History Review*, LIII, 2, 2000, p. 213-236.

HOLANDA, Sérgio Buarque de. *Raízes do Brasil*. São Paulo: Companhia das Letras, 1995. https.www.familysearch.org.> Óbitos — Testamentos. Freguesias da Sé, Candelária, Campo Grande, Jacarepaguá, Rio de Janeiro.

KELMER MATHIAS. Carlos Leonardo. *A cor negra do ouro: circuitos mercantis e hierarquias sociais na formação da sociedade mineira setecentista, 1711-c. 1756*, tese de doutorado. Rio de Janeiro: UFRJ, 2009.

LAVRADIO, marquês do. "Relatório do Marquês do Lavradio, vice-rei". *Revista do Instituto Histórico e Geográfico do Brasil*, v. 4. Cartório do 1° Ofício de Notas do Rio de Janeiro.

LEWIN, Linda. *Política e parentela na Paraíba*. Rio de Janeiro: Record, 1993.

MACHADO, Cacilda. *A trama das vontades*. Rio de Janeiro: Apicuri, 2008.

MONTEIRO, Sebastião. *Constituições Primeiras do Arcebispado da Bahia* (edição e estudo de Bruno Feitler e Evergton Sales Souza). São Paulo: Edusp, 2010.

PEDROZA, Manuela. *Engenhocas da moral: uma leitura sobre a dinâmica agrária tradicional*, tese de doutorado. Campinas: Unicamp, 2008.

PIZARRO, José de Souza Azevedo & Monteiro, Marcus. *O Rio de Janeiro nas visitas pastorais de Monsenhor Pizarro*, vol. 1. Rio de Janeiro: Inepac, 2008.

QUEIROZ, Maria Isaura. "O coronelismo numa interpretação sociológica". In: FAUSTO, Boris. *História geral da civilização brasileira*, t. III, vol. 8, 8ª ed. Rio de Janeiro: Bertrand Brasil, 2006.

SCHWARTZ, Stuart. *Segredos internos*. São Paulo: Companhia das Letras/CNPq, 1988.

______. "The commonwealth within itself. The early Brasilian sugar industry — 1550-1670". In: ______. (ed.). *Tropical Babylons*.Chapel Hill: University of North Carolina Press, 2004.

SOARES, Márcio de S. *A remissão do cativeiro. Alforrias e liberdades nos Campos dos Goitacazes, c. 1750-c. 1830*. Rio de Janeiro: Apicuri, 2009.

SOUSA, João José Abreu. "A sociedade: tentativa de caracterização". In: MATOS, Arthur Teodoro de (org.). *Nova história da expansão portuguesa — A colonização atlântica*, t. I. Lisboa: Estampa, 2005, p. 85-89.

TEIXEIRA, André. "A economia — O comércio: do resgate no litoral africano ao comércio transatlântico". In: MATOS, Arthur Teodoro de (org.). *Nova história da expansão portuguesa — A colonização atlântica*, t. II. Lisboa: Estampa, 2005.

XAVIER, Ângela B. & HESPANHA, António M. "As redes de clientelares". In: HESPANHA, António M. (coord.). *História de Portugal — Antigo Regime*. Lisboa: Estampa, 1993, p. 382-386.

CAPÍTULO 5

A curva do tempo: as transformações na economia e na sociedade do Estado do Brasil no século XVIII

*Antonio Carlos Jucá de Sampaio**

O descobrimento do ouro e seu impacto na economia colonial

O "achamento" do ouro no meio das montanhas do que mais tarde seria chamado de "Minas Gerais" não foi um acontecimento fortuito. Desde o século XVI as Coroas portuguesa e espanhola (essa no período filipino) enviaram expedições para o interior de sua possessão americana com o intuito de descobrir metais preciosos. A crença na existência deles era alimentada tanto pela experiência da América espanhola quanto pelos relatos fantasiosos que inundavam a colônia sobre a existência de montanhas de prata, a famosa "Sabarabuçu", ou da serra de esmeraldas.[1]

Apesar do fracasso da imensa maioria dessas expedições, descobriu-se algum ouro já no século XVI. Nas décadas de 1560 e 1570, os paulistas

*Professor da Universidade Federal do Rio de Janeiro. Esta pesquisa conta com o apoio do CNPq e da Faperj.

encontraram aluviões auríferos em Paranaguá. Na década de 1590, tais descobertas se intensificaram e estimularam a corte de Madri a recriar a "Repartição Sul" sob comando de dom Francisco de Sousa (1608-1612),[2] com o intuito de intensificar tais descobertas e reproduzir a experiência da América espanhola, de exploração mineradora com um grande contingente de população indígena. O fracasso desse projeto, que de fato converteu-se em sinônimo de captura de indígenas, demonstra que essa mineração tinha um impacto muito reduzido sobre a economia colonial, mesmo em seu âmbito mais local.[3]

Tais fracassos não significaram, no entanto, o fim da busca pelo "Eldorado". Pelo contrário, após a Restauração (1640) a ausência de prata e ouro, não só na colônia como no próprio Reino de Portugal, levou a uma intensificação das buscas, inclusive com um novo estabelecimento da Repartição Sul em 1658, dessa vez comandada por Salvador Correia de Sá.[4] Novo fracasso e nova tentativa em 1671, quando o novo governador-geral, Afonso Furtado de Mendonça, assume com ordens expressas para buscar novas minas. Os insucessos repetidos são em grande medida responsáveis pela fundação da Colônia do Sacramento, em frente a Buenos Aires, em 1680. Era uma maneira eficaz de se ter acesso à prata espanhola. Nos dizeres de um membro do Conselho Ultramarino, "quando se perdeu a esperança de encontrar minas na nossa colônia, pareceu aconselhável abrir caminho através da Nova Colônia, a fim de lucrar com as de Castela".[5]

A fundação de Sacramento, no entanto, não significou o abandono da busca por metais preciosos. Ainda que a Coroa não enviasse mais expedições com essa finalidade, os paulistas eram incentivados a buscá-los em troca de privilégios caso os descobrissem.[6] Foi a persistência dessa política régia que levou à descoberta de ouro nos estertores do Seiscentos, na região que logo ficaria conhecida como "Minas do Ouro" e, mais tarde, "Minas Gerais".[7] Começava aí o Setecentos na América portuguesa.

Os múltiplos impactos do ouro: produção aurífera, circuitos mercantis e reorganização colonial

Para compreender as mudanças geradas pela produção aurífera é preciso, em primeiro lugar, distinguir entre o impacto direto dela na economia e na sociedade coloniais e os impactos indiretos, bastante variados no tempo e no espaço.

O primeiro impacto direto foi, evidentemente, sobre os preços. As fontes coevas são unânimes em descrever o forte aumento de preços advindo com a mineração. O primeiro autor a mencionar uma alta generalizada dos preços e relacioná-la com o ouro foi Antonil, ainda no início do Setecentos. Depois de expor os elevados preços que os produtos alcançavam em Minas, ele afirmava: "E estes preços, tão altos e tão correntes nas minas, foram causa de subirem tanto os preços de todas as coisas, como se experimenta nos portos das cidades e vilas do Brasil."[8]

De fato, uma análise sistemática do comportamento dos preços na passagem do século XVII para o seguinte confirma essa elevação, a começar pelo preço do escravo, valor esse de importância fundamental numa sociedade escravista. Na Bahia, um escravo adulto chega a se valorizar em mais de 200% entre 1680 e 1720, década na qual ele chega a seu valor máximo.[9] No Rio de Janeiro, a valorização nesse mesmo período é inferior, mas ainda bastante expressiva: 135%.

O mesmo ocorre com os alimentos. Em Salvador, verifica-se um aumento constante do preço da carne bovina do fim do Setecentos até meados da década de 1730,[10] enquanto no mercado carioca o preço da farinha de mandioca eleva-se praticamente 200% entre 1698/1703 e 1736/1738.[11]

Esses aumentos, no entanto, não eram isolados. Analisando-se o conjunto das transações comerciais registradas nos cartórios cariocas entre 1650 e 1750, fica claro que a viragem secular significa, de fato, uma mudança no patamar dos preços coloniais. Entre a década de 1690 e a de 1710 a variação média no valor das transações foi de mais de 220%.[12] Embora os valores oscilem bastante ao longo do Setecentos (o que não nos permite, portanto, pensar o período como marcado por uma inflação contínua), em nenhum momento retrocederão aos patamares seiscentistas.

Por outro lado, a variação dos diversos preços não foi uniforme, demonstrando que, além do afluir do ouro, outros fenômenos interferiam igualmente em sua formação. Assim, enquanto os bens rurais aumentaram em média 202,98%, os urbanos variaram 341,33%, as embarcações 773% e as chácaras viram seu valor médio aumentar nada menos do que 1.183% no período. Tais variações estão ligadas ao crescimento da urbe carioca e à expansão do capital mercantil, de que trataremos mais adiante.

Por outro lado, também não cabe considerar o século XVIII como um período de inflação contínua. Se é verdade que os preços se aceleram nas primeiras décadas, é igualmente verdadeiro que eles tendem posteriormente a se estabilizar ou mesmo a cair. Embora os dados sejam ainda muito esparsos, parece possível falar em um pico situado por volta da década de 1720, que começa a refluir no decênio seguinte.

No caso da farinha de mandioca, vemos que na capitania do Rio de Janeiro seu preço alcança um pico em 1726, com uma variação de mais de 320% em relação aos preços cobrados no fim do Seiscentos. Em Salvador, os preços das farinhas de mandioca e de trigo diminuem gradualmente durante os últimos anos da década de 1720, apresentam uma leve alta na década seguinte e caem novamente nas décadas de 1740 e 1750.[13]

Em Minas, o processo parece ter sido algo distinto. A presença do ouro e a enorme demanda rapidamente constituída fizeram com que os preços tenham alcançado seu pico logo no início, tendendo a diminuir conforme o abastecimento se normalizava e a própria população se estabilizava. Assim, no curto período entre 1716 e 1724 verifica-se uma diferença notável nos preços dos produtos almotaçados em Mariana, com quedas muitas vezes superiores a 50%. Já uma análise dos preços cobrados em Ouro Preto entre 1752 e 1778 demonstra uma notável estabilidade, em que pesem eventuais variações de curto prazo.[14]

Embora ainda lacunares, tais dados são suficientes para demonstrar que não houve um aumento constante dos preços no século XVIII e que eles não apresentaram comportamentos idênticos em todos os lugares. Em outras palavras, o preço de um mesmo produto variava em cada região conforme as múltiplas conjunturas locais, mesmo porque estamos ainda muito distantes da formação de um mercado "nacional", ou seja, que abrangesse toda a América portuguesa ou pelo menos parte significativa dela.

Além do aumento de preços, a produção aurífera reflete-se também na demanda por cativos. É preciso lembrar aqui que a ocupação das "Minas do Ouro" pode ser considerada o primeiro exemplo de um *rush* migratório causado pela mineração na era moderna. Segundo Antonil, no fim da primeira década do Setecentos a população local já contava em torno de 30 mil habitantes. Ainda que possamos duvidar da exatidão de tal número, o que está bastante claro é que rapidamente se formou um importante mercado consumidor, sobretudo para a mão de obra escrava, no centro da América portuguesa. Além do preço, é claro que essa demanda fortemente acrescida iria se refletir na quantidade de escravos ofertados. O resultado foi a elevação do número de escravos desembarcados de aproximadamente 11.890 por ano no último quartel do século XVII para 20.220 na primeira metade do XVIII,[15] um incremento de 70%. Também o tráfico, embora apresentasse igualmente variações no novo século, entrava então em um novo patamar.

Essa extraordinária expansão do comércio de almas não era fruto apenas da demanda gerada pelo ouro. Era também resultado da própria utilização do ouro nos circuitos negreiros. Em outras palavras, o ouro criava ou estimulava a expansão da oferta de cativos no litoral africano. Isso não significa, naturalmente, ignorar a presença de várias outras moedas no tráfico, tão ou mais importantes do que o metal precioso. Mas é inegável que ele vai ganhar uma importância considerável na primeira metade do Setecentos.

Para a região do Congo-Angola contamos com um episódio bastante revelador da importância que o ouro então adquire em tais circuitos. Em 1735, o governador do Rio de Janeiro, Gomes Freire de Andrade, reúne uma junta para decidir sobre a manutenção ou não do envio de ouro, prata e dinheiro para Angola, já que tais remessas haviam sido proibidas para a região da Costa da Mina. Segundo o governador, tais remessas significavam na prática o envio de ouro e prata para os reinos estrangeiros, "por ser certo que naquele reino [de Angola] não corre dinheiro de ouro ou prata, e só o cobre é permitido nele".[16]

A decisão final da junta, apesar disso, é favorável à manutenção das remessas "que lhe pediam seus constituintes das peças de ouro e prata, e dinheiro, em retorno dos seus efeitos, por este o costume que até o presente praticavam".[17]

Tal documento é de grande importância porque, além de mostrar a existência de uma relação direta entre Angola e Rio de Janeiro, independente de Portugal, demonstra igualmente a importância que os metais preciosos adquirem em tal comércio.

O mesmo ocorria em relação à Costa da Mina, onde o ouro brasileiro foi largamente utilizado. Já em 1703, o governador-geral dom Rodrigo da Costa declarava para Lisboa que

> (...) os moradores do Rio de Janeiro, e das capitanias suas anexas, continuam em mandar, há poucos anos, várias embarcações a resgatar escravos à Costa da Mina, o que até agora não faziam (...). Achei que a maior importância das suas carregações era ouro em pó e em barras (...).[18]

Essa informação leva o rei a proibir o comércio entre o Rio de Janeiro e a Costa da Mina ainda em 1703. Contudo, mesmo após a proibição, tal comércio continua, como vemos por uma representação de 1704 dos oficiais da Câmara do Rio de Janeiro contra o governador, segundo a qual esse ficava com os melhores escravos das embarcações vindas "da Costa da Mina e São Tomé".[19] Três décadas depois da ordem régia, o nosso já conhecido Gomes Freire desarticulou uma rede de contrabando de ouro para a África Ocidental que envolvia alguns dos maiores negociantes do Rio de Janeiro.[20]

O ouro estava presente entre os produtos enviados pela Bahia e Pernambuco para a Costa da Mina, indo frequentemente misturado ao tabaco, sendo utilizado não só no comércio direto com os reinos africanos como na compra de cativos a comerciantes de outras nações europeias. Destacam-se aí as relações diretas existentes entre a Royal African Company e comerciantes sediados na Bahia.[21] O ouro fazia sua estreia, dessa forma, na cesta de moedas utilizadas nas suas relações com a África pelos comerciantes sediados na América portuguesa. Tal como os búzios, o tabaco, a aguardente, e mesmo a farinha de mandioca na primeira metade do século anterior, também ele era produzido na própria América, curto-circuitando assim as relações entre os dois lados do Atlântico e alijando parcialmente Portugal desse eixo mercantil fundamental.[22]

Segundo Roquinaldo Ferreira,

> a intensificação do contrabando em larga escala do ouro e do tabaco de alta qualidade do Brasil para a África levou os administradores portugueses a temer que Portugal estivesse perdendo seu controle sobre o comércio brasileiro.[23]

Dentro da América portuguesa, a utilização do ouro no tráfico negreiro teve como consequência uma mudança na importância relativa das diversas regiões importadoras de cativos. Paulatinamente, o Rio de Janeiro ultrapassou a Bahia como principal destino dos escravos oriundos da África Centro-Ocidental. A combinação dessa tendência com a permanência do predomínio baiano sobre o tráfico com a África Ocidental gerou uma relativa especialização dos circuitos mercantis, sem que, é claro, possamos falar em compartimentos estanques.

Tabela 1
Escravos embarcados em Luanda com destino ao Brasil, 1723-1749 (anos selecionados)

Década	Rio de Janeiro		Bahia		Pernambuco		Outros		Total	
	N	%	N	%	N	%	N	%	N	%
1720	19.731	44,56	19.150	43,25	4.661	10,53	739	1,67	44.281	100
1730	17.478	57,55	10.161	33,46	2.732	8,99	—	—	30.371	100
1740	30.316	53,12	14.599	25,58	9.895	17,34	2.265	3,97	57.075	100

Fonte: MILLER, Joseph. "A economia política do tráfico angolano de escravos no século XVIII". In: PANTOJA, Selma e SARAIVA, José Flávio Sombra (orgs.), *Angola e Brasil nas rotas do Atlântico Sul,* Rio de Janeiro, Bertrand Brasil, 1999, p. 56.

OBS: Os valores totais referem-se somente aos anos com dados disponíveis, com exceção do ano de 1747 para a Bahia, no qual foi lançado o maior valor da década de 1740. Para uma estimativa do tráfico de escravos no período, ver: KLEIN, Herbert S., "The Portuguese slave trade from Angola in the 18th Century". In: ______, *The Middle Passage (Comparative Studies in the Atlantic Slave Trade),* Princeton, Princeton University Press, 1978, p. 23-50.

Além dessa participação crescente no comércio de Luanda, cabe sublinhar que os traficantes cariocas dominaram amplamente o comércio com Benguela, cuja vinculação direta com o Brasil transformou-a em um importante ponto de embarque de cativos.[24]

O ouro brasileiro também alimentava outros circuitos dentro do Império lusitano. No caso da Colônia do Sacramento, fica clara a sua utilização na troca pela prata espanhola. Em 1733, por exemplo, Sacramento é mencionada pelo conde de Assumar como um dos destinos do contrabando de ouro.[25] Aproximadamente uma década depois, o secretário de Estado reclama ao governador do Rio de Janeiro que, embora os espanhóis reclamassem da prata que chegava a Lisboa na frota do Rio de Janeiro, também eles contrabandeavam ouro do Brasil.[26] Em outras palavras, tratava-se de um contrabando de mão dupla: ouro brasileiro para a América espanhola e prata no sentido contrário. Mesmo assim, o secretário achou prudente recomendar ao governador que comprasse a prata existente na cidade e cunhasse com ela moeda provincial[27] para evitar as queixas espanholas "e o ruído que faz na Europa a prata das frotas do Rio de Janeiro".[28]

Também a Carreira da Índia vê-se afetada pela presença do ouro. A partir do último terço do século XVII aproximadamente a metade das embarcações que iam do Oriente para Portugal fazia escala no Brasil para aumentar suas cargas e vender produtos orientais.[29] Era em primeiro lugar à Bahia que os navios vindos do Oriente se dirigiam, sobretudo porque seu principal interesse era completar seus carregamentos destinados a Portugal com o açúcar e o tabaco brasileiros.[30] Portanto, a atração da Carreira pela América portuguesa era anterior à própria descoberta do ouro. Contudo, é evidente que sua produção vai atrair ainda mais fortemente tais navios. O ouro era trocado por artigos como porcelanas, sedas e principalmente têxteis indianos, os quais eram, por seu turno, enviados em grande parte para a África, em troca de cativos.[31]

No entanto, é inegável que o principal destino do ouro era o Reino de Portugal. Ou, em um sentido mais amplo, a Europa, já que o pequeno reino ibérico servia, sobretudo, como um entreposto entre mercadorias originárias de diversas partes do Velho Mundo, por um lado, e o ouro e outras mercadorias coloniais destinadas a atender à demanda continental, por outro.

Tabela 2
Chegada do ouro brasileiro em Portugal, 1701-1800
(médias quinquenais em milhões de cruzados)

Período	Média quinquenal	Índice	Período	Média quinquenal	Índice
1701-1705	2,5	100	1751-1755	12	480
1706-1710	6	240	1756-1760	9,6	386
1711-1715	10,7	430	1761-1765	7,9	319
1716-1720	7,9	318	1766-1770	6,9	276
1721-1725	11,6	465	1771-1775	6,3	254
1726-1730	18,5	742	1776-1780	3,8	152
1731-1735	17,8	712	1781-1785	5,8	232
1736-1740	16,1	645	1786-1790	4,6	184
1741-1745	15,5	600	1791-1795	4	159
1746-1750	16,4	658	1796-1800	4,6	185

Fonte: MORINEAU, Michel, *Incroyables Gazettes et Fabuleux Métaux*, Londres, Cambridge University Press, 1985, p. 170.

As enormes quantidades de ouro brasileiro desembarcado em Portugal no século XVIII, em que pese a evidente decadência da segunda metade do século, representaram para o reino o acesso a recursos suficientes para garantir uma expansão mercantil sem a correspondente expansão produtiva. Ou, o que quer dizer o mesmo, reforçar o caráter de entreposto do reino em relação à sua principal conquista.

Para essa, a produção aurífera possibilitou uma grande autonomia. Do ponto de vista colonial, o ouro era moeda, mas era também uma mercadoria produzida internamente, e esse seu duplo significado abria, como vimos, enormes possibilidades nas relações mercantis no interior do Império. Possibilitava, igualmente, o desenvolvimento das relações mercantis internas. A colonização de novas áreas, até então pouco ou nada integradas ao espaço colonial, significou uma expansão forte das relações entre as diversas regiões coloniais. Gestava-se assim uma nova geografia econômica.

Em primeiro lugar, as relações das regiões não mineradoras com as áreas de mineração. O ouro era, sem dúvida, seu *primum mobile*, mas ainda mais importante era o que podemos denominar de consequências do ouro: a rápida ocupação dessas novas regiões, como vimos acima, que representavam um mercado consumidor ávido e em contínua expansão, a ser abastecido não só de cativos como de produtos europeus, asiáticos e americanos. Tal abastecimento gerou: 1) eixos mercantis específicos, voltados para o comércio com as áreas mineradoras; 2) sistemas agrários destinados à produção de artigos primários para essas mesmas áreas.

Os eixos mercantis tinham por função precípua interligar as regiões mineradoras, todas localizadas no interior do continente, com o Atlântico. Por isso mesmo, as cidades mais beneficiadas com tais eixos eram as situadas no litoral. Destacavam-se aí Rio de Janeiro e Salvador, antigas cidades coloniais e que no alvorecer do Setecentos eram já importantes centros administrativos e econômicos. A importância das duas urbes fica clara na análise dos caminhos que as ligavam às Minas do Ouro.

No caso da Bahia, esse era o chamado "Caminho do Sertão", que também se conectava com Pernambuco. Embora considerado suave, era consideravelmente mais longo do que os caminhos que partiam do Rio de Janeiro, que ganharam os nomes de "Caminho Velho" e "Caminho Novo". O primeiro ligava o Rio a Minas através de Paraty, de onde se vencia a Serra do Mar em direção a São Paulo. Árduo e longo, levou a Coroa a conceder a Garcia Rodrigues Pais a construção de um novo caminho, que conectasse diretamente a capitania fluminense à "Morada do Ouro". O Caminho Novo, contudo, não acabou com o anterior, que continuou sendo utilizado ao longo de toda a primeira metade do Setecentos.

A maior proximidade do Rio de Janeiro em relação às regiões mineradoras fez com que desde o início a cidade se impusesse como porto de destino do ouro. Logo se tornou a cidade "opulenta mais que todas as do Brasil, por razão do seu largo comércio, e serem os seus gêneros os mais preciosos".[32] Esse crescimento refletiu-se não só no tráfico negreiro, como já vimos, mas também nos outros ramos do comércio.

Tabela 3
Valores dos contratos de arrematação das dízimas das Alfândegas do Rio de Janeiro, da Bahia e de Pernambuco/Paraíba, em alguns anos escolhidos (1724-1748)

Anos	Rio de Janeiro	Bahia	Pernambuco e Paraíba
1724	97:200$000	101:300$000	32:800$000
1729	122:100$000	101:700$000	40:850$000
1732	107:600$000	107:600$000	ND
1736	160:000$000	88:410$000	34:400$000
1739	194:850$000	96:025$000	ND
1744	208:400$000	126:900$000	48:000$000
1746	209:600$000	126:900$000	42:400$000
1748	202:400$000	106:000$000	42:400$000

Fonte: AHU — Códice 1269, p. 20, 23 e 25.
OBS: ND — Não disponível.

O contrato da dízima da alfândega[33] expressa, ainda que imperfeitamente, esse crescimento. É preciso ter em conta que os valores dos contratos referem-se a quanto os arrematantes pagavam para a Coroa, e não a quanto arrecadavam com a cobrança do tributo. Mesmo assim, os dados permitem-nos fazer uma aproximação do tema.

Nesse sentido, a tabela 3 conta-nos uma história muito clara. Por ela, percebemos que Rio de Janeiro e Salvador dividiam até meados da década de 1720 a primazia no comércio com Portugal. As frotas de Pernambuco e Paraíba, que tinham o porto de Recife como destino, eram já claramente secundárias. No entanto, na década seguinte o porto carioca desprende-se gradativamente do patamar baiano, que não se altera. Na década de 1740, a diferença já se situa acima de 60%. Já se consolidara claramente a hierarquia entre os portos no concernente aos contatos com o reino.

Na raiz dessa ultrapassagem estava, é claro, o comércio com a região mineradora.

Tabela 4
Valores dos contratos das entradas para as Minas Gerais em alguns anos escolhidos (1727-1757)

Ano	Caminho Novo e Caminho Velho	Bahia e Pernambuco
1727	153:600$000	125:952$000
1730	177:408$000	155:520$000
1742	307:392$000	208:896$000
1745	338:016$000	227:328$000
1748	337:920$000	227:328$000
1757	361:700$000	248:000$000

Fonte: AHU — Códice 1269, p. 66.
OBS: Esse contrato era referente às cobranças de taxas sobre os produtos que entravam nas regiões mineradoras. Por isso, os valores são dados em arrobas e arratéis. Convertemos à razão de 1$500/oitava.

Os contratos das entradas para as Minas refletem exatamente essa distinção. Por eles, percebemos que os caminhos Novo e Velho apresentam durante todo o período analisado importância bastante superior à do caminho do sertão, utilizado por Bahia e Pernambuco para abastecerem as Gerais. A diferença entre os valores de ambos os contratos é crescente, passando de 22% em 1727 para 46% na década de 1750. Tais dados mostram que o Rio de Janeiro se firmou desde cedo como principal centro abastecedor das áreas mineradoras e tendeu a reforçar esse papel ao longo da primeira metade dos Setecentos.

Nem tudo que reluz é ouro

Está clara, portanto, a importância do ouro na economia colonial setecentista. Povoador de terras, incentivador do comércio, é impossível pensar esse século sem remeter a ele.

Contudo, seria equivocado restringir nossa análise ao desejado metal amarelo. A complexidade da vida econômica não podia ser reduzida apenas ao seu resultado mais reluzente. No capítulo referente à economia da América portuguesa seiscentista já ficou clara a enorme diversidade da produção agrícola colonial antes da exploração aurífera.[34]

Mesmo nas principais regiões mineradoras a presença da produção agropecuária foi uma constante. As principais unidades mineradoras constituíam-se em complexos integrados, que combinavam a exploração mineral com a criação de animais, produção de aguardente e alimentos etc. Essa diversidade era importante para compensar a sazonalidade e a instabilidade da produção mineral.

A agricultura, ao permitir a instalação, a expansão e a manutenção da atividade minerária, esteve presente desde o início do processo de colonização das Minas. As atividades agropastoris se estruturaram tanto para atender ao consumo imediato, do próprio produtor, como para produzir excedentes destinados ao mercado, dentro (e fora) da capitania.[35]

Em outras palavras, a produção de alimentos era, na verdade, um pressuposto para a própria existência das atividades de exportação. Nas regiões não mineradoras essa diversificação era igualmente significativa. No Rio de Janeiro, a primeira metade do Setecentos vê a queda da produção de açúcar e a enorme expansão da produção de alimentos. Em 1726, o governador fluminense dizia que

> tem aumentado incomparavelmente a cultivação de mandioca, feijão, milho e outros víveres, com que se sustenta não somente esta cidade, que é quatro vezes maior que quando este contrato [dos dízimos] rendia dobrado, mas o tráfico e o comércio, que todo ano se cultiva neste porto e para as minas, ao mesmo tempo que no outro, passada a ocasião da frota, não entrava aqui uma embarcação, havendo agora juntamente grande criação de gados (...).

Esse crescimento pode ser explicado tanto pelo crescimento da população da própria capitania, com ênfase para a sua capital,[36] como pela importância acrescida de seu porto, o que significava a presença de uma população flutuante que precisava ser alimentada.

A expansão da produção de alimentos não se restringia, todavia, ao Rio de Janeiro. Na Bahia, por exemplo, tal produção era a atividade predominante em diversas freguesias e se expandiu continuamente no Setecentos. Como bem demonstrou Barickman, essa expansão foi fundamental para o crescimento da produção açucareira na segunda metade do Setecentos, já que esta pressupunha a existência de um abastecimento regular de alimentos.[37]

Na capitania de Pernambuco, a produção de gêneros de subsistência também cresceu consideravelmente no Setecentos. Seu destino era não somente o mercado local, tanto urbano quanto rural, como as embarcações que iam a Recife e que demandavam igualmente uma quantidade considerável de provisões. Fossem destinadas ao comércio de cabotagem, ao tráfico negreiro ou ao intercâmbio com a Europa, tais embarcações tinham de ser prontamente abastecidas com alimentos que cobrissem viagens que duravam, muitas vezes, vários meses.[38] Essa demanda, tão rapidamente aumentada, foi atendida sem a ocorrência de crises, o que demonstra a sua vitalidade. Já os preços dos alimentos apresentaram uma alta considerável no início da centúria, mas tenderam a estabilizar-se logo depois. Segundo Guillermo Palacios,

> Não há registro de carestias de gêneros de primeira necessidade na capitania de Pernambuco a partir de 1720; pelo contrário, os produtores de mandioca e milho parecem inclusive terem produzido o suficiente para atender à demanda urbana regional, exportar para outras capitanias e (...) para satisfazer a demanda das plantações açucareiras.[39]

Para entender o que representou o crescimento dessa produção é preciso ter em conta que a população colonial aumentou enormemente ao longo do século XVIII, passando de talvez 300 mil pessoas em 1700 para mais de 3,6 milhões em 1800,[40] um crescimento de 12 vezes em cem anos. Esse rápido crescimento era alimentado não somente pela reprodução natural da população como por dois poderosos fluxos migratórios. O primeiro, como já vimos, refere-se aos africanos trazidos pelo tráfico. O segundo, de caráter voluntário, não era, porém, desprezível: a cada ano algo entre 8 mil a 10 mil reinóis emigravam para a América portuguesa.[41]

Esse crescimento demográfico alerta-nos também para o fato de que a análise do comportamento da denominada agroexportação não pode ficar confinada ao setor externo. De fato, artigos como açúcar e tabaco, por exemplo, combinaram ao longo do século XVIII uma grande expansão da produção e um comportamento relativamente estável da exportação, embora sujeito a variações bruscas.[42]

No caso do açúcar, temos uma exportação média de 36 mil caixas na primeira década do Setecentos. Média que, no entanto, tende a diminuir a partir de meados da década de 1710. Entre 1716 e 1720, a média reduziu-se para aproximadamente 14 mil caixas, 18 mil de 1721 a 1730, 16 mil de 1731 a 1735, pouco mais de 9.300 entre 1736 e 1740, 16 mil novamente de 1741 a 1745, 6 mil de 1756 a 1760 e 13 mil de 1761 a 1765. Segundo Morineau,[43]

> A evolução descarta a ideia de um aniquilamento e relativiza aquela do declínio. Trata-se mais precisamente de uma compressão, de uma redução das exportações da ordem de um terço ou de um quarto, entrecortada por golpes duros. A produção, notemos bem, não foi forçosamente amputada na mesma proporção porque a capacidade de consumo se desenvolveu simultaneamente, tendo lugar, no Brasil, pelo aumento dos meios de pagamento monetário e o crescimento demográfico.

Essa tendência mais geral esconde, no entanto, diferenças significativas no comportamento das três grandes regiões exportadoras (Rio de Janeiro, Bahia e Pernambuco). No caso da capitania fluminense, a exportação chega a um máximo de 6.400 caixas de açúcar em 1732, quantitativo que não se repetirá mais na primeira metade do Setecentos. A partir daí os números tornam-se mais modestos e na década seguinte a média é de pouco mais de 2 mil caixas anuais, comprovando a queda da produção local. No caso pernambucano, há a clara tendência a uma estabilidade de longo prazo nos embarques, situados entre 7 e 8 mil caixas anuais. A Bahia, por sua vez, é o grande esteio da exportação colonial, enviando em média algo entre 9 mil e 14 mil caixas ao longo do período. Não por acaso, as conjunturas baianas terminavam por influenciar decisivamente as médias totais. Se em 1736, por exemplo, a exportação não ultrapassou as 6.300 caixas, tal fato se deve fundamentalmente à quebra quase total da participação baiana, que foi de apenas 40 caixas.[44]

Os dados sobre o tabaco, por sua vez, são ainda mais imprecisos. Exportado tanto para Portugal quanto para a África, além de intensamente consumido na própria América portuguesa, a única coisa certa é que sua produção cresceu de forma quase contínua ao longo de todo o século XVIII. O crescimento da demanda por cativos nessa centúria fez com que seu envio para a região da Costa da Mina, onde era fundamental no trato negreiro, se tornasse cada vez maior. Entre 1731 e 1740, a Costa da Mina representou cerca de 45% das exportações totais de fumo. O Reino sofria com tal concorrência. Nos anos de menor produção, o fumo era mais expedido para a África do que para Portugal.[45] Tal fato merece ser sublinhado, já que o Contrato Geral do Tabaco era o mais importante do Reino, movimentando valores seis vezes mais elevados do que qualquer outro.[46] Tinha, portanto, um significado fundamental tanto para a saúde das finanças régias quanto para a reprodução da elite mercantil lisboeta, fortemente vinculada a esse e a outros contratos. Logo, qualquer alteração nos embarques para Lisboa afetava os alicerces de um sistema mercantil e fiscal cada vez mais dependente da América portuguesa.

No século XVIII, a produção do tabaco chega a Pernambuco, sobretudo à então Comarca de Alagoas, onde uma difusão rápida de seu cultivo deu-se entre pequenos agricultores localizados em áreas de fronteira do litoral, não ocupadas pela produção açucareira. Na primeira metade do século, essa produção tornou-se a base da própria produção camponesa local, dada a lucratividade que possibilitava a seus cultivadores.[47]

Tal evolução demonstra que o tabaco possuía um importante efeito dinamizador na economia colonial, dado o fato de ser produzido por camadas muito distintas da população, desde grandes comerciantes e senhores de engenho em busca de diversificação de suas atividades até ex-escravos cujo único recurso era o próprio esforço físico.[48] Em outras palavras, permitia a estratos diversos participarem de um dos mais importantes eixos do comércio atlântico setecentista.

Primacial para a sociedade colonial, era inevitável que a pecuária acompanhasse a conjuntura mais ampla, de crescimento demográfico e econômico. Seus diversos produtos (couro em seus formatos diversos, carnes etc.) tinham uma enorme importância no mercado interno, além de se constituir em artigos significativos da pauta de exportação.

Em primeiro lugar, as carnes. Essas destinavam-se principalmente ao mercado interno, mas não podemos esquecer o seu papel no abastecimento das naus. As carnes salgadas eram capazes de resistir por um bom tempo ao apodrecimento, o que as tornava adequadas às longas viagens, fossem por terra ou mar. Nas cidades, eram principalmente as "carnes verdes" (ou seja, frescas) as consumidas.[49] Quanto a essas, havia uma considerável legislação, que visava ao mesmo tempo garantir preços adequados a produtores e consumidores e, de sobra, evitar que o produto faltasse. Por isso mesmo, as câmaras dedicaram-se com atenção ao seu abastecimento, garantido quase sempre por contrato. Tal contrato concedia ao arrematante o monopólio do fornecimento de carne verde, geralmente pelo período de um ano. A grande dedicação das câmaras a esse tema demonstra o quanto o abastecimento de carne afetava a população colonial.[50]

Outro produto importante era o couro, exportado em grande quantidade. Esse, se em parte pode ser considerado um subproduto da produção de carne, possuía, no entanto, uma demanda própria, e esta era garantida sobretudo por circuitos mercantis específicos. Ressalte-se aqui principalmente a Colônia do Sacramento, importante fornecedora. É sobretudo através do Rio de Janeiro que seus couros eram exportados, mas esse comércio interessava também aos comerciantes pernambucanos.[51]

O crescimento da população colonial e o incremento das ligações comerciais entre a América portuguesa, a África e Portugal levaram à criação de áreas de produção de gado, fosse para utilização na tração, transporte de mercadorias ou produção de carne e couro. No nordeste da América portuguesa há a continuidade da expansão na região do sertão e a conquista de novas terras, da qual a chamada "guerra dos bárbaros" é um dos capítulos. No sul, há o estabelecimento de uma importante produção pecuária no Continente de São Pedro, tanto de muares quanto de bovinos.[52]

A segunda metade do Setecentos: diversificação produtiva e o fim da "idade do ouro"

A segunda metade do século inicia-se sob o signo do pombalismo. Claro está que Sebastião José de Carvalho e Melo, o futuro marquês de Pombal, não assume enormes poderes de imediato, e sua ascensão deriva em grande parte de sua atuação após o terremoto de Lisboa, em 1755.[53] No entanto, é inegável que desde o início da década de 1750 a Coroa portuguesa busca aumentar a pauta de exportação de sua maior colônia. Somente em parte essa atuação pode ser creditada à diminuição dos embarques de ouro para o Reino. Os dados de Morineau demonstram que a diminuição da exportação aurífera ocorre paulatinamente, e, embora seja evidente que o melhor momento (que podemos situar entre meados da década de 1720 e meados da seguinte) já havia passado, não é possível falar em uma crise, e sim em uma lenta decadência. A principal razão para essa alteração da atuação da Coroa portuguesa é seu crescente ativismo, que vinha se manifestando desde a década de 1730, mas que sem dúvida chega a novo patamar em meados do século.

Assim, vemos que já em 1752 o secretário de Estado de Marinha e Ultramar, Diogo de Mendonça Corte Real, escreve ao governador do Rio de Janeiro sublinhando a importância de se incentivar o cultivo do pinhão e da linhaça. Quatro anos depois, o mesmo Diogo Corte Real agradece a remessa de amostras da baunilha encontrada no caminho entre o Rio

Grande do Sul e a Ilha de Santa Catarina e recomenda todo o cuidado na preservação desse gênero, estimulando o seu cultivo, pelo seu alto valor econômico.[54] Outros cultivos serão igualmente estimulados, como o do arroz e do anil, visando a sua exportação.

Foi o algodão, no entanto, o produto cuja participação se mostrou mais significativa e duradoura na pauta de exportações coloniais. No Maranhão e em Pernambuco, sua produção expande-se rapidamente, ocupando a Bahia um honroso terceiro lugar. Além do consumo externo, entretanto, o algodão foi largamente consumido internamente na produção de roupas e sacos. Já em 1775 o governador de Minas alertava a Coroa de que o crescimento da produção local de tecidos poderia tornar a capitania independente da importação de artigos europeus.[55] É o sucesso de tal produção que leva à promulgação do famoso alvará de 1785, em que a Coroa busca proibir tal produção (entre outras) em terras coloniais.

A criação das companhias de comércio do Grão-Pará e Maranhão (1755) e de Pernambuco e Paraíba (1759) teve, sem dúvida, importante papel nesse quadro. Ambas tiveram um importante papel tanto no estímulo à diversificação produtiva em suas respectivas regiões quanto no apoio ao que poderíamos chamar de produtos tradicionais, notadamente o açúcar.[56]

Aliás, cabe ressaltar que o estímulo à diversificação dos produtos exportados não representou um abandono da pauta tradicional. Artigos como açúcar e tabaco foram fortemente estimulados, sobretudo em regiões como o nordeste oriental, onde a Companhia Geral de Comércio de Pernambuco e Paraíba apoiou intensamente (ou seja, com crédito) o aumento de ambas as produções.[57] Na Bahia, onde elite agrária e elite mercantil historicamente se confundiam, essa ligação garantiu a rápida expansão da produção a partir da década de 1760. No centro-sul, o restabelecimento da Capitania de São Paulo foi marcado pelo crescimento da produção açucareira. No norte da capitania fluminense, a pecuária também cedeu gradativamente espaço à cana. Tais processos não derivaram de um estímulo por parte da Coroa, mas de um processo de expansão agrícola fortemente apoiado pelo capital mercantil colonial, sobretudo da praça carioca.[58]

A expansão agrícola da segunda metade do século reflete-se claramente nas frotas do Brasil.

Tabela 5
Valor médio das frotas brasileiras entre 1773 e 1778

Artigo	Valor em cruzados	%
Ouro	8.000.000	46,2
Açúcar	3.240.000	18,7
Couros e diversos	1.800.000	10,4
Tabaco	1.000.000	5,8
Algodão	1.000.000	5,8
Diamantes	860.000	5
Café	600.000	3,4
Cacau	360.000	2,1
Madeira tintória	360.000	2,1
Óleo de baleia	100.000	0,5

Fonte: Mourineau, Michel, op. cit., p. 160.

Tabela 6
Valor comparado das frotas do Brasil em diferentes datas
(em milhões de cruzados)

Data	Valor total	Valor do ouro	% do ouro
Aprox. 1690	4-5	?	—
1703	10,8	3,2	29,6
1730-1734	22	17,8	80,9
1755	17,8	12,4	69,7
1778	17,3	8	46,2
1796	28,6	4,6	16,1
1806	35,5	2,3	6,48

Fonte: Mourineau, Michel, op. cit., p. 163.

A análise dos valores totais das frotas do Brasil no século XVIII e da participação do ouro nelas é extremamente reveladora. Por um lado, mostra-nos um movimento ascendente na primeira metade do Setecentos baseado quase inteiramente na exportação aurífera. Em 1730-1734, a dependência em relação ao ouro chega ao máximo: mais de 80% do valor das frotas era devido ao metal amarelo. Se fizermos uma simples subtração, excluindo o ouro do resultado total, veremos que o valor das frotas nesse período (4,2 milhões de cruzados) era idêntico ao de fins do século XVII. Por outro lado, os dados referentes à segunda metade da centúria mostram-nos exportações cada vez menos vinculadas ao ouro. Se nos anos de 1755 e 1778 há ainda uma redução no valor total em comparação com o período anterior, essa se deve exclusivamente à menor participação do ouro. É em 1778 que essa evolução se mostra mais claramente: embora a exportação aurífera tenha diminuído para menos da metade dos anos 1730, o valor total caiu 21,36%. Já os dados de 1806, que servem como um ponto de chegada do que foi essa transformação, são acachapantes: se o ouro exportado valia agora menos do que em 1703, as exportações totais eram, no entanto, 228% mais valiosas.

Em outras palavras, os dados demonstram que a importância do ouro é, ao mesmo tempo, esmagadora e relativa. Esmagadora porque o ouro é, sem sombra de dúvida, o produto mais importante da pauta brasileira no século XVIII, sobretudo em sua primeira metade. É o ouro que abre caminhos, expande o comércio com a África e a Europa, atrai a prata etc. Movimenta, ainda que não sozinho, as engrenagens da economia colonial. Por outro lado, sua importância é relativa, pois a diminuição de sua produção não significou uma crise da economia colonial. Pelo contrário, essa se mostrou dinâmica não somente para superar a falta dele como para expandir-se a níveis até então desconhecidos.

Tal dinamismo levou à ultrapassagem do Reino de Portugal por sua colônia americana em fins do Setecentos. Nesse período, estimativas de Lisboa diziam que os habitantes das três principais praças mercantis brasileiras (Pernambuco, Bahia e Rio de Janeiro) possuíam em torno de 320 embarcações, enquanto a frota portuguesa era de trezentos navios, apesar de todas as tentativas régias de retomar o controle do comércio para Lisboa, sobretudo daquele realizado com o Oriente.[59] Tal situação fez com que a Coroa tivesse de reconhecer que "se tinha estabelecido um comércio entre domínios portugueses da Ásia, África e América com total exclusão de Portugal".[60] Por outro lado, entre 1796 e 1807 64% das exportações lusas eram de produtos brasileiros.[61]

Novos perfis sociais

Tamanhas transformações econômicas refletiram-se, como não podia deixar de ser, na estrutura da sociedade colonial. Se os séculos XVI e XVII foram marcados pela gestação e consolidação de uma elite senhorial baseada na ocupação dos cargos da república e na participação nas principais atividades econômicas, o século XVIII verá o surgimento de uma nova elite colonial: a mercantil.

Ao falarmos em surgimento de uma elite mercantil, é preciso deixar bem claro que não estamos afirmando que o comércio tivesse uma importância secundária antes do Setecentos. Na verdade, a sociedade colonial nasce fortemente vinculada à atividade mercantil. Não só por conta da produção de artigos para exportação, como o açúcar, como também pelo seu próprio caráter escravista, a exigir constantes remessas de novos cativos da África para as plagas americanas. Além disso, a existência de um significativo mercado interno gerava igualmente importantes eixos mercantis, com agentes dedicados a eles de forma integral ou parcial. A importância da mercancia tornava praticamente inevitável a participação nela da própria elite senhorial.[62]

Dentro desse contexto, a especificidade setecentista não é, portanto, o surgimento de uma elite vinculada ao comércio, mas sim de uma elite que faz desse vínculo sua identidade principal.

Tal identidade não se estabeleceu de imediato. Foi ao longo da primeira metade dos Setecentos que os indivíduos que ocupavam o topo da hierarquia mercantil constituíram uma autêntica comunidade que, embora marcada por divisões, possuía uma clara percepção de seus interesses comuns, assim como compreendia seu papel central no contexto do Império lusitano.[63]

Sua força baseava-se no controle sobre os principais elementos da economia colonial: o crédito e a mão de obra. Situado no topo da hierarquia, esse grupo controlava redes de endividamento que cobriam a América portuguesa e estendiam-se à África. O principal mecanismo de produção dessa rede era o adiantamento. Esse podia ser tanto de mercadorias para um senhor de engenho que precisava garantir o bom funcionamento de sua propriedade quanto para um pequeno comerciante que revendia nos confins da colônia os produtos que adquiria nos grandes centros, por exemplo. Tanto em um como no outro caso criava-se uma clara dependência entre devedor e credor, baseada na confiança e renovada constantemente. Tal dependência garantia aos homens de negócio acesso aos valiosos produtos coloniais, fosse o açúcar utilizado pelo senhor de engenho para pagar suas dívidas (e fazer novas), fosse o ouro trazido das Minas para pagar as importações de produtos diversos e de cativos.[64]

Aqui, o controle sobre o crédito e o existente sobre a mão de obra se encontram. Embora jamais tenham monopolizado o comércio de almas, os homens de negócio coloniais, ao controlar o crédito necessário a tão arriscado empreendimento, acabavam por enfeixar em suas mãos a própria reprodução desses cativos via tráfico. Em uma sociedade escravista, isso representava o controle sobre a reiteração da estrutura social. Se associarmos tais mecanismos de endividamento com o desenvolvimento que a atividade mercantil experimenta na América portuguesa no Setecentos, veremos quanto poder esses homens reuniam em suas mãos.

As relações entre essa nova elite e a antiga elite senhorial não foram simples, estando marcadas por tensões, mas também por aproximações entre ambos os grupos. Concretamente, caso olhemos de forma mais pormenorizada as diversas regiões da América portuguesa, encontraremos respostas diversas ao desafio que representou para a estrutura social essa reviravolta em sua cúpula. É significativo analisar como o processo se deu em três das principais praças mercantis da América: Pernambuco, Bahia e Rio de Janeiro.

O caso pernambucano é, sem dúvida, o mais claramente marcado por um confronto direto entre a nobreza da terra e a elite mercantil. Esse confronto expressou-se na oposição da nobreza local à elevação de Recife à condição de vila, da qual resultou a chamada "guerra dos mascates". Em grande parte essa tensão derivou de uma forte tendência endogâmica do grupo senhorial, reforçada após a guerra contra os holandeses. Em outras palavras, não houve absorção, mesmo parcial, da elite mercantil setecentista pela antiga elite local. A Coroa, por sua vez, longe de aliar-se aos negociantes,[65] reconheceu a existência de um novo equilíbrio de forças que exigia uma nova repartição do poder. É nesse sentido que deve ser entendida sua decisão de criar a vila de Recife, reconhecendo as transformações sociais e, ao mesmo tempo, reafirmando seu monopólio sobre as classificações sociais.

Se em Pernambuco a separação entre nobreza e elite mercantil levou ao confronto armado, na Bahia surpreendemos o caso oposto. Longe de disputar poder, os dois grupos uniram-se desde o século XVII, como se comprova pela conversão de grandes comerciantes em proprietários de terras e homens, seja via investimentos diretos seja pelo casamento com filhas da tradicional elite terra-tenente. Na poderosa irmandade da Santa Casa da Misericórdia dividiam espaço e poderes, assim como na ocupação dos cargos públicos. Para essa harmonia contribuiu a constituição de vilas no Recôncavo Baiano no fim do século XVII, colaborando para a maior ruralização da elite senhorial e deixando a Câmara de Salvador com um perfil mais urbano.[66]

O Rio de Janeiro é, de certa forma, um meio-termo entre os dois polos. Se nesse não houve disputas sangrentas e nem mesmo um fechamento do grupo senhorial tão claro como em Pernambuco, a tensão entre os dois grupos foi clara e marcou, sobretudo, a primeira metade do século XVIII. No centro de tal disputa estava a Câmara da cidade ou, num sentido mais profundo, duas concepções muito distintas de direitos políticos. Por um lado, uma elite senhorial forjada nas lutas contra franceses e tamoios e que, por isso mesmo, se julgava detentora do monopólio do poder político. Do outro, grandes negociantes, responsáveis pelo giro do comércio na principal encruzilhada do Império português, ciosos de seu poder econômico e lutando pela expressão política desse mesmo poder.

A contrapor-se a esses três exemplos, temos o caso mineiro. A ocupação tardia da "Morada do Ouro" e sua precoce centralidade nos quadros do Império deram à sua elite uma particular feição, sem que se tenha assistido aí ao estabelecimento da distinção entre grupos mercantis e outros de feições mais senhoriais. De fato, a elite local amalgamava em si ambas as características e as disputas em seu interior tinham, por isso mesmo, propriedades muito distintas.[67]

Em que pesem as diferenças, no entanto, em todos os casos o desfecho teve grandes semelhanças: a elite mercantil tornou-se de forma irreversível a elite de fato da sociedade da América portuguesa. Responsável pelos fios que definiam a tessitura social, fato esse reconhecido pela monarquia, viu ao longo do Setecentos seu poder consolidar-se paulatinamente. Do outro lado, somente sobreviveram entre as famílias mais tradicionais aquelas que souberam conjugar a manutenção de seu prestígio a alianças proveitosas com grandes comerciantes, sobretudo via matrimônio. Nesse sentido, o chamado período colonial tardio (*grosso modo*, o último quartel do século XVIII e a primeira década do seguinte) deve ser entendido não como um período de recuperação econômica, mas sim de consolidação das formas de acumulação que se desenvolveram ao longo do Setecentos, formas essas vinculadas à hegemonia do capital mercantil.[68]

Conclusão

O quadro que emerge quando nos debruçamos sobre o século XVIII é o de uma profunda transformação nas estruturas econômicas e sociais da América portuguesa. Sua nova inserção no Império produziu importantes alterações nos equilíbrios de poder. Nas relações entre o reino de Portugal e sua principal colônia não seria exagero falar em uma visceral dependência. Não, no entanto, da colônia em relação a Portugal, como muitos imaginariam, mas exatamente o contrário. A riqueza, a importância, o peso do Brasil impunham-se sobre o modesto e pobre reino europeu. Se já no século XVII o rei dom João IV intitulara o Brasil de "vaca de leite de Portugal",[69] por sua importância para a sobrevivência não somente do reino, mas de sua própria monarquia, na centúria seguinte esse quadro exacerbou-se. Nesse sentido, a vinda da corte para a América em 1808 foi o coroamento de um longo processo, a confirmação de uma inversão de papéis que de fato ocorrera.

Socialmente, o Setecentos também é época de novos equilíbrios. A tessitura social constituída ao longo dos séculos anteriores via-se desafiada a incorporar novos atores. Tal incorporação, mesmo marcada por resistências e tensões, demonstra a plasticidade da sociedade colonial. Tal plasticidade deve, no entanto, ser compreendida em seu sentido exato: a capacidade que tal sociedade possuía de incorporar alterações em seus equilíbrios sem que, para isso, precisasse transformar radicalmente suas estruturas. Ou, na fórmula consagrada de Tomaso di Lampedusa, "algo deve mudar para que tudo continue como está".[70]

Notas

1. Charles R. Boxer, 1973, p. 309-311.
2. Ibidem, p. 306.
3. John Monteiro, 1994, p. 57-61.
4. Charles Boxer, 1973, p. 308.
5. Carl Hanson, 1986, p. 244-246. A citação é da p. 246.
6. Maria Verônica Campos, 2002.
7. Não há uma "data de fundação" para a exploração aurífera em Minas Gerais. O que há de concreto é que na década de 1690 o ouro começa a fluir em quantidades crescentes dessa região para outras áreas coloniais. Quando se instala a primeira Casa da Moeda do Rio de Janeiro, ainda provisória, o ouro já é o metal mais cunhado aí, ao contrário da Bahia, onde predomina a prata. Rita da Conceição Cardoso Martins de Sousa, 1999.

8. André João Antonil, 1976, p. 171.
9. Nos dados coletados por Dauril Alden, relativos ao período 1682-1769, a carne bovina atinge seu preço máximo (690 réis/arroba) em 1731, declinando a partir daí, mas jamais retornando aos padrões do Seiscentos. Dauril Alden, 1992, p. 378.
10. Idem, p. 381.
11. Antonio Carlos Jucá de Sampaio, 2003, p. 122-123.
12. Para a análise das mudanças econômicas ocorridas na capitania fluminense na passagem do século XVII para o XVIII, ver Antonio Carlos Jucá de Sampaio, 2003, p. 83-85.
13. Dauril Alden, 1992, p. 394.
14. Ângelo Carrara, 2007, p. 98-107.
15. Para a estimativa do tráfico atlântico, ver: http://www.slavevoyages.org/tast/assessment/estimates.faces.
16. ANRJ, PH, v. 7, p. 122.
17. Ibidem.
18. Apud Pierre Verger, 1987, p. 39-40.
19. AHU-CA, doc. 2.815. Representação da Câmara do Rio de Janeiro contra abusos praticados pelo governador (1704).
20. AHU-CA. doc. 8.564. Consulta do Conselho Ultramarino sobre informações do governador do Rio de Janeiro sobre uma sociedade montada para descaminho do ouro e tráfico de escravos na Costa da Mina (4/5/1735).
21. Para uma descrição da importância do ouro e do tabaco no comércio com a Costa da Mina no Setecentos, ver Verger, 1987, p. 28-46.
22. Os negociantes reinóis dependiam de boas alianças na América para participar de tal atividade. Exemplo disso é a atuação de Francisco Pinheiro, um dos mais importantes comerciantes portugueses da primeira metade do século XVIII. Ver William M. Donovan, 1990.
23. Roquinaldo Ferreira, 2003, p. 88.
24. Ibidem, p. 88, p. 71-79.
25. Apud Ernst Pijning, 1997, p. 14-15.
26. BN, Ms. 3, 4, 1-7, v. 2, doc. 92 (28/5/1744).
27. "Moeda provincial" era uma expressão que designava um tipo de moeda cuja circulação era fortemente restringida. No caso, deveriam circular somente no interior da capitania fluminense. Repare-se que se trata de medida excepcional no século XVIII. As moedas produzidas na Casa da Moeda do Rio de Janeiro eram "do reino", ou seja, semelhantes às produzidas em Lisboa, e tinham circulação livre no Império e alhures.
28. Segundo o secretário, a corte de Madri queixava-se "em toda a parte altamente do mesmo contrabando, avultando-o a muitos milhões, sendo indubitável que

ainda quando tudo o que se tira de Buenos Aires e trazem as frotas, que sempre é menos de metade do que se diz". BN, Ms. 3, 4, 1-7, v. 2, doc. 92 (28/5/1744).

29. Vitorino M. Godinho, 1990, p. 357-358.
30. Jacques Marcadé, 1991, p. 63.
31. Sanjay Subrahmanyan, 1995, p. 257-304.
32. ANRJ, Correspondência dos governadores do Rio de Janeiro — Códice 80, v. 1, p. 40 (março de 1718).
33. A Dízima da Alfândega era o tributo de 10% cobrado sobre os produtos vindos de Portugal. Referia-se, portanto, ao comércio legal realizado com a Europa. Os valores aqui apresentados referem-se às quantias que os contratadores desse tributo pagavam à Coroa pelo direito de cobrá-lo, sendo assim uma referência indireta da magnitude desse comércio.
34. Ver, nesta coleção, Antonio Carlos Jucá de Sampaio, *Fluxos e refluxos mercantis: centros, periferias e diversidade regional.*
35. Carlos Magno Guimarães e Flávia Maria da Mata Reis, 2007, p. 327.
36. Não há dados precisos sobre a população carioca no período, mas estimativas indicam um crescimento de algo em torno de 12 mil habitantes em 1710 para mais de 29 mil em 1749, um aumento de mais de 140%: Sampaio, 2003, p. 85.
37. Francisco Carlos Teixeira da Silva, 1990; B. J. Barickman, 2003.
38. Guillermo Palacios, 1998, p. 52-62.
39. Idem, p. 56.
40. IBGE, 1990, p. 30.
41. Os dados de Vitorino Godinho, embora antigos, não sofrem contestações e servem-nos como uma estimativa confiável. Vitorino M. Godinho, 1975, p. 57.
42. Todos os dados aqui apresentados sobre exportação de açúcar foram retirados de Michel Morineau, 1985, p. 149-155.
43. Idem, p. 151.
44. Morineau, 1985, p. 152.
45. Jean-Baptiste Nardi, 1996, p. 114.
46. Jorge Miguel Viana Pedreira, 1995, p. 156-157.
47. Isso não significa que a produção de alimentos tenha sido abandonada ou negligenciada, mas que era do tabaco que os pequenos agricultores retiravam seus maiores lucros. Guillermo Palacios, 1998, p. 34-36.
48. Para uma análise mais detalhada das características da produção do tabaco no período colonial ver, nesta mesma coleção, Antonio Carlos Jucá de Sampaio, *Fluxos e refluxos mercantis: centros, periferias e diversidade regional.*
49. Para uma análise da regulamentação da oferta de carne verde, ver Ilana Blaj, 1995.
50. Geórgia Tavares, texto inédito.

51. Para o Rio de Janeiro, ver Vitorino M. Godinho, 1990, p. 477-496. Para Pernambuco, ver Clara Araújo, *O trato dos homens de negócio de Pernambuco: uma análise das conexões mercantis e de sua elite mercantil (1730-1808)*, cap. 1. texto inédito.
52. Pedro Puntoni, 2002; Martha D. Hameister, 2002.
53. Kenneth Maxwell, 1996.
54. AHU-Rio de Janeiro, cx. 52, doc. 44; AHU-Rio de Janeiro, cx. 60, doc. 22.
55. Douglas C. Libby, 1988, p. 188.
56. Kenneth Maxwell, 1996, p. 40-48.
57. Guillermo Palacios, 1998, cap. 2.
58. Francisco Vidal Luna e Herbert Klein, 2005, cap. 2; Sheila Faria, 1998.
59. Roquinaldo Ferreira, 2001, p. 357-359.
60. AHU, Cód. 472. Apud Ferreira, 2001, p. 361.
61. Valentim Alexandre, 1993, p. 32-36.
62. João Fragoso, 2001, p. 29-71.
63. Antonio Carlos Jucá de Sampaio, 2007, p. 225-264.
64. Idem, 2002, p. 29-49.
65. Como pretende Evaldo Cabral, 1995.
66. Rae Flory David Grant Smith, 1978, p. 571-594.
67. Para uma análise da elite mineira, ver Carla Almeida, 2010.
68. João Fragoso, 2001, p. 319-338.
69. Charles R.Boxer, 1973, p. 190.
70. G. Tomaso di Lampedusa, 2000.

Bibliografia

Abreviaturas:

AHU-CA — Arquivo Histórico Ultramarino, Catálogo Castro e Almeida
ANRJ — Arquivo Nacional, Rio de Janeiro
PH — Publicações Históricas do Arquivo Nacional
BN — Biblioteca Nacional
Ms — Manuscrito

ALDEN, Dauril. "Los movimientos de precios en Brasil antes, durante y después del auge del oro, com referencia especial al mercado de Salvador, 1670-1769". In: JOHNSON, Lyman e TANDETER, Enrique (orgs.). *Economías coloniales.*

Precios y salários en América Latina, siglo XVIII. México: Fondo de Cultura Económica, 1992.

ALEXANDRE, Valentim. *Os sentidos do império.* Porto: Edições Afrontamento, 1993.

ANTONIL, André João. *Cultura e opulência do Brasil*, 2ª ed. São Paulo/Brasília: Melhoramentos/INL, 1976.

ARAÚJO, Clara. *O trato dos homens de negócio de Pernambuco: uma análise das conexões mercantis e de sua elite mercantil (1730-1808)*, cap. 1. Texto inédito.

BARICKMAN, B.J. *Um contraponto baiano: açúcar, fumo, mandioca e escravidão no Recôncavo, 1780-1860.* Rio de Janeiro: Civilização Brasileira, 2003.

BLAJ, Ilana. "A trama das tensões: o processo de mercantilização de São Paulo colonial (1681/1721)". São Paulo, USP, 1995 (Tese de doutorado).

BOXER, Charles R. *Salvador de Sá e a luta pelo Brasil e Angola, 1602-1686.* São Paulo: Companhia Editora Nacional, 1973.

CABRAL, Evaldo. *A fronda dos mazombos.* São Paulo: Companhia das Letras, 1995.

CAMPOS, Maria Verônica. *Governo de mineiros: "de como meter as minas numa moenda e beber-lhe o caldo dourado", 1693 a 1737.* São Paulo, USP, 2002 (Tese de doutorado).

CARRARA, Ângelo. *Minas e currais: produção rural e mercado interno de Minas Gerais, 1674-1807.* Juiz de Fora: Editora da UFJF, 2007.

DONOVAN, William M. *Commercial enterprise and Luso-Brazilian society during the Brazilian gold rush: the mercantile house of Francisco Pinheiro and the Lisbon to Brazil trade, 1695-1750.* Baltimore, University of Maryland, 1990 (Tese de doutorado).

FARIA, Sheila. *A colônia em movimento: fortuna e família no cotidiano colonial.* Rio de Janeiro: Nova Fronteira, 1998.

FERREIRA, Roquinaldo. "Dinâmica do comércio intracolonial: geribitas, panos asiáticos e guerra no tráfico angolano de escravos (século XVIII)". In: FRAGOSO, João, BICALHO, Maria Fernanda e GOUVÊA, Maria de Fátima (orgs.). *O Antigo Regime nos trópicos: a dinâmica imperial portuguesa (séculos XVI-XVIII).* Rio de Janeiro: Civilização Brasileira, 2001, p. 339-378.

______. *Transforming Atlantic Slaving: Trade, Warfare, and Territorial Control in Angola, 1650-1800.* Los Angeles, University of California, 2003 (Tese de doutorado).

FLORY, Rae e SMITH, David Grant. "Bahian merchants and the planters in the seventeenth and early eighteenth centuries". *Hispanic American Historical Review*, 58(4), Duke University Press, 1978, p. 571-594.

FRAGOSO, João. "A formação da economia colonial no Rio de Janeiro e de sua primeira elite senhorial (séculos XVI e XVII)". In: FRAGOSO, João, BICALHO, Maria Fernanda e GOUVÊA, Maria de Fátima (orgs.). *O Antigo Regime nos trópicos: a dinâmica imperial portuguesa (séculos XVI-XVIII)*. Rio de Janeiro: Civilização Brasileira, 2001, p. 29-71.

______. "A noção de economia colonial tardia no Rio de Janeiro e as conexões econômicas do Império português: 1790-1820". In: FRAGOSO, João; BICALHO, Maria Fernanda e GOUVÊA, Maria de Fátima (orgs.). *O Antigo Regime nos trópicos: a dinâmica imperial portuguesa (séculos XVI-XVIII)*. Rio de Janeiro: Civilização Brasileira, 2001, p. 319-338.

GODINHO, Vitorino M. "As frotas do açúcar e as frotas do ouro, 1670-1770". In: ______. *Mito e mercadoria, utopia e prática de navegar, séculos XIII-XVIII*. Lisboa: Difel, 1990, p. 477-496.

______. "Os portugueses e a 'carreira da Índia', 1497-1818". In:______. *Mito e mercadoria, utopia e prática de navegar, séculos XIII-XVIII*. Lisboa: Difel, 1990, p. 357-377.

______. *Estrutura da antiga sociedade portuguesa*. Lisboa: Arcádia, 1975.

GUIMARÃES, Carlos Magno e REIS, Flávia Maria da Mata. "Agricultura e mineração no século XVIII". In: RESENDE, Maria Efigênia Lage de e VILLALTA, Luiz Carlos (orgs.). *História de Minas Gerais: as minas setecentistas*, v. 1. Belo Horizonte: Autêntica, 2007, p. 321-336.

HAMEISTER, Martha D. *O continente do Rio Grande de São Pedro: os homens, suas redes de relações e suas mercadorias semoventes (c.1727-c. 1763)*. Rio de Janeiro, UFRJ, 2002 (Dissertação de mestrado).

HANSON, Carl. *Economia e sociedade no Portugal Barroco, 1668-1703*. Lisboa: Publicações Dom Quixote, 1986.

IBGE. *Estatísticas históricas do Brasil*. Rio de Janeiro: IBGE, 1990, 2ª. ed..

KLEIN, H. "Tráfico de escravos". In: IBGE, op. cit., p. 53-62.

LAMPEDUSA, G. Tomaso di. *O gattopardo*. Rio de Janeiro: Record, 2000.

LIBBY, Douglas C. *Transformação e trabalho em uma economia escravista. Minas Gerais no século XIX*. São Paulo: Brasiliense, 1988, p. 188.

LUNA, Francisco Vidal e KLEIN, Herbert. *Evolução da sociedade e economia escravista de São Paulo de 1750 a 1850*. São Paulo: USP, 2005.

MAURO, Frédéric (coord.). *O Império Luso-Brasileiro, 1620-1750*. Lisboa: Editorial Estampa, 1991.

MAXWELL, Kenneth. *Marquês de Pombal. O paradoxo do Iluminismo*. Rio de Janeiro: Paz e Terra, 1996.

MELO, Evaldo Cabral de. *A fronda dos mazombos*. São Paulo: Companhia das Letras, 1995.

MONTEIRO, John. *Negros da terra: índios e bandeirantes nas origens de São Paulo*. São Paulo: Companhia das Letras, 1994.

MORINEAU, Michel. *Incroyables gazettes et fabuleux métaux*. Londres: Cambridge University Press, 1985.

NARDI, Jean-Baptiste. *O fumo brasileiro no período colonial*. São Paulo: Brasiliense, 1996.

PALACIOS, Guillermo. *Cultivadores livres, Estado y crisis de la esclavitud en Brasil en la época de la revolución industrial*. Cidade do México: Fondo de Cultura Económica, 1998.

PEDREIRA, Jorge Miguel Viana. *Os homens de negócio da Praça de Lisboa de Pombal ao Vintismo (1755-1822): diferenciação, reprodução e identificação de um grupo social*. Lisboa, Universidade Nova de Lisboa, 1995 (Tese de doutorado).

PIJNING, Ernst. *Controlling Contraband: Mentality, Economy, and Society in the Eighteenth-Century Rio de Janeiro*. Baltimore, Johns Hopkins University, 1997 (Tese de doutorado).

PUNTONI, Pedro. *A guerra dos bárbaros*. São Paulo: Hucitec, 2002.

SAMPAIO, Antonio Carlos Jucá de. "Famílias e negócios: a formação da comunidade mercantil carioca na primeira metade do Setecentos". In: FRAGOSO, João; ALMEIDA, Carla e SAMPAIO, Antonio Carlos Jucá de (orgs.). *Conquistadores e negociantes. Histórias de elites no Antigo Regime nos Trópicos. América Lusa, séculos XVI a XVIII*. Rio de Janeiro: Civilização Brasileira, 2007, p. 225-264.

______. *Na encruzilhada do Império. Hierarquias sociais e conjunturas econômicas no Rio de Janeiro (c.1650-c.1750)*. Rio de Janeiro: Arquivo Nacional, 2003.

______. "O mercado carioca de crédito: da acumulação senhorial à acumulação mercantil (1650-1750)". In: *Estudos históricos*, v. 29. Rio de Janeiro: FGV, 2002, p. 29-49.

SILVA, Francisco Carlos Teixeira da. *A morfologia da escassez: crises de subsistência e política econômica no Brasil Colônia (Salvador e Rio de Janeiro, 1680-1790)*. Niterói, UFF, 1990 (Tese de doutorado).

SOUSA, Rita da Conceição Cardoso Martins de. *Moeda e metais preciosos no Portugal setecentista (1688-1797)*. Lisboa, Universidade Técnica de Lisboa, 1999 (Tese de doutorado).

SUBRAHMANYAN, Sanjay. *O império asiático português, 1500-1700*. Lisboa, Difel, 1995.

TAVARES, Geórgia. *A atuação dos marchantes no Rio de Janeiro do vice-reinado. Estratégias de mercado e redes de sociabilidade no comércio de abastecimento de carne verde*. Texto inédito.

VERGER, Pierre. *Fluxo e refluxo do tráfico de escravos entre o Golfo de Benim e a Bahia de Todos os Santos: dos séculos XVII a XIX*, 3ª ed. São Paulo: Corrupio, 1987.

CAPÍTULO 6

O vigário Pereira, as pardas forras, os portugueses e as famílias mestiças. Escravidão e vocabulário social de cor na Freguesia de São Gonçalo (Rio de Janeiro, período colonial tardio)*

*Roberto Guedes Ferreira***

> Em primeiro de outubro de mil oitocentos e um foi batizada de licença minha na Matriz da Candelária pelo padre coadjutor da mesma, Alexandre Fidélis de Araújo, Paula, filha legítima de Ângelo José de Barcelos e Rosa Caterina de Barcelos, neta pela parte paterna de Antonio de Barcelos, natural do Reino, e Maria da Assunção Barreto, desta freguesia, e pela parte materna de Luiz Gomes da Cruz, natural de Portugal, e Maria das Mercês desta freguesia, e julgo serem pardas as ditas avós. Foi padrinho Francisco de Paula Xavier, de que recebi certidão e fiz este termo que assinei.
>
> O vigário Antonio Rodrigues Vicente Pereira

*Pesquisa financiada pelo Conselho Nacional de Desenvolvimento Científico e Tecnológico (CNPq).
**Professor da Universidade Federal Rural do Rio de Janeiro.

> Aos trinta de maio de mil oitocentos e cinco, batizei e pus os santos óleos a Bernardina, filha legítima de Ângelo Rangel de Barcelos e Rosa Catarina de Barcelos, pardos forros. Foi padrinho o padre José Teixeira da Motta, de que fiz este termo, que assinei.
>
> O vigário Antonio Rodrigues Vicente Pereira[1]

Os dois assentos de batismo acima reproduzidos expressam bem o perfil social e o de origem de um segmento considerável da população livre da Freguesia de São Gonçalo de fins do século XVIII e inícios do século XIX, período colonial tardio,[2] perfis sem dúvida oriundos das transformações econômicas, sociais e demográficas do século XVIII. A família Barcelos portava, mestiçamente, ascendência parda e portuguesa. Pela parte paterna, os batizandos tinham ancestrais portugueses, e, pela materna, o padre julgou serem pardas as avós dos batizandos. Assim, ser pardo era passível de julgamento no sentido da condição social (auto) atribuída, o que possibilitou aos pais da batizada serem, no primeiro registro, sem cor, apenas filhos de pais reinóis e de mães pardas. No segundo, eram *pardos forros*.

Não é descabido supor que Ângelo e Rosa chegaram à alforria por ser frutos do intercurso afetivo-sexual entre homens livres, não necessariamente senhores, e mulheres cativas.[3] A condição social e a ascendência comum dos consortes (filhos de pais portugueses e de mães pardas), também igualados pelo casamento, tornaram-nos *pardos forros*, forma mais comum — assim mesmo no plural — em que os pais forros casados foram registrados no livro de batismo. Nesses casos, em geral o vigário registrava que *Fulano* era filho *legítimo de Beltrano de Tal e de Sicrana das Couves pardos forros*. Isso sucedeu com Francisco de Sales e sua mulher, Claudiana Maria, que tiveram quatro filhos batizados entre 1807 e 1813. Nos três primeiros assentos, ele era natural de Lisboa e apenas a esposa era parda forra, mas no último ambos eram *pardos forros*.[4] Não se trata apenas de erro no quarto registro, já que predominavam casamentos entre iguais ou, o que dá no mesmo, o casamento igualava os noivos. *Pardo forro* era uma cor/condição social inscrita no livro de batismo de brancos e forros e também alude a mestiço social, cultural e político.

Este capítulo se ocupa de vocábulos de cor dos assentos de batismo, da presença demográfica dos pardos forros, de sua mestiçagem com portugueses e de implicações sociais e historiográficas que essas questões suscitam. Pretendemos contribuir um pouco para preencher uma lacuna na história social e demográfica do Rio de Janeiro, história demográfica, com raras exceções, ainda por ser feita, comparativamente a outras capitanias.[5] Para tais fins, serviremo-nos de registros paroquiais de batismo, casamento e óbito de freguesias rurais do Rio de Janeiro setecentista, mas mormente do livro de batismos de brancos e forros da Freguesia de São Gonçalo do Amarante para os anos de 1806 a 1814.

Aquelas omissões do vigário Antonio Rodrigues Vicente Pereira, que registrou assentos de brancos e forros da Freguesia de São Gonçalo, indicam seu enfado em lançar tantos registros nas folhas no livro. Mas é digno de nota que, em nenhum momento, os filhos do casal de pardos forros, no ato do batismo, foram julgados pardos. Quando isso ocorria na paróquia, escrevia-se a cor/condição social ao lado ou abaixo do nome do batizado. O distanciamento da escravidão na terceira geração gerou o silêncio sobre sua cor, aspecto mais contundente na segunda metade do século XIX, sem que fosse algo progressivo e linear. Mas, diferentemente de um suposto "processo de racialização", iniciado em meados do século XVIII,[6] esse, sim, um fenômeno aparentemente um tanto linear, o sumiço da cor atestava que os novos rebentos, filhos de mulheres forras ou livres, netos de pardas, nasceram ingênuos (nunca foram escravos) e tendiam a não ter registro de cor, o que derivava de uma série de condicionantes,[7] como a rede de aliança dos pais, por exemplo. Os filhos dos Barcelos faziam parte dos brancos do livro de "brancos e forros" da freguesia, já que nenhum branco foi caracterizado como tal, ao contrário dos pais pardos, quase sempre pardos forros. Dos 1.795 inocentes batizados só 121 (6,7%) ganharam cor, quase sem menção à condição de forros.

Omitir a cor, nesse livro, significava, para o vigário Pereira, ser socialmente branco, pois os padres eram os filtros de informação do que se escrevia nos sagrados livros de batismo.[8] Ainda que os batizandos fossem juridicamente forros — mas quase não há batizados explicitamente *forros*, salvo os 33 libertos na pia batismal, dos quais apenas três tinham cor — e considerando o tempo biológico de uma geração, para baixo, com os padrões de procriação de época, em cerca de 15 anos, a família Barcelos estava na Freguesia de São Gonçalo desde cerca de 1770. Foram trinta anos para se tornar branca/sem cor.

O vigário Pereira, além de filtro de informações, também presumia. Ao referir-se, em 1802, aos avós paternos de Francisca, afirmou que seus nomes eram Vicente José e, "por presunção, Ana Maria do Nascimento".[9] Não raro escrevia que pais e/ou padrinhos *nada souberam dizer* sobre os avós dos batizados ou que os avós eram *incógnitos*, informações que, no entanto, podiam ser escritas em outros registros, como para os pais de Ângelo e Rosa. Omissões como essa impõem a quem lida com fontes seriais paroquiais um extremo cuidado com os ajustes de dados e com a caracterização dos mencionados nos livros. Tão importante é que para o vigário, que registrou avós pardas num registro e pais pardos forros em outro, a cor ia além do fenótipo, sem que sempre e necessariamente o exclua. Pardo era polissêmico, em termos semânticos e sociais, e, dentre outros significados, podia denotar ascendência escrava, ao mesmo tempo que marcava um distanciamento em relação à escravidão. Em São Gonçalo, havia livros exclusivos para escravos, os quais geralmente eram referidos apenas como tais ou como cativos, sequer como pretos, como geralmente sucedia alhures.[10] "Elias, filho de João e Maria, pretos forros", foi "lançado no livro dos cativos a fl. 260. Pereira".[11] Preto, aí, e não negro, que não era presente nos livros de escravos ou nos de brancos e forros contemplados neste estudo, ultrapassou a condição de forro e, talvez eventualmente, se lançava um filho de forro no livro de cativos, sem que isso significasse sempre que o batizado era tido como cativo. Alforrias de pia também eram assentadas em livros de batismo de escravos. Pesava muito o que e como os padres registravam, e não raro eles interrompiam a redação, à margem ou no corpo do registro, com o *sem efeito*, ou *vai ao livro competente*, de livres ou escravos. Veja-se o exemplo de Laureana, que quase foi lançada no livro de brancos e forros. O padre não finalizou o assento e anotou: *pertence ao livro dos cativos*.[12]

Os padres também revisavam os livros. Em Porto Feliz (capitania de São Paulo), por exemplo, em 6 de agosto de 1809, a inocente Maria foi registrada como escrava no livro de batismo de livres e como *filha de Francisco, escravo do Reverendo Vigário André da Rocha Abreu*, sem referência à maternidade. O assento foi redigido pelo padre Manoel Ferraz Sampaio, mas, no cantinho, à margem da folha, nota-se: a "batizada Maria é filha de Francisco e Maria, sua mulher. Todos estão forros e libertos", assinado pelo vigário colado da Matriz, André da Rocha Abreu, que havia alforriado os pais.[13] Além de atestar a maternidade, o padre corrigiu a condição jurídico-social de Francisco e de Maria e provavelmente soube do equívoco pelos pais ou padrinhos.

Desse modo, pela pena dos padres, com toda presunção, erro, omissão ou julgamento, o assento nos livros de batismo assinalava a condição social na sociedade escravista de Antigo Regime. Os fenômenos vitais (nascer, casar/procriar e morrer), no dizer de demógrafos, estavam ali registrados, tal como as posições jurídico-sociais de livre, forro ou escravo, combinadas, ou não, a cores. Como não havia registro civil, os assentos paroquiais não eram meras formalidades e talvez não houvesse nada mais cotidiano do que eles sobre o emprego das expressões de cor em sociedades escravistas, já que, por exemplo, listas nominativas de habitantes e róis de confessados eram, no máximo, elaborados anualmente. Registros de licença para comerciantes e artesãos em vilas e cidades, produzidos por câmaras municipais, dentre outros *corpus* documentais, também não comportam a dimensão do vocabulário de cor das fontes paroquiais. Daí a ênfase nos assentos de batismos para este estudo, mais representativos, numericamente, do que os de óbito e casamento.

Contudo, não se pode esquecer, sob o perigo de incorrer em anacronismo, que os assentos paroquiais de batismo são, em primeiro lugar, um *corpus* documental religioso e expressam a preocupação da Igreja

Católica de regrar a forma e registrar esse sacramento. Sendo livres ou escravos, a escravidão contra a qual o "batismo luta é a de origem espiritual e é pela liberdade encontrada em Cristo que o sacramento se justifica. A libertação essencial é a do demônio, esta é a condição igualizadora".[14] A propósito, as *Constituições primeiras do Arcebispado da Bahia* (1720) — legislação canônica que, dentre outros assuntos, regulava a feitura dos registros paroquiais —, calcadas no Concílio de Trento (século XVI), afirmavam que o batismo é o primeiro de todos os sacramentos e causava "efeitos maravilhosos, porque por ele se perdoam todos os pecados, assim original, como atuais, ainda que sejam muitos. É o batizado adotado em filho de Deus, e feito herdeiro da Glória e do Reino do Céu". As instruções das *Constituições* mandavam fazer livro "para que em todo o tempo se possa constar que se contrai do sacramento do batismo". A fim de "se evitar o dano de serem falsificados", os padres deviam registrar os assentos na forma seguinte:

> Aos tantos de tal mez, & de tal anno bautizei, ou bautizou de minha licença o Padre N. nesta, ou em tal Igreja, a N. filho de N. & de sua mulher N. & lhe puz os Santos Oleos: foraõ padrinhos N. & N. casados, viuvos, ou solteyros, fregueses de tal Igreja, & moradores em tal parte
>
> E ao pe de cada assento se assinará o Parocho ou Sacerdote, que fizer o Bautismo (...).[15]

Pelo exposto, as *Constituições* não impunham a separação de livros paroquiais de batismo por condição jurídica, nem o registro de cor, e tampouco mandavam anotar os nomes dos senhores. Essas qualidades eram criações próprias de uma sociedade escravista.

Também não é demais lembrar que as hierarquias da escravidão não vieram de nenhum aparato legal da monarquia portuguesa, pois sequer havia um *Code Noir* ou *Las Siete Partidas*, e nenhuma lei institui a escravidão ou os direitos senhoriais, nem a "propriedade" escrava, para o que, nesse último aspecto, bastava, na prática, registrar escravos nos livros paroquiais de batismo. Muito disso vinha de noções de autogoverno e do primado da naturalização da diferença inerentes a uma monarquia corporativa católica com concepções oriundas da segunda escolástica, na qual a escravidão, de forma peculiar, dava feição à América portuguesa,[16] onde o costume, ou o direito costumeiro, e não qualquer norma jurídica,[17] separou livros de escravos, de um lado, e de "brancos e forros", do outro. Também criou os registros das cores, a alusão a *senhores* (nunca vimos a expressão *proprietário de escravo* nos livros pesquisados), a seus títulos e cargos, a qualidades dos padrinhos etc., a atestação de ser livre, forro ou escravo e, sem esquecer, é óbvio, os padrinhos e, mais frequentemente, as madrinhas santos: Nossa Senhora, São Benedito etc. Essa dimensão religiosa se compreende porque, no século XVIII, a escravidão ainda era purgação de pecados[18] e a alforria redimia senhores e escravos do pecado da escravidão.[19] Daí se entende o pedirem para lançar forros de pia em livros de brancos e livres.

Em síntese, os registros paroquiais de batismo, casamento e óbito eram documentos sociais e religiosos gestados na face escravista de uma monarquia corporativa católica baseada na segunda escolástica.[20] Nesse sentido, também os livros paroquiais sugerem hierarquias sociais criadas em cada época e lugar, já que a escravidão foi variável. Continuemos nos livros de batismo. Sobre eles, as *Constituições* postulavam que em

> cada Igreja devia haver livro em que se escrevam os assentos dos batizados (...) [como] ordena o Sagrado Concílio Tridentino (...) pelo que conformando-nos com a sua disposição, mandamos que em cada Igreja do nosso Arcebispado [da Bahia] haja um livro encadernado feito à custa da fábrica da Igreja, ou de quem direito for, o qual livro será numerado no alto de cada folha por Nosso Provisor, Vigário Geral ou Visitadores, e na primeira folha se declarará a Igreja donde é, e para o que há de servir, e na última se fará termo por quem o numerar, em que se declare as folhas que tem, e estará sempre fechado (...).[21]

Foi exatamente isso que fizeram o padre coadjutor Inácio Rodrigues Portela e o visitador José de Souza Azevedo Pizarro e Araújo (monsenhor Pizarro). Em 1792, o coadjutor enunciou o livro que serviu "para nele se fazerem os assentos dos batismos dos brancos e forros da Freguesia de São Gonçalo do Recôncavo desta Cidade (...)" e, em 1795, o visitador precaveu-se contra "falsificações", numerando as folhas do livro.[22] Como muito da vida se passava em função das paróquias, como a lei canônica não especificava livros de "brancos e forros" e como os padres eram cuidadosos com os livros, os seus enunciados indicam hierarquias escravistas próprias dos paroquianos. Além da mera falta de papel que produzia livros mistos para livres e escravos — fato mais comum para os de óbito, mais escassos porque enterros também eram realizados longe dos olhos da Igreja — os enunciados indicam as classificações locais.[23] Os livros de São Gonçalo frequentemente eram separados, salvo os de óbito. Além dos batismos de "brancos e forros", ou de livres e libertos, havia os de escravos e os mistos, mas esses últimos se tornaram escassos à medida que avançava o século XVIII, e, junto com ele, o tráfico de cativos africanos. Em livros de batismo de freguesias do Recôncavo da Guanabara do século XVIII, nos quais tal fato se observa, isso indica que estavam se cristalizando as classificações jurídicas e de cor de uma sociedade escravista. Longe se está, porém, de, por meio dos enunciados, ou de qualquer outro modo, cindir a sociedade em livres e forros, de um lado, e escravos, de outro, ou em qualquer clivagem de cor. Relações pessoalizadas de dominação, noções de casa e de família patriarcal, bandos políticos, parentelas, aspectos religiosos, redes sociais etc. adicionaram diferenças à América portuguesa de Antigo Regime para além das escravistas, mas essas também coloriram outras hierarquias, pois as cores contribuíam para a "instituição da ordem no mundo de Antigo Regime".[24]

Desse modo, o crescimento da escravidão redefiniu o vocabulário social classificatório de cor no século XVIII, inclusive no âmbito legal da monarquia portuguesa,[25] tendo influência no registro de cor e na emergência de pardos e forros, por exemplo. No âmbito legal, o Diretório dos Índios, de 1755, postulava que o termo negro não fosse aplicado a índios, devido ao incentivo ao casamento deles com brancos:

> Entre os lastimosos principios, e perniciosos abusos, de que tem resultado nos Indios o abatimento ponderado, he sem duvida hum delles a injusta, e escandalosa introducçaõ de lhes chamarem *NEGROS*; querendo talvez com a infamia, e vileza deste nome, persuadir-lhes, que a natureza os tinha destinado para escravos dos Brancos, como regularmente se imagina a respeito dos Pretos da Costa de Africa. E porque, além de ser prejudicialissimo á civilidade dos mesmos Indios este abominavel abûso, seria indecoroso ás Reáes Leys de Sua Magestade chamar *NEGROS* a huns homens, que o mesmo Senhor foi servido nobilitar, e declarar por isentos de toda, e qualquer infamia, habilitando-os para todo o emprego honorifico: Naõ consentiraõ os Directores daqui por diante, que pessoa alguma chame *NEGROS* aos Indios, nem que elles mesmos usem entre si deste nome como até agora praticavaõ; para que comprehendendo elles, que lhes naõ compete a vileza do mesmo nome, possaõ conceber aquellas nobres idéas, que naturalmente infundem nos homens a estimaçaõ, e a honra.[26]

Essa medida impactou o registro de cor em listas nominativas de habitantes. Nas da vila de Porto Feliz (capitania/província de São Paulo), por exemplo, entre 1803 e 1829, à medida que o tráfico se intensificava e a população escrava crescia, os escravos eram, tendencialmente, cada vez menos pardos e cada vez mais negros; chefes de fogos livres e seus parentes (mulher e filhos), cada vez mais brancos; e os agregados, cada vez mais pardos, entre os quais os forros.[27] Atingir a brancura, podendo antes passar pelo empardecimento, atestava a condição de liberdade, mas a coloração social da população também derivava, em grande parte, do crescimento demográfico da escravidão. Nas listas nominativas de Itu, vila da qual se desmembrou Porto Feliz, os cativos e os vocábulos de cor sequer foram incluídos nas listas de 1766,[28] provavelmente porque, para além dos objetivos fiscais e militares para a sua confecção, a escravidão ainda não consolidara um contingente escravo demograficamente expressivo a ponto de alterar o vocabulário social escravista.[29]

Na falta de trabalhos de tal natureza para o Rio de Janeiro, ausentes em grande parte por se desconhecerem ou inexistirem listas nominativas de habitantes para a capitania, mas também pelo relativo desinteresse pela história demográfica, infelizmente, retornemos aos livros de batismo, com a seguinte questão: como eram classificados os envolvidos na cerimônia e quais as possíveis influências deles no registro?[30]

O vigário Pereira era afeito às diferenças e seguia instruções das *Constituições Primeiras* da Bahia, mas, presumindo ou informando-se por terceiros, às vezes sim, outras não, registrava certas qualidades. Em 24 de fevereiro de 1804, batizou Isabel, filha de Francisco Rodrigues e de Firmiana Joaquina, "naturais desta freguesia, neta por seu pai de José Homem Cardoso, natural de Portugal, e de Isabel de Freitas, parda forra, e pela parte materna de Manoel de Oliveira, digo, do forro Manoel, e de Vitória Dias desta freguesia". Mas em 6 de setembro de 1806, no batismo de outro filho desse casal de *pardos*, o pai do batizado era filho de José Tomé Cardoso, natural da Ilha do Pico, e de Isabel Rodrigues, parda natural de Minas, e a mãe era filha do forro Manoel e "mais não souberam dizer".[31] Omitiu-se, no segundo batismo, a avó materna, mas sendo forro o avô materno é possível que o *não souberam dizer* ocultasse a condição escrava da avó, o que traria sérias implicações à liberdade da mãe e, por conseguinte, do batizado, pois a escravidão seguia o ventre. Tentava-se até burlar a condição jurídica pelos livros paroquiais, mesmo que se passasse/registrasse a maternidade a outrem. Em 13 de fevereiro de 1813, na Freguesia de São José do Rio de Janeiro,

> por ordem do Muito Reverendo Dr. Vigário Geral Antonio Rodrigues de Miranda, renovei o assento de batismo de José, filho natural de Maria crioula, escrava do Coronel Manoel Caetano Pinto, a qual estando em fuga teve este filho, e batizou nesta Matriz por filho natural de Maria da Conceição, preta forra, e se acha este assento feito no Livro quinto, a folha 226, sendo padrinhos o sargento José Justiniano e Domiciana Rosa [ilegível] da sentença por finda e nos Autos de Justificação que deu o dito Coronel ser a dita escrava sua, e ter o dito mulatinho no tempo da fuga de que para constar fiz este assento. Coadjutor Luis Marciano da Silva.[32]

Noutras vezes, a cor/condição, o prestígio, a naturalidade etc. também eram escritos de determinada forma, ou omitidos, o que dependia da rede relacional dos envolvidos. Em 1805, o padre José Joaquim da Silva, com a licença do nosso conhecido vigário, batizou Miguel, no oratório da fazenda de Cassarotiba [*sic*], do capitão José Joaquim Ferreira, "em virtude da licença do Reverendíssimo Vigário Capitular o Senhor Deão Francisco Gomes Vilas Boas". Miguel era filho legítimo de Francisco Zacarias de Alvarenga e de dona Maria Luísa de Bustamante, neto paterno de Francisco de Alvarenga Esteves e de Maria Vieira Ferreira, e *não declararam as naturalidades*, e pela parte materna era neto de Francisco Roberto de Bustamante e de *avó incógnita*. Foi padrinho o mesmo capitão José Joaquim Ferreira Barbosa, escreveu o vigário Pereira.[33] A alusão ao avô materno do batizando, um Bustamante, sobrenome de uma importante família no livro de brancos e livres, contribuiu para sua mãe gozar do título de distinção de *dona*, mesmo que a avó fosse *incógnita*, provavelmente escrava. Mas o que parece ter sido decisivo para destacar o título foi o ambiente da cerimônia em si. Com o devido registrado da permissão de um *Reverendíssimo Vigário Capitular Senhor Deão*, o batismo foi realizado no oratório da fazenda de um capitão, que também serviu de padrinho, conjunções que atestam poder, propriedade, provável condição senhorial e status religioso do pai espiritual. No entanto, em 1808, foi batizado

> na Matriz da Candelária [do Rio de Janeiro], pelo padre Coadjutor da mesma, Alexandre Fidelis de Araújo, de licença minha, Francisco, filho legítimo de Francisco Zacarias de Alvarenga, do Bispado de São Paulo, e de Maria Luiza de Bustamante, parda natural desta freguesia. Foi padrinho Roberto Car de Bustamante Pinto de Fontoura, de que fiz este termo e assinei. O Vigário Antonio Vicente Rodrigues Pereira.[34]

Embora um Bustamante, que também era capitão, mas sem essa qualidade registrada, tenha sido o padrinho, o batismo foi realizado longe de São Gonçalo por um padre coadjutor. Não se aludiu aos ascendentes da mãe, sobretudo o pai, e ela foi tida como parda. Na fazenda, Maria Luiza Bustamante, apesar de provável filha de escrava com um Bustamante, era *dona* e branca/sem cor. Longe de sua rede relacional, foi parda, apenas. Portanto, a rede relacional e as circunstâncias sociais influenciaram o registro da cor/condição social.

Um outro exemplo de que a rede relacional mudava a cor/condição se observa nos batismos dos filhos de José Inácio e Luísa Clara. O casal fez batizar seus quatro filhos entre 1806 e 1813. José e seus pais eram naturais da Ilha de São Jorge e ela, em diferentes momentos, foi registrada como exposta da Santa Casa de Misericórdia, parda forra e de ascendentes incógnitos. Um tal Pascoal dos Santos Dias, sem qualquer título ou cargo, foi padrinho de dois filhos do casal, ocasiões em que sua comadre foi considerada *parda forra*, mas nos demais batismos, nos quais os padrinhos eram capitães, a condição materna de parda forra foi omitida, só a de exposta e de filha de pais incógnitos. Mais uma vez, a explícita alusão ao (ante)passado escravo só foi notada quando o padrinho não detinha o posto de capitão.[35] Tal como aquele batismo realizado na fazenda, o vigário Pereira silenciou sobre a cor, com certeza influenciado pelo prestígio dos compadres capitães, além de o batizado, em um desses batismos, ser afilhado da *Protetora Nossa Senhora*. As proteções social e etérea isentaram o registro da ascendência escrava da mãe.[36] A religião, portanto, também influenciava.

A quem se dirigia e o que significava a expressão pardo forro? Não era só uma condição jurídica. O casal Barcelos mencionado no introito não era pardo forro em 1801, só as mães de cada cônjuge eram pardas, mas o par ficou daquele modo em 1805. Brancos pelo silêncio em 1801 voltaram à condição social de *pardos forros* em 1805. De quando em quando isso acontecia, pois até um português de Lisboa foi considerado pardo forro, sem que essa possibilidade deva ser descartada. Mas, em ambos os casos, não se tratou de um embranquecimento progressivo, resultado de mobilidade social, linear e mecânica, já que embranquecer requeria fortuna *lato sensu*, alianças com elites e estabilidade familiar recriadas no tempo pelas gerações, caminho de mobilidade social preferencial, mas não exclusivo, de egressos do cativeiro e não acessível a todos, sem que fosse, contudo, uma raridade.[37]

Pardo ou *pardo forro*, e não *pardo livre*, quando empregados a livres ou forros, expressões cada vez mais correntes a partir de meados do século XVIII, entre outros aspectos, designavam um amplo segmento da população livre com ascendência escrava, que podia estar distanciada do cativeiro pelas gerações[38] e aludia também a índios.[39] Dependia de cada época e lugar. Na Freguesia de São Gonçalo, o termo mais frequentemente usado para os pais com (ante)passado escravo, no livro de batismo de brancos e livres em questão, era *pardo forro*. Mas isso não rompe com a ideia de que pardo, aplicado a livres e libertos, indique distanciamento da escravidão, mesmo se acompanhado do vocábulo forro. Na concepção da época, os assentos de batismo de forros geralmente eram lançados nos livros de "forros e brancos" ou nos de "livres", nos quais também podiam se escrever as alforrias de pia.

Em livros dos batismos de cativos, pais, padrinhos ou batizandos adultos podiam ser pretos, pretos de nação, escravos de, preto escravo de, preto de nação Tal, do gentio da Guiné, de nação Angola, Mina ou crioulos para os pais/padrinhos nascidos no local.[40] Isso não vigia em São Gonçalo, onde geralmente apenas se enunciava tratar-se de livros de escravos. Mas nada disso rompe com aquela ideia porque *pardo forro* também é afastamento da escravidão, já que alforria, até onde se saiba, implica sair da escravidão, ao menos juridicamente. Em 2 de janeiro de 1809, o padre coadjutor Manoel Dias batizou a filha de João Manoel, "escravo que é ou foi dos herdeiros do falecido capitão Baltazar Rangel, e de Felícia, parda forra escrava que foi dos herdeiros do falecido Lourenço Furtado Raposo. Foram padrinhos Luís José, pardo forro, e Nossa Senhora da Conceição".[41] Em 10 de janeiro do ano seguinte deu-se o batismo de outra "filha legítima de João Manoel e Felícia Maria, *pardos forros*", sendo padrinho "Marcelino José Furtado, pardo", atestou novamente o vigário Pereira.[42] No segundo batismo não pairou mais dúvida sobre a condição jurídico-social do pai João Manoel, *pardo forro*, tal como para o padrinho da primeira cerimônia. Felícia perdeu a condição *de escrava que foi ou era* e se tornou somente parda forra. O padrinho da segunda filha, com nome e sobrenome, era só pardo. Pardos e pardos forros eram distintos de escravos pardos, ainda que esses fossem uma espécie de elite entre os escravos.

O padre Pereira não agia só ao registrar a condição social, já que as pessoas, sabedoras da importância do registro da cor-condição social, também interferiam, inclusive forros e escravos. Em 8 de outubro de 1808, ele batizou

> Isabel, filha natural de Ana Maria, preta Angola, escrava de Ana de São José, crioula forra, que dizem os padrinhos mandava se fizesse o seu assento por forra porque essa era a vontade da dita senhora e de seu marido Leão Car, cujos padrinhos foram Caetano José, cabra forro, e Maria, escrava de Manoel de Assunção de que fiz este termo que só terá valor aparecendo os ditos senhores na minha presença, assinando este comigo, que o fiz e assinei (...).[43]

O padrinho forro, a mãe preta Angola, a madrinha escrava, a senhora crioula forra, seu marido e o padre, embora este duvidasse da palavra dos padrinhos, todos sabiam o valor de se lançar a condição de forro no livro de brancos e forros. Como a escravidão podia desonrar,[44] ou não era desejável, as famílias faziam esforços para tirar seus membros dela. Pardo forro, portanto, reforçava uma condição de liberdade no livro de brancos e forros. A inscrição no livro de brancos e forros como reforço da condição de liberdade foi exemplar na cerimônia de batismo de José, em dezembro de 1807, quando o vigário Pereira registrou esse

> filho natural de Joaquina Angola, escrava de José Dutra, que por ser senhor e juntamente pai, determinou batizasse por forro. Assim o disse Manoel Dutra, que foi o padrinho, e que o dito senhor, que embarcou para Angola, assim lho deixou determinado, de que fiz este termo e assinei.[45]

Como se verá depois, ser pardo forro, ainda que forro, atestava uma diferença não só em relação a escravos, mas também a outros forros, sem que, evidentemente, as distinções jurídicas e de cor significassem clivagens social, política, econômica e cultural desestabilizadoras ou qualquer ameaça à ordem vigente, salvo em discursos de governantes coloniais e reinóis, não raro incorporados acriticamente (ver Capítulo 9 deste livro). O filho de Manoel Dutra, também filho de escrava Angola, era prole de um homem que, na ocasião, embarcara para Angola, leia-se, foi atuar no tráfico de escravos que realimentava a escravidão e a sociedade escravista. O mesmo homem que traficava também se amasiou com uma escrava, reconhecendo seu filho e, muito provavelmente, escolheu um parente — talvez um irmão — como protetor espiritual. Mulheres escravas, evidentemente, tinham um papel ativo para conseguir esse tipo de alforria, se não para si, ao menos para seus filhos, e não há razão para pensar que essa produção de mestiços políticos era interrompida na vida em liberdade. Em São Gonçalo, pardas forras eram as maiores responsáveis pela mestiçagem. O mestiço branco/sem cor no livro, filho de cativa com comerciante de escravos, seria mais um a conviver com diferenças.

Destarte, tal como já demonstrado no plano estrutural, para o funcionamento do sistema social, a gestação dos forros e seus descendentes, como grupo social oriundo e produzido pela sociedade escravista do Brasil colonial, que ajudaram a construir, se relaciona ao tráfico de cativos e ao seu derivado, a alforria,[46] o que quer dizer que o tráfico de cativos africanos e a escravidão tiveram enorme impacto no perfil social e no status da população livre, criando ou estimulando as condições para a emergência dos pardos forros, em termos demográficos e no vocabulário social classificatório de época, e, é óbvio, como senhores de escravos. Pardo é termo polissêmico, mas também significava mestiço, que de modo algum aglutinava um grupo homogêneo. Logo, importante é não agregar forros e seus descendentes apenas pelo (ante)passado escravo e tampouco congelar sua posição social pela cor. Não se trata de um grupo homogêneo, e a nomenclatura de cor nos registros paroquiais de São Gonçalo não deixa dúvida: pardos forros, pretos forros, cabras forros, entre outras denominações (Quadro 1, adiante). Em primeiro lugar, os pais pardos forros deviam ser basicamente nascidos no âmbito da sociedade colonial, já que eram diferentes de pretos, palavra em geral empregada para escravos africanos, ou pretos forros, africanos agraciados por seus senhores. Os pais forros de São Gonçalo eram pardos, cabras, crioulos e até pretos, mas não havia mulatos, termo pejorativo, nem negros.

Sutis e difíceis de ser percebidas, essas nuances demonstram hierarquias entre os egressos do cativeiro. No dia 25 de outubro de 1805, o vigário Pereira afirmou sobre um exposto: "(...) declaro *ser mulato ou cabra*."[47] Não longe dali, na Corte do Rio de Janeiro, um sargento-mor afirmou, em 1807, que seu sogro "(...) emprestou um *mulatinho mais cabra do que pardo* (...) o dito *cabrinha* fugiu (...)"[48] [grifos meus]. Ainda que se oscilasse nas palavras, registrar essas diferenças era importante para os envolvidos, o que se constata em um episódio ocorrido em Itu, Capitania de São Paulo, em 1797. Tomás de Aquino fizera uma solicitação para que seu próprio filho, Alexandre Garcia, fosse preso. O pedido foi aceito pelo governador e a captura efetuada pelo capitão-mor da vila. Porém, o capitão disse que o requerimento era *cheio de falsidade*, acrescentando que:

> No mencionado dia 5 do corrente [julho] requereu ele prisão e praça ao dito seu filho a fim de não efetuar-se o injusto e desigual casamento pretendido, quando este já há vinte e dois dias se achava efetuado, pois no dia 13 de junho próximo pretérito, pública e constantemente se receberam. [O pai] alegou também que estava tratado para casar com a filha de uma negra, quando é filha de Gabriel Antunes e de sua mulher, Maria Leite, pardos em grau remoto, que, sendo em qualidade de sangue, pouco ou nada diferentes do casal do Suplicante, que é conhecida gentalha; excedem muito a este em seus procederes, pois é o dito Gabriel Antunes, e sua família, de muita verdade e temor de Deus, o que falta ao Suplicante, que até padece a nota de ladrão. (...) Inculca-se o mesmo suplicante com estímulos de honra não convindo neste casamento por

> ignominioso (...) quando ele mesmo há tempos ajustou esse casamento, e ao depois (...) procurou desfazer o ajuste (...) me consta ao certo que o Suplicante variara daquele ajuste por induções de seu irmão, Agostinho Garcia, que procurava casar o dito Alexandre, seu sobrinho, com outra moça de seu empenho (...) Itu, 20 de julho de 1797.[49]

Mesmo que dirigisse palavras ríspidas a Tomás de Aquino, o capitão-mor concordava com ele que havia diferença entre a filha de uma negra, provavelmente forra, e pardos em *grau remoto*. Em *qualidade de sangue*,[50] pouco ou nada se diferenciavam entre si, talvez, pelas palavras do capitão, mas se distanciavam, ao longo das gerações, de uma negra, ainda que em grau remoto, segundo Tomás de Aquino, o pai do noivo. Mais relevante, o que se observa é que, em sociedades de Antigo Regime, a posição social expressa no âmbito geracional/familiar um de seus traços fundamentais, não se resumindo a indivíduos. Essa é uma diferença basilar entre mobilidade social em sociedades capitalistas e em sociedades estamentais.[51] Evidentemente, isso não quer dizer que, nas segundas, uma pessoa não possa, em sua vida, ascender socialmente, em termos econômicos ou no gozo de estima social.[52] Porém, se a ascensão não se perpetua em seus descendentes e não se processa no âmbito familiar — em sentido amplo — está-se no campo do *self-made man* da sociedade burguesa industrial. Isso é uma condição elementar quando se trata de Brasil colonial/imperial, tendo em vista o papel que a família assumiu outrora. A propósito, em sua grande parte, os pais egressos do cativeiro de São Gonçalo eram pardos forros e seus filhos eram registrados sem cor. Foram registrados no livro de brancos e forros. Esse tipo de afastamento da escravidão leva à compreensão de todo o esforço de Tomás de Aquino, estimulado por seu irmão, em casar seu filho com moça de *melhor empenho*. É a posição social da família e sua perpetuação o que estão em causa, não o indivíduo.

Por outra parte, também sobressaem nas palavras do capitão a feição intragrupal da mobilidade social e o afastamento do (ante)passado escravo. Quiçá, sentir-se diferente não só da negra, mas dos demais pardos, fazia com que Tomás de Aquino quisesse casar seu filho *com outra moça de seu empenho.* Almejava um casamento que julgava melhor para sua família. Eram pardos em grau remoto, não eram negros, sequer eram pardos forros. Sem esquecer que negro era atribuído, mais frequentemente, a escravos e, às vezes, a forros, pouco ou nada se diferenciava, nas palavras do capitão, mas não era o que Tomás pensava, que se inculcava com *estímulos de honra* perante a *gentalha.*

Assim, é preciso considerar que ser pardo, e não negro ou pardo forro, ou cabra, cabra forro, não era mero detalhe. No decorrer do século XVIII, afirmar-se pardo podia, ainda que forro, ser uma autoidentificação da condição de nascido na colônia, uma maneira de se distanciar de africanos, mas também de mulatos, considerados arrogantes e desordeiros. O mulatismo guardava uma conotação de desonra e era carregado de impedimentos na própria legislação, e a isso se contrapunham os egressos do cativeiro pardos organizando-se em irmandades cujos estatutos preferencialmente usavam o vocábulo pardo, e não mulato. Aliás, com devoção também preferencial, no século XVIII, não obstante variações regionais e ainda que não lhes fossem exclusivas, às Nossas Senhoras da Conceição, do Amparo e do Terço e a São Gonçalo Garcia, o primeiro santo pardo. Isso visava marcar "expectativas reveladoras a respeito das hierarquias sociais e religiosas". No entanto, diferentemente do século XVII, no século XVIII a busca de títulos devocionais por parte dos pardos reforçava a um só tempo "a construção de suas irmandades no espaço colonial" e "mais explicitamente temas relativos às hierarquias coloniais e aos discursos sobre 'pureza' e 'impureza'", mas, no segundo caso, subvertendo-o pela valorização da mestiçagem. Além disso, afirmar as devoções pardas também expressaria um distanciamento dos pretos, sobretudo pretos angolistas, identificados com o culto de Nossa Senhora do Rosário, entre outros.

Tudo isso foi brilhantemente analisado por Larissa Viana,[53] não obstante a autora considere "imperativo pensar, como traço da resistência cotidiana, que diferenças realçadas pelos africanos e por homens e mulheres de cor nascidos na colônia ajudavam a manter a dignidade e a humanidade em meio à escravidão e a seus estigmas sociais".[54] Resistência cotidiana? Pode ser, com certeza, mas para o pai do noivo, pardo, prevaleceu uma honra que se afirmava pelo afastamento de uma negra, provavelmente africana. Os pardos forros de São Gonçalo não se casavam com pretas forras e as mulheres pardas forras buscavam, preferencialmente, portugueses ou brancos/sem cor. Os homens precisam de honra. Escravos se sentiam honrados ao alcançar a alforria,[55] pardos forros ao se afastar de negros. A propósito, no dicionário de Antonio de Moraes e Silva (1813), o verbete preto tinha também a acepção de "negro", podendo ser um "homem preto, forro ou cativo".[56] O pai do noivo era *pardo em grau remoto*, isto é, provavelmente já distanciado da escravidão. Pardo forro, mesmo se liberto, não era preto, cabra, mulato...

*

Toda aquela descrição pormenorizada sobre os registros de batismo, imbuída na ideia de uma análise intensiva de fontes seriais, visa chamar atenção para os condicionantes sociais e o vocabulário social que moldavam os registros de cor, o que aqui se torna necessário por se tratar de um estudo que se preocupa com o emprego de expressões de cor e pelo fato de que entre os 1.795 batizados no livro de brancos e forros 41,6% tinham pais, e alguns avôs, registrados, sobretudo, como pardos forros, o que é muito considerando o sub-registro. Aferindo pelos progenitores de filhos legítimos, os casais com ascendência escrava eram 246 (32,5%) do total e as mães, 278 (36,6%).

Esses índices são ajustados,[57] mas para alcançá-los seguimos, também nisso, o vigário Pereira. Ao fazer um assento em 1808, disse sobre os pais e avôs que "todos os referidos [eram] pardos ou cabras forros. E não declarava a dita certidão quem foram os padrinhos, o que é provável fosse por esquecimento" de um padre coadjutor que fez a cerimônia em uma capela.[58] Assim, Pereira, genericamente, atestou a cor dos envolvidos na cerimônia e o esquecimento dos nomes dos pais espirituais no registro do batismo, o que demonstra que se esquecia também de outras informações, como os indicadores de ascendência escrava. Mas, de tantos que eram, talvez o padre tenha destacado, sem especificar, que *todos* eram *forros*. Naqueles números, não incluímos as mães solteiras forras por causa das homônimas (Ana Maria parda forra apareceu 12 vezes), mas na Freguesia de Irajá do Rio de Janeiro a proporção de mães forras (casadas e solteiras) passou de 14% em 1730 para 26,2% em 1770.[59] Observando pelos óbitos, dos 173 livres do livro misto da Freguesia de Nossa Senhora de Piedade do Iguaçu, entre 1725 e 1769, apenas 11 (6,7%) eram forros.[60] Entre 1777 e 1798, no livro para livres e forros, eram 116 (17%) dos 680, mas, excluindo os párvulos do cômputo, os números são, respectivamente, 108 (29,6%) de 365.[61] O crescimento da escravidão gerou maior presença de forros, maiormente pardos, entre os livres e os apartou dos livros de óbito de escravos.

Já nos livros de batismos de livres, de 1761 a 1773, dos 220 batizados, 37 (16,8%) eram filhos de forras, em geral pardas forras, e entre 1773 e 1797 os inocentes filhos de forras passaram a 229 (25%) de 909.[62] Esses números confirmam o crescimento populacional dos forros.[63] Comparando ao livro de batismo de cativos dessa mesma Piedade do Iguaçu, entre 1796 a 1811, de 1.117 rebentos, só para 56 (5%) se aludiu à cor de suas mães.[64] Isso significa que as escravas da paróquia não tinham cor quando do batismo de cativos, mas, quando forras e mães, tornavam-se pardas forras nos livros de brancos e forros. Daí a parca presença de pretas forras, cabras ou crioulas forras entre as alforriadas. Como afirmamos, pardo forro marcava uma condição de liberdade diferenciada.

O mesmo sucedia em São Gonçalo, pois entre 1742 e 1768 apenas 42 (9,7%) dos 430 batizados inocentes escravos tiveram registradas as cores de suas mães, também geralmente pardas (31 deles). Mais importante, para 90,3% dos rebentos não se registrou a cor de suas mães,[65] ao passo que, sem contabilizar os dados ajustados, o que reforçaria nossa hipótese, para 745 (41,5%) batizados do livro de brancos e forros, de 1800 a 1814, havia o registro de cor de suas mães. Dos 745 filhos, 488 (65%) eram de pardas forras. Em síntese, e sem esquecer que lidamos com a denominação costumeira e cotidiana das cores, nos livros paroquiais pesquisados a crescente escravidão foi aos poucos definindo a todos. A hipótese é que, como tendência, e não regra, escravos, por presunção, eram pretos; forros empardeceram; e brancos assim o eram pelo silêncio, como se *nada soubessem* ou precisassem *dizer de seus* ascendentes, ou omitir.

Os números, o que pesquisas demonstram[66] e aquela parcial assertiva do *todos pardos e cabras forros* — parcial porque quase não havia cabras forros nos registros paroquiais — levam a algumas constatações básicas. Em primeiro lugar, os índices de alforria até hoje conhecidos parecem estar subdimensionados.[67] Em segundo, o papel da alforria na sociedade colonial rompe com a noção de que sociedades estamentais, com pessoas/famílias naturais e juridicamente desiguais, calcam-se em rígidas hierarquias e eram avessas à mobilidade social, ao menos na América portuguesa. Em terceiro, a cor parda indicava uma forma de mobilidade social para egressos do cativeiro. Em quarto, como forros, eram cruciais as funções sociais desempenhadas dentro da ordem estamental-escravista. Eles longe estavam de formar um grupo com interesses permanentemente exclusivos, o que indica que, dificilmente, teriam forte e duradoura coesão política, disruptiva pelo simples fato de terem ascendência escrava. Afinal, também eram mestiços, no sentido familiar e demográfico,[68] pelo menos, como se verá, sem descartar mestiçagens políticas, religiosas, culturais etc.[69] Em quinto, diferentemente do que se tem observado para áreas urbanas, com destaque para mulheres, as pretas forras Mina,[70] a família foi fundamental para a inserção social dos pardos forros em áreas rurais, sem que houvesse uma dicotomia entre rural e urbano. Em sexto, confirma-se que os nascidos no âmbito da sociedade colonial eram os grandes beneficiados com a alforria.

Por tais conclusões, é preciso saber, para melhor conhecer esse grupo social fundamental da sociedade colonial, quem eram os pardos forros no livro de brancos e forros de São Gonçalo. O que segue, como o que antecede, pretende ser exemplar, e não necessariamente generalizável a outras searas.

O casamento era a condição matrimonial mais comum das mães brancas e forras de São Gonçalo, como geralmente vigia em áreas rurais, já que 1.288 (71,8%) dos filhos eram legítimos, 405 (22,5%) naturais, 93 (5,2%) expostos, e para nova (0,35%) não foi possível saber. Entre os naturais, 344 (84,9%) tinham mães egressas da escravidão, as maiores responsáveis pela ilegitimidade, e 165 (47,9%) deles, filhos de pardas forras. Destarte, a maior parte dos filhos naturais de mães oriundas da escravidão não era rebento de pardas, mas de crioulas forras, pretas forras, cabras forras, escravas com filhos alforriados na pia. Os demais naturais eram filhos de mães ilhéus ou sem cor. Não foram as pardas forras, proporcionalmente, as maiores responsáveis, no julgamento dos padres, pelos nascimentos de filhos naturais, tidos fora da norma católica. Isso resultou no registro de cor dos filhos, proporcionalmente desigual para os naturais. Dos 121 rebentos com cor, 43 (35,6%) eram naturais, que, por seu lado, eram só 22,5% de todos os nascidos. Desses 43 naturais com cor, 21 eram filhos de forras não pardas. Não ser parda entre as mães forras contribuiu para o maior registro de cor dos filhos. Talvez por essa diferença em casar mais dentro da norma é que eram designadas como pardas, mas essa hipótese precisa ser confirmada.

Seja como for, no geral, o que predominava era a legitimidade entre os filhos de forros da freguesia, já que de todos os 816, 472 (57,8%) eram legítimos, porém, excluídos expostos e ilegíveis, entre os demais 877 rebentos apenas 61 (6,9%) eram filhos naturais. Mulheres sem cor, as socialmente brancas da freguesia, geravam muito menos filhos naturais, mas sabemos que as pardas não eram as maiores produtoras de filhos naturais, embora fossem maioria entre as mães forras.

Nos batismos dos 1.288 filhos legítimos, há dois grandes grupos de pais: os 675 com pai e mãe com naturalidade desconhecida e os 613 com pelo menos um dos pais de origem sabida, aos quais nos reportaremos adiante. Entre os primeiros, para 267 informa-se a cor de ambos os pais e deles 213 descendiam de pardos, ou seja, os pais pardos eram os que mais geravam filhos entre os forros. Tratava-se de forros casados entre si, tal qual o vigário, na forma plural, registrava os casais, *Fulano e Beltrana pardos forros*. Isso demonstra que o casamento igualava e/ou que predominava uma forte endogamia entre os pardos forros, mas não só entre eles. Os pretos forros também tinham como esposas preferenciais as pretas forras, ou elas a eles, e assim sucessivamente. Portanto, ainda por se constatar para São Gonçalo, tudo indica que a tendência à endogamia vigente entre escravos não se exauriu entre egressos do cativeiro.[71]

Quadro 1

Batizados por qualidades de cor dos pais forros de naturalidade desconhecida (Freguesia de São Gonçalo, 1806-1814)

Qualidades de cor dos pais forros	Batizados	
	#	%
Pai e mãe pardos ou pardos forros	213	79,8
Pai pardo forro e mãe não parda forra	4	1,5
Pai e mãe crioulos forros	13	4,9
Pai crioulo forro e mãe não crioula forra	1	0,4
Pai e mãe cabras forros	8	3,0
Pai cabra forro e mãe não cabra forra	1	0,4
Pai e mãe pretos forros	24	9,0
Pai preto forro e mãe não preta forra	0	–
Pai forro e mãe forra	3	1,1
Total	267	100,0

Obs: Não há outras combinações para mãe de cor desconhecida.

Naturais ou legítimos, os indicadores de procriação na freguesia levam à relativização, ao menos para certas áreas, da opção dos forros de não procriar ou ter menos filhos. Tem-se argumentado, sobretudo para áreas urbanas, como o Rio de Janeiro, Diamantina, Salvador, São João Del-Rey, entre outras, que mulheres forras, mormente as de procedência Mina, frequentemente não geravam filhos, chegando mesmo a se organizar em famílias rituais formadas basicamente por mulheres e por crianças.[72] Sem que tais conclusões percam a validade, ou que se queira desmerecer as pesquisas, não se aplicam a São Gonçalo. As mulheres forras da freguesia, durante o período colonial tardio, procriavam, certamente porque em áreas agrárias filhos, passada a fase de seus anos iniciais, eram mão de obra importante no núcleo familiar. Mais ainda, aqueles indicadores impõem a necessidade de estudos sobre alforria e egressos do cativeiro para o Rio de Janeiro do século XVIII, passíveis de serem realizados por meio de ofícios de notas, testamentos presentes em registros de óbito e, como se vê, por assentos de batismo e também de casamento.[73]

As pardas forras não só não eram as que menos geravam filhos naturais entre as forras como também eram as mais abertas à mestiçagem, sobretudo com portugueses e são-gonçalenses. Considerando os filhos legítimos com ao menos um dos pais com naturalidade registrada, eram quatro grandes grupos: os são-gonçalenses e adjacências (Maricá, Itaboraí, Itambi [distrito de Itaboraí], Macacu), os portugueses/ilhéus, os fluminenses (inclusive a corte) e os de outras localidades.

Quadro 2
Número de batizados por naturalidade dos pais
(Freguesia de São Gonçalo, 1806-1814)

Naturalidade dos pais	Batizados		
	#	%	%(a)
Pai e mãe são-gonçalenses	212	34,6	76,5
Pai são-gonçalense e mãe portuguesa/ilhoa	0	0,0	0,0
Pai são-gonçalense e mãe fluminense	27	4,4	9,7
Pai são-gonçalense e mãe de outra capitania	3	0,5	1,1
Pai são-gonçalense e mãe de outra localidade	0	0,0	0,0
Pai são-gonçalense e mãe de naturalidade desconhecida	35	5,7	12,6
Subtotal	277	45,2	100,0
Pai e mãe portugueses/ilhéus	42	6,9	19,7
Pai português/ilhéu e mãe são-gonçalense	140	22,8	65,7
Pai português/ilhéu e mãe fluminense	7	1,1	3,3
Pai português/ilhéu e mãe de origem desconhecida	24	3,9	11,3
Subtotal	213	34,7	100,0

(*cont.*)

Pai e mãe fluminenses	15	2,4	45,5
Pai fluminense e mãe são-gonçalense	15	2,4	45,5
Pai fluminense e mãe portuguesa/ilhoa	0	0,0	0,0
Pai fluminense e mãe de outra capitania	0	0,0	0,0
Pai fluminense e mãe de outra localidade	0	0,0	0,0
Pai fluminense e mãe de origem desconhecida	3	0,5	9,1
Subtotal	33	5,4	100,0
Pai e mãe de outras localidades	3	0,5	17,6
Pai de outra capitania e mãe são-gonçalense	7	1,1	41,2
Pai de outra capitania e mãe fluminense	5	0,8	29,4
Pai de outra capitania e mãe de portuguesa/ilhoa ou de outra localidade	1	0,2	5,9
Pai de outra capitania e mãe de origem desconhecida	1	0,2	5,9
Subtotal	17	2,8	100,0
Pai de naturalidade desconhecida e mãe são-gonçalense	57	9,3	78,1
Pai de origem desconhecida e mãe portuguesa/ilhoa	3	0,5	4,1
Pai de origem desconhecida e mãe fluminense	9	1,5	12,3
Pai de origem desconhecida e mãe de outra localidade	4	0,7	5,5
Subtotal	73	11,9	100,0
Total	613	100,0	

a) percentual no grupo

Os maiores frutos resultavam de casamentos exogâmicos. Filhos de casamentos entre portugueses/ilhéus, entre são-gonçalenses e entre fluminenses alcançaram 43,9%, mas prevalecendo filhos de pai e mãe nascidos na freguesia, mormente a matrilocalidade, pois filhos legítimos de mães nascidas na freguesia somavam 375 (61,3% de 613), 212 dos quais também filhos de pais naturais da paróquia, sendo que apenas 64 tinham progenitores forros.

O que os dados do Quadro 2 demonstram é que homens são-gonçalenses casavam predominantemente com mulheres da vila, ou com fluminenses. Portugueses/ilhéus, ao contrário, casavam com são-gonçalenses. As proles de pais portugueses advieram mais de mães da paróquia do que de suas conterrâneas, e os *casais das ilhas* não foram os que mais procriaram.

Evidentemente, trata-se de uma conjuntura politicamente conturbada da monarquia portuguesa, em função das guerras napoleônicas. Provavelmente, como pesquisas têm constatado para os africanos aqui chegados em épocas de alta do tráfico atlântico,[74] os portugueses também tinham pressa de se socializar pelo casamento. Ao gerar filhos, também ganhavam compadres.

Todavia, quem eram as são-gonçalenses que se uniram a eles e, por derivação, os aparentaram na comunidade? Dos 140 filhos de pais portugueses/ilhéus e mães da paróquia, 61 eram rebentos de forras, o que corresponde a 43,6% dos filhos desse tipo de casal. Esses 61 chegam bem perto daqueles 64 filhos de pais e mães forros e são-gonçalenses. Adicionando-se ao cômputo para homem português e mulher são-gonçalense as fluminenses também casadas com portugueses, chega-se a 69. Desconsiderando a naturalidade das mães, as uniões entre homem português e mulher forra geraram 73 filhos legítimos, dos quais 69 eram proles de pardas.

Em síntese, as são-gonçalenses pardas forras e os homens portugueses produziram a mestiçagem. Mas ainda há um não registrado a ser mencionado. Entre os 140 filhos de portugueses, 14 tiveram registrada a cor de um de seus avôs maternos. Excluindo esses, 48 (38,1% de 126) tinham avós maternas nascidas na freguesia, mas nada se disse de suas avós. As forras, sobretudo as pardas, sem dúvida foram as principais agentes da inserção social dos homens portugueses na freguesia, no mais das vezes pobres das ilhas ou do norte de Portugal. A mestiçagem não foi, necessariamente, resultante de uma relação desigual de poder do homem português branco/sem cor sobre a parda forra, caso as consideremos agentes históricas. Foram, no mínimo, coautoras da mestiçagem social, política e cultural.[75]

Observando agora com foco nos casais, e não em seus filhos, as uniões se deram, no que tange à cor, entre esposos sem esse tipo de registro, ou seja, eram 414 pares socialmente brancos nos livros de batismo de brancos e forros, mas só 18 de portugueses/ilhéus. Homens portugueses eram mais propensos a casar com mulheres da freguesia, e a grande maioria dos sem cor/brancos era de cônjuges naturais da paróquia. Comparativamente aos naturais da freguesia, os portugueses eram mais abertos a se unir com mulheres da vila. Os homens são-gonçalenses, salvo se com as africanas cativas ou forras, quase não tinham, por imperativos demográficos, possibilidades de casar com mulheres de fora. Ao que tudo indica, optaram por casar com as conterrâneas.

Quadro 3
Naturalidades dos cônjuges brancos/sem cor
(Freguesia de São Gonçalo, 1806-1814)

Tipos de união	#	%
Homem e mulher são são-gonçalenses	**55**	13,0
Homem são-gonçalense e mulher fluminense	10	2,4
Homem são-gonçalense e mulher de outra capitania	1	0,2
Homem são-gonçalense e mulher de naturalidade desconhecida	9	2,1
Subtotal	75	17,7
Homem e mulher portugueses/ilhéus	16	3,8
Homem português/ilhéu e mulher são-gonçalense	32	7,6
Homem português/ilhéu e mulher fluminense	2	0,5
Homem português/ilhéu e mulher de origem desconhecida	10	2,4
Subtotal	60	14,2
Homem e mulher fluminenses	5	1,2
Homem fluminense e mulher são-gonçalense	5	1,2
Homem fluminense e mulher de origem desconhecida	3	0,7
Subtotal	**13**	3,1
Homem e mulher de outras localidades	0	0,0
Homem de outra capitania e mulher são-gonçalense	2	0,5
Homem de outra capitania e mulher fluminense	2	0,5
Subtotal	4	0,9
Homem e mulher de naturalidade desconhecida	251	59,3
Homem de naturalidade desconhecida e mulher são-gonçalense	16	3,8
Homem de origem desconhecida e mulher portuguesa/ilhoa	2	0,5
Homem de origem desconhecida e mulher fluminense	5	1,2
Homem de origem desconhecida e mulher de outra localidade	1	0,2
Subtotal	275	65,0
Total	423	100,0

Exclui escravos e casos com margem a dúvidas

Entre os casais com registro da cor dos dois esposos prevaleceu também a endogamia, como observamos por suas proles, mas novamente chama atenção sobre os principais agentes da mestiçagem o fato de ela não ter se processado entre forros de cores distintas, ou que esses tenham contribuído pouco para ela. Mais do que esse tipo de enlace, foram as uniões entre homens brancos/sem cor e mulheres forras, sobretudo as pardas. As pardas, além de seus pares, se ligaram mais a brancos/sem cor e a portugueses/ilhéus. Mais com esses últimos do que com cabras, crioulos, pretos. As pretas comportaram-se de modo inverso, quase hermeticamente.

Quadro 4
Cor dos cônjuges (Freguesia de São Gonçalo, 1806-1814)

Mulher	Homem	# de casais	%
Parda forra	Pardo forro	171	57,0
Parda forra	Sem cor	39	13,0
Parda forra	Português/ilhéu	24	8,0
Parda forra	Preto forro	1	0,3
Parda forra	Crioulo forro	2	0,7
Crioula forra	Crioulo forro	7	2,3
Crioula forra	Pardo forro	2	0,7
Crioula forra	Preto forro	3	1,0
Crioulo forra	Sem cor	2	0,7
Cabra forra	Sem cor	1	0,3
Cabra forra	Cabra forro	2	0,7
Preta forra	Preto forro	23	7,7
Preta forra	Pardo forro	1	0,3
Sem cor	Pardo forro	6	2,0
Forra não parda	Português/ilhéu	0	0,0
Portuguesa/ilhoa	Português/ilhéu	16	5,3

Exclui escravos e casos com margem a dúvidas

Poderá se argumentar que o vigário Pereira tendia a igualar a cor dos cônjuges quando lançava os registros, mas ele não se esqueceu de atentar para diferentes cores, quando convinha.

Palavras finais

Documentos religiosos e sociais, os livros de batismo demonstram que, no plano religioso e na hierarquia social, havia diferenças entre pardos e outros egressos da escravidão, embora pareçam pertencer ao universo do indistinto, à multidão de pretos e mulatos. Assevere-se que pardos estavam muito mais próximos do mundo dos libertos e de outros ascendentes cativos do que de brancos, mas, se isso se dá na vivência cotidiana, do que é difícil duvidar, também ocorre com brancos, os portugueses e os demais brancos/sem cor e as pardas o demonstram — o que quer que fossem brancos, pois pouco se sabe sobre eles na sociedade colonial. Mas nada disso significa que pardos e os demais forros tivessem a mesma consideração social. Seria uma perspectiva de socialmente brancos, que, mesmo se dominante, não foi exclusiva. Destarte, caso se leve em conta que diferenças de condições sociais não se resumem ao aspecto material, o capitão-mor de Itu não deixou totalmente de lado a *qualidade*. Disse *pouco ou nada*. Por *pouca* que fosse, reconhecia-se uma distinção de qualidade de cor, uma hierarquia social entre pessoas com ascendência escrava.

Sendo assim, como a procriação também produziu mestiçagens na freguesia, obra de mães pardas forras com pais português/ihéus e principalmente com pardos forros, tratava-se, frequentemente, de famílias mistas, pela ausência da cor do pai ladeada ao registro de cor da mãe, pela condição de pais livres portugueses/ilhéus e de mães no mais das vezes pardas forras ou mesmo pela ascendência já mestiça dos pais forros. Indo além, posto que havia uniões entre pardos forros, mas sem excluir, na definição de pardo de Raphael Bluteau o vocábulo pardo remetia à mestiçagem, a uma qualidade de "cor entre branco e preto, própria do pardal, donde parece lhe veio o nome". Em Moraes e Silva, o termo mulato segue esse sentido — *filho ou filha de preto com branca, ou às avessas, ou de mulato com branco até certo grau* — ao passo que *pardo é de cor entre branco e preto como a do pardal. Homem pardo; mulato.*[76] Como bem se destacou, em Bluteau homem pardo era sinônimo de mulato, significando o "filho de branca e negro ou de negro e de mulher branca", com conotação depreciativa. Nesse dicionarista, as categorias mulato e pardo designavam um mesmo tipo humano, o filho de negro com branco e os seus descendentes, mas à qualificação do tipo social seus sentidos se afastavam. Ainda que os mestiços portassem atributos aviltantes, indivíduos considerados moralmente aceitáveis recebiam o rótulo de *pardos.*[77] Os pardos se esforçavam para isso, já que faziam questão de se diferenciar moralmente dos pretos angolistas e dos mulatos. Batizavam seus filhos na igreja, estavam dentro da moral católica, tinham, proporcionalmente, menos filhos naturais, casavam mais com brancos do que com *cabras* e, mais ainda, não se uniam a pretos.

Cabra reportava a "alguns índios porque os [portugueses] os achavam rumiando como as cabras". Em Moraes e Silva, o vocábulo designava "o filho de pai mulato, e mãe preta, ou às avessas". No primeiro caso, há ausência de fala, mas não incluía pessoas com ascendência africana ou escrava. Parece, portanto, que o termo pardo ganhou corpo no decorrer do século XVIII. No segundo caso, em Moraes e Silva, cabra remete a uma mestiçagem pejorativa, sem a presença destacada do branco como sua componente. A mestiçagem de São Gonçalo se dava entre os já mestiços pardos — *de cor entre branco e preto como a do pardal*, mas distintos moralmente dos mulatos — ou entre eles e brancos. Homem branco, em Bluteau, eram o "bem nascido, e que até na cor se diferencia dos escravos, que de ordinário são pretos, ou mulatos. Vir *ingennus*". Assim, no dicionarista o termo pardo não designava antônimo social, jurídico e de cor em relação a brancos. Ingênuo era sincero, chamavam os "antigos romanos àquele que era filho de pais livres e honrados". Em Moraes e Silva, ingênuo também significava "sincero". Forro era o que "saiu da escravidão, liberto". Liberto era o "que era escravo e se acha livre ou forro. 'Amar a Deus porque nos remiu é tributo de libertos' (...) o liberto ingênuo, isto é, que saiu do cativeiro dos prejuízos, e preocupações".

Tributando a Deus na pia batismal, pardos forros eram casados e pais de família. Tinham honra, estavam livres dos prejuízos do cativeiro,[78] que podia desonrar. No livro de batismo de brancos e forros da freguesia de São Gonçalo inscrevia-se e assentava-se a moral católica, e os sinceros filhos de pardos forros, junto a seus pais, estavam todos nela inseridos, enfim.[79]

Notas

1. Arquivo da Arquidiocese de Niterói (AAN), Livro 20, Batismos de Brancos e Forros, 1806-1814, fls. 189 e 251v.
2. Cf. o conceito de colonial tardio em João Luís Ribeiro Fragoso, 2000.
3. Isso não era incomum. Cf. Robert. W. A. Slenes, 1997, p. 233-290; Roberto Guedes, 2002, p. 255-279; M. Souza Soares, 2002, p. 165-194; Adriana Dantas Reis Alves,2010.
4. AAN, Livro 20, Batismos de Brancos e Forros, 1806-1814, fls. 287, 313, 341 v e 414.
5. Para São Paulo, cf., entre outros, Sérgio Buarque de Holanda, 1966; Maria Luiza Marcílio, 2000; José Flávio Motta, 1999; Maurício Martins Alves, 2001; Herbert Klein,Francisco Vidal Luna, 2005; Carlos Bacellar, 2001. Para Minas Gerais, ver Douglas C Libby; Tarcísio Rodrigues Botelho, 2004; Silvia Maria Jardim Brügger, 2007; Tarcísio. R. Botelho, 2004.
6. Douglas Libby, 2010. Para certas abordagens, desde o século XVII, o sistema classificatório, supostamente ambíguo, de cor do Brasil (a-histórico) era também baseado na raça (sem a conotação de época). Ainda que se considere a dimensão social da cor, o sistema classificatório seria "algo que aponta para um *continuum* das nossas angústias classificatórias, ainda tão presentes no início do século XXI". Dito de outro modo: "Se o século XVII anuncia a nossa etnogênese, o XVIII em muito apontará e consolidará um dos nossos dilemas: a ambiguidade classificatória. A segunda metade do século XVIII revela um *continuum* classificatório e traz novos significados, inclusive em outras capitanias" (...) "Os caminhos para os nossos dilemas contemporâneos de classificação racial já estavam sendo trilhados." Jocélio Santos, 2005, p. 115-137, p. 118, 119, 137. *Continuum* clas-

sificatório racial e de angústias de um Brasil a-histórico para quem? Não creio que para os pardos forros de São Gonçalo, mas sim para os adeptos do congelamento das categorias de cor. Sem que a palavra raça deixasse de estar presente em fontes de época, com certeza com sentidos no mais das vezes distintos dos atuais, os padres da freguesia nunca a empregaram. Não raro, para os racialistas, desprovidos de ferramentas conceituais, resta apenas sepultar a mestiçagem como fenômeno histórico e como um aspecto explicativo ou rotulá-la como uma ilusão ou miragem. Por exemplo, ao comentar-se o emprego do termo colonial *mestiço* por uma autoridade metropolitana — "quando não se podem bem distinguir pelas suas muitas misturas se explicam pela palavra mestiço", como consta em uma documentação para Piauí, de 1772 — afirma-se que o "mestiço tornava-se, portanto, uma possível ilusão de sentidos, já que se apresentava como aquele que é passível de ser fruto de origens diversas". Santos, 2005, p. 119-120. Mais uma vez, incorpora-se acriticamente o discurso de autoridades. Sobre anacronismos, teleologismos e perigos em racializar a história, cf. o excelente artigo de Mônica Grin, 2008, p. 57-66.

7. Oracy Nogueira, 1954, p. 72-93; Stuart B. Schwartz, 1996, p. 7-27.
8. Sheila de Castro Faria, 1998.
9. AAN, Livro 20, Batismos de Brancos e Forros, 1806-1814, fl. 197.
10. Peter Eisenberg, 1989, p. 269-270; Hebe Maria Mattos de Castro, 1995, p. 34 e segs.; Faria, 1998, p. 115, 120, 133-137.
11. AAN, Livro 20, Batismos de Brancos e Forros, 1806-1814, fl. 204.
12. AAN, Livro 20, Batismos de Brancos e Forros, 1806-1814, fl. 406v.
13. Arquivo da Cúria Diocesana de Sorocaba, Livro 1 A, Batismos de Livres, 1807-1819, fl. 27v.
14. Adalgisa Arantes Campos; Renato Franco,2004, p. 38. Cf. ainda Antônio A.Arantes, 1994.
15. Sebastião Monteiro da Vide, 2007.
16. Sobre monarquia corporativa e Antigo Regime e o lugar neles ocupado pela escravidão, cf. Hebe Mattos, 2001, p. 141-162; Silvia Hunold Lara, 2007; Márcio de Sousa de Soares, 2009; João Fragoso, 2010, p. 1-33; João Fragoso, 2009, p. 200-245; e o brilhante capítulo "Selvagens e bárbaros" de Antonio Manuel de Hespanha, 2010, p. 46-67; p. 199-250.
17. Como afirma Hespanha, em alusão às leis do Reino, mas aplicável no caso aqui destacado: "Relativamente às normas do direito escrito do Reino, a doutrina oscilava. Na prática, não é raro vê-la recusar como obsoletas as normas legais, considerando-se como revogadas pelo costume (...). Em resumo, tudo somado, o balanço era, na prática, claramente favorável ao costume." Hespanha, 2010, p. 174-175. Sobre hierarquias costumeiras na escravidão de Antigo Regime, cf. Fragoso, 2009.

18. David Brion Davis, 2000; Rafael de Bivar Marquese, 2004; Anderson José de Oliveira, 2008.
19. Soares, 2009.
20. Sthepen Gudeman, Stuart Schwartz, 1988; Faria, 1998, p. 304-326; Mariza de Carvalho Soares, 1997. Apêndice metodológico.
21. Ver, *Constituições primeiras*, Tit. XX.
22. AAN, Livro 3, Batismos de Brancos e Forros, 1792-1801, fls. iniciais. Em outro livro: "Tem este livro que serve de se fazerem os assentos dos batismos dos brancos e forros da freguesia de São Gonçalo do Recôncavo desta cidade [do Rio de Janeiro] [434] folhas, as quais numerei e rubriquei por comissão do Muito Reverendo Doutor Francisco Gomes de Vilas Boas, Deão da Catedral desta mesma cidade, Provisor e Vigário Geral, e vai numerado e rubricado com a minha rubrica que diz Portela, sem vício ou erro que faça dúvida, em fé do que fiz este termo que vai por mim assinado. Rio de Janeiro, 1792. Inácio Rodrigues Portela." AAN, Livro 20, Batismos de Brancos e Forros, 1806-1814, última folha. Contudo, o livro, fragmentado, se inicia na folha 267v.
23. Na vila de Porto Feliz, por exemplo, referindo-se ao ano de 1824, o vigário colado, Bento Paes de Campos, afirmou em 24 de janeiro de 1825: "A requisito do Sargento-mor Comandante desta vila, certifico que revendo os livros competentes desta matriz de batizados, casamentos e óbitos no ano de 1823 se acham [218] batizados de brancos e libertos [e de] cativos [163]; casamentos de brancos e libertos [124]; de cativos [27]; óbitos de brancos e libertos [229]; de cativos [116]. No ano de 1824, [211] batizados de brancos e libertos; cativos [207], sendo uma grande parte gentios da Guiné; casamentos dos brancos [48]; de cativos [19]; óbitos dos brancos [148], aliás [195]; dos cativos [102], além de alguns que são sepultados pelos cemitérios, e outros nos matos do que se não me dão partes e me consta por notícia. Nada mais consta nos ditos livres. O referido é verdade que juro aos Santos Evangelhos." Notam-se, além de livros separados, enterros nos matos quando havia notícias. Arquivo do Estado de São Paulo: Listas Nominativas de Habitantes de Porto Feliz, Ano de 1824, última folha.
24. Antonio Manuel de Hespanha, 2005, p. 345.
25. Os impedimentos específicos de mulatismo, por exemplo, intensificam-se no século XVIII. A par da legislação sobre impedimentos, a definição de cor dependia de aspectos políticos, econômicos e sociais locais, salvo, em geral, para acesso a ordens militares, para os quais frequentemente havia dispensas. Sobre dispensa, cf., entre outros, Anderson Oliveira (no prelo).
26. Rita Heloísa de Almeida, 1997. Acesso em 10 de outubro de 2009. Disponível on line. http://www.lai.at/wissenschaft/lehrgang/semester/ss2005/rv/files/pombal.directorio.1755.pdf. Seria interessante uma pesquisa sobre como a nomenclatura

da escravidão indígena serviu de base para a de origem africana. Índios, na capitania paulista do século XVII, em geral eram chamados de *negros da terra*, *gentio da terra*, de nação tal, *pardo, mulato, do cabelo corredio* etc. Posteriormente, nas listas de habitantes, índios tenderam a ser incluídos entre os brancos, mas provavelmente também estavam entre os pardos.

27. Roberto Guedes, 2009, p. 489-518.
28. Arquivo do Estado de São Paulo, Listas Nominativas de Itu para o ano de 1766. Sobre as listas iniciais, cf. Marcílio, 2000; Carlos de A. P. Bacellar, 2008, p. 107-124.
29. Estima-se que os escravos em 1768 eram 30% da população no oeste paulista, de onde Itu fazia parte. Porto Feliz, desmembrada de Itu, contava com mais de 50% de cativos na população total de 1829. Daí se nota o impacto demográfico da escravidão. Cf. as estimativas para Itu, Herbert Klein; Francisco Vidal Luna, 2005, p. 53. Para Porto Feliz, Guedes, 2008.
30. Sobre o papel de notários e dos alforriados no registro de hierarquias da escravidão, mas extensível a padres e aos envolvidos no batismo, cf. Aisnara Perera Díaz, María de los A. Fuentes, 2006, capítulo 3.
31. AAN, Livro 20, Batismos de Brancos e Forros, 1806-1814, fls. 230, 273.
32. Arquivo da Cúria Metropolitana do Rio de Janeiro, Livro de Batismo de Escravos da Freguesia de São José do Rio de Janeiro, 1802-1821, fl. 177.
33. AAN, Livro 20, Batismos de Brancos e Forros, 1806-1814, fls. 258v.
34. AAN, Livro 20, Batismos de Brancos e Forros, 1806-1814, fl. 301.
35. AAN, Livro 20, Batismos de Brancos e Forros, 1806-1814, fls. 376, 315, 404v, 266v.
36. Pesquisas têm confirmado essa hipótese, que suscitamos em outras ocasiões. Libby demonstra seis gerações de uma parentela, encabeçada por Quitéria Moreira de Carvalho, cujos núcleos familiares, ao menos um de seus membros, podiam perder a cor. Por outro lado, casamentos com outras pessoas de cor, ou herméticas relações de compadrio envolvendo membros da parentela, levavam à identificação com antepassado escravo. Não perdiam a cor. Libby, 2010, pp. 43-54. Não obstante o ótimo trabalho, às vezes certas passagens não condizem com seu título: "exercícios de especulação" (p. 50), "(...) esses filhos do casal permaneceram sem cor nos respectivos registros. Mesmo assim, é quase certo que eles fossem considerados crioulos" (p. 53), "pode-se especular" (p. 54). Também sobre os modos pelos quais a rede relacional e a ascendência geravam a ausência ou caracterização da cor em São Domingos da segunda metade do século XVIII. John D. Garrigus, 1996, p. 20-43. Roberto Guedes, 2010, p. 93-118.
37. Roberto Guedes, 2008.
38. Hebe Mattos, 2000.

39. Douglas Libby, 2010.
40. Cf. por exemplo, Arquivo da Cúria Metropolitana do Rio de Janeiro, Livro de Batismo de Escravos da Freguesia de São José do Rio de Janeiro, 1802-1821.
41. AAN, Livro 20, Batismos de Brancos e Forros, 1806-1814, fl. 314.
42. AAN, Livro 20, Batismos de Brancos e Forros, 1806-1814, fl. 374v.
43. AAN, Livro 20, Batismos de Brancos e Forros, 1806-1814, fl. 309.
44. Orlando Patterson, 1982.
45. AAN, Livro 20, Batismos de Brancos e Forros, 1806-1814, fl. 295v.
46. Soares, 2009.
47. AAN, Livro 20, Batismos de Brancos e Forros, 1806-1814, fl. 259v.
48. Arquivo Nacional do Rio de Janeiro. Inventário *post mortem de* Bernardo José Ferreira Rabelo.
49. Arquivo do Estado de São Paulo, Ordenanças de Itu, Cx. 55, Pasta 3, doc. 22.
50. A *qualidade de sangue* não tem a conotação racialista que iria assumir no século XIX. Deriva do estatuto de pureza de sangue, vigente no império luso, baseado na ascendência. Mattos, 2000, p. 14-15.
51. Bartolomé Clavero, 1991, p. 160-165.
52. Referindo-se a Portugal de Antigo Regime, afirma Monteiro que "a adoção do referido conceito de nobreza ao longo do século XVI criou zona de fluidez na hierarquia do espaço social: não era difícil um filho de lavrador sugerir que seus pais 'se tratavam à lei da nobreza', com 'bestas e criados' (...) essa zona de fluidez podia potenciar, em determinadas condições e conjunturas, a oportunidade para rápidos processos de ascensão social". Nuno Gonçalo Monteiro, 1997, p. 335-368, p. 344-345.
53. Larissa Moreira Viana, 2007, p. 106, 123, 130-135.
54. Ibidem, p. 171.
55. Patterson, 1982.
56. Antonio de Moraes e Silva, 1813, p. 500.
57. Não ajustamos as informações para filhos de mães solteiras, as quais quase sempre não tinham ascendentes mencionados. Por exemplo, Joaquina do Espírito Santos, que apareceu três vezes como mãe, mas só uma como parda forra, não teve a cor ajustada para os registros sem informação, ainda que em dois batismos o padrinho fosse José Rodrigues Moreira. Para o ajuste consideramos os nomes dos pais, mães, avôs, avós, padrinhos, madrinhas, naturalidades, cor, títulos, e um pouco de bom senso.
58. AAN, Livro 20, Batismos de Brancos e Forros, 1806-1814, fl. 305v.
59. Fragoso, 2010, p. 93.
60. Arquivo da Diocese de Nova Iguaçu. Livro de óbitos mistos da Freguesia de Nossa Senhora de Piedade de Iguaçu, 1725-1769.

61. ADNI, FNSPI, Livro de Óbito de Livres e Forros, 1777-1798.
62. ADNI, FNSPI , Livro de Batismo de Livres, 1773-1797.
63. Sem dúvida, estão aquém dos de São Gonçalo e, certamente, isso se deve a não terem sido ajustados e, por conseguinte, os filhos de forros estão sub-registrados. Para um só exemplo do que isso representa, entre 1785 e 1792, João Valério e sua mulher, Emerenciana Maria de Menezes, batizaram cinco filhos, em cujas cerimônias ele só foi *pardo liberto* uma vez e ela, em três. ADNI, Livro de Batismo de Brancos e Forros, 1773-1797, fls. 58v, 79v, 98, 111 e 128.
64. ADNI, FNSPI, Livro de Batismo de Escravos, 1796-1811.
65. AAN, Livro 16, Batismos de Escravos, 1742-1768.
66. A. J. R. Russell-Wood, 1982; Sheila de Castro Faria, 2005; Roberto Guedes, 2008; M. de Souza Soares, 2009.
67. Para a Bahia, Schwartz estima que entre 1728 e 1745 e entre 1819 e 1851 1% dos cativos chegavam à alforria por ano. Stuart B.Schwartz, 1974, p. 605. Em Itu, entre 1808 e 1825, em média, 7,4% dos escravos presentes em testamentos e inventários eram alforriados por ano. Magda Maria de Oliveira Ricci, 1993, p. 157.
68. Sobre famílias mistas, vide Sandra Lauderlale Graham, 2005; Cacilda Machado, Appicuri, 2009.
69. No aspecto político-religioso, cf. os pardos, que, dentro da ordem, lutavam por não ser reconhecidos como mulatos, esse, sim, termo que tendencialmente denotava pecado, desordem, entre outros aspectos pejorativos. Viana, 2007. Ver, também, sobre mobilidade social que os incorporava via carreira eclesiástica, Oliveira, 2011. Ainda, o trabalho, talvez pioneiro, de Klein, que ressaltou a função desempenhada por egressos do cativeiro nas tropas militares, nos ofícios e na ocupação de cargos. Herbert Klein, 1969, p. 3-27. Os pardos eram, em suma, "legítimos vassalos". Cf. o bom trabalho de Daniel Precioso, 2010.
70. Maria Inês C. Oliveira, 1979; Mariza de Carvalho Soares, 2000; Eduardo França Paiva, 2001; Júnia F. Furtado, 2003; Júnia F. Furtado, 2001, p. 81-121; S. de Castro Faria, 2005.
71. Manolo Garcia Florentino e José Roberto Góes, 1997. Em irmandades de pardos e mulatos, nota-se a tendência à mesma segmentação, inclusive cisões ou exclusivismos entre africanos de origem/identidade distintas na composição das mesas. Cf. M. de Souza Soares, 2000. Cf. ainda Roberto Guedes, 2008.
72. M. de Souza Soares, 2000; S. de Castro Faria, 2004; Júnia F. Furtado, 2003.
73. Entre os pouquíssimos estudos sobre forros e alforriados na capitania do Rio de Janeiro, cf. Antonio Carlos Jucá Sampaio, 2005, p. 287-329; M. de Souza Soares, 2000; S. de Castro Faria, 2005; M. de Souza Soares, 2009.

74. Florentino e Góes, 1997, p. 133-139.
75. Tudo indica que esse comportamento prosseguiu no Rio de Janeiro da segunda metade do século XIX. Cf. Machado Cacilda, Florentino, 2005, p. 367-388.
76. Raphael Bluteau, 2000. Antonio de Moraes e Silva, 1813. Essas obras se encontram disponíveis no site http://www.brasiliana.usp.br/dicionario e, por esse motivo, os vocábulos de dicionários serão mencionados apenas no corpo do texto.
77. Daniel Precioso, 2010, p. 27 e segs.
78. Em São José do Rio das Mortes, Minas Gerais, entre 1750 e 1850, a condição de forro frequentemente era até esquecida. Cf. Douglas Cole Libby; Afonso de Alencastro Graça Filho; 2003, p. 112-151.
79. Sobre a influência da religião no registro de cores em outras partes da monarquia portuguesa de fins do XVIII, cf. Ana Paula Wagner, 2009, sobretudo capítulo 3.

Fontes

Manuscritas

Arquivo da Arquidiocese de Niterói. Livro 16, Batismos de Escravos, 1742-1768; Livro 20, Batismos de Brancos e Forros, 1806-1814.

Arquivo da Diocese de Nova Iguaçu. Livro de Batismo de Brancos e Forros, 1773-1797; Livro de Batismo de Escravos, 1796-1811; Livro de Batismo de Livres, 1773-1797; Livro de Óbito de Livres e Forros, 1777-1798. Livro de Óbitos Mistos de Iguaçu, 1725-1769. Todos para a freguesia de Nossa Senhora da Piedade do Iguaçu.

Arquivo da Cúria Diocesana de Sorocaba. Livro 1 A, Batismos de Livres, 1807-1819.

Arquivo da Cúria Metropolitana do Rio de Janeiro. Livro de Batismo de Escravos da Freguesia de São José do Rio de Janeiro, 1802-1821.

Arquivo do Estado de São Paulo. Listas Nominativas de Itu para o ano de 1766; Listas Nominativas de Habitantes de Porto Feliz, ano de 1824; Ordenanças de Itu, Cx. 55, Pasta 3, doc. 22.

Arquivo Nacional do Rio de Janeiro. Inventário *post mortem de* Bernardo José Ferreira Rabelo.

Arquivo da Diocese de Nova Iguaçu (ADNI). Livro de óbitos mistos da Freguesia de Nossa Senhora de Piedade de Iguaçu, 1725-1769.

Impressas

BLUTEAU, Raphael. *Vocabulário português e latino*. Rio de Janeiro: Uerj, 2000. 1ª. ed., 1712-1727. Versão em CD-ROM.

MORAES E SILVA, Antonio de. *Dicionário da Língua Portuguesa*, 2ª ed. Lisboa: Tipografia Lacerdina, 1813.

VIDE, Sebastião Monteiro da. *Constituições primeiras do Arcebispado da Bahia*. Coimbra: Real Colégio das Artes e da Companhia de Jesus, 1720. Edição do Senado Federal, 2007.

Bibliografia

ALMEIDA, Rita Heloísa de. *O diretório dos índios: um projeto de "civilização" no Brasil do século XVIII*. Brasília: UnB, 1997.

ALVES, Adriana Dantas Reis. *As mulheres negras por cima. O caso de Luzia jeje. Escravidão, família e mobilidade social — Bahia, c.1780-c.1830*. Niterói, UFF, 2010 (Tese de doutorado).

ALVES, Maurício Martins. *Formas de viver: formação de laços parentais entre cativos em Taubaté (1680-1848)*. Rio de Janeiro, Programa de Pós-Graduação em História Social da UFRJ, 2001 (Tese de doutorado).

ARANTES, Antônio A. "Pais, padrinhos e o Espírito Santo". In: CORRÊA, Mariza *et. al.* (orgs.). *Colcha de retalhos: estudos sobre a família no Brasil*. Campinas: Unicamp, 1994.

BACELLAR, Carlos de A.P. "Arrolando os habitantes no passado: as listas nominativas sob um olhar crítico", *Locus*, v. 14, 2008, p. 107-124.

______. *Viver e sobreviver em uma vila colonial — Sorocaba, séculos XVIII e XIX*. São Paulo: Annablume, 2001.

BOTELHO, Tarcísio R. "Família escrava e reprodução natural em Catas Altas do Mato Dentro (MG), séculos XVIII e XIX". *Estudos Afro-Asiáticos*, Rio de Janeiro, 2004, v. 26, nº. 1, p. 135-166.

BRUGGER, Sílvia Maria Jardim. *Minas patriarcal: família e sociedade (São João Del-Rey — séculos XVIII-XIX)*. São Paulo: Annablume, 2007.

CAMPOS, Adalgisa Arantes; FRANCO, Renato. "Notas sobre os significados religiosos do batismo", *Varia História*, nº 31, Belo Horizonte, UFMG, 2004.

CASTRO, Hebe Maria Mattos de. *Das cores do silêncio: os significados da liberdade no Sudeste escravista*. Rio de Janeiro: Arquivo Nacional, 1995.

CLAVERO, Bartolomé. *Antídora: antropología católica de la economía moderna.* Milão: Giuffrè, 1991.

DAVIS, David Brion. *O problema da escravidão na cultura ocidental.* Rio de Janeiro: Civilização Brasileira, 2000.

DÍAZ, Aisnara Perera; FUENTES, María de los A. Meriño. *Esclavitud, familia y parroquia en Cuba: otra mirada desde la microhistoria.* Santiago de Cuba: Editorial Oriente, 2006.

EISENBERG, Peter. *Homens esquecidos. Escravos e trabalhadores livres no Brasil — séculos XVIII e XIX.* Campinas: Unicamp, 1989.

FARIA, Sheila de Castro. *A colônia em movimento. Fortuna e família no cotidiano colonial.* Rio de Janeiro: Nova Fronteira, 1998.

______. *Sinhás pretas, damas mercadoras. As pretas minas nas cidades do Rio de Janeiro e de São João Del-Rey (1750-1850).* Niterói, UFF, 2005 (Tese para professor titular).

FLORENTINO, Manolo e GÓES, José Roberto. *A paz das senzalas: famílias escravas e tráfico atlântico, Rio de Janeiro, 1790-1850.* Rio de Janeiro: Civilização Brasileira, 1997.

FRAGOSO, João. "Efigênia Angola, Francisca Muniz forra parda, seus parceiros e senhores: freguesias rurais do Rio de Janeiro, século XVIII. Uma contribuição metodológica para a história colonial", *Topoi*, v. 11, nº. 21, jul.-dez. 2010, p. 74-106, p. 93.

______. "Algumas notas sobre a noção de colonial tardio no Rio de Janeiro: um ensaio sobre a economia colonial", *Locus*, nº 10, Juiz de Fora, UFJF, p. 9-36, 2000.

______. "Capitão Manuel Pimenta Sampaio, senhor do engenho do Rio Grande, neto de conquistadores e compadre de João Soares, pardo: notas sobre uma hierarquia social costumeira (Rio de Janeiro, 1700-1760)". In: GOUVÊA, Maria de Fátima; FRAGOSO, João (orgs.). *Na trama das redes. Política e negócios no Império português. Séculos XVI-XVIII.* Rio de Janeiro: Civilização Brasileira, 2009, p. 200-245.

FURTADO, Júnia F. *Chica da Silva e o contratador dos diamantes: o outro lado do mito.* São Paulo: Companhia das Letras, 2003.

______. "Pérolas negras: mulheres livres de cor no Distrito Diamantino". In: FURTADO, Júnia F. (org.). *Diálogos oceânicos: Minas Gerais e as novas abordagens para uma história do Império Ultramarino Português.* Belo Horizonte: UFMG, 2001, p. 81-121.

GARRIGUS, John D. "Colour, Class, and Identity on the Eve of the Haitian Revolution: Saint-Domingue's Free Coloured Elite as *Colons américains*". *Slavery and Abolition. Special Issue: Against the Odds: Free Blacks in the Slave Societies of the Americas*, v. 17, nº 1, abril 1996, p. 20-43.

GRAHAM, Sandra Lauderlale. *Caetana diz não: histórias de mulheres da sociedade escravista brasileira.* São Paulo: Companhia das Letras, 2005.

GRIN, Mônica. "O legado moral da escravidão", *Insight Inteligência*, v. XI, 2008, p. 57-66.

GUDEMAN, Sthepen e SCHWARTZ, Stuart. "Purgando o pecado original: compadrio e batismo de escravos na Bahia no século XVIII". In: REIS, João José (org.). *Escravidão e invenção da liberdade*. São Paulo: Brasiliense, 1988.

GUEDES, Roberto. *Egressos do cativeiro: trabalho, família, aliança e mobilidade social (Porto Feliz, SP, c.1798-c.1850)*. Rio de Janeiro: Mauad/Faperj, 2008.

______. "Bibiana, Maria, Ana, Micaela Joaquina e outras escravas: estratégias de mobilidade social de mulheres cativas. Porto Feliz e Rio de Janeiro (primeira metade do século XIX)", *Estudos de História*, Franca, 2002, v. 9, nº. 2, p. 255-279.

______. "Escravidão e cor nos censos de Porto Feliz (São Paulo, século XIX)", *Especiaria*, São Carlos, Uesc, 2009, v. 10, p. 489-518.

______. "Mudança e silêncio sobre a cor: São Paulo e São Domingos (séculos XVIII e XIX)", *Africana Studia*, 2010, v. 14, p. 93-118.

HESPANHA, António Manuel de. "As cores e a instituição da ordem no mundo do Antigo Regime". In: FURTADO, Júnia (org). *Sons, formas e movimentos na modernidade atlântica. Europa, Américas e África*. São Paulo: Annablume, 2005.

______. *Imbecillitas. As bem-aventuranças da inferioridade nas sociedades de Antigo Regime*. São Paulo: Annablume, 2010.

HOLANDA, Sérgio Buarque de. "Movimentos da população em São Paulo no século XVIII", *Revista do Instituto de Estudos Brasileiros*, São Paulo, s/e, 1966.

KLEIN, Herbert. "The colored freemen in Brazilian slave society", *Journal of Social History*, 1969, v. 3, nº. 1, p. 3-27.

KLEIN, Herbert e LUNA, Francisco Vidal. *Evolução da sociedade e economia escravista de São Paulo, de 1750 a 1850*. São Paulo: USP, 2005.

LARA, Silvia Hunold. *Fragmentos setecentistas: escravidão, cultura e poder na América portuguesa*. São Paulo: Companhia das Letras, 2007.

LIBBY, Douglas. "A empiria e as cores: representações identitárias nas Minas Gerais dos séculos XVIII e XIX". In: PAIVA, Eduardo; IVO, Ísnara; MARTINS, Ilton (orgs.). *Escravidão, mestiçagens, populações e identidades culturais*. São Paulo: Annablume, 2010.

LIBBY, Douglas Cole e BOTELHO, Tarcísio Rodrigues. "Filhos de Deus: batismos de crianças legítimas e naturais na Paróquia de Nossa Senhora do Pilar de Ouro Preto, 1712-1810", *Varia História*, 2004, v. 31, p. 69-96.

LIBBY, Douglas Cole e GRAÇA FILHO, Afonso de Alencastro. "Reconstruindo a liberdade. Alforrias e forros na freguesia de São José do Rio das Mortes, 1750-1850", *Varia História*, 2003, v. 30, p. 112-151.

MACHADO, Cacilda. *A trama das vontades: negros, pardos e brancos na construção da hierarquia social no Brasil escravista*. Rio de Janeiro: Appicuri, 2009.

MACHADO, Cacilda e FLORENTINO, Manolo. "Migrantes portugueses, mestiçagem e alforrias no Rio de Janeiro imperial". In: FLORENTINO, Manolo Garcia (org.). *Tráfico, cativeiro e liberdade (Rio de Janeiro, séculos XVII-XIX)*. Rio de Janeiro: Civilização Brasileira, 2005, p. 367-388.

MARCÍLIO, Maria Luiza. *Crescimento demográfico e evolução agrária paulista (1700-1836)*. São Paulo: Hucitec, 2000.

MARQUESE, Rafael de Bivar. *Feitores do corpo, missionários da mente: senhores, letrados e o controle dos escravos nas Américas (1660-1860)*. São Paulo: Companhia das Letras, 2004.

MATTOS, Hebe. "A escravidão moderna nos quadros do Império português: o Antigo Regime em perspectiva atlântica". In: FRAGOSO, João; GOUVÊA, Maria de Fátima; BICALHO, Maria Fernanda (orgs.). *O Antigo Regime nos trópicos. A dinâmica imperial portuguesa*. Rio de Janeiro: Civilização Brasileira, 2001, p. 141-162.

______. *Escravidão e cidadania no Brasil monárquico*. Rio de Janeiro: Jorge Zahar Editor, 2000.

MONTEIRO, Nuno Gonçalo. "Elites e mobilidade social em Portugal nos finais do Antigo Regime", *Análise Social*, 1997, v. XXII, 141, 2°, p. 335-368, p. 344-345.

MOTTA, José Flávio. *Corpos escravos, vontades livres: posse de escravos e família escrava em Bananal (1801-1829)*. São Paulo: Fundação de Amparo à Pesquisa do Estado de São Paulo/Annablume, 1999.

NOGUEIRA, Oracy. "Preconceito racial de marca e preconceito racial de origem", Anais do XXI Congresso Internacional de Americanistas. São Paulo, 1954, p. 72-93.

OLIVEIRA, Anderson José Machado de. "Padre José Maurício: 'dispensa da cor', mobilidade social e recriação de hierarquias na América portuguesa". In: GUEDES, Roberto (org.). *Dinâmica imperial no Antigo Regime português: governos, fronteiras, poderes, escravidão (séculos XVII-XIX)*. Rio de Janeiro: Mauad (no prelo).

OLIVEIRA, Maria Inês C. *O liberto: o seu mundo e os outros, Salvador, 1790-1890*. Salvador: Corrupio, 1979.

OLIVEIRA, Anderson José Machado de. *Devoção negra: santos pretos e catequese no Brasil Colonial*. Rio de Janeiro: Quartet, 2008.

PAIVA, Eduardo França. *Escravidão e universo cultural na colônia: Minas Gerais, 1716-1789*. Belo Horizonte: UFMG, 2001.

PATTERSON, Orlando. *Slavery and Social Death: a Comparative Study*. Cambridge, Harvard University Press, 1982.

PRECIOSO, Daniel. *Legítimos vassalos: pardos livres e forros na Vila Rica colonial (1750-1803)*. Programa de Pós-Graduação em História da Faculdade de Direito, História e Serviço Social, Unesp, Franca, 2010.

RICCI, Magda Maria de Oliveira. *Nas fronteiras da independência: um estudo sobre os significados da liberdade na região de Itu (1777-1822)*. Dissertação de mestrado, Unicamp, Departamento de História, Campinas, 1993.

RUSSEL-WOOD, A.J.R. *The Black Man in Slavery and Freedom in Colonial Brazil*. Nova York: St. Martin's Press, 1982.

SAMPAIO, Antonio Carlos Jucá. "A produção da liberdade: padrões gerais das manumissões no Rio de Janeiro colonial, 1650-1750". In: FLORENTINO, Manolo (org.). *Tráfico, cativeiro e liberdade (Rio de Janeiro, séculos XVII-XIX)*. Rio de Janeiro: Civilização Brasileira, 2005, p. 287-329.

SANTOS, Jocélio. "De pardos disfarçados a brancos pouco claros: classificações raciais no Brasil dos séculos XVIII-XIX", *Afro-Ásia*, Salvador, UFBA, 2005, v. 32, p. 115-137.

SCHWARTZ, Stuart B. "Brazilian ethnogenesis: mestiços, mamelucos, and pardos". In: GRUZINSK, Serge; WACHTEL, Nathan (eds.). *Le noveau monde: mondes noveaux l'experience americaine*. Paris: Editions Recherches sur les Civilisations/ École de Hautes Études en Scienses Sociales, 1996, p. 7-27.

______. "The manumission of slaves in colonial Brazil: Bahia, 1684-1745", *Hispanic American Historical Review*, 1974, v. 54, nº. 4, p. 605.

SLENES, Robert W.A. "Senhores e subalternos no Oeste Paulista". In: ALENCASTRO, Luiz Felipe de (org.). *História da vida privada no Brasil*. São Paulo: Companhia das Letras, 1997, v. 2, p. 233-290.

SOARES, Márcio de Sousa. "Fortunas mestiças: perfilhação de escravos, herança e mobilidade social de forros em Campos dos Goytacazes no alvorecer do oitocentos", *Estudos de História*, Franca, 2002, v. 9, p. 165-194.

______. *A remissão do cativeiro: a dádiva da alforria e o governo dos escravos nos Campos dos Goytacazes, c. 1750-c. 1830*. Rio de Janeiro: Apicuri, 2009.

SOARES, Mariza de Carvalho. *Devotos da cor: identidade étnica, religiosidade e escravidão no Rio de Janeiro, século XVIII*. Rio de Janeiro: Civilização Brasileira, 2000.

______. *Identidade étnica, religiosidade e escravidão. Os "pretos-mina" no Rio de Janeiro (século XVIII)*. Tese de doutorado UFF, Programa de Pós-Graduação em História, Niterói, 1997.

VIANA, Larissa Moreira. *O idioma da mestiçagem: as irmandades de pardos na América portuguesa*. Campinas: Unicamp, 2007, p. 106, 123, 130-135.

WAGNER, Ana Paula. *População no Império português: recenseamentos na África Oriental portuguesa na segunda metade do século XVIII*. Curitiba: UFPR, 2009.

CAPÍTULO 7

A roça, a farinha e a venda: produção de alimentos, mercado interno e pequenos produtores no Brasil colonial

*Manoela Pedroza**

O objetivo deste texto é apresentar ao leitor um panorama das particularidades da produção, do consumo e da distribuição de alimentos no Brasil colonial. A utilização de fontes de época e de bibliografia secundária sobre essa temática deve nos permitir um olhar abrangente sobre a diversidade da estruturação do sistema das roças, os principais gêneros e eixos de venda e a caracterização dos seus produtores. Mas, para nos afastar do risco de uma visão muito técnica, e muito fria, vamos também experimentar um olhar mais "chegado" e próximo das vicissitudes e das incertezas dos homens e das mulheres envolvidos nessa faina, levando em consideração a fragilidade econômica, tecnológica, comercial e a subordinação política dos pequenos produtores de alimentos em relação aos grupos envolvidos com a agroexportação.

Temos bastante dificuldade de encontrar fontes de época ou relatos nativos sobre técnicas de plantio, beneficiamento e venda de alimentos.

*Professora da Universidade Federal do Rio de Janeiro.

Conseguimos reunir o valioso relato do português Gabriel Soares de Souza, de 1587, mas, depois dele, apenas algumas indicações sobre o plantio de mandioca de Silva Lisboa, em 1789, e no manual de Nilo Cairo, de 1938; comentários sobre seu uso alimentar nas obras de Câmara Cascudo, 1963, e de Gilberto Freyre, 1939. Felizmente, encontramos o trabalho de campo do folclorista paulista Carlos Borges Schmidt, realizado entre os produtores de farinha de mandioca de Ubatuba, em 1956. Dado o nível de isolamento da população local, além da semelhança com os relatos e as descrições dos períodos anteriores, julgamos que eles devam permitir ao menos uma imagem impressionista desse processo produtivo. Por fim, cotejamos essas fontes primárias com bibliografia secundária (teses e dissertações) e com alguns relatos e algumas pesquisas atuais, como o de João Naves de Melo, que visitou casas de farinha do interior de Minas Gerais entre 1990 e 2004, e pesquisas realizadas pela equipe da Empresa Brasileira de Pesquisa Agropecuária (Embrapa) em Sergipe.

Infelizmente, existem ainda muitas lacunas, sobretudo no caso de produtos e regiões pouco valorizados. A ausência de informações sobre o processo produtivo e de venda da farinha de mandioca é gritante. Nesses casos, tentamos formular algumas hipóteses a partir de trabalhos de antropólogos, economistas e sociólogos voltados para essas questões. Esperamos que esse diálogo interdisciplinar possa agregar esforços à difícil tarefa de sintetizar uma gama tão ampla de estudos monográficos, produzidos em momentos distintos. Cabe ao leitor, ao fim e ao cabo, avaliar a pertinência de nossas opções e de nossa empreitada.

Parte 1 Historiografia sobre produção e produtores de alimentos no período colonial

Os pesquisadores brasileiros da economia colonial por muito tempo ficaram atados à problemática de sua realização mercantil no mercado mundial, considerado, por muitos, a única fonte viável de auferir renda durante o período. Por vias distintas, os clássicos da economia brasileira apontam para o mesmo caminho, aquele que derroga ao cultivo de alimentos papel secundário, não funcional e certamente não determinante para os rumos do desenvolvimento da colônia.[1] Os sistemas agrícolas não voltados para a exportação foram comumente rotulados como "economia natural" ou "economia de subsistência", práticas espontâneas que não participavam do mundo das trocas.

Importante lembrar que parte dessa visão é decorrente de um tratamento equivocado das fontes. Nesses casos, os historiadores tomaram para si as preocupações da administração metropolitana de controlar e/ou favorecer atividades econômicas mais rentáveis, assunto que ocupa grande parte das fontes oficiais do período. Além disso, a própria desigualdade socioeconômica daqueles tempos, evidente no enorme poder de pressão dos grupos sociais ligados à agroexportação e nos mais baixos estatutos das gentes ligadas à lavoura de alimentos, é outro fator a distorcer a documentação existente. Por outro lado, a liberdade *de juris* de alguns homens no seio de uma sociedade escravista, aliada à pobreza, quando "ser alguém" requeria bem mais cabedais, redes familiares ou contatos políticos, fazia com que os homens livres e pobres da colônia fossem vistos pela historiografia como "sem razão de ser".[2] Por essa via, acreditou-se que o poder colonial legislou sobre a produção de alimentos apenas nos momentos de crise[3] e montou-se um quadro mais decadente e débil dos produtores e da economia de abastecimento do que pode ser auferido em outras fontes.[4]

Duas escolas bastante distintas confluíram para que os circuitos e as gentes do abastecimento permanecessem, por longo tempo, na sombra dos nossos conhecimentos. De início, a grande repercussão dos textos de Gilberto Freyre generalizou uma interpretação calcada apenas no Nordeste canavieiro e no escravo doméstico. A sociedade rural retratada em *Casa-grande & senzala* parecia totalmente polarizada entre senhores e escravos.[5] Alguns anos mais tarde, Caio Prado Júnior caracterizaria a população livre como socialmente dependente dos grandes proprietários ou economicamente marginal à grande *plantation* escravista. Para ele, os numerosos lavradores de alimentos viveriam nos poros da grande lavoura e girariam em sua órbita, com estatuto próximo dos rendeiros ou agregados do senhor mais próximo. Apenas nas regiões onde a grande lavoura não se constituiu é que essa população livre praticaria uma agricultura rudimentar, próxima do tipo caboclo, com autonomia, mas mantendo um baixo nível de vida e de produção.[6] No ambiente asfixiante da grande lavoura e da escravidão, não sobrariam espaços para outras atividades de vulto e os meios de vida para os que não eram ricos e estavam fora da grande lavoura seriam escassos.[7]

Sobre os homens livres e pobres, ao longo de décadas a historiografia tendeu a avaliar sua inserção na economia e na sociedade coloniais partindo da oposição aos escravos e à *plantation*.[8] Nas décadas de 1950 e 1960, a historiografia passou a se preocupar com esses sujeitos históricos, mas eles continuavam sendo vistos como desordeiros, violentos ou completamente submissos. Já os primeiros trabalhos acadêmicos sobre os circuitos do abastecimento interno, produzidos entre os anos 1950 e 1960, como as teses de Mafalda Zemella (1951) e Myriam Ellis (1961), se inscrevem ainda nos quadros da visão clássica sobre economia colonial, buscando explicação técnicas para as crises de fome e apontando as fragilidades do setor de abastecimento.[9] Nesse período, apenas algumas pesquisadoras, no Brasil ou no exterior, realizaram análises finas dos níveis de riqueza, preços e da população na segunda metade do século XVIII.[10] Ainda nessa década, um grupo de historiadores aglutinados em torno de Sérgio Buarque de Hollanda, na USP, produziu trabalhos bastante inovadores sobre a relação entre independência política, negociantes e abastecimento na primeira metade do século XIX.[11]

Para que os estudos sobre produtos e produtores ligados ao mercado interno no período colonial pudessem florescer, foi necessário primeiramente que se rompesse com a "visão plantacionista" e se conferisse outro estatuto aos circuitos e às gentes ligados ao abastecimento. Isso foi possível a partir de meados dos anos 1970, quando se pôde conjugar novas teorias a respeito da economia colonial (exemplificadas no debate sobre o conceito de "modo de produção escravista colonial"[12]) com a expansão e liberdade de ação de centros de pesquisa e pós-graduação.

Nesse contexto se organizou o grupo coordenado por Maria Yedda Linhares, com presença de Ciro Flamarion Cardoso, reunindo inicialmente pesquisadores locados na FGV, depois na Universidade Federal Rural do Rio de Janeiro, mais tarde pós-graduandos da UFF e da UFRJ. Os trabalhos do grupo da UFF questionaram o paradigma paulista de que os homens livres e pobres na colônia não tinham razão de ser; afirmaram a possibilidade de haver formações econômicas distintas no seio de uma economia escravista e colonial e o papel daquela sociedade no engendramento e na reprodução das estruturas socioeconômicas que lhe interessavam, sem encará-la apenas como vítima das decisões e dos poderes metropolitanos. Se não havia apenas um único sentido da colonização, os homens livres e pobres passaram a fazer algum sentido.

No campo da pesquisa, se fazia necessário sair do vago mundo dos ensaios generalistas de pretensões nacionais e partir para o trabalho de campo, algo que, no campo historiográfico, se refletiria na construção, pela primeira vez no Brasil, de uma história empírica, calcada em fundos documentais, de cunho fortemente socioeconômico, quantitativo e serial.[13] A tarefa não era simples, já que era preciso lidar com o grave problema das fontes no Brasil: precárias, dispersas, lacunares, malestruturadas e pobres de conteúdo. Para o período colonial, o problema se desdobrava na dependência extrema em relação aos arquivos portugueses.[14] Era preciso muita criatividade para conjugar uma metodologia rigorosa com os problemas da documentação brasileira.[15] Mas o desafio foi aceito. O trabalho monográfico reticulado e a busca de novas fontes em arquivos locais com estrutura comum, que pudessem ser comparáveis, foram bastante profícuos. Para demonstrar os avanços que se processaram na historiografia sobre a agricultura de abastecimento e seus produtores ao longo dessas últimas décadas, destacaremos o conceito de "acumulação endógena", formulado por João Fragoso.[16]

Para Fragoso, a noção de acumulação endógena liga-se aos processos de acumulação econômica que se realizam plenamente no interior do espaço colonial. Ela faria parte do funcionamento de um mercado doméstico e dos segmentos produtivos não capitalistas para ele voltados, resultante da possibilidade de a agroexportação se viabilizar parcialmente em um mercado interno com fatores de produção baratos. Ele defendeu a tese de que a economia colonial entrelaçava as áreas exportadoras com as áreas não exportadoras, produtoras de alimentos, porque parte da reprodução da *plantation* se dava à margem do mercado internacional, no mercado interno, onde se trocavam víveres necessários à sobrevivência e às necessidades cotidianas da população, mesmo aquela ligada à produção para exportação, como os escravos. Além disso, como o setor de abastecimento tinha seus fatores constitutivos a custos muito baixos (pois o trabalho era feito por mão de obra livre familiar ao lado de escravos, possivelmente em terrenos apossados e com técnicas de cultivo e formas de trabalho bastante tradicionais), ele pôde multiplicar unidades produtivas com baixíssimos investimentos e conseguiu gerar uma contínua acumulação, mesmo com considerável esterilização de parte dos excedentes nos circuitos mercantis.

Parte 2 Processo produtivo, sistemas de trabalho, distribuição e consumo da mandioca no Brasil

Nesta parte, tentaremos apresentar ao leitor as características mais gerais dos processos produtivos, hábitos alimentares e sistemas de trabalho ligados à produção de alimentos no período colonial. Por um lado, alguns temas, como os preços dos produtos alimentares em circuitos comerciais, simplesmente não foram estudados e permanecem como lacunas. Por outro lado, a enorme diversidade regional desses sistemas e a complexidade dos circuitos que engendram nos impuseram uma escolha objetiva em torno da mandioca. Embora não fosse o único alimento (milho, batata e feijão são também plantados e consumidos), as inúmeras fontes que encontramos apresentaram-na como base alimentar de diferentes grupos sociais do litoral brasileiro, precisamente nos complexos canavieiros e açucareiros em formação e expansão no período. A ausência de dados certamente exige aprofundamento e complementação ulteriores.

Infelizmente, de modo bastante diverso da realidade europeia[17] — sobre a qual abundam estudos e modelos de economia agrícola —, as técnicas de cultivo, a ecologia, os conhecimentos e a mentalidade do pequeno produtor de alimentos da colônia, sobretudo do roceiro de mandioca, são universos bastante desconhecidos.

Segundo Maria Yedda Linhares, inicialmente, quando da instalação dos primeiros colonos portugueses na América, o que os encantava era a possibilidade de plantar durante o ano inteiro, rendendo a terra mais de uma colheita anual. Mas logo em seguida ficou claro que o grande desafio seria o de adaptar os gostos, as técnicas e os instrumentos europeus ao contexto tropical, assim como conseguir domesticar os animais e vegetais selvagens até então desconhecidos.[18] Os desastres e erros foram muitos, mas, no fim, os conhecimentos trocados sobretudo com a agricultura nativa tornaram possível a reprodução de lavouras locais de milho, batata-doce, mandioca, feijão, cará, amendoim, pimenta e banana. Nesse conjunto, a mandioca foi a que teve a melhor adaptação à agricultura dos portugueses.

A mandioca é um arbusto cuja raiz, com casca pardacenta e massa branca, é importante reserva de amido. Câmara Cascudo nos conta que o termo *mandioca* significa "casa de Mani" (*mani* + *oca*) em tupi.[19] Originárias do continente americano, provavelmente do subcontinente amazônico, existem mais de cem espécies de mandioca (*Manihot utilissima*), sendo que oitenta são nativas do Brasil.

A mandioca já era cultivada pelos índios por ocasião da chegada dos portugueses. Em Sergipe, por exemplo, os colonos aprenderam as técnicas com os índios tupinambás. Em 1587, o português Gabriel Soares de Souza anotava o que via sobre a faina dos nativos na produção de farinha de mandioca. Segundo ele,

> para se aproveitarem os índios e mais gente destas raízes, depois de arrancadas rapam-nas muito bem até ficarem alvíssimas, o que fazem com cascas de ostras, e depois de lavadas ralam-nas em uma pedra ou ralo, que para isso têm, e, depois de bem raladas, espremem esta massa

> em um engenho de palma, a que chamam tapeti, que lhe faz lançar a água que tem toda fora, e fica essa massa toda muito enxuta, da qual se faz a farinha que se come, (...) muito doce e saborosa.[20]

O cultivo da mandioca apresentava algumas diferenças vistas como importantes pelos lavradores da época. A planta efetivamente não necessita de terras férteis, nem de chuva regular nem de adubação para se desenvolver bem. Seu rendimento era mesmo maior em terras mais secas, como as do sertão. Ela é de fácil manejo: seu plantio é feito em valas, nos locais mais alagadiços, ou em covas, abertas com a mão ou com um único golpe de enxada. A colheita pode ser feita até com as mãos, se a terra estiver úmida. O tubérculo não requer a separação ou compra de sementes para a próxima colheita: o roceiro guarda algumas ramas da mandioca — chamadas de *maniba* ou *maniva* —, as corta em toletes e enterra-as. Ela requer menos limpas e é bastante resistente a doenças. Por último, a mandioca tem um longo ciclo vegetativo, que varia de seis meses a três anos. Dentro desse período, pode ser colhida a qualquer tempo ou deixada armazenada na própria terra, sem apodrecer.

Silva Lisboa, sobre as roças baianas do fim do século XVIII, indicava que cada escravo plantava, por dia, cem covas de mandioca.[21] Em 1938, um "conselheiro erudito" dos pequenos produtores escreveu, em seu manual, que um homem podia, em nove horas de trabalho, arrancar até mil pés do tubérculo.[22] As raízes eram quebradas, colocadas em cestos e transportadas para as casas de farinha. Nessas casas se iniciava o processo chamado de farinhada ou desmancha. Gabriel Soares de Souza anotou como faziam os nativos:

> E para se fazer a farinha destas raízes se lavam primeiro muito bem, e depois, desfeitas a mão, se espremem no tapeti, cuja água não faz mal; depois de bem espremidas desmancham esta massa sobre uma urupema, que é como joeira, por onde se coa o melhor, e ficam os caroços em cima e o pó que se coou lançam-no em um alguidar que está sobre o fogo, aonde se enxuga e coze da maneira que fica dito, e fica como cuscuz, a qual em quente e em fria é muito boa e assim no sabor como em ser sadia e de boa digestão.[23]

Com o passar dos séculos o processo pareceu mudar muito pouco. Seguindo basicamente o mesmo sistema nativo, um caiçara de 1956 relatou que, primeiramente, a mandioca é descascada manualmente e lavada. Normalmente, se forma uma roda de raspadeiras: 10 a 15 mulheres sentadas em círculo cercadas de suas crianças. Depois, a mandioca vai para a roda de ralar, ou *bolandeira*, versão moderna do método utilizado pelos índios: uma roda motora com cerca de dois metros de diâmetro, com dois veios terminais do eixo para os puxadores; um chicote de couro cru servindo de correia de polia, com o objetivo de movimentar o *caititu* (cilindro de madeira onde se adaptam serrilhas metálicas para ralar a mandioca). Geralmente é uma mulher, a *cevadeira*, quem se encarrega de colocar a mandioca no caititu e de regular a pressão da raiz, enquanto dois homens, executando movimentos ritmados, dão o impulso ao rolo. Esse processo é penoso e perigoso, realizado apenas por homens e mulheres fortes e experientes. As cantigas entoadas durante o processo em Sergipe eram chamadas de "aboios da farinhada".[24]

Eu queria ser mandioca
De sutinga verdadeira
Pra andar de mão em mão
E no colo da cevadeira.
Adeus casa de farinha
Adeus banco de ralar mandioca
Adeus morena bonita
Que me dava tapioca.

Depois de cevada, a mandioca se transforma em uma massa úmida que, após ser embalada em palhas, é levada a uma prensa (caixote com furos e tampa móvel) ou ao *tipiti* (rede feita de cerdas de buriti), até escorrer seu sumo venenoso, a *manipueira* (em tupi, *parte ruim da mani*), momento no qual se deve manter a atenção sobre crianças e animais, para que não o bebam. Gabriel Soares de Souza não deixou de notar o perigo que representava o sumo venenoso da mandioca. Segundo ele

> é a mais terrível peçonha que há nas partes do Brasil, e quem quer que a bebe não escapa por mais contrapeçonha que lhe deem; a qual é de qualidade que as galinhas em lhe tocando com o bico, e levando uma só gota para baixo, caem todas da outra banda mortas, e o mesmo acontece aos patos, perus, papagaios e a todas as aves, pois os porcos cabras, ovelhas, em bebendo o primeiro bocado dão três e quatro voltas em redondo e caem mortos, cuja carne se faz logo negra e nojenta. [25]

De fato, as espécies de mandioca podem ser divididas em dois grupos: o da mandioca-mansa, ou mandioca-doce, e o da mandioca-amarga, ou mandioca-brava. O critério dessa classificação é a quantidade de ácido cianídrico — uma substância venenosa — que cada variedade contém. A mandioca-doce, conhecida também como aipim ou macaxeira, é menos tóxica, não chegando a ser fatal se ingerida *in natura*. Já a mandioca-brava precisa ser tratada previamente para eliminar o ácido cianídrico, caso contrário leva à morte em pouco tempo. Da manipueira, recolhida em uma gamela e posta para secar ao sol, obtêm-se a goma, ou polvilho, e a catirina, espécie de gordura da mandioca.

A massa de mandioca prensada se transforma em torrões que devem ser desmanchados em grandes peneiras, as *urupemas*. A parte grossa, *crueira*, secará ao sol e servirá de ração para as galinhas, enquanto a parte fina será lavada e torrada num forno a lenha, feito de adobe. No interior do forno, sobre uma pedra a massa é cozida e em outra é torrada. O processo dura em média quarenta minutos. A torrefação é tarefa das mulheres, que trabalham em dupla mexendo a massa com grandes rodos de madeira, entoando cantigas ou conversando durante o processo.

Para as pessoas mais pobres, a roda de ralar, a prensa e o forno estão dentro da cozinha, mas se a prensa for muito grande, é colocada do lado de fora da casa, mesmo ao relento. Quando há outras benfeitorias além da casa, como um rancho, a casa de farinha costuma estar lá. Como a produção de farinha de mandioca quase sempre é feita dentro da moradia familiar (o que pode ser a continuação de um hábito indígena), é comum que a família trabalhe durante a noite na ralação da mandioca. Segundo o agricultor caiçara, nem a fumaça nem o clima influenciam a qualidade ou o rendimento da farinha dentro do forno. Os dados levantados em Ubatuba em 1956 eram de que oito pés de mandioca rendiam 16 quilos de raízes, que rendiam quatro quilos de farinha, que rendiam um litro de polvilho (o rendimento é de aproximadamente um quarto para os dois subprodutos). Em terreno bom esse rendimento mais do que duplica (como no sertão). Uma pessoa consumiria, em média, duzentos litros de farinha por ano.

> Menina cadê a farinha?
> Farinha pra fazer pirão
> Pirão pra comer com peixe
> Pescado no ribeirão.[26]

Os subprodutos da mandioca são a farinha de mandioca, o *carimã* (fécula ou polvilho), a *tapioca* (polvilho torrado e encaroçado a fogo brando), a *puba* (mandioca fermentada em água), os *beijus* (massa de mandioca ralada e peneirada, cozida como uma panqueca), a *tiquira* ou *cauim* (álcool da mandioca). Outras partes da planta também são utilizadas: a folha é usada na alimentação, em iguarias como a maniçoba; os brotos de mandioca secos, as raspas da mandioca e a crueira servem como ração de animais. Mesmo a venenosa manipueira, depois de inoculada, serve como pesticida natural para as plantações. Segundo Gabriel Soares de Souza, esses múltiplos usos da mandioca eram coisa "muito experimentada, assim pelos índios, como pelos portugueses" já em 1587.

Mesmo dispondo de fontes díspares e assistemáticas, ficam patentes em todos os relatos sobre as técnicas de cultivo da mandioca e seu beneficiamento, de 1587 a 2004, a forte influência indígena — no nome dos instrumentos e produtos, nas técnicas e na organização do trabalho; a centralidade do trabalho e da casa familiar como modo e lócus da produção; e o grande consumo *per capita* de farinha, alimento base e quase único da população pobre.

Ao chegar, Pero Vaz de Caminha, quando se referiu à alimentação dos nativos, relatou que "não comem senão desse inhame que aqui há muito, e dessa semente e frutos, que a terra e as árvores de si lançam".[27] Compondo a dieta nativa e desconhecida dos portugueses, os subprodutos da mandioca foram paulatinamente incorporados aos hábitos alimentares daquela nova sociedade.

> Na coité bebi cachaça
> De cana caiana, purinha
> Comendo com a mão na cuia
> Pirão no molho e farinha
> Com a mão na cuia
> E a coité molhando a boca
> Pode ter farinha pouca
> Que primeiro é meu pirão.[28]

Os relatos dão conta de uma rápida absorção da farinha de mandioca e de seus subprodutos pelos que chegavam, voluntária ou compulsoriamente, de outras paragens. Os escravos africanos trouxeram seus hábitos alimentares. O principal prato das senzalas era o inhame pilado depois de cozido, até formar uma massa de grão fino, chamada de *fufu* (ou *futu*). Em outro recipiente, cozinhavam-se carnes e vegetais disponíveis, temperados com pimenta, dendê, sal e ervas, formando um caldo espesso chamado *calulu*. Na hora de comer, faziam-se bolinhas de fufu, a seguir pressionadas ao meio com o polegar para formar uma pequena concha, que se mergulhava no calulu e logo se levava à boca. Com o passar do tempo, o inhame foi substituído pela farinha de mandioca, que então passou a ser necessária como alimentação básica dos escravos. Por isso era procurada pelos senhores "portugueses que não têm roças, e os que estão fora delas na cidade, com que sustentam seus criados e escravos".[29]

Ainda no século XVI, a farinha de mandioca passou a ser parte da alimentação da tripulação dos navios portugueses em sua longa viagem entre as costas da América e da África: chamavam-na farinha de guerra. Conforme atesta Gabriel Soares de Souza:

> Os navios que vêm do Brasil para estes reinos não têm outro remédio de matalotagem, para se sustentar a gente até Portugal, senão o da farinha de guerra; e um alqueire dela da medida da Bahia, que tem dois de Portugal, se dá de regra a cada homem para um mês, a qual farinha de guerra é muito sadia e desenfastiada.[30]

Carregadas de farinha de guerra e beijus bem torrados, as naus que iam e vinham entre as diferentes partes do então Império português difundiram esse alimento na Ásia e na África. A farinha foi inicialmente usada para alimentação da tripulação e dos recém-escravizados dentro dos tumbeiros. Depois, a introdução de seu cultivo e a disseminação do seu consumo terminaram por deslocar o inhame de sua posição de principal carboidrato na dieta dos africanos. Comparada ao inhame, também em terra africana a mandioca produzia melhor, era menos exigente quanto à fertilidade do terreno e requeria menos trabalho. Nas décadas que seguiram, os bandeirantes que adentravam as matas em busca de índios e pedras preciosas tiveram também de se preocupar com a própria alimentação. Assim, deixavam no rastro roças de mandioca, pois se voltassem pelo mesmo caminho encontrariam alimento.

Com o passar do tempo, todos os grupos sociais inseriram a mandioca em seu cotidiano. Foi especialmente a farinha fina e torrada que passou a compor a alimentação popular brasileira como base na mistura com outros alimentos, como carne, peixe, frutos do mar, ovos, rapadura, leite, café, até formigas e lagartas. Já que "molhada no caldo da carne ou do peixe fica branda e tão saborosa como cuscuz",[31] com criatividade surgiram pratos que compõem a dieta cotidiana dos brasileiros, como a farofa branca (feita com água, sal, cebola e coentro), a farofa de batata-doce (para se comer com charque assado na brasa), a farofa de jerimum (para se comer com carne de sol), a tapioca, o cuscuz de mandioca, o beiju, o pirão de galinha, de ovo ou de peixe, a *paçoca* de carne-seca, a *papa* com que as mães sertanejas alimentam seus filhos, o *remate* (caldo de feijão engrossado com farinha), o *bode* (farinha, um pedaço de rapadura e outro de carne-seca) e até a sobremesa, quando misturada com o melado da cana ou com frutas em calda na Zona da Mata nordestina.

Mas não apenas escravos, caboclos e marinheiros a consumiam. Gabriel Soares de Souza confessa que até "os governadores Tomé de Sousa, dom Duarte e Mem de Sá não comiam no Brasil pão de trigo, por se não acharem bem como ele, e assim o fazem outras muitas pessoas".[32] Essa opção, além de saborosa e de melhor digestão que o trigo, como julgavam os governadores, se deveu também ao fator perecibilidade e armazenamento, pois a farinha mais seca e grossa podia ser armazenada por longos períodos e transportada por grandes distâncias sem estragar.

Parte 3 O sistema das roças

Pero Vaz de Caminha, quando se referiu ao sistema agrícola dos nativos, relatou que "eles não lavram nem criam. Não há aqui boi, nem vaca, nem cabra, nem ovelha, nem galinha, nem qualquer outra alimária, que costumada seja ao viver dos homens".[33] Caminha demonstra grande estranhamento em relação às técnicas de plantio e domesticação de animais dos nativos. Mesmo assim, foram justamente essas técnicas as que acabaram por ser adotadas pelos colonos portugueses instalados no Brasil.

Um jesuíta em 1755 no estado do Pará testemunhava que os colonos adentravam na mata até que encontrassem um lugar onde construíam uma choupana comum para se abrigar; depois, limpavam minimamente os terrenos apenas com as próprias mãos e em seguida cortavam com machados de pedra as árvores maiores. Por último, lançavam fogo na mata e plantavam a maniba na terra ainda quente. A visão desses campos não devia ser agradável. Para Saint-Hilaire, o terreno que se acaba de semear só apresentava a "imagem de destruição e de caos, a terra está coberta de cinzas e carvões".[34] Segundo ele, os lavradores não usavam arado, nem enxada, nem nenhum outro instrumento para agricultura.[35]

Os instrumentos usados na Europa, como o machado de ferro, foram pouco utilizados na colônia, primeiro porque deveriam ser importados e tinham custo, segundo porque não surtiam efeito sobre madeiras muito rijas. Também não havia utilização de meios de adubação, sobretudo do esterco animal, pois que existia uma radical separação entre lavouras e criações. Os rebanhos serviam apenas para transporte e para complemento alimentar do seu proprietário. João Fragoso pondera que essas características (itinerância, queimadas e ausência de adubação) eram predominantes nas regiões onde havia efetivamente disponibilidade de matas. Existiram lavouras, como a de tabaco, que previam a estercação e rotação de culturas, mas apenas em regiões onde havia dificuldade de mobilidade, devido ao fechamento da fronteira ou à ausência de matas.[36] Nos outros terrenos cabia apenas às cinzas o trabalho de fertilização inicial e ao longo pousio a tarefa de recompor a fertilidade.

Pelos relatos dos viajantes do século XIX, podemos perceber que os terrenos tomados da mata eram organizados em sete folhas e que depois de uma colheita uma folha só voltaria a ser cultivada sete ou oito anos depois, ficando nesse meio-tempo em pousio, chamado de *capoeira*. Segundo Saint-Hilaire, "após sete ou oito colheitas em um mesmo campo, e às vezes menos, ele [o agricultor] o abandona, e queima outras matas, que em breve têm a mesma sorte".[37] Para Waibel, "a capoeira é maior prova da rotação das terras".[38] Alguns colonos, em vez de plantios consorciados à mandioca, preferiam plantar outros legumes e outras hortaliças nas capoeiras, formadas de três a cinco anos após as primeiras colheitas de mandioca, sistema chamado por Ester Boserup de *bush fallow*.

Saint-Hilaire[39] e John Luccok[40] atestavam a "brutal rotina" das técnicas agrícolas brasileiras, confirmando a continuidade das queimadas e a falta de instrumentos agrícolas e de técnicas de recomposição ou de adubação do solo ainda no século XIX.[41] Informação importante é que não apenas as lavouras de alimentos — milho, feijão e mandioca — adotavam esses procedimentos, mas também as culturas comerciais, no caso o café. Segundo Fragoso, "a lavoura de exportação era uma lavoura de alimentos alargada".[42] Já no fim do século XIX, mesmo nas fazendas mais ricas, produtoras de gêneros comerciais e possuidoras de maquinário agrícola moderno, havia a presença, nos seus inventários, de matas e capoeiras que podiam cobrir até metade da área da fazenda e de casas de farinha e moinhos de pilar milho bastante rudimentares.[43] Com base nesses relatos e nas pesquisas que abarcam um grande período na história da agricultura nacional, podemos concluir pela existência de fortes elementos de continuidade nas técnicas e nos instrumentos voltados para o cultivo de alimentos no Brasil.

O sistema de roça é caracterizado pelo uso itinerante da terra precedido por queimadas. Esse seria, segundo Pierre Villar e Emílio Sereni, um sistema baseado na "reprodução extensiva", no qual se verifica a incorporação de mais terras e mais força de trabalho, sem desenvolvimento técnico.[44] Leo Waibel chamou-o de "rotação de terras primitivas",[45] enquanto Ester Boserup definiu-o como "'pousio prolongado com revestimento florestal".[46] Em linhas gerais, esse sistema se caracterizava pela rotação entre floresta e cultivo de tubérculos (no caso, a mandioca) com longo pousio (perceptível nas capoeiras). Para efetivar-se, a organização interna da unidade produtora devia permitir a rotação contínua entre matas, capoeiras e lavouras.

Para Maria Yedda Linhares, a adoção desse sistema representou um retrocesso no processo técnico de manejo do solo em relação à Europa, com profundo impacto nas condições ecológicas da colônia. Para Ciro Cardoso, no contexto em que se deu a colonização a tendência foi reduzir ao mínimo indispensável os investimentos em tecnologia, por isso a adoção, no setor agrícola, do sistema da coivara.[47] Para Teixeira da Silva, a fragilidade social e técnica dos produtores de alimentos gerava crises periódicas, com a ocorrência de grandes fomes.

Os trabalhos de Ester Boserup fazem uma interpretação diversa. Segundo ela, as queimadas podem ser encaradas como uma atitude racional de uso da fertilidade natural dos solos virgens, numa situação de fraca densidade demográfica que permitia o pousio da terra até sua recuperação. João Fragoso, na mesma linha de Boserup, defende a tese de que as técnicas e o instrumental usados aqui eram adequados à realidade local. Para tanto, é preciso saber diferenciar as condições básicas dos sistemas agrícolas europeus — fronteira fechada, criação de animais e possibilidades de estercação, neve e degelo anuais — dos sistemas agrícolas tropicais.

Nas terras desmatadas grosseiramente e queimadas, a quantidade de raízes, tocos e galhos não permitiria o uso de arados ou outro instrumental que requeresse campos limpos e planos, como na Europa. Aqui, o instrumento só poderia ser a enxada. Aqui, a disponibilidade das matas, a fertilidade fácil propiciada pelas cinzas e a semeadura em terrenos apenas parcialmente limpos tinham a vantagem de prescindir de inúmeras etapas do trabalho agrícola: a limpa total do terreno, o corte de árvores, a criação de animais, a aração e a refertilização das terras. O aprendizado dessa alteridade foi o ponto de partida, inclusive, para que os colonos europeus, conhecedores dos sistemas de cultivo do Velho Mundo, optassem pela adoção de métodos nativos da colônia tropical.[48]

O conjunto de informações que expusemos sobre a dinâmica das roças de alimentos indica a fragilidade técnica e ecológica desse sistema. Podemos destacar alguns elementos dessa fragilidade: o manejo inadequado da tecnologia agrícola herdada dos grupos indígenas pelos colonos portugueses; a eliminação da biodiversidade em favor da monocultura exportadora e da produtividade, o que facilitou a proliferação de pragas;[49] e a não preocupação com a recomposição dos solos, pela adubação ou pelo pousio, o que promoveu o esgotamento, a erosão e a desertificação de vastas superfícies antes agricultáveis, detectáveis no sul da Bahia já no início do século XVII.

Parte 4 A fazendas e as roças: uma relação difícil no Brasil Colonial

Reproduzindo a frase de Maria Yedda Linhares, "é errôneo pensar que o Brasil viveu de açúcar, nada mais do que açúcar, nos primeiros séculos".[50] O que se percebe no Nordeste brasileiro durante os séculos XVI e XVII é a relação tensa, e ao mesmo tempo inseparável, da produção para exportação e para o abastecimento interno. A produção de alimentos no século XVII deve ser entendida dentro da situação colonial-mercantil, na qual é vista como uma atividade menor, uma necessidade dos núcleos urbanos em crescente expansão, mas sempre na retaguarda dos interesses considerados prioritários.

Francisco Carlos Teixeira da Silva e Maria Yedda Linhares, baseados em vasto levantamento de fontes oficiais, defendem a tese de que as autoridades metropolitanas tentaram legislar e garantir a produção de alimentos[51] porque Portugal, pequeno e pobre, não tinha condição de sustentar suas colônias, tropas e seus navios e precisava que os alimentos dos colonos e escravos fossem produzidos na própria colônia. Com isso, o Conselho Ultramarino exigia o plantio de cereais da terra — milho, mandioca e feijão —, obrigava o plantio de mandioca no interior das fazendas daqueles que possuíam mais escravos, a garantia para os escravos de um dia da semana para cuidarem de suas próprias roças e incentivava a vinda de colonos pobres que se dedicassem a essas lavouras. Esse excedente alimentaria os fazendeiros, as colônias da África e do Sacramento, os navios que rumavam para a Índia e, por que não, a própria metrópole. As fontes arquivísticas nos mostram uma farta legislação contrária à expansão ilimitada da *plantation* açucareira, que se estendeu de 1642 a 1793. A intenção das autoridades era manter o equilíbrio entre as demandas do mercado interno e a produção de alimentos e evitar a repetição das fomes de meados do século XVII.[52]

Mas os colonos não concordavam com essa orientação. Interessados em expandir ao máximo as plantações de cana e tabaco e, ao mesmo tempo, baratear seus custos de produção, sobretudo os custos de reprodução da mão de obra escrava, esses "homens-bons" — ao mesmo tempo plantadores, senhores e membros das câmaras municipais — reagiram contra essa legislação e sabotaram os lavradores e o plantio de mandioca da forma que puderam. Eles pressionavam para que seus homens escravizados e suas terras não fossem ocupados com um produto de menor lucratividade e, efetivamente, conseguiam fazer com que os alimentos fossem tabelados e as roças e criações fossem progressivamente empurradas para as terras menos férteis do interior.

Elemento importante para a subordinação dos setores ligados ao abastecimento à *plantation* foi o tabelamento de preços dos alimentos. Nesse caso, os compradores garantiam preços sempre baixos, com os quais barateavam seus custos, enquanto os produtores de alimentos deviam comprar os gêneros de que necessitavam em mercados livres ou monopolizados pela metrópole. Segundo Teixeira da Silva, esses e outros fatores faziam com que os criadores de gado e os roceiros de mandioca sofressem constante subvalorização de seus produtos e transferissem compulsoriamente sua renda para os grandes senhores, o que configuraria o processo de "penalização da produção de alimentos" recorrentemente recriado no Brasil desde aqueles tempos.

Assim, nessas regiões as lavouras de alimentos tiveram de se adaptar aos ditames da *plantation*. Em se tratando de fazendas voltadas para a realização mercantil, é possível supor que o tempo e as áreas dedicados aos alimentos fossem diretamente influenciados pelas demandas internacionais do produto mais valorizado. O modelo mais conhecido de funcionamento da economia colonial nos ensina que, em momentos de expansão do mercado internacional, as fazendas voltavam toda sua capacidade produtiva (terras e homens) para a produção dos gêneros mais lucrativos, deixando de plantar alimentos internamente e invadindo as áreas produtoras de alimentos vizinhas. Dessa feita, a expansão da *plantation* tornava as grandes fazendas dependentes da aquisição de alimentos no mercado e disputava esse mercado com os centros urbanos.[53]

Mas a inexistência de mercados e o problema da produção de alimentos fortaleceram as demandas escravas pelo direito à roça e à criação de pequenos animais no interior das fazendas. Independentemente de serem concessões dos senhores, iniciativa das autoridades metropolitanas ou frutos da pressão da escravaria, o fato é que a legislação colonial repetidamente sancionava o direito dos escravos de terem uma roça e um dia para cultivá-la.[54] Alguns autores defendem mesmo a tese de que as revoltas de escravos estariam relacionadas à luta pelo direito de produzir para própria subsistência e de dispor do produto do seu próprio trabalho, por exemplo, vendendo os excedentes no mercado.[55] As fontes indicam que essa produção, além de alimentar a família escrava, era vendida no mercado local e possivelmente também para o próprio senhor.

Ainda no interior das grandes fazendas, podemos encontrar outro segmento social envolvido, mesmo que parcialmente, no circuito de abastecimento. Tratava-se dos agregados e de lavradores de "cana obrigada", que, além de plantar cana, produziam alimentos para suas famílias e eventualmente para o abastecimento da população ligada aos respectivos engenhos.[56] Mesmo que a escassez de fontes não permita maiores sínteses, esses exemplos nos fornecem indícios de que nas áreas dominadas pela *plantation* os segmentos ligados à produção para exportação — escravos ou lavradores de cana — também se encarregaram de produzir os alimentos de que, certamente, todos necessitavam. Configurou-se, portanto, uma "brecha camponesa" no escravismo colonial, em que a mesma pessoa se inseriria tanto no circuito das lavouras de exportação quanto no circuito de produção de alimentos para o mercado interno.[57]

Embora esse modelo seja bastante lógico e possivelmente válido em suas linhas gerais, Teixeira da Silva defende a tese de que "análises ao microscópio" testem como ele se procedeu efetivamente em diferentes realidades locais. O autor assinala que, para o Nordeste colonial, relatos de época comprovam que a fazenda de cana nunca deixava de produzir os gêneros necessários para seu próprio abastecimento. Pelo contrário, a diversidade de direitos de propriedade, das relações de produção e condições de produtores no interior da fazenda a teria tornado, se não autossuficiente, ao menos bastante flexível diante das suas necessidades de abastecimento.[58]

Mais distante das casas-grandes a situação mudava. Segundo Maria Yedda Linhares, "nada impedia que homens livres pobres ou negros fugidos fossem, aos poucos, se internando nos sertões e estabelecendo suas roças ao longo de rios ou caminhos, constituindo-se numa retaguarda da ocupação branca do litoral".[59] Os posseiros se estabeleciam nas sobras da *plantation*, em terras menos férteis e menos valorizadas (no caso nordestino, o agreste e o sertão). A produção de alimentos era sua atividade principal, ao lado da plantação de algodão e da criação de animais de pequeno porte. Esses grupos possuiriam um cálculo econômico próprio, e, se não estavam diretamente subordinados à agromanufatura açucareira, também não estavam isolados dos centros urbanos do litoral. A transferência de renda se dava, sobretudo, pelo sistema de comércio monopolístico da época, mas também através da legislação colonial, que lhes controlava preços e mercados, e pela pressão direta dos grandes comerciantes e grandes criadores de gado que cotidianamente lhes batiam à porta, e não apenas para comprar farinha. Segundo Linhares, "a exclusão dos produtores de gêneros alimentícios foi uma reivindicação constante e crescente da classe dominante colonial e plantacionista, monopolizadora das melhores terras, mais próximas dos rios e portos".[60]

No Nordeste brasileiro, o processo de interiorização dos grandes domínios se deu no último quartel do século XVII. Segundo Teixeira da Silva, a facilidade de se obterem cartas de sesmarias para terras praticamente desconhecidas gerava uma forte tensão social, já que a fronteira sertaneja, ao avançar, chocava-se com uma fronteira juridicamente fechada e domínios sesmariais estabelecidos, devendo os pequenos produtores ou criadores se submeter a contratos de arrendamento com os grandes sesmeiros. Portanto, no Nordeste se consolidou uma divisão entre grandes domínios e pequenas e médias unidades de exploração, quase todas dirigidas por arrendatários ou foreiros mais ou menos pobres.[61]

A posição subordinada dessas explorações menores ao domínio sesmarial foi o motor de conflitos entre sesmeiros e arrendatários pelos direitos que cabiam a cada uma das partes. Esses conflitos podiam se expressar pela disputa em torno do valor do foro, da extensão do sítio, do lugar das cercas e do acesso à lenha ou ao rio. Quase sempre se desdobrava no uso da força, refletindo-se no incêndio das casas dos sitiantes, na derrubada das cercas, na invasão do gado sobre as roças de mantimentos e no deslocamento forçado da família do lavrador para áreas mais distantes.

Por outro lado, embora no Nordeste colonial a força do grande domínio e sua pressão sobre os pequenos produtores fossem enormes, em áreas mais distantes da *plantation* — tanto na fronteira quanto em regiões menos valorizadas — os posseiros puderam se estabelecer com mais autonomia e a produção de alimentos pôde gozar de algum direito mais estável de acesso à terra. No Rio de Janeiro do início do século XIX, é possível verificar a existência de sítios, datas, partidos, engenhos, fazendas, situações e sesmarias de diversos tamanhos e capacidades produtivas.[62]

Embora não devamos generalizar o resultado das muitas pesquisas sobre a estrutura fundiária do Rio de Janeiro do século XIX para o Nordeste colonial, podemos acreditar que houvesse naquela sociedade também um mosaico de formas de posse e uso da terra, nas quais as lavouras de alimentos podiam se mostrar como plantações, sítios, situações, arrendamentos ou aforamentos. Em suma, no Brasil colonial existiam outros direitos de propriedade e de acesso a terra que podiam ser acionados ou buscados pelos pequenos produtores de alimentos. Esse quadro é de uma paisagem agrária bem mais diversificada do que aquela normalmente imaginada.

Mas, para os lavradores situados nas regiões subitamente requeridas pela *plantation*, a pressão intensa e violenta do grande domínio se desdobrou em geral em duas opções: a manutenção da unidade produtiva subordinada a um domínio mais amplo, com reconhecimento da autoridade e da propriedade de outrem na forma de pagamentos de foros ou rendas; ou o deslocamento da família e da roça para áreas ainda não desejadas pela grande propriedade. O primeiro movimento estruturou as diversas hierarquias socioeconômicas entre as gentes da colônia, relação social entre lavradores e senhores bastante desigual, referendada pelos termos jurídicos da época. O segundo foi um dos motores da interiorização da pequena produção, do povoamento do interior e da constante expansão da fronteira.

Comumente, se entende por "fronteira aberta" uma região cuja apropriação agrária é indefinida, permitindo desbravamentos e posses de "pioneiros". Historicamente falando, a fronteira marcaria os limites entre a *região colonial* (de domínio dos senhores de terra e colonizadores) e outra região ainda não dominada e, portanto, onde outros grupos sociais poderiam viver e trabalhar fora do jugo dos patrões e dos títulos de propriedade: os sertões. A fronteira é, portanto, o início do território de liberdade, mesmo que provisória, dos colonizados: negros, índios e homens livres pobres.[63] Com isso, a produção de alimentos, durante o período colonial, também cumpria a inglória tarefa de expandir a fronteira colonial: enfrentar os nativos, desbravar a mata, povoar o território e consolidar as pretensões dominiais portuguesas diante de outros países.

Para Maria Odila Dias, a historicidade da itinerância dos homens livres e pobres e das suas conjunturas de sobrevivência pressupõe o processo sempre renovado de dominação que os mantinha despojados. O destino de suas roças e a contínua necessidade de renovação de táticas de sobrevivência determinaram o ritmo do processo de povoamento.[64] O deslocamento de lavradores das regiões mais dinâmicas para a fronteira tem sido encarado como uma das características mais marcantes do "campesinato brasileiro".[65] Nesse caso, tem-se apostado no conceito de "campesinato itinerante",[66] que, mesmo forjado para outros períodos, respeita e percebe a falta de raízes, mas também a posição ativa desses lavradores que, embora continuamente pressionados a se integrar de maneira subordinada ao sistema vigente, teimaram em tentar sua reprodução social mais autônoma em espaços diferentes e resistiram ao controle social dos fazendeiros, das autoridades policiais e do fisco.

O conceito de "fronteira sertaneja" está sendo proposto por nós para dar conta do processo que José de Souza Martins já havia analisado para as regiões de fronteira do Brasil. Martins propõe a existência de duas fronteiras, uma da agricultura de subsistência — frente pioneira de posseiros — e outra posterior da agricultura comercial — frente de expansão do capitalismo.[67] Hebe Mattos já defendeu a tese de que esse raciocínio pode ser levado para o século XIX: nesse caso, as áreas onde aumentavam os escravos seriam áreas de expansão da agricultura comercial (no caso, exportadora e escravista).[68] O que propomos é a validade da utilização desse raciocínio também para as fronteiras agrícolas dos séculos XVII e XVIII, sobretudo no Nordeste. Nesse sentido, a "fronteira sertaneja" nos permitira entender uma série de processos conjugados: o papel da agricultura sertaneja na expansão da fronteira territorial, a autonomia da família sertaneja como produtora de alimentos e seu modo diverso de organização da unidade produtiva, em comparação com a *plantation* escravista, e, ao fim, sua relação conflituosa e subordinada aos interesses dominantes, que a expulsavam progressivamente para os sertões.

A punição imposta pela legislação metropolitana e municipal e o manejo inadequado dos meios de produção tropicais (técnicas, instrumentos de trabalho e espécies cultivadas) seriam as características estruturantes da produção de alimentos na colônia, elementos que, somados às dificuldades climáticas específicas do Nordeste, fizeram com que os produtores desse setor almejassem sempre, mesmo que conseguissem pouco, escapar desse circuito e optar, na medida do possível, por gêneros mais lucrativos ou menos controlados. Como efeito, a Bahia não teria autossuficiência na produção de alimentos durante todo o período colonial, necessitando da contínua importação de alimentos do sul da província, principalmente do Rio de Janeiro.

Enquanto no litoral nordestino as lavouras de alimentos e o gado foram progressivamente expulsos para o sertão, nas regiões em que os interesses plantacionistas eram menos influentes outros grupos sociais desde cedo se especializavam, e até enriqueceram, na produção de alimentos. Esse era o caso da Capitania do Rio de Janeiro (sobretudo as freguesias de Magé, Iguaçu, Macacu e Irajá), que, segundo Teixeira da Silva, "tornar-se-á um imenso celeiro da colônia, abastecendo cidades como Salvador, Recife e as colônias do Sacramento e Angola, além das naus portuguesas".[69] No Rio de Janeiro do fim do século XVIII, pesquisas "ao microscópio" confirmam que o setor comercial de produção de alimentos, sobretudo a farinha de mandioca e a criação, era distribuído bastante democraticamente entre uma ampla gama de lavradores. A mandioca era plantada em áreas expressivas, mesmo nas fazendas de cana com engenhos.[70] Já nas regiões de São Paulo, Goiás e parte de Minas Gerais, dominavam as plantações de milho. A província de Sergipe, entre os séculos XVII e XIX, teve como principal produto de exportação a farinha de mandioca para Bahia e Pernambuco. As fontes atestam que Salvador era o ponto final de uma fina rede de comércio, para onde se dirigiam o milho, o feijão, a farinha, a carne e os peixes salgados desses lugares.

Hebe Mattos postula a tese de que, ao estudar apenas os polos dinâmicos/exportadores da economia brasileira, a historiografia mascara a complexidade real e a heterogeneidade das situações.[71] De fato, há muitas diferenças importantes entre as diversas regiões da colônia, que se desdobram, inclusive, no espaço ocupado e na riqueza gerada pelo setor voltado para o abastecimento.

Outro ponto a ser discutido é o do perfil dos produtores de alimento no Brasil colonial. A historiografia preferiu por muito tempo o termo "homem livre e pobre" a camponês, cujo sentido exógeno e homogeneizante seria maior. Atualmente, entende-se que a categoria "camponês" também pode ajudar a entrever traços específicos desses modos de vida e de produção não capitalistas. Basicamente, eles diferem tanto dos grupos escravizados quanto dos que possuem escravos porque têm acesso à terra para produção agrícola, mas essa produção se dá fundamentalmente a partir da força de trabalho familiar. Além disso, para o roceiro, sitiante ou sertanejo, sua família e seu sítio são tanto sua unidade de produção quanto sua unidade de consumo.[72]

Segundo Maria N. B. Wanderley, é preciso considerar que o modelo original do campesinato brasileiro reflete as particularidades da história da agricultura brasileira, especialmente o seu quadro colonial; a dominação econômica, social e política da grande propriedade; a escravidão e a existência de uma enorme fronteira de terras livres ou passíveis de serem apossadas. A relação desses pequenos produtores de alimentos com a escravidão é parte importante dessas investigações.

Para a Bahia colonial, as fontes demonstram que a maior parte da produção de farinha de mandioca estava a cargo de homens que possuíam de três a cinco escravos.[73] Nas áreas paulistas de agricultura de alimentos a população cativa era mais escassa e a grande maioria da população pouco se diferenciava internamente, pois que formada por lavradores pobres, muitos deles pardos, vivendo em pequenos sítios e sobrevivendo do trabalho familiar.[74] Carlos Bacellar, por exemplo, demonstra como a aquisição de escravos por roceiros de milho na vila de Sorocaba no século XVIII estava condicionada ao ciclo de vida e às limitadas possibilidades de acumulação das famílias nesse setor. Por um lado, ele comprova que a maioria desses produtores possuía até cinco escravos, sendo que grande parte possuía apenas uma escrava. Entre esses pequenos plantéis também foi remarcável o número de escravas mulheres, crioulos e de crianças, novamente devido ao menor preço desses no mercado.

Por outro lado, Bacellar percebe que a idade média dos senhores desses pequenos plantéis girava em torno de 40 anos. Isso configuraria uma aquisição tardia, dado que requeria anos de trabalho anterior que possibilitassem a acumulação do seu valor. Além disso, essa aquisição do primeiro escravo parecia coincidir com o momento em que os filhos deixavam a casa paterna, desfalcando a força de trabalho doméstica. Assim, esses produtores, trabalhando com suas famílias, quando conseguiram fazer economias adquiriram escravos para complementar a mão de obra doméstica, que era sempre mais numerosa e mais determinante para os resultados do trabalho.[75] Para a Capitania do Rio de Janeiro foi traçado o perfil dos homens livres e pobres, marcado pela posse de poucos escravos, estabilidade do acesso à terra (própria ou não) e produção agrícola comercial, de cana ou mandioca.[76] Outras pesquisas demostraram outros padrões regionais de difusão da propriedade escrava nesse setor.[77] Assim, podemos concluir que em uma sociedade estruturalmente escravista a escravidão esteve presente também nas roças de alimentos, na medida das possibilidades desses pequenos produtores de fazerem alguma economia para comprar o escravo.[78]

Mas esse era um escravismo diferente, dado que o braço cativo não era o elemento determinante para a reprodução daquele sistema. O modo de organização do trabalho nas unidades produtoras de alimentos no período colonial pode ser um exemplo, historicamente específico, das formas mais gerais conceituadas atualmente como de "agricultura familiar". Esses sistemas abarcam formas de organização das atividades econômicas em que a família é, ao mesmo tempo, proprietária dos meios de produção e executora das atividades produtivas. A família, segundo seus valores e suas estratégias, é a responsável pela gestão das atividades, por garantir estabilidade do acesso à terra, por se relacionar com os mercados e pela divisão do trabalho e dos recursos. Nesses processos, pesarão fatores ligados à diferenciação de gênero e idade, aos ciclos de vida e à autoridade patriarcal.[79]

Segundo Maria N. B. Wanderley, a dupla preocupação com a integração ao mercado e a garantia do autoconsumo é fundamental para a constituição do que chama de "patrimônio sociocultural" do campesinato brasileiro. O envolvimento nessa dupla face da atividade produtiva gerou um saber específico no seio dos pequenos produtores de alimentos, fundamentado na complementação e na articulação entre a atividade mercantil e a de subsistência, efetuadas sobre a base de uma divisão do trabalho interna da família ou da aplicação do "princípio da alternatividade" na escolha dos gêneros que irão plantar.

Segundo Afrânio Raul Garcia Jr., essa estratégia conduz à escolha de algumas culturas específicas que podem ser tanto consumidas diretamente pela família como vendidas, dependendo dos preços e humores dos mercados disponíveis ou da disponibilidade de outros alimentos. Esse é o caso da mandioca. Por isso, no Brasil,

> cabra que não tem eira nem beira
> lá no fundo do quintal
> tem um pé de macaxeira.[80]

Encarar a alternatividade e a centralidade da gestão familiar na unidade produtora de alimentos é dar um passo além da caracterização de uma produção para subsistência. Mas também é preciso abordar brevemente a questão da realização comercial da produção de farinha de mandioca. Hebe Mattos, ao estudar os sitiantes de Capivary no século XIX — quase todos possuidores de um a três escravos e produtores de farinha de mandioca —, percebe que essas pequenas unidades produtoras tinham ligações com os centros comerciais regionais, através, primeiro, da subordinação dos sitiantes aos fazendeiros por meio de um sistema de crédito e açambarcamento, único mecanismo de financiamento de produção agrícola.

Em segundo lugar, porque a maior parte dos sitiantes adquiria seus bens de consumo e insumos nas casas de secos e molhados, pagando com sacas de café ou farinha, uma transação não capitalista, na medida em que a coisa serve apenas para ser trocada por outra que não se produz, e não para gerar lucro. O açambarcamento dessa produção local permitia ao vendeiro intermediar sua venda a preços mais vantajosos nos centros consumidores mais próximos, momento da efetiva realização mercantil daquele produto. Enquanto isso, através da análise dos inventários *post mortem* dos sitiantes, Hebe Mattos conclui que uma vida inteira de trabalho familiar não produzia lucros que pudessem ser reinvestidos na ampliação daqueles estabelecimentos agrícolas, pois que esses lavradores sempre morriam pobres.[81]

O tempo passou, mas as características desse circuito comercial, amplamente desfavorável aos produtores, não mudaram muito. Em 1956, a queixa do caiçara era o aviltamento progressivo dos preços da farinha de mandioca nos mercados, o que a tornava uma mercadoria desvantajosa para os que podiam investir em gêneros mais lucrativos e, ao mesmo tempo, inviabilizava a reprodução econômica das unidades produtoras menores. Sendo pouco lucrativa sua venda, se entende por que a maior parte dos produtores a cultivasse para subsistência familiar, vendendo apenas o excedente. Além disso, a produção continuava a ser estritamente doméstica, em casas de farinha próprias da família, já que o baixo preço do produto final não compensaria investimentos "comerciais", nem a compra da matéria-prima nem a divisão da produção final com o dono do forno. Resulta daí a dificuldade de sua realização mercantil, dado o baixo preço do produto final, mas também devido ao suprimento prioritário das necessidades de subsistência e ao isolamento dos mercados da maior parte dos produtores. Por isso, ao ser inquirido, o agricultor respondeu que apenas os próprios cultivadores de mandioca produzem a farinha.

Outro aspecto inovador nas pesquisas atuais foi a descoberta dos quilombos como grupos sociais produtores de alimentos.[82] Acrescentando a produção quilombola à tipologia proposta por Maria Yedda Linhares, poderíamos identificar no período colonial três formas de produção ligadas ao mercado interno: a primeira, no interior das fazendas, realizada por escravos, constituindo uma brecha camponesa e engendrando um protocampesinato negro; a segunda, sob responsabilidade dos lavradores diretamente subordinados ao senhor de engenho; e a terceira, a cargo dos pequenos produtores independentes, sertanejos ou quilombolas, o campesinato negro, cafuzo, caboclo ou mestiço, deslocado para áreas cada vez mais afastadas do litoral.[83]

Assim, o que parece prevalecer nos circuitos da produção e venda de alimentos é a articulação intensa e a convivência cotidiana de sujeitos com condições jurídicas, origens étnicas, cores de pele, costumes e trajetórias de vida diversos. "E porque tudo é mandioca" e em cada "fundo de quintal haver um pé de macaxeira" é de onde deriva a dificuldade de se traçar um perfil único desse produtor de alimentos que não leve em conta, além da atividade produtiva, sua trajetória de vida, condição jurídica, suas origens étnicas, sua mobilidade espacial, proximidade com autoridades e com o mercado, posse de escravos, posse da terra e outros recursos, enfim, uma miríade ampla de variáveis que confere uma enorme complexidade ao trabalho de pesquisa nessa área.

Conclusão

Mesmo sendo difícil formular um quadro mais preciso das regiões, dos produtos e produtores para todo o período colonial, podemos concordar com Maria Yedda Linhares que nos séculos XVII e XVIII estivessem se consolidando na economia rural da colônia três sistemas agrários distintos. O primeiro, o da grande lavoura, se fazia em campos fechados e ocupava, basicamente, o litoral. O segundo seria o sistema de roças, ou lavouras de abastecimento e criação de animais de carga, estruturado no que chamamos de "fronteira sertaneja", próximas aos nascentes centros urbanos ou nas franjas da *plantation*. Por último, haveria o fluxo da pecuária extensiva conformando uma fronteira bastante móvel em direção ao interior.[84] Pesquisas já comprovaram que a economia colonial dependia da oferta elástica de terras (fronteira aberta), homens (trabalho compulsório) e alimentos (produção interna) para continuar a se reproduzir com baixo custo.[85] Nesse caso, podemos imaginar as roças como uma das três paisagens que compunham a economia rural da colônia.

Em vista do conjunto dos conhecimentos que possuímos atualmente, podemos também afirmar que a produção de alimentos se conjugava perfeitamente — o que não significa pacificamente — com os outros circuitos da economia colonial. Por um lado, longe de se configurar como uma economia comunal, natural ou de subsistência, a produção de alimentos se estruturava em torno dos mesmos fatores de produção dos quais dependia a produção para exportação: a necessidade de mercados consumidores, a mentalidade proprietária europeia, a imprecaução sobre o uso da terra, o extermínio e a escravização de homens. Embora a maior parte dos produtores de alimentos não consiga, por limitações estruturais, chegar aos produtos para exportação, eles almejavam ser senhores e vez por outra reuniram médios plantéis. Se foram continuamente expulsos das terras mais férteis e do litoral em direção ao sertão, ao mesmo tempo agiram para o extermínio ou a escravização das populações nativas, reproduziram alhures a violência com que foram tratados, marca indelével da colonização.

Por outro lado, para a reprodução contínua das hierarquias que mantinham os produtores de alimentos em posição econômica desvantajosa e politicamente sujeitos aos interesses da *plantation*, agiram efetivamente a recriação do monopólio da terra nas áreas de fronteira, a reiteração de mecanismos fiscais de transferência de renda, os monopólios e exclusivos comerciais, a ausência de iniciativas, créditos, políticas de incentivo ou mesmo de transmissão de conhecimento ligadas à ampliação da produção de alimentos. Com isso não se infere a debilidade ou a retração estrutural do setor voltado para o mercado de alimentos. Apenas que sua reprodução econômica, originária, embebida e dependente das mentalidades, dos governos, das atitudes e das possibilidades contidas nesse sistema colonial, não nos permite tratá-lo isoladamente deste.

Mas existem ainda muitas questões que permanecem obscuras em relação à produção e aos produtores de alimentos na história do Brasil. Por exemplo, qual seria o perfil da fazenda agroexportadora que possuía roças? Todas elas as possuíam, ou apenas algumas, com determinada área ou com determinada escravaria ou em determinado local? A efetivação das roças é fruto de uma estratégia senhorial para diminuição dos custos ou uma pressão da escravaria por seus espaços de autonomia? Pode haver um sistema mais misto, em que o próprio senhor disponha de roças tanto para alimentar sua família quanto para vender no mercado local? As roças de alimento no interior das fazendas são sempre de escravos ou podem também pertencer a homens livres pobres, agregados ou arrendatários? Como esses homens livres dividem seu tempo e a força de trabalho familiar nos dois circuitos? Para quem eles vendem sua farinha: na venda mais próxima, para o senhor mais próximo ou para algum intermediário que chegue ao mercado urbano? A diferenciação econômica entre os produtores de alimentos — que vão dos homens livres pobres aos senhores de médios plantéis — seria devida à propriedade de escravos, à posse da terra, à relação com mercados ou aos contatos privilegiados em termos de crédito e política? Que fatores tornariam alguns roceiros mais aptos a se capitalizarem do que outros?

As respostas a essas questões nos permitiriam uma visão mais completa desse sistema agrário. Para além de formular novas questões, adotar novos olhares, manipular novos métodos e descobrir novas fontes, cumpre ressaltar que o papel de grupos de pesquisa articulados em torno do desvendamento dessas situações foi e é fundamental para avanços nos conhecimentos que conseguimos acumular até o momento sobre a produção de alimentos no Brasil colonial. Esperamos continuar avançando.

Notas

1. Exemplo desse pensamento pode ser encontrado nas obras clássicas de Celso Furtado e Jacob Gorender sobre a economia colonial. Cf. Celso Furtado, 1967 e Jacob Gorender, 1978. Discussão mais aprofundada sobre essas teorias encontra-se em M. Y. Linhares e F. C. Silva, 1981, p. 110-116.
2. Essa expressão foi usada por Maria Sylvia de Carvalho Franco. Cf. Franco, 1997.
3. Na Bahia, entre 1638 e 1750, constataram-se 13 grandes fomes. No Rio de Janeiro também.
4. Por exemplo, enquanto o fim do século XVIII é visto pelas autoridades e por viajantes como período de decadência e estagnação econômica, devido ao esgotamento das jazidas de ouro nas Geraes, no mesmo período o relatório do marquês de Lavradio apontava para uma pujante e diversificada produção de alimentos (farinha de mandioca, milho, arroz e feijão) na Capitania do Rio de Janeiro. Cf. Maria Yedda Linhares (org.), 1990, p. 50.
5. Gilberto Freyre, 1990 (original de 1933).
6. Exemplo de pesquisa realizada na época a corroborar a visão dos caipiras isolados em sua cultura rústica e vivendo apenas com "mínimos vitais" é o ótimo trabalho de campo do sociólogo Antonio Candido. Cf. Candido, 1977.
7. Cf. Prado Jr, 1992. Apenas outra tradição acadêmica, com raízes na sociologia rural, caracterizou os homens livres e pobres como o "campesinato brasileiro", categoria que abarcaria pequenos proprietários, arrendatários e posseiros. Seriam eles, ao mesmo tempo, os produtores de alimentos para o mercado interno e a clientela política dos grandes senhores. Cf. Maria Isaura Queiroz, 1976.
8. Cf. Maria Sylvia de Carvalho Franco, 1997; Laura de Mello Souza, 1990.
9. Cf. Mafalda Zemella, 1990 e Myriam Ellis, 1961. Para uma discussão desses trabalhos, ver Pedro Henrique Pedreira Campos, 2005.
10. Referimo-nos aos trabalhos pioneiros e já clássicos de Alice Canabrava, Maria Luiza Marcílio e Kátia de Queiroz Mattoso. Cf. Mattoso, 1978, Alice Piffer Canabrava, 1972; e Maria Luiza Marcílio, 1974.
11. Exemplos desses trabalhos: Maria Odila S. Dias, 1972; Riva Gorestein e Lenira Menezes, 1993; Alcir Lenharo, 1993.
12. Ciro F. Cardoso, 1980.
13. A influência aqui foram os trabalhos da primeira e segunda geração dos Annales, produzidos entre as décadas de 1930 e 1950 e influenciados pela economia. Cf. François Simiand, Nicolai Kondratiev, 1992; François Simiand, 1932a; François Simiand, 1932b; C. E. Labrousse, 1932.
14. Para uma discussão mais aprofundada da metodologia e do problema das fontes para a história agrária brasileira, ver Maria Yedda Linhares e Francisco Carlos Teixeira e Silva, 1981 (capítulo II).

15. Maria Yedda Linhares já realizou algumas sínteses a respeito da história, da formação, dos desafios e dos resultados da pesquisa desse grupo. Cf. Maria Yedda Linhares, 1995 e 1999 (p. 104-12); Maria Yedda Linhares e Francisco Carlos Teixeira Silva, 1981.
16. João Luís Ribeiro Fragoso, 1998.
17. Ver, como exemplo, Marc Bloch,2001; e Georges Duby, 1962.
18. Boa parte das instruções do colono português Gabriel Soares de Souza, em 1587, resume-se a dizer qual vegetal deve ser plantado com pevides, toletes ou mudas e o tempo de frutificar conforme o método adotado. Cf. Gabriel Soares Sousa, 1851.
19. Luís da Camara Cascudo, s/d, verbete *mandioca*.
20. Gabriel Soares de Souza, 1938, segunda parte, título 4, capítulo XXXVIII.
21. José Lisboa da Silva, citado por Maria Yedda Linhares e Francisco Carlos Teixeira Silva, 1981, p. 126.
22. Nilo Cairo, 1938.
23. Gabriel Soares Souza, 1938, segunda parte, título 4, capítulo XL.
24. Núbia Marques, 1977, p. 9-43
25. Gabriel Soares Souza, 1938, segunda parte, título 4, capítulo XXXIX.
26. *Cadê a farinha?*, gravação de Martinho da Vila, composição de Beto Sem Braço e Serginho Meriti.
27. Pero Vaz de Caminha, 1974.
28. *Coité e cuia.* Composição de Wilson Moreira e Nei Lopes, 1982.
29. Gabriel Soares de Souza, 1938, segunda parte, título, capítulo XLII.
30. Ibidem.
31. Gabriel Soares de Souza, 1938, segunda parte, título 4, capítulo XLII.
32. Ibidem, capítulo XLIII.
33. Pero Vaz de Caminha, 1974.
34. Auguste de Saint-Hilaire, 1980.
35. Padre João Daniel, 1975, *apud* Maria Yedda Linhares e Francisco Carlos Teixeira Silva, 1981, p. 139.
36. Cf. André João Antonil, 1982; Francisco Carlos Teixeira Silva, 1990.
37. Auguste de Saint-Hilaire, 1980.
38. Cf. Leo Waibel, 1979, *apud* João Luis Ribeiro Fragoso, 1986, p. 128.
39. Auguste de Saint-Hilaire, 1980.
40. John Luccok, 1975.
41. Cf. João Luis Ribeiro Fragoso, 1986, p. 125-50.
42. João Luis Ribeiro Fragoso, 1986, p. 128.
43. Estamos reproduzindo aqui a argumentação e as fontes usadas por João Fragoso. Cf. Fragoso, 1986.

44. Emilio Sereni, 1974; Pierre Vilar, 1974.
45. Leo Waibel, 1979.
46. E. Boserup, 1987.
47. Ibidem, p. 85.
48. Trabalho clássico sobre o manejo de solos tropicais, a primeira a demonstrar nos meios agronômicos a inviabilidade e temeridade das técnicas de manejo europeias (para solos frios) nos meios tropicais foi Ana Primavesi. Cf. Primavesi, 1981.
49. O caso mais conhecido foi o de vilas inteiras ao sul de Salvador, em Porto Seguro e no Recôncavo que, em meados do XVIII, tiveram de se deslocar, dada a invasão de formigas. Cf. Maria Yedda Linhares (org.), 1990, p. 51-52.
50. Maria Yedda Linhares, 1995.
51. Cf. M. Y. Linhares e F. C. T. Silva, 1981, p. 120 a 130.
52. Reproduzimos aqui a discussão sobre o papel da metrópole no incentivo da produção de alimentos no Brasil proposta por Francisco Carlos Teixeira da Silva em seus trabalhos. O argumento principal foi resumido na coletânea de Maria Yedda Linhares, 1990, capítulo 1.
53. A relação das lavouras de alimentos com as lavouras de exportação no Nordeste colonial foi debatida por Francisco Carlos Teixeira da Silva e Maria Yedda Linhares. Cf. Maria Yedda Linhares e Francisco Carlos Teixeira Silva, 1981, parte III.
54. Ciro Flamarion S. Cardoso, 1982.
55. Antônio de Barros Castro, 1980.
56. A. J. Antonil, 1982. Ver também Stuart B. Schwartz, 1988.
57. Ciro Flamarion Cardoso, 1987.
58. Sobre a flexibilidade da *plantation* baseada em suas diversas relações de trabalho e de produção, ver Afrânio Garcia Jr. e Moacir Palmeira, 2001, p. 38-77.
59. Maria Yedda Linhares e Francisco Carlos Teixeira Silva, 1981, p. 130.
60. Maria Yedda Linhares, 1995.
61. Francisco Carlos Teixeira Silva, 1997, p. 119-56.
62. Sobre os diferentes direitos de propriedade e formas de acesso a terra no Rio de Janeiro, ver Manoela Pedroza, 2008 e Hebe Maria Mattos, 2009.
63. Ilmar Rohloff de Mattos, 1987.
64. Maria Odilia Dias, 2001.
65. Otávio Guilherme Velho, 1979.
66. A expressão foi cunhada por Ana Rios, em referência às famílias de libertos que, malgrado suas pretensões, não conseguiram se fixar em um território e estruturar pequenas unidades de produção autônomas e estáveis. Cf. Ana Lugão Rios e Hebe Mattos, 2005.
67. José de Souza Martins, 1975.

68. Hebe Mattos, 1987, p. 15.
69. Maria Yedda Linhares, 1990, p. 63.
70. Manoela Pedroza, 2008.
71. Hebe Mattos, 1987.
72. A. Chayanov, 1966.
73. Stuart B. Schwartz, 1988. Ver também Maria Yedda Linhares (org.), 1990, p. 50.
74. Cacilda Machado, 2006.
75. Carlos Bacellar, 2000, p. 239-254.
76. Sheila Siqueira de Castro Faria, 1986; Hebe Mattos, 1987; Manoela Pedroza, 2008; Célia Maria Loureiro Muniz, 1979.
77. Ver, para tanto, os trabalhos de Stuart Schwartz e dos grupos de pesquisa NEHD e Cedeplar. Síntese do conjunto pode ser encontrada na obra organizada por Maria Beatriz Nizza da Silva. Cf. Silva, 2000; e Francisco Vidal Luna e Iraci Del Nero Costa, 1982.
78. Segundo Ciro Cardoso, "a propriedade de escravos no Brasil colonial foi, socialmente, muito mais difundida do que se acreditava no passado. Nas cidades como no campo, muitos dos cativos viviam e trabalhavam em grupos pequenos, para senhores que dificilmente poderiam, no caso rural, ser chamados de fazendeiros — e que muitas vezes produziam gêneros alimentícios (farinha de mandioca, por exemplo) para abastecimento de *plantations* e núcleos urbanos". *Apud* Maria Yedda Linhares, 1990, p. 93.
79. Cf. verbete Agricultura Familiar in Márcia Motta (org.), 2005.
80. *Farinha*, composição de Djavan, 2000.
81. Hebe Mattos, 1987.
82. Flávio dos Santos Gomes, 1995.
83. Maria Yedda Linhares e Francisco Carlos Teixeira Silva, 1981, p. 135.
84. Maria Yedda Linhares, 1995.
85. Essa hipótese foi desenvolvida por João Fragoso em sua tese de doutorado. Cf. João Luís Ribeiro Fragoso, 1998.

Bibliografia

BACELLAR, Carlos. "A escravidão miúda em São Paulo colonial". In: SILVA, Maria Beatriz Nizza (org.). *Colonização e escravidão*. Rio de Janeiro: Nova Fronteira, 2000, p. 239-254.

BOSERUP, Ester. *Evolução agrária e pressão demográfica*. São Paulo: Hucitec/Polis, 1987.

CARDOSO, Ciro Flamarion. *Escravo ou camponês? O protocampesinato negro nas Américas*. São Paulo: Brasiliense, 1987.

CASCUDO, Luís da Câmara. *Dicionário do folclore brasileiro*. Rio de Janeiro: Ediouro, s/d.

———. *História da alimentação no Brasil*. São Paulo: Companhia Editora Nacional, 1963.

DIAS, Maria Odila. "A interiorização da metrópole". In: MOTTA, Carlos G. (org.). *1822: Dimensões*. São Paulo: Perspectiva, 1972.

———. "Sociabilidades sem história: votantes pobres no império (1824-1881)". In: FREITAS, Marcos (org.) *Historiografia brasileira em perspectiva*. São Paulo: Contexto, 2001.

FRAGOSO, João Luís Ribeiro. "A roça e as propostas de modernização na agricultura fluminense do século XIX: o caso do sistema agrário escravista-exportador em Paraíba do Sul". *Revista Brasileira de História*, v. 6, nº. 12, 1986, p. 125-150.

———. *Homens de grossa aventura: acumulação e hierarquia na praça mercantil do Rio de Janeiro (1790-1830)*. Rio de Janeiro: Civilização Brasileira, 1998.

FRANCO, Maria Sylvia de Carvalho. *Homens livres na ordem escravocrata*. São Paulo: Unesp, 1997.

FREITAS, Marcos (org.). *Historiografia brasileira em perspectiva*. São Paulo: Contexto, 2001.

FREYRE, Gilberto. *Açúcar: em torno da etnografia, da história e da sociologia do doce no Nordeste canavieiro do Brasil*. Série Estudos e Pesquisas, v. 3. Recife: Fundação Joaquim Nabuco, 1987 (original de 1939).

———. *Casa-grande & senzala*. Rio de Janeiro: José Olympio, 1990 (original de 1933).

GARCIA JR., Afrânio Raul; PALMEIRA, Moacir. "Transformação agrária". In: SACHS, Ignacy; PINHEIRO, Paulo Sérgio (eds.). *Brasil: um século de transformações*. São Paulo: Companhia das Letras, 2001, p. 38-77.

GARCIA JR, Afrânio Raul. *O Sul: caminho do roçado. Estratégias de reprodução camponesa e transformação social*. São Paulo/Brasília: Marco Zero/ UnB, 1989.

GEIGER, Pedro Pinchas; MESQUITA, Mirian. *Estudos rurais da Baixada Fluminense (1951-53)*. Rio de Janeiro: Biblioteca Nacional de Geografia, CNG/IBGE, 1956.

GOMES, Flávio dos Santos. *Histórias de quilombolas: Mocambos e comunidades de senzalas (Rio de Janeiro, século XIX)*. Rio de Janeiro: Arquivo Nacional, 1995.

GORESTEIN, Riva; MENEZES, Lenira. *Negociantes e caixeiros na sociedade da independência*. Rio de Janeiro: Secretaria Municipal de Cultura, 1993.

GUARANÁ, Armindo. "Glossário etymológico dos nomes da língua tupi na geografia do Estado de Sergipe". *Revista do Instituto Histórico e Geográfico de Sergipe*. Aracaju, 1916, 3, 1-4, p. 297-326.

LENHARO, Alcir. *As tropas da moderação: o abastecimento da Corte na formação política do Brasil (1808-1842)*. Rio de Janeiro: Secretaria Municipal de Cultura, 1993.

LINHARES, Maria Yedda (org). *História geral do Brasil*. Rio de Janeiro: Campus, 1990.

LINHARES, Maria Yedda; SILVA, Francisco Carlos Teixeira da. *História da agricultura brasileira: combates e controvérsias*. São Paulo: Brasiliense, 1981.

LINHARES, Maria Yedda. "Pecuária, alimentos e sistemas agrários no Brasil (séculos XVII e XVIII)". In: MARTINIÈRE, Guy. *Le Portugal et l'Europe Atlantique, le Brésil et l'Amérique Latine. Mélanges offerts à Fréderic Mauro*. Paris/Lisboa: Fundação Calouste Gulbenkian, 1995.

______. "Pesquisas em história da agricultura brasileira no Rio de Janeiro". *Estudos Sociedade e Agricultura*, nº. 12, 1999, p. 104-12.

MARQUES, Núbia. "A cultura da mandioca". *Revista Sergipana de Folclore*. Aracaju, 1977, 3, p. 9-43.

MARTINS, José de Souza. *Capitalismo e tradicionalismo: estudos sobre as contradições da sociedade agrária no* Brasil. São Paulo: Pioneira, 1975.

MATTOS, Hebe Maria. *Ao sul da história: lavradores pobres na crise do escravismo*. São Paulo: Brasiliense, 1987.

PEDROZA, Manoela. *Engenhocas da moral: uma leitura sobre a dinâmica agrária tradicional*. Campinas, Unicamp, 2008 (Tese de doutorado).

PRADO JR, Caio. *Formação do Brasil contemporâneo*. São Paulo: Brasiliense, 1992 (original de 1942).

RIOS, Ana Lugão; MATTOS, Hebe. *Memórias do cativeiro: família, trabalho e cidadania no pós-abolição*. Rio de Janeiro: Civilização Brasileira, 2005.

SCHWARTZ, Stuart B. *Segredos internos: engenhos e escravos na sociedade colonial*. São Paulo: Companhia das Letras, 1988.

SILVA, Francisco Carlos Teixeira da. *A morfologia da escassez: crise de subsistência e política econômica no Brasil Colônia (Salvador-Rio de Janeiro, 1680-1790)*. Tese de doutorado, UFF, Niterói, 1990.

______. "Pecuária e formação do mercado interno no Brasil Colônia". *Estudos Sociedade e Agricultura*, 1997, nº. 8, p. 119-56.

VELHO, Otávio Guilherme. *Capitalismo autoritário e campesinato: um estudo comparativo a partir da fronteira em movimento*. São Paulo: Difel, 1979.

WAIBEL, Leo. *Capítulos de geografia tropical e do Brasil*. Rio de Janeiro: IBGE, 1979.

WANDERLEY, Maria de Nazareth Baudel. "Raízes históricas do campesinato brasileiro". *XX Encontro Anual da Anpocs*, Caxambu, 1996.

Músicas

Coité e cuia. Disco *A arte negra*. Composição de Wilson Moreira e Nei Lopes, 1982.

Cadê a farinha? Disco *Batuqueiro*, de Martinho da Vila. Composição de Beto Sem Braço e Serginho Meriti, 1986.

Farinha. Disco *Milagreiro*. Composição de Djavan, 2000.

Relatos de viajantes e fontes de época impressas

ANTONIL, A.J. *Cultura e opulência do Brasil por suas drogas e minas*. Belo Horizonte: Itatiaia/USP, 1982.

CAIRO, Nilo. *Guia prático do pequeno lavrador destinado à pequena propriedade rural no Brasil*. São Paulo: Teixeira, 1938.

CAMINHA, Pero Vaz de. *Carta a el-rei dom Manuel sobre o achamento do Brasil*. Lisboa: Imprensa Nacional, 1974.

DANIEL, padre João. *Tesouro descoberto no Rio das Amazonas*. Separata dos Anais da Biblioteca Nacional do Rio de Janeiro, v. 95, tomos I-II, 1975.

KONDRATIEV, Nicolai. *Los ciclos largos de la coyuntura económica*. México D.F: Unam, 1992.

LISBOA DA SILVA, José. *Carta ao doutor Domingos Vandelli*. Bahia, 18 de outubro de 1789, ABNRJ, nº. XXXII, 1910.

LUCCOK, John. *Notas sobre o Rio de Janeiro e partes meridionais do Brasil (1817)*. São Paulo: Itatiaia/USP, 1975.SCHMIDT, Carlos Borges. *O pão da terra*. São Paulo: Prefeitura de São Paulo, Arquivo Histórico (Separata da Revista do Arquivo CLXV), 1959 (Prêmio de monografia sobre folclore nacional pela Discoteca Pública Municipal).

SIMIAND, François. *Le Salaire, L'évolution Sociale Et La Monnaie*. Paris: Alcan, 1932.

SIMIAND, François. *Recherches anciennes et nouvelles sur le mouvement général des pix du XVI au XIX siècles*. Paris: Domat-Montchrestien, 1932.

SOUZA, Gabriel Soares de. *Tratado descriptivo do Brazil em 1587*. Primeira edição de 1851, organizada e revisada por Adolfo de Varnhagen. Reeditado pela Companhia Editora Nacional, v. 117, série 5ª, da Brasiliana em 1938 (disponível *on-line*).

Sites úteis

www.joaonavesdemello.blogspot.com/2009/12/farinha-de-mandioca.html

www.iaracaju.infonet.com.br/sergipecultura/modulo13.html

CAPÍTULO 8 A economia política do sistema colonial

*Jorge Pedreira**

"É demonstrativamente certo que sem o Brasil Portugal é uma insignificante potência; e que o Brasil sem forças é um preciosíssimo tesouro abandonado a quem o quiser ocupar", escrevia o secretário de Estado de Marinha e Ultramar, Martinho de Mello e Castro, nas instruções que entregou a Luís Vasconcelos e Sousa quando este assumiu as funções de vice-rei do Brasil.[1] Assim exprimia um dos axiomas fundamentais — e uma preocupação estratégica essencial — da diplomacia e da política colonial portuguesa no século XVIII.

A importância capital dos domínios ultramarinos para Portugal, não apenas para a prosperidade e segurança do reino, mas para a sua própria subsistência enquanto monarquia soberana, era há muito compreendida. Jean Bodin, ao refletir sobre os diferentes modos pelos quais um Estado podia adquirir os fundos de que carece, indicava expressamente Portugal como o exemplo de um reino que dependia de um Império colonial de carácter mercantil para obter os seus ingressos.[2] O império e, de um modo mais geral, o comércio marítimo desempenhavam um papel crucial

*Professor da Universidade Nova de Lisboa.

na reunião dos recursos financeiros da Coroa portuguesa, um papel ainda mais crucial do que o dos Impérios de todas as outras potências europeias.[3] Na segunda metade do século XVII, depois de Portugal ter cedido o monopólio da rota marítima do comércio das Índias orientais e perdido territórios estratégicos na Ásia e em África, diminuiu a projeção desse papel, mas os domínios contribuíam ainda com perto de 30% das receitas da Coroa.[4] A expansão territorial no Brasil e a extração de ouro e diamantes, que proporcionavam rendimentos fiscais imediatamente acessíveis, fizeram aumentar essa quota-parte para níveis sem precedentes durante o século XVIII. O Brasil converteu-se de "vaca leiteira", como se lhe referia o rei dom João IV na sequência da restauração da independência, em verdadeiro "bezerro de ouro". Tornou-se literalmente a joia da coroa de dom João V, a que estava confiada a missão de preservar toda a monarquia. Dom Luís da Cunha, o mais influente diplomata português do seu tempo, apresentou essa situação da forma mais clara possível: "O dito príncipe, para poder conservar Portugal, necessita totalmente das riquezas do Brasil, e de nenhuma maneira das de Portugal, que não tem, para sustentar o Brasil; de que se segue, que é mais cômodo e mais seguro estar onde se tem o que sobeja, que onde se espera o de que se carece."[5]

Era essa a situação paradoxal a que Portugal parecia condenado. Os domínios ultramarinos e o comércio colonial haviam transformado um Estado menor numa potência com algum significado, mas ao mesmo tempo tinham suscitado a cobiça das grandes potências, criando inegáveis riscos para a integridade territorial do Império e para a subsistência da monarquia. A partir de uma estreita faixa de território europeu nas margens do Atlântico, que não podia plenamente sustentar-se a si própria, possessões mais vastas e prósperas tinham de ser protegidas das ambições de Impérios mais fortes.[6] O equilíbrio de poderes entre os Estados europeus e a possibilidade de escolher entre alianças alternativas — embora Portugal apenas tenha explorado essa possibilidade no fim do século XVII — permitiram conter a ameaça de desmembramento do Império, mas a desproporção de forças relativamente às grandes potências atlânticas manteve bem vivas as tensões, tanto na Europa como nos próprios domínios. O medo de uma invasão espanhola, tanto na Península Ibérica como no sul do Brasil, o temor de uma incursão francesa a partir da Guiana e até as preocupações com eventuais ambições territoriais inglesas na América do Sul não eram completamente infundados e exigiam a permanente vigilância dos ministros do rei e dos governadores civis e militares das colônias.

Por outro lado, a desproporção entre a extensão e dispersão do Império e os recursos de um pequeno Estado europeu colocava o espaço pluricontinental português numa situação delicada, exigindo uma forte participação das colônias na sua própria defesa. Essa era uma situação de que a própria administração ou, pelo menos, os seus oficiais mais atentos tinham plena consciência. É o que pode comprovar-se pelas palavras de Martinho de Mello e Castro, quando instruía o vice-rei do Brasil recentemente empossado:

> O pequeno continente de Portugal, tendo braços muito extensos, muito distantes, e muito separados uns dos outros, quais são os seus domínios ultramarinos nas quatro partes do mundo, não pode ter meios, nem forças, com que se defenda a si próprio, e com que acuda ao mesmo tempo com grande socorro à preservação, e segurança dos mesmos domínios.[7]

Claro está, as riquezas coloniais ampliavam largamente a base dos recursos que a monarquia portuguesa podia mobilizar, mas a dependência desses recursos tornava-a mais vulnerável, colocando-a no seio do sistema de competição mercantil, embora numa posição estritamente defensiva, que era extremamente exigente do ponto de vista financeiro. Para ultrapassar esse paradoxo, dom Luís da Cunha chegou a sugerir ao rei a transferência da corte e da capital para a cidade do Rio de Janeiro, a partir da qual poderia mais facilmente governar os outros territórios, tomando para si o título de imperador do Ocidente. Essa era, confessadamente, uma proposição visionária (embora estivesse destinada a ser repetida sessenta anos mais tarde), mas procurava responder a um problema que tinha de ser efetivamente solucionado.

Na sequência da Guerra de Sucessão de Espanha, Portugal renunciou a desempenhar um papel ativo na arena continental e passou a confiar na Aliança Inglesa como único contrapeso para a ameaça espanhola. Contudo, a segurança e a consolidação dos domínios portugueses na América, que estavam em rápida extensão para o interior por ação de caçadores de escravos, mineiros e missionários, não podiam estar apenas dependentes dessa aliança, tendo antes de contar com as forças próprias de Portugal. Em primeiro lugar, era necessário assegurar algum controle sobre os colonos e sobre a própria dinâmica da colonização. Reafirmar a autoridade régia nas regiões mineiras, o que exigia um grande esforço e uma grande determinação da parte de oficiais para vencerem a resistência de uma população rebelde, foi o principal objetivo da administração colonial no tempo de dom João V. Era um requisito para o combate ao contrabando e para a cobrança eficiente do quinto, o imposto sobre a extração do ouro, mas em nada contribuía para garantir a integridade territorial das províncias meridionais do Brasil contra a ameaça de uma incursão proveniente das colônias espanholas, que só podia ser afastada ou pelo reforço dos meios locais de defesa ou pelo estabelecimento de um acordo diplomático duradouro.

A mais importante causa de conflito entre Portugal e Espanha na América do Sul era a Colônia do Sacramento, um pequeno enclave português estabelecido em 1680 na margem oriental do rio da Prata, do outro lado do estuário, defronte a Buenos Aires. A Espanha nunca aceitou a existência desse posto avançado, não tanto por causa das implicações territoriais, mas porque funcionava como um entreposto de contrabando. Do Rio de Janeiro chegavam escravos, açúcar, tabaco e produtos manufaturados europeus que ali eram trocados por prata do Peru. Duas vezes tomada e duas vezes reconquistada, a Colônia esteve sempre sob fogo, mesmo depois do Tratado de Utrecht (1713), pelo qual os direitos portugueses foram reconhecidos. Depois de algumas escaramuças pelo controle da margem oriental nos anos 1720, a súbita degradação das relações entre Portugal e Espanha, provocada por um incidente diplomático aparentemente menor, deu de imediato lugar a um ataque contra a Colônia, lançado em 1735 pelo governador de Buenos Aires. O enclave acabou por ser mantido, mas os custos da confrontação endêmica com a Espanha tornaram o governo de Portugal mais receptivo a uma solução diplomática. Outras questões havia ainda por resolver, pois a expansão para o interior do Brasil levara a fronteira dos territórios sob controle português muito para além do meridiano que dividia o mundo entre as duas potências ibéricas, acordado no Tratado de Tordesilhas de 1494 (o "testamento de Adão", como foi sarcasticamente designado pelo rei Francisco I, de França).

Contudo, só depois da subida ao trono de Fernando VI em Espanha, em 1746, começaram as consultas entre as duas potências ibéricas. Depois de três anos de negociações, um acordo foi estabelecido, pelo qual Portugal sacrificava a Colônia contra o reconhecimento das fronteiras que existiam de fato nesse momento entre os domínios das duas coroas, a que acrescia uma pequena concessão territorial de sete aldeias índias sob controle dos jesuítas no rio Uruguai. O Tratado de Madri ou Tratado dos Limites, como é também conhecido, foi finalmente assinado em janeiro de 1750. Porém, frustrando as expectativas dos seus dois principais arquitetos, José de Carvajal, o primeiro-ministro de Espanha, e Alexandre de Gusmão, o secretário particular de dom João V, o acordo não constituiu a solução definitiva para um problema persistente.

A integridade territorial

Seis meses depois da assinatura do tratado, o magnânimo rei dom João V sucumbiu a uma prolongada enfermidade que o incapacitara intermitentemente. No novo gabinete, que se tornou muito mais importante na direção dos negócios do Estado, sobrepondo-se aos conselhos e tribunais tradicionais, o secretário de Estado de Guerra e de Negócios Estrangeiros depressa ascendeu a uma posição de destaque. Era um diplomata com experiência, que havia servido em Londres e Viena, onde fora incumbido de missões difíceis. Contudo, ficou a dever a sua nomeação menos à sua competência como diplomata do que ao patrocínio do seu primo mais velho, Marco António de Azevedo Coutinho, que exercera o mesmo cargo no governo de dom João V, e de dom Luís da Cunha, que o recomendara ao príncipe pouco antes de morrer. Devia ainda a sua posição à intercessão da rainha-mãe, austríaca como a sua segunda mulher, que pertencia a uma distinta família aristocrática. O novo ministro chamava-se Sebastião José de Carvalho e Melo e ficou na história como marquês de Pombal, um título que recebeu após vinte anos em funções, em 1769, e que acrescentou ao de conde de Oeiras, que lhe fora atribuído dez anos antes.

Quando assumiu as funções, confrontou-se de imediato com os problemas de execução do Tratado de Madri, relativamente ao qual expressava o seu ceticismo. Opôs-se à aprovação de um tratado comercial complementar, pondo fim às negociações numa fase ainda muito preliminar.[8] Mas se alimentava dúvidas quanto ao respeito do Tratado dos Limites, as suas preocupações depressa se mostraram escusadas, pois o tratado revelou-se impossível de cumprir. Os colonos portugueses recusaram abandonar a Colônia do Sacramento, obtendo para tanto o apoio do governo, que considerava muito arriscado entregá-la antes de tomar posse dos *siete pueblos*. Aqui, os índios (com toda a probabilidade incitados pelos jesuítas) opuseram uma forte resistência à transferência de soberania, chegando a desafiar em certa ocasião as forças portuguesas e espanholas combinadas, cujo empenho não era certamente o mais forte.

Entretanto, o trabalho de demarcação dos limites do Brasil prosseguia e Sebastião José de Carvalho e Melo designou dois representantes destacados para o efeito: o próprio irmão, Francisco Xavier de Mendonça Furtado, no norte, e, no sul, o vigoroso governador do Rio de Janeiro, Gomes Freire de Andrade, que fora secretamente instruído, em 1756, sobre a preferência do rei por conservar a Colônia.[9] Assim, a permuta proposta e aceita no tratado nunca ocorreu e os dois vizinhos ibéricos acabaram por reconhecer o fracasso do seu acordo anterior, que foi anulado pelo Tratado do Pardo, em 1761. Quando, no ano seguinte, Portugal não pôde evitar envolver-se na fase final da Guerra dos Sete Anos, a Colônia foi uma vez mais cercada e tomada por forças espanholas, que avançaram depois para capturar a Capitania do Rio Grande de São Pedro (atual Rio Grande do Sul). Uma vez mais, essas conquistas seriam restituídas aos portugueses, nos termos do acordo de paz assinado em Paris em 1763.

Os sucessivos recontros na fronteira meridional da América portuguesa e a fraca resistência que as tropas portuguesas opunham às incursões espanholas exigiam uma completa reorganização do sistema de defesa. Para esse fim, alguns oficiais estrangeiros que haviam servido sob as ordens do conde de Lippe, o comandante em chefe e reformador do Exército português durante a guerra precedente, foram enviados para o Brasil. A curto prazo, porém, apesar da importância dada aos assuntos da defesa nas instruções e nos regimentos que os vice-reis e governadores das capitanias eram chamados a seguir, os meios para a sua intervenção na organização militar permaneceram muito limitados. Cumprindo diligentemente as instruções que lhes haviam sido entregues, tomaram o estado das fortalezas sob a sua próxima inspeção, tentaram melhorar a capacidade das guarnições locais e os planos e as condições para o socorro de regiões que pudessem ser atacadas, mas as proverbiais dificuldades na formação de um exército permanente na metrópole (resistência generalizada ao recrutamento, indisciplina endêmica) pareciam ainda mais constrangedoras nas colônias. As inovações introduzidas pelos oficiais estrangeiros não produziram os resultados desejados e foram recebidas com fortes críticas, porque pareciam não ter na devida consideração o papel de apoio que desempenhavam as forças auxiliares recrutadas localmente.[10]

O secretário de Guerra tinha plena consciência da função vital que a população colonial tinha de exercer na preservação de um território tão vasto como o do Brasil. Contudo, o princípio de que as colônias deviam servir na sua própria defesa[11] demonstrou ser muito difícil de concretizar precisamente onde mais se justificava, nas franjas do império. Nas regiões periféricas, longe dos centros onde as forças militares forçosamente se concentravam, a população era não só dispersa, mas era também formada, numa proporção muito superior, por índios, muitos dos quais viviam sob tutela dos jesuítas. A longo prazo, a chave da consolidação do Império na periferia, pelo menos essa era a ideia do ministro de dom José, era aumentar o número de súditos leais ao Estado. Em certas ocasiões, a Coroa promovera a emigração para as capitanias do sul, na maioria dos casos de casais açorianos, ao mesmo tempo que procurava controlar as partidas em massa para Minas Gerais. Mas era impossível levar gente de Portugal em número suficiente para garantir a defesa dos territórios mais periféricos e, por isso, mais vulneráveis. A resposta consistia em transformar os índios em súditos de pleno direito, conceder-lhes a liberdade e ao mesmo tempo submetê-los à autoridade do Estado, uma medida que conduziria inevitavelmente a um confronto com os jesuítas, mas que foi aprovada pelas leis de 6 e 7 de junho de 1755, que se aplicavam apenas ao Pará, e de 8 de maio de 1758, que era válida para toda a colônia.

Preocupado com os problemas da segurança e da integridade territorial, Sebastião José de Carvalho e Melo procurou levar as pessoas de maior distinção na colônia a tomar parte na sua defesa como oficiais das tropas auxiliares. Costumava instruir os funcionários superiores a tomarem os assuntos da defesa sob a sua mais imediata inspeção, mas os melhoramentos que possam ter ocorrido na esfera militar resultaram mais da supervisão quotidiana do vice-rei e dos capitães-gerais do que de uma reforma global. Grandes constrangimentos, tanto sociais como financeiros, tinham de ser ultrapassados para que uma tal reforma pudesse ter sucesso, e era de esperar que uma ampla resistência se lhe opusesse. Em consequência, o seu custo de oportunidade afigurava-se alto demais, e, pelo menos enquanto os riscos pudessem ser contidos e as campanhas militares se mantivessem na periferia, o governo preferia agir com maior prudência.

A formação do sistema pombalino

A percepção e a avaliação que o ministro de dom José fazia dos problemas que requeriam uma pronta intervenção do governo e a própria natureza dessa intervenção dependiam tanto da força das circunstâncias como da sua experiência e formação intelectual anteriores. A noção de que o governo do futuro marquês de Pombal não seguiu um programa definido e respondeu simplesmente aos problemas circunstanciais à medida que surgiam — uma interpretação que tem uma longa tradição na historiografia portuguesa[12] — tende a omitir o fato elementar de que a própria definição desses problemas enquanto tais, isto é, enquanto objetos dignos da ação política, subordinava-se à apreciação que o ministro deles fazia e essa dependia, por sua vez, das suas ideias e concepções. Se não houve programa, houve seguramente sistema. Os seus anos como diplomata, enquanto enviado extraordinário em Londres (1739-1743) e em Viena (1745-1749), e a relação que manteve com algumas figuras destacadas, como dom Luís da Cunha e Manuel Teles da Silva, ajudaram a formar a sua percepção dos problemas da sociedade portuguesa, assim como as suas perspectivas sobre os propósitos e as responsabilidades do governo.

A inspiração para a sua ideia de aumentar a população no Brasil através da emancipação dos índios pode, por exemplo, encontrar-se na correspondência que trocou com Manuel Teles da Silva, um aristocrata com quem travou conhecimento durante a sua missão em Viena e que ascendera a posição de notoriedade na corte de Maria Teresa. Numa carta de 1752, Teles da Silva, refletindo sobre a capacidade do Brasil para construir um novo Império, sublinhava a necessidade de povoar o território e para tanto animava Carvalho e Melo a não reparar nas distinções étnicas: "Mouros, brancos, negros, índios, mulatos ou mestiços, todos servem, são todos homens", escreveu.[13]

Durante a sua missão em Londres, o futuro marquês de Pombal entregou-se ao estudo das causas do declínio do comércio de Portugal, enquanto o da Inglaterra e de outras nações conhecia um grande crescimento. Essa era, como escreveu ao cardeal da Mota (que ao tempo servia de primeiro-ministro de dom João V), a matéria mais interessante de que podiam compor-se os relatórios de um ministro português em Londres.[14] Para completar o estudo que se propôs, não se limitou a detectar as razões do sucesso da Inglaterra (e simetricamente da decadência de Portugal); procurou também instruir-se nas matérias do comércio relacionado com o "interesse político". Entrou no conhecimento dos círculos dos negócios; reuniu informação sobre as rotinas e regulamentações comerciais em geral e reuniu um notável conjunto de livros e panfletos que estimava úteis para a educação de "ministros do gabinete" e "estadistas". Na sua biblioteca de Londres, podiam encontrar-se os escritos econômicos de autores destacados como Thomas Mun, William Petty, Charles Davenant, Charles King e Josiah Child; cópias das influentes obras de Jacques Savary (tanto do *Dictionnaire universel du commerce* como de *Le parfait négociant*); as ordenações mercantis da França e os "testamentos políticos" de Richelieu e Colbert, para além de muitos outros volumes sobre os problemas do comércio e navegação. Nas palavras de Kenneth Maxwell: "A sua colecção era uma verdadeira arca do tesouro de clássicos mercantilistas", pela maior parte escritos em inglês, pode acrescentar-se.[15]

Esse gênero de literatura e a experiência que adquiriu enquanto diplomata no esforço para restabelecer os direitos dos negociantes e armadores portugueses contra os abusos das autoridades e regulamentações inglesas ajudaram a configurar as concepções por meio das quais interpretava os problemas econômicos de Portugal, o seu sistema. Particularmente elucidativo, desse ponto de vista, é um longo memorial que enviou à corte de dom João V em 1741, que tinha por título "Relação dos gravames que ao comércio e vassalos de Portugal se tem inferido e estão actualmente inferindo por Inglaterra".[16] Esse memorial principia com o enunciado das "máximas gerais do comércio que formam o espírito da nação inglesas", um verdadeiro breviário da doutrina mercantilista na sua variedade mais agressiva, elegendo como primeira preocupação a competição pelo poder no seio de um sistema internacional de Estados.

"Não há coisa que seja de maior importância para qualquer nação do que um bem regulado comércio. O tráfico de fora pode ser ou bem fonte de que sempre estejam manando forças e riquezas ou golfo e abismo que vá insaciavelmente absorvendo todo o poder e substância de um Estado" — são essas as palavras que abrem a "Relação dos gravames".[17] A comunicação prossegue com a apresentação das máximas que, do seu ponto de vista, podiam extrair-se das observações dos estadistas ingleses. Nos termos do primeiro e mais importante princípio, não é a quantidade absoluta que determina a riqueza e o poder de um Estado, mas a sua proporção relativamente aos outros, com os quais mantém uma relação de vizinhança ou de emulação. De acordo com essa perspectiva, o comércio tornava-se visivelmente o mais vantajoso meio para um Estado se fazer opulento, porque ao mesmo tempo que lhe permitia alargar a sua riqueza diminuía na mesma medida os fundos e as forças dos outros Estados com os quais fazia as suas trocas. Em consequência, pela promulgação de nova legislação protetora e calculando a balança do comércio, cada Estado procurava impedir que no fim os outros ganhassem com as transações. Em suma, Sebastião José de Carvalho e Melo aprendera bem a sua lição e aderira explicitamente aos ensinamentos de autores que concebiam o comércio internacional como um jogo de soma nula, um conceito que permeava a literatura econômica do tempo e pode encontrar-se mesmo em ensaios de autores que, quanto ao mais, manifestavam inclinações mais liberais, como John Locke.[18]

Outras máximas que referia chamavam a atenção para o valor da marinha mercante (os benefícios do comércio deviam atender à navegação que punha em movimento) e estabeleciam a conveniência de negociar em mercadorias de atacado e volumosas e a preferência pela importação de matérias-primas e a exportação de artigos manufaturados. Finalmente, Carvalho e Melo sustentava a primazia do comércio colonial sobre o estrangeiro, pois baseava-se nas vantagens da segurança, estabilidade e de uma competição limitada.

O ascendente que a Inglaterra adquirira sobre Portugal e o dano que esse ascendente causava ao comércio e à marinha portuguesa tinham origem, nessa perspectiva, tanto no fato de que os ingleses observavam esses princípios como na posição privilegiada que lhes tinha sido atribuída pelos tratados aprovados em condições de grande desequilíbrio (durante a Guerra da Restauração). Mas os mesmos princípios, uma vez adotados em Portugal, poderiam apontar o caminho para o desenvolvimento do comércio nacional. Londres parecia o lugar certo para compreender a natureza dos obstáculos que se levantavam a esse desenvolvimento e para sugerir, ainda que implicitamente, os meios para os remover.

Por vezes, mesmo enquanto enviado à corte de Londres, não deixava de apresentar recomendações mais específicas, por exemplo, acerca da nova Real Fábrica das Sedas ou da fundação de uma companhia majestática para o comércio das Índias Orientais, segundo o modelo da Companhia das Índias Orientais da Inglaterra. Embora se tivesse empenhado no projeto de fundar essa companhia, não conseguiu ultrapassar a oposição que na corte se organizou contra ela.

Enquanto permaneceu em Londres, Sebastião José de Carvalho e Melo familiarizou-se com o funcionamento de alguns dos mecanismos do comércio internacional e construiu uma ideia sobre o declínio do comércio português que, embora não constituísse no imediato a base para um programa acabado do governo que haveria de ser o seu, como sugerem alguns autores, estabelecia algumas orientações para a sua estratégia futura.[19] O foco dessa estratégia era o reforço do poder relativo do Estado através do desenvolvimento do comércio ativo de Portugal, um desenvolvimento que só poderia ser obtido a expensas do comércio da Inglaterra. O seu objetivo foi competentemente descrito por Kenneth Maxwell como “a nacionalização da economia luso-brasileira”.[20] Assim, quando foi investido no cargo de secretário de Estado, colocou a economia no centro da política, tendo em atenção que — como escreveria mais tarde no auge do seu poder — a condição relativa de civilidade, a opulência e as forças de qualquer nação civilizada podiam ser rigorosamente avaliadas pelos princípios estabelecidos da “economia do Estado e da aritmética política”.[21]

O sistema colonial

A simples posse dos domínios coloniais e a sua defesa contra as possíveis ambições territoriais de potências europeias rivais seriam virtualmente irrelevantes para o poder do Estado português enquanto não pudesse usufruir plenamente das vantagens, isto é, das riquezas que essa posse lhe podia trazer. Era esse o princípio que guiava a política colonial do marquês de Pombal.

Lançou primeiro o seu olhar sobre os recursos que de forma mais imediata podiam ser colocados ao dispor da Coroa. O ouro era, naturalmente, o mais importante. Por isso, a cobrança do imposto régio sobre a sua extração constituía uma das maiores preocupações do novo governo. Em 1750, o regime fiscal mudou da capitação sobre os escravos para a imposição de uma quota mínima de cem arrobas para a região de Minas Gerais, que devia ser assegurada pelos municípios locais. Para combater o contrabando, estabeleceram-se novas casas de fundição onde o quinto era cobrado. Ao mesmo tempo, foram impostas duras penas aos contrabandistas, independentemente da sua condição social, e os informantes eram encorajados a avançar com denúncias.

Com o ouro, os diamantes do Brasil eram também um dos principais objetos de contrabando, que era impossível deter apesar dos esforços desenvolvidos para isolar a área de mineração. Em 1753, para contrariar os efeitos da quebra de preços no mercado europeu, o monopólio das exportações foi concedido a contratadores, sendo primeiro adjudicado a negociantes e joalheiros ingleses e depois ao cônsul holandês em Lisboa. Contudo, o poder do cartel judaico que dominava o comércio internacional de diamantes, por mais que Pombal o tentasse, não podia ser quebrado. Entretanto, a extração continuava também a ser concedida a particulares, apesar dos problemas que surgiam com a administração dos contratos. Só em 1771 a Coroa retomou a administração direta dos empreendimentos mineiros, criando para o efeito a Real Extração e uma inspeção geral como autoridade de supervisão.

A energia reformadora de Sebastião José cedo fez introduzir mudanças na regulação geral do comércio e da navegação entre Portugal e o Brasil e, em particular, na circulação das mercadorias que mais animavam o movimento mercantil, açúcar e tabaco. Para começar, em 1751, o sistema de frotas nas rotas da Bahia e do Rio de Janeiro foi organizado e posto em vigor, mas as regras eram tão estritas que dificilmente podiam ser cumpridas, do que resultavam grandes estorvos para a navegação. Em 1765, as frotas seriam, portanto, abandonadas e a navegação para o Brasil foi declarada livre para os súditos portugueses. Para facilitar o comércio do tabaco, os procedimentos alfandegários também foram alterados, de tal forma que o custo dos fretes foi limitado, sendo dada prioridade ao carregamento aos navios que transportassem mercadorias da metrópole para o Brasil. As tarifas sobre o açúcar e o tabaco foram controladas e foram tomadas providências contra a fraude e adulteração dessas duas mercadorias. Mesas de inspeção foram estabelecidas nos quatro portos onde eram embarcadas, na Bahia, no Rio de Janeiro, em Recife e São Luís do Maranhão, para manter o controle dos preços e da qualidade.

A maior parte dessas medidas, embora não todas, foi adotada nos primeiros anos do reinado de dom José. Contudo, não se mostraram eficazes para restituir a Portugal o controle do tráfego com os seus domínios e para quebrar o sistema comercial que Sebastião José de Carvalho e Melo há muito culpava pela decadência e pela sujeição da nação. Na sua perspectiva, os negociantes britânicos, privilegiados pelos tratados desiguais que lhes permitiam aproveitar plenamente as vantagens dos seus maiores capitais e da sua superior organização, haviam obtido um indiscutível ascendente sobre o comércio de Portugal, com as nações estrangeiras e com os próprios domínios.

Assim, na "Relação dos gravames", Carvalho e Melo oferecia um relato circunstanciado das maneiras pelas quais esse ascendente fora alcançado. Os regulamentos do comércio e da navegação, em particular os Atos de Navegação, haviam atribuído aos britânicos o monopólio sobre o transporte entre Portugal e a Grã-Bretanha, excluindo desse modo os negociantes portugueses de um papel ativo na importação de lanifícios ingleses. Os negociantes britânicos estabelecidos em Lisboa e no Porto, atuando como agentes dos seus correspondentes de Londres ou comerciando por sua própria conta, controlavam as importações de bens manufaturados e ditavam os termos das transações com os nacionais. Manipulavam as quantidades, a qualidade e a ocasião dos fornecimentos, assegurando-se, assim, de que reservavam para si a melhor parte dos lucros e exploravam as vantagens de amplos recursos de capital (próprios ou dos seus principais em Londres) para comandar um sistema de crédito que sustentava o comércio luso-brasileiro.

Os comerciantes portugueses beneficiavam-se de longos prazos de pagamento para os bens que adquiriam aos britânicos e, por sua vez, cediam esse crédito aos seus próprios agentes no Brasil. O crédito fácil lubrificava os mecanismos do comércio, compensando a falta de capital dos comerciantes nacionais, mas por vezes significava que compravam mais do que lhes permitiam os seus fundos próprios e do que suportava a capacidade do mercado. Consequentemente, ficavam com frequência endividados para com os negociantes e comissários ingleses.

Esses podiam optar também por dispensar os negociantes portugueses como intermediários e usar contrabandistas e mercadores itinerantes como seus agentes. Isso permitia-lhes ser reembolsados mais cedo e diretamente em ouro, e não em tabaco ou açúcar, produtos que a Inglaterra recebia das suas próprias colônias e que por isso não eram facilmente admitidos para consumo nos portos ingleses. De qualquer modo, por causa da sua posição privilegiada e da capacidade que tinham de proporcionar crédito em larga escala, os negociantes britânicos acabaram por dominar as exportações para o estrangeiro de mercadorias brasileiras e também nacionais, em especial o vinho.

Para desmantelar esse sistema, o ministro teve de avançar mais um passo e encontrar novas instituições e novos agentes que pudessem animar e expandir o comércio sem depender do crédito inglês. Em 1755, o seu irmão sugeriu que uma companhia privilegiada fosse estabelecida para o comércio e desenvolvimento dos domínios portugueses na Bacia do Amazonas. Em pouco tempo, nesse mesmo ano, a proposta de uma companhia foi apresentada em nome de alguns homens de negócio de Lisboa e foi, como seria de esperar, imediatamente aprovada pela Coroa. À companhia foram atribuídos os direitos exclusivos do comércio e navegação do Pará e Maranhão, incluindo o fornecimento de escravos. Uma das vantagens imediatas da companhia, aos olhos do futuro marquês de Pombal, era que fornecia mercadorias na proporção do consumo, evitando que os mercadores nacionais ficassem enredados nos excessos do crédito fornecido pelos estrangeiros.

A instituição de uma companhia de comércio privilegiada não era novidade para o governo de dom José, pois dois anos antes o velho plano de conceder o monopólio do comércio das Índias Orientais a uma sociedade mercantil fora finalmente posto em prática. Contudo, essa companhia, que se mostrou incapaz de reunir os recursos necessários, padecendo sempre de uma insuficiência de capitais próprios, revelou-se um verdadeiro fiasco e abriu falência depois do terremoto de Lisboa de 1755. Ao invés, a Companhia Geral do Grão-Pará e Maranhão, constituída como uma sociedade por ações, encontrou desde o início os recursos financeiros adequados ao seu funcionamento e beneficiou a proteção imediata da Coroa.

As notícias da constituição da companhia e dos privilégios que estava prestes a receber imediatamente levantaram reclamações em Lisboa e no Pará. Jesuítas, plantadores e comerciantes particulares reuniram-se para protestar contra a nova companhia. No Pará, os jesuítas preocupavam-se, com razão, com a possibilidade de perder o controle das grandes propriedades e da empresa mercantil que ali tinham construído, utilizando a mão de obra dos índios, apesar de continuar a ser seus guardiães. Os mercadores comuns, por sua vez, não queriam ver-se privados do seu direito de operar no norte do Brasil. Duvidavam de que pudessem ter uma palavra a dizer na administração dos negócios da companhia e obter lucros significativos dos montantes relativamente modestos que nela podiam investir.

Os mercadores agiram através de uma irmandade que se tinha tornado numa espécie de corporação dos homens de negócio de Lisboa e apresentaram uma súplica ao rei solicitando a revogação do ato de constituição da companhia. A resposta ao protesto foi rápida e brutal: os dirigentes do movimento foram presos e a fraternidade foi dissolvida. Desse modo, o governo manifestava a sua determinação e demonstrava a futilidade de qualquer resistência às suas decisões. Contudo, tinha de encontrar uma instituição que substituísse de forma adequada a irmandade para efeitos de representação da comunidade mercantil, o que fez imediatamente, estabelecendo a Junta do Comércio.

A Junta, que se tornou o centro vital de coordenação das políticas de fomento, era administrada por representantes de homens de negócio das praças de Lisboa e do Porto. Para além das suas consequências administrativas, a fundação dessa nova instituição foi um ato de grande significado simbólico. Pela primeira vez, em mais de um século, desde que o consulado fora dissolvido em começos do século XVII, após uma existência efêmera, os homens de negócio possuíam uma instituição representativa própria, uma corporação que consagrava o reconhecimento a nível institucional da diferenciação entre comerciantes por grosso ou homens de negócio e mercadores de retalho ou de loja (que mais tarde teriam também a sua própria organização). Sob a supervisão da Junta do Comércio, foi concedido aos homens de negócio um regime fiscal especial que os distinguia, que os designava como corpo social privilegiado.

Além disso, os meios mercantis portugueses beneficiaram-se da fundação da primeira escola formal de comércio na Europa, a Aula do Comércio, que se destinava a formar os seus filhos, bem como os caixeiros e guarda-livros que deviam servir nas casas de negócio e na administração, no sentido de habilitar umas e outra a intervir de forma mais competente na atividade mercantil e financeira. Os homens de negócio ganharam reconhecimento e respeito social. Enquanto pudessem ser confundidos com lojistas, que, no quadro das percepções sociais dominantes, constituíam uma ocupação vil e plebeia, estavam votados a uma baixa consideração social. A validação institucional da diferenciação no seio das atividades comerciais era uma condição elementar para a promoção da sua posição social. Sem a afirmação legal dessa diferenciação, não podiam ser promovidos na estrutura social, não apenas como indivíduos (obtendo acesso às distinções honoríficas), mas também como grupo ocupacional distinto.

O marquês de Pombal entendia que, para consolidar o corpo mercantil, não bastava proteger o seu capital e facilitar o acesso a novas e mais seguras oportunidades de lucro (tais como as companhias monopolistas); era necessário também investir a profissão do negociante de maior dignidade social. Os estatutos da Companhia do Pará declaravam, por isso, que o comércio conduzido no seio da companhia não só não prejudicava a nobreza dos que a possuíam por nascimento como era, pelo contrário, um meio apropriado para aquisição da nobreza. Mas foi uma lei promulgada em 1770 que tornou perfeitamente claras as intenções de Pombal. Esse diploma estabeleceu a associação entre a discriminação entre os diversos agentes do comércio e o enobrecimento. Reservava a designação de homem de negócio e os correspondentes direitos e privilégios aos comerciantes de grosso trato matriculados na Junta do Comércio, com boa reputação e conhecimentos demonstrados da ciência mercantil, declarando, ao mesmo tempo, a profissão de homem de negócio como "proveitosa, necessária e nobre".[22]

A abolição da velha distinção entre cristãos-novos e cristãos-velhos e da correspondente discriminação dos conversos de ascendência judaica serviu ao mesmo propósito. Cautelosamente preparada, foi promulgada em 1773 e posta em execução com a determinação que caracterizou a ação política de Pombal. Embora o peso dos chamados cristãos-novos no seio da comunidade mercantil já não fosse muito significativo, depois de sucessivas vagas de emigração que empreenderam para escapar à perseguição da Inquisição, a associação simbólica entre mercadores e judeus ainda tinha algum significado. Essa foi a razão pela qual Charles Boxer sustentou que essa lei fez muito para melhorar a autoestima da burguesia mercantil de Lisboa.[23]

O Estado patrocinou a promoção social de um grupo selecionado de negociantes, do mesmo modo que favoreceu os seus empreendimentos econômicos. A instituição de companhias monopolistas — um esquema que em 1756 foi alargado à exportação do vinho do Porto e em 1759 ao comércio de Pernambuco e Paraíba, no Nordeste do Brasil, mas não, apesar dos rumores postos a correr entre os comissários britânicos, para as áreas da Bahia e do Rio de Janeiro — constituía mais uma ferramenta para estabelecer esse grupo privilegiado e para manter os mais importantes ramos do comércio sob o seu controle.

Contudo, para o Estado poder sustentar os direitos exclusivos dos negociantes portugueses no comércio com o Brasil, tinha de suprimir o contrabando e eliminar concorrentes que, sendo aparentemente insignificantes, constituíam, por causa da sua associação com os britânicos, um dos canais principais para a sua hegemonia no comércio luso-brasileiro. Em 1755, os comissários volantes, como era conhecida essa espécie de mercadores itinerantes, eram excluídos do comércio com o Brasil. Sebastião José comentava essa decisão numa das suas cartas a Manuel Teles da Silva:

> O alvará que aboliu os comissários volantes restituiu às praças de Portugal e do Brasil as comissões de que estão privadas, sendo a principal substância do comércio, unindo este, de sorte que possam estabelecer as grossas casas, que faltam nas referidas praças, desde que contra elas prevaleceram aqueles interlopes ou contrabandistas do bem comum do nosso comércio.[24]

O objetivo de Pombal era perfeitamente compreendido por aqueles que estavam destinados a ser as vítimas dessa política. É o que transparece dos despachos do enviado britânico dirigidos ao seu governo:

> O conde de Oeiras desde a sua primeira entrada no Ministério tomou em consideração o estado do comércio de Portugal [...] Encontrou estrangeiros de todas as nações estabelecidos em Portugal que recebem as suas mercadorias e vendem-nas aos portugueses tanto para consumo interno como para o do Brasil; de modo que olha para os negociantes portugueses aqui como simples lojistas e os negociantes do Brasil como meros comissários ou feitores dos estrangeiros [...]

Isto levou o Ministro a conceber um esquema para colocar o comércio nas mãos dos nacionais, para fazer deles os importadores e grossistas das mercadorias estrangeiras e para lançar nas suas mãos os lucros provenientes da exportação de vinhos. A grande dificuldade foi encontrar homens de substância e crédito suficientes para se encarregarem deste comércio por grosso. Havendo muito poucos, meteu-se no projeto de formar companhias de comércio, a de Grão-Pará e Maranhão foi a primeira e depois dela a de Pernambuco. Estas companhias são encorajadas por muitos privilégios e por um poder extraordinários [...]. Não se sabe se estas companhias terão êxito em tempos de paz. Se tiverem, devem tornar-se importadoras de todas as mercadorias estrangeiras e portanto a seu tempo farão desnecessário que os negociantes estrangeiros aqui residam.

[...] Por isso parece evidente que o desígnio é estabelecer um comércio ativo entre os súditos de Portugal e tornar os agentes estrangeiros desnecessários, e até agora todos os acontecimentos extraordinários que ocorreram neste reino [...] não desviaram este Ministro da prossecução do seu esquema de formar um comércio ativo.

[...] Receio que se descubra que a base sobre a qual ele podia construir é estreita demais para a superestrutura do seu plano. Os súditos de Portugal não têm fundos próprios suficientes para conduzir o comércio por sua própria conta. Os negociantes estrangeiros são obrigados a conceder-lhes crédito e por vezes crédito a longo prazo, e por isso têm de ter agentes aqui para tomar conta das suas dívidas e efeitos.[25]

Monopólios e monopolistas

O objetivo do governo de Pombal, tal como era apresentado pelo enviado britânico, era garantir um comércio ativo para Portugal e gerar um grupo suficientemente forte de negociantes-capitalistas que conduzissem esse comércio sem ter de recorrer ao crédito dos estrangeiros. Para atingir esse objetivo, adotou as políticas mercantilistas mais correntes de monopolização e distribuição prescritiva de recursos. Fazendo observar os direitos exclusivos dos negociantes nacionais sobre o comércio colonial, dele excluindo os pequenos comerciantes itinerantes, a política executada por Pombal criou uma renda, em sentido econômico estrito, para os que participavam nos negócios ultramarinos, gerando lucros excepcionais, que excediam os que os fundos investidos podiam obter noutras aplicações ou no próprio comércio colonial na ausência dessa proteção inibidora da concorrência.

Esse excesso relativamente à taxa média de lucro atrairia certamente capital e comerciantes para os empreendimentos coloniais. Os obstáculos à entrada nesse negócio foram, portanto, aumentados, e só os negociantes regularmente estabelecidos e com crédito firmado passaram a ser admitidos. A renda econômica produzida pelas medidas restritivas foi outorgada a um grupo, os *homens de negócio*, que foi expressamente reconhecido e delimitado pelo Estado. Além dessa forma de distribuição prescritiva, outra forma ainda mais exclusiva de distribuição da renda foi determinada pela instituição de monopólios sobre oportunidades de negócio. Alguns desses monopólios, como aqueles que se materializaram nas companhias especialmente organizadas para o efeito — as companhias do Grão-Pará e Maranhão e de Pernambuco e Paraíba —, tinham limites geográficos. Outros, embora pudessem operar em áreas mais ou menos definidas, baseavam-se em recursos específicos, e não tanto em regiões. A Companhia do Vinho do Porto combinava os dois modelos, mas outros monopólios régios foram estabelecidos em torno de direitos exclusivos de produzir, extrair, comprar e vender artigos como diamante, tabaco, sabão, pau-brasil, sal e produtos derivados da baleia.

As companhias monopolistas constituíram um instrumento para a promoção do comércio e da agricultura nas regiões menos dinâmicas do Brasil e para manter o controle dos nacionais sobre essas atividades, mas nunca contribuíram diretamente para as finanças do Estado, pelo contrário, os seus amplos privilégios poderão ter retirado recursos da Coroa. Os monopólios régios ou *estancos* constituíam uma importante fonte de receitas para o Erário. Os *estancos* eram um método tradicional para o aumento do rendimento pela criação de uma renda de monopólio. Contudo, em geral, o Estado não tinha os meios, a capacidade ou a motivação para explorar os direitos exclusivos e deles extrair a renda correspondente. Preferia arrendar os monopólios a negociantes e capitalistas, do mesmo modo que a cobrança de impostos e direitos, partilhando os proveitos com eles.

Tanto os contratos régios (para a exploração dos *estancos* e a cobrança de impostos) como as companhias comerciais ajudaram a consolidar as comunidades mercantis e favoreceram a emergência de uma elite mercantil-capitalista. Apesar dos protestos contra os privilégios que lhes foram concedidos, as duas companhias que faziam o comércio com o Brasil suscitaram o interesse de um grande número de investidores. O capital foi subscrito por centenas de pessoas (mais de quinhentas) que receberam uma boa remuneração sobre os fundos aplicados. Contudo, essa significativa dispersão não pôde esconder que foram menos de um terço os acionistas que fizeram investimentos com algum significado, dos quais podiam retirar ganhos consideráveis. Além disso, aqueles que participavam na direção e que tinham acesso às correspondentes oportunidades de alargar os seus negócios privados formavam uma minoria ainda mais restrita, mas especialmente influente. Os membros desse grupo dirigente também ocuparam cargos na mesa da Junta do Comércio e noutras instituições financeiras que Pombal criou ou reformou na década de 1760, como o Real Erário. De fato, há uma grande coincidência na composição dos corpos dirigentes dessas instituições.

Alguns dos negociantes que desempenharam um papel relevante nesses corpos dirigentes também estavam interessados na arrematação dos contratos régios, nos lucros extraordinários que esses contratos garantiam. E as grandes somas que era necessário investir, tanto para a sua arrematação como para a sua exploração, determinavam uma concentração dessas oportunidades de negócio nas mãos de um grupo relativamente restrito. Os contratos e, em particular, o monopólio do tabaco, que garantia 15% das receitas do Estado, tiveram um papel estruturante na constituição e consolidação da elite mercantil. Um grupo cristalizou em torno de instituições públicas e de empreendimentos apoiados pelo Estado, dos quais tomaram o controle em virtude da capacidade de intervenção das suas associações ou dos favores do patrocinato político (alguns dos que tomavam parte nesse grupo eram de fato credores ou clientes de Pombal). Desse modo, reforçavam o seu capital e a sua influência, continuando a dominar os contratos mais valiosos, em sucessivas renovações, que lhes eram concedidas precisamente porque possuíam mais cabedais, crédito e valimento.

Durante o governo de Pombal, a elite mercantil-capitalista tornou-se muito mais forte, favorecida pelas políticas de distribuição prescritiva da renda, que o ministro de dom José adotou. No quadro da persistência do sistema mercantil, a criação dessa renda atraiu, como não poderia deixar de ser, os grandes negociantes e capitalistas aos negócios em que ela se produzia, num comportamento que a ciência econômica designa *rent seeking*,[26] concentrando os recursos nos negócios protegidos ou privilegiados e suscitando a reação dos que eram excluídos ou prejudicados pelos benefícios atribuídos pelo governo. Assim aconteceu com os protestos contra a constituição da Companhia de Grão-Pará, que foram renovados imediatamente após o afastamento de Pombal do poder.

Após a morte do rei dom José e o pronto afastamento do seu primeiro-ministro, foram dirigidas várias petições à rainha, umas solicitando a supressão da companhia, outras, a conservação dos seus direitos e privilégios. A questão dividia a comunidade mercantil entre os "negociantes privados" e os "monopolistas", para pôr a divisão nos termos em que a colocava uma dessas petições. A rainha decidiu finalmente a favor dos negociantes privados e mandou liquidar a companhia (a companhia semelhante que operava em Pernambuco foi autorizada a prosseguir a sua atividade, mas perdeu as suas prerrogativas monopolistas). Contudo, o enraizamento de atitudes rentistas entre as comunidades mercantis de Portugal teve amplas consequências para o futuro do Império.

Pombal, o mercantilismo e o antigo sistema colonial

Por causa da estratégia que desenvolveu para o comércio colonial e também do impulso que deu à produção industrial, através de manufaturas patrocinadas pelo Estado, o governo de Pombal foi considerado a epítome do mercantilismo no Portugal do século XVIII. No entanto, essa classificação não é tão simples quanto poderá parecer à primeira vista, até porque a literatura econômica que acabou por ser catalogada como mercantilista é muito variada e por vezes até contraditória. Não é fácil estabelecer um conjunto de preceitos comuns a essa literatura. Há já bastante tempo, Jacob Viner questionou a ideia de que a preferência do poder sobre a abundância constitui um princípio básico do mercantilismo, colocando em causa os próprios fundamentos dessa oposição.[27] No entanto, se não nos colocarmos de um ponto de vista conceitual muito estrito, a economia da administração pombalina poderá certamente ser entendida como mercantilista.[28] Será necessário, porém, introduzir algumas anotações a essa apreciação.

Pode se admitir com facilidade que, na concepção do ministro de dom José, a sociedade identificava-se com o Estado sob uma perspectiva holística, o que implicava que na ordem das coisas mundanas a entidade colectiva — o Estado — tinha precedência sobre os indivíduos — os súditos. Nessa ótica, a riqueza dos súditos apenas devia ser objeto da política do Estado na medida em que contribuísse para a riqueza e segurança do Estado. A razão de Estado (e não tanto a razão do príncipe) era o princípio fundamental da ação política.

Contudo, essa concepção não eliminava a preocupação, que o marquês de Pombal exprimia com frequência, com o emprego dos vassalos, nem as referências ao bem comum e à prosperidade geral que abundam nos seus escritos econômicos e nos eloquentes preâmbulos das leis que promulgou. Além disso, apesar de ter introduzido importantes reformas financeiras no sentido de aumentar as receitas do Estado, geralmente não sucumbiu à tentação do fiscalismo, isto é, ao agravamento da pressão fiscal sem o correspondente crescimento da riqueza, que era, por assim dizer, a doença infantil do mercantilismo.

Pombal nunca separou a capacidade de extrair receitas públicas superiores da prosperidade econômica nacional. Pensava que os lucros dos súditos de Sua Majestade Fidelíssima, quando obtidos através de um comércio ativo, ampliavam de imediato a riqueza do Estado relativamente a outros Estados, mesmo que isso não se traduzisse desde logo no crescimento dos ingressos da Coroa. Na sua concepção, o comércio era uma forma de guerra, mais eficiente do que a própria guerra, e Portugal podia melhorar mais facilmente a sua posição no quadro da competição internacional por meio das atividades mercantis dos seus súditos do que através das improváveis vitórias dos seus soldados. Por isso estava preparado para despender recursos públicos, ou para dispensar impostos, direitos ou tarifas, para promover esse comércio ativo. Foi precisamente o que fez com as manufaturas patrocinadas pelo Estado e com as companhias comerciais.

Só quando o seu governo se encontrou em maiores dificuldades financeiras, carecendo de fundos para responder à precipitada preparação da participação na fase final da Guerra dos Sete Anos, criou, ou melhor, restabeleceu um imposto direto ou subsídio militar. Nos anos seguintes, quando o Estado defrontava importantes problemas financeiros, porque as fontes de receita do Brasil começavam a dar sinais de esgotamento, introduziu uma grande reforma institucional, tanto na metrópole como nos domínios ultramarinos. Criou, na primeira, uma instituição central de supervisão, o Real Erário, a que ele próprio presidia, para acompanhar os assuntos da fazenda, para elaborar orçamentos e manter as contas, usando os métodos modernos da contabilidade, e para supervisionar a cobrança e o dispêndio das receitas do Estado. No Brasil, ordenou a constituição de juntas da fazenda nas principais capitanias, que deviam contar com a participação dos mercadores locais e desempenhar, à escala regional, funções semelhantes às do Real Erário, a que deviam se reportar.

Os projetos de modernização e racionalização do aparelho financeiro não podiam, porém, compensar plenamente a crise dos ingressos do Estado. A contribuição fixa imposta sobre o ouro não foi satisfeita, e em alguns contratos de cobrança de direitos, especialmente na região mineira, os contratadores atrasavam-se no pagamento das rendas à Coroa. Curiosamente, perante a crise, Pombal, que era pouco dado a compromissos, não insistiu na satisfação exata do tributo sobre o ouro, o que elevaria a pressão fiscal a níveis insuportáveis.

A administração fiscal mostrou-se mais eficaz no combate ao contrabando. Embora o próprio ministro pensasse que o tráfego ilegal era impossível de erradicar, a determinação das autoridades, tanto na metrópole como nas colônias, produziu resultados significativos. A quebra da extração do ouro e o correspondente declínio do interesse britânico pelo mercado brasileiro podem ter facilitado esse sucesso, mas a ação combinada de Pombal, no ministério, e do vice-rei, o marquês do Lavradio, no Brasil, contribuiu certamente para fazer a diferença.

A guerra ao contrabando foi travada tanto em nome do Erário (combatendo a evasão fiscal) como do monopólio dos negociantes portugueses sobre o comércio colonial. Contudo, a defesa desse monopólio nunca impediu a possibilidade do comércio intercolonial. O antigo sistema colonial português permitia o desenvolvimento de transações que não tinham de passar forçosamente pela metrópole. As relações de Moçambique com o Oriente (Goa e Macau), por exemplo, eram admitidas, assim como o comércio direto que havia muito se estabelecera entre o Brasil e a África ocidental. Embora as companhias privilegiadas tenham interferido nesse tráfego, competindo com os comerciantes estabelecidos no Brasil na aquisição de escravos, os brasileiros mantiveram a sua vantagem competitiva, que se baseava em grande parte nos preços baixos dos produtos que tinham para vender em África, a geribita e o tabaco de qualidade inferior. Essa vantagem foi reforçada pelas políticas coloniais do tempo de dom José. Na realidade, o governo declarou a liberdade de comércio na costa angolana em 1758 e decidiu quebrar o monopólio informal que os contratadores dos direitos sobre as exportações de escravos tinham conquistado. Essas medidas foram completadas pela decisão de que os navios fizessem escala em Luanda no regresso das viagens da Ásia, de modo a que os negociantes locais pudessem ter um fornecimento regular de mercadorias que lhes permitisse prosseguir a sua atividade comercial. Nas viagens para o Oriente, os navios costumavam parar na Bahia para carregar tabaco destinado à venda no Oriente, onde era muito apreciado. A troca de tabaco por escravos na rota entre a Bahia e a Costa da Mina era geralmente tolerada, embora algumas providências fossem tomadas para limitar as saídas de tabaco, que alimentavam relações de contrabando com os comerciantes europeus que também frequentavam a Mina.

Esse conjunto de medidas revela que Pombal não seguia os preceitos mercantilistas de uma forma dogmática. Embora estivesse empenhado em restituir o monopólio do comércio colonial aos negociantes portugueses, não obstava ao desenvolvimento, nas margens do sistema, do comércio direto entre as próprias colônias. Na perspectiva global do Império, essas relações mostravam-se indispensáveis ao funcionamento do sistema. O pacto colonial não constituía, pelo menos na sua versão mais restritiva, um objetivo da política pombalina. Acresce que o próprio Pombal não era completamente insensível às vantagens da liberdade de comércio, como a justificação da abertura do comércio de Angola mostra claramente. Essa justificação é apresentada na retórica característica do livre câmbio, que Pombal deverá ter aprendido com alguns dos autores ingleses durante a sua permanência em Londres. Noutros comentários, declara-se mesmo, em princípio, contra os monopólios, que seriam admissíveis apenas nas circunstâncias econômicas de Portugal e da competição internacional entre Estados.

O Império e as finanças da Coroa

No último terço do século XVIII, os rendimentos provenientes do Império atingiram uma importância extraordinária, embora se caracterizassem por uma grande irregularidade. As remessas de ouro, correspondentes ao pagamento do quinto, tornaram-se inconstantes durante os anos 1760 e começaram a diminuir no fim da década. Entre 1762 e 1768, o valor médio anual chegava a 790 contos de réis, o que equivalia a 15% do rendimento total da Coroa. Entre 1769 e 1776, esses números estavam reduzidos a 460 contos e 8,6%, respectivamente. Apesar disso, essas flutuações não diminuíram o papel financeiro do Império.

As tarifas aduaneiras sobre o açúcar chegavam a atingir 560 contos, mais de 40% dos direitos cobrados nas alfândegas de Lisboa ou 8,7% das receitas da Coroa. Os monopólios sobre o abastecimento do sal ao Brasil e sobre o pau-brasil garantiam receitas de 150 contos (ou 3% dos ingressos do Estado). Além disso, havia ainda que contar transferências financeiras diretas das colônias. O Brasil pagava um donativo para a reconstrução de Lisboa, depois do terremoto de 1755, do mesmo modo que no século anterior pagara um imposto para ajudar à satisfação da indenização de paz devida às Províncias Unidas e das despesas necessárias ao casamento de Catarina de Bragança com Carlos II de Inglaterra. No conjunto, o Brasil gerava 40% das rendas da Coroa.[29] Se lhe ainda atribuirmos uma parte no monopólio da distribuição de tabaco em Portugal (e deve sublinhar-se que a maior parte desse produto vinha do Brasil), esse contributo seria ainda mais impressionante.

Mesmo que os anos 1760 e 1770 sejam geralmente vistos como anos de crise em Portugal, com origem na quebra dos ingressos do ouro, esse mesmo período deverá ter marcado o auge do contributo financeiro do Império, provando que a regulação desse contributo se devia mais aos mecanismos de procura da renda, à capacidade de monopolizar recursos e oportunidades do que à capacidade do governo de cobrar direitos alfandegários e outras taxas. Nas décadas seguintes, embora faltem os números exatos, os registros disponíveis indicam que as transferências diretas das colônias (monopólios sobre o pau-brasil, diamantes e sal, o quinto do ouro e outras taxas pagas nos domínios, mas inscritas no orçamento do governo central) sofreram um forte declínio, apesar de a economia brasileira atravessar um renascimento agrícola. Em 1797-1798, essas transferências diretas tinham caído para um quarto dos números médios de 1762-1776.

Essa quebra só em parte terá sido compensada pelo crescimento dos rendimentos das alfândegas. Depois da Guerra da Independência da

América e ainda mais depois das guerras que se seguiram à Revolução Francesa, Portugal se beneficiou dos problemas que atingiram outras potências coloniais e o comércio ultramarino prosperou. De um ou de outro modo, o Império facultava quase 65% dos direitos alfandegários. Além do comércio direto, que formava 40% do comércio total, assegurava metade das exportações para as nações estrangeiras e era responsável por um quarto das importações, que eram depois reenviadas para os domínios. Seja como for, na viragem para o século XIX, o contributo do Império para a estrutura financeira tinha-se reduzido de forma considerável, não indo provavelmente além de 25-27% (mais uma vez excluindo qualquer participação do contrato do tabaco). Essa parte era quase exclusivamente constituída por direitos cobrados nas alfândegas. Tratava-se de uma mudança importante, de uma estrutura patrimonial para uma estrutura fiscal, pois antes a extração de ouro, os lucros comerciais, os fretes e os monopólios formavam o grosso da contribuição do Império. A quebra progressiva das remessas de ouro e as dificuldades de colocação dos diamantes no mercado internacional reduziam a base para a apropriação direta de recursos e para a criação de uma renda de monopólio a partilhar com os contratadores. O fato de o Estado ter visto reduzida a sua base patrimonial para extrair rendimentos diretamente das atividades mineiras nos domínios e das relações comerciais com as colônias constituía uma limitação imediata ao contributo financeiro do Império, que não podia ser ultrapassada pelo aumento das receitas fiscais. Foram efêmeras as tentativas para intensificar a pressão fiscal, como no caso da derrama, em Minas Gerais. Quanto ao mais, as tarifas aduaneiras não podiam ser elevadas sem prejudicar o comércio e encorajar o contrabando, que, como se viu, constituía uma preocupação constante das autoridades financeiras. Mesmo num tempo de indisputável prosperidade comercial, a Coroa não podia extrair do Império o mesmo que em meados do século XVIII.

Ainda que o comércio com o Brasil continuasse a formar uma base importante para a geração de receitas do Estado, os contratos sobre os monopólios ou sobre a cobrança de impostos e direitos estabelecidos no reino adquiriram uma importância crescente desde fins do século XVIII. Ao mesmo tempo, a instabilidade internacional que se seguiu à Revolução Francesa fez aumentar consideravelmente o orçamento da defesa. Os rendimentos ordinários não eram suficientes e o Estado tinha de encontrar fundos adicionais, que só podiam ser proporcionados pelos grandes capitalistas mais fortes, que eram já os adjudicatários dos contratos de maior valor. Pelos adiantamentos que fizeram e pela sua participação decisiva nos empréstimos públicos que então foram lançados, homens de negócio e capitalistas recebiam em troca a extensão ou a renovação automática dos seus contratos. Desse modo, estabeleceu-se um sistema de trocas sociais entre o Estado e os contratadores que tendia a consolidar cada vez mais a sua relação. Assim, esse jogo de transações continha em si mesmo os mecanismos da sua reprodução e, ao mesmo tempo que tornava o Estado mais dependente dos capitalistas, concentrava os proveitos num grupo reduzido, que se encontrava à cabeça da hierarquia do corpo mercantil. Esse sistema mantinha o que Pombal havia configurado através da relação próxima entre o Estado e a elite mercantil que procurara construir.[30]

O novo governo: fidalgos e "pombalistas"

Por mais necessário que fosse à conservação das finanças da Coroa, num momento particularmente delicado, em que era mais difícil captar receitas e as preocupações com a defesa do reino tornavam inevitável o aumento das despesas, o sistema financeiro herdado do tempo de Pombal não ficava isento de críticas. Depois da morte do rei e do pronto afastamento do seu ministro, não se fizeram esperar as críticas às suas medidas, especialmente às mais emblemáticas, como as companhias comerciais, os monopólios e as manufaturas régias. Por reação às suas políticas, emergiu uma visão diferente dos problemas econômicos de Portugal, que se esforçava por reafirmar a preeminência da agricultura e por propugnar a necessidade de promover o desenvolvimento econômico através do conhecimento e da exploração dos recursos naturais. Contudo, a esse *agrarismo*, que encontrava expressão principalmente nos trabalhos da Real Academia das Ciências de Lisboa, faltavam densidade teórica e consistência doutrinária, baseando-se na recuperação ou atualização de ideias e até de mitos tradicionais — como o da decadência. Os agraristas, na sua maior parte, facilmente abdicavam das suas máximas por razões pragmáticas.[31]

Além disso, sob a aparente unanimidade na aclamação da supremacia da agricultura, afloravam algumas divergências, por exemplo na avaliação das consequências econômicas e morais do luxo. No contexto da denúncia do luxo e do estilo de vida urbano (esses "divertimentos frívolos"), os burgueses podiam ser tidos como homens superficiais, que ignoravam a penúria do campo e pensavam apenas na maneira de gastar os seus ativos na esplendorosa inatividade e os privilégios atribuídos às manufaturas podiam ser considerados responsáveis pelas dificuldades do lavrador.[32]

No governo de dona Maria, no qual os fidalgos retomaram boa parte da sua força, a influência dessa forma de pensar mostrou-se apesar de tudo limitada. Cessaram alguns privilégios de que se beneficiavam as companhias comerciais monopolistas. Suspenderam-se subsídios que contemplavam as fábricas erguidas com o apoio da Coroa ou as próprias manufaturas régias, para as quais se procuraram concessionários entre os grandes negociantes ou entre os técnicos estrangeiros que haviam sido chamados para as dirigir. Quanto ao mais, foram escassas as alterações nas políticas econômicas. De resto, em 1788, a recomposição do Ministério pôs fim ao predomínio da primeira nobreza da corte, abrindo de novo as portas à segunda nobreza ou à nobreza de serviço. Proporcionou-se assim o regresso ao poder de José de Seabra da Silva, que fora um dos mais próximos colaboradores de Sebastião José, antes de cair em desgraça, que veio juntar-se a Martinho de Mello e Castro, que tinha a responsabilidade sobre a pasta da Marinha e Ultramar, que conservava desde o tempo de Pombal. Nesse momento entrava também para a pasta dos Negócios Estrangeiros Luís Pinto de Sousa, deixando o visconde de Vila Nova de Cerveira isolado, como representante da grande nobreza. Os protestos não se fizeram esperar, por exemplo na pena do conde de São Lourenço. Existiria então na corte, na análise de Domingos Vandelli, lente da Universidade de Coimbra, uma das primeiras figuras na criação da Academia, autor de inúmeras memórias sobre assuntos científicos e econômicos, um conflito entre os fidalgos, que chama de "puritanos", e os "pombalistas", herdeiros das concepções de governo do ministro de dom José.

Nesse tempo, os fidalgos não se limitavam a contestar o modo de governo, no qual o Ministério adquiria uma relevância acrescida, nem a qualidade dos nomeados; criticavam também, nos tribunais e na corte, o sistema dos contratos e monopólios régios e os lucros excessivos que geravam. O alvo dessa censura eram os grandes negociantes e financeiros ou contratadores. O marquês de Penalva, por exemplo, condenava a riqueza dos negociantes, porque procedia "do excesso de valor do gênero ao preço de venda e por consequência são devedores aos seus patrícios do seu cômodo e da sua abundância". Limitava, porém, o alcance das suas reflexões, "para que não seja ofensivo este discurso a uma classe tão importante mas só censura aos que abusam desta profissão".[33] No contexto dos conflitos que opunham as grandes casas aristocráticas aos seus credores, desenvolve-se também um discurso pronunciadamente antimercantil, que acusa capitalistas e negociantes de pretenderem explorar as rendas da nobreza e que os condena como prejudiciais ao Estado.[34] Contudo, fora do discurso que propugnava os interesses da aristocracia ou exprimia a sua superioridade, raramente se encontram na literatura jurídica ou econômica ataques diretos aos homens de negócio.

Assim, apesar da mudança de ambiente político e intelectual, a estrutura que Pombal promovera sobreviveu à sua queda. Isso mesmo também é válido para o sistema colonial. O Estado não podia dispensar a economia imperial baseada no monopólio dos negociantes portugueses sobre o comércio com os seus domínios. O sistema colonial tinha-se tornado ainda mais importante, porque suportava um fluxo muito mais forte de exportações industriais provenientes não apenas das manufaturas de maior dimensão, mas da própria indústria doméstica. O novo governo procurou por isso tornar o pacto colonial mais restritivo e em 1785 decretou a proibição do estabelecimento de manufaturas no Brasil, impondo uma divisão do trabalho em benefício das indústrias metropolitanas.

O poder de coerção desse sistema era tal que mesmo depois da Guerra da Independência Americana a relação entre Portugal e o Brasil não podia ser concebida, em termos econômicos mais abstratos, de um modo diverso. Mesmo autores e políticos como o bispo Azeredo Coutinho, oriundo de uma importante família de senhores de engenho do Brasil, ou dom Rodrigo de Sousa Coutinho, ministro e presidente do Real Erário, que criticavam abertamente o regime dos monopólios régios e foram responsáveis pela supressão do estanco do sal e do contrato da pescaria das baleias (também ele criticado por José Bonifácio), não viam então alternativa para o sistema colonial.

Para Azeredo Coutinho, que as colônias renunciassem à sua liberdade de comércio e à produção industrial a favor da metrópole era um pequeno sacrifício que tinham de fazer pela proteção e segurança que recebiam em troca.[35] Por sua vez, Sousa Coutinho, diplomata formado no ambiente político pombalino, mas largamente influenciado pela ilustração, um dos primeiros leitores portugueses de Adam Smith, pensava que existia um vínculo natural que unia Portugal e Brasil e que, mesmo sem as restrições legais, os dois territórios permaneceriam unidos por interesses comuns. Pensava o Império — a monarquia, nas suas palavras — no seu conjunto e nesse quadro retomava a ideia antes expressa por dom Luís da Cunha ou Martinho de Mello e Castro de que o Brasil desempenhava o lugar fundamental: Portugal não era "a melhor e mais essencial Parte da Monarquia".[36]

Contudo, dom Rodrigo de Sousa Coutinho a tudo antepunha uma ideia de unidade política do Império. Essa ideia assentava num princípio de dependência econômica, consubstanciada nos "nexos indissolúveis" que deviam ligar todas as partes dos domínios de Sua Majestade Fidelíssima e que procediam dos seus interesses comuns e recíprocos.[37] Dom

Rodrigo de Sousa Coutinho não punha em causa os direitos exclusivos de Portugal sobre o comércio externo do Brasil. Entendia mesmo que o lugar central da metrópole era uma garantia para a união e prosperidade da monarquia: "As relações de cada domínio devem em recíproca vantagem ser mais ativas e mais animadas com a metrópole do que entre si, pois que só assim a união e a prosperidade poderão elevar-se ao maior auge."[38] Não via, é certo, razão para a proibição das manufaturas nos domínios, mas considerava que a especialização na agricultura lhes seria mais proveitosa do que as artes ainda por muitos séculos.[39] Enquanto ministro, procurou promover a produção de gêneros coloniais tendo em vista a sua exportação para a metrópole, e, simetricamente, tentou animar o consumo de produtos portugueses, primários (vinho, azeite, sal, vinagre) ou manufaturados, no Brasil. Nas palavras de Valentim Alexandre:

> O reformismo de Sousa Coutinho em nada afecta, portanto, as características de base do antigo regime colonial, conservando Portugal o papel de entreposto necessário dos produtos brasileiros e o Brasil o de mercado reservado para os artigos portugueses, nomeadamente os manufacturados.[40]

O que mudava era apenas a justificação ideológica, transcrita nos argumentos da economia política e da divisão do trabalho.

A reforma do sistema colonial

Se o reformismo ilustrado de dom Rodrigo deixou intocado o sistema colonial, como em larga medida deixara o edifício financeiro, apesar da sua frontal oposição ao regime dos contratos e das suas renovações como remuneração de serviços ou de adiantamentos feitos à Coroa, era porque esse sistema, apesar das incertezas da situação internacional, estava solidamente implantado. A divisão de trabalho entre domínios e metrópole tinha-se acentuado em virtude do renascimento agrícola do Brasil, para usar a expressão de Dauril Alden,[41] e do desenvolvimento da agricultura e da indústria de exportação para os domínios em Portugal.

Os efeitos da progressiva retirada do mercado internacional do açúcar produzido nas Índias Ocidentais britânicas (absorvido pelo crescente consumo interno da Grã-Bretanha), a par das consequências da rebelião no Haiti em 1792, criaram condições especialmente propícias para a venda do açúcar brasileiro. Entre 1789 e 1796-1800, as exportações médias anuais de Portugal mais do que duplicaram em volume e, aproveitando uma subida excepcional dos preços no mercado internacional, cresceram três vezes e meia em valor. Essa oportunidade desencadeou uma verdadeira expansão da capacidade produtiva no Brasil e uma mudança na geografia da produção açucareira. Para além da Bahia e de Pernambuco, a Capitania do Rio de Janeiro tornou-se também uma fonte para as exportações.[42]

O desenvolvimento da agricultura mercantil brasileira não contou apenas com a expansão da produção e exportação do açúcar. O crescimento das exportações de algodão foi ainda mais impressionante, desde que a Companhia do Grão-Pará e Maranhão promoveu a sua cultura nos anos 1760. Em 1776-1777, as exportações de algodão brasileiro pelos portos portugueses não ultrapassavam as 388 toneladas métricas. Durante a década seguinte, o crescimento foi verdadeiramente espetacular, pois as exportações multiplicaram-se por sete, alcançando 2.886 toneladas em 1789. Nos anos seguintes, o crescimento manteve o mesmo ritmo. Em 1796-1800, as vendas ao estrangeiro atingiam a média anual de 4.443 toneladas. Em valor, o aumento não foi menos impressionante, passando de 173 contos de réis para 1.400 contos e depois para 3.300 contos. A crescente procura gerada pela primeira industrialização europeia impulsionava esse crescimento. Na última década do século XVIII, cerca de 30% das importações de algodão da Grã-Bretanha, a primeira potência industrial do mundo, provinham do Brasil.[43]

A importação de gêneros coloniais brasileiros para posterior reexportação encontrava compensação nas exportações de produtos nacionais e nas reexportações de produtos europeus e asiáticos para o Brasil. Em 1776-1777, apesar da política pombalina de fomento das manufaturas, menos da quarta parte dos carregamentos dirigidos às colônias consistia em produtos da indústria nacional. Os panos e tecidos produzidos em Portugal formavam apenas 30% de todos os têxteis embarcados para o Império. Os panos de linho e as sedas nacionais já tinham uma importante quota de mercado nos domínios, mas os tecidos de algodão e seda vinham principalmente da Grã-Bretanha e do Oriente.

Nas duas décadas que se seguiram ao afastamento de Pombal, as produções industriais para exportação fizeram progressos assinaláveis. A proteção do governo, que Pombal lançara, persistiu, ainda que o Estado reduzisse o seu papel como empresário e restringisse o apoio financeiro direto aos empreendimentos industriais. As exportações não deixaram de ser encorajadas e o célebre alvará de 1785, que procurava reforçar o regime do pacto colonial, proibindo a instalação das manufaturas no Brasil (mesmo a refinação de açúcar), pretendia justamente encorajá-las.

O crescimento das exportações de produtos industriais de fabrico nacional constitui um dos traços característicos do desenvolvimento da economia mercantil portuguesa de fins do século XVIII e começos do século XIX. As exportações de artigos industriais para os domínios tornaram-se um dos setores mais dinâmicos do comércio externo, crescendo a um ritmo mais elevado do que o conjunto das exportações e aumentando para 35% a sua parte nos carregamentos dirigidos ao Brasil. A indústria algodoeira e os lanifícios alargaram significativamente a sua quota de mercado nas colônias. Contudo, esse crescimento não foi suficiente para substituir completamente as reexportações de produtos industriais estrangeiros. No comércio com o Brasil, os artigos de fabrico nacional tornaram-se mais importantes do que os de origem europeia. Porém, quando são contabilizados os tecidos de seda e algodão provenientes da Ásia e embarcados em Lisboa para o Brasil, a parte dos produtos nacionais desce para 42,7%. Nem por isso deixa de tratar-se de um importante surto industrial.

A prosperidade do sistema comercial luso-brasileiro e o desenvolvimento econômico do Brasil explicam-se também, em parte, pela expansão do mercado interno brasileiro. O alargamento da produção de arroz, que também chegava aos mercados de exportação, e do trigo deve ser atribuído, em primeiro lugar, à necessidade de abastecer uma população em rápido crescimento. A verdade, porém, é que grandes regiões do Brasil ainda funcionavam como economias de plantação, alimentando o sistema colonial. A economia mercantil de Portugal baseava-se em larga medida nesse sistema e no comércio de entreposto que tornava possível. Contudo, esse sistema de trocas, em pleno crescimento, facultava ganhos às comunidades mercantis dos dois lados do Atlântico.

Os negociantes da metrópole, em particular os de Lisboa, tinham-se consagrado de tal forma às oportunidades de negócio criadas pelos privilégios (comércio colonial, contratos e manufaturas régias) que não se aventuravam noutros empreendimentos. Em larga medida, com a proteção do Estado, conseguiram reaver o controle do comércio do Brasil aos comerciantes estrangeiros, mas, por falta de capital, de competência ou de relações sociais, quase não participavam, pelo menos por sua própria conta, na importação de bens das nações estrangeiras ou na reexportação de produtos coloniais para a Europa. Uma memória de 1800 descrevia essa preferência pelos negócios privilegiados e pelos seus lucros excepcionais nos termos mais claros: "Acostumados [...] a ter grandes lucros com pouco trabalho nos monopólios contratados, e no comércio exclusivo das nossas colônias; não querem arriscar os seus capitais em outra espécie de comércio que não conhecem e no qual por consequência o lucro é para eles incerto."[44]

Por outro lado, entre os comerciantes de Rio de Janeiro e de Salvador não se desenvolvera também uma doutrina consistente de oposição ao sistema colonial. Em fins do século XVIII, já não eram certamente simples comissários, incapazes de conduzir os negócios por sua conta e que se limitavam a trabalhar para os negociantes de Lisboa, tal como o marquês do Lavradio os retratava ainda em 1779.[45] Além das trocas com Portugal, em que tomavam parte ativa, o tráfico de escravos e o alargamento dos mercados e das comunicações internas propiciavam-lhes significativas oportunidades de acumulação.[46] Nas sociedades locais, alcançaram também posições de distinção, prestígio e influência. Contudo, muitos dos negociantes das principais praças brasileiras, incluindo os mais consideráveis, eram imigrantes de fresca data. Participavam das redes luso-brasileiras de agentes e correspondentes mercantis, para as quais contribuíam também os laços de casamento e de parentesco, que constituíam uma base para a organização de relações e associações comerciais. Eram, portanto, parte constitutiva da trama social de que se formava o sistema mercantil luso-brasileiro.

Pode por isso dizer-se que nem o Estado nem os negociantes estavam preparados para a mudança no curso dos acontecimentos, quando a história, sob a forma dos exércitos napoleônicos em marcha acelerada, antecipou a mudança determinando em 1807, após a ocupação do reino e a retirada da corte para o Rio de Janeiro, a súbita separação entre Portugal e o Brasil. Nesse momento, depois do fato consumado, já não era de reforma do sistema colonial que se tratava.[47]

Notas

1. "Instruções de Martinho de Mello e Castro a Luís Vasconcelos e Sousa acerca do governo do Brasil", *Revista do Instituto Histórico e Geográfico Brasileiro*, XXV, 1862, p. 480.
2. Jean Bodin, 1986; Richard Bonney, 1995, p. 167-168; Jorge M. Pedreira, 2007, p. 73.
3. Pedreira, 2007, p. 72.
4. Vitorino Magalhães Godinho, 1978; Jorge M. Pedreira, 2007, p. 56.
5. D. Luís da Cunha, 2001, p. 371.
6. Cunha, 2001, p. 366-367.
7. "Instruções", p. 479-83; Kenneth Maxwell, 1973, p. 79; Fernando A. Novais, 1978, p. 139; Valentim Alexandre, 1993, p. 82.
8. Luís Ferrand de Almeida, 1981, p. 95-131; Kenneth Maxwell, 1995, p. 51-52.
9. Luís Ferrand de Almeida, 1990, p. 62.
10. Veja-se o relatório do vice-rei, marquês do Lavradio, publicado pelo visconde de

Carnaxide, 1940. Sobre esses aspectos da política de "defesa do patrimônio", ver Novais, 1978, p. 136-143.

11. Essa era a expressão de Martinho de Mello e Castro, "Instruções", p. 481; ver também Novais, 1978, p. 139.
12. Uma tradição que provém do século XIX, foi alimentada pelo famoso escritor Camilo Castelo Branco e culminou nos trabalhos de Jorge Borges de Macedo, 1982 e 1989.
13. Carlos da Silva Tarouca, 1955, p. 332.
14. José Barreto, 1986, p. 158; Kenneth Maxwell, 1973, p. 2.
15. Kenneth Maxwell, 1973, p. 4.
16. Publicada em José Barreto, 1986, p. 33-95.
17. José Barreto, 1986, p. 33.
18. Terence Hutchinson, 1988.
19. João Lúcio de Azevedo, 1990; J.S. Silva Dias, 1982, p. 45-114; 1983, p. 185-201 e 1984, p. 27-151.
20. "Pombal and the nationalization of the Luso-Brazilian economy", *Hispanic American Historical Review*, vol. XLIII, 1968 (4).
21. F. L. Castro, 1984, p. 245-252.
22. Carta de Lei de 30 de agosto de 1770.
23. Charles R. Boxer, 1991, p. 333.
24. Tarouca, 1955, p. 419-20; Maxwell, 1973, p. 19.
25. Hay to Earl of Egremont, 18 de março de 1763, Public Record Office (Londres), State Papers, SP 89/58, ff. 116-118.
26. Sobre a definição de *rent seeking*, ver Barry Baysinger, Robert B. Ekelund Jr. e Robert D. Tollison, 1980, pp. 5-6 e p. 235-268.
27. Jacob Viner, 1948, p.1-29.
28. Sobre essa questao, ver Francisco José Calazans Falcon, 1982, p. 311-315, 445-483.
29. Pedreira, 2007, p. 69.
30. Jorge M. Pedreira, 2003, p. 48-49.
31. Rui Santos, 1993; José Luís Cardoso, 1989; Jorge M. Pedreira, 1995, p. 267-295.
32. Pedreira, 1995, p. 290.
33. Marquês de Penalva, 1945, p. 127-28; ver, a esse propósito, Fernando Dores Costa, 1991, p. 441.
34. Nuno Gonçalo Monteiro, 1998, p. 394-405.
35. José Joaquim da Cunha de Azeredo Coutinho, 1992; ver também Sérgio Buarque de Hollanda, 1966, p. 13-53.
36. Valentim Alexandre, 1993, p. 83-89; José Luís Cardoso, 2001.
37. José Luís Cardoso, 2001, p. 80.

38. Ibidem.
39. José Luís Cardoso, p. 81.
40. Valentim Alexandre, 1993, p. 84-85; José Luís Cardoso, 2001, p. 82.
41. Dauril Alden, 1987, p. 310-336.
42. Dauril Alden, p. 312; Jorge M. Pedreira, 2000, p. 839-864.
43. Jorge M. Pedreira, 2000, p. 43. Sobre a conjuntura da viragem do século, ver Novais, 1978; José Jobson de Andrade Arruda, 1980; Valentim Alexandre, 1993, p. 25-75; Jorge M. Pedreira, 1994, p. 261-316.
44. José Luís Cardoso, 1987, p. 286.
45. Visconde de Carnaxide, 1940, p. 244-245; Dauril Alden, 1968.
46. João Luís Ribeiro Fragoso, 1992; Manolo Florentino, 1997; João Luís Ribeiro Fragoso e Manolo Florentino, 1996.
47. É particularmente significativo que tanto Azeredo Coutinho como Sousa Coutinho se revelem, depois de 1808, capazes de pensar as relações entre Portugal e o Brasil num outro quadro, que antes não ousavam tampouco imaginar.

Bibliografia

ALDEN, Dauril. "Late Colonial Brazil, 1750-1808". In: BETHELL Leslie (ed.), *Colonial Brazil*. Nova York: Cambridge University Press, 1987, p. 310-336.

———. *Royal Government in Colonial Brazil: With Special Reference to the Administration of the Marquis of Lavradio, Viceroy, 1769-1779*, Berkeley: 1968.

ALEXANDRE, Valentim. *Os sentidos do império. Questão nacional e questão colonial no final do Antigo Regime português*. Porto: 1993.

ALMEIDA, Luís Ferrand de. "Problemas do comércio luso-espanhol no século XVIII: um parecer de Sebastião José de Carvalho e Melo". *Revista de História Económica e Social*, 8, 1981.

———. *Alexandre de Gusmão, o Brasil e o Tratado de Madri*. Coimbra: 1990.

ARRUDA, José Jobson de Andrade. *O Brasil no comércio colonial*. São Paulo: 1980.

AZEVEDO, João Lúcio de. *O marquês de Pombal e a sua época*, 2.ª ed. Lisboa: 1990.

BARRETO, José. "Carta ao cardeal da Mota em 19 de fevereiro de 1742". In: *Escritos económicos de Londres (1741-1742)*. Lisboa: 1986.

BAYSINGER, Barry, EKELUND JR, Robert B. e TOLLISON, Robert D. "Mercantilism as a rent-seeking society". In: BUCHANAN, James M., TOLLISON, Robert D. e TULLOCK, Gordon (eds.).*Toward the Theory of the Rent-Seeking Society*. Texas College Station, 1980.

BODIN, Jean. *Les six livres de la république* (1576), reimpressão, liv. 3. Paris: 1986.

BONNEY, Richard (ed.). *Economic Systems and State Finance*. Oxford: 1995.

BOXER, Charles R. *The Portuguese Seaborne Empire*, 2.ª ed. Londres: 1991, p. 333.

CARDOSO, José Luís (ed.). "Carta sobre o comércio de Portugal com a Itália" (1800). In: *Memórias económicas inéditas (1780-1808)*. Lisboa: 1987.

______. "Nas malhas do império: a economia política e a política colonial de D. Rodrigo de Sousa Coutinho". In: *A economia política e os dilemas do império luso-brasileiro (1790-1822)*. Lisboa: 2001.

______. *O pensamento económico em Portugal nos finais do século XVIII*. Lisboa: 1989.

COSTA, Fernando Dores. "Capitalistas e serviços: empréstimos, contratos e mercês no final do século XVIII". *Análise Social*, 1991, vol. XXVII (116-117).

COUTINHO, José Joaquim da Cunha de Azeredo. *Ensaio económico sobre o comércio de Portugal e suas colónias (1794)*, Jorge Pedreira (ed.). Lisboa: 1992.

CUNHA, Luís da, *Instruções políticas*, Abílio Diniz Silva (ed.). Lisboa: 2001.

DIAS, J.S. Silva, "Pombalismo e teoria política". *Cultura — História e Filosofia*, v. I, 1982.

______. "Pombalismo e projeto político". *Cultura — História e Filosofia*, v. II, 1983, pp. 185-201, e vol. III, 1984.

FALCON, Francisco José Calazans. *A época pombalina*. São Paulo: 1982.

FLORENTINO, Manolo. *Em costas negras. Uma história do tráfico de escravos entre a África e o Rio de Janeiro (séculos XVIII e XIX)*. São Paulo: 1997.

FRAGOSO, João Luís Ribeiro e FLORENTINO, Manolo. *O arcaísmo como projeto*. Rio de Janeiro: 1996.

______. *Homens de grossa ventura: acumulação e hierarquia na praça mercantil do Rio de Janeiro (1790-1830)*. Rio de Janeiro: 1992.

GODINHO, Vitorino Magalhães. "Finanças públicas e estrutura do Estado". In: *Ensaios II — Sobre a história de Portugal*, 2.ª ed. Lisboa: 1978.

HOLLANDA, Sérgio Buarque de. "Apresentação". *Obras económicas de J.J. da Cunha Azeredo Coutinho (1794-1804)*. São Paulo: 1966.

HUTCHINSON, Terence. *Before Adam Smith: The Emergence of Political Economy, 1622-1776*. Oxford: 1988.

MACEDO, Jorge Borges de. *A situação económica no tempo de Pombal. Alguns aspectos*, 3ª ed. Lisboa: 1989.

______. *O marquês de Pombal, 1699-1782*. Lisboa: 1982.

MARQUÊS DE PENALVA. *Dissertação sobre as obrigações dos vassalos* (1799), 3ª ed. Lisboa: 1945.

MARQUÊS DO LAVRADIO. "Relatório do vice-rei, marquês do Lavradio". In: VISCONDE DE CARNAXIDE. *O Brasil na administração pombalina*, São Paulo: 1940.

MAXWEELL, Kenneth. *Conflicts and Conspiracies: Brazil and Portugal 1750-1808*, Cambridge: 1973.

______. *Pombal, Paradox of the Enlightenment*. Cambridge: 1995.

MONTEIRO, Nuno Gonçalo. *O crepúsculo dos grandes. A casa e o património da aristocracia em Portugal (1750-1832)*. Lisboa: 1998.

NOVAIS, Fernando A. *Portugal e Brasil na crise do antigo sistema colonial (1777-1808)*. São Paulo: 1978.

PEDREIRA, Jorge M. "Physiocracy and the Sterility of Commerce, Industry, and Money: political economy, morality, and social thought. Some notes from a Portuguese viewpoint". In: DELMAS, Bernard, DEMALS, Thierry e STEINER, Philippe (eds.). *La diffusion internationale de la physiocratie*. Grenoble: 1995.

______. "Costs and financial trends in the Portuguese empire, 1415-1822". In: BETHENCOURT, Francisco e CURTO, Diogo Ramada (eds.). *Portuguese Oceanic Expansion, 1400-1800*. Cambridge: 2007.

______. "From Growth to Collapse: Portugal, Brazil, and the Breakdown of the Old Colonial System (1750-1830". *Hispanic American Historical Review*, 80:4, novembro de 2000, pp. 839-864.

______. "Negócio e capitalismo, riqueza e acumulação. Os negociantes de Lisboa (1750-1820)". *Tempo*, n.º 15, julho de 2003.

______. *Estrutura industrial e mercado colonial. Portugal e Brasil (1780-1930)*. Lisboa: 1994.

SANTOS, Rui. "A nuvem por Juno? O tema da fisiocracia na história do pensamento económico português". *Análise Social*, n.º 121, 1993.

TAROUCA, Carlos Silva (ed.). "Correspondência entre o duque Manuel Teles da Silva e Sebastião José da Carvalho e Melo". *Anais da Academia Portuguesa de História*, 2.ª série, vol. VI, 1955.

VINER, Jacob. "Power vs. Plenty as Objectives of Foreign Policy in the Seventeenth and Eighteenth Centuries", *World Politics*, 1948.

PARTE III Cultura, sociedade e organização político-administrativa

CAPÍTULO 9

Novas expressões da soberania portuguesa na América do Sul: impasses e repercussões do reformismo pombalino na segunda metade do século XVIII

*Íris Kantor**

Este artigo procura estabelecer conexões de sentido entre as reformas da administração e as novas modalidades de controle do patrimônio territorial luso-americano a partir das reformas pombalinas.[1] Uma questão essencial a ser enfrentada diz respeito ao impacto do processo de construção das fronteiras interimperiais promovidas inicialmente pelas autoridades metropolitanas ibéricas, sobretudo a partir do Tratado de Madri (1750). Com efeito, já desde a assinatura do Tratado de Utrecht (1713-14), as Coroas ibéricas passaram a mobilizar recursos militares e científicos para instaurar uma nova lógica de apropriação jurídica do espaço americano.[2]

No que toca às transformações ideológicas vivenciadas nessa conjuntura decisiva, destaco a passagem das concepções de territorialidade de natureza corporativa para novas modalidades jurídicas que consagravam

*Professora do departamento de História da Universidade de São Paulo.

o direito de propriedade plena da terra, sua divisibilidade, alienação e desvinculação.[3] Com efeito, a ausência de uma tradição corporativa enraizada (como acontecia no Reino) foi constitutiva da experiência de apropriação *colonial* do território americano,[4] indefectivelmente marcada pela colonização moderna mercantil e escravista.[5]

O Tratado de Madri (1750), a expulsão dos jesuítas (1759) e a transferência da capital do Estado do Brasil de Salvador para o Rio de Janeiro (1763) desencadearam um movimento de reordenamento da administração territorial na América portuguesa. O processo deflagrado pela demarcação das fronteiras entre Portugal e Espanha impulsionou a rápida expansão das estruturas administrativas no interior do continente sul-americano. O envio de expedições demarcadoras estimulou a adoção de uma série de políticas demográficas, visando garantir, também, o controle dos fluxos de comunicação fluvial e terrestre e o repovoamento do território.[6]

O adensamento da presença portuguesa pode ser constatado no expressivo aumento do número de paróquias, vilas, comarcas e capitanias criadas nos sertões e confins até então inexplorados pelos colonos europeus, oriundos de várias partes do Império (Açores, Mazagão, Minho, Trás-os-Montes e Douro).[7] Por sua vez, a expansão da malha administrativa implicou também a necessidade de redefinir as esferas de competência jurisdicional dos diferentes níveis de poder nas capitanias, nos bispados e nas comarcas, cujas circunscrições eram ainda bastante fluidas, a ponto de criar tensões de toda ordem entre as várias autoridades (civis e eclesiásticas), sobretudo no âmbito da cobrança de tributos.[8]

Concomitantemente ao processo de fixação das fronteiras externas, as novas diretrizes da administração pombalina promovem a erosão dos patrimônios e dos privilégios das ordens religiosas, atingindo especialmente a Companhia de Jesus, mas não exclusivamente. Em seu conjunto, as reformas ilustradas procuraram liquidar as jurisdições corporativas, restringindo a transferência de bens de raiz (nova legislação testamentária) às ordens religiosas na América portuguesa.

Os poderes senhoriais também foram atingidos pela definitiva abolição das capitanias hereditárias e sua incorporação ao patrimônio da Coroa em 1759.[9] Desde então, consolidou-se um novo princípio de uniformização das jurisdições territoriais sob controle direto do Estado português. Novas hierarquias e subordinações entre as capitanias centrais e periféricas foram estabelecidas, novos centros de gravidade e sinergia política redefiniram a geografia política luso-americana.[10] Desse ponto de vista, a época pombalina procura inaugurar um novo padrão de exercício da soberania portuguesa, distinto das concepções e formas de poder corporativo. Soberania plenamente moderna, materializada pelo controle direto do território, pela limitação das jurisdições particularistas e por novas formas de enquadramento jurídico das populações indígenas. Obviamente, tal processo trouxe à tona tensões, conflitos e novas acomodações pactuadas entre os diferentes estamentos sociais nos quadros de uma sociedade escravista e mercantil.[11]

Embora muitas reformas tenham sido iniciadas ainda no governo de dom João V, elas se intensificaram no reinado de dom José I e se concretizaram nos reinados subsequentes de dona Maria I e dom João, príncipe regente. A partir da segunda metade do século XVIII, o arquipélago de "conquistas" torna-se objeto de uma ação articulada e politicamente orientada. Conforme sugeriu Caio Prado Jr., na perspectiva da administração metropolitana não havia um território homogêneo ou uma unidade continental, mas sim "várias colônias ou províncias, até mesmo países, se dizia às vezes, que, sob o nome oficial de capitanias, se integravam no conjunto da monarquia portuguesa e a constituíam de parceria com as demais partes dela".[12] Uma certa referência à unidade aparece nos títulos honoríficos de vice-rei do Brasil e de príncipe do Brasil (dados aos primogênitos da dinastia de Bragança e herdeiros da Coroa) ou na demarcação administrativa do Estado do Brasil, que reunia apenas as capitanias meridionais, sem abranger o território do Estado do Grão-Pará e Maranhão. Foi com o alvará que estendeu a aplicação do Diretório dos Índios (17 de agosto de 1758 — inicialmente aplicado exclusivamente ao Estado do Grão-Pará e Maranhão) que a designação de Estados do Brasil, empregada para integrar os dois Estados, foi enunciada claramente, embora as respectivas administrações judiciárias e eclesiásticas se mantivessem separadas.

Durante o governo pombalino intentou-se regulamentar a concessão de sesmarias, ao mesmo tempo que se procurou restringir a legalização de vínculos de morgados e capelas de pequeno porte, privilégio almejado pelas nobrezas da terra.[13] As reformas do direito fundiário a partir do período pombalino constituíram foco permanente de tensões entre a nova e as velhas camadas senhoriais na disputa pelos direitos de cobrança dos foros nas propriedades ainda não demarcadas.[14] A dinâmica informal e violenta de apropriação e exploração das terras, aliada ao desconhecimento topográfico e à imprecisão das formas de medição, dificultou o processo de regulamentação da propriedade agrária pretendido pelas autoridades metropolitanas.

Uma série de medidas procura assegurar o controle dos patrimônios e das formas de transmissão de heranças e legados pios. O alvará de 9 de agosto de 1759, por exemplo, extinguiu as tesourarias de defuntos e ausentes dos domínios ultramarinos e do Estado da Índia Oriental, as quais passaram a ser incorporadas no Depósito Público da Corte e Cidade de Lisboa. Para o período, Francisco Falcon observou uma tríplice tendência: de limitar e consolidar os morgados; de regular os emprazamentos e aforamentos; e, finalmente, de desamortizar os bens de mão-morta. No entanto, como se sabe, as reformas mais substantivas não vieram a ser completamente efetivadas, dada a resistência das elites coloniais. Muitas delas permaneceram como letra morta, a exemplo da resolução de 2 de agosto de 1752, que exigiu a apresentação das confirmações de posse e cartas de sesmaria aos senhores proprietários de terra.

Não por acaso, as políticas de reordenamento territorial procuraram conjugar tentativas, embora sem muito sucesso, de despatrimonialização dos ofícios públicos e das patentes militares.[15] A oposição das elites americanas implicava uma alteração do *modus operandi* consagrado pelo "pacto" de reciprocidade entre os vassalos e a Coroa após a Restauração.[16] Tais tensões eram previsíveis, dado o fato de que o modelo de colonização lusitana estava profundamente atrelado à dinâmica de concessão de mercês e privilégios patrimoniais, conforme têm mostrado trabalhos recentes.[17]

Atentos aos novos modos de governar da era pombalina, as elites letradas procuraram fixar uma narrativa histórica do processo de ocupação e colonização naquelas partes do Império luso. As memórias genealógicas elaboradas por frei Antonio de Jaboatão, Antonio Borges da Fonseca, Pedro Taques de Almeida Paes Leme foram estimuladas por um pipocar de pleitos territoriais provocados pelas novas diretrizes do reformismo pombalino. Tais memórias procuravam documentar os privilégios de posse imemorial da terra dos clãs mais antigos, numa clara reação às tentativas de regulamentação dos seus patrimônios fundiários, bem como de estranhamento das medidas relacionadas com as leis de sucessão, as heranças e a desamortização dos legados pios, determinadas por ministro de dom José I.

Em 1769, a decretação da *Lei da Boa Razão* criava, ainda, uma nova ordem de ambiguidades incompatíveis com os modos de governar típicos da justiça corporativa tradicional. Sob o signo das Luzes, o novo princípio de ordenamento jurídico impôs a revogação dos usos e costumes com menos de cem anos de vigência. Alterava-se radicalmente o sistema jurídico, desautorizando o uso das práticas costumeiras (baseadas no direito romano e na tradição jurisprudencial) em favor de um direito pátrio abstrato. Embora a aplicação e a efetividade da nova legislação possam ser questionadas, cabe aprofundar os estudos sobre o seu impacto na sociedade colonial, conforme têm indicado diversos estudiosos.[18] De toda forma, tais medidas visaram erodir os poderes corporativos, apesar das resistências das elites locais. O embate entre os vassalos e as autoridades metropolitanas trouxe à tona a recuperação dos argumentos teológico-políticos (fundados no pensamento político de São Tomás de Aquino — reinterpretados pelos teólogos da Companhia de Jesus) invocados para defender os privilégios dos súditos ultramarinos.[19]

De toda forma, parece-me que as reformas pombalinas delinearam um novo campo de forças, no qual as elites luso-americanas se viram obrigadas a valorizar suas origens, fazendo uso de tópicas que exaltavam as virtudes nobiliárquicas e mestiças dos clãs mais antigos da terra.[20]

Da mesma forma, a política indigenista pombalina esteve articulada a um conjunto mais amplo de políticas demográficas e territoriais que visavam afirmar a soberania interna e externa da Coroa portuguesa na América do Sul. No campo militar, o emprego dos indígenas na construção de fortalezas e a reforma dos regimentos militares reforçaram as diretrizes estabelecidas pelo Diretório dos Índios, empregando os índios na composição das tropas militares.[21] Na conjuntura do Tratado de Madri, o reconhecimento dos naturais da soberania portuguesa tinha transcendência no plano do direito internacional.[22] A ruptura pombalina com a doutrina missionária implicava transformar o índio em vassalo útil em pelo menos três aspectos: como anteparo às nações indígenas inimigas, como povoadores das fronteiras litigiosas com as outras nações e como trabalhadores úteis que pagariam o dízimo.

Nesse aspecto, os domínios coloniais sul-americanos constituíram um campo exemplar para experimentação de novas modalidades de soberania estatal, já bastante distantes do modelo praticado pela monarquia corporativa, tal qual se conheceu em solo peninsular. Com a promoção civil e a outorga de direitos municipais aos aldeamentos indígenas decretada pelo Diretório dos Índios, em 1758, os portugueses intentavam estabelecer as bases do governo indireto dos nativos, inspirados na doutrina do jurista limenho Juan Solorzano Pereira.[23] As aldeias missionárias foram transformadas em povoações civis. Em cada uma delas criou-se um senado da câmara com juízes e vereadores indígenas. Além disso, o rei concedeu uma sesmaria adjacente para cada vila. Pela primeira vez o índio adquiria personalidade jurídica. O diretório instruía que todos os nomes das vilas criadas fossem de origem portuguesa. A lusitanização da toponímia deveria ser um simulacro da metropolitana, ainda que, na prática, os princípios que definiam a territorialidade peninsular fossem muito diferentes da sua configuração colonial, o uso dos topônimos lusitanos tinha repercussões internacionais, valendo como atestado de ocupação efetiva perante as demais monarquias. De qualquer modo, o rebatismo do território era parte do processo mais amplo de secularização das estruturas colonizadoras a partir do reinado de dom José I.

O Diretório exigia, ainda, que se desse um sobrenome aos índios:

> Terão daqui por diante todos os índios sobrenomes, havendo grande cuidado dos diretores em lhes introduzir os mesmos apelidos das famílias de Portugal; por ter moralmente certo que tendo eles os mesmos apelidos e sobrenomes, de que usam os brancos, e as mais pessoas que se acham civilizadas, cuidaram em procurar os meios mais lícitos e virtuosos de viverem, e se tratarem a sua imitação.[24]

A estratégia de atribuição de patronímicos portugueses reforçava a política de miscigenação entre as populações brancas pobres e os grupos indígenas. Os descendentes de portugueses eram estimulados a casar com indígenas mediante a concessão de uma série de pequenos privilégios, como, por exemplo, a isenção de dízimos.

Na avaliação de Manuela Carneiro da Cunha, a lusitanização dos patronímicos serviria, cem anos mais tarde, como pretexto para a espoliação das terras atribuídas às sesmarias indígenas. Após a Lei de Terras, em 1850, as aldeias indígenas de Goiás, Ceará, Sergipe, Pernambuco e Rio de Janeiro foram declaradas extintas, sob alegação de ser sua população apenas mestiça.[25]

Uma das medidas mais impressionantes foi a proibição do uso da língua geral e a exigência de que todos falassem português:

> Para desterrar este pernicioso abuso, será um dos deveres estabelecer nas suas respectivas vilas ou lugares o uso da língua portuguesa, não consentindo, de modo algum, que os meninos e meninas, que pertencem as escolas, e todos aqueles índios, que forem capazes de instrução nesta matéria, usem das línguas próprias de suas nações, ou da chamada geral (...).[26]

O Diretório determinou a criação de escolas de ler, contar e escrever para meninos e meninas em todas as vilas, patrocinando a produção de cartilhas e o envio de professores de primeiras letras. Configurava-se um novo discurso de fundamentação do colonialismo nessas partes do Império luso, já não mais atrelado à ideologia salvífica sustentada pelas ordens religiosas, mas afeito à ideia das potencialidades civilizatórias do comércio e da educação.[27]

Com a elevação dos aldeamentos indígenas à categoria de vilas, a Coroa objetivou constituir um instrumento de ocupação legal das fronteiras luso-espanholas no continente americano. Se no plano internacional a nova legislação transformava os índios em súditos do rei português, garantindo o *uti possidetis* lusitano, no plano interno a doação de sesmarias às novas vilas indígenas suscitou conflitos fundiários com os grandes fazendeiros e posseiros, que viram seus privilégios de ocupação das terras ameaçados. Embora ainda nos faltem estudos comparativos sobre o impacto regional da aplicação do Diretório dos Índios, é provável que as repercussões da legislação pombalina tenham sido bastante diferenciadas em cada região.[28]

A ineficácia do Diretório pode ser atribuída aos conflitos gerados pelo controle da propriedade fundiária e pelo modo de administrar a mão de obra indígena. Nesse aspecto, cabe destacar que a legislação reformista procurou sempre regular o acesso à mão de obra indígena em articulação com a política negreira: os índios constituíam mão de obra ancilar ao tráfico transatlântico. Contudo, as tensões resultantes do processo de regulamentação e demarcação das terras indígenas terminaram por impedir a plena vigência do Diretório, levando à sua revogação por meio da Carta Régia de 12 de maio de 1798.[29]

Curiosamente, os principais detratores da política pombalina foram justamente os homens que estiveram presentes nas expedições de demarcação de limites e nas viagens filosóficas de reconhecimento das potencialidades naturais. Uma análise preliminar das memórias acadêmicas produzidas no âmbito da Academia Real das Sciencias de Lisboa (1779) por naturalistas, engenheiros militares, cartógrafos e magistrados

— na qualidade de sócios e correspondentes — indica algumas mutações significativas no discurso indigenista e indianista formulado pelas elites ilustradas pombalinas e marianas.[30] Os cartógrafos e naturalistas formados no espírito das luzes de fins do Setecentos, também chamados de geração de 1790, em seu conjunto sublinham os aspectos negativos da aplicação da legislação pombalina, recomendando sua reformulação ou revogação. Os relatos dos demarcadores e naturalistas constroem uma visão negativa das possibilidades civilizatórias dos ameríndios, sobretudo no que toca à resistência indígena ao modelo de vida urbano e à disciplina do trabalho.[31] Mais do que nunca, a mão de obra indígena passava a ser associada a ociosidade, indolência e indisciplina. Em estudo recente, John Monteiro assinalou que, por trás do debate intelectual sobre as práticas civilizatórias ou modelos de aculturação, havia uma viva disputa sobre o processo de aforamento das terras indígenas e sobre o modo de administrar a mão de obra indígena.[32]

Com algumas exceções, a maior parte das propostas para a *civilização dos índios* sugere a incapacidade dos índios para o exercício das funções públicas, embora o fracasso da política de assentamento urbano também seja atribuído à má gestão dos diretores das vilas. A crítica elaborada pelos homens de ciência teve, possivelmente, algum peso na revogação da legislação pombalina por intermédio da Carta Régia de 1798. Esta alterou o sentido original do Diretório, aprofundando a desagregação das vilas pombalinas, vulnerabilizando ainda mais o status dos seus moradores. A prática dos descimentos foi retomada com os índios isolados, por meio da declaração de guerra defensiva e com a possibilidade de mantê-los prisioneiros a fim de educá-los. Instituía-se, informalmente, uma espécie de código de trabalho compulsório. A Lei de 1798 tornava extintos os patrimônios territoriais das sesmarias indígenas e os colocava disponíveis à venda. A nova lei estipulava que os índios que não tivessem casa e roça para cuidar poderiam ser recrutados por autoridades ou por particulares. Os índios passavam a ser considerados como órfãos perante a lei, deixando de ser tutelados por diretores nomeados pelo governador para ser tutelados pelos ouvidores e juízes de paz.[33]

Em 1808, decretava-se o restabelecimento da "guerra justa" e do cativeiro dos grupos indígenas hostis, como os botocudos dos sertões de Minas, Espírito Santo e Bahia ou os bugres de São Paulo. O ato adicional, em 1834, incumbiu as assembleias legislativas provinciais de legislar, cumulativamente com o Governo Geral, sobre a catequese e a civilização dos índios. Até então, as províncias propunham leis e decretos que tinham de ser sancionados pela assembleia e pelo imperador. Somente em 1845 seria definida nova política global para todo o Império brasileiro.[34] Até essa data, o destino das populações indígenas dependeu das negociações entre as elites regionais e o governo central.

As memórias produzidas pelos sócios correspondentes da Academia das Ciências nos permitem entrever as configurações regionais da problemática indígena e do processo de expansão da fronteira colonial em articulação com a formação dos mercados negreiros regionais.[35] Na conjuntura da Independência, duas grandes correntes marcam o debate indigenista: uma que pregava a política de isolamento e/ou exterminação e outra que defendia a utilidade da mão de obra indígena como forma de substituição do africano, como foi o caso de José Bonifácio e José Arouche Rendon.

As memórias acadêmicas para *civilização dos índios*, apresentadas no fim do século XVIII e início do XIX, já não destacam, com o mesmo orgulho nativista, a ascendência indígena dos primeiros clãs colonizadores portugueses, como haviam feito, por exemplo, os eruditos da Academia dos Renascidos em 1759. Percebe-se uma significativa mudança no tratamento indianista, tanto do ponto de vista historiográfico como literário. Os homens de ciência de fins do século XVIII não exaltam as virtudes guerreiras dos indígenas — como tinham feito membros das academias coloniais — com objetivo de enaltecer o papel do colono e da própria Coroa. Pelo contrário, a visão positiva cede lugar a uma avaliação negativa das possibilidades civilizatórias dos diferentes grupos indígenas nas diversas capitanias da América portuguesa.

A representação do índio na pena dos acadêmicos renascidos ainda estava mais próxima do ideal de nobre selvagem. Da sua exaltação como antepassado histórico passava-se, agora, a louvá-lo apenas como elemento da paisagem física, parte da natureza tropical americana. Em fins do Setecentos, os naturalistas destacam, sobretudo, as implicações negativas do processo de mestiçagem biológica e cultural (miscigenação, aliás, explicitamente estimulada pelo Diretório pombalino). Essa percepção da mestiçagem convergia com as teorias veiculadas pelas obras de Buffon e De Pauw, cujas noções de raça e degenerescência pautavam a cultura científica dos ilustrados desde o terceiro quartel do século XVIII.[36]

Apesar das vertentes em voga na Europa, a exaltação do ameríndio se tornou parte do programa oficial de americanização da monarquia portuguesa, após a chegada da corte. A inclusão simbólica (mediante a afirmação de uma identidade americana mestiça) articulava-se de maneira inversamente simétrica às práticas de exclusão das populações indígenas e negras.[37] Posteriormente, o indianismo romântico completaria a dissociação entre o índio histórico e o índio objeto das políticas indigenistas ilustradas inauguradas por Pombal.

*

Finalmente, os conhecimentos adquiridos nas expedições demarcadoras e nas viagens filosóficas tiveram uma dupla vocação. Por um lado, propiciaram a efetivação da soberania lusa no continente sul-americano, já que as informações e os censos populacionais recolhidos pelos cartógrafos e naturalistas serviram para orientar o assentamento das populações indígenas e criar um cinturão de vilas estrategicamente implantadas em fronteiras sob litígio com a França e a Espanha.[38] Mas, por outro lado, essa experiência coletiva estimulou a elaboração de uma consciência territorial e geográfica que merece ser investigada e problematizada.[39]

O reconhecimento do território e o inventário de suas populações e riquezas constituíram, portanto, um vasto campo de experimentação de novas práticas imperiais, que viriam a ser sistematizadas nas instituições científicas metropolitanas e, posteriormente, reproduzidas tanto no Reino como nas demais partes do Império português.[40] Não por acaso, a experiência adquirida transformou-se em um importante vetor de modernização do Estado, como demonstra o caso da reforma dos estatutos da Universidade de Coimbra, em que se observa a tentativa de adaptação dos preceitos da economia política liberal aos desígnios do novo padrão de colonização de fins do século XVIII.[41] Daí a importância dos cartógrafos, astrônomos, engenheiros militares e naturalistas na orientação das políticas que conferiam às colônias um papel central na edificação de um "poderoso Império".[42]

Assim, a Coroa portuguesa se apropriava, em benefício da reestruturação do Império português, do ângulo de visão oferecido pelos seus súditos americanos, política levada a cabo por dom Rodrigo de Souza Coutinho através do incentivo às carreiras dos nascidos na América. Paradoxalmente, o saber acumulado pelos cientistas luso-americanos, no contexto da competição entre as metrópoles europeias pelas riquezas do Novo Mundo, constituiu uma experiência decisiva no processo de definição das fronteiras políticas, materiais e simbólicas do futuro Estado pós-colonial.[43]

Em contraste com a América hispânica, em que o reformismo científico aprofundou as clivagens e os ressentimentos americanistas devido às tensões e disputas entre os cientistas metropolitanos e os naturalistas nascidos na América, o caso português demonstra que a política de absorção dos cientistas naturais da América nos quadros administrativos imperiais permitiu a americanização da gestão dos domínios coloniais.[44] Muito embora os naturais da América pudessem ascender aos postos importantes da administração régia no fim do Antigo Regime, eles não chegariam nunca a receber as nobilitações superiores.[45] Podiam circular entre as diferentes partes do Império, mas não lograram romper o círculo de giz que cercava a Grande Nobreza do Reino. A transferência da corte para a América, proposta por dom Rodrigo de Souza Coutinho, era, ao fim e ao cabo, o único horizonte possível de ascensão dos grupos marginalizados pela rigidez das regras nobiliárquicas que estruturavam a sociedade e o Estado português, conforme tem destacado Nuno Monteiro.[46] Vale dizer que somente na América as elites luso-americanas poderiam vislumbrar um futuro mais promissor, já que a sua ascensão social e a consequente partilha do poder no Reino lhes pareciam bloqueadas. São as elites formadas na época pombalina as que melhor expressam essa ordem de contradições, mas foram elas, também, as que melhor conheceram as fragilidades do edifício imperial.[47]

Notas

1. Sobre as reformas da administração pública na América, ver Eulália Maria Lahmeyer Lobo, 1960; Arno Wehling, 1986; Francisco Falcon, 1996, p. 73-87.
2. Horacio Capel, 1988, p. 99-126; José Omar Moncada Maya, 1993; Beatriz Bueno, 2001 (ver especialmente o capítulo V).
3. John Locke 1990 (ver o capítulo 5: Da Propriedade). Com relação aos problemas fundiários na segunda metade do século XVIII, ver Felisbello Freire, 1906; Vera Lucia do Amaral Ferlini, 2005, p. 297-309; Márcia Menendes Motta, 2006; Erivaldo Fagundes Neves, 2005.
4. António Manuel Hespanha, 1980, p. 211-36; Ana Cristina Nogueira da Silva, 2003, p. 297-319.
5. Caio Prado Jr., 1953; Antonio Carlos Robert de Moraes, 2000.
6. Luiz Felipe de Alencastro, 2000, p. 336-340.
7. Renata Malcher Araújo, 1992 e 2000; Beatriz Bueno, 2001 (capítulo V); Claudia Damasceno Fonseca, 2003, p. 255-401; Laurent Vidal, 2008, p. 53-257.
8. Dauril Alden, 1968, p. 279-310; Heloísa Liberalli Bellotto, 1979, p. 331-348; Claudia Damasceno Fonseca, 2003, p. 255-401.
9. Sobre o processo de extinçao das capitanias donatárias, ver Antonio Vasconcelos de Saldanha, 2001, p. 387-440.
10. Paulo Pedro Perides, 1995. Sobre as reformas pombalinas da administração, ver Francisco Falcon, 1982, p. 412-415; José Ribeiro Junior, 1969, p. 77-129. Com relação ao projeto de dom Rodrigo de Souza Coutinho, ver Andrée Mansuy Diniz Silva, 1993.
11. Fernando A. Novais, 2005.
12. Caio Prado Jr., 1953, p. 303; Laura de Mello e Souza, 2006 (Enquadramentos).
13. Sobre a abolição dos morgados, ver Manuel de Almeida; Sousa de Lobão, 1841, p. 71-77. Ver Felisbello Freire, 1906, p. 195; Francisco Falcon, 1996; Helio de Alcântara Avellar, 1983, p. 74; António Manuel Hespanha, 1980, p. 211-236.
14. Vera Lucia Amaral Ferlini, 2000; Márcia Maria Menendes Motta, 2007, p. 71-104.

15. Alberto Gallo, 2000; Pedro Cardim, s/d, p. 129-158.
16. Evaldo Cabral de Melo, 1986, capítulo 3.
17. Fernanda Olival, 2001; João Fragoso, 2005, p. 191-252; Rodrigo M. Ricupero, 2005.
18. A Lei da Boa Razão alterou o sistema de fontes e impôs o abandono do direito romano, retirando a legitimidade daqueles costumes (com menos de cem anos) que poderiam revogar as leis (instituto do *dessuetudo*) ou que fossem contra o direito pátrio. José Reinaldo de Lima Lopes sugere, porém, que no Brasil os julgamentos dependiam necessariamente dos arranjos costumeiros, de modo que a legislação relativa à sesmaria, por exemplo, teria sido extraordinária (José Reinaldo de Lima Lopes, 2000, p. 270-271). Ver também os recentes trabalhos de Carla Maria Junho Anastásia, 2002; Arno e Maria José Wehling, 2004, p. 463-478.
19. Íris Kantor, 2004 (terceira parte).
20. Diogo Ramada Curto, 2001; Maria Fernanda Bicalho, 2005.
21. Heloísa L. Belloto, 1988; Ângela Domingues, 2000.
22. Luiz Felipe de Alencastro, 1998, p. 97-119.
23. Maria Helena Flexor, 2000.
24. Item 11 do Diretório dos Índios. Cf. Rita Heloisa de Almeida, 1997.
25. Manuela Carneiro da Cunha, 1987, p. 114.
26. Item VI do Diretório dos Índios. Cf. Almeida, 1997.
27. Maria Helena Flexor, 2001.
28. Entre os trabalhos inéditos, ver Bárbara Sommer, 2000; Patrícia Maria de Melo Sampaio, 2001; Maria Leônia Chaves de Resende, 2003; Mauro Cezar Coelho, 2005.
29. Patrícia Maria de Melo Sampaio, 2001.
30. Ronald Raminelli, 2008.
31. Marta Rosa Amoroso, 1991.
32. John M. Monteiro, 2001.
33. Rita Heloisa Almeida, 2002.
34. Luiz Felipe de Alencastro, 1986, p. 369-417.
35. Flávio Gomes dos Santos, 2005.
36. Antonello Gerbi, 1982.
37. John M. Monteiro, 2001, especialmente os capítulos 6 e 7.
38. Nadia Farage, 1991; Renata Malcher Araújo, 1992, 2000.
39. Refiro-me, sobretudo, ao problema das continuidades e descontinuidades que marcam a experiência política da Independência brasileira. Sergio Buarque de Holanda, 1962; Maria Odila Leite da Silva Dias, 2005. Para um balanço crítico, ver os trabalhos dos integrantes do projeto temático/Fapesp "A fundação do

Estado e da nação brasileiros", coordenado por István Jancsó, especialmente os artigos recentes de Wilma Peres Costa e Cecília Helena Salles de Oliveira, publicados na revista eletrônica *Almanack Brazilienze.*

40. Oswaldo Munteal Filho, 1998; Ângela Domingues, 2000, p. 19-34; João Carlos Pires Brigola, 2003; Lorelai Kury, 2004; Silvia Figueroa, Margaret Lopes e Clarete P. da Silva, 2005; Ronald Raminelli (livro inédito).
41. Fernando A. Novais, 1979; Francisco Falcon, 1982; José Luís Cardoso, 1989; José Jobson de Andrade Arruda, 1998, p. 213-228.
42. Maria Odila Leite da Silva Dias, 2005; Kenneth Maxwell, 1999; Fernando A. Novais, 1994, pp. 105-17; Maria de Lourdes Viana Lira, 1994, p. 107-243.
43. István Jancsó, 2003; Benedict Anderson, 1989; Ana Rosa Cloclet da Silva, 2006.
44. David Brading, 1991; Antonio Lafuente, 1996, p. 175-201; Jorge Cañizares-Esguerra, 2001, p. 204-265; Ronald Raminelli, 2005, p. 287-296.
45. Nuno Gonçalo Monteiro, Mafalda Soares da Cunha e Pedro Cardim, 2005, p. 191-252.
46. Nuno Gonçalo Monteiro, 2003, p. 83-96.
47. Ver a discussão historiográfica sobre a geração de 1790 realizada por Maria Odila Leite da Silva Dias, Fernando Novais e Kenneth Maxwell, que assinalaram o peso do ideário reformista e do pensamento pragmático no processo de emancipação política do Brasil.

Bibliografia

ALDEN, Dauril. *Royal government in Colonial Brazil.* Los Angeles: University of California Press, 1968.

ALENCASTRO, Luiz Felipe de. *Le commerce des vivants: traite d'esclaves et pax lusitana dans l'atlantique sud*, v. 2. Paris: Université de Paris X, 1986.

______. Interação europeia com as sociedades brasileiras, *América*, Lisboa, CNCDP, 1998.

______. *O trato dos viventes.* São Paulo: Companhia das Letras, 2000.

ALMEIDA, Rita Heloísa. "A Carta Régia de 12 de maio de 1798 e outros documentos sobre índios no Códice 807". *Revista do Instituto Histórico e Geográfico Brasileiro*, 416/171-204, 2002.

______. *O Diretório dos Índios: um projeto de civilização no Brasil do século XVIII.* Brasília: UnB, 1997.

AMOROSO, Marta Rosa. *Guerra mura no século XVIII: versos e versões. Representações dos mura no imaginário colonial.* Dissertação de mestrado, Unicamp, Campinas, 1991.

ANASTÁSIA, Carla Maria Junho. "A Lei da Boa Razão e o novo repertório da ação coletiva nas Minas setecentistas". *Varia História* 28/29-32, Belo Horizonte, UFMG, dez. 2002.

ANDERSON, Benedict. *Nação e consciência nacional*. São Paulo: Ática, 1989.

ARAÚJO, Renata Malcher. *As cidades da Amazônia no século XVIII*. Dissertação de mestrado, UNL, Lisboa, 1992.

______. *Urbanização do Mato Grosso no século XVIII: discurso e método*. Tese de doutorado, UNL, Lisboa, 2000.

ARRUDA, José Jobson de Andrade. "Decadência ou crise do império luso-brasileiro: o novo padrão de colonização do século XVIII". *Actas do IV Curso Internacional de Verão de Cascais*, Cascais, 1998, p. 213-228.

AVELLAR, Hélio de Alcântara. *História administrativa do Brasil: administração pombalina*. Brasília: UnB, 1983.

BELLOTO, Heloísa Liberalli. "Política indigenista no Brasil Colonial (1570-1757)". *Revista do Instituto de Estudos Brasileiros*, nº. 29, São Paulo, 1988.

______. *Autoridade e conflito no Brasil colonial: o governo do Morgado de Mateus em São Paulo*. São Paulo: Conselho Estadual de Cultura, 1979.

BICALHO, Maria Fernanda. "Conquista, mercês e poder local: a nobreza da terra na América portuguesa", revista eletrônica *Almanack Brazilienze*, nº. 2, nov. 2005.

BRANDING, David. *The First America:* the Spanish Monarchy — Criole Patriots and the Liberal State (1492/1867). Cambridge: Cambridge University Press, 1991.

BRIGOLA, João Carlos Pires. "Da permuta ao saque". In: *Coleções, gabinetes e museus em Portugal no século XVIII*. Lisboa: Fundação Calouste Gulbenkian, 2003.

BUENO, Beatriz. *Desenho e desígnio: o Brasil dos engenheiros militares (1500-1822)*. Tese de doutorado, USP, São Paulo, 2001.

CAÑAZARES-ESGUERRA, Jorge. *How to Write the History of the New World*. Palo Alto: Standford University Press, 2001

CAPEL, Horacio. "Geografía e cartografía". In: SELLÉS, Manuel et al. *Carlos III: la ciencia de la ilustración*. Madri: Alianza Editorial, 1988.

CARDIM, Pedro. "Centralização política e Estado na recente historiografia sobre o Portugal do Antigo Regime". *Nação e Defesa*, Lisboa, s/n, s/d, p. 129-158.

CARDOSO, José Luís. *O pensamento econômico em Portugal nos finais do século XVIII. 1780-1808*. Lisboa: Estampa, 1989.

COELHO, Mauro Cezar. *Do sertão para o mar: um estudo sobre a experiência portuguesa na América, a partir da Colônia: o caso do Diretório dos Índios (1751-1798)*. Tese de doutorado, USP, São Paulo, 2005.

CUNHA, Manuela Carneiro da. *Antropologia do Brasil*. São Paulo: Brasiliense, 1987.

CURTO, Diogo Ramada. "Notes à propos de la nobiliarquia paulistana de Pedro Taques". *Arquivo do Centro Cultural Calouste Gulbenkian* 39/109-118, Fundação Calouste Gulbenkian, 2001.

DIAS, Maria Odila Leite da Silva. "Aspectos da Ilustração no Brasil". In: *A interiorização da metrópole e outros estudos*. São Paulo: Alameda, 2005 (1ª ed.: 1968).

DOMINGUES, Ângela. "Para um melhor conhecimento dos domínios coloniais: a constituição de redes de informação no império português no final dos Setecentos". *Ler História*, Lisboa, 39, 2000.

______. *Quando os índios eram vassalos: colonização e relações de poder no norte do Brasil na segunda metade do século XVIII*. Lisboa: CNCDP, 2000.

FALCON, Francisco José Calazans. *A época pombalina*. São Paulo: Ática, 1982.

______. "As práticas do reformismo ilustrado pombalino no campo jurídico". *Biblos*, 8, 1996, p. 73-87.

______. "As práticas do reformismo ilustrado pombalino no campo jurídico" *Biblos*, 8/73-87, Coimbra, 1996.

FARAGE, Nadia. *As muralhas dos sertões: os povos indígenas no Rio Branco e a colonização*. Rio de Janeiro: Paz e Terra/Anpocs, 1991.

FERLINI, Vera Lúcia Amaral. *Açúcar e colonização: da América portuguesa ao Brasil — Ensaios de interpretação*. Tese de livre-docência, São Paulo, USP, 2000.

______. "A questão agrária no pensamento reformista luso-brasileiro do século XVIII". In: BICALHO, Fernanda e FERLINI, Vera. *Modos de governar: ideias e práticas políticas no império português*. São Paulo: Alameda, 2005.

FLEXOR, Maria Helena. *Aprender a ler, escrever e contar no Brasil do século XVIII* (versão cedida pela autora), 2001.

______. "A rede urbana brasileira setecentista: a afirmação da vila regular". Texto inédito apresentado no curso *A construção do Brasil urbano*, 2000.

FONSECA, Cláudia Damasceno. *Des Terres aux villes de l'or: pouvoirs et territoires urbains au Minas Gerais*. Paris: Centro Cultural Calouste Gulbenkian, 2003.

FRAGOSO, João. "Potentados coloniais e circuitos imperiais: notas sobre a nobreza da terra, supracapitanias, no Setecentos". In: MONTEIRO, Nuno Gonçalo, CUNHA, Mafalda Soares da e CARDIM, Pedro. *Optima Pars: elites ibero-americanas do Antigo Regime*. Lisboa: ICS, 2005, p. 191-252.

FREIRE, Felisbello. *História territorial do Brazil*. Rio de Janeiro: Jornal do Commercio, 1906.

GALLO, Alberto. "La venalidad de oficios públicos en Brasil durante el siglo XVIII". In: BELLINGERI, Marco (org.). *Dinámicas de antiguo régimen y orden constitucional: representación, justicia y administración en iberoamérica: siglos XVIII-XIX*. Torino: Otto, 2000.

GERBI, Antonello. *La disputa del nuevo mundo*. México: Fondo de Cultura Económica, 1982.

HESPANHA, António Manuel. "O jurista e o legislador na construção da propriedade burguesa liberal em Portugal". *Análise Social*, Lisboa, v. 16, 1980.

HOLANDA, Sérgio Buarque de. "Herança colonial, sua desagregação". In: *História geral da civilização brasileira*. São Paulo: Difel, 1962, tomo II, v. I.

JANCSÓ, István (coord.). *Brasil: formação do Estado e da nação*. São Paulo: Hucitec/ Unijui, 2003.

KANTOR, Íris. *Esquecidos e renascidos: a historiografia acadêmica lusoamericana*. São Paulo/Salvador: Hucitec, 2004.

KURY, Lorelai. "Homens de ciência no Brasil: impérios coloniais e circulação de informações (1780-1810)". *Ciência e Saúde*, Manguinhos, 2004.

LAFUENTE, Antonio et al. "Dinâmica imperial de la ciência: los contextos metropolitano Y colonial em la cultura española del siglo XVIII". In: GUMERA, Agustín (org.). *El reformismo borbónico*. Madri: Alianza Editorial, 1996.

LIRA, Maria de Lourdes Viana. *A utopia do poderoso império*. Rio de Janeiro: Sete Letras, 1994.

LOBÃO, Manuel de Almeida e Souza de. *Tratado prático de morgados*. Lisboa: Imprensa Nacional, 1841, p. 71-77.

LOBO, Eulália Maria Lahmeyer. *O processo administrativo ibero-americano*. Rio de Janeiro: Bibliex, 1960.

LOCKE, John. *O segundo tratado sobre o governo. Um ensaio referente à verdadeira origem, extensão e objetivo do governo civil*. Petrópolis: Vozes, 1990.

LOPES, Reinaldo de Lima. *O direito na história*. São Paulo: Max Limonad, 2000.

LOPES, Silvia Figueroa, LOPES, Margaret e SILVA, Clarete P. da. "Scientific culture and mineralogical sciences in the Luso-Brazilian empire". *Science in Context*, 18 (2), 2005, 1-24.

MAXWELL, Kenneth. "A geração de 1790 e a ideia do império luso-brasileiro". In: *Chocolates, piratas e outros malandros*, São Paulo: Paz e Terra, 1999 (1ª ed.: 1973).

MAYA, José Omar Moncada. *Ingenieros militares en Nueva Espana: inventário científico de su labor científica y espacial XVI-XVIII*. México: Universidad Autónoma de México, 1993.

MELO, Evaldo Cabral. *Rubro veio*. Rio de Janeiro: Nova Fronteira, 1986.

MONTEIRO, John M. *Tupis, tapuias, e historiadores. Estudos de história indígena e indigenismo*. Campinas, Unicamp, 2001 (Tese de livre-docência).

MONTEIRO, Nuno Gonçalo; CUNHA, Mafalda Soares da e CARDIM, Pedro. *Optima Pars: elites ibero-americanas do Antigo Regime*. Lisboa: ICS, 2005.

MONTEIRO, Nuno Gonçalo. *Elites e poder. Entre o Antigo Regime e o liberalismo*. Lisboa: ICS, 2003, p. 83-96.

MORAES, Antonio Carlos Robert de. *Bases da formação territorial do Brasil*. São Paulo: Hucitec, 2000.

MOTTA, Márcia Maria Menendes. "Memorialistas e jurisconsultos". In: *Terras lusas: a questão agrária em Portugal*. Niterói: UFF, 2007.

______. "Francisco Maurício de Souza Coutinho: sesmarias e os limites do poder". In: VAINFAS, Ronaldo; SANTOS, Georgina Silva dos; NEVES, Guilherme Pereira das (orgs.). *Retratos do império*. Niterói: Companhia das Índias/UFF, 2006.

MUNTEAL FILHO, Oswaldo. *Uma sinfonia para o Novo Mundo*. Tese de doutorado, UFRJ, Rio de Janeiro, 1998.

NEVES, Erivaldo Fagundes. *Estrutura fundiária e dinâmica mercantil: Alto Sertão da Bahia, séculos XVIII e XIX*. Salvador/Feira de Santana: UFBA/Uefs, 2005.

NOVAIS, Fernando A. *Aproximações: estudos de história e historiografia*. São Paulo: CosacNaify, 2005.

______. *Portugal e Brasil na crise do antigo sistema colonial (1777-1808)*. São Paulo: Hucitec, 1979.

______. "O reformismo ilustrado luso-brasileiro: Alguns aspectos". *Revista Brasileira de História*. São Paulo, nº. 7, mar. de 1994, p. 105-17.

OLIVAL, Fernanda. *O Estado moderno e as ordens militares em Portugal*. Lisboa: Estar, 2001.

PIRIDES, Paulo Pedro. "A organização político-administrativa e o processo de regionalização do território colonial brasileiro". *Revista do Departamento de Geografia* 9/77-91, São Paulo, USP, 1995.

PRADO JR., Caio. *Formação do Brasil contemporâneo*, 4. ed. São Paulo: Brasiliense, 1953 (1ª ed.: 1942).

RAMINELLI, Ronald. *A escrita e a espada em busca de mercê* (livro inédito).

______. *Viagens ultramarinas: monarcas, vassalos e governo a distância*, São Paulo: Alameda, 2008.

______. "Ilustração e patronagem: estratégias de ascensão social no império português". *Anais de História do Além-Mar*, Universidade Nova de Lisboa, ano VI, 2005, p. 287-296.

RESENDE, Maria Leônia Chaves de. *Gentios brasílicos: índios coloniais em Minas Gerais setecentista*. Tese de doutorado, Unicamp, Campinas, 2003.

RIBEIRO JR., José. "Extrato da legislação para o Brasil durante o reinado de D. José I (1750-1777)". *Anais de História*, Assis, FFCL, 1969.

RICUPERO, Rodrigo M. *Honras e mercês: poder e patrimônio nos primórdios do Brasil*, Tese de doutorado, USP, São Paulo, 2005.

SALDANHA, António Vasconcelos de. *As capitanias do Brasil: antecedentes, desenvolvimento e extinção de um fenômeno atlântico*. Lisboa: CNCDP, 2001.

SAMPAIO, Patrícia Maria de Melo. *Espelhos partidos: etnia, legislação e desigualdade na Colônia. Sertões do Grão-Pará, c. 1755-c. 1823*. Tese de doutorado, UFF, Niterói, 2001.

SANTOS, Flávio Gomes dos. *A hidra e os pântanos: mocambos, quilombos e comunidades de fugitivos no Brasil (séculos XVII-XIX)*. São Paulo: Unesp/Polis, 2005.

SILVA, Ana Cristina Nogueira da. "Tradição e reforma na organização político-administrativa do espaço, Portugal, finais do século XVIII". In: JANCSÓ, István. *Brasil: formação do Estado e da nação*. São Paulo: Hucitec, 2003.

SILVA, Ana Rosa Cloclet da. *Inventando a nação: intelectuais ilustrados e estadistas luso-brasileiros na crise do antigo sistema colonial*. São Paulo: Hucitec, 2006.

SILVA, Andrée Mansuy Diniz (Introdução). *D. Rodrigo de Souza Coutinho: textos políticos, econômicos e financeiros (1783-1811)*. Lisboa: Banco de Portugal, 1993.

SOMMER, Bárbara, *Negotiated settlements: native Amazonians and Portuguese policy in Pará 1758-1798*. Tese de doutorado, University of New Mexico, Albuquerque, 2000.

SOUZA, Laura de Mello e. *O sol e a sombra*. São Paulo: Companhia das Letras, 2006.

VIDAL, Laurentl. *Mazagão: la ville qui traversa l' Atlantique*. Paris: Flammarion, 2008, p. 53-257.

WEHLING, Arno e WEHLING, Maria José. *Direito e justiça no Brasil Colonial*. Rio de Janeiro: Renovar, 2004.

WEHLING, Arno. *Administração portuguesa no Brasil de Pombal a D. João (1777-1808)*. Brasília: Funcep, 1986.

CAPÍTULO 10 Ordenanças, tropas de linha e auxiliares: mapeando os espaços militares luso-brasileiros

*Vitor Izecksohn**

A organização militar da América portuguesa fazia parte de um conjunto mais amplo de questões ligadas à administração das possessões ultramarinas. Ela constituiu um mosaico de formas, sendo integrada pela sobreposição de diversas organizações que se encarregaram simultaneamente da defesa dos territórios, da proteção de seus habitantes e da implementação das políticas expansionistas. Essas tarefas eram executadas concomitantemente pelos representantes da Coroa e pelos empreendedores locais. Elas envolviam, na maioria das vezes, a presença de um pequeno corpo militar, o exército de linha, que convivia com várias disposições auxiliares, como as milícias, as ordenanças, as bandeiras e os bandos armados, e se integrava a elas. Prevaleceram as forças semirregulares, que auxiliaram o exército assalariado durante os períodos da colônia e do vice-reino. Tratava-se, em geral, de tropas não pagas, sustentadas por recursos originários tanto das rendas privadas dos seus

*Professor do departamento de História e do Programa de Pós-Graduação em História Social da UFRJ. A pesquisa para este trabalho contou com suporte financeiro do CNPq e da Capes.

comandantes como dos saques e butins obtidos nas campanhas. Os comandantes dessas forças eram majoritariamente fidalgos ou membros da nobreza da terra. Seu treinamento consistia na prática continuada dos combates ou na experiência adquirida através do convívio familiar, isto é, com pouco adestramento profissional. Seus soldados eram frequentemente os moradores das localidades, relacionados aos comandantes por vínculos pessoais, os mesmos liames que reforçavam sua disciplina através de uma subordinação que possuía pouco em comum com as regras hierárquicas de uma organização total moderna.[1] A experiência militar, portanto, foi muito pouco homogênea, tornando difícil delinear um único formato para todo o período. Nessas condições, a estrutura tendeu a seguir e confirmar as hierarquias locais, com algumas brechas para indivíduos procedentes de grupos subalternos que se destacassem nos combates ou na arregimentação de tropas. Essa colaboração poderia ser recompensada através de mercês, alforrias, doação de terras ou, eventualmente, alguma forma de remuneração monetária distribuída a alguns poucos agraciados.

O padrão de organização dessas forças variou muito de acordo com a época, com a densidade populacional da região e com o maior ou menor grau de emergência enfrentado pelas autoridades nas capitanias. Essa falta de padronização confundiu frequentemente colonos e autoridades, da mesma forma que ainda confunde os pesquisadores que lidam com esse objeto, tornando a produção historiográfica sobre as milícias quantitativamente menor e menos específica do que aquela ligada a outros temas da história colonial. Essa situação contrasta com a disseminação de trabalhos sobre outras áreas coloniais do novo mundo, com destaque para a América espanhola e o Caribe francês — sobre cujas organizações militares produziu-se considerável volume de pesquisas, com destaque para os anos finais do período Bourbon.[2]

Serviços e recompensas no Reino

Fernando Dores Costa, estudando o fim do século XVIII, assinalou que as contribuições voluntárias da comunidade mercantil de Lisboa eram feitas mediante detalhada combinação de ameaças e promessas de mercês. Ao contrário das nações mais militarizadas, a execução das tarefas marciais, no reino e em seus domínios, reforçou as negociações entre a Coroa e seus vassalos, permitindo a constituição de um sistema de interdependências que se amparava numa série de imunidades e de concessões de privilégios. Como em outras monarquias europeias, eram respeitados os períodos de colheita e as funções primordiais para o Estado, que garantiam um amplo rol de isenções. No entanto, diversamente do que acontecia naquelas monarquias centralizadas, essas isenções podiam ser constantemente renegociadas e ampliadas no contexto lusitano. Elas abrangiam, então, não apenas os detentores do poder, mas os seus subordinados, abarcando as ordens religiosas, os homens legalmente casados e várias profissões consideradas essenciais, como ferreiros, carpinteiros, pintores, moedeiros, comerciantes, familiares do Santo Ofício, cavaleiros das ordens militares, criados das boas casas, reiterando, segundo Dores Costa "o enorme poder de desobrigar".[3]

Os fidalgos que colaboravam eram recompensados com mercês e privilégios, calculados segundo a importância dos serviços prestados, o grau de dificuldade deles, o nível de pureza do seu sangue e a importância das famílias e dos grupos de agregados envolvidos. Eram recompensados, igualmente, pela isenção do pagamento de talhas, derramas e outros impostos, pelo privilégio do foro militar e pela isenção de seus agregados do recrutamento para o exército de linha. O sistema das ordenanças consagrava, dessa forma, o poder geral de administrar a isenção das comunidades pelo recrutamento militar, sugerindo um padrão de governança tipicamente barroco. Simultaneamente, o sistema de mercês reforçava o monopólio da Coroa sobre a atribuição de distinções de honra. O autor do *Tratado jurídico das pessoas honradas* definiu o papel alternativo da honra como uma moeda paralela a ser empregada pela Coroa, enfatizando que, "... honras são tesouros, com que nas monarchias se consolidão os thronos, e regem os estados sem desperdício de rendas e vexame dos povos".[4]

Na América portuguesa, a relação entre o serviço das armas e a generosidade real pode ser constatada mesmo nas franjas do sistema, através da nomeação dos capitães de fortalezas que guardavam a cidade do Rio de Janeiro após a Restauração. Tanto o gerenciamento dos recursos para as ditas fortalezas quanto o recebimento de emolumentos e soldos eram vistos como prêmios por serviços prestados à Coroa e, dessa forma, disputados concomitantemente pelos membros das famílias mais conceituadas do Recôncavo da Guanabara e por funcionários com longa folha de serviços prestados nos territórios de além-mar. O controle do fluxo de navios entrando e saindo da barra da cidade criava oportunidades de acumulação que transcendiam as implicações puramente estratégicas do posto, constituindo uma forma indireta de remuneração daqueles que se qualificavam para o exercício de tais cargos.[5]

Dada a difícil situação financeira do Estado português e de suas possessões americanas, esses "serviços" acabaram sendo essenciais à manutenção da segurança interna e da integridade territorial, ainda que sua eficácia tenha sido objeto de contestações frequentes por parte das autoridades e dos colonos mais afetados pelas tarefas militares. Esse padrão de cooperação entre o poder público e seus vassalos, estabelecido em Portugal na época da Conquista, foi transferido para a América portuguesa, onde a presença do exército regular era muito menor e sua atuação ainda menos eficaz do que no Reino. Essa precariedade reforçava o papel das concessões e das mercês reais como pagamento pelos esforços de particulares a serviço do rei.[6]

A implantação

A preocupação de defender as possessões de além-mar chegou às terras americanas praticamente junto com os conquistadores ibéricos, mas sua regulamentação demorou algumas décadas. Tal como estabelecido no regimento de 1548, cabia aos colonos zelar pela segurança das capitanias. De acordo com o regimento, o recrutamento e a organização da linha auxiliar eram encargos dos moradores. Durante os séculos XVI e XVII a obrigação pela defesa dos territórios americanos repousou, em geral, nos donatários das capitanias, que armavam seus vassalos com os meios que possuíam. O alvará das armas de 1569 tornava obrigatória aos homens livres a posse de armas, fossem elas de fogo ou brancas. No ano seguinte, foi instituído o "regimento geral das ordenanças", com a intenção de regulamentar o exercício das forças existentes na colônia, criando os corpos de ordenança, formados pelo engajamento compulsório de todos os moradores com idade entre 18 e 60 anos, com exceção dos eclesiásticos e fidalgos, cuja adesão era seletiva. Esse último documento dividia os distritos de recrutamento a cargo dos capitães-mores de ordenanças. Cada capitão-mor, auxiliado por um sargento-mor de ordenanças, também eleito pela Câmara, procederia na sua comarca ao alistamento de todos os homens válidos em idade de servir. Essa estratégia, simultaneamente, desonerava a monarquia e contaminava a sociedade com a violência, mesmo que os indivíduos livres fossem controlados, em geral, pelo nível superior das linhas auxiliares, postas ao serviço dos arranjos locais de poder e da construção de hierarquias, segundo o corte social prevalecente.[7]

O armamento da sociedade sugere uma semelhança com o que aconteceria nas colônias da Nova Inglaterra a partir do século XVII. Ocorre, entretanto, que no ambiente colonial brasileiro o controle da posse e distribuição das armas por parte de senhores, capitães das armas e câmaras municipais parece ter sido bem mais intenso e efetivo quando comparado à disseminação e ao amplo acesso ocorridos nos aldeamentos puritanos, nos quais prevalecia uma forte correlação entre o porte de armas e os direitos de participação nas decisões locais. No ambiente luso-brasileiro estar armado só garantia direitos por associação a notabilidades locais, conferindo muito pouco em termos de autonomia individual àqueles indivíduos mobilizados para a defesa dos interesses imediatos de seus senhores. Estar armado e gozar de ampla liberdade individual não eram atributos correlatos, condição que explica, de certa forma, o fato de escravos, índios flecheiros e outros grupos subordinados terem sido frequentemente armados para servir a seus senhores.[8] Por outro lado, a debilidade administrativa impediu a construção de grandes fortificações, fragilizando a capacidade defensiva das feitorias litorâneas e de suas estruturas produtivas. As fortificações existentes eram precárias e mostravam-se pouco efetivas em caso de perigo real, como ficou comprovado pelos dois ataques sofridos pela cidade do Rio de Janeiro em 1710 e 1711, quando corsários franceses, respectivamente comandados por Du Clerc e Duguay-Trouin, surpreenderam os defensores da cidade, chegando com facilidade a área central, na qual o primeiro foi derrotado e o segundo prevaleceu, exigindo da população um resgate graúdo.

A fragilidade defensiva acima exposta produz forte contraste entre a improvisada situação da América portuguesa e a concepção de uma revolução militar europeia, que foi descrita por Geoffrey Parker num trabalho clássico sobre as transformações tecnológicas e seus efeitos no que concerne à evolução das políticas centralizadoras das monarquias europeias. No contexto da formação dos Estados nacionais, do fortalecimento do monopólio estatal do emprego da violência legítima, do desarmamento da sociedade e de amplas transformações tanto na tecnologia como no campo das organizações (e nas estratégias militares), esse processo produziu uma revolução, a qual Parker designa como responsável pela primazia da civilização ocidental e pela formação de Impérios coloniais. As características mais notáveis dessas alterações foram: a utilização crescente de armas de fogo, as transformações imediatas no sistema de defesa, com fortalezas de traço italiano (bastiões) substituindo a rede secular de castelos medievais, o declínio da cavalaria em favor da infantaria (piquetes), o aumento do contingente dos exércitos e sua profissionalização.

A expansão portuguesa e a persistente defesa dos domínios de além-mar apontam para estratégias cuja sistemática, longe de apoiar-se na superioridade tecnológica, sustentou-se na assimilação de técnicas e táticas autóctones, cujo emprego permitiu, em certos contextos, a superação de adversários cujas forças militares encontravam-se muitas vezes em estágio mais avançado. Essa solução improvisada, econômica e pouco profissionalizada garantiria as demandas luso-brasileiras à posse das terras americanas nos dois primeiros séculos de organização da colônia.[9]

Guerra brasílica

Em face das conquistas da tecnologia militar europeia, a imprevisibilidade da capacidade defensiva luso-brasileira, decorrente da falta de homens e recursos, bem como do baixo grau de desenvolvimento tecnológico, levou os colonos a desenvolver táticas de guerra apropriadas das lutas com os índios nos sertões. A chamada "guerra brasílica" consistiu na adaptação dessas técnicas para o combate, permitindo a superação dos inimigos internos e dos concorrentes franceses e holandeses nas guerras pelo domínio do litoral nordestino, do sertão baiano e das terras do oeste. As nações nativas que os colonizadores encontraram viviam em estado de guerra permanente. Essa situação foi percebida por frei Vicente do Salvador, segundo quem "é este gentio naturalmente tão belicoso que todo o seu cuidado é como farão guerra a seus contrários".[10] Mas os hábitos guerreiros dos nativos foram postos a serviço das preferências dos grupos colonizadores, processo que, unido ao acesso às armas de fogo, potencializou os efeitos perversos da utilização dos auxiliares indígenas, redirecionando-os não apenas para o combate a tribos adversárias, mas para as campanhas contra Impérios coloniais concorrentes. A adaptação dessas estratégias aos conflitos entre metrópoles fugia aos combates em campo aberto e às práticas de cerco prolongado, comuns às disputas internacionais europeias, nas quais a ofensiva era empregada de forma metódica. Segundo Evaldo Cabral de Melo, a estratégia defensiva que Mathias de Albuquerque empregou contra os invasores batavos era um "sistema misto", no qual as forças convencionais concentravam-se:

> ... numa praça forte, o Arraial do Bom Jesus, guarnecida pela artilharia e pelas tropas regulares, com o emprego de tropas irregulares e de soldados da terra, de índios e de negros, que ocupavam uma linha de postos

> avançados, as estâncias e redutos, situadas entre o arraial e o exército holandês. No espaço entre as estâncias, vagavam as companhias volantes, cujas emboscadas e assaltos tinham objetivo de impedir a penetração do inimigo. Ao passo que o arraial preenchia uma função estratégica, as estâncias e as tropas volantes desempenhavam um papel tático.[11]

Posteriormente, essas mesmas táticas seriam apropriadas por bandeirantes paulistas, que as utilizariam nas campanhas contra Palmares e contra grupos indígenas que resistiam ao avanço da pecuária, especialmente no contexto da Guerra do Açu, durante a segunda metade do século XVII. Essa transformação sinaliza para o surgimento de grupos de colonos que se especializariam no emprego da violência organizada, trabalhando a soldo para outros colonos e/ou a serviço da monarquia, quando necessário. Essa especialização progrediu de forma mais intensa a partir do momento em que a guerra brasílica decaiu para uma arte militar adequada apenas às áreas atrasadas, afastadas da marinha e das praças fortes, circunstância que Pedro Puntoni denominou “a arcaização da guerra brasílica”.[12]

Para melhor execução das tarefas guerreiras era essencial que os grupos de paulistas se fizessem acompanhar por auxiliares indígenas, mestiços e mesmo por escravos armados. A organização de tropas de flecheiros e de bandos de escravos se constituiria em referência para a segurança do território e de suas elites, ultrapassando o escopo do bandeirantismo para ser também utilizada por bandos armados a serviço de senhores em áreas litorâneas, como o Recôncavo da Guanabara. Ao se associarem aos interesses e objetivos de seus senhores, índios subordinados, libertos e escravos buscavam uma inclusão mais favorável nos grupos que disputavam o poder nas regiões contestadas, uma vez que o sucesso de seus bandos aumentava as oportunidades de inserção disponíveis, além de melhorar as graças eventualmente recebidas.

A defesa do Atlântico Sul reforçou a posição dos conquistadores das terras fluminenses, segundo João Fragoso: “Os nobres coloniais iam com flecheiros e cabedais, o que os diferenciava dos imigrantes pobres.”[13] A disponibilidade de "gente de guerra, canoa e índios" da capitania melhorava suas possibilidades de barganha com as autoridades metropolitanas, especialmente quando contribuíam para os esforços expansionistas do Império, enviando homens a áreas distantes. Na expedição de socorro à Colônia do Sacramento, cercada por forças castelhanas em 1735, os 240 infantes e 35 artilheiros enviados foram ainda acompanhados por 25 índios, provenientes das terras fluminenses.[14] Os interesses da defesa do território eram, assim, associados aos interesses de empreendedores e de seus agregados, unindo as questões da defesa daquela parte do Império às possibilidades de reprodução econômica, criando lealdades mais profundas, bem como possibilidades aprimoradas de recompensa.

As milícias e o exército regular

Reino de poucos recursos financeiros e demográficos, Império ultramarino de vastas extensões, Portugal estabelece com a Restauração (1640) uma organização militar dual. De um lado, a tropa de linha ou primeira linha, formada de soldados profissionais de longo período de serviço, consolidada muito depois da sua criação pelas reformas militares do conde de Lippe no fim do século XVIII. De outro, as milícias e ordenanças, reservas territoriais eventuais e não pagas, formadas em teoria pela quase totalidade dos súditos válidos. O termo milícia origina-se do latim *miles* (soldado) ou *militia* (serviço militar). Segundo Nanci Leôncio, na Europa essas expressões eram utilizadas para diferenciar os civis armados dos mercenários e dos soldados profissionais. Inicialmente foram conhecidas no Brasil pela expressão terços auxiliares. Sua designação originou-se do costume espanhol de dividir em frações as unidades de infantaria terços ou coronélias. Esses corpos eram compostos, normalmente, por cerca de mil homens, enquanto os regimentos alemães e romanos, que originaram a designação, eram formados por três mil homens. A unidade portuguesa correspondia à terça parte da unidade alemã, já que Portugal manteve a estrutura espanhola, mesmo depois da Reconquista.[15]

A partir de 1796 o termo milícia passou a ser empregado em substituição aos terços, com a adoção do sistema de regimentos franceses, mas pouco mudou na estrutura da instituição. A divisão das tarefas militares a partir de então reforçou o papel do recrutamento como um formidável fator de hierarquização social e de transmissão das determinações administrativas através das capitanias. Caio Prado Jr. chegou a ver nas ordenanças a instituição capaz de "tornar possível a ordem legal e administrativa neste território imenso, de população dispersa e escassez de funcionários regulares". Em certas circunstâncias algumas capitanias apresentaram forte correlação entre o pertencimento ao estrato superior da sua população e o desempenho de funções militares. A classificação feita por Elisabet Darwiche Rabello sobre o senso de 1798 na Província de São Paulo encontrou 40% dos senhores de engenho e proprietários de terra (143 num universo de 357) desempenhando funções militares. Pode-se questionar se a nomeação para esses cargos redundaria em desempenho efetivo, questão fundamental nos momentos de mobilização, mas o fato de encontrarem-se listados demonstra o prestígio das posições militares numa capitania na qual o apresamento de índios desempenhava papel de relevo.[16]

A divisão das forças

Os corpos regulares recebiam, mesmo que com atraso, soldo, fardamento, armamento, farinha, azeite, capim, cavalos e assistência médica. Eles vinculavam os soldados a longos períodos de serviço, que poderiam chegar a nove anos. Muitos desses soldados eram obtidos através do recrutamento forçado, mas não foi incomum o alistamento voluntário, especialmente de jovens que procuravam fugir de outras formas de opressão, do desemprego ou de condições de trabalho muito duras, reproduzindo uma situação que com frequência ocorreu nos exércitos europeus. Havia também aqueles indivíduos provenientes de famílias militares, possuindo alguma intimidade com as tarefas e as obrigações inerentes ao serviço.[17]

No caso dos corpos auxiliares, ou milícias, eram compostos de vassalos em tempo parcial, não assalariados e arregimentados segundo seu lugar de origem, ou seja, não se locomoviam como os corpos regulares. As milícias eram organizadas em terços de base territorial — comarcas, freguesias — não remuneradas, a não ser quando em serviço ativo. Seus oficiais inferiores também eram eleitos entre os civis, com apenas algumas patentes superiores sendo designadas pelo vice-rei, procedimento que se tornaria mais comum ao fim do período pombalino. Sua organização era feita por freguesias, mas estavam divididas, principalmente, por categorias da população: brancos, ricos, comerciantes, pretos, forros, pardos, em corpos separados.

Por último, existiam os corpos de ordenanças, ou paisanos armados. Eram grupos de homens que não possuíam instrução militar sistemática nem recebiam soldos. Seu efetivo era formado pelos moradores locais não arrolados na milícia, que permaneciam em suas atividades particulares e somente eram mobilizados em caso de perturbação da ordem pública. Ao conjunto dessa organização militar Francis Albert Cotta denominou "sistema militar corporativo". Para Cotta, esse sistema dependeria da coordenação dos três níveis a partir do comando de um vice-rei, cujos talentos organizacionais aglutinariam os diferentes grupos cristalizando o grau de unidade necessária.[18]

Obrigar quase todos os súditos válidos a defender o território implicou uma "paisanização" das atividades militares, transferindo para grupos privados muitas das responsabilidades que pesavam sobre as questões da defesa e da segurança da colônia.[19] Mesmo que essa forma peculiar de militarização esbarrasse em vários entraves, e ainda considerando que fosse mais efetiva em áreas de guerra intermitente do que nas regiões de ocupação consolidada, ela parecia mais apropriada às autoridades imperiais do que a imposição dos modelos centralistas estabelecidos na Prússia e na França durante o século XVIII. Em outras palavras, criar um monopólio da violência legítima com base na centralização monárquica não fazia parte do rol de possibilidades aberto ao Estado lusitano, que precisou negociar com seus colonos uma divisão de trabalho minimamente exequível em relação à distribuição das atividades coercitivas. Nessa divisão de organizações, o exército cristalizava-se como o reduto dos pobres desclassificados, tais como vagabundos, ladrões, criminosos (não homicidas), hereges (durante o período da Inquisição), fugitivos, devedores, bêbados, órfãos, migrantes e alguns transeuntes que por azar passavam próximos às áreas nas quais estava ocorrendo o recrutamento. Dessa forma a simples ameaça do recrutamento para o exército (dado que o número real de homens em serviço acabava sendo pequeno) constituía uma ferramenta poderosa de controle social e instrumento de coerção ao trabalho. Entretanto, a precariedade das instalações militares, a pauperização oriunda dos atrasos nos soldos e a impossibilidade prática de coibir a formação de famílias entre os soldados impediram que as autoridades conseguissem isolá-los da sociedade de uma forma mais ampla, ainda que muitos considerassem o serviço como uma forma de punição. Esse padrão, o qual Peter Beattie classificou como protopenal, não deve ser entendido, entretanto, como geral, tal como explicado acima. Mas certamente contribuía para a dificuldade de tornar o alistamento no exército de linha algo aceitável para amplas parcelas da população masculina. As milícias possuíam, portanto, o papel adicional de defender seus membros do recrutamento para o exército de linha.[20]

Para organizar esse sistema foi criada, em 28 de julho de 1736, a Secretaria de Estado de Negócios Estrangeiros e de Guerra, com o objetivo de coordenar os órgãos que gerenciavam o exército. Existia ainda o Conselho de Guerra, que era constituído pelos fidalgos mais experientes em coisas da milícia. Esse órgão tinha como finalidade gerenciar todos os assuntos relativos à guerra, além do planejamento da estratégia e da logística, composição das armadas, decisão por guerra ofensiva ou defensiva, nomeação de oficiais, justiça militar e o recrutamento dos homens. O corpo militar era formado pela reunião da gente de guerra, independentemente da arma a que pertenciam. Esse corpo militar era designado por localidade, sendo o regimento ou terço conhecido pelo nome do seu comandante. Tal como aconteceria com o regimento de Bragança após algumas décadas de permanência no Brasil, quando passou a ser denominado "Regimento dos Lima", em alusão à presença de vários membros da família Lima e Silva como oficiais nas fileiras.[21]

Quadro 1
Estrutura militar do Brasil Colônia

	Corpos regulares (tropas pagas ou de linha)	**Milícias (corpo de auxiliares)**	**Ordenanças (corpos irregulares)**
Criação	1640, em Portugal	1641, em Portugal	Pelo Regimento de 1548
Características principais	Regular, profissional e paga	Não remunerado e compulsório. Eram armados por conta própria ou por comandantes exercitados e disciplinados. Não são ligados permanentemente à função militar	Forte caráter local. Não recebiam soldo. Permaneciam com suas atividades particulares e só as abandonavam em casos graves, cooperando com o serviço militar. Não possuíam instrução militar
Organização	Terços e companhias	Terços e companhias	Regimento das Ordenanças de 1570 e da Provisão de 1574[22]
Comando/ hierarquia	Fidalgos de nomeação real	Mestres de campo, coronéis, sargentos-mores, tenentes-coronéis, capitães, tenentes. Os oficiais inferiores eram os alferes, sargentos, furriéis, cabos de esquadra, porta-estandartes e tambores	Capitão-mor, sargento-mor, capitão. Os oficiais inferiores eram os alferes, sargentos, furriéis, cabos de esquadra, porta-estandartes e tambores

(cont.)

Recrutamento	Compulsório, com efetivos vindos do reino e complementados por tropas coloniais	Em bases territoriais, pela população civil. Compostas por homens aptos ao serviço militar (treinados)	População masculina entre 18-60 anos ainda não recrutada pelas duas outras forças, excetuando-se os privilegiados
Funções	Diferenciadas em cada região[23]	Além de cooperar com as tropas pagas, elas as substituiriam, caso essas fossem chamadas para fora do território	Eram utilizados em missões de caráter militar e em atividades de controle interno

Fontes: Kalina Vanderlei, *O miserável soldo*; Enrique Peregalli, *Recrutamento militar no Brasil colonial;* e Francis Albert Cotta, *O sistema corporativo na América portuguesa.*

Suprir e defender a América portuguesa eram tarefas complicadas. A aversão geral da população ao serviço militar regular, destino de criminosos e de desprotegidos, e a prática do Estado português de delegar poderes aos condestáveis locais, usando recompensas dinásticas como pagamentos, demonstraram que a improvisação era a regra geral para lidar com as ameaças domésticas e internacionais. Em 1761, o comandante da guarnição da Bahia informava ao governo da metrópole que os baianos tinham tal horror do serviço que "nenhum deles quer persuadir o filho a alistar-se; o que é pior ainda, até os que servem como oficiais regulares, que têm uma quantidade prodigiosa de filhos do sexo masculino, não tentam induzir nenhum deles a alistar-se".[24] Ao longo da colonização, o Estado português reforçou as alianças com os poderes locais, visando tanto à defesa da colônia como ao auxílio ao exército de primeira linha na manutenção de condições mínimas de controle territorial. Tal disposição revelava nas tarefas administrativas postas em execução os seus limites, a sua debilidade e a dificuldade de instituir um governo direto, conforme o modelo implantado a partir do fim do século XVIII na França.[25] O fortalecimento desse tipo de consórcio se deu, portanto, em prejuízo da capacidade da monarquia lusa de regular os conflitos entre seus súditos americanos, especialmente nas áreas de fronteira, nas quais tais conflitos frequentemente evoluíam para a luta armada entre bandos de senhores que, armando índios e escravos, praticavam pilhagens e assassinatos. Tal como se deu na região da vila de Rio Grande, onde a opressão da família Pinto Bandeira aos adversários locais pareceu menos nociva às autoridades monárquicas do que os serviços por ela prestados na luta pela reconquista de parte da porção meridional do Império durante a segunda metade do século XVIII.[26]

Recrutando e mobilizando

Como em outras áreas das Américas, as autoridades luso-brasileiras tiveram de lidar com a constante escassez de recursos. As enormes distâncias a percorrer, somadas à rarefação da população, distribuída por território vasto e à falta de qualquer método ou periodicidade na sua execução, aumentavam a imprevisibilidade dos esforços para recrutar para o exército de linha ou para mobilizar as forças auxiliares. A dificuldade para obter recrutas a partir das ordenanças tornava arriscado mobilizar forças combatentes para fora das localidades. Era complicado, sobretudo, extrair suprimentos de uma sociedade pauperizada, que enfrentava sérios problemas de abastecimento e de comunicação entre as diferentes capitanias. Em novembro de 1735, o conde de Sarzedas, governador de São Paulo, comunicou ao vice-rei Gomes Freire de Andrade a impossibilidade de auxiliar na defesa da Colônia do Sacramento, entendendo ser difícil mobilizar os paulistas sem lhes oferecer vantagens substanciais. Tratava-se de um momento delicado, quando boa parte das tropas volantes daquela capitania se encontrava distante, seja envolvida no serviço das minas, seja ainda participando das campanhas contra os índios paiaguás, em Mato Grosso.[27]

O serviço nas milícias, em geral, não trazia para os seus membros o risco de remoção para outras regiões, pois essas unidades, organizadas por condestáveis, eram mantidas nas localidades nas quais se encontravam organizadas. Já os membros das ordenanças sofriam essa ameaça, uma vez que as reservas de homens livres, de libertos e de escravos poderiam, em circunstâncias excepcionais, ser mobilizadas para defender outras regiões coloniais, tal como ocorreu nas regiões de mineração durante as invasões francesas ao Rio de Janeiro ao longo do século XVIII. Mas as diferenças entre as duas instituições nunca eram muito claras na prática, sendo o temor da remoção comum aos membros das duas organizações em períodos de crise, fator que dinamizou os repertórios de resistência aos esforços militares, seja através da inércia na contribuição, seja através de fugas e ataques a escoltas ou autoridades encarregadas da arregimentação de soldados.

O recrutamento militar para o exército e a mobilização da milícia ainda traziam o ônus adicional da retirada de trabalhadores livres e escravos da agricultura, situação que criava conflitos frequentes envolvendo os colonos, as autoridades locais e os funcionários a serviço da metrópole. Os trabalhadores agrícolas cumpriam uma atividade essencial na colônia, e a simples menção de um recrutamento os levava a fugir para locais ermos. Um ditado popular dizia, que "Deus é grande, mas o mato é maior", capturando, sem dúvida, a impopularidade do recrutamento em amplas camadas da sociedade e os problemas trazidos por essa extração às atividades produtivas. Por essa razão, os pedidos de dispensa, apresentados por senhores para isentar seus empregados e dependentes, foram constantes, bem como as reclamações sobre a fuga de trabalhadores e os males que essa subtração de mão de obra trazia para as atividades produtivas e disseminando, simultaneamente, os episódios de banditismo rural. Assim, não causa espanto que a atuação da milícia fosse mais efetiva ao nível local, onde podia ser arregimentada, treinada e empregada próxima aos olhos dos seus comandantes; enquanto a mobilização das ordenanças esbarrava em todo tipo de resistência, já que o recrutamento dessa última era levado a efeito sem qualquer sistematização ou periodicidade, muitas vezes por elementos alheios às vilas e cidades. No entanto, tal como apontado por Kalina

Vanderlei, as ordenanças constituíam a reserva efetiva do exército de linha, formadas por todo tipo de indivíduo livre e pobre não incluído nas milícias e sujeitas, portanto, a transferência em caso de necessidade.

O quadro internacional

Entre o fim da Guerra de Restauração e a segunda metade do século XVIII Portugal não precisou guerrear contra exércitos numericamente relevantes. Os conflitos europeus ressoaram com maior intensidade nas escaramuças que levaram à extensão das fronteiras meridionais. Na Colônia do Sacramento, um enclave português na embocadura do rio da Prata, o Império português teve a sua principal frente de guerra. Fundada em 1680, a colônia vinculava-se aos planos de expansão dos portugueses, especialmente no que se refere ao domínio do estuário platino e à manutenção dos fluxos de contrabando da prata originária das minas de Potosí, via portos brasileiros, para Lisboa. Os combates foram intermitentes, destacando-se a destruição da colônia em 1680, sua restituição no ano seguinte e os bloqueios espanhóis em 1713 e 1735-37.[28] Naquela região fronteiriça, as políticas expansionistas do Estado português foram associadas aos interesses privados de grupos locais, aventureiros, cavalaria de criadores de gado, tropeiros etc., auxiliando as forças de primeira linha nas campanhas contra as forças castelhanas e na ocupação do território meridional. As longas disputas pela posse da Colônia do Sacramento e pelo acesso ao rio da Prata seriam paulatinamente substituídas pelas contendas sobre a extensão dos domínios da capitania de São Pedro, especialmente no que se refere aos limites com o Uruguai e aos territórios das antigas missões jesuíticas mais para o oeste. A falta de limites entre comércio e contrabando frequentemente reforçou a autonomia das elites locais, cuja relevância dos serviços foi constantemente demonstrada, muitas vezes no intuito de relaxar a fiscalização real.[29]

Raças e milícias

As milícias aceitavam negros (livres e libertos) e índios em companhias específicas. A abertura do serviço militar para esses grupos subalternizados é uma das características que distinguem as sociedades ibero-americanas da América inglesa, em cujas colônias o emprego desses elementos se deu normalmente apenas em contextos de emergência, isto é, sem garantias de uma melhor integração na sociedade dos brancos.[30]

Desde o início da colonização, bandos de escravos acompanhavam seus senhores. Como observou Fragoso, "nos embates senhoriais não só estavam em jogo os interesses destes [senhores], mas também os dos escravos", uma vez que, na condição de agentes de qualidade inferior de seus donos, "as famílias escravas tinham algo a defender" nos conflitos senhoriais. O que fica claro é que alguns indivíduos e algumas famílias cativas conseguiram, em situações especiais, utilizar o serviço militar para ascender socialmente, obtendo até mesmo a alforria, qualificando-se, assim, para servir nas milícias.

No contexto brasileiro, forros e escravos podiam tirar vantagens das carências militares, associando-se às atividades guerreiras. O mais famoso desses casos foi o de Henrique Dias, filho de escravos nascido em Pernambuco, que organizou um terço de negros que lutou contra os holandeses. Dias deu origem a uma designação de terços negros, os henriques, denominação pela qual ficariam conhecidas essas unidades a partir de então. No contexto da luta contra os holandeses, a utilização de escravos como soldados deu continuidade a práticas presentes nas disputas africanas, pois capturar novos escravos era um objetivo da guerra e utilizá-los no combate, uma prática comum entre os vários grupos que comerciavam com traficantes portugueses nos enclaves atlânticos. Os escravos fugindo do lado batavo podiam, assim, ser compelidos a lutar no terço de Henrique Dias, que ocasionalmente conduzia escaramuças para obter novos combatentes, subtraídos aos cativos que trabalhavam nas regiões ocupadas.

Em Angola, forças holandesas também ocuparam possessões lusitanas. Nesse caso, para se apossar do controle do tráfico negreiro na região, aliando-se a líderes africanos que rivalizavam com os portugueses e seus aliados locais. Muitos dos que lutaram contra a invasão eram provenientes de tropas brasileiras, incluindo a companhia de Henrique Dias, atuando novamente sob o comando de Mathias de Albuquerque. Compondo a rede política que envolvia a guerra, Portugal absorveu nativos africanos às suas tropas, fazendo com que muitas das táticas militares da região fossem assimiladas para o conhecimento do terço dos negros e pardos. Essa importante influência ficou conhecida como "guerra preta", utilizada no Brasil assim como as táticas de guerrilha indígena, as "guerras brasílicas".[31]

O terço comandado por Henrique Dias se formou no contexto da guerra em Pernambuco, porém sua existência tornou-se tema controverso após a expulsão dos holandeses. Devido à sua contribuição, Henrique Dias recebeu dos reis de Espanha e de Portugal promessas de foros de fidalguia e mercês de cavaleiro de algumas das ordens militares. Essa prática real estava diretamente relacionada às obrigações da Coroa para com seus vassalos. No entanto, no caso de Dias havia um empecilho para o recebimento da Ordem Militar, pois, segundo as regras do recebimento, a pessoa deveria ter "sangue limpo", o que remetia à exclusão dos descendentes de mouros, judeus e gentios; o candidato a tais mercês também não poderia ter "defeito mecânico", situação relacionada à repulsão pelo trabalho manual do escravo até a terceira geração. Assim, Henrique Dias encontrava-se legalmente inabilitado, circunstância que o levou a solicitar que a mercê da Ordem de Cristo fosse redirecionada aos maridos de suas duas filhas. Essa estratégia o deixava isento de comprovação da linhagem, permitindo que a mercê fosse concedida desde que houvesse comprovação de serem os casamentos das descendentes racialmente mistos. Um dos genros de Henrique, que era negro, não recebeu a mercê, mesmo sendo capitão do seu terço. Esse exemplo demonstra que por casamentos mistos pessoas antes consideradas à margem da sociedade nobiliárquica, como os negros, poderiam ser recompensadas pela Coroa, explicitando, dessa forma, as nuances do sistema de governo barroco.

Os escravos que lutaram no terço foram lembrados por Henrique Dias no pedido para que fossem libertados como prêmio pelos serviços prestados.

Nesse contexto, segundo Hebe Mattos, a utilidade do terço é que estava em jogo, sendo discutida a necessidade da manutenção de um regimento de negros e pardos, tal como ocorria com aqueles formados por brancos. No pedido por alforrias feito por Henrique Dias estava implícita a institucionalização do terço, podendo ele se igualar ao dos brancos, inclusive pela possibilidade de expansão, com o recrutamento de negros livres.

Apesar das brechas do sistema, as demandas de Dias chocaram-se com os interesses senhoriais. Mesmo que seus serviços pudessem ser requisitados no combate a quilombos, a simples existência desse tipo de milícia, reconhecida pelas autoridades, trazia o risco potencial de conflitos com proprietários de escravos temerosos de que alguma influência libertária pudesse advir do contato com esses grupos de soldados e oficiais de cor. Havia o temor por parte dos senhores de que a alforria dos escravos que haviam servido levasse a recrutamentos subsequentes de mais escravos, interferindo com as atividades produtivas. Essa posição, que também abarcava um suposto "aumento da ociosidade dos cativos", foi defendida pelo procurador do processo em Lisboa. A Coroa possuía outra posição, apoiando a manutenção do terço por não ter como certo o fim dos conflitos contra os holandeses. As autoridades também entendiam serem os negros e pardos dos terços capazes de resgatar escravos fugidos para os quilombos, situação que havia sido ampliada no contexto de desestruturação dos engenhos durante a ocupação batava, tornando a permanência dessas unidades funcional às necessidades da Coroa.

Os militares pretos e pardos criaram uma rede de sociabilidade que ultrapassava a capitania de Pernambuco, se estendendo à vida social e política de outras regiões da América lusa. Para os oficiais negros dessas milícias foi criado, no século XVIII, um sistema diferenciado de promoções que proveu o arcabouço institucional para o surgimento de uma liderança militar negra, que desempenharia papéis relevantes em algumas cidades brasileiras nas décadas de 1820 e 1830. As tropas permaneceram sem pagamento, seus soldados dependendo de recursos próprios ou da ajuda dos oficiais que os arregimentavam e comandavam. A manutenção desses regimentos, paralelamente à criação de alguns em outras capitanias, obedecia também a uma lógica do Antigo Regime, que visava conferir prestígio aos negros bons, vistos como elementos importantes para a manutenção da ordem. Em 1756, negros dos terços dos henriques, como eram chamados, fizeram uma petição em Pernambuco solicitando ao Conselho Ultramarino que reprimisse a entrada de negros africanos em postos militares. Essa posição era bastante contraditória em relação ao primeiro momento do terço, já que na guerra contra os holandeses a experiência africana permitira um alistamento amplo. O novo contexto do século XVIII assistiu à exclusão desses africanos, numa conjuntura marcada pela crescente diferenciação hierárquica entre crioulos e ladinos. O temor de quebra das hierarquias estabelecidas no interior dos terços de negros e pardos levou, assim, à supressão dos africanos, demonstrando a complexidade da penetração dos negros e pardos no corpo militar brasileiro.[32]

Em Minas Gerais, durante a era da mineração, o engajamento de negros foi favorecido por uma estratégia de construção de força militar que se concentrou no excesso da população negra e escrava. A possibilidade de alguma ascensão social através do serviço das armas fez com que muitos negros e pardos viessem a integrar as chamadas "milícias negras" da região. Esses homens eram agrupados em quatro espécies de milícias: 1) as companhias auxiliares de infantaria, que poderiam atuar tanto na destruição de quilombos quanto na defesa de fronteiras; 2) as companhias de ordenanças de pé, nas quais o comando era exercido por um capitão-mor branco e de considerável cabedal (essas ordenanças atuariam localmente para preservar a ordem pública); 3) os corpos de pedestres, formados por negros, pardos libertos e mesmo por escravos; e 4) os corpos de homens do mato, cujas funções permanecem incertas.[33]

Mudanças no quadro internacional

Após a restauração, as autoridades lusitanas esforçaram-se para manter o reino fora dos conflitos dinásticos europeus, tarefa difícil, dado o permanente estado de beligerância que vigia no continente. O século

XVII, também conhecido como "o século do soldado", testemunhou o alistamento de mais de dez milhões de homens. O século seguinte não apresentou um panorama muito mais pacífico. Segundo Sabina Loriga, no período entre 1618 e 1763 a França combateu durante 73 anos; as Províncias Unidas, 62; a Espanha, 82; a Inglaterra, apenas 45, e a Áustria, 92.[34] A neutralidade portuguesa, ocasionalmente perturbada nos cercos à Colônia do Sacramento, foi finalmente quebrada em 1762, durante a Guerra dos Sete Anos, quando a monarquia bragantina recusou-se a aderir ao Pacto de Famílias orquestrado pelos Bourbon, aliando-se à Inglaterra. A Guerra dos Sete Anos constituiu um evento mundial, com combates na Europa, Ásia e América do Norte. Na América do Sul as campanhas militares envolveram o cerco espanhol à Colônia do Sacramento e a invasão do Rio Grande de São Pedro e da ilha de Santa Catarina pelas tropas espanholas comandadas por Pedro Ceballos. Mas a percepção do perigo foi muito além das questões meridionais: as autoridades acreditavam ser possível uma investida direta ao Rio de Janeiro, com a interrupção dos contatos entre Salvador e a região mineradora. A percepção da fragilidade defensiva do Rio, aliada aos esforços envidados para proteger as possessões sulistas, levou à mudança da capital, primeiro passo numa série de esforços destinados ao incremento da capacidade defensiva das capitanias do Centro-Sul.[35]

Mas foi efetivamente na Província de São Pedro que o drama militar português ficou evidente. A invasão espanhola, no último ano da guerra, resultou na tomada da vila de Rio Grande e na interrupção dos transportes pela lagoa dos Patos, situação que levou ao êxodo de parte da população meridional e à perda de mais da metade das terras da extremadura sul. As possessões de Santa Catarina, incluindo as cidades do Desterro (atual Florianópolis) e de Laguna, ficaram seriamente ameaçadas de anexação, já que as estruturas militares ali existentes mostraram-se insuficientes para deter o avanço castelhano, caso este conseguisse manter o ímpeto inicial.

A mobilização nos territórios luso-americanos durante as décadas de 1760-70 levou a requisições adicionais de tropas e mantimentos feitas às capitanias de Minas Gerais, de São Paulo e do Rio de Janeiro. A principal consequência desse processo foi a reiteração da necessidade de cooperação entre as capitanias do Estado do Brasil. O conde de Oeiras (futuro marquês de Pombal) procurou realizar uma reordenação da sociedade tanto sob aspectos políticos quanto militares. Houve também uma tentativa de centralização das atividades militares com a perda temporária do controle local sobre a organização das milícias, quando os cargos de sargento-mor e de seus ajudantes passaram a ser preenchidos por oficiais do exército, não sendo mais designados pelo senhoriato local. Preocupado com a desordem reinante entre as poucas tropas organizadas, o conde de Cunha, vice-rei do Brasil, resolveu incrementar o recrutamento de todos os homens válidos para defender a Capitania do Rio de Janeiro, considerada a mais importante desde a elevação à condição de capital da colônia. Confrontado pelo enorme número de isenções, incluindo grande número de jovens que acabavam por ordenar-se padres, o conde insurgiu-se contra a densa rede de privilégios, suspendendo as ordenações sacerdotais e os casamentos inter-raciais. Mas nenhuma dessas investidas contra privilégios e isenções surtiu o efeito desejado. A população, ressentindo-se da maior intervenção da Coroa nos assuntos locais, continuou encontrando os meios de escapar ao recrutamento.

Dados o baixo grau de desenvolvimento das atividades militares e as longas distâncias a serem percorridas entre as capitanias mais populosas e os campos de batalha no Prata, os resultados foram sofríveis. A consequência mais visível foi o alistamento de criminosos (não homicidas), desempregados ou, ainda, de homens livres e pobres sem proteção, que normalmente já tinham como destino o exército de primeira linha. Propostas adicionais para o alistamento de sitiantes protegidos e de escravos foram repelidas pelas elites locais, que se recusaram a designar aleatoriamente entre os seus agregados, inaugurando um padrão de choque de interesses entre centro e periferia que se repetiria no futuro, sempre que mobilizações maciças da população se tornaram necessárias. Uma representação dos oficiais da Câmara de Vila Rica ao rei dom José I expressou a posição das autoridades locais, contrária a uma mobilização maciça da população da região da mineração:

> ... no justo receio de que se faça precisa a sobredita expedição (ao Prata), representamos a Vossa Majestade quanto importa aos reais interesses conservar intactas as fábricas, lavouras, e moradores destas Minas, por serem o coração da América portuguesa, donde não podem sair corpos militares em socorro de fronteira alguma, que não seja a praça do Rio de Janeiro, para que estão dispostos, sendo Vossa Majestade servido dar-lhes as providências necessárias.[36]

Ao mesmo tempo que negavam a transferência de trabalhadores considerados essenciais, os líderes locais utilizavam a designação das ordenanças para defenestrar os indivíduos recalcitrantes, comprometendo a transferência daquelas tropas entendidas como essenciais à segurança de suas capitanias, isto é, das milícias. Na barganha, os agentes da Coroa precisavam negociar quotas que geralmente não eram cumpridas, recompensando os agentes locais com privilégios, como ordens dinásticas, medalhas e outras formas de reconhecimento real que foram substancialmente ampliadas naquela conjuntura. Mas nem a incipiente centralização imposta por Pombal conseguiu enquadrar a estrutura descentralizada de comando das forças militares espalhadas pelas diversas capitanias. A incapacidade de obter a cooperação das milícias levou à ocupação de territórios sulinos pelos espanhóis, territórios esses que só seriam devolvidos depois que a vitória da coalizão comandada pela Inglaterra colocou a monarquia bragantina numa boa posição de barganha, mas o controle territorial das possessões meridionais teria ainda de esperar o início do século XIX, quando a instabilidade do Império espanhol diminuiu as possibilidades de cooperação entre os agentes da Coroa Bourbon e as elites regionais do vice-reino. A situação deixou claros os limites do poder real, especialmente o baixo poder de extração da Coroa quando confrontado com os interesses imediatos das localidades. Apesar dos problemas, não foram tomadas medidas visando ao longo prazo. A mobilização da sociedade permaneceu um problema emergencial, sua solução mantendo o caráter improvisado e localista que vigia nas colônias desde o século XVI.

A era das reformas

O período pombalino caracterizou-se pela tentativa dos agentes da Coroa de ampliar o controle imperial sobre as atividades de segurança, adaptando-as às necessidades do Estado português. Esse surto de racionalização inspirou-se nas transformações processadas nas forças armadas prussianas, aliadas dos portugueses na Guerra dos Sete Anos. Em 1767, o conde Wilhelm de Shaumborg-Lippe, um dos generais de Frederico da Prússia, foi comissionado para reorganizar o Exército português. Sua influência nas forças militares convencionais foi sentida principalmente pela ação de João Henrique Böhm, um dos coronéis de Lippe, nomeado pelo marquês de Pombal inspetor-geral do Exército em todo o Brasil. Sob a orientação de Böhm foram construídos e reformados alguns fortes e reorganizados regimentos, seguindo-se o padrão processado na Europa pela Revolução Militar. Böhm também proveu o Exército português do primeiro código penal militar, o famoso código de Lippe, que era constituído por 29 leis, 11 das quais prescreviam a pena de morte em caso de deserção ou motim. Mas a escassez de soldados e a relevância das milícias como suporte ao sistema de defesa da colônia minimizaram os efeitos dessas reformas sobre a disciplina e a hierarquia.[37]

Ainda que o código de Lippe seja normalmente apresentado como um símbolo das leis draconianas, houve bastante tolerância com comportamentos recalcitrantes, especialmente no que se refere ao perdão a desertores. Perdões periódicos, oriundos em geral da necessidade de preencher as fileiras, minimizavam o peso dos castigos. Diferenças sobre os comportamentos operacionais das forças regulares e das semirregulares marcaram o relacionamento do general Böhm com os chefes militares do Sul, durante as lutas pela reconquista da porção meridional da Província de São Pedro. O padrão de mobilidade das campanhas naquela região impedia a disseminação de uma ampla rede de fortalezas, favorecendo o emprego de forças semirregulares, cuja manutenção confundia-se com as atividades pecuárias, com o contrabando e com o enriquecimento dos líderes militares e de seus parentes. A disciplina, no sentido tanto da coesão quanto da hierarquia, saía fortemente prejudicada dessa situação, pois os cavalarianos possuíam regras próprias sobre a melhor maneira de se conduzir em combate.

Por outro lado, conflitos de opinião entre Böhm, o conde de Cunha e o marquês do Lavradio (respectivamente os dois vice-reis que com ele lidaram) foram constantes. Para o enviado prussiano, era inadmissível manter o sistema paisano e miliciano, que ele definia como um híbrido, metade militar e metade civil. Essa heterogeneidade organizacional era vista pelo general prussiano como prejudicial ao bom exercício dos negócios puramente militares. As dificuldades de compreender um ambiente de cultura militar diferenciada poderiam passar pela rigidez do comandante, mas parece mais pertinente pensar esses problemas pelo fato de que os prussianos não possuíam tradição colonial, moldando sua experiência a partir dos conflitos centro-europeus nos quais seus exércitos estariam frequentemente envolvidos até o fim da Segunda Guerra Mundial.

Para as autoridades coloniais portuguesas, a reforma do sistema de defesa limitava-se a uma visão emergencial. Não pensavam numa militarização permanente, como a ocorrida na Prússia, já que percebiam claramente a impossibilidade de sujeitar a nobreza da terra, em todas as suas divisões, às demandas por mais racionalidade no trato dos assuntos militares. Especialmente na porção meridional do Império, na qual as alianças e lealdades ainda eram fluidas, a monarquia portuguesa percebia a possibilidade de deserção de seus vassalos como uma ameaça ainda mais perigosa do que aquela proporcionada pela perspectiva de uma invasão castelhana. Portanto, nas franjas do sistema, essa sujeição lhes parecia ainda mais improvável, especialmente levando-se em conta o quanto essas autoridades imperiais dependiam do auxílio de grupos seminômades de guerreiros, sobre os quais seria praticamente impossível estabelecer uma subordinação disciplinar nos padrões prussianos ou franceses.

Com a vinda da família real em 1808, a organização do serviço militar sofreu gradativas mudanças, especialmente no que se refere à velocidade das promoções, à incorporação de mais famílias da terra ao aparato militar e à concessão de títulos de nobreza, cuja manutenção e reprodução auxiliavam as alianças entre a monarquia e os súditos mais bem inseridos nas redes da administração. A expansão administrativa, militar e fiscal que a chegada da corte ao Rio de Janeiro proporcionou fortaleceu as redes de interesse burocrático e mercantil. O exército de linha foi ligeiramente ampliado por contingentes vindos com o rei, pela presença de especialistas estrangeiros, pela criação da Academia Real Militar e pela invasão da Guiana Francesa. A criação do Ministério da Guerra no Brasil, desmembrado do Ministério dos Negócios Estrangeiros, levou à subordinação de todas as forças terrestres à coordenação de um centro comum, destacando-se o predomínio de instituições como o Conselho Supremo Militar, o Arquivo Militar e a Academia Real Militar, criados nos anos seguintes à chegada da corte.[38] A partir de 1811, sob o comando do general Labatut, tem início o processo de intervenção nas províncias do rio da Prata, com a invasão do Uruguai, dando início ao ciclo de intervenções luso-brasileiras naquela região estratégica. O conjunto de intervenções, inicialmente planejado para o curto prazo, acabou levando à anexação do Uruguai em 1821, como Província Cisplatina, um processo que teria consequências funestas para o período pós-independência.

No início da década de 20 do século XIX, a proximidade das guerras de independência e a necessidade de persuadir os poderes locais a aceitar a legitimidade do príncipe regente tornaram a adesão à "causa do Brasil" um critério importante nas requisições de promoções, de benesses e para o acesso aos cargos oficiais militares. Tais pedidos eram feitos ao governador das armas, que os referendava e tomava os procedimentos legais para enviá-los ao imperador. Após a instauração do processo da independência, as instruções de 10 de julho de 1822 conferiram uma nova conformação às formas de recrutamento. Algumas antigas práticas coloniais, porém, permaneceram na forma de a sociedade se relacionar com as instituições militares, já que o processo de construção do Estado, ao longo do primeiro reinado, não prescindiu de uma negociação constante com os poderes privados, reforçando o modelo clientelar de relações entre o centro e a periferia. Como observou Fábio Faria Mendes, esse modelo estaria, a partir de então, "... sobreposto às redes hierárquicas formais, sustentado por um sistema de trocas cujas principais moedas serão fidelidades, serviços e mercês". Tanto no recrutamento militar quanto na forma de realizar as promoções e conceder privilégios no Brasil oitocentista continuariam valorizados os serviços que os agentes privados prestavam à Coroa. Durante os oito anos e meio que duraria o governo de Pedro I, essa posição estruturou os contatos entre centro e províncias, oferecendo oportunidades de ascensão social à oficialidade envolvida nos esforços para a subordinação das províncias recalcitrantes aos novos arranjos do poder.

Quadro 2
Hierarquia dos exércitos luso-brasileiro e brasileiro.
Oficiais e suboficiais

Período colonial	1°. e 2°. reinados	República
Anspeçada	Cabo de esquadra	Anspeçada (suprimido em 1907)
Cabo de esquadra	Cabo de esquadra	Cabo
Furriel	Furriel	Furriel e, depois, 3°. sargento
2°. sargento	2°. sargento	2°. sargento
1°. sargento	1°. sargento	1°. sargento
1°. e 2°. cadetes	1°. e 2°. cadetes	Aspirante
Alferes	Alferes	Alferes (2°. tenente na Artilharia), 2°. tenente
Tenente	Tenente	E 1°. tenente
Capitão	Capitão	Capitão
Sargento-mor	Major	Major
—	Tenente-coronel	Tenente-coronel
Mestre de campo	Coronel	Coronel
Brigadeiro	Brigadeiro	General de brigada
Marechal de campo	Marechal de campo	General de divisão
Tenente-general	Tenente-general	—
Marechal de exército	Marechal de exército	Marechal

Fonte: Gustavo Barroso, *História militar do Brasil*, p. 95-96.

Novos cargos, novas atribuições

Durante o período colonial, o comando das forças militares e a gestão da estrutura administrativa pertenciam ao governador ou ao capitão-geral da capitania. A vinda da família real em 1808 possibilitou o fortalecimento do exército de linha, com a chegada de vários oficiais da península, simultaneamente à aceleração das promoções, que levou a uma progressão acentuada na carreira, até então estacionada, de vários oficiais que serviam no Brasil. As guerras de ocupação da Guiana Francesa e da Cisplatina, aliadas à repressão a revolta pernambucana de 1817, forneceram o pano de fundo para a valorização de carreiras e para a circulação de oficiais por várias regiões, contribuindo para o início de um processo de nacionalização da instituição que pretendia, entre outras coisas, dissociar os oficiais das suas capitanias de origem, reforçando sua lealdade à monarquia e tornando-os mais dependentes de suas carreiras do que dos contatos familiares e pessoais. Contudo, em 1821, no contexto da reorganização das instâncias administrativas do Brasil, as Cortes de Lisboa decidiram criar juntas provisórias, que propiciavam maior autonomia aos governos locais, e o cargo de governador das armas, cujo funcionário real nomeado respondia por todas as questões militares, dirigindo-se diretamente às Cortes.[39] O cargo de governador das armas foi criado em Portugal pelo regulamento de 1° de junho de 1678, no contexto das guerras de restauração. No Brasil, esse cargo foi instituído, primeiramente em Pernambuco, por um decreto de 1°. de setembro de 1821, e um mês depois essas mesmas orientações foram estendidas para outras províncias brasileiras.[40]

Com o rompimento dos laços existentes entre Brasil e Portugal, várias legislações foram mantidas pelo Império brasileiro, pelo menos até que se tomassem novas deliberações. No tocante à legislação sobre o governo das armas, houve uma preocupação de restringir as atribuições desse cargo, conforme pode ser observado no decreto de 12 de julho de 1822, que obrigava que toda representação ou proposta de cunho militar, feita pelo governador das armas ao imperador, fosse intermediada pelo governo provincial.[41]

Apesar da flexibilização de suas atribuições, a presença do governador das armas nas províncias provocou vários conflitos de jurisdição. Mesmo que a função do governador das armas tivesse sido redesenhada para estimular a adesão à independência, e ainda levando em conta as dificuldades enfrentadas por esses funcionários para executar suas tarefas, sua presença foi geralmente percebida como uma ingerência indevida do governo central nos assuntos locais. Esses problemas não seriam resolvidos até a extinção do cargo no fim da década de 1820 e a posterior criação de uma nova força miliciana, a Guarda Nacional, que substituiu as forças regulares e irregulares num processo muito mais amplo de cooperação entre Estado e poderes privados. A influência dessas forças semiprofissionais e de seus capitães se manteria até a conclusão da Guerra Cisplatina em 1828. A existência da Guarda Nacional ultrapassaria o período monárquico, sendo extinta apenas em 1918, durante a república oligárquica.[42]

A Província Cisplatina se converteria no grande problema internacional do Primeiro Reinado, especialmente após o início da guerra de independência em 1825, sobretudo se considerarmos a campanha contra a Confederação do Equador (1824) como assunto interno. A insistência do imperador em contratar mercenários, principalmente alemães e irlandeses, reforçou os temores de despotismo, uma vez que se temia que essas tropas fossem utilizadas posteriormente para pressionar os opositores do governo, como uma espécie de guarda pessoal. O imperador utilizou os serviços do barão de Barbacena, que passou a incumbência ao mercenário Schaëfer, escrevendo-lhe que esperava duas classes de imigrantes: atiradores sob o disfarce de colonos, que deveriam servir como militares por seis anos, e colonos, que serviriam em tempo de guerra, recebendo o mesmo que as tropas portuguesas em igual período de conflitos. Optava-se por um recurso em desuso na Europa: a corretagem e a contratação de mercenários estrangeiros. Isso era imposto para solucionar um problema que o novo país herdara da experiência colonial: a impossibilidade de mobilizar a milícia para além das localidades e a dificuldade de recrutar para o exército de linha a partir das ordenanças.

A utilização de mercenários causou mais problemas do que soluções para a organização militar. Em 1828, as rivalidades entre os alemães, os irlandeses, as tropas brasileiras e a população levaram à eclosão de conflitos de rua na capital, resultando em dezenas de mortos e saldo grande de depredações. A partir desse ponto, o descontentamento com a política geral do imperador se expandiria, através de conflitos de rua nos quais a tropa estaria quase sempre envolvida. A guerra da Cisplatina também exauriu os cofres do país, já profundamente comprometidos pelos gastos efetuados com a arregimentação das forças que haviam derrotado a Confederação do Equador. Isso ocorria num momento em que os gastos relativos ao reconhecimento da independência já fragilizavam suficientemente a situação institucional. O primeiro grande conflito internacional platino foi desastroso para o processo de centralização empreendido ao longo da década de 1820, comprometendo a capacidade administrativa do imperador, já suficientemente abalada pelos conflitos internos, pela crítica situação fazendária, pelos escândalos pessoais e pela dificuldade de criar um base política mais sólida.[43]

Com o fim do Primeiro Reinado, as críticas à organização miliciana tornaram-se mais fortes, assim como a noção de que era necessário criar uma guarda nacional civil, independente do exército. O temor do despotismo, cristalizado pela presença de vários oficiais de origem portuguesa e pela revolta de tropas, especialmente da união de povo e tropas nas cidades, levou os legisladores liberais a enfatizar critérios censitários e raciais que modificavam, sem alterar completamente, as tradições milicianas. O artigo 140 da lei de 18 de agosto de 1831 prescrevia que os corpos das milícias e das ordenanças deveriam ser extintos "... logo que em cada um dos municípios de que forem esses corpos se tenham organizado as Guardas Nacionaes". A criação da Guarda Cívica relaciona-se ao processo de reação liberal à percepção de uma ameaça absolutista por parte do imperador e de seus áulicos. Reação que já estava presente em 1827 com a criação do Juizado de Paz e que se fortalece ainda mais com os incidentes de abril de 1831, quando a presença de tropas do exército oriundas do norte e sua concentração ao lado de setores populares colocaram em sério risco a estabilização de um poder liberal moderado.

Numa primeira fase, tanto a desmobilização de grandes efetivos do exército de linha como a passagem do comando da Guarda ao ministro da Justiça constituíram etapas de um processo de descentralização e de nacionalização dos instrumentos coercitivos cujo principal alvo encontrava-se no comando centralizado das forças de terra. Esse processo foi particularmente nefasto para a oficialidade negra e parda que era paga, mesmo não tendo servido nas tropas de linha e que ainda se encontrava organizada em torno dos terços das milícias. Esse grupo incluía os oficiais dos regimentos de Henriques promovidos para os postos pagos de ajudante e sargento-mor, através dos concursos estabelecidos pelo Alvará de 1812, que regulou esses procedimentos. Tais indivíduos, especialmente na Província da Bahia, tinham angariado prestígio a partir da adesão à causa da independência, situação que abriu espaço para rupturas na hierarquia das tropas coloniais, permitindo o surgimento de novas fidelidades. O problema é que essa adesão era vista pelos liberais moderados pelo prisma da lealdade ao imperador deposto, isto é, como uma forma de paternalismo racial que trazia a ameaça de restauração. Como consequência, os oficiais das milícias negras e pardas foram licenciados sem direito às progressões por tempo de serviço. Esses indivíduos perderiam o status social e as vantagens associadas ao pertencimento a esses regimentos, contribuindo para acirrar os ânimos já exaltados pelos diversos impulsos federalistas e sociais que incendiaram as revoltas no período regencial.

Apesar do desaparecimento das milícias, os problemas ligados à administração da defesa permaneceram. O recrutamento militar e a mobilização de soldados continuaram sendo percebidos pela maioria da população como procedimentos vexatórios, que nivelavam a maioria dos pobres livres aos setores mais degradados da população. O deputado Hollanda Cavalcanti, futuro visconde de Albuquerque, definiria o desconforto causado pelo serviço militar em termos não muito diferentes daqueles utilizados em períodos anteriores afirmando que "os brasileiros têm horror ao serviço militar e quando alguém menciona o recrutamento tudo é abandonado, todos fogem, trazendo sofrimento tanto à agricultura como à indústria".[44] A precariedade da organização militar e suas relações instáveis com a ordem social e com a estabilidade política seriam assuntos permanentes nos documentos e relatórios oficiais dos períodos subsequentes, atormentando as autoridades ainda por muitas décadas.

Notas

1. Para a discussão relativa às instituições totais, o trabalho mais pertinente continua sendo Ervin Goffman, 2003, especialmente a primeira parte, "As características das instituições totais", p. 13-108.
2. Ver, entre outros, Laurent Dubois, 2004; Ben Vision III, *Bearing Arms for His majesty. The Free-colored militia in colonial Mexico; Marixa* Lasso, 2006.
3. Fernando Dores Costa, 1992, p. 441-460.
4. *Tratado jurídico das pessoas honradas escrito segundo a legislação vigente à morte de D. João VI*, Lisboa, 1851, p. 5, citado por Dores Costa, 1992, p. 445.
5. Luiz Guilherme Scaldaferri Moreira, *Navegar, lutar, pedir e... receber (As concorrências nas fortalezas de Santa Cruz e de São João nas consultas no Conselho Ultramarino, na segunda metade do XVII, no Rio de Janeiro)*. Projeto de Qualificação ao Mestrado, PPGHIS/UFRJ, 2009. Essa pesquisa abarca os processos de designação dessas posições no Arquivo Histórico Ultramarino entre 1640 e 1706.
6. Para a estrutura e o funcionamento das atividades militares em Portugal, ver, entre outros, Fernando Dores Costa, 1995, p. 121-155. Para uma discussão sobre a evolução dessas instituições, do mesmo autor, ver também, 2004, p. 331-350.
7. Para uma visão das cadeias hierárquicas, ver Carlos Selvagem, 1931.
8. Jon Shy, *American Military Experience: history and learning*. In: *Journal of Interdisciplinary History*, v. I, nº. 2, 1971, p. 205-228, e Don Higginbothan, 1987, 230-273.

9. Geoffrey Parker, 1999. Para as implicações políticas da Revolução Militar, ver Charles Tilly, 1996 e Michael Mann, 1993.
10. Vicente do Salvador, 1954.
11. Evaldo Cabral de Melo, 1998, p. 351.
12. Pedro Puntoni, 2002, p. 181-224.
13. João Fragoso, 2003, p. 14.
14. Simão Pereira de Sá, *Relação do Sítio da Nova Colônia do Sacramento,* fac-símile da edição de 1748, p. 14.
15. Nanci Leonzo, 1979, citada por José Iran Ribeiro, 2005. Ver também Raphael Bluteau, 1721.
16. Elisabeth Darwiche Ribeiro, 1980, p. 161-171, citada por Enrique Peregalli, 1986, p. 103, nota 61. Para a sociedade paulista nos século XVI e XVII, ver John Monteiro, 2005.
17. Sabina Loriga assinalou que em muitos casos a decisão de alistar-se provinha de uma insatisfação ligada à distância entre as atividades produtivas e ao grau de autoridade desempenhado na família. A autora lembra o caso de Martin Guerre, camponês abastado e casado que decidiu abandonar a aldeia e entrar nas milícias de Filipe II, com medo da autoridade do pai. Ver Sabina Loriga, 2003, p. 31.
18. Francis Albert Cotta, 2005.
19. Discordo, portanto, da perspectiva de uma "militarização da sociedade", uma vez que essa classificação implicaria também a centralização dessas mesmas atividades.
20. Peter Beattie, 2001.
21. Adriana Barreto de Sousa, 2008, p. 93.
22. O Regimento de 1570 instituía os corpos de ordenanças, formados pelo engajamento obrigatório de todos os moradores de uma jurisdição administrativa com idade entre 18 e 60 anos, exceto eclesiásticos e fidalgos. Idealmente, eram constituídas em terços e companhias. A Provisão de 1574 complementava o Regimento, definindo que onde houvesse apenas a companhia o comando seria exercido pelo capitão, e não mais pelo capitão-mor.
23. No Rio de Janeiro, em São Paulo e na Bahia: fortalezas e enfrentamento de desembarques. No Mato Grosso e no Amapá: defesa das fronteiras terrestres. Na província de São Pedro: expulsão dos espanhóis. Em Minas Gerais: segurança interna, especialização policial precoce. Recebiam soldos, fardamentos, farinha, azeite, cavalos e assistência médica.
24. Boxer, 1988, p. 345. Trata-se mesmo de uma afirmação um tanto exagerada, já que sempre houve filhos de oficiais alistados nas forças armadas profissionais. O número talvez não fosse suficiente para as necessidades.
25. Charles Tilly, 1996, p. 166-172.

26. A esse respeito, ver Tiago Luís Gil e Martha Daisson Hameister, 2007, p. 267-310.
27. Sarzedas a Gomes Freire. In: *Documentos interessantes para a história de São Paulo*. São Paulo, Arquivo do Estado, 1902, vol. XLI, pp. 307-309, *apud* Paulo César Possamai, 2004, p. 16.
28. Paulo Possamai, 2004, p. 151-180.
29. Fernando Camargo, 2001.
30. A esse respeito, ver Peter Voelz, 1993, pp. 431-450; Robin Blackburn, 2002, especialmente pp. 125-146; e Christopher Leslie Brown e Philip D. Morgan, 2006.
31. Hebe Mattos, 2006.
32. Luiz Geraldo Silva, 2007.
33. Christiane F. Pagano de Mello, 2006, p. 67-86.
34. Sabina Loriga, 2003, p. 18.
35. Ana Priscila Barbosa de Lucena, 2008.
36. Representação dos oficiais da Câmara de Vila Rica para o rei, 27/10/1766, Arquivo Histórico Ultramarino, MG, Avulsos, caixa 88, doc. 36 — anexo. Citado em Christiane Figueiredo Pagano de Mello, 2004, p. 82-83.
37. Sobre as reformas militares na Prússia, ver Hans Rosenberg, 1958. Ver também Samuel Finer, 1975, p. 109-176.
38. Arno Wehling e Maria José Wehling, 2008, p. 30.
39. Iara Lis Carvalho Souza, 1998, p. 372-373.
40. Decreto de 1º de setembro de 1821. In: *Colleção das leis do Brasil*. Rio de Janeiro, Imprensa Nacional, 1889, Parte I, p. 35-37.
41. Brasil — Guerra — 12 de julho de 1822. Declara que os governadores e comandantes de armas se devem dirigir ao príncipe regente por intermédio do Governo Provisório das Províncias. In: *Colleção das decisões do Império do Brasil*, 1822. Rio de Janeiro: Imprensa Nacional, 1887, p. 60.
42. Para uma discussão mais detalhada dessa função, ver Martha Victor Vieira, 2009.
43. Iara Lis de Carvalho Sousa, 1998, p. 333-334.
44. Deputado general Raimundo da Cunha Matos, citado em McBeth, 1971, p. 81.

Bibliografia

BARROSO, Gustavo. *História militar do Brasil*. Rio de Janeiro: Biblioteca do Exército, 2000.

BEATTIE, Peter. *The Tribute of Blood. Army, Honor, Race and Nation in Brazil, 1854-1945*, 2001.

BLACKBURN, Robin. *A queda do escravismo colonial, 1776-1848*. Rio de Janeiro: Record, 2002.

BLUTEAU, Raphael. *Vocabulário portuguez e latino*. Coimbra: Colégio da Companhia de Jesus, 1721.

BOXER, C.R. *Relações raciais no Império colonial português, 1415-1825*. Porto: Afrontamento, 1988.

BROWN, Christopher Leslie e MORGAN, Philip D. *Arming Slaves: from Classical Times to the Modern Age*. New Haven: Yale University Press, 2006.

CAMARGO, Fernando. *O Malón de 1801: a Guerra das Laranjas e suas implicações para a América meridional*. Passo Fundo: Clio Livros, 2001.

CASTRO, Celso; IZECKSOHN, Vitor e KRAAY, Hendrik. *Nova história militar brasileira*. Rio de Janeiro: FGV/Bom Texto, 2004.

COSTA, Fernando Dores. "Os problemas do recrutamento militar no final do século XVIII e as questões da construção do Estado e da nação". *Análise Social* (XXX), Lisboa, 1995.

______. "Capitalistas e serviços: empréstimos, contratos e mercês no final do século XVIII". *Análise Social*, v. 116-117, 1992, p. 441-460.

______. "Guerra no tempo de Lippe e de Pombal". In: BARATA, Manuel Themudo e TEIXEIRA, Nuno Severiano (orgs.). *Nova história militar de Portugal*, v. 2. Lisboa: Círculo de Leitores, 2004, p. 331-350.

COTTA, Francis Albert. "O sistema corporativo na América portuguesa". In: *Atas do Congresso Internacional O Espaço Atlântico no Antigo Regime: Poderes e Sociedades*. Lisboa: Universidade Nova de Lisboa, 2005. http://cvc.instituto-camoes.pt/eaar/coloquio/comunicacoes/francis_albert_cotta.pdf

DUBOIS, Laurent. *A Colony of Citizens. Revolution & Slave Emancipation in the French Caribbean, 1787-1804*. Chapel Hill: University of North Carolina Press, 2004.

FINER, Samuel. "State and Nation Building in Europe: the Role of the Military". In: TILLY, Charles (org.). *The Formation of National States in Western Europe*. Princeton: Princeton University Press, 1975.

FRAGOSO, João Ribeiro. "A nobreza vive em bandos: a economia política das melhores famílias da terra do Rio de Janeiro, século XVII. Algumas notas de pesquisa". *Tempo — Revista do Departamento de História da UFF*, v. 8, nº. 15, 2003, p. 11-35.

GIL, Tiago Luís e HAMEISTER, Martha Daisson. "Fazer-se elite no extremo-sul do Estado do Brasil: uma obra em três movimentos. Continente do Rio Grande de São Pedro (Século XVIII)". In: FRAGOSO, João Ribeiro; ALMEIDA, Carla Maria Carvalho de e SAMPAIO, Antonio Carlos Jucá (orgs.). *Conquistadores e negocian-*

tes. *Histórias de elites no Antigo Regime nos trópicos. América lusa séculos XVI a XVIII*. Rio de Janeiro: Civilização Brasileira, 2007, p. 265-310.

GOFFMAN, Erving. *Manicômios, prisões e conventos*. São Paulo: Perspectiva, 2003.

HIGGINBOTHAN, Don. "The early American way of war: reconnaissance and appraisal". *The William and Mary Quarterly*, v. 44, nº. 2, 1987, p. 230-273.

KRAAY, Hendrik. "Identidade racial na política, Bahia, 1790-1840: o caso dos Henriques" In: JANCSÓ, István (org.). *Brasil: formação do Estado e da nação*. São Paulo: Hucitec, 2003, p. 521-539.

______. *Race, State, and Armed Forces in Independence-Era Brazil. Bahia, 1790's-840's*. Stanford: Stanford University Press, 2001.

LASSO, Marixa. "Race War and Nation in Caribbean Gran Colombia, Cartagena, 1810-1832". *The American Historical Review*, v. 111, nº. 2, 2006, p. 336-361.

LEONZO, Nanci. *Defesa militar e controle social na capitania de São Paulo: as milícias*. Tese de doutorado, USP, São Paulo, 1979.

LORIGA, Sabina. "A experiência militar". In: LEVI, Geovanni e SCHMITT, Jean-Claude (orgs.). *História dos jovens*, v. 2, A época contemporânea. São Paulo: Companhia das Letras, 2003, p. 17-47.

LUCENA, Ana Priscilla Barbosa de. *Os corpos militares na Capitania de São Paulo: um esboço acerca da organização e situação das tropas de 1ª Linha (1760 -1820)*. Anais do XIX Encontro Regional de História: Poder, Violência e Exclusão. São Paulo, ANPUH/USP, 2008. http://www.anpuhsp.org.br/downloads/CD%20XIX/PDF/Pain%E9is/Ana%20Priscilla%20Barbosa%20de%20Lucena.pdf

MANN, Michael. *The Sources of Social Power*, v. I e II. Nova York: Cambridge University Press, 1993.

MATTOS, Hebe. "Henrique Dias: expansão e limites da justiça distributiva no império português". In: VAINFAS, Ronaldo, SANTOS, Georgina Silva dos e NEVES, Guilherme Pereira das (orgs.). *Retratos do império. Trajetórias individuais no mundo português nos séculos XVI a XIX*. Niterói: UFF, 2006.

McBETH, Michael C. "The Brazilian recruit during the First Empire: slave or soldier?" In: DEAN, Warren e ALDEN, Dauril (orgs.) *Essays Concerning the Socioeconomic History of Brazil and Portuguese India*. Gainesville: University of Florida Press, 1971.

MELLO, Christiane Figueiredo Pagano. "A guerra e o pacto: a política de intensa mobilização militar nas Minas Gerais". In: CASTRO, Celso; IZECKSOHN, Vitor e KRAAY, Hendrik (orgs.). *Nova história militar brasileira*. Rio de Janeiro: FGV/Bom Texto, 2004, p. 67-86.

MELO, Evaldo Cabral de. *Olinda restaurada. Guerra e açúcar no Nordeste, 1630-1654*. Rio de Janeiro: Topbooks, 1998.

MENDES, Fábio Faria. "A economia moral do recrutamento militar no império brasileiro". *Revista Brasileira de Ciências Sociais*, v. 38, 1998.

MONTEIRO, John. *Negros da terra. Índios e bandeiras nas origens de São Paulo.* São Paulo: Companhia das Letras, 2005.

PARKER, Geoffrey. *The Military Revolution. Military Innovation and the Rise of the West, 1500-1800.* Nova York: Cambridge University Press, 1999.

PEREGALLI, Henrique. *Recrutamento militar no Brasil Colonial.* Campinas: Unicamp, 1986.

POSSAMAI, Paulo. "O recrutamento na América portuguesa: o esforço conjunto para a defesa da Colônia do Sacramento (1535-1537)". *Revista de História*, São Paulo, USP, 2004, p. 151-180.

PUNTONI, Pedro. *A guerra dos bárbaros.* São Paulo: USP, 2002.

RIBEIRO, Elisabeth Darwiche. *As elites na sociedade paulista na segunda metade do século XVIII.* São Paulo: Safady, 1980.

RIBEIRO, José Iran. *Quando o serviço os chamava. Milicianos e guardas nacionais no Rio Grande do Sul (1825-1845).* Santa Maria: UFSM, 2005.

ROSENBERG, Hans. *Bureaucracy, Aristocracy, and Autocracy. The Prussian Experience, 1660-1815.* Boston: Beacon Press, 1958.

SÁ, Simão Pereira de. Relação do Sítio da Nova Colônia do Sacramento, fac-símile da edição de 1748, p. 14.

SALVADOR, frei Vicente do. *História do Brasil (1500-1627).* São Paulo: Melhoramentos, 1954.

SELVAGEM, Carlos. *Portugal militar.* Lisboa: Imprensa Nacional, 1931.

SHY, Jon. "American Military Experience: history and learning". *Journal of Interdisciplinary History*, v. I, nº. 2, 1971, p. 205-228

SILVA, Kalina Vanderlei. *O miserável soldo & a boa ordem da sociedade colonial.* Recife: Fundação de Cultura do Recife, 2001.

SILVA, Luiz Geraldo Silva. "De um a outro império: sociabilidades, etnia e mobilização de forças militares. As tropas de pretos e pardos na América". Projeto de Pesquisa, CNPq/UFP, 2007 (http://people.ufpr.br/~lgeraldo/Projeto2007.pdf)

SOUSA, Adriana Barreto de. *Duque de Caxias: o homem por trás do monumento.* Rio de Janeiro: Civilização Brasileira, 2008.

SOUSA, Iara Lis Carvalho. "A adesão das câmaras e a figura do Imperador". *Revista de História*, v. 18, nº. 36, 1998, p. 372-373.

TILLY, Charles. *Coerção, capital e Estados europeus.* São Paulo: USP, 1996.

VIEIRA, Martha Victor. "Disputas políticas e organização das forças militares na província de Goiás: entre conflitos e negociações (1821-1840)". Projeto de Qualificação ao Doutorado, PPGHIS/UFRJ, Porto Alegre, 2009.

VISION III, Ben. *Bearing Arms for His majesty. The Free-colored militia in colonial Mexico*, Stanford, 2001.

VOELZ, Peter M. *Slave and Soldier. The Military Impact of Blacks in the Colonial Americas*. Nova York: Garland Publishing, 1993.

WEHLING, Arno e WEHLING, Maria José. "Exército, milícias e ordenanças na corte joanina: permanências e modificações". *DaCultura*, ano VIII, nº. 14, 2008, p. 26-32. Disponível em: <<http://www.funceb.org.br/images/revista/5_2q0t.pdf>>

CAPÍTULO 11 Tensões, comportamentos e hábitos de consumo na sociedade senhorial da América portuguesa

*Roberto Guedes Ferreira**
*Márcio de Sousa Soares***

No decorrer do século XVIII, a América portuguesa vivenciou profundas transformações. Em termos econômicos, a consolidação da viragem estrutural do Império português para o Atlântico, que remonta à Restauração no século XVII, contribuiu para tornar o Rio de Janeiro setecentista uma encruzilhada do Império, isto é, uma cidade que conectava rotas mercantis que passavam pela África, Ásia, Europa. Evidentemente, a descoberta de ouro e diamantes em Minas Gerais foi fundamental para consolidar essa posição, sem desprezar a fundação da Colônia do Sacramento em 1680, uma vez que ambas as regiões, entre outras,[1] estabeleceram estreita vinculação mercantil com a praça carioca. Dessa maneira, o Rio de Janeiro setecentista tornou-se o epicentro econômico da América portuguesa.

No que tange à demografia colonial, as descobertas auríferas e o desenvolvimento da produção agrícola impulsionaram o afluxo de

*Professor da Universidade Federal Rural do Rio de Janeiro.
**Professor da Universidade Estadual do Norte Fluminense.

imigrantes oriundos do reino e, principalmente, os imigrantes forçados trazidos nos porões dos navios negreiros vindos da África, remodelando, assim, as feições da população colonial. Obviamente, observam-se também transformações no plano cultural e nos comportamentos que ensejaram tensões motivadas pelos rearranjos políticos e pelas mudanças nos hábitos de consumo, entre outros, posto que os imigrantes traziam consigo valores próprios e, não raro, conflitantes com os de senhores locais e/ou administradores coloniais. Sobretudo a presença maciça de africanos escravos e libertos causou forte impacto no *modus vivendi* colonial da América portuguesa.

Politicamente, operou-se o reforço da autoridade da monarquia portuguesa no sentido de uma tentativa[2] de maior centralização do poder nas mãos da Coroa, o que não significa dizer que as forças locais deixassem de ser decisivas e de forcejar, quando era o caso, em sentido oposto. Além disso, no que diz respeito à hegemonia política de forças locais, impôs-se uma reordenação à nobreza da terra em função do processo conflituoso que marcou a ascensão dos *homens de negócio*, notadamente da elite mercantil radicada na praça carioca. Se a nobreza da terra definhou como grupo hegemônico e cedeu a primazia política a homens de negócio ou se houve uma adaptação da nobreza é que parece não haver consenso, posto que também não se observa um mesmo processo em toda a América portuguesa, como se verá mais adiante.

Por fim, no que concerne aos aspectos sociais, simultaneamente mergulhados nesse ambiente de mudanças e responsáveis por ele, pululavam tensões e conflitos. Em especial, nas relações travadas entre grupos sociais distintos: a nobreza da terra em confronto com homens de negócio; potentados e/ou autoridades locais muitas vezes às turras com autoridades metropolitanas, nas quais, não raro, a participação de forros e escravos assumia uma dimensão crucial no curso das disputas. Não se pense, porém, que os conflitos pressupõem rígidas dicotomias entre as partes litigantes, já que no interior de cada grupo social vigiam dissensões, assim como havia aproximações e fluidez nas fronteiras hierárquicas. Tampouco as tensões desestruturaram a ordem social de

Antigo Regime, já que a negociação e a mobilidade social eram a contrapartida de interesses conflitantes, possibilitando um certo consenso e a atualização e multiplicação de hierarquias, as quais, mesmo que estivessem em transformação, ainda primavam pela preservação das distinções entre os diversos estratos sociais e no interior deles.

A monarquia, a nobreza da terra e os homens de negócio

As relações travadas entre a monarquia portuguesa e seus súditos na América têm sido objeto de uma atenção renovada dos historiadores, que destacam importantes transformações no decorrer do século XVIII, cujos desdobramentos reorientaram as relações da nobreza da terra com a Coroa, os negociantes e grupos subalternos (notadamente, escravos, forros e seus descendentes). João Fragoso, por exemplo, destaca que, no século XVII, um governador da capitania do Rio de Janeiro, Salvador Correia de Sá e Benevides, embora fosse um "ministro do poder central", "agia mais como um potentado". Prevalecia uma "monarquia como cabeça da *república*", mas sem que ambas se confundissem. Logo, nessa sociedade corporativa seiscentista havia poderes concorrentes ao do monarca, os quais permitiam ao governador se "apresentar nos jogos políticos da capitania" como um potentado local. Estaríamos "longe da época (século XVIII) em que o príncipe, mais enfaticamente, tende a organizar a sociedade, impondo-lhe uma ordem". Em termos econômicos, o capital mercantil, representado pela figura dos homens de negócio, do reino e/ou das conquistas, entrava em cena de forma mais incisiva no século XVIII.[3] No entanto, reconhecer a ascensão do capital mercantil e a afirmação da Coroa e/ou a centralização do poder do monarca não significa supor que o processo transcorreu de forma linear e evolutiva. O que mais sobressai na documentação é que o avanço do capital mercantil e a afirmação da Coroa alimentaram acirrados embates entre a elite local — representada pela nobreza da terra — e os mercadores, o que resultou no reordenamento da correlação de força política de ambos.

Outrora, no século XVII, o Rio de Janeiro tinha uma economia "açucareira-escravista" de segunda categoria, sobre a qual mercadores reinóis, governadores e *camaristas*,[4] embora pudessem ter interesses distintos, concordavam com que os solos do Recôncavo da Guanabara eram inadequados ao cultivo da cana-de-açúcar. Em sentido oposto às vontades dessa nobreza da terra de base predominantemente agrária, os negociantes reinóis não tinham tanto interesse em comprar o açúcar de senhores fluminenses e nem o de lhes vender escravos africanos, preferindo os negócios com Bahia e Pernambuco. Portanto, a sobrevivência da nobreza como grupo hegemônico estava comprometida; porém, ela reagiu aos obstáculos que ameaçavam a manutenção de seu lugar no cume da hierarquia social fluminense. Essa iniciativa gerou tensões.

Nesse cenário, entende-se o grau de tensão das negociações levadas a cabo pela nobreza da terra com os representantes da Coroa e do capital mercantil para garantir a sobrevida de tal economia. Na verdade, ela se mantinha em função de privilégios, tais como a discussão, na Câmara, do preço do açúcar e do frete entre produtores e comerciantes; a possibilidade, no século XVII, de o cerceio da moeda, ou seja, o seu valor nominal ser maior do que o real, criando com isso uma moeda *podre*, cuja validade estaria restrita ao Rio de Janeiro; a existência de uma lei contra a penhora de fábricas, escravos, engenhos e lavouras de açúcar, aprovada em 1673 e reeditada ao longo do Setecentos.

Naquelas negociações, os fidalgos dos trópicos se valiam da posição-chave da cidade [do Rio de Janeiro] no Atlântico Sul na manutenção do Império luso e da fragilidade dos recursos da monarquia. Por meio dessas difíceis conversas, a economia açucareira adquiria blindagem política contra as intempéries do mercado internacional [não raro em crise no século XVII, inclusive com baixas no preço do açúcar]. Assim, a nobreza principal da terra conseguia dar base material à sustentação de seu poder. Ao mesmo tempo, ao blindar tal economia, a nobreza realizava, aos olhos dos moradores, a defesa do bem comum, pois daquele açúcar dependiam suas vidas, sendo essa legitimidade lastreada tanto por senhores de moenda não nobres como por lavradores forros.

A produção dessa economia e sua capacidade de resistência no tempo, ambos via política, são inferidas ainda na primeira metade do Setecentos, leia-se na época do crescimento avassalador do capital mercantil de natureza atlântica.[5]

Cumpre salientar que, na abordagem do autor destacado, a posição social da nobreza da terra seiscentista, e mesmo setecentista, não se assentava na escravidão. Isto é, embora ela fosse proprietária e dependente de mão de obra escrava — por sinal, de poucos escravos, no dizer dos homens de negócio em meados do século XVIII —, seu poder e sua legitimidade social apoiavam-se sobre outras bases. O parentesco consanguíneo e ritual, as demais alianças locais, os postos na Câmara, os cargos militares e as vinculações com o poder central eram cruciais para a sustentação do lugar social daquela nobreza, para a perpetuação de seus bandos (compostos por aliados políticos) e a longevidade de suas *casas* (lócus de ordenação social assentado no parentesco e em alianças políticas). Não menos importante era a aliança entre fidalgos e *pretos*.

Contudo, seria equivocado supor a existência de uma unidade homogênea entre a nobreza da terra contraposta a outra entre os comerciantes, mesmo porque no século XVII não havia distinção precisa entre mercadores e nobreza da terra. No entanto, ao longo do tempo houve modificações na composição das elites: doravante, a nobreza da terra e os homens de negócio.

De longa data essa nobreza tinha poder político e legitimidade social em virtude da ocupação de postos del-rei, isto é, postos preenchidos pelo poder central, tais como o de mestre de campo (a maior autoridade militar, situada abaixo apenas do governador), ou, ainda, pelas instâncias de poder locais, mormente a Câmara Municipal. Reforçavam-nas as redes de relações sociais — "redes clientelares espalhadas pelas freguesias e suas estratégias parentais"[6] —, que congregavam também negociantes reinóis, ministros del-rei, forros, escravos, agregados e demais homens livres de menor qualidade. Assim, em termos parentais, as estratégias de aliança da nobreza, dependendo da conjuntura, podiam se abrir mais, ou menos, aos *estrangeiros* (mercadores reinóis), quer pelo casamento, quer pelo compadrio, mas, com certeza, a nobreza da terra se aparentava mais, ou se aliava, com outros membros daquela sociedade. Para além de gente da mesma estirpe, unia-se também a forros e escravos, sobretudo por meio do compadresco, quer o próprio *pater familias* ou, mais frequentemente, seus filhos, genros e demais dependentes. A configuração de semelhante tessitura não significa dizer, evidentemente, que forros e cativos fossem meros tijolos na construção daquela legitimidade social. Ainda que haja muito a pesquisar sobre os interesses desses grupos subalternos ao se aliarem com famílias de potentados, inclusive lutando armados ao seu lado nas contendas entre bandos, com certeza colhiam benefícios com essas alianças, o que estava longe de ser exclusivo do Rio de Janeiro.[7] Ao menos pode-se dizer que se diferenciavam entre si, posto que novas pesquisas têm demonstrado à farta que entre os próprios escravos e demais subalternos também havia uma série de hierarquias.

O cenário político na mui leal e heroica cidade de São Sebastião do Rio de Janeiro assumiu um novo contorno na primeira metade do Setecentos. Os grandes comerciantes, além de obter projeção econômica, também ascenderam na hierarquia social, provocando desconforto em certos segmentos da elite agrária. Já por volta de 1730, o Senado da cidade — reduto político da nobreza da terra —, por intermédio de seu procurador em Lisboa, Julião Rangel de Souza Coutinho, escrevia ao rei sobre "as contendas e distúrbios que têm havido nos momentos de eleição de seus oficiais". Afirmava crescer "cada vez mais a ambição de se meterem no exercício dos cargos honrosos da República pessoas indignas de semelhante emprego". Os atrevidos a quem o Senado se referia eram os "homens de vara e côvado e outros semelhantes comerciantes".[8] O procurador da Câmara, ao defender os interesses da nobreza radicados naquela instituição, aduziu seus argumentos à Sua Majestade, alegando que:

> O que ocorria, no Brasil, eram homens que neste reino são jornaleiros, caixeiros, trabalhadores e outros semelhantes, em passando à América de tal sorte se esquecem da sua vileza, [e] querem ter igualdade às pessoas de maior distinção, [...] lograrem a *nobreza principal da terra* e servirem nos cargos honrosos da república.[9]

As palavras do procurador Julião Pinto Rangel, legítimo descendente das famílias conquistadoras seiscentistas e "eleito inimigo número um" pelos homens de negócio na década de 1740, demonstram claramente que eles já estavam incomodando.[10] É necessário, então, precisar o crescimento desse segmento social, uma vez que, assim como a nobreza da terra, não formava um grupo coeso.

Para entender esse fenômeno é preciso novamente comparar os séculos XVII e XVIII. Sampaio advertiu que, entre 1650-1700, os principais da terra se vincularam fundamentalmente à atividade agrária e não havia um grupo mercantil consolidado. Porém, a mudança do perfil da elite econômica colonial fluminense, no intervalo 1700-1750, então de base mercantil, levou à diferenciação da figura do grande comerciante, consagrando o uso da expressão "homem de negócio" para designá-los.[11] Assim, junto ao processo de mercantilização realizou-se uma visível diferenciação entre comerciantes: "homem de negócio" e "mercador". A elite mercantil (representada pelos primeiros) passou a controlar o crédito, o mercado imobiliário urbano e a arrematação de contratos diversos.[12] Mais importante, essa "elite mercantil fluminense da primeira metade do Setecentos opta claramente pelo não investimento de seus recursos nas atividades açucareiras". Dito de outro modo, ainda que financiasse pelo crédito o setor açucareiro, o homem de negócio não fazia "um investimento próprio, com o intuito declarado de converter-se em membro da elite rural", justamente no momento em que o capital mercantil se tornou independente do setor agrário.[13]

Essa recusa do homem de negócio assentado na praça mercantil carioca, na primeira metade do Setecentos, em se converter num senhor de engenho diferia visivelmente dos projetos traçados pela elite mercantil estabelecida nos Campos dos Goytacazes, em fins do XVIII e inícios do XIX, e na Bahia.[14] Há de se notar que mesmo no que se refere ao Recôncavo da Guanabara na primeira metade do século XVIII não existe consenso na historiografia. João Fragoso, por exemplo, ressalta os encantos que os engenhos — junto com as relações sociais que conferiam legitimidade à nobreza da terra — exerciam sobre os homens de negócio, ao passo que para Sampaio esses grandes mercadores investiam "na compra de propriedades produtoras de alimentos", e não na aquisição de unidades açucareiras.[15]

Isso pode parecer, "à primeira vista, surpreendente", mas o fato é que "não seria exagerado afirmar que eles desprezavam a possibilidade de se transformar em membros da elite agrária em favor do investimento em produções menos 'nobres', posto que voltadas para o abastecimento interno", o que, ao contrário, contribuía para marcar a cisão, no seio da elite colonial fluminense, entre setor agrário e outro mercantil.[16] Essa opção se explica pela forte demanda então existente, quer dos mercados das áreas mineradoras, da própria urbe carioca ou dos navios que levavam a produção para outras partes do Império português. Salvo no mercado de longa distância, como Portugal e África, por exemplo, nos demais setores também participavam pequenos comerciantes, tratantes, viandantes, mercadores.[17] Em suma, os investimentos dos homens de negócio contribuíam para diferenciá-los da nobreza da terra.

Para além dessa estratégia econômica, é importante realçar o esforço da elite mercantil na construção de sua legitimidade social. Sampaio indica que, durante a primeira metade do século XVIII, investir no comércio e na agricultura de alimentos não causava desprestígio social. Com a ascensão da elite mercantil ao cume da hierarquia econômica, o *defeito mecânico* (atributo pejorativo sobre o exercício de ofício manual, incluindo aí a atividade mercantil) foi atenuado. Ao se reportar à parca representação dos homens de negócio cariocas nos ofícios e nas serventias, o autor observa que a "nova elite mercantil, que se fortalece continuamente ao longo do período [sobretudo na primeira metade do século XVIII], prescinde em grande medida de tais instrumentos para adquirir fortuna e prestígio social". Evidentemente, os homens de negócio não eram imunes aos símbolos de prestígio, pois "vários deles eram membros das companhias de ordenanças e/ou cavaleiros da Ordem de Cristo e Santiago".[18] Como se vê, o comércio e o investimento no setor de alimentos não impediam o acesso a honrarias. A investidura no cargo de familiar do Santo Ofício também é um bom exemplo disso. O ingresso nas hostes da Inquisição como oficiais leigos exigia dos candidatos a limpeza de sangue, uma conduta moral ilibada e a posse de cabedal, "seja para que resistisse à tentação de sequestrar os bens dos suspeitos [de desvios da fé] em proveito próprio, seja para custear os longos e caros processos de habilitação".[19] Na opinião de um observador coevo, o preenchimento desse cargo era considerado "tão ilustre que as pessoas da maior qualidade disputavam-no e sentiam-se orgulhosas por serem aceitas".[20] Além de ser um caminho seguro para a nobilitação de cristãos-velhos dedicados ao trato mercantil, a familiatura do Santo Ofício conferia privilégios consideráveis aos seus titulares, como a isenção de alguns impostos. Não por acaso, dentre os 29 familiares habilitados no século XVIII, residentes na cidade do Rio de Janeiro, nada menos do que 23 deles foram identificados como abastados negociantes.[21]

Não obstante o prestígio conferido pela "credibilidade de ser alguém da confiança da Inquisição", os *principais da terra*, ao se sentir incomodados com a ambição política desses negociantes de se fazerem representar no Senado da Câmara, não hesitaram em evocar o discurso do defeito mecânico entranhado na missiva redigida pelo procurador da Câmara. Mas vale dizer que essa nobreza da terra assim se afirmava com o arrazoado de descender dos conquistadores, não tanto pelo que fazia ou deixavam de fazer, e, à revelia de papéis de título expedidos pelo reino ou por governadores, sua legitimidade social era localmente sancionada.[22]

Isso permite levantar algumas indagações sobre o prestígio social dos homens de negócio. No que tange propriamente à atividade mercantil de grande envergadura, tudo indica que ela não seria tão depreciativa, não só entre comerciantes, assim como aos olhos do poder central.[23] Ou seja, o comércio de grosso trato, entre outros aspectos, potencializaria o acesso a honrarias, mesmo sem a conversão dos homens de negócio em senhores de engenho, ainda que investissem na lavoura de alimentos sem abandonar o trato mercantil? É o que o acesso à familiatura do Santo Ofício sugere; entretanto, outras possibilidades precisam ser investigadas com mais detalhes. De qualquer modo, não era o que segmentos da nobreza da terra pensavam, como bradou Julião Pinto Rangel. O certo é que a batalha no plano do discurso corria solta e cada facção, ao seu modo, manipulava os valores estamentais, as incoerências, as ambiguidades e os silêncios das regras vigentes em torno da "definição dos critérios subjacentes à classificação de certos indivíduos como 'os mais nobres e da governança da terra'",[24] visto que as Ordenações Filipinas — ao estabelecer o número de seis eleitores escolhidos numa sessão conjunta entre a Câmara e os "homens bons e povo" — não definiam exatamente os atributos necessários para qualificar esses homens bons. As determinações régias estabelecidas no século XVII estipulavam apenas a eleição de "pessoas naturais da terra, exigência que vai dar azo anos mais tarde a muitos conflitos com homens de negócio, na sua maior parte reinóis".[25]

Com efeito, ao dirigir suas representações ao rei, os grandes comerciantes estabelecidos na praça carioca reclamavam que a nobreza da terra lhes vedava o acesso à Câmara. Não por acaso, já em 1707 tentavam contornar o impedimento de naturalidade ao pleitear o gozo do privilégio de cidadãos derivado de alianças matrimoniais estabelecidas com antigos moradores ali nascidos:

> Representam a Vossa Majestade aqueles filhos deste reino de Portugal que se acham moradores na cidade de São Sebastião do Rio de Janeiro com o privilégio de cidadãos, e outros mais homens de negócio, que com abundância de seus próprios cabedais vivem, com todo o luzimento à lei da nobreza, e são da dita cidade já compatriotas, por se acharem nela casados com filhas e netas de cidadãos.[26]

Para Sampaio, ainda mais expressiva teria sido uma representação de homens de negócio feita em 1746, reivindicando a participação no poder político local, pois alegavam sua riqueza e consequente vantagem para a Coroa. Reclamavam da

> desusada forma com que a maior parte dos naturais da dita cidade [do Rio de Janeiro] procedem da fatura dos pelouros, fazendo todo o excesso para que não sirvam na Câmara os filhos deste reino, não obstante acharem-se aparentados por alianças com os principais da terra (...) [assistiam] os suplicantes em uma praça que, além de ser o seu negócio de mais de seis milhões, suprem com os cabedais aos presídios da Colônia e Rio Grande, sem que pela demora de pagamento pretendam avanços na Fazenda Real.[27]

Ascensão econômica e prestígio andavam, portanto, ao lado da tentativa de conquista de hegemonia política. Para o autor, representações como aquelas, mais frequentes no século XVIII, expressariam a sólida constituição de uma comunidade mercantil com interesses próprios, formada pela elite mercantil da praça do Rio de Janeiro. Nessa perspectiva, os *homens de negócio*, apesar de agregar um conjunto heterogêneo, formariam uma comunidade com laços forjados entre si, isto é, a "percepção de pertencimento a uma comunidade estava presente desde o início", mas houve uma "evidente evolução da mesma" no decorrer do tempo, já consolidada em meados do século XVIII.[28] Politicamente, esses interesses apoquentavam a nobreza da terra, na conjuntura específica da primeira metade do século XVIII. Nas palavras do autor:

> (...) a ultrapassagem dessa nobreza pelos homens de negócio na condição de elite colonial por excelência não é um processo que se circunscreva somente ao campo da economia, mas também o da política. Nesse sentido, a primeira metade do século XVIII surge como um momento privilegiado para essa análise, já que é então que essa elite mercantil surge como tal.[29]

Ora, o que tudo isso tem a ver com a monarquia e a reordenação da sociedade senhorial?

Deve-se lembrar que a primeira metade do Setecentos assistiu às tentativas de reforço do poder central da Coroa, materializado sobretudo na criação do cargo de juiz de fora,[30] bem como na transferência de certas prerrogativas da Câmara (principalmente de natureza tributária) e na instalação definitiva da Casa da Moeda, cujo cargo de moedeiro era quase sempre ocupado por um homem de negócio ou seus afins. Nada disso significa, porém, um processo evolucionista de centralização política, pois a base do poder real ainda eram "as diversas elites locais". Na verdade, a Coroa buscava uma alternativa política para contrabalançar o poder dos descendentes dos conquistadores, abrindo espaço para a transformação dos negociantes em um "contrapeso à influência da já enraizada nobreza da terra". Os homens de negócio foram, aos poucos, se valendo disso. Mas, por outro lado, em princípios do século XVIII, esse contrapeso ainda dependia, em grande medida, das relações que eles teceram com aquelas famílias que arrogavam para si a qualidade de principais da terra.[31]

Sendo assim, a construção daquela identidade tem uma história, uma vez que, em fins do XVII, só muito raramente os componentes da elite mercantil se definiam como homens de negócio, preferindo suas identidades associadas a outras *titulações*, como "moedeiros, cavaleiros da Ordem de Cristo, familiares do Santo Ofício ou mesmo sem titulação alguma", ou seja, a identidade de homem de negócio se subordinava a outras identidades sociais.[32] Isso se devia ao padrão seiscentista, quando não havia uma divisão ocupacional no seio das elites fluminenses, uma elite agrária contraposta a outra, mercantil.[33] Casamentos entre seus membros eram comuns, bem como entre reinóis *cristãos-novos* com mulheres da nobreza da terra. Por vezes, mercadores compravam engenhos de açúcar, mas também se consorciavam com detentores de cargos que beneficiassem a própria prática mercantil. Ao fim e ao cabo, "as alianças estabelecidas a partir dos enlaces matrimoniais visavam não somente a fortalecer ou consolidar suas redes mercantis, mas miravam uma ascensão social muito mais ampla, que os inserisse de fato não só no topo da hierarquia econômica como social".[34]

Todavia, mesmo para o início do Setecentos, não se deve "relativizar demais a importância da riqueza. Com efeito, se existia uma hierarquia social dominada por uma nobreza da terra", isso não era imutável, pois "o poder que essa elite possuía na sociedade colonial dependia de constantes negociações entre seus membros e desses com os outros grupos sociais. Mais ainda, dependia da adaptação aos *sinais dos tempos*. E no início do século XVIII, os sinais de mudança estavam por toda parte".[35] Naquela ocasião, a elite agrária passava por sérias dificuldades que abalavam um dos alicerces de sua posição, uma vez que a atividade açucareira no Recôncavo da Guanabara enfrentava a concorrência por mão de obra escrava e livre das áreas mineradoras e sofria com a consequente elevação dos preços dos cativos.

Mas isso não implica uma decadência linear da nobreza da terra, haja vista que, no início do Setecentos, os principais da terra deram, basicamente, duas respostas à crise: "um fechamento em relação à nova elite adventícia dos homens de negócio ou, pelo contrário, a absorção deles."[36] Como a nobreza da terra não era um bloco monolítico, ambas as opções se realizaram. Parte dessa elite açucareira endividada se abriu, sobretudo via casamento, porque os cabedais dos homens de negócio lhe interessavam. No entanto, os homens de negócio, ao reclamarem da interdição que lhes era imposta pela nobreza quanto ao acesso à Câmara, ainda consideravam-na um lócus importante de exercício de poder do qual estavam excluídos.[37]

Para Sampaio, a segunda geração da elite mercantil comportava-se de modo distinto da primeira, pois o "homem de negócio setecentista" não era o "mercador" do XVII. A mudança de comportamento acirrou os ânimos das elites. A partir da década de 1710, os grandes comerciantes começaram a agir conjuntamente com mais regularidade, mormente por meio de representações ao rei, e a se identificar como homens de negócio. Intensificam, também, a ocupação de cargos de prestígio, bem como se afirmavam com autonomia perante a nobreza da terra, recusando-se, por exemplo, a cumprir, em 1735, suas obrigações militares sob o comando dela. Logo, aspiravam a se relacionar com a Coroa sem intermediários, pois os cargos militares eram de nomeação régia, ainda que delegada a governadores. Mais ainda, tal *ousadia* demonstra que "a configuração de forças políticas em que a Coroa se baseava na capitania se modificava", pois o governador, na condição de maior representante del-rei, os apoiara.[38]

Do mesmo modo, as alianças matrimoniais dos homens de negócio se alteraram. Processou-se uma "endogamia bastante estrita", o que favorecia "uma razoável continuidade da atividade mercantil nas famílias, ao menos até a segunda geração, baseada quase exclusivamente na incorporação de genros negociantes". Semelhante iniciativa configurava visivelmente uma estratégia, já que filhos de negociantes auferiam grandes vantagens ao se dedicar à mesma atividade de seus pais, quer pela acumulação prévia, quer pelo aprendizado das práticas mercantis ou, ainda, pela inserção em redes de conexões pessoais, decisivas para o funcionamento do comércio. Foi o que ocorreu, por exemplo, com membros da família Almeida Jordão, pois alguns deles emigraram para Portugal a fim de fortalecer os elos entre reino e colônia, visto que "não pareciam acreditar que a antiga elite senhorial fosse constituída, na época, pelas *melhores famílias da terra*".[39]

Isso significa dizer que "boa parte da elite mercantil carioca da primeira metade do século XVIII reproduzia-se sem estabelecer quaisquer vínculos (ao menos parentais) com a nobreza da terra". Nesse caminho, operou-se a "dissociação entre elite agrária e elite mercantil". Reforçando essa cisão, os grandes comerciantes, além de casar entre si, se uniram a mulheres de estratos "(aparentemente) inferiores", sem que isso, porém, obstaculizasse sua ascensão social e política, além de sua acumulação econômica, uma vez que tais uniões "compensavam sobremaneira as aparentes desvantagens de um casamento humilde".[40]

Em suma:

Os homens de negócio do Rio de Janeiro vão, portanto, constituindo-se como uma elite verdadeiramente nova, apartada em sua maioria da antiga nobreza da terra. Aparecem, frequentemente, como o marco inicial de suas respectivas genealogias em solo fluminense... Uma cisão dessas na elite colonial era então, sem dúvida, uma novidade na capitania fluminense.

No século XVII, pelo contrário, o que predominava era a assimilação dos comerciantes que se destacavam pelas *melhores famílias da terra*.[41]

No século XVII, a indistinção foi possível por causa da pequenez da comunidade mercantil, em termos numéricos e em virtude da sua capacidade de acumulação. Portanto, a elite mercantil seiscentista "não ameaçava ainda a posição social da nobreza local".[42]

Ressalte-se, por fim, que um aspecto essencial diferenciava os homens de negócio da nobreza da terra. Em meados do XVIII, a segunda gritava por suas prerrogativas, sobretudo com base na ascendência e na (construção da) memória da conquista, que, não raro, remetiam ao Quinhentos, ou seja, tratava-se de uma elite enraizada, quase *literalmente* uma nobreza *da terra*. Por sua vez, a grande maioria dos homens de negócio era formada por portugueses, o que significa dizer que "essa nova elite colonial era (e tinha de ser) constantemente renovada por adventícios".

Evidentemente, havia casamentos entre famílias de negociantes com membros da nobreza da terra, mas semelhantes uniões tinham um caráter "bem mais esporádico". Assim, a inserção de negociantes, ou de seus filhos, nas "principais famílias" indica que "embora no último terço do século XVII a nobreza da terra tendesse à endogamia", parte dela estava "aberta à entrada de *forasteiros* quando esses se mostraram úteis à defesa de seus interesses". No século XVIII, a acolhida da elite agrária expressava "um reconhecimento da importância que tais homens [de negócio] possuíam na sociedade colonial". Por outro lado, certas famílias nobres continuaram fechadas ao ingresso de *homens de negócio*. É presumível, portanto, que, no fim das contas, não tenha prevalecido uma "busca sistemática de aliança entre as duas partes". Não se deve, no entanto, confundir os casamentos dos homens de negócio estrangeiros com os de seus filhos. Depois de feita essa advertência, não resta dúvida de que a inserção dos segundos nas melhores famílias representava "um reconhecimento por uma fração da nobreza da terra de um poder econômico (e por vezes político) já consolidado. Uma clara chancela à ascensão social" da família de origem mercantil.

Não há como precisar em que grau parte da nobreza da terra se mercantilizou e/ou parte dos homens de negócio enobreceu. O certo, na opinião de Sampaio, é que foi justamente a parcela da nobreza da terra que conseguiu negociar alianças com "essa nova elite mercantil", a que sobreviveu às "transformações da sociedade colonial setecentista".[43]

Como resultado, em meados do século XVIII, os comerciantes se afirmaram. Aqueles casamentos com a nobreza da terra serviram fundamentalmente para consolidar seu avanço "ao poder político local".[44] Inevitavelmente, às proeminências política e econômica do grupo engendrou-se um novo discurso que sustentasse sua posição. Se a nobreza da terra apegava-se à (memória da) conquista, os homens de negócio aludiam a sua utilidade para a Coroa, quer pelo adiantamento de recursos à Fazenda Real, quer pelo giro do comércio, ou, ainda, mencionavam a sua própria riqueza. No desfecho:

> Todos esses movimentos apontam para a existência em meados do século XVIII de uma comunidade já claramente articulada, fortalecida pela importância cada vez maior do Rio de Janeiro nos quadros do Império português. Esse fortalecimento se baseia também no enfraquecimento de seus competidores. Não é mera coincidência que a década de 1750 seja marcada também por reclamações da elite agrária em relação à exploração dos homens de negócio (...) e pela busca de alternativas dessa elite em relação à decadência da produção açucareira através, por exemplo, do cultivo do tabaco (...) o tempo da nobreza da terra já havia passado. E é nesse contexto que os homens de negócio se evidenciam como a nova elite colonial.[45]

Mas, como foi dito anteriormente, tudo isso é alvo de controvérsias historiográficas.

João Fragoso, ainda que reconheça a ascensão dos negociantes, insiste na sobrevida e no fascínio que a nobreza da terra exercia sobre homens de negócio em meados do Setecentos. Sublinha as múltiplas hierarquias sociais da época, "entre elas, a de fortunas", "outra dominada pela fidalguia quinhentista, baseada em relações clientelares (...) e não necessariamente sustentada por grandes escravarias". Esses fidalgos, descendentes dos conquistadores dos séculos XVI e XVII, ainda participavam do "círculo de poder da capitania". Estavam na Câmara, no governo militar da república, ou seja, também "eram reconhecidos pela monarquia", pois os postos de oficiais superiores das ordenanças, por exemplo, eram ocupados por meio da nomeação da Coroa, "baseada na indicação do governador. Apesar disso, essa última estratificação estava sucumbindo, ou melhor, transformando-se".[46]

Devido a essa transformação, havia vários tipos de fidalgos *quinhentistas*, os donos de grandes escravarias e próximos aos negociantes de grosso trato, mas afastados dos cargos de poder; os de meados do XVII, com grande escravaria, chefes de casas e pontos nodais de redes de parentesco. Senhores desse tipo construíram sua fortuna com base na conquista e no comércio, mas definharam no avançar do século XVIII, junto com a economia que os produziu na época da conquista, um tipo de economia fortemente dependente da política, e, nesse cenário, ocupar postos de comando (cargos na Câmara, juizado de órfãos etc.) era sinônimo de acumulação. Assim, no decorrer do século XVIII, quando a monarquia tendeu "a assumir um papel mais decisivo na direção política da capitania" e os negociantes fizeram "o mesmo na economia", os senhores se reconfiguraram. Restou à nobreza principal da terra a Câmara, esvaziada de prerrogativas do século XVIII, mas ainda expressando "uma legitimidade social dada por suas redes clientelares" e "suas estratégias parentais, ou seja, eles contavam ainda com alguns recursos para jogar, recursos que encantavam os homens de negócio vindos do Atlântico".

Nesse sentido, "o conjunto de relações sociais formadas pelos encontros entre escravos, forros, livres e pequenos escravistas tinha sua própria história". No século XVII, forros, pequenos senhores e seus cativos se aparentavam a cativos de membros da nobreza da terra, bem como fidalgos e suas famílias eram parentes rituais de pretos cativos. Isso significa dizer que a legitimidade social da nobreza da terra se assentava também nos laços estabelecidos com grupos subalternos.[47]

Tudo isso ganhou novos contornos na passagem do século XVII para o XVIII. Por exemplo, na freguesia de São Gonçalo do Recôncavo da Guanabara no século XVII, mais da metade das famílias escravas estabeleceu laços de compadrio com outros cativos, mas em meados do século XVIII, nas freguesias de Jacarepaguá e Campo Grande, os compadres livres e forros ultrapassavam 60%. Isso quer dizer que essas mudanças expressam "finas negociações" entre senhores e escravos, mas também com forros. Aí residiria um, dentre outros, encantamento que a nobreza da terra ainda exercia sobre homens de negócio, bem como a avidez desses em adquirir engenhos de açúcar. Na opinião de Fragoso:

> Os negociantes de grosso trato com engenhos de açúcar entraram nesta ciranda de negociações com escravos e forros. Na verdade, em 1746, eles entraram em diversas cirandas, entre elas a Câmara, leia-se a antiga assembleia dos conquistadores do Rio de Janeiro. Talvez a tentação daqueles empresários do Atlântico pela Câmara e, ao mesmo tempo, pelos engenhos de açúcar (suporte de casas e aldeias coloniais) seja indício do encantamento exercido sobre eles pelo Antigo Regime surgido na *Conquista*.[48]

*

Seja como for, não obstante as visíveis diferenças, importa notar que as duas vertentes explicativas destacam modificações na composição das elites coloniais no transcurso do século XVIII. Uma ressalta o crescente papel da Coroa; outra salienta os poderes locais, quer pela nobreza da terra, quer pelos homens de negócio ou pela coexistência de várias formas de hierarquia. O certo, porém, é que, além da transformação no seio das elites, verificou-se uma maior afirmação da Coroa na América portuguesa.

A ênfase dada ao caso fluminense se deve ao simples fato de a praça carioca ter-se convertido na mais importante da monarquia portuguesa, a Encruzilhada do Império, na feliz expressão de Sampaio. No entanto, escusado dizer que atmosfera carregada entre nobreza da terra e mercadores não era, evidentemente, exclusiva ao Rio de Janeiro. Além disso, importa sublinhar que os processos de mercantilização em outros rincões da América portuguesa não se deram necessariamente do mesmo modo nem geraram as mesmas tensões. Por exemplo, em São Paulo setecentista, conflitos entre colonos e Coroa se desenrolaram em torno do espólio de guerras, isto é, sobre a mão de obra indígena.[49] Crucial para a Capitania de São Vicente desde o século XVII, salvo raras exceções, boa parte dos estudos disponíveis tende a não dar a devida conta dos papéis desempenhados pela mão de obra indígena e pelos comerciantes no século XVIII.

O cenário histórico de tensões (ou de tensões historiográficas?), porém, se observa em outras paragens. Em Recife, desde fins do século XVII havia uma cisão ocupacional, conjugada a outras hostilidades:

> (...) o antagonismo entre o mercador reinol e o produtor brasileiro, antagonismo digamos hegemônico, na medida em que tende a subordinar a si todos os outros antagonismos da sociedade colonial. A confrontação entre a loja e o engenho tendeu principalmente a assumir a forma de uma contenda municipal (...) entre um Recife florescente que aspirava à emancipação e uma Olinda decadente que procurava mantê-lo. Essa ingênua fachada municipalista não podia, contudo, resistir ao embate dos interesses em choque. Logo revelou-se o que realmente era, o jogo de cena a esconder a luta entre o poder entre o credor urbano e o devedor rural, oposição mais intensa entre nós do que em qualquer outro rincão da América portuguesa, permeando toda a nossa história colonial desde o período holandês (...) Radical em Pernambuco e atual ou latente na Bahia e no Rio, esse tipo de conflito praticamente inexistiu em outras áreas açucareiras das Américas, para as quais não se pode falar sequer em dicotomia local do mercador e do produtor (...).[50]

Diferentemente da capitania do Rio de Janeiro, em Pernambuco o processo de distinção remonta a meados do século XVII. Outros antagonismos contrapunham senhores de engenho ("nobres") a mercadores ("mascates") ou mercadores do sobrado ("capitalistas"). No plano dos valores, por exemplo, enquanto os *mazombos* (senhores de engenho) consideravam os mercadores gananciosos, usurários, esses julgavam os nobres pela ausência de uma ética do trabalho e pela prodigalidade. Tudo indica que, assim como no Rio de Janeiro, a ação da Coroa, sobretudo a de seus representantes, tendeu mais para a aliança com os mercadores, fossem esses comerciantes subordinados a seus pares reinóis ou a eles associados. Essa polarização teria sido mais exacerbada em Pernambuco do que em outras paragens, nela prevalecendo, diferentemente da Bahia, a endogamia ocupacional. Como bem observou Evaldo Cabral de Melo, portanto, não se pode generalizar dicotomias para o conjunto do período colonial, visto que os graus de antagonismos poderiam variar bastante.[51]

Provavelmente por isso, em São Paulo, na virada do século XVII para o XVIII, as análises sobre o *processo de mercantilização* não enfatizam esse aspecto, mesmo reconhecendo uma tendência de centralização de poder nas mãos da Coroa já nas primeiras décadas do século XVIII. Ou seja, a política metropolitana, por si só, não gera ou intensifica tensões entre comerciantes e elites agrárias. Aliás, em São Paulo, uniões matrimoniais entre famílias de comerciantes e famílias de elites agrárias eram corriqueiras, sendo as primeiras absorvidas pelas segundas.[52] Talvez por isso, entre 1765 e 1850, mercadores ascendiam a instituições/cargos de elite, a saber: eram *funcionários* da Coroa (capitão-general, ouvidor etc.), ocupavam postos na municipalidade (juiz de órfãos e camaristas), nas ordenanças (capitães e sargentos-mores) e na Santa Casa de Misericórdia. Mas, dentre os que ascendiam à Câmara, entre 1761 e 1813, de 47,6% a 70% eram mercadores ou homens de negócio. Ainda que Kuznesof sugira que as elites tradicionais não optassem, preferencialmente, pelos cargos da Câmara, era significativa a elevação de mercadores a uma instituição da governança local.[53]

Ainda na capitania paulista, essa ascensão não se deu apenas na cidade de São Paulo. Em Itu de inícios do século XIX, uma visitante se espantou ao verificar que os moradores da vila, "sendo 'todos pelo menos nobres', se aplicavam a empregos mecânicos que 'pelas leis do Reino derrogam a nobreza'".[54] Confirmando o espanto da visitante, os irmãos da Misericórdia da mencionada vila ressaltaram que a linha divisória entre mecânicos e nobres era, ou deveria ser, inexistente. Em maio de 1805, em um ofício enviado a el-rei pelo general Antônio José de Franca e Horta, nota-se que tal distinção não correspondia ao que os principais da terra entendiam por hierarquia fundamental:

> A Mesa da Irmandade da Vila de Itu (...) vendo que o compromisso da Misericórdia dessa Corte [de Lisboa] não podia ser exatamente aplicável nesse país, onde, entre outras coisas, a diferença de irmãos nobres e mecânicos seria um obstáculo para sua subsistência, pela vaidade com que todos os homens se julgam iguais, não conhecendo inferior de condição, se não os indivíduos de cor, e os que nasceram, ou são escravos; formam o seu compromisso adaptável às circunstâncias do tempo, e lugar, e me enviaram com a Súplica que fazem ao Príncipe Regente N. Sr. Para sua confirmação (...) São Paulo, 22 de maio de 1805 (...).[55]

Embora já estejamos a aludir ao início do século XIX, os irmãos da Irmandade da Misericórdia diziam que os pesos e as medidas do reino e do Brasil não eram padronizados; se assim fosse suas *subsistências* ficariam comprometidas. Pouco provável, já que, na verdade, deviam mesmo era diminuir seus rendimentos. Membros da elite ituana se dedicavam ao comércio das monções e a atividades mecânicas, como disse o visitante e analisou Godoy.[56] Portanto, diferentemente de Pernambuco, conforme apontou Cabral de Melo, e mesmo do Rio de Janeiro, de acordo com as obras de Fragoso e Sampaio,[57] quase não havia distinções com base na especialização ocupacional, embora haja discordâncias entre os historiadores quanto às fontes de financiamento da agricultura paulista, em especial a partir da intensificação da atividade açucareira no século XVIII, principalmente a partir de seu último quartel.[58]

Mas não nos adiantemos muito no tempo. Em São Paulo, ao menos em suas primeiras décadas setecentistas, o incremento das atividades mercantis parece que não gerou uma divergência exacerbada que contrapusesse comerciantes e elites agrárias, pois a "mercantilização crescente de São Paulo, o comércio com as Minas e com as outras regiões favoreciam os agricultores, plantadores e membros do grupo mercantil".[59] Explicitar o porquê dessa diferença, estabelecendo comparações entre as áreas, é campo aberto à pesquisa. Seja como for, o caráter ancilar da economia paulista, em termos mercantis, em relação aos centros mais dinâmicos da América portuguesa talvez forneça uma boa pista. Junto a isso, não podemos esquecer a forte ascendência bandeirante e mameluca que marcava boa parte da elite agrária paulista, em razão da qual certamente ficava bastante limitada em evocar os estatutos de pureza de sangue ou de defeito mecânico contra aqueles homens que porventura se dedicassem ao trato mercantil.[60] Aliás, no século XVII, as famílias paulistanas eram bastante receptivas aos forasteiros, sobretudo reinóis, ainda que destituídos de cabedal.[61]

As disputas derivadas dos conflitos de interesse entre "conquistadores" *versus* forasteiros e, posteriormente, entre potentados locais e autoridades metropolitanas, bem como o papel desempenhado pelos homens de negócio, também marcaram profundamente a história da capitania das Minas Gerais, adquirindo novos matizes em virtude do complexo característico da atividade mineratória.[62]

A notícia da descoberta de ouro pelos paulistas, no fim do século XVII, atraiu gente das extremidades do Império português em busca do enriquecimento, notadamente do reino e das demais regiões da América lusa, sobretudo da Bahia. Poucos anos depois, entre 1707 e 1708, foi travada uma verdadeira guerra civil entre os descobridores paulistas, que se autodesignavam "a população local", e os forasteiros, pejorativamente qualificados como emboabas. A disputa sangrenta entre facções em confronto pelo controle da região mobilizou as primeiras intervenções da Coroa, embora não lograssem atingir muito sucesso.[63]

A derrota e a retirada dos paulistas, seguidas pela criação da Capitania das Minas Gerais, ensejaram um interessante debate historiográfico sobre as relações posteriormente estabelecidas entre a Coroa e os potentados locais. Embora alguns estudiosos sustentem que a partir da década de 1730 a Coroa tenha conseguido se impor aos interesses privados por meio da adoção de medidas administrativas e repressivas, outros, mais atentos aos conflitos de competência entre as autoridades nos diversos níveis da administração e a decisiva capacidade de barganha dos poderes locais, relativizam a onipresença e a suposta onipotência do Estado nas Minas.[64]

De acordo com Sílvia Brugger:

> No que diz respeito à administração das Minas, os poderes metropolitanos não podiam eximir-se de alianças com os poderes locais. Concediam benesses, privilégios e cargos a potentados, buscando inseri-los na ordem administrativa. Mas, assim agindo, promoviam a indistinção entre as esferas pública e privada, se é que se pode pensar nessas duas esferas para a realidade colonial. Daí as possibilidades de utilização dos cargos e dos ofícios que ocupavam segundo interesses próprios, o que poderia gerar a sensação de desgoverno ou desordem. No entanto, é importante destacar que isso era apenas uma aparência, pois de fato a possibilidade era inerente à própria "economia do dom". Sua eficácia residia, na perspectiva da metrópole, justamente na manutenção da subordinação dos diversos elos da cadeia de dependência, ainda que a distância, uma vez que, mesmo exercendo o poder de maneira pessoal, se identificavam como vassalos do monarca.[65]

Ao adotar esse viés analítico, Júnia Furtado postulou a hipótese de que os homens de negócio desempenharam o papel de principais agentes da interiorização da metrópole e do comércio nas Minas setecentistas. Oriundos do reino ou de outras paragens da América portuguesa, eles desempenharam um papel decisivo na cadeia de dependência que unia o monarca aos seus vassalos na referida capitania.[66] Em meio a uma sociedade enxameada de gente de baixa extração, os comerciantes de grosso trato destacavam-se pelo poder econômico derivado da capacidade de crédito, da responsabilidade de organização do comércio de abastecimento e da diversificação de suas atividades, visto que também investiam na mineração, agricultura e pecuária. Não raro, estavam inseridos em redes clientelares que se ramificavam e estendiam seus negócios do reino às capitanias litorâneas — notadamente o Rio de Janeiro e a Bahia —

bem como as interioranas até chegar às Minas. Ao associar a fortuna amealhada com signos de ostentação, procuravam se revestir de uma aura de prestígio social que, de fato, alguns chegaram a gozar.[67] Mas isso não significa dizer que nas primeiras décadas do XVIII os homens de negócio não tenham enfrentado o estigma do defeito mecânico ou da suspeita de defeito de sangue (derivado de uma suposta ascendência judaica) por oposição dos *homens bons* que tentavam lhes impedir o assento nas câmaras municipais. Entretanto, ao que parece, semelhante obstáculo foi transposto com menos dificuldade do que a enfrentada pelos seus congêneres estabelecidos no Rio de Janeiro no mesmo período. Ao contrário do Recôncavo da Guanabara, nas Minas setecentistas simplesmente não havia uma *nobreza da terra* enraizada ou com força suficiente para impedir o acesso dos homens de negócio à representação política facultada pelo exercício da vereança.

Vale lembrar que, conforme salientou Júnia Furtado, o caráter essencialmente mercantil da economia mineira fez com que as autoridades adotassem medidas administrativas visando controlar o mercado e o abastecimento. No exercício desse mister, as câmaras municipais eram as principais responsáveis pelas tentativas de regulação dos mercados locais (licenças, proibições, preços, pesos e medidas, impostos, arrematações de contrato, fiscalização, punições, entre outros), haja vista o receio de que a falta de produtos ou a carestia abalasse a vida urbana ou pusesse em risco a continuidade da exploração aurífera.[68] Não espanta, portanto, a ambição política dos homens de negócio estabelecidos nas Minas quanto à participação no exercício da governança municipal.

Com efeito, se de acordo com os valores estamentais vigentes o status nobiliárquico, por assim dizer, era pré-requisito para o ingresso nas câmaras municipais, o afluxo contínuo de forasteiros e a acentuada mestiçagem que caracterizavam a população nas Minas no primeiro quartel do século XVIII tornavam muito difícil delimitar "com clareza, a diferença entre os homens bons — únicos dignos de se fazerem representar nas Câmaras — e o restante da população".[69] Para escândalo de pessoas de mor qualidade, o acesso de gente mestiça aos cargos municipais foi, a princípio, tolerado. Todavia, à medida que a população *branca* se estabelecia, o impedimento de mulatismo foi cada vez mais evocado para a exclusão dos mestiços.[70]

Mas, como é amplamente conhecido, os portugueses que se dirigiam para as Minas procediam em larga medida dos estratos mais baixos da população estabelecida nas províncias agrícolas do norte do reino. Por conseguinte, como sugere Furtado, nas Minas "o nascimento deixou de ser indicativo de nobreza, passando tal reconhecimento a se dar mais pelo acúmulo de propriedades" e pelo fato de não precisarem trabalhar com as próprias mãos em virtude da posse de escravos e de prescindirem do exercício de ofícios mecânicos para viver.[71]

A rigor, o foro de nobreza impregnado no conceito de homens bons impediria a participação dos grandes comerciantes na elite política mineira; no entanto, como a distinção social nas Minas seria dada mais pela posse do que pelo nascimento, a condição de reinol e proprietário os aproximava dos mineradores. Restavam-lhes os obstáculos derivados do defeito mecânico e do estigma da ascendência judaica. Segundo Júnia Furtado, um decreto exarado em 1740 permitiu aos cristãos-novos a participação nas câmaras, o que, somado à importância crescente do comércio nas Minas, atenuou o preconceito em relação aos homens de negócio.[72]

Para Russell-Wood os mineradores predominavam na composição das câmaras até a década de 1730, "porém, com o declínio da produção de ouro [...] e uma crescente distribuição da riqueza na metade do século (*sic*), mercadores, comerciantes e produtores agrícolas vieram a assumir postos na Câmara Municipal".[73] No entanto, mais atenta para a complexidade da composição da sociedade mineira já na primeira metade do Setecentos, quando as atividades de mineração, agrárias e mercantis se imbricavam, Júnia Furtado sugere que

> apesar de não ter sido possível identificar a ocupação dos componentes das Câmaras na mesma época, essa imbricação da atividade comercial com outras atividades desenvolvidas nas Minas, principalmente a mine-

ração, permitiu inferir que a atuação dos comerciantes pôde ser sentida desde o primeiro momento. As inúmeras insinuações dos governadores e da própria Coroa, segundo as quais interesses particulares constantemente influenciavam os contratos estabelecidos pelas câmaras para a venda dos gêneros, representaram um dos sinais dessa atuação.[74]

Mutatis mutandi, como observou com acuidade um comissário do Santo Ofício, aludindo à outra situação: "O crivo do Brasil é muito largo, e passam não só a farinha e o farelo, mas ainda o grão inteiro passa." Digressão à parte, pelo que até aqui se expôs, não se deve confundir de modo algum a plasticidade das fronteiras hierárquicas nas Minas Gerais com a constituição de um "universo do indistinto".[75] Se, de fato, na América portuguesa não existia uma aristocracia de sangue nos moldes europeus, isso não significa de modo algum que as elites mineiras fossem indiferentes aos valores de Antigo Regime, sobretudo no que se refere à estratificação social. Ademais, a avidez da elite mercantil e/ou econômica em Minas Gerais por cargos e postos em diversas instâncias político-administrativas demonstra que a hierarquia social no Antigo Regime não se baseia apenas no dinheiro e no império do mercado. Isso não escapava a nenhum dos senhores coloniais.[76]

Elites e grupos subalternos

Se a composição das elites e o poder real se modificaram, é necessária uma pergunta fundamental: em que medida as alianças entre poderosos e grupos subalternos também foram modificadas na conjuntura do século XVIII? Ou seja, considerando a centralização política ocorrida no Setecentos, seria possível aventar a hipótese de alterações nas concepções de representantes del-rei e de potentados locais sobre escravos, forros e outros subalternos?

Retornando às palavras dos irmãos da Misericórdia de Itu, observa-se um discurso exclusivista que pretere pretos, pardos, forros e escravos.

Ainda que seja referente ao início do século XIX, semelhante posicionamento levanta questões sobre os modos pelos quais o fortalecimento do poder monárquico e o reajustamento das elites podem ter influenciado as relações entre senhores e grupos subalternos (escravos, forros, egressos do cativeiro, livres pobres, entre outros). Para continuar esse percurso de análise, porém, ressalte-se, em primeiro lugar, a exiguidade de estudos sobre o assunto para o século XVIII, comparativamente ao século XIX. Não é exagerado dizer que sabemos muito pouco sobre escravidão no século XVIII, para não falarmos do século XVII. Nesse sentido, fica difícil estabelecer comparações entre o Seiscentos e o Setecentos, como vimos procedendo até o momento. Por isso mesmo, trata-se, antes de tudo, de uma análise panorâmica da incidência de um discurso, em especial o de autoridades coloniais, sobre escravos de origem africana e outros grupos ditos subalternos.

Como observou Rafael Marquese, em perspectiva atlântica, na virada do século XVII para o XVIII, a escravidão se vinculou a um debate mais amplo, entre teólogos e outros letrados, "sobre a estrutura de poder imperial, em um contexto de tensão crescente entre Igreja e Estado e de progressiva secularização do pensamento político e econômico". Para o caso da América portuguesa, o autor indaga o porquê de os jesuítas, aqui radicados desde o século XVI, examinarem o tema do governo dos escravos somente no início do século XVIII, em especial em tratados como os de Jorge Benci e André João Antonil, a despeito de a Companhia de Jesus ter "várias propriedades rurais operadas por escravos e de o tema da escravidão ter sido bastante discutido por seus membros" desde inícios da colonização. A resposta para essa reflexão se encontra "nas modificações verificadas no contexto colonial e na própria situação da Companhia de Jesus dentro do Império ultramarino português". Os jesuítas eram questionados por possuir vastas propriedades rurais e urbanas ao mesmo tempo que eram isentos do pagamento de dízimos, o que gerou protestos de opositores. No que mais nos interessa, as modificações no contexto colonial, o autor destaca que:

> O fim do século XVII foi um período de aguçamento das tensões sociais no litoral açucareiro da América portuguesa, sobretudo as que polarizavam senhores e escravos. Ainda que não se encontrasse em perigo, a instituição do cativeiro na costa nordeste foi, na segunda metade do século XVII, abalada pela erupção de diversos atos de resistência escrava, notadamente Palmares. O exemplo dos palmarinos acentuou o temor das autoridades luso-brasileiras a respeito das manifestações de contestação à ordem escravista, em especial a formação de novas comunidades quilombolas. Em Pernambuco, por exemplo, o receio dos "holandeses de outra cor", nos dizeres de um governador colonial, desdobrou-se num medo dos mocambos que se espalhavam por toda a Zona da Mata canavieira e que viviam da pilhagem dos lavradores e viajantes.[77]

Se e como os ecos do quilombo de Palmares, na segunda metade do século XVII, se fizeram sentir em outras paragens da América portuguesa é um campo ainda aberto a pesquisas. Em termos políticos, ou melhor, no que diz respeito ao governo dos escravos, sabemos, pelo menos, que Palmares pesou nas percepções senhoriais (reais ou imaginárias) e nas suas bem ou malsucedidas políticas de domínio, conforme destaca Sílvia Hunold Lara. Segundo a autora, deu-se a especialização na captura e vigilância de escravos, expandindo a figura e a regulamentação da patente de capitão do mato no século XVIII, figura esporádica no século XVII.[78]

Todavia, considerar as tensões e as transformações do século XVIII apenas como caudatárias de aspectos do século XVII pode induzir a uma perspectiva teleológica. Assim, ainda que se imagine uma *tradição rebelde*[79] na capitania do Rio de Janeiro que remonte ao século XVII, muito provavelmente um fator que modificou as tensões entre senhores e escravos no Setecentos é de natureza demográfica, quando então se vivenciou um momento de intensificação do tráfico de escravos, redesenhando as feições da sociedade colonial em várias paragens, principalmente as da população escrava.[80] Portanto, as ações escravas também foram cruciais. Provavelmente por isso os quilombos foram endêmicos em Minas Gerais do século XVIII, mas sabemos pouco sobre eles no século XVII. Evidentemente que querer isso para Minas Gerais seiscentista seria um absurdo, posto que, então, a área era quase nada em termos de presença de escravos de origem africana. Mas, afora Palmares, também há muito pouco para Pernambuco e Bahia seiscentistas, com exceções, evidentemente, e, é óbvio, em comparação ao século XVIII e, sobretudo, ao Oitocentos.[81]

Não se pretende aqui reduzir os quilombos apenas a uma ameaça à ordem escravista, pois eram uma de suas partes integrantes. Tampouco esquecemos que também eram uma forma de negociação e menos ainda supomos que estavam apartados da sociedade. Mas, não obstante essas ressalvas, restam indagações sobre as relações políticas entre senhores e escravos: há pouca ocorrência e/ou há poucos estudos sobre outros tipos de tensões entre senhores e escravos no século XVII? Ainda que a historiografia não tenha produzido uma resposta consistente, o que teria mudado no comportamento senhorial diante das tensões do século XVIII? Para a segunda pergunta, o certo é que o século XVIII assistiu ao pulular de opiniões vociferantes de autoridades coloniais sobre escravos e forros. Tendo em vista essa elevação do tom do discurso depreciativo, bem como o fortalecimento do poder real e as alterações na composição das elites senhoriais, tudo indica que os conflitos entre senhores e escravos se acirraram no decorrer do século XVIII.[82]

Mas cumpre destacar que modificações dessa natureza não se dirigiam apenas a escravos, reportavam-se também a forros e livres despossuídos. Pelo menos no que diz respeito ao modo como o fortalecimento do poder monárquico influenciou o discurso e a ação sobre grupos subalternos. Assim, a "natureza do mando" do Estado português em Minas Gerais do século XVIII, por exemplo, extrapolou as inserções sobre as elites locais. Por meio de seus administradores, a ação política da Coroa se dirigia aos "homens livres pobres que, na economia do ouro, viviam nos interstícios do sistema". Essa política pautava-se pelo "bater" e "soprar", pois em "colônias separadas dos centros decisórios do poder — as metrópoles — por meses de navegação marítima e habitadas por grandes contingentes de escravos, o mando estava fadado a ser contemporizador". Caso "vestisse apenas a máscara da dureza, o edifício todo se esboroava, a perda do controle levando à da própria colônia". Logo, os "representantes do poder" eram "agentes que intensificavam os processos desclassificadores".[83] Em sua versão mais recente, essa apreciação é ressaltada na seguinte afirmação:

> O Reino, desde Pombal, precisava que a colônia se defendesse com seus próprios corpos, mas o número crescente de escravos fragilizava os homens brancos, dependentes dessa força de trabalho e ao mesmo tempo reféns de suas explosões de violência e insubordinação. Desclassificados sociais, homens sem ocupação constante, muitas vezes doentes e fracos, eram os únicos com quem se podia contar sem prejuízo maior da lavoura. Recrutá-los preenchia, por outro lado, as obrigações que a região [de Minas Gerais] tinha para com o governo da metrópole (...).[84]

Ainda que essa perspectiva possa escorregar para uma visão senhorial ou *metropolitana* sobre grupos subalternos, como observou Sheila Faria,[85] o que se constata é que, no contexto de afirmação do Estado português, escravos e livres/forros pobres foram objeto de atenção e do menosprezo das autoridades coloniais. Outras pesquisas têm avançado nessa direção, acrescentando as nuances de cor, engendradas e acirradas com o crescimento da escravidão setecentista.

Sílvia Hunold Lara observou que a "impressão deixada pelos [viajantes] estrangeiros é semelhante à registrada por autoridades portuguesas encarregadas da administração colonial e mesmo por letrados autóctones".[86] Essa impressão se constata, por exemplo, nas palavras do marquês do Lavradio, quando aportou em Pernambuco em 1768, depois de mais de um mês de viagem. Ele ficou impressionado com a "multidão de negros", e mulatos, acrescentou Lara, tendo dificuldade de "descobrir algum branco... que verdadeiramente o fosse". O vice-rei retornou à constatação de grande presença de "pretos e mulatos" no Rio de Janeiro quando entregou o cargo, em 1789. Opinião semelhante à de Luiz dos Santos Vilhena sobre a Cidade de Salvador e seu recôncavo mais para fins do século. Evidentemente, essas observações confirmam a presença expressiva de escravos, referendadas por dados demográficos. Mas não apenas. Aludem, também, a forros e seus descendentes. Isso significa que somente a dimensão demográfica não explica a surpresa dos viajantes e das autoridades coloniais recém-chegadas ao Brasil colonial. Nesse sentido, a pergunta formulada por Lara é: o que mais os "surpreendia: a presença maciça de negros e mulatos ou a própria escravidão?"[87]

A partir das classificações de cor presentes nas fontes que analisou, a autora destaca que a grande proporção de negros, pretos, cabras e mulatos não se relacionava apenas à escravidão, pois a ideia de que os "brancos eram livres e os negros necessariamente escravos não se aplica à América portuguesa setecentista", ainda que houvesse nuances no emprego daqueles termos, dependendo de uma série de fatores (como, por exemplo, as fontes utilizadas e o contexto do discurso), e critérios superpostos de classificação. Porém, preferencialmente os escravos eram designados como pretos, ao passo que negro nem sempre era associado à escravidão: "Diferentemente de 'negro', portanto, o termo 'preto' podia ser equivalente a escravo, sem margens para dúvidas, sem considerações de nascimento ou referência geográfica." O mesmo pode ser dito dos termos pardo e mulato, pois o segundo tinha uma conotação pejorativa (associado ao pecado, à insubordinação), ao passo que o primeiro, ao contrário, era uma afirmação positiva de identidade. Logo, não se trata do racismo biológico de fins do século XIX, antes de condição social. O mais importante é que, embora o termo mulato pudesse ser um xingamento, o que significaria que a tensão se expressa na cor, o conflito não se pautava nessas bases, pois o que estava em causa era a "posição, alta ou baixa" das pessoas/famílias na hierarquia social. Para enfatizar a desqualificação da posição social, a "referência à cor" emergia. Lembre-se, porém, que a alusão pejorativa era aos mulatos.[88]

Obviamente, nada disso elimina a ambiguidade das expressões de cor, o que, por sua vez, longe de eliminar as hierarquias, indica que, "geralmente, a cor da pele estava associada à condição que separava a liberdade da escravidão". Por isso, a cor branca "podia funcionar como sinal de distinção e liberdade, enquanto a tez mais escura indicava uma associação direta ou indireta com a escravidão".[89] Assim,

> dependendo da situação, pardos, negros e mulatos podiam ser rapidamente jogados no mundo da escravidão (...) Se os brancos podiam ser indiscutivelmente associados à liberdade, para os *pretos* presumia-se geralmente a condição de cativo. Para todas as outras gradações da cor da pele, a ambiguidade imperava e a presença da escravidão ou a passagem por ela em tempo não muito remoto era uma suposição que na maior parte das vezes parece ter tido força de verdade.[90]

Mas, ao longo do século XVIII, as categorias de cor foram empregadas de modo cada vez mais genérico, mesclando "escravos e libertos (ou mesmo livres) numa massa indistinta, socialmente inferior e, sobretudo, apartada da liberdade. Eis aí um dos sentidos mais amplos do impacto demográfico registrado pelo olhar dos viajantes da América portuguesa setecentista".[91] Evidentemente, a presença maciça de escravos se refletia na percepção dos recém-chegados. Quando causava impacto era sobretudo entre os viajantes estrangeiros, mas não tanto entre os que vinham do reino, "acostumados a lidar com os negócios coloniais". Desse modo, seria simplista considerar aquela impressão das autoridades coloniais, como Vilhena e Lavradio, como efeito direto da escravidão.[92] É certo que, como vimos, a ameaça da rebelião escrava estava sempre presente na mente de autoridades coloniais, principalmente após Palmares, o que contribuiu para a expansão da profilaxia política na figura do capitão do mato e as várias discussões em torno do modo de governar os escravos, inclusive no que diz respeito a diferenças étnicas entre cativos para o exercício da dominação senhorial.[93] Apesar de diferentes opiniões sobre a matéria, "não se introduziu nenhuma nuance no fato básico de serem todos eles escravos. Tomados em conjunto, suscitavam cuidados".

Por exemplo, comentando a atitude de Vilhena, Sílvia Lara afirma:

> Vilhena advertiu senhores e autoridades coloniais contra o perigo de "tolerar pelas ruas e terreiros da cidade [se] façam multidões de negros de um e outro sexo", com seus batuques bárbaros (...) Por isso, advertia ele que "seria muito para desejar que [os escravos] se pusessem num estado de subordinação tal que julgassem quanto ao respeito que qualquer branco era seu senhor. Eis a dificuldade. A diferença entre brancos e negros não era suficiente para recobrir as necessidades de dominação. O desejo de um mundo dividido apenas em duas cores, a separar senhores e escravos, nunca se realizou. Aquela "concentração funesta" de gente podia assustar, porque nela havia uma grande quantidade de escravos (...) havia sempre o perigo da rebelião. O medo, entretanto, não advinha apenas da escravidão. Havia mais gente além de senhores brancos e escravos negros — gente que não era branca e não estava sob o domínio dos senhores.[94]

Mais ainda, contestando a ideia de que discursos de autoridades atribuíam "unicamente à escravidão o envilecimento do trabalho e o atraso do Brasil", Sílvia Lara destaca que não foi essa a acepção feita por Vilhena. A escravidão aparece como uma causa a mais, que "agrava e onera a falta de uma política de domínio eficiente sobre *pretos* e *mulatos*". Ou seja, a multidão de livres de pele escura, forros ou ingênuos, pesava cada vez mais em termos políticos. Na opinião da autora:

> Ao longo do século XVIII, os olhares administrativos operavam progressivamente no circuito que identificava a cor (negra) da pele com a condição social (da escravidão). Generalizava, assim, o significado da palavra "negro", amalgamando escravos e libertos (ou mesmo livres) numa massa indistinta, socialmente inferior e, sobretudo, apartada da liberdade. Esse pode ter sido um movimento quase defensivo, como reação do incômodo crescente diante da presença cada vez mais expressiva, sobretudo nas cidades, de gente que não era branca, nem escrava...

Ainda que, de fato, na maior parte das vezes, libertos e escravos não tivessem se juntado em movimentos de contestação social, a visão desse volumoso contingente populacional podia assustar muita gente — sobretudo quem vinha de fora. Ela podia revelar, de relance, uma contradição gerada pelo próprio funcionamento da escravidão e cujas dimensões iam se tornando cada vez mais explosivas.[95]

Esse caráter explosivo se deve a uma forte tensão decorrente das "pressões exercidas por esses homens e mulheres egressos da escravidão", tensão interna à sociedade colonial e que estava relacionada ao modo como havia se estruturado a escravidão na América portuguesa. Nela, a "presença maciça de homens negros e mulatos libertos", frutos da alforria e das gerações seguintes, evidentemente, apresentava, sem dúvida, um potencial político eminentemente disruptivo", "cada vez mais agudo conforme avançava o século XVIII",[96] arrastando-se mesmo até a Independência. Nesse caso, argumenta a autora:

> [o] modo como a independência passou ao largo dessas tensões [a marca estruturadora da escravidão e a desestruturante dos negros e mulatos libertos] talvez possa indicar o quanto o tema era delicado. Preferindo o caminho da acomodação e do compromisso com a metrópole, as elites locais muitas vezes reforçaram laços com a corte reinol, deixando de lado importantes questões sociais e políticas — da continuidade da escravidão à inserção social dos pardos e negros livres e libertos. Tal exclusão talvez possa ajudar a explicar alguns dos conteúdos reivindicatórios dessa massa de africanos e afrodescendentes e escravos, libertos ou livres, que cada vez mais imprimia sua marca na intensa movimentação social que pontuou as décadas iniciais do século XIX. Certamente, "os homens de cor" tinham outros projetos políticos e queriam se fazer ouvir. Mas essas são hipóteses que já vão muito longe. Paro por aqui, para não começar a falar do futuro.[97]

Contudo, a apreciação sobre os modos pelos quais a escravidão forneceu bases para caracterizar egressos do cativeiro não é consensual. Nem mesmo para as autoridades da época.

A expressividade da proporção de pretos e pardos no seio da população livre e o capital político representado por esse segmento social, nos embates pelo poder na capitania de Goiás, não escaparam à sagacidade de algumas autoridades metropolitanas, notadamente Luiz da Cunha Menezes (governador daquela capitania, entre 1778 e 1783). No exercício de sua autoridade e para o descontentamento de seus desafetos, interveio diretamente no desacordo de ajuste de preço pela alforria entre um senhor e sua escrava; resguardou o direito sucessório de uma órfã "filha natural e mulata" de um tenente-coronel e mandou proceder contra um senhor por conta da separação de um casal de escravos por venda. Logo ganhou fama entre seus opositores civis e eclesiásticos de "protetor dos desvalidos" e, ao que parece, assim também passou a ser visto pelos seus apaniguados.[98]

Ao lançar mão dos deveres e das prerrogativas de comandante supremo das tropas, Luiz da Cunha criou corporações militares na capitania que contemplavam tanto as elites (regimento de cavalaria, compostos pelos altivos Dragões) quanto os homens pardos (um regimento de infantaria). Além disso, assim que tomou posse do cargo de governador de Goiás, proibiu os comerciantes de Vila Boa de vender a crédito, por preços "abusivos", aos soldados da capitania. Ao nomear os oficiais do Terço dos Homens Pardos, dilatou ainda mais o seu prestígio entre gente de baixa extração. Segundo Bertran, como esses regimentos tinham seções nos principais arraiais da capitania, "o poder do governante estendia-se capilarmente por todo território".[99]

Ao agir desse modo, o governador Luiz da Cunha foi capaz de tecer uma ampla rede de alianças políticas que certamente em sua avaliação lhe dava força para o enfrentamento de seus rivais, haja vista os fartos desentendimentos e atritos com o vigário e o Senado da Câmara de Vila Boa e com outras tantas autoridades locais que caracterizaram seu governo. Semelhante estratégia adotada pelo referido governador é interessantíssima, para dizer o mínimo, uma vez que destoa radicalmente da apreciação extremamente negativa construída pelos seus pares com relação à gente livre egressa do cativeiro.

Ao que parece, o governador de Goiás cultivava uma outra imagem e por isso adotava uma outra postura. Mas que as artimanhas de Luiz da Cunha não nos enganem. Pretos e pardos engajados nas tropas longe estavam de servir de massa de manobra do governador. A nomeação de oficiais, por mais restrita que fosse, vinha ao encontro das estratégias de mobilidade social e, consequentemente, de tentativa de supressão do estigma do cativeiro. De acordo com Fernanda Olival, as mercês régias poderiam ser obtidas tanto pela graça — como demonstração da liberalidade do monarca — quanto pela justiça, isto é, como compensação aos serviços prestados à Coroa. Mesmo que legalmente a vontade régia não se submetesse a qualquer constrangimento legal, servir ao reino "com o objetivo de pedir em troca recompensas tornara-se quase um modo de vida, para diferentes setores do espaço social português".[100] Inclusive para homens forros ou pardos livres estabelecidos na América portuguesa incorporados ao exercício militar e, não raro, sequiosos de prestígio e honra.

Assim como outros tantos descendentes de escravos que integravam as fileiras militares, João Pereira Guimarães enviou requerimento ao Conselho Ultramarino, em 1783, no qual solicitava à rainha dona Maria I a confirmação da carta patente no posto de coronel do Regimento de Infantaria Auxiliar dos Homens Pardos criado no distrito de Santa Luzia. Se por um lado a confirmação chancelada pela soberana isentava a Real Fazenda do pagamento de soldo ao requerente, por outro assegurava-lhe o gozo "de todas as honras, graças, privilégios, liberdades, franquezas, isenções que em razão dele lhe pertençam".[101]

Com efeito, o testemunho de um dos desafetos do governador — apesar de fortemente carregado de juízo de valor negativo e recheado de intriga política — é bastante elucidativo da importância simbólica e da margem de atuação que as honrarias e os privilégios derivados desses postos militares assumiam para pretos e pardos.

De acordo com a lógica societária de Antigo Regime, a ocupação dos postos militares e as respectivas posições de comando, isto é, exercício de poder e autoridade, vinham ao encontro das aspirações daqueles que desejassem prestígio, privilégios e honras. Multiplicavam, portanto, as hierarquias existentes na medida em que cumpriam o papel pedagógico de indicar a cada súdito qual era o seu lugar no corpo social. Como não recebiam soldo, os integrantes das ordenanças desempenhavam suas atividades rotineiras e somente eram convocados em caso de ameaça à boa ordem da república (interna ou externa) como também nas solenidades oficiais e/ou ocasiões festivas. Aos olhos das autoridades e dos senhores de escravos não faltavam "ameaças internas" na Capitania de Goiás, sobretudo no que concerne à presença de quilombolas e aos ataques promovidos pelos indígenas, contra os quais se requisitava com frequência a mobilização das tropas. Ocasiões oportunas para demonstrações de valor e de fidelidade.

Também não foram poucos os momentos de festa, tais como as tomadas de posse dos governadores ou durante suas viagens de reconhecimento da capitania, quando era de praxe a apresentação das tropas. Solenidades nas quais as encenações políticas da ordem social propiciavam uma oportunidade a mais para que alguns pretos e pardos, ostentando insígnias militares, tentassem com isso apagar a desonra de um (ante)passado escravo, além de se diferenciar dos demais egressos do cativeiro.

Numa longa missiva endereçada a dona Maria I, em 1789, o capitão-mor de Vila Boa, queixando-se dos "desmandos" do governador Luiz da Cunha Menezes, opinava que:

> Com pardos e pretos da infantaria auxiliar, não menos, em lugar de regularidade, há uma geral desordem nesta Vila e em toda parte onde eles se acham em Companhias separadas das Ordenanças, pois vendo-se a essa gente assim atendida e fardada com galões, espadas de prata e com o maior asseio que se lhes permite, não só muitos largaram o trabalho e ficaram vadios, tendo vergonha de exercer os ofícios e ocupações próprias de sua qualidade, incompatíveis com as honras de seus postos, são os que mais têm atrevido e molestado a Justiça no caso de procederem contra eles a prisões e execuções pelo que devem, chegando a tanto desaforo, que vestindo a farda, querem disputar com a Justiça os privilégios...[102]

Ainda de acordo com o capitão-mor, Luiz da Cunha chegou ao ponto de acoitar dois oficiais pardos sob acusação de assassinato:

> (...) basta dizer o que aconteceu com João Dias de Aguiar, capitão dos pardos do Arraial do Pilar. Este mulato, culpado na devassa sobre a morte feita a um preto, que violentamente se tirou da cadeia com motim para o matarem, sendo mandado prender à ordem do Ouvidor, mandou tocar a caixa para juntar a Companhia, e posto em armas com o pretexto de executar as ordens do Governador prendeu e meteu na cadeia o tabelião que o quis prender. E são passados anos que não é preso, tendo vindo a esta Vila [Boa] e andado quase público pelo dito Arraial. Também agora aconteceu outro escandaloso sucesso de ir o sargento-mor dos pardos, Bento José Marques, de propósito a matar um homem daqui a quinze léguas para o que outros concorreram com o pretexto de adultério, em que ele consentia a outros, em cuja ação somente feriu e maltratou o dito homem, e valendo-se do governador, este o mandou acoutar na casa do dito Mestre de Campo, onde se acha, e a devassa que o Juiz tirou está na mão do Governador, que lhe entregou.[103]

Descontados os possíveis exageros dos adversários do governador, salta aos olhos que escravos, forros e pardos livres sabiam aproveitar muito bem as intrigas e os conflitos políticos entre os poderosos na tentativa de fazer valer ou resguardar seus próprios interesses. Ou seja, tiravam partido das estratégias políticas das elites locais e dos governantes, inserindo-se deliberadamente em redes clientelares, com o firme propósito de estabelecer suas próprias estratégias de ascensão social. E, pelo visto, semelhante estratégia de "aliciamento" de pretos e pardos não era apanágio de Luiz da Cunha, uma vez que João Manoel de Menezes (primo de Luiz da Cunha, nomeado governador de Goiás entre 1800 e 1804) gozava fama de "homem justo" entre escravos e forros. Isso porque, no bojo das desavenças políticas com seus adversários, também tinha o costume de se intrometer nas relações privadas entre senhores e escravos.[104] Tanto que era acusado de ser "protetor da pior casta de gente" pelos camaristas de Vila Boa, certamente horrorizados com a notícia da

"Representação dos homens pardos da capitania de Goiás, solicitando a admissão aos serviços das câmaras da capitania, em qualquer emprego público, por possuírem as habilitações necessárias, não obstante a sua cor", endereçada ao Conselho Ultramarino em 1804.[105]

Evidentemente, as alianças entre escravos, forros, pardos, pretos e mulatos com autoridades locais e com a nobreza da terra estavam longe de ser exclusivas da Capitania de Goiás.[106]

*

Contudo, quanto às interpretações diferenciadas da historiografia, para Laura de Mello e Souza, em Minas Gerais do século XVIII prevalecia o "olhar raivoso e desqualificador que as elites (...) lançaram, séculos afora, sobre o mundo do não trabalho e sobre mestiços de vário matiz que teimosamente se desejava branquear".[107] Como se viu, atitude distinta se observa em Sílvia Lara, que, apesar de aludir a critérios variáveis de classificação de cor, ressalta que perante o "olhar branco" a cor de algumas mulheres — "pardas, pretas ou mulatas" — as tornava "bastante diferentes das senhoras, chegando até mesmo a apagar, sob o signo da negritude, a diferença entre livres, forras e escravas". Essa indistinção "muitas vezes permitia que os moradores do Brasil e as autoridades coloniais aproximassem homens e mulheres negros (africanos ou crioulos, pretos, pardos e mulatos), marcando-os, todos, sob o signo da escravidão".[108] Teria sido assim porque os

> negros e pardos constituíam um corpo político e social que expressava valores e reivindicações que certamente podiam desagradar e preocupar muitos senhores e autoridades coloniais. Não é à toa que Carlos Drummond de Andrade, ao comentar a história das irmandades negras mineiras, afirma que elas serviram de abrigo para a "luta de classes de pretos contra brancos". Sua alma de poeta o leva a interpretar cristalinamente a conquista da capela do Alto da Cruz, em Vila Rica, pelos pretos do Rosário como parte da "luta de classes" — luta civil, urbana, longe dos quilombos.[109]

A politização da cor e essa suposta organização classista de pardos, pretos, negros e mulatos no Brasil colonial teriam derivado do fato de que, diferentemente de outras partes do Império português, não houve incorporação, ainda que diferenciada, de negros e mulatos, pois, "onde a escravidão presidia a ordem social, e era maciçamente africana, o crescimento do contingente de negros e mulatos libertos tensionava cada vez mais as relações sociais". Essas tensões se "exprimiam de forma cada vez mais racializada: a discriminação contra os *mulatos* (forros e livres) se desenvolvia paralelamente à tendência de associar todos os pretos, pardos, mulatos e mestiços à escravidão, chamando-os simplesmente de negros". Daí formarem-se identidades coletivas com um potencial destrutivo para o sistema.[110] Assim sendo, ao invés de embranquecer descendentes de escravos no Brasil colonial, o "olhar branco" produzia a suposta "negritude" política do grupo em questão. Como se nota, essa perspectiva é distinta da adotada por Mello e Souza, mas, de um modo ou de outro, ambas exageram demasiadamente na ênfase dicotômica e classista da cor.

Russell-Wood parece ser de opinião diferente ao afirmar que "os negros livres não constituíram maioria demográfica no Brasil colonial e nem eles nem os mulatos foram tão subversivos que chegassem a constituir uma ameaça para a sobrevivência da colônia".[111] Ao analisar a prática da alforria nos Campos dos Goytacazes, entre 1750 e 1830 — numa perspectiva diametralmente oposta à de Sílvia Lara —, já foi possível observar que a sociedade escravista precisava de um grau de elasticidade para se reiterar no tempo.[112] Nesse sentido, tanto a alforria como a incorporação de descendentes de libertos no corpo hierárquico da sociedade — não raro como senhores de escravos — desempenharam muito bem esse papel, um papel estrutural de reforçar a escravidão. Caso contrário, seríamos obrigados a admitir que o "bom comportamento" dos cativos agraciados com a alforria não passava de pura dissimulação e que os senhores, inadvertidamente, reiteraram uma política profundamente lesiva ao *bem comum* e aos seus interesses pessoais, na medida em que, até a aprovação da Lei do Ventre Livre, a manumissão de escravos era essencialmente uma prerrogativa senhorial.[113]

É certo que os senhores não eram suicidas, tanto que incrementaram a prática da alforria ao longo do século XVIII, o que enfraquece as argumentações de Sílvia Lara. Por outro lado, a própria escalada da prática da manumissão pode indicar uma mudança de atitude senhorial cujas implicações políticas ainda precisam ser desvendadas. Por exemplo, na Cidade do Rio de Janeiro, as manumissões eram concedidas gratuitamente com mais frequência no século XVII, entre 1650 e 1700, ao passo que, no decorrer do século XVIII, predominaram as pagas e condicionais. Foi assim por causa, sobretudo, do processo de mercantilização e do incremento do tráfico atlântico de escravos. O acesso ao pecúlio por parte dos escravos e a possibilidade dos senhores de adquirir novos cativos foram cruciais, portanto.[114] Porém, a mudança na forma de concessão da alforria, por si só, não atesta a alteração política no modo de os senhores se relacionarem com seus escravos, bem como não explica como estes renegociaram as formas de conseguir a liberdade.

Não se pense, todavia, que ao aludirmos a grupos subalternos estamos tratando de um conjunto indiferenciado. O estudo refinado de Larissa Viana indicou as cisões entre descendentes de escravos filiados às irmandades religiosas. Ser pardo, e não negro ou mulato, não era mero detalhe. No decorrer do século XVIII, afirmar-se pardo podia ser uma autoidentificação da condição de nascido na colônia, uma maneira de se distanciar de africanos, mas também de mulatos, considerados arrogantes e desordeiros. O mulatismo guardava uma conotação de desonra e era carregado de impedimentos na própria legislação e a isso se contrapunham os egressos do cativeiro pardos, organizando-se em confrarias cujos estatutos preferencialmente usavam o termo pardo, e não mulato. Portanto, se o olhar das elites os homogeneizava, os subalternos tratavam de se diferenciar. Aliás, pardos também tinham devoção preferencial no século XVIII — não obstante variações regionais e ainda que não lhes fossem exclusivas — às Nossas Senhoras da Conceição, do Amparo, da Boa Morte e do Terço e a São Gonçalo Garcia, o primeiro santo pardo. Isso visava marcar “expectativas reveladoras a respeito das hierarquias sociais e religiosas”. No entanto, diferentemente do que ocorria no seiscentos, no século XVIII a busca de títulos devocionais por parte dos pardos reforçava a um só tempo "a construção de suas irmandades no espaço colonial" e "mais explicitamente temas relativos às hierarquias coloniais e aos discursos sobre 'pureza' e 'impureza'", mas, no segundo caso, subvertendo-o pela valorização da mestiçagem. Além disso, afirmar as devoções pardas também expressaria um distanciamento dos pretos, sobretudo pretos angolistas, fortemente identificados ao culto de Nossa Senhora do Rosário. Larissa Viana considera tais aspectos "como traço da resistência cotidiana", pois "diferenças realçadas pelos africanos e por homens e mulheres de cor nascidos na colônia ajudavam a manter a dignidade e a humanidade em meio à escravidão e a seus estigmas sociais".[115] Resistência, assim, não alude à oposição ao sistema ou a senhores, mas à inserção social diferenciada.[116] Mais importante, tal como os grupos senhoriais, as camadas subalternas também estavam em processo de transformação.

*

Ora, o que aconteceu no século XVIII que fez com que escravos, forros e seus descendentes, entre outros subalternos, se tornassem alvo de olhares raivosos das autoridades a ponto de serem considerados demográfica e politicamente disruptivos ao sistema escravista? O que pode ter mudado no comportamento senhorial e mesmo no de subalternos? Como mudou?

Não se deve esquecer que escravos armados lutavam ao lado de seus senhores no confronto entre bandos, no contexto de uma dentre tantas revoltas mineiras, como a de Vila Rica na década de 1720, quer no Rio de Janeiro da primeira metade do Setecentos. Aliás, mesmo para reprimir quilombos a camada senhorial se valia de cativos. Assim, a crescente emergência de contradições ao longo do século XVIII não necessariamente significa ausência de alianças entre senhores, de um lado, escravos, forros e livres pobres, de outro. Mais ainda, se o *éthos* da elite senhorial se converteu de nobreza da terra, vinculada ao setor agrário, em homem de negócio adventício, não estaria aí, além do aspecto demográfico, uma chave para analisar a mudança de atitude de parte da camada senhorial em relação a grupos subalternos? Ou isso se deveria também ao fortalecimento do poder monárquico? Pouco provável, pois a Monarquia nunca se pronunciou contra a prática da alforria. Até porque, além da Conjuração dos Alfaiates, em 1798, não se tem notícia de uma rebelião dos pardos e mulatos. Seja como for, o que os estudos têm apontado é que, enquanto muitos senhores de engenho e lavradores eram parentes de pretos,[117] boa parte das autoridades metropolitanas passou a vociferar e a temer a "multidão de pretos e mulatos". Todavia, ao que tudo indica, a crença no "potencial de ameaça política", representado pela multidão direta ou indiretamente egressa do cativeiro que, beirando a obsessão, tanto atormentava a mente dos representantes del-rei, não era compartilhada com a mesma intensidade pelos senhores de escravos, haja vista a escala crescente assumida pelas alforrias a partir da segunda metade do século XVIII. Figuras quase sempre em trânsito pela vastidão do Império português, essas autoridades metropolitanas passavam algum tempo no Estado do Brasil, no exercício da governança, para depois seguir em outras direções, sempre em busca de cargos que lhes conferissem maior dignidade e prestígio. Informados pelos relatórios elaborados pelos seus antecessores no cargo, incorporavam e reproduziam imagens preconcebidas a respeito do comportamento da plebe. Invariavelmente revelavam-se profundamente aturdidos com a multidão de escravos e, sobretudo, de libertos com a qual constantemente se deparavam pelas vilas e cidades que frequentavam, sem comparação com qualquer outra parte do reino ou de suas conquistas. Na qualidade de forasteiros, e quiçá sem maiores experiências no trato direto e cotidiano com cativos, não estavam, portanto, suficientemente credenciados para perceber as sutilezas senhoriais no exercício do governo dos escravos.

Seja como for, não deixa de ser curioso que boa parte dos estudos que destacam aquelas vozes depreciativas se baseie principalmente em palavras de autoridades coloniais da segunda metade do século XVIII, a partir do período pombalino, como Lavradio, Vilhena e o conde de Resende, que quando governadores não mais se comportavam como potentados locais, como diria João Fragoso. É óbvio que governadores como, por exemplo, dom Pedro de Almeida Portugal, o conde de Assumar, em Minas Gerais de inícios do Setecentos, também teciam comentários similares sobre a multidão de pretos e mulatos, chegando mesmo a tentar proibir o compadrio entre escravos[118] e a concessão de alforria. Para a segunda proibição, argumentava inclusive que "o maior inconveniente de todos é povoar-se este país de negros forros que como brutos não conservam a boa ordem da república".[119] Todavia, o mesmo Assumar se valia de escravos e forros armados em suas lutas contra bandos inimigos e em defesa de seus interesses políticos e comerciais.[120]

Russell-Wood sugere uma ambivalência nas alianças entre senhores e subalternos. Salienta a dependência, na história do Império português, em relação aos "não europeus para a criação do Império", não só em termos econômicos, mas, principalmente, políticos. Indagou-se sobre a "medida em que estava delegada a pessoas livres de origem africana a responsabilidade pela 'boa ordem da República' e qual a contribuição positiva que elas deram à administração da justiça e à manutenção da lei e da ordem no Brasil colonial". A partir daí, destacou que postos administrativos eram frequentemente ocupados por pessoas de antepassado africano, sobretudo juízes de vintena nas vilas do interior, capitães do mato[121] etc. Mas o nível da participação de egressos do cativeiro na administração da boa ordem seria singularidade da América portuguesa. Em suas palavras:

> Um dos aspectos da administração portuguesa era a transmissão da responsabilidade pelo bem-estar social do Império: dos reis para os vice-reis, governadores e câmaras municipais e dessas para grupos ou indivíduos. Mas o grau de responsabilidade delegado à gente de cor no Brasil não encontrava paralelo entre qualquer grupo não europeu no mundo influenciado pelos portugueses na época moderna. Nem nas colônias portuguesas da África nem nas ilhas da costa africana (Cabo Verde, São Tomé e Príncipe), nem das diásporas africanas que chegaram ao Estado da Índia do mesmo modo que ao Brasil, trabalharam os indivíduos de

> origem africana tanto e por tão longos períodos com os administradores coloniais na implementação das ordens régias, das provisões e dos alvarás, das ordens dos governadores e dos editos municipais. Contudo, esse papel nunca deixou de criar ambivalência entre os brancos e não acarretou nenhuma diminuição das atitudes negativas em relação aos negros e, sobretudo, em relação aos mulatos. Nem passava pelo espírito das autoridades portuguesas permitir à gente de cor no Brasil qualquer forma de governo indireto sobre suas comunidades. Isso era o reconhecimento tácito de que esses indivíduos, ao contrário daqueles que estavam em Macau, em Málaca ou nos territórios de Goa, não eram indígenas do Brasil, mas produtos da intervenção portuguesa. Como tais eram considerados partes integrantes do tecido social colonial criado pelos portugueses, mas como tais jamais podiam fugir à herança dos seus antepassados escravos nem participar de forma plena como iguais aos *brancos*.[122] (...) Ironicamente, ao conceder patentes aos capitães do mato negros e mulatos e ao criar regimentos milicianos de gente de cor, a Coroa deu aos indivíduos de origem africana uma oportunidade para uma limitada mobilidade social, e mesmo financeira, a *política que por outro lado criticava* [algo frequente em autoridades coloniais]. Percepções e atitudes estereotipadas em relação a indivíduos de origem africana não desapareceram, mas o pragmatismo forçou a mão das autoridades metropolitanas e coloniais. *Malgré soi*, foram levadas a reconhecer como era indispensável à contribuição da gente de cor para a defesa da colônia contra os inimigos externos e a preservação da "boa ordem na República".[123]

Como ambivalência não é sinônimo de contradição, são *ambi-valências*, atitudes como a de Assumar expressam o fato de que as alianças não excluem tensões e vice-versa. São faces da mesma moeda. Sendo assim, atribuir termos pejorativos a grupos subalternos não necessariamente significa prescindir de alianças com eles, ainda que houvesse clivagens. Além disso, não se deve supor que tais alianças eram permanentes. Ainda que escravos e forros lutassem ao lado de seus senhores, houve também os que não hesitaram em se aliar a franceses quando das invasões de

1710, aproveitando a ocasião "para ir à desforra contra seus senhores".[124] Na verdade, está por ser feita uma análise que compare os diferentes discursos e as alianças senhoriais em relação a escravos, forros e outros subalternos, bem como suas variações no tempo e em contextos políticos específicos. Agrupar todos os senhores em uma categoria indiferenciada, sem distinguir descendentes da nobreza da terra, mercadores e homens de negócio reinóis, potentados locais e administradores reinóis, médios e pequenos escravistas, leva a uma simplificação da questão. Minimiza mesmo o aprendizado da condição senhorial e as clivagens e as tensões no interior desse segmento tão heterogêneo. Há uma grande lacuna nos estudos sobre os diversos modos de relacionamentos de diferentes senhores em suas relações com grupos subalternos. Conhecê-los traria grandes avanços sobre o Brasil colonial setecentista. Essas histórias estão à espera de quem as analise.

Consumo e ostentação

Embora inventários *post mortem*, testamentos e registros iconográficos sejam cada vez mais utilizados como fonte primária de pesquisa histórica, são raros os estudos que se dedicam aos hábitos de consumo entre os diversos grupos sociais na América portuguesa.[125] Campo de investigação praticamente inexplorado se refere aos significados e aos padrões diferenciados dentro de um mesmo estamento ou grupo doméstico, seja como estratégia de estabelecimento de alianças e/ou mobilidade social.[126]

Dado o limite deste ensaio, voltaremos nossa atenção apenas para alguns hábitos de consumo dos senhores de engenho, homens de negócio e — entre os setores subalternos — as mulheres forras, com especial atenção às variações regionais que matizaram o *modus vivendi* na América portuguesa. Como se tratava de uma sociedade modelada pela escravidão, nunca é demais lembrar que, ao traduzir riqueza e poder, a posse de escravos era um elemento decisivo no processo de diferenciação hierarquizada entre as pessoas livres,[127] embora isso não fosse uma regra absoluta, para o que basta lembrar a nobreza da terra fluminense no Oitocentos, com apenas um negrinho.

A obra de referência para o estudo do que se convencionou chamar de cultura material continua a ser o trabalho pioneiro de Alcântara Machado, ao argumentar, em 1929, que

> não é frívola a curiosidade que nos leva a inquirir onde moravam os nossos maiores, a maneira por que se alimentavam e vestiam, o de que tiravam os meios de subsistência, a concepção que tinham do destino humano. Tudo isso facilita o entendimento do que fizeram ou deixaram de fazer. Só depois de frequentá-los na intimidade e situá-los no cenário em que se moveram, estaremos habilitados a compreender-lhes as atitudes.[128]

Motivado por essa premissa, o autor promoveu a primeira grande revisão sobre a imagem infundada que até então se tinha a respeito da suposta opulência requintada que, segundo Oliveira Viana, caracterizaria as elites agrárias nas capitanias de Pernambuco e São Vicente no alvorecer da colonização.[129]

> Baseado em centenas de inventários *post mortem* dos mais abastados moradores da vila de São Paulo, no decorrer do século XVII, Machado percebeu a carência de cabedais apreciáveis entre os mais afortunados. A mobília das casas era mínima, imperando a nudez e o "desprimor". Paredes nuas, redes, colchões e esteiras como camas, poucas mesas e cadeiras, alguns tamboretes, catres e canastras, além de outro mobiliário de pouco valor. Quanto à louça, utilizavam a cerâmica indígena, alguns objetos de estanho, de vidro e poucos de prata. Talheres eram raríssimos.[130]

No que se refere às áreas açucareiras, como bem observou Sheila Faria, até o século XVIII, a palavra engenho era utilizada para designar todo um complexo de construções geminadas desenhado não só pelo local do processamento da cana propriamente dito como também pelas casas de vivenda, capela, casas de despejo, paiol, cozinha, senzalas e outras edificações destinadas ao beneficiamento da produção que indiferenciava os locais de moradia e de trabalho. A se dar crédito a Gilberto Freyre, possivelmente semelhante configuração espacial tenha sua origem nos primórdios da ocupação portuguesa no litoral de Pernambuco e da Bahia, tendo em vista que a ameaça de ataques indígenas "induziu à construção de fortalezas, tipo comum das casas-grandes do século XVI". No entanto, na passagem do XVII para o XVIII, diz Freyre, as construções rurais perderam sua feição militarizada, mas preservaram a proximidade entre si.[131]

Do fim do século XVII até a primeira metade do XVIII, os Campos dos Goytacazes foram marcados por intensas disputas pela donataria da capitania da Paraíba do Sul que opunham grandes criadores de gado, lavradores de cana, moradores, ordens religiosas e poderosos senhores absenteístas. Os confrontos armados, as reviravoltas políticas e o vaivém de gente tornavam a vida ali bastante instável, refletindo no caráter visivelmente provisório e rústico da cultura material. A fortuna das famílias mais abastadas era traduzida pela quantidade de escravos e pelo número de cabeças de gado vacum. Os objetos domésticos eram modestíssimos e de pouco valor, tanto que nem mesmo as casas de morada e demais benfeitorias mereciam descrição muito detalhada nos inventários. Tudo quase sempre facilmente construído e facilmente abandonado, não raro as construções e o recheio das casas eram descritos como "bastante arruinados" ou "com muito uso".[132]

Os materiais empregados nas construções variavam pouco de acordo com as posses e as atividades dos moradores. Em geral, as paredes das casas eram barreadas ou de taipa de mão: uma espécie de entrelaçado de tábuas ou ripas de madeiras amarradas com cipó, cobertas com barro molhado e sustentadas por madeira mais nobre. A cobertura do telhado era composta de palha ou sapé, pois somente os mais afortunados tinham condição de cobri-las com telha. Em geral, tratava-se de casas térreas de tamanho reduzido, cujo assoalho era o chão de terra batida, mesmo aquelas pertencentes às pessoas mais ricas. As casas de sobrado eram raríssimas em Campos, mesmo na segunda metade do século

XVIII, quando a atividade açucareira se estabeleceu com grande vigor e fez a fortuna de alguns.[133] Também não havia grandes diferenças entre as casas situadas nas freguesias rurais se comparadas às localizadas na Vila de São Salvador, no que se refere tanto ao material empregado na construção quanto às divisões internas.

Pertencessem as casas a criadores de gado, senhores de engenho ou lavradores, geralmente no interior delas quase não havia portas separando os cômodos, assim como eram poucas as janelas. Por outro lado, nas casas de morada dos produtores de açúcar havia muitas varandas destinadas aos equipamentos dos engenhos e demais instrumentos de trabalho e ao abrigo da produção. Ao redor delas vinham as benfeitorias, em geral constituídas pelas cozinhas, pelos currais e pelas lavouras de alimentos, pelos pomares ou pelo capim protegidos por cercados de limão vivo ou de espinho, visto que os animais poderiam destruir ou simplesmente devorar as plantações.

De acordo com Sheila Faria:

> O valor das casas não representava um montante apreciável nas fortunas locais, embora não significasse desprezo pela sua posse. Herdeiros lutavam para recebê-las nas partilhas (...) Mais do que as moradias, interessavam aos herdeiros as benfeitorias feitas ao seu redor, essas, sim, demandando muito tempo e trabalho.[134]

O sargento-mor Tomé Álvares Pessanha, dono de mais de duas mil cabeças de gado e senhor de 31 escravos, era, sem dúvida, um homem bastante rico. Falecido em 1720, o inventário de seus bens revelou um patrimônio imóvel constituído apenas por "umas casas em que mora a inventariante [sua mulher] com outra que serve de cozinha, cobertas de telhas", além de "outras casas de telhas", cujos valores representavam apenas 1,8% do total dos bens. Representante de uma das mais antigas e poderosas famílias locais, não possuía nem mesmo uma casa na vila, o que demonstra cabalmente que "a ostentação da riqueza não estava ligada à moradia".[135] Ou melhor, ostentar riqueza não era atitude que, por si só, propiciasse distinção. Mais do que riqueza, provavelmente a posse de 31 escravos indicasse prestígio e poder.

Modestas em suas paredes, dimensões, seu piso e suas coberturas, não surpreende a composição dos recheios ou trastes das casas. A esmagadora maioria das pessoas, inclusive os senhores de escravos, vivia com pouca mobília e um número bem reduzido de utensílios domésticos.[136] O exame acurado da documentação revela que certos bens de consumo de uso corrente, tais como esteiras, cestos de palha, colheres de pau, panelas e pratos de barro, cocos de madeira, provavelmente confeccionados pelos próprios usuários, tinham pouquíssimo valor monetário e, por isso, não eram arrolados nos inventários. De resto, tudo mais que tivesse algum valor de mercado era detalhadamente descrito, avaliado e posteriormente destinado à solução das dívidas e distribuição entre meeiros e herdeiros.

Um aspecto muito interessante dos hábitos de consumo nos Campos dos Goytacazes, salientado por Sheila Faria, é que muitas vezes os espólios — incluídos aí os objetos de uso pessoal dos defuntos, como roupas e móveis — eram conduzidos à hasta pública, "como no caso de herdeiros menores de idade, com ambos os pais falecidos, ou quando não eram achados os herdeiros do defunto. Vários desses bens eram adquiridos por comerciantes que os revendiam. Voltavam, dessa forma, a ser utilizados pela população". Talvez, por se tratar de uma área eminentemente agrária, "grande parte dos objetos usados tinha valor comercial e era amplamente reutilizada, uma vez que era difícil adquirir objetos novos (...) Quase tudo que já fora usado voltava ao mercado".[137]

*

O entrelaçamento entre hábitos de consumo, tessitura de alianças familiares e estratégias de mobilidade social pode ser observado pela prática do dote. Antiga instituição europeia arraigada na legislação e nos costumes ibéricos, a concessão do dote encontrou larga difusão na América portuguesa. O adiantamento da herança de pelo menos uma das filhas por ocasião do casamento era considerado uma espécie de obrigação dos pais da noiva, algo semelhante ao dever de criação.

A importância e o papel desempenhado pelo dote no estabelecimento de alianças matrimoniais entre as famílias de elite derivavam de sua capacidade de prover a maior parte da mão de obra escrava (indígena ou africana) e dos meios de produção (terra, instrumentos de trabalho, gado) para que o novo casal estabelecesse sua própria unidade produtiva. Ao examinar uma série de inventários *post mortem* paulistas de meados do século XVII, Muriel Nazzari observou que:

> Quando suas filhas se casavam, os pais se privavam de considerável quantidade de bens destinada aos dotes, muitas vezes concedendo dotes várias vezes maiores do que os filhos homens iriam herdar. Mais ainda, considerava-se que era obrigação dos filhos trabalhar duramente para colaborar com os dotes de suas irmãs.[138]

Aos filhos varões caberia aguardar pacientemente a compensação dos privilégios dispensados às suas irmãs, por ocasião de seus próprios casamentos, quando, então, receberiam o dote de suas esposas. Levando-se em conta a formulação de Gilberto Freyre de que o familismo foi a base da colonização portuguesa na América, a tessitura e a consolidação das redes de poder local nos núcleos de povoamento sempre dependeram fortemente das alianças matrimoniais.[139] Como é sobejamente conhecido, o casamento não era um arranjo de interesse privado que dissesse respeito apenas aos nubentes, mas, antes, um assunto de família, com feição marcadamente corporativa, visto que o poder de determinado grupo familiar não residia apenas "em sua riqueza e bens materiais, como também, e talvez de maneira mais marcante, nos recursos humanos que conseguia ter à disposição: parentes, índios e escravos africanos".[140]

Como não havia regras para a concessão de um dote, seu tamanho só encontrava limites no montante do patrimônio familiar. Além disso, o volume e a qualidade dos bens podiam sofrer variações significativas entre as mulheres casadouras de uma mesma família, não somente em virtude da estratégia matrimonial adotada como também porque a composição do dote dependia do momento de sua concessão ao se levar em conta a escala de acumulação da família da noiva ao longo do tempo.[141]

Não raro, o conjunto de bens que compunha um dote excedia, e muito, o valor da legítima à qual a herdeira teria direito por ocasião do falecimento de seus pais. E, como se isso não bastasse, o momento da recepção do dote constituía uma enorme vantagem sobre a herança, uma vez que as filhas dotadas, além de receber usualmente uma quantidade maior de bens do que seus irmãos, caso os tivessem, por vezes usufruíam com bastante antecedência de parcela significativa do patrimônio familiar.[142]

Embora escravos e meios de produção assumissem grande relevo na formação dos dotes, não se pode desprezar a presença de bens de consumo que compunham o enxoval das noivas. Ao analisar a composição dos dotes nas alianças matrimoniais acertadas entre as famílias de elite que aparecem nos inventários *post mortem* da Comarca do Rio das Mortes no século XVIII, Sílvia Brügger notou a presença expressiva de roupas, trastes da casa, móveis, cadeirinha, ornamentos e joias.[143]

É bem verdade que tudo isso poderia ser facilmente convertido em oitavas de ouro — meio circulante por excelência da época e do lugar —, mas, ao serem conservados até o fim da vida pelas mulheres dotadas, como atestam muitos inventários, demonstram não só o seu valor de uso como também o de ostentação da qualidade do detentor. Afinal, se, de acordo com Jean Baudrillard, as práticas de consumo ganham significado por se tratar de "uma atividade de manipulação sistemática de signos", o uso e a exibição pública de joias e de roupas confeccionadas em tecido fino se convertiam num momento solene de encenação cívica e/ou religiosa da ordem social.[144]

*

Embora as estratégias de acumulação e as disputas políticas travadas pelos homens de negócio venham merecendo uma atenção cada vez maior da historiografia, poucos trabalhos atentam para o padrão de consumo da elite mercantil nos diversos quadrantes da América portuguesa. Os estudos que cuidam tangencialmente do assunto focalizam a Cidade do Rio de Janeiro, no chamado "período colonial tardio", sobretudo na esteira do impacto provocado pela transmigração da corte. Parcela significativa das fortunas dos homens de negócio era aplicada na aquisição de prédios urbanos, o que modelava uma feição rentista que os afastava do desdouro que teimava em estigmatizar o trato mercantil.[145]

A preocupação dos comerciantes de grosso trato com o status orientava seu afastamento do mundo do trabalho e, por conseguinte, o crescente investimento em bens de prestígio. A perseguição do lustro de nobreza seguia seu curso por meio da tentativa de aproximação com a casa real e sua corte, do agraciamento com títulos nobiliárquicos para si ou para seus descendentes, da distribuição de generosos legados pios e da pompa fúnebre. A título de exemplo, destaque-se a iniciativa emblemática do traficante Elias Antônio Lopes ao presentear o príncipe regente com o seu suntuoso palacete da Boa Vista logo após o desembarque da família real. Embora tenha vivido apenas mais sete anos após a chegada de dom João, o referido negociante gozou o privilégio de ser nomeado fidalgo cavaleiro da Casa Real e conselheiro de Sua Alteza. As transformações sofridas pela paisagem urbana carioca estimularam as pessoas endinheiradas a viver e a agir à moda cortesã. Palacetes, indumentária requintada, móveis luxuosos, porcelana das Índias, prataria, joias, seges e tudo mais que pudessem ostentar estavam ao alcance da ambição desmedida pelo reconhecimento social.[146]

O comportamento da elite mercantil estabelecida em Salvador — na segunda metade do século XVIII — em busca de prestígio social após a consolidação de grandes fortunas não era muito diferente. A batalha contra o preconceito que pairava sobre a atividade comercial também foi renhida; no entanto, as relações de poder entre a aristocracia fundiária e os homens de negócio na urbe soteropolitana assumiram algumas nuances que as diferenciavam da Cidade do Rio de Janeiro.

Para Rae Flory e David Smith, não havia uma distinção muito clara entre elite agrária e mercantil em Salvador, e, por isso, o comércio de grosso trato serviu de plataforma para a promoção social de alguns homens de negócio que a ele se dedicavam. Entre o último quartel do século XVII e a primeira metade do XVIII, desenhou-se uma visível política de alianças matrimoniais entre os grandes comerciantes de Salvador e os senhores de engenho.[147] Além disso, a combinação entre a qualidade de homens de negócio e outras estratégias adotadas por alguns de seus mais proeminentes representantes — tais como o ingresso nas ordens militares, a familiatura do Santo Ofício, a filiação às renomadas Irmandade da Misericórdia ou Ordem Terceira dos Carmelitas e o consumo de bens de prestígio — permitiu, já em meados do Setecentos, que a nata da elite mercantil baiana tivesse seus intentos coroados de êxito: nobilitação e reconhecimento social como credenciais para o exercício da governança local.[148]

Quanto às elites sulinas, a comparação entre o patrimônio bruto acumulado pelos estancieiros e homens de negócio revelou que, em média, os segundos eram 30% mais afortunados do que os primeiros. Ao examinar a composição dos espólios, Helen Osório notou certa similitude "no que diz respeito ao padrão de vida, joias e escravos. Mas os percentuais para prédios urbanos, bens comerciais e dívidas ativas definem bem o perfil do grupo dos negociantes, da mesma forma que os bens rurais para os estancieiros". À semelhança do que ocorria nas áreas produtoras de açúcar, a carreira de um homem de negócio bem-sucedido poderia terminar com a posse de uma estância. Trânsito que denotava a preocupação com a distinção social num universo escravista impregnado de valores de Antigo Regime.

*

O fato de escravos e libertos ocuparem os patamares inferiores da sociedade na América portuguesa, somado a uma ênfase muito grande às restrições de ordem legal que a Coroa tentava impor às pessoas não brancas, fez com que alguns estudiosos descuidassem da análise das hierarquias, da mobilidade e do prestígio social desses segmentos. Logo se pensa nos entraves impostos à ascensão e nas enormes distâncias entre o topo e a base da pirâmide social para, peremptoriamente, concluir pela ínfima chance de mobilidade e pela total ausência de prestígio daqueles elementos situados nos estratos mais baixos do corpo social.[149] Virando-se apressadamente a página dessa história, desconsidera-se que se, por um lado, a passagem de um estrato social para o outro era, de fato, difícil e restrita, por outro havia a possibilidade de mudança de posição no interior do segmento em que o indivíduo se situava. Afinal de contas, era a busca de distinção entre iguais que frequentemente comandava as aspirações de estima social.

Deve-se considerar que o princípio da hierarquização, que naturalizava as desigualdades entre os membros do corpo social, estava presente em todos os estratos daquela sociedade, desde os escravos até aqueles que se arrogavam pertencer à nobreza da terra. Assim como nos patamares mais elevados da pirâmide social havia nobres mais nobres do que outros, nas faixas intermédias havia forros e forros, assim como na base também havia escravos e escravos. Por conseguinte, numa sociedade em que praticamente tudo distinguia e hierarquizava, é lícito supor que certas qualidades e condições alcançadas por alguns escravos, libertos e pardos livres deviam fazer uma sensível diferença entre os seus pares e para aqueles que permaneciam em posições inferiores.

Manifestações de desprezo contra libertos e pessoas livres com ascendência escrava não eram raras na América portuguesa, sobretudo quando pessoas que se julgavam de mor qualidade se sentiam afetadas por alguma espécie de disputa ou pretensão em torno de privilégios e distinções. Repúdio que encontrava eco na legislação metropolitana aplicada aos domínios ultramarinos, que no século XVII, por exemplo, proibia aos mestiços a ocupação de cargos administrativos, o aprendizado ou o exercício do ofício de ourives, e nas mais diversas determinações régias que, até a primeira metade do século XVIII, tentavam negar aos pretos, pardos, mulatos e às demais pessoas de inferior condição o porte de armas e o uso de tecidos finos e joias.[150]

Embora as pesquisas recentes sobre as alforrias no Brasil tenham avançado muito, no sentido de demonstrar a capacidade de uma expressiva acumulação de bens por parte de alguns ex-escravos e seus descendentes, seus autores não lhes reconhecem a conquista de "prestígio social" no seio da ordem escravocrata, salvo em casos muito excepcionais.

Como costumava acontecer nas sociedades de Antigo Regime, nem sempre a riqueza era fator determinante para a obtenção de prestígio. Estabelecer relações de clientela, na condição de subalterno, com gente graúda também era coisa de valor, pois promovia distinções. Decerto que para um fidalgo reinol ou cavaleiro professo da Ordem de Cristo um liberto ou outro indivíduo qualquer que estivesse muito distante de seu estrato social poderia ser um ser desprezível. Contudo, é necessário muita cautela diante das opiniões de alguns observadores coevos quanto à generalização das aspirações de nobreza comumente atribuídas aos mulatos livres e aos libertos. Provavelmente sua busca pela distinção social estivesse endereçada mais aos seus "iguais" ou de status inferior do que àqueles situados nas camadas sociais mais elevadas. Por conseguinte, é lícito pensar que dificilmente um liberto que vivesse como artesão almejaria se tornar um dos *principais da terra* e exercesse, digamos, as funções e dignidades de um guarda-mor, por exemplo. Mas ele podia desejar e envidar esforços para alcançar a condição de mestre de seu ofício e, assim, se diferenciar dos demais, digamos, carpinteiros, e gozar de prestígio entre os seus por conta disso.

A aquisição de escravos, casas e o trato das benfeitorias — no caso dos lavradores — representavam a maior parte dos investimentos feitos pelos forros e pardos livres. Porém, em alguns casos, outra categoria de bens que chama bastante atenção era a dos artefatos de ouro e prata. Os poucos estudos disponíveis sobre os significados da posse de bens suntuários associam os investimentos em joias feitos pelas mulheres forras, notadamente as pretas minas, ao pecúlio auferido do comércio a retalho ou da prestação de serviços nas áreas urbanas e de mineração.[151]

Entre os objetos de devoção, a imagem de Nossa Senhora da Conceição presa a um cordão, ambos de ouro, era peça imbatível. Constava em quase todos os testamentos e inventários daqueles que conseguiram o acesso a tão nobre metal, mas alguns rosários também de ouro se faziam presentes. Botões, brincos, memórias e fivelas de ouro, anéis de grisolitas, laços de ouro com pedras, rosetas, fivelas de sapatos e calção de prata eram adornos utilizados pelas forras e pardas livres. Já entre os homens, os bens suntuários mais comuns eram as fivelas de sapatos ou de calção e arreios de prata, além do fardamento, para aqueles que assumiam patentes militares.

Nota-se também, da parte de alguns, um investimento simbólico em roupas e outras peças de tecido fino. Investimentos significativos, ao se levar em conta o luxo que algumas forras e mulatas livres costumavam exibir pelas ruas das cidades do Rio de Janeiro e de Salvador ou pelos arraiais das áreas de mineração. Vestimentas e joias capazes de conferir aos seus usuários certo afastamento da linguagem visual característica dos escravos. Para tanto, basta contrastar com a singeleza dos trajes usados pela maior parte dos cativos e forros, fosse na cidade ou no campo. Como pouquíssima gente tinha condições de possuir e ostentar semelhantes bens, a exibição desses signos, por parte de homens e mulheres direta ou indiretamente egressos do cativeiro, fazia muita diferença e certamente exprimia suas aspirações por distinção social.

Para além dos aspectos religiosos e mágicos que certamente eram atribuídos a boa parte desses adereços, acreditamos que a aquisição ou conservação da posse dessas joias, roupas, além de alguns móveis por vezes recebidos como legados, estava mais diretamente relacionada à ostentação da riqueza acumulada. Tratava-se de uma franca manipulação de símbolos de prestígio[152] com o intuito de encobrir as marcas de inferioridade vinculadas ao cativeiro. A combinação entre a posse de uma casa térrea e, por vezes, de um sobrado — o que para os forros, em particular, significava o abandono de uma senzala ou da moradia de seu senhor —, escravos e joias, certamente, traduzia uma trajetória de ascensão social, além de contribuir para afirmar socialmente sua condição de pessoas livres.[153] Concorria, portanto, para apagar a desonra da escravidão, se bem que escravidão não é sinônimo de desenraizamento absoluto. Afinal, escravos, forros, pardos, pretos, mulatos, ainda que subalternos, foram parte decisiva na economia, na política, enfim, no Antigo Regime da América portuguesa.

Notas

1. Por exemplo, mercadores do Rio vinculavam-se, pelas rotas fluviais monçoneiras, à distante capitania de Mato Grosso, passando pelo interior paulista em cidades como Itu. Cf. Sérgio Buarque de Holanda, 1994; Alcir Lenharo, 1982. Uma abordagem mais recente se encontra em Silvana Alves de Godoy, 2002. Para as transformações econômicas do século XVIII, vide Antonio Carlos Jucá Sampaio, 2003.
2. *Tentativa* entre parênteses porque as interpretações de historiadores sobre tal aspecto constituem um dos centros dos debates atuais. Ademais, evita caracterizar um suposto processo linear de centralização, invariável para distintas áreas da América portuguesa. Ver, por exemplo, o caso do extremo sul da América portuguesa em fins do século XVIII. Tiago Gil, 2007; Tiago Gil; Martha Daisson Hameister, 2007, p. 265-310. Sobre o assunto, ver ainda João Fragoso, Maria de Fátima Gouvêa e Fernanda Bicalho (orgs.), 2001; Vera Lúcia do Amaral Ferlini, Maria Fernanda Bicalho (orgs.), 2005; Laura de Mello e Souza, 2006; Antonio Carlos Jucá Sampaio, Carla Maria Carvalho de Almeida, João Luís Ribeiro Fragoso (orgs.), 2007.
3. João Fragoso, 2007, p. 77, 105.
4. *Camaristas* eram os nobres da terra e/ou seus representantes que ocupavam os cargos da Câmara Municipal, uma das maiores, se não a maior, instituição de poder local. Além da sua posição em cargos na *res publica*, essa nobreza da terra afirmava seu poder sobretudo pelo direito de conquista, real ou construído, e pelo parentesco entre si e com outros grupos sociais (mercadores, forros, escravos), sem que fossem desprezíveis as relações com reinóis e com a própria Coroa.
5. João Fragoso, 2007, p. 99-100.
6. João Fragoso, 2007, p. 117.
7. Carlos Leonardo Kelmer Mathias, 2007, p. 195-224.
8. Maria Fernanda Bicalho, 2003, p. 273.
9. João Fragoso, 2007, p. 43.
10. João Fragoso, passim.; Antônio Jucá Sampaio,
11. Antonio Carlos Jucá Sampaio, 2003, p. 77-80.
12. Antonio Carlos Jucá Sampaio, 2003, capítulos 4 e 5.

13. Antonio Carlos Jucá Sampaio, 2003, p. 126. Em termos comparativos, destaque-se que essa diferenciação do *homem de negócio* no corpo social fluminense antecederia a de seus pares lisboetas. Segundo Jorge Pereira, em Lisboa, além de o comércio também não ser exclusivo de um grupo social, os grandes comerciantes (que operavam por grosso a longa distância, bem como no negócio de crédito e nos contratos com o Estado) permaneceram indiferenciados no corpo social, para o que contribuíam a associação de sua imagem à dos cristãos-novos, a parca consideração social sobre os que realizavam comércio e mesmo a indistinção das operações de grosso e a retalho. Isso perdurou entre os séculos XVI e meados do XVIII. Destarte, na "primeira metade do setecentos (...) a linguagem que descreve as diferentes espécies de comerciantes continua a mostrar-se muito imprecisa". Só a partir do período pombalino o termo *homens de negócio* passou a designar um grupo distinto no conjunto dos comerciantes, quando então foram investidos de uma "superior qualidade social". Essa diferenciação se deu em dois níveis: no âmbito legislativo e no seio da própria comunidade mercantil. Jorge Miguel Viana Pedreira, 1995, capítulos I e II. Citações, p. 66, 74. Quiçá a antecipação no Rio se deva ao fato de a cidade ser a *Encruzilhada do Império*.
14. Sheila de Castro Faria, 1998; Stuart B. Schwartz, 1988, p. 227-229. Seja como for, conforme sustentam Fragoso e Florentino, a ambição dos comerciantes de grosso trato da cidade do Rio de Janeiro de obter o status conferido pela posse de um engenho se desenhou mais nitidamente ao longo do Oitocentos. João Fragoso; Manolo Florentino, 2001.
15. João Fragoso, 2007, p. 104-118; Antonio Carlos Jucá Sampaio, 2003, p. 124-128.
16. Antonio Carlos Jucá Sampaio, 2003, p. 124-128.
17. Antonio Carlos Jucá Sampaio, 2003, p. 230-235, 241.
18. Antonio Carlos Jucá Sampaio, 2003, p. 307-308, 313.
19. Cf. Ronaldo Vainfas, 2000, p. 219.
20. Apud Daniela Buono Calainho, 2006, p. 89.
21. Daniela Buono Calainho 2006, p. 90-109 e p. 179-180.
22. João Fragoso, 2007, p. 43, 35-48.
23. Em Portugal do século XVIII, a baixa consideração social sobre comerciantes não atingia a todos indistintamente. No mínimo, a questão do aviltamento da atividade mercantil não era consenso quando se tratava de grandes negociantes. A partir do período pombalino, a diferenciação social dos homens do negócio em relação a mecânicos e retalhistas foi crucial para a elevação da sua posição social e estatutária. Evidentemente, isso não se fez sem grande esforço do Estado. Não obstante a persistência de valores em contrário, hábitos de ordens militares, inclusive de Cristo, eram frequentemente concedidos a grandes negociantes o grande comércio não era impedimento à nobilitação civil. Então, os "círculos

ligados ao corpo mercantil" sentiam-se "encorajados a reclamar para uma posição social de maior relevo...". Jorge Miguel Viana Pedreira, 1995, capítulo II. Citação, p. 99.

24. Maria Beatriz Nizza da Silva, 2005, p. 139.
25. Ibidem, p. 139.
26. Antonio Carlos Jucá de Sampaio, 2007, p. 240.
27. Ibidem, p. 261.
28. Ibidem, p. 228-229.
29. Ibidem, p. 228.
30. Maria Fernanda Baptista Bicalho, 2001, p. 200.
31. Antonio Carlos Jucá de Sampaio, 2007, p. 231.
32. Ibidem, p. 232.
33. Em linhas gerais, note-se que esse quadro apresentado pela Cidade do Rio de Janeiro diferiria radicalmente de Recife e Olinda seiscentistas, sendo a Guerra dos Mascates, ou melhor, a Fronda dos Mazombos (1709-1712), a sua maior expressão. Evaldo Cabral de Melo, 1997, p. 123.
34. Antonio Carlos Jucá de Sampaio, 2007, p. 238.
35. Ibidem, p. 239.
36. Ibidem, p. 240.
37. João Fragoso, 2007, passim.
38. Antonio Carlos Jucá de Sampaio, 2007, p. 242, 245.
39. Ibidem, p. 245-247.
40. Ibidem, p. 248-251.
41. Ibidem, p. 253.
42. Ibidem, p. 253.
43. Ibidem, p. 255-260.
44. Ibidem, p. 260.
45. Ibidem, p. 263.
46. João Fragoso, 2007, p. 116.
47. Ibidem, p. 117.
48. Ibidem, p. 116-118.
49. John Monteiro, 1994.
50. Evaldo Cabral de Melo, 1997, p. 123.
51. Ibidem, p. 125-130.
52. Ilana Blaj, 2002, p. 219, 294-295.
53. Elizabeth Anne Kuznesof, 1980, p. 571-592.
54. Sérgio Buarque de Holanda, 1966, p. 64-65. Cf. também Silvana Alves de Godoy, 2002.
55. DIHSP, volume 94, p. 155.

56. Silvana Alves de Godoy, 2002, p. 36-50, 171-202.
57. Destaque que Gilberto Freyre já ressaltara o maior exclusivismo das elites agrárias pernambucanas. Gilberto Freyre, 2002, p. 403-405.
58. Há os que salientam a tese do autofinanciamento, isto é, a conversão dos produtores de alimentos em produtores de açúcar. Lisanti Filho, 1962; Maria Thereza S. Petrone, 1968; Carlos de Almeida Prado Bacellar, 1997. Outros destacam o crédito proveniente do comércio. Elizabeth Anne Kuznesof, 1980; Silvana Alves de Godoy, 2002; Roberto Guedes Ferreira, 2008, capítulo 1.
59. Ilana Blaj, 2002, p. 245.
60. Não quer isso dizer, todavia, que o ter ascendentes indígenas leve, por si só, a atenuar a atitude de atribuir defeito mecânico. Por outro lado, a mestiçagem com indígenas em nada parece ter impedido o acesso à nobreza da terra. Para Pernambuco seiscentista, cf. Evaldo Cabral de Melo, 1989. Para São Paulo, John Monteiro, 1994; Silvana Alves de Godoy, 2002; Anicleide Zequini, 2004, p. 29-53.
61. Segundo Muriel Nazzari, "a maioria dos homens que chegavam de Portugal não possuía sangue nobre, o que traziam para a negociação do casamento era provavelmente a infusão de sangue branco nas famílias paulistas mestiças". Cf. Nazzari, Muriel. *O desaparecimento do dote*, 2001, p. 70-74; John Monteiro, 1994, p. 211. Para uma visão mais geral do perfil de uma ascendência mestiça (notadamente mameluca) sobre os enlaces matrimoniais entre mulheres com ascendência indígena e forasteiros reinóis nas capitanias da Bahia e Pernambuco durante o Seiscentos, cf. Stuart Schwartz, 1996, p. 15; Schwartz, 1987, p. 27-30.
62. Desde o ensaio de Guimarães e Reis, diversas pesquisas subsequentes têm enfatizado que mesmo nas áreas tipicamente voltadas para a mineração era visível uma imbricada articulação entre extração aurífera, comércio e produção de gêneros de abastecimento. Cf. Carlos Magno Guimarães e Liana M. Reis, 1986. Ver também Kenneth Maxwell, 1985.
63. Para uma análise exaustiva da Guerra dos Emboabas e seus significados, cf. Adriana Romeiro, 2009. Dentre outros, ver também, sobre revoltas em Mathias Minas, 2005; Luciano R. A. Figueiredo, 2005.
64. As linhas gerais desse debate, aqui bastante resumido, podem ser encontradas em Cláudia Maria das Graças Chaves, 1999, p. 33-45; Laura de Melo Souza, 1999 e Carla Maria Carvalho de Almeida, 2005, p. 137-160.
65. Cf. Sílvia Brügger, 2007, p. 59-60.
66. Cf. Júnia Furtado, 1999, p. 59-72.
67. Ibidem, p. 52-57.
68. Ibidem, p. 205-212.
69. Ibidem, p. 217.

70. Cf. Ibidem, p. 218 e A. J. R. Russell-Wood, 1999, p. 105-123.
71. Cf. Júnia Furtado, 1999, p. 219.
72. Ibidem, p. 221.
73. Ibidem, p. 222.
74. Cf. Júnia Furtado, 1999.
75. Cf. Marco Antônio da Silveira, 1997.
76. Veja o caso do Rio Grande do Sul, onde a formação de uma elite local no extremo sul da América portuguesa deveu-se à presença dos estancieiros, isto é, grandes criadores de gado, senhores de vastas porções de terras e de escravos. Ao examinar a "Relação de Moradores que Têm Campos e Animais no Continente" do Rio Grande de São Pedro, elaborada em 1784, Helen Osório sublinha que o número de unidades produtivas dedicadas à agricultura superava amplamente aquelas voltadas para a pecuária. Criadores e as unidades mistas ("criadores e lavradores") somavam apenas 26,8% do total arrolado. Todavia, apenas 7,1% dos proprietários eram qualificados como estancieiros, isto é, senhores de mais de mil reses, que detinham nada menos do que 58,7% do total das cabeças de gado arroladas. Delineava-se "aí uma elite econômica, em um momento de expansão territorial e produtiva, oito anos após a reconquista da vila de Rio Grande aos espanhóis". No intuito de estabelecer e ampliar seus domínios, os estancieiros recorreram a estratégias diversificadas. No que se refere à concessão originária da terra, predominavam os despachos do governador e a requisição de sesmarias, que posteriormente eram transmitidas e/ou ampliadas por herança, dote, arrematação, compra ou troca. Estabelecidos numa região fronteiriça e conturbada pelas acirradas disputas entre as Coroas ibéricas, a participação nas hostes militares (tropas de linha e auxiliares) exerceu um papel decisivo na dilatação do status dos grandes criadores de gado. Entretanto, para Helen Osório, no Sul, as tropas auxiliares tiveram um papel militar muito mais efetivo do que em outras regiões da América portuguesa e, portanto, "deve-se resgatar a nomeação para cargos de mando das tropas auxiliares como expressão de um poder, de um status econômico e social já adquirido que pode ser reforçado e potencializado a partir da função (...) Essa é, pois, uma variável relevante para verificar a posição da elite dos estancieiros no conjunto da sociedade sulina". Quase metade dos estancieiros listados na "Relação" ostentava alguma patente militar das tropas auxiliares, confirmando que, como alhures, a participação nas ordenanças era um investimento simbólico importante na reiteração de hierarquias e promoção de prestígio social. Curiosamente, no entanto, a presença dos estancieiros na governança municipal da Vila de Porto Alegre durante a segunda metade do Setecentos foi bastante modesta. Entre 1767 e 1808, apenas 12% dos que ocupavam cargo na Câmara eram estancieiros. "Ao que parece, foram os

negociantes que dominaram a Câmara no período colonial, semelhantemente ao que foi constatado para a década de 1810, quando não menos de 78% dos homens listados como aptos para exercer os cargos da Câmara exerciam o comércio; os criadores eram franca minoria." Cf. Helen Osório, 2005.

77. Rafael de Bivar Marquese, 2004a, p. 39-82. Cf. também, do mesmo autor, 2004b, 2006, p. 107-123. Porém, a progressiva secularização em discursos de letrados não necessariamente corresponde ao *tête-à-tête* do cotidiano da escravidão. Na segunda metade do século XVIII, e mesmo em inícios do século XIX, senhores tementes a Deus alforriavam seus escravos no leito de morte como ato de piedade e com medo das chamas do inferno. Cf. Soares, 2009. Aliás, a Igreja setecentista ainda se esforçava em doutrinar os escravos de origem africana. Cf. Anderson José Machado de Oliveira, 2008.
78. Silvia Hunold Lara, 1996, p. 81-109. Ver também, na mesma coletânea, Luiz Mott, "Santo Antonio, o divino capitão do mato", p. 123.
79. Flávio dos Santos Gomes, 1996, p. 7-28.
80. Sobre aumento do tráfico atlântico no século XVIII, cf. Manolo Florentino, Alexandre Ribeiro, Daniel D. B. Silva, 2004. Sobre a mudança na origem da escravaria, cf. também Mariza de Carvalho Soares, 2000.
81. Talvez por isso estudos sobre quilombos enfatizem as Minas Gerais ou o século XIX. Dentre outros, ver Carlos Magno Guimarães, 2000, p. 324-340. Obviamente, muito dos discursos depreciativos no Seiscentos se dirigiam a populações indígenas. Cf. nota 710, supra.
82. Rafael de Bivar Marquese, 2004a; Silvia Hunold Lara, 2007, p. 279-283.
83. Laura de Mello e Souza, 2006, p. 30-31, 61.
84. Ibidem, p. 372-373.
85. Sheila de Castro Faria, 1998, p. 395-396; Sheila de Castro Faria, 2005, p. 101.
86. Silvia Hunold Lara, 2007, p. 126.
87. Ibidem, p. 126-128.
88. Ibidem, p. 131, 133-34, 135, 136-37, 141.
89. Ibidem, p. 144.
90. Ibidem, p. 147.
91. Ibidem.
92. Ibidem, p. 156.
93. Ibidem, p. 157-158.
94. Ibidem, p. 163-164.
95. Silvia Hunold Lara, 2007, p. 171-172.
96. Ibidem, p. 279-283.
97. Ibidem, p. 285.
98. Cf. Paulo Bertran (org.), 1997, t. I, p. 22-24; Maria Lemke Loiola, 2008, p. 80-81.

99. Cf. Paulo Bertran (org.), 1997, t. I, p. 24.
100. Cf. Fernanda Olival, 2001, p. 21.
101. Arquivo Histórico Ultramarino, doravante AHU, ACL — CU 008 Cx. 34, D. 2.111.
102. Cf. Bertran (org.), 1997, t. II, p. 44.
103. Ibidem.
104. Cf. Maria Lemke Loiola, 2008, p. 101-102.
105. AHU — ACL — CU 008 Cx. 47, D. 2.700.
106. Carlos Leonardo Kelmer Mathias, 2008, v. 1, p. 89-106. Em São Paulo, em meio ao período pombalino, o poderoso governador Morgado de Mateus não deixa de mencionar que escravos deveriam compor as tropas para defender áreas do Sul. Heloísa Bellotto, 2007. Para o Rio de Janeiro setecentista, João Fragoso, 2007.
107. Laura de Mello e Souza, 2004, p. 14.
108. Silvia Hunold Lara, 2007, p. 120-121.
109. Ibidem, p. 210.
110. Ibidem, p. 268-269, 283-285.
111. A. J. R. Russell-Wood, 2000, p. 107.
112. Cf. Márcio de Sousa Soares, 2009.
113. Ibidem, p. 271-273.
114. Antonio Carlos Jucá de Sampaio, 2005, p. 287-329.
115. Larissa Moreira Viana, 2007, p. 106, 123, 130-135, 171.
116. Roberto Guedes Ferreira, 2008.
117. João Fragoso, 2007; Roberto Guedes Ferreira, 2008; Márcio de Souza Soares, 2009.
118. Luciano Figueiredo, 1997, p. 127.
119. Russell-Wood, 2000, p. 105-119.
120. Carlos Leonardo Kelmer Mathias, 2005.
121. Segundo o autor, a "responsabilidade pela vigilância em nível regional estava entregue a capitães-mores ou a sargentos-mores das entradas. Em nível paroquial ou local, essa era a responsabilidade de um capitão do mato cujos bons serviços lhe podiam trazer a promoção a sargento-mor. O capitão-mor era responsável pelos capitães do mato de seu distrito". Essas palavras aludem às três primeiras décadas do século XVIII mineiro, período e local para os quais o autor analisou registros de patentes, provisões e sesmarias, que "refletem a participação de gente de cor na manutenção da lei e da ordem".
122. Não se deve esquecer, porém, que um dos significados de homem branco é o "bem nascido, e que até na cor se diferencia dos escravos, que de ordinário são pretos, ou mulatos" Raphael Bluteau, 2000, p. 183.

123. Russell-Wood, 2000, p. 118-119. Acreditamos, porém, que não era uma singularidade da América portuguesa a grande participação de mestiços na ordem. Carecem pesquisas comparativas. Para outros cantos da América portuguesa, pesquisas recentes têm demonstrado a participação de indígenas. Cf. Angela Xavier Barreto, 2008.
124. Maria Fernanda Bicalho, 2003, p. 273.
125. Exceção são os trabalhos clássicos de Alcântara Machado, cf. Milena Fernandes Maranho, 2003; Sheila S. C. Faria, 1993, p. 107-129.
126. Cf. Giovanni Levi, 1998.
127. Conforme sublinharam Manolo Florentino e João Fragoso (2001, p. 88), é o grau de concentração da posse de cativos o elemento que distingue uma sociedade possuidora de escravos de uma sociedade escravista. Essa última é definida como "aquela em que o principal objetivo da renda extraída ao escravo é a reiteração da diferença socioeconômica entre a elite escravocrata e todos os outros homens livres".
128. MACHADO, Alcântara. *Vida e morte do bandeirante*, 2006.
129. Oliveira Viana, 2005, p. 65-81.
130. Sheila de Castro Faria, 2000, p.; Alida Metcalf, 2005, p. 87-88.
131. Apud Sheila de Castro Faria, 2000.
132. Sheila de Castro Faria, 1998, p. 356.
133. Somente ao longo do século XIX que os prédios rurais e urbanos passaram a exibir maior ostentação e requinte, sobretudo quando grandes fortunas foram coroadas com títulos de nobreza. Cf. Sheila de Castro Faria, 1998, p. 362-363.
134. Sheila de Castro Faria, 1998, p. 357.
135. Ibidem, p. 358.
136. Para uma visão mais panorâmica que relaciona a cultura material com as formas de convívio e sociabilidade doméstica na colônia, cf. Leila Mezan Algranti, 1997, v. 1, p. 83-154.
137. Sheila de Castro Faria, 1999, p. 27.
138. Cf. Muriel Nazzari, *O desaparecimento do dote*, 2001, p. 45.
139. Cf. Gilberto Freyre, *Casa grande & senzala*, 2006.
140. Cf. Muriel Nazzari, *O desaparecimento do dote*, 2001, p. 28. Outros autores explicam a predominância de escravos na composição dos dotes paulistas quer porque a posse de cativos poderia conferir algum status ao casal dotado (ao afastá-lo do trabalho braçal), quer pela facilidade com que poderiam ser vendidos pelos nubentes ou pela vantagem de permitir o deslocamento espacial no bojo da expansão da fronteira agrária e, com isso, contemplar as estratégias de concentração de riqueza das elites e a dilatação das suas redes de influência. Cf. Alida Metcalf, 2005, p. 90-119, e Carlos de Almeida Prado Bacellar, 1997, p. 132-134.

141. Cf. Carlos de Almeida Prado Bacellar, 1997, p. 128.
142. De acordo com a legislação sucessória vigente, "Por ocasião da morte de cada um dos seus genitores, uma filha dotada e seu marido podiam ou recusar-se a herdar ou entrar à *colação* — isto é, devolver o dote ao espólio, adicionando o respectivo valor ao espólio líquido antes da divisão entre os herdeiros. Se ela exercesse essa opção da colação, o dote seria subtraído de sua legítima e ela receberia a diferença; ou se ela e seu marido houvessem superestimado o valor do espólio e o dote fosse maior do que sua legítima, ela deveria devolver a diferença a seus irmãos. Cf. Muriel Nazzari, *O desaparecimento do dote*, 2001, p. 18-19 e 46-50.
143. Cf. Sílvia Maria Jardim Brügger, 2007, p. 178.
144. Cf. Jean Baudrillard, 1995; Furtado, 1997, p. 251-279.
145. Cf. João Fragoso, 1998, p. 348-352, e Nireu Cavalcanti, 2003, p. 272-283.
146. Cf. João Fragoso, 1998, p. 353-355, e Jurandir Malerba, 1998, p. 125-194 e 230-292. Diante da necessidade de atenuar o aperto financeiro da família real, o príncipe regente fez circular subscrições voluntárias nas quais aparecem as doações em dinheiro feitas por Elias Antônio e outros traficantes de escravos. Não por acaso, no período compreendido entre 1808 e 1821, dom João VI tenha distribuído algo em torno de duzentos títulos de nobreza entre a elite agrária e alguns homens de negócio. Cf. Ronaldo Vainfas (dir.), 2008.
147. Era Flory e David Grant Smith, 2009, p. 355-366; Kátia de Queirós Mattoso, 2004, p. 288 e 29-295.
148. Cf. Kátia de Queirós Mattoso, 2004, p. 292-293.
149. Entre outros, cf. Octavio Ianni, 1988, p. 152 passim.
150. Cf. Sílvia H. Lara, 1998, p. 288-293 e 2007, p. 92-125.
151. Cf. Maria Inês Côrtes de Oliveira, 1988; Eduardo França Paiva, 1995, p. 176-184; Cláudia Cristina Móll, 2002, p. 131-155; Sheila de Castro Faria, 2005, p. 216-228; Sílvia H. Lara, 2007, p. 94-125.
152. Cf. Erving Goffman, 1988, p. 53-58.
153. Cf. Manolo Florentino, 2003, p. 104-115. Para uma análise da dimensão mágico-religiosa das joias utilizadas pelas forras, cf. Eduardo França Paiva, 1995, p. 217-238; Cláudia Cristina Móll, 2002, p. 131-155; Sheila de Castro Faria, 2005, p. 216-228 e Sílvia H. Lara, 2007, p. 119 e 120.

Bibliografia

ALGRANTI, Leila Mezan. "Famílias e vida doméstica". In: SOUZA, Laura de Mello e (org.). *História da vida privada no Brasil*, v.1. São Paulo: Companhia das Letras, 1997, p. 83-154.

ALMEIDA, Carla Maria Carvalho de. "De Vila Rica ao Rio das Mortes: mudança do eixo econômico em Minas Colonial". *Locus. Revista de História*. Juiz de Fora, 2005, v. II, nºs 1 e 2, p. 137-160.

BACELLAR, Carlos de Almeida Prado. *Os senhores da terra: família e sistema sucessório entre os senhores de engenho do oeste paulista*. Campinas: Centro de Memória da Unicamp, 1997.

BARRETO, Ângela Xavier. *A invenção de Goa*. Lisboa: Universidade de Lisboa/Instituto de Ciências Sociais, 2008.

BAUDRILLARD, Jean. *A sociedade de consumo*. Rio de Janeiro: Elfos, 1995.

BELLOTTO, Heloísa. *Autoridade e conflito no Brasil Colonial: o governo do Morgado de Mateus em São Paulo, 1765-1775*, 2ª ed. São Paulo: Secretaria de Cultura, 2007.

BERTRAN, Paulo (org.). *Notícia geral da Capitania de Goiás em 1783*, t. 1. Goiânia/Brasília: Solo, 1997.

BICALHO, Maria Fernanda Baptista. "As câmaras ultramarinas e o governo do Império". In FRAGOSO, João; GOUVÊA, Maria de Fátima e BICALHO, Maria Fernanda (orgs.). *O Antigo Regime nos trópicos. A dinâmica imperial portuguesa*. Rio de Janeiro: Civilização Brasileira, 2001, p. 200.

______. *A cidade e o Império: o Rio de Janeiro na dinâmica colonial portuguesa, séculos XVII e XVIII*. Rio de Janeiro: Civilização Brasileira, 2003.

BLAJ, Ilana. *A trama das tensões. O processo de mercantilização de São Paulo colonial (1681-1721)*. São Paulo: Humanitas/USP, 2002.

BLUTEAU, Raphael. *Vocabulário português e latino (1712-1727)*, 1ª ed. Rio de Janeiro: Uerj, 2000. Também disponível em http://www.ieb.usp.br/online/index.asp

BRÜGGER, Silvia M. J. *Minas patriarcal, família e sociedade*. Belo Horizonte: Annablume, 2007.

CALAINHO, Daniela Buono. *Agentes da fé: familiares da Inquisição portuguesa no Brasil colonial*. São Paulo: Edusc, 2006, p. 89.

CAVALCANTE, Nireu. *O Rio de Janeiro setecentista*. Rio de Janeiro: Jorge Zahar, 2003.

CHAVES, Cláudia Maria das Graças. *Perfeitos negociantes: mercadores das Minas setecentistas*. São Paulo: Annablume, 1999.

FARIA, Sheila de Castro. *A colônia em movimento. Fortuna e família no cotidiano colonial*. Rio de Janeiro: Nova Fronteira, 1998.

______. "Fontes textuais e vida material: observações sobre as casas de moradia nos Campos dos Goytacazes, séculos XVIII e XIX". *Anais do Museu Paulista*, São Paulo, v. 1, 1993, p. 107-129.

______. "Casa-grande". In: VAINFAS, Ronaldo (dir.). *Dicionário do Brasil Colonial*. Rio de Janeiro: Objetiva, 2000.

______. *Sinhás pretas, damas mercadoras. As pretas minas nas cidades do Rio de Janeiro e de São João Del-Rey (1750-1850).* Niterói, UFF, 2005 (Tese de professor titular).

______. *Viver e morrer no Brasil colônia.* São Paulo: Moderna, 1999.

FERLINI, Vera Lúcia do Amaral; BICALHO, Maria Fernanda (orgs.). *Modos de governar. Ideias e práticas políticas no império português. Séculos XVI a XIX.* São Paulo: Alameda, 2005.

FERREIRA, Roberto Guedes. *Egressos do cativeiro: trabalho, família, aliança e mobilidade social (Porto Feliz, São Paulo, c. 1798-c. 1850).* Rio de Janeiro: Mauad, 2008.

FIGUEIREDO, Luciano R.A. *Rebeliões no Brasil Colônia*, 1ª. ed. Rio de Janeiro: Jorge Zahar Editor, 2005.

______. *Barrocas famílias: vida familiar em Minas Gerais do século XVIII.* São Paulo: Hucitec, 1997.

FLORENTINO Manolo; RIBEIRO, Alexandre e SILVA, Daniel D.B. "Aspectos comparativos do tráfico de africanos para o Brasil (séculos XVIII-XIX)" , *Afro-Ásia*, Salvador, 2004.

______. "De escravos, forros e fujões no Rio de Janeiro imperial", *Revista USP*, dossiê Império, n. 58, São Paulo, Universidade de São Paulo, jun-ago 2003, pp. 104-115.

FRAGOSO, João; FLORENTINO, Manolo. *O arcaísmo como projeto: mercado atlântico, sociedade agrária em uma economia colonial tardia, Rio de Janeiro, c. 1790-c.1840*, 4ª. ed. Rio de Janeiro: Civilização Brasileira, 2001.

______.; GOUVÊA, Maria de Fátima e BICALHO, Fernanda (orgs.). *O Antigo Regime nos trópicos. A dinâmica imperial portuguesa.* Rio de Janeiro: Civilização Brasileira, 2001.

______. *Homens de grossa aventura*: 1790-1830, 2ª ed., Rio de Janeiro: Civilização Brasileira, 1998.

______. "Fidalgos e parentes de pretos: notas sobre a nobreza principal da terra do Rio de Janeiro (1600-1750)". In: SAMPAIO, Antonio Carlos Jucá; ALMEIDA, Carla Maria Carvalho de e FRAGOSO, João Luís Ribeiro (orgs.). *Conquistadores e negociantes: histórias de elites no Antigo Regime nos trópicos. América lusa, séculos XVI a XVIII.* Rio de Janeiro: Civilização Brasileira, 2007, p. 77, 105.

FREYRE, Gilberto. *Sobrados e mucambos: a decadência do patriarcado rural e desenvolvimento do urbano*, 13ª ed. Rio de Janeiro: Record, 2002.

______. *Casa-grande & senzala.* São Paulo: Global Editora, 2006.

FURTADO, Júnia Ferreira. "Desfilar: a procissão barroca". *Revista Brasileira de História*, São Paulo, 1997, v. 33, p. 251-279.

______. *Homens de negócio: a interiorização da metrópole e do comércio nas minas setecentistas.* São Paulo: Hucitec, 1999.

GIL, Tiago. *Infiéis transgressores: elites contrabandistas nas fronteiras do Rio Grande e do Rio Pardo (1760-1810).* Rio de Janeiro: Arquivo Nacional, 2007.

GIL, Tiago; HAMEISTER, Martha Daisson. "Fazer-se elite no extremo sul do Estado do Brasil: uma obra e três movimentos. Continente do Rio Grande de São Pedro (século XVIII)". In: SAMPAIO, Antonio Carlos Jucá; ALMEIDA, Carla Maria Carvalho de e FRAGOSO, João Luís Ribeiro (orgs.). *Conquistadores e negociantes: histórias de elites no Antigo Regime nos trópicos. América lusa, séculos XVI a XVIII*. Rio de Janeiro: Civilização Brasileira, 2007.

GODOY, Silvana Alves de. *Itu e Araritaguaba na Rota das Monções (1718 a 1838)*. Dissertação de Mestrado, Programa de Pós-Graduação em História Econômica, Unicamp, Campinas, 2002.

GOFFMAN, Erving. *Estigma: notas sobre a manipulação da identidade deteriorada*, 4ª ed. Rio de Janeiro: LTC, 1988.

GOMES, Flávio dos Santos. "Uma tradição rebelde: notas sobre os quilombos na capitania do Rio de Janeiro (1625-1818)". *Afro-Ásia*, Salvador, v. 17, 1996, p. 7-28.

GUIMARÃES, Carlos Magno; REIS, Liana M. "Agricultura e escravidão em Minas Gerais". *Revista do Departamento de História*, nº 2, Belo Horizonte, UFMG, 1986.

GUIMARÃES, Carlos Magno. "Escravismo e rebeldia escrava: quilombos nas Minas Gerais do século XVIII". In: SILVA, Maria Beatriz Nizza da. *Brasil: colonização e escravidão*. Rio de Janeiro: Nova Fronteira, 2000, p. 324-340.

HOLANDA, Sérgio Buarque de. *Caminhos e fronteiras*, 3ª ed. São Paulo: Companhia das Letras, 1994.

______. "Movimentos da população em São Paulo no século XVIII". *Revista do Instituto de Estudos Brasileiros*. São Paulo, s/e, 1966, p. 64-65.

IANNI, Octavio. *As metamorfoses do escravo: apogeu e crise da escravatura no Brasil meridional*, 2ª ed. São Paulo: Hucitec, 1988, p. 152 passim.

KUZNESOF, Elizabeth Anne. "The role of the merchants in the economic development of São Paulo, 1765-1850". *Hispanic American Historical Review*, v. 60, nº. 4, 1980, p. 571-591.

LARA, Sílvia Hunold. "Do singular ao plural. Palmares, capitães do mato e o governo dos escravos". In: REIS, João José; GOMES, Flávio dos Santos. *Liberdade por um fio: história dos quilombos no Brasil*. São Paulo: Companhia das Letras, 1996.

______. *Fragmentos setecentistas: escravidão, cultura e poder na América portuguesa*. São Paulo: Companhia das Letras, 2007.

LENHARO, Alcir. *Crise e mudança na frente oeste de colonização*. Cuiabá: Universidade Federal de Mato Grosso, 1982.

LISANTI FILHO, Luís. *Comércio e capitalismo: o Brasil e a Europa entre o fim do século XVIII e o início do século XIX (O exemplo de três vilas paulistas — Campinas, Itu e Porto Feliz, 1798-1828/9)*. Tese de doutorado, USP, São Paulo, 1962.

LOIOLA, Maria Lemke. *Trajetórias atlânticas, percursos para a liberdade: africanos e descendentes na capitania dos guayazes*. Dissertação de mestrado, Goiânia, UFG, 2008.

MARANHO, Milena Fernandes. *Vivendas paulistas: padrões econômicos e sociais de vida em São Paulo de meados do século XVII*. Campinas: Unicamp, 2003.

MARQUESE, Rafael de Bivar. "A dinâmica da escravidão no Brasil. Resistência, tráfico negreiro e alforrias, séculos XVII a XIX". *Novos Estudos Cebrap*, São Paulo, v. 74, 2006, p. 107-123.

———. "Ideologia imperial, poder patriarcal e o governo dos escravos nas Américas, c. 1660-1720". *Afro-Ásia*, 31, 2004a, p. 39-82.

———. *Feitores do corpo, missionários da mente: senhores, letrados e o controle dos escravos nas Américas (1660-1860)*. São Paulo: Companhia das Letras, 2004b.

MATHIAS, Carlos Leonardo Kelmer. "No exercício de atividades comerciais, na busca da governabilidade: D. Pedro de Almeida e sua rede de potentados nas minas do ouro durante as duas primeiras décadas do século XVIII". In: SAMPAIO, Antonio Carlos Jucá; ALMEIDA, Carla Maria Carvalho de e FRAGOSO, João Luís Ribeiro (orgs.). *Conquistadores e negociantes: histórias de elites no Antigo Regime nos trópicos. América lusa, séculos XVI a XVIII*. Rio de Janeiro: Civilização Brasileira, 2007, p. 195-224.

———. *Jogos de interesses e estratégias de ação no contexto da revolta mineira de Vila Rica, c. 1709-c. 1736*. Dissertação de mestrado, UFRJ / PPGHIS, Rio de Janeiro, 2005.

———. "O braço armado do senhor: recursos e orientações valorativas nas relações sociais escravistas em Minas Gerais na primeira metade do século XVIII". In: PAIVA, Eduardo França; IVO, Isnara Pereira (orgs.). *Escravidão, mestiçagem e histórias comparadas*. São Paulo: Annablume, 2008.

MATTOSO, Kátia de Queirós. "Bahia opulenta: uma capital portuguesa no novo mundo (1549-1763)". In: *Da revolução dos alfaiates à riqueza dos baianos no século XIX*. Salvador: Corrupio, 2004.

MAXWELL, Kenneth. *A devassa da devassa*. Rio de Janeiro: Paz e Terra, 1985.

MELO, Evaldo Cabral de. *A fronda dos mazombos. Nobres contra mascates: Pernambuco, 1666-1715*. São Paulo: Companhia das Letras, 1997, p. 123.

———. *O nome e o sangue*. São Paulo: Companhia das Letras, 1989.

METCALF, Alida. *Family and Frontier in Colonial Brazil: Santana de Parnaíba, 1580-1822*. Austin: University of Texas Press, 2005, p. 87-88.

MÓLL, Cláudia Cristina. *Mulheres forras: cotidiano e cultura material em Vila Rica (1750-1800)*. Dissertação de mestrado, UFMG, Belo Horizonte, 2002.

MONTEIRO, John. *Negros da terra: índios e bandeirantes nas origens de São Paulo*, 2ª ed. São Paulo: Companhia das Letras, 1994.

OLIVAL, *Fernanda. As ordens militares e o Estado moderno: honra, mercê e venalidade em Portugal (1641-1789)*. Lisboa: Estar, 2001.

OLIVEIRA, Anderson José Machado de. *Devoção negra: santos pretos e catequese no Brasil Colonial*. Rio de Janeiro: Quartet/Faperj, 2008.

OLIVEIRA, Maria Inês Côrtes de. *O liberto: seu mundo e os outros — Salvador, 1790-1890*. São Paulo: Corrupio, 1988.

OSÓRIO, Helen. "Estancieiros do Rio Grande de São Pedro: constituição de uma elite terratenente no século XVIII". *Atas do Congresso Internacional Espaço Atlântico de Antigo Regime: Poderes e Sociedades*. Lisboa: Universidade Nova de Lisboa, 2005.

PAIVA, *Eduardo França. Escravos e libertos nas Minas Gerais*. São Paulo: Annablume, 1995.

PEDREIRA, Jorge Miguel Viana. *Os homens de negócio da Praça de Lisboa. De Pombal ao Vintismo (1755-1822). Diferenciação, reprodução e identificação de um grupo social*. Faculdade de Ciências Sociais e Humanas, Universidade Nova de Lisboa, Lisboa. 1995 (Tese de doutorado).

PETRONE, Maria Thereza S. *A lavoura canavieira em São Paulo: expansão e declínio (1765-1851)*. São Paulo: Difusão Europeia do Livro, 1968.

RIBEIRO, Alexandre. *A cidade de Salvador: estrutura econômica, comércio de escravos, grupo mercantil (c.1750-c.1800)*. Tese de doutorado, UFRJ / PPGHIS, Rio de Janeiro, 2009.

ROMEIRO, Adriana. *Paulistas e emboabas no coração das Minas: ideias, práticas e imaginário político no século XVIII*. Belo Horizonte: UFMG, 2009.

RUSSELL-WOOD, A.J.R. "Autoridades ambivalentes: o Estado do Brasil e a contribuição africana para a 'boa ordem da república'". In: SILVA, Maria Beatriz Nizza da. *Brasil: colonização e escravidão*. Rio de Janeiro: Nova Fronteira, 2000.

SAMPAIO, Antonio Carlos Jucá de. "A produção da liberdade: padrões gerais das manumissões no Rio de Janeiro colonial, 1650-1750". In: FLORENTINO, Manolo (org.). *Tráfico, cativeiro e liberdade: Rio de Janeiro, séculos XVII-XIX*. Rio de Janeiro: Civilização Brasileira, 2005, p. 287-329.

______. "Família e negócios: a formação da comunidade mercantil carioca na primeira metade do Setecentos". In: SAMPAIO, Antonio Carlos Jucá; ALMEIDA, Carla Maria Carvalho de e FRAGOSO, João Luís Ribeiro (orgs.). *Conquistadores e negociantes: histórias de elites no Antigo Regime nos trópicos. América lusa, séculos XVI a XVIII*. Rio de Janeiro: Civilização Brasileira, 2007, p. 240.

______. *Na encruzilhada do Império: hierarquias sociais e conjunturas econômicas no Rio de Janeiro (c.1650-c.1750)*. Rio de Janeiro: Arquivo Nacional, 2003.

SAMPAIO, Antonio Carlos Jucá; ALMEIDA, Carla Maria Carvalho de e FRAGOSO, João Luís Ribeiro (orgs.). *Conquistadores e negociantes: histórias de elites no*

Antigo Regime nos trópicos. América lusa, séculos XVI a XVIII. Rio de Janeiro: Civilização Brasileira, 2007.

SCHWARTZ, Stuart B. *Segredos internos: engenhos e escravos na sociedade colonial, 1550-1835*. São Paulo: Companhia das Letras, 1988.

———. "Brazilian ethnogenesis: mestiços, mamelucos and pardos". In: GRUZINSKI, Serge e WACHTEL, Natha (eds.). *Le nouveau monde, mondes nouveaux: l'expérience américaine: actes du colloque*. Paris, EHESS, 1996, p. 7-27.

———. "The formation of colonial identity in Brazil". In: CANNY, N. e PAGDEN, A. (eds.). *Colonial Identity in the Atlantic World*. Princeton: Princeton University Press, 1987, p. 27-30.

SILVA, Maria Beatriz Nizza da. *Ser nobre na colônia*. São Paulo: Unesp, 2005, p. 139.

SILVEIRA, Marco Antônio da. *O universo do indistinto: estado e sociedade nas Minas setecentistas (1735-1808)*. São Paulo: Hucitec, 1997.

SOARES, Márcio de Sousa. *A remissão do cativeiro: a dádiva da alforria e o governo dos escravos nos Campos dos Goytacazes, c. 1750-c.1830*. Rio de Janeiro: Apicuri, 2009.

SOARES, Mariza de Carvalho. *Devotos da cor: identidade étnica, religiosidade e escravidão no Rio de Janeiro, século XVIII*. Rio de Janeiro: Civilização Brasileira, 2000.

SOUZA, Laura de Mello e. *Desclassificados do ouro. A pobreza mineira no século XVIII*, 4ª ed. Rio de Janeiro: Graal, 2004, p. 14.

———. *O sol e a sombra: política e administração na América portuguesa do século XVIII*. São Paulo: Companhia das Letras, 2006.

VAINFAS, Ronaldo. "Familiares do Santo Ofício". In: *Dicionário do Brasil Colonial*. Rio de Janeiro: Objetiva, 2000, p. 219.

VIANA, Larissa Moreira. *O idioma da mestiçagem: as irmandades de pardos na América portuguesa*. Campinas: Unicamp, 2007.

VIANA, Oliveira. *Populações meridionais do Brasil*. Brasília: Senado Federal, 2005.

ZEQUINI, Anicleide. "A fundação de São Paulo e os primeiros paulistas: indígenas, europeus e mamelucos". In: SETÚBAL, Maria Alice (coord.). *A formação do Estado de São Paulo, seus habitantes e os usos da terra*. São Paulo: Imprensa Oficial, 2004.

CAPÍTULO 12 Literatura e condição colonial na América portuguesa (século XVIII)

*João Paulo G. Pimenta**

Definições preliminares e problema central

Em linhas gerais, pode-se dizer que o que hoje é costume entender-se por *literatura* corresponde a noções estranhas ao século XVIII. Naquela época, em todo o mundo ocidental em que se fazia presente, o termo encontrava-se em sintonia com o significado que lhe atribuía a cultura europeia, desdobrado de formas de pensar e representar o mundo de matrizes renascentistas: *literatura* indicava o domínio erudito da sabedoria e do saber, sendo que a fonte primordial desses estaria, segundo se acreditava, sobretudo em autores da Antiguidade Clássica, cujo domínio era, portanto, condição de acesso ao conhecimento. Sendo esse conhecimento, fundamentalmente, o das letras, a *literatura* pressupunha e implicava, necessariamente, o domínio também da retórica: o *letrado* era, assim, o erudito que dominava a arte do "bem-dizer". Logo se vê

*Professor do departamento de História da Universidade de São Paulo. O autor agradece as críticas e sugestões a este texto feitas por Sérgio Alcides e Íris Kantor.

que, em comparação com seu significado atual, a *literatura* do século XVIII compunha um espectro bem mais vasto, englobando manifestações que hoje poderíamos relacionar com os campos da filosofia, da história e das ciências, além, é claro, da poesia e da narrativa de ficção. Será apenas a partir de fins daquele século que essas duas últimas manifestações tenderão a se distinguir para, juntas, integrar o que hoje chamamos "literatura", bem como se caracterizar como criações individuais/autorais de pessoas/artistas identificados e reconhecidos como capazes de manifestar, por meio de sua subjetividade, a complexidade do meio em que vivem.[1]

O mundo português do século XVIII, europeu e americano, metropolitano e colonial, não foge à regra de seu tempo, o que de início impõe problemas de circunscrição da análise de sua *literatura*.[2] Em que medida é possível englobar a história de tal literatura em um apanhado "geral" que a posicione, lado a lado, com literaturas posteriores, dos séculos XIX e XX, sendo o próprio conceito de *literatura* um divisor de águas entre elas? Em que medida é possível pretender a autonomia de uma literatura "luso-americana" setecentista que, sendo portuguesa, jamais poderia ser, de fato, brasileira? Quais os alcances e os limites dos elementos que, a princípio, encorajam as pretensões de tal autonomia?

As páginas que se seguem estão voltadas para tais problemas, ao mesmo tempo que oferecem um panorama sintético de determinadas manifestações literárias, definidas de antemão em termos de sua natureza, bem como do tempo e do espaço que as delimitam enquanto unidade possível de análise. Para todos os efeitos, o que nos importa aqui é um conjunto de situações e códigos sociais, instituições, obras e autores que, *de acordo com o conceito de literatura vigente no século XVIII luso-americano*, permitem um reposicionamento dos tradicionais elementos de "brasilidade" atribuídos a esse conjunto e que aqui são entendidos, como se verá adiante, antes como marcas típicas e ordinárias de uma situação colonial do que como prenúncios singulares e especiais de um sentimento nacional brasileiro que, à época, não existia. No vasto e diversificado campo da literatura setecentista, a América portuguesa oferece uma unidade de análise plausível, mas cuja diversidade indica os tópicos não de uma suposta "história da literatura brasileira", mas sim de uma complexa dinâmica da condição portuguesa em espaço colonial que se articula estreitamente com a própria dinâmica coeva do Império português.

O problema da identificação e significação de uma "brasilidade" nas letras portuguesas — aquilo que Affonso Ávila chamou de "*saída brasileira* na expressão literária de língua portuguesa" ou de uma "forma literária de índole brasileira"[3] — é, ao mesmo tempo, clássico e atual, devendo ser enfrentado a partir de um certo consenso de que aquilo que o romantismo literário do século XIX pôde considerar, sem grandes dificuldades, como *literatura brasileira* — empenhado que estava na construção de uma nacionalidade brasileira por meio das letras — em realidade, deve muito a estilos, convenções, valores estéticos, morais e sociais de outro teor: jamais brasileiros, muitas vezes portugueses ou europeus, em larga medida mal contidos nas fronteiras de nacionalidades que a "república das letras" não reconhecia. Atualmente, parece bem consolidada a premissa de que obras e autores outrora considerados pioneiros da literatura brasileira integram, em realidade, um universo cultural de outro tipo. A presença nessas obras, de autoria de portugueses nascidos na América e/ou para ela voltados preferencialmente, de temas e pretextos específicos, assim como vocabulários, semânticas e dicções marcadas por formas tipicamente americanas da língua portuguesa, constitui fenômeno eloquente da literatura portuguesa do século XVIII, em certa medida também dos dois anteriores. Mas quais são os significados de sua dimensão singular? Se as respostas oferecidas pelo romantismo oitocentista não são satisfatórias — inclusive porque limitadas à poesia e à narrativa de ficção — que outras podem ser-lhes contrapostas? Permanece em aberto o desafio de analisar historicamente expressões tão eloquentes dessa tipicidade como, por exemplo, aquela atribuída a Gregório de Matos (1636-1695), no século XVII:

Ontem avistamos terra
E quando na terra vi
Coqueiros e bananeiras,
Disse comigo: Brasil.[4]

Na década de 1950, Antonio Candido abordou a questão sob o prisma de uma *formação* da literatura brasileira no seio da literatura portuguesa, concebendo-a como um "sistema articulado", integrado por "autor-obra-público", o que lhe permitiria afirmar a centralidade do século XVIII para uma literatura brasileira que "não *nasce*, é claro, mas se *configura* no decorrer" daquele século.[5] Daí parecer-lhe superado "o problema da autonomia, a definição do momento e dos motivos que a distinguem da portuguesa", pois

> a nossa literatura é ramo da portuguesa; pode-se considerá-la independente desde Gregório de Matos ou só após Gonçalves Dias e José de Alencar, segundo a perspectiva adotada. No presente livro [*Formação da literatura brasileira*], a atenção se volta para o início de uma literatura propriamente dita, como fenômeno de civilização, não algo necessariamente diverso da portuguesa. Elas se unem tão intimamente, em todo o caso, até meados do século XIX, que utilizo em mais de um passo, para indicar este fato, a expressão "literatura comum" (brasileira e portuguesa). Acho por isso legítimo que os historiadores e críticos da mãe-pátria incorporem Cláudio [Manuel da Costa] ou [Antônio Pereira de] Sousa Caldas, e acho legítimo incluí-los aqui; acho que o portuense [Tomás Antônio] Gonzaga é de ambos os lados, porém mais daqui do que de lá; e acho que o paulista Matias Aires é só de lá. Tudo depende do papel dos escritores na formação do *sistema*.[6]

Os critérios estabelecidos por Candido, voltados para a solução de um problema com qual estiveram às voltas também outros grandes autores, como Sérgio Buarque de Holanda, José Aderaldo Castelo e Alfredo Bosi,[7] renderam bons frutos na historiografia e na crítica literária brasileira. Mas hoje é possível recolocar a questão de maneira menos relativista, mais enfaticamente calcada em parâmetros gerais da história da colonização portuguesa da América da qual a literatura setecentista é parte inequívoca, circunscrita não em termos de "brasileira" ou "portuguesa", mas sim de sua *condição colonial*. Mesmo porque ainda é usual a caracterização de obras como as atribuídas a Gregório de Matos ou Tomás Antônio Gonzaga, ou as de autoria segura de Antônio Vieira, Basílio da Gama ou Cláudio Manuel da Costa, por exemplo, não apenas como produtos de individualidades artísticas singulares — noção, conforme vimos acima, alheia ao conceito setecentista de *literatura* — mas também como sendo de autores "brasileiros", assim figurando em manuais escolares, ainda ecoando em obras acadêmicas.

O Império português ultramarino foi sendo constituído a partir do século XV, estabelecendo relações assimétricas entre territórios pautadas por uma configuração de tipo sistêmico. Quando a ele foram incorporados os espaços americanos, nos séculos XVI, XVII e XVIII, foi se espraiando por vastas áreas uma lógica fundamental que oferecia coesão a toda essa diversidade: a transplantação e reconfiguração, em cada uma delas, de uma matriz societária de tipo Antigo Regime — claro, em sua vertente portuguesa. Nos espaços coloniais luso-americanos, essa matriz encontraria sertões a serem conquistados; populações indígenas a serem enfrentadas, subjugadas e, eventualmente, cooptadas; formas de cultivo de gêneros e de produção e circulação de mercadorias que correspondessem às dinâmicas e complexas relações enquadradas pelos mercados mundiais e que a eles não se restringiam, evidentemente; fluxos populacionais de africanos que cresceriam progressivamente ao longo do tempo, engendrando complexas formas sociais e culturais, a pautarem relações políticas e estamentais que, embora não se afastassem jamais e completamente de sua matriz europeia, tampouco reproduziriam fielmente, em qualquer momento, essa matriz.[8] Desse modo, se é possível o estabelecimento de certas invariáveis características da colonização portuguesa da América, dentre essas se encontra a dinâmica, multifacetada e contraditória relação entre metrópole e colônia, irredutível a uma única feição, a um único tempo, a um único espaço. Tema, aliás, há várias décadas enfrentado de muitas maneiras pela historiografia luso-americanista.[9]

No século XVIII, e nos seus termos coevos, *a literatura portuguesa carrega consigo essa lógica geral de constituição do Império*. No mundo americano, suas manifestações revelam as especificidades da situação colonial em meio a um conjunto de valores, convenções e formas de pensar e representar coletivamente o mundo que se remetem a uma matriz, mas não se encerram nela. Os principais agentes desse movimento, no campo da literatura, são quase sempre portugueses. Não são cativos, africanos, afrodescendentes ou indígenas, pois esse campo vincula-se, muito estreitamente, a formas de reprodução social reservadas aos súditos do rei — se quisermos, aos membros da nação portuguesa. De outra parte, não há *brasileiros* nesse restrito grupo, apenas *portugueses*, portadores de diversas identidades locais, regionais, eventualmente étnicas, coexistentes entre si e articuladas em torno da identidade portuguesa. Mas é certo que de sua obra resulta algo específico, que permitiu a estudiosos da posteridade o vislumbre de uma "brasilidade"; tais elementos devem, então, ser considerados típicos de um processo de permanente reinvenção da lusitanidade em espaço colonial e que não se relaciona, de maneira imediata, com o surgimento histórico de uma identidade nacional brasileira.

Dizemos *imediata* pois no século XVIII, particularmente em seus últimos anos, tal reinvenção, de fato, reflete algo mais do que uma situação ordinária, algo relacionado a uma politização das identidades portuguesas menos abrangentes do que a nacional e que se não criará a nação brasileira, se articulará com novas condições históricas que permitirão que isso ocorra ao longo da primeira metade do século XIX. Também há que se lembrar que, uma vez que tais condições tenham convergido para o processo de independência política, o Brasil do século XIX, de modo muito eloquente, reinventaria a própria colônia e suas manifestações culturais, de modo a torná-las antecedentes ou mesmo pioneiras da nacionalidade que só então se formava.[10] Mas aí a *literatura* já seria fundamentalmente outra, assim como todos os seus antigos componentes.

Condições gerais de existência da literatura

Em termos comparativos, pode-se dizer que os espaços da literatura na América portuguesa sempre foram bem mais limitados do que os da metrópole. Na América, até a expulsão da Companhia de Jesus, em 1759, o clero regular respondeu de forma dominante pela instrução coletiva. Beneditinos, franciscanos, carmelitas, mas principalmente jesuítas, administravam escolas de formação de clérigos e leigos, devidamente regulamentadas pelo Estado português, o que configurava uma instrução semipública. Nelas havia também formação superior para os padres, o que não esvaziava o papel sobressalente da Universidade de Coimbra, que, graças ao desinteresse da administração real portuguesa em criar universidades em solo americano, representava o lócus de formação superior da ampla maioria da pequena minoria de portugueses radicados na América que a ela tinham acesso.[11]

A partir de 1759, o Estado português, em meio às reformas imperiais empreendidas no reinado de dom José I e comandadas pelo ministro do Reino Sebastião José de Carvalho e Melo (a partir de 1769, marquês de Pombal), e que implicavam um fortalecimento do poder metropolitano em várias frentes de atuação, tomou ainda mais as rédeas da instrução coletiva, agora em praticamente todas as suas esferas. As escolas religiosas que foram mantidas, mas sob administração de outras ordens, sofreram taxações, ao mesmo tempo que a criação das "aulas-régias", voltadas para assuntos científicos e práticos, conduziu à criação de uma esfera de instrução preponderantemente pública. O ensino superior foi reforçado em Coimbra com a reforma da universidade em 1772, enquanto os níveis anteriores de formação passaram a depender basicamente de aulas avulsas, lecionadas por mestres individuais contratados por autoridades locais ou por pais de alunos.[12]

A fundação, em 1798, do Seminário da Graça, em Olinda, por iniciativa do bispo José Joaquim da Cunha Azeredo Coutinho,[13] não alteraria o fundamental do cenário da educação na América portuguesa em todo o século XVIII, acentuado a partir de 1759: iniciativas precariamente articuladas entre si, acesso franqueado a poucos, geralmente do sexo masculino — a despeito da existência de conventos e recolhimentos femininos, carmelitas e concepcionistas — invariavelmente oriundos dos grupos mais abastados da sociedade luso-americana que reconheciam, no acesso à instrução formal, meios de ascensão social ou de reiteração de suas já favoráveis condições.[14] Algumas estimativas são indicativas da pequena parcela de gente que tais iniciativas atingiam, não apenas na colônia, mas também na metrópole: na região do Porto, entre 1750 e 1820, é possível que cerca de 60% das pessoas não estivessem aptas a assinar o próprio nome; na América, essa porcentagem deveria ser bem maior.[15] Na capitania americana de São Paulo, em 1818, as aulas-régias atingiam apenas cerca de 2,5% dos homens livres.[16]

Além da limitada instrução formal, a América compartilhava dos padecimentos que sofria o Império português em termos de limitação do espaço da literatura impostos pela censura sobre a escrita, publicação, posse e leitura de livros. Em Portugal, o estabelecimento da Inquisição em 1536 transferiu a censura para uma alçada tripartite, formada por dois poderes religiosos (Santo Ofício e Ordinário) e um civil (o Desembargo do Paço), cada um responsável por uma licença, que a partir de 1581 passaria a trabalhar em função de um *Index librorum prohibitorum*. A mudança substantiva desse sistema viria somente em 1768, quando dom José I criou a Real Mesa Censória, composta metade por civis, metade por eclesiásticos; extinta em 1787, já no reinado de dona Maria I, a Real Mesa Censória daria lugar à Real Mesa da Comissão Geral sobre o Exame e a Censura dos Livros; sete anos depois, seria restaurado o antigo sistema tripartite, vigorando até sua abolição pelo movimento constitucionalista português em 1820.[17]

A censura representava uma formalidade que, embora jamais fosse cumprida à risca, pautando constantes transgressões e oposições, condicionava comportamentos nos âmbitos europeus e americanos. Em 10 de julho de 1769, por exemplo, foi baixado um edital determinando que súditos e instituições existentes no Império deveriam remeter à Real Mesa Censória a relação de todos os livros que possuíssem. As proibições eram muitas, incluindo, nas palavras de um alvará de 4 de julho de 1771, "livros de autores ateus", "protestantes" e que "negassem a obediência ao papa", de "feitiçaria" e coisas afins, "obscenos", "infamatórios", livros que sugerissem "que se siga perturbação do estado político e civil", os dos "pervertidos filósofos destes últimos tempos" e "todas as obras de autores jesuítas baseadas na 'autoridade extrínseca da razão popular'".[18] Tais restrições serviam, assim, à definição do espaço reservado à literatura, sobretudo em ambiente colonial.

Outro aspecto a ser considerado é o da escassez de imprensas na América portuguesa (em Portugal elas existiam desde 1487). Na verdade, não dispomos de notícias confiáveis do estabelecimento delas até 1747, quando um conhecido impressor peninsular, Antônio Isidoro da Fonseca, se transferiu para o Rio de Janeiro, onde instalou sua pequena tipografia, da qual chegou a tirar algumas obras. Mas em 6 de julho do mesmo ano saiu de Lisboa uma ordem ao governador do Rio de Janeiro para o fechamento do estabelecimento de Fonseca. Dizia:

> por constar que deste reino tem ido para o Estado do Brasil quantidade de letras de imprensa, no qual não é conveniente se imprimam papéis no tempo presente, nem ser de utilidade aos impressores trabalharem no seu ofício, aonde as despesas são maiores que no Reino, do qual podem ir impressos os livros e papéis ao mesmo tempo em que dele devem ir as licenças da Inquisição e do meu Conselho Ultramarino, sem as quais se não podem imprimir, nem correr as obras.[19]

Existe notícia da instalação, em 1807, de uma impressão calcográfica em Vila Rica, por iniciativa do padre José Joaquim Viegas Menezes (1778?-1841), para a impressão de gravuras[20] e não é impossível que outras tenham existido na América portuguesa, não sendo percebidas pelas autoridades, não tendo prosperado ou não legando nenhum registro à posteridade. Como quer que seja, a ausência dominante de estabelecimentos de impressão na América colonial, coerente com a lógica de complementaridade de espaços entre metrópole e colônias típica do programa reformista luso, só seria modificada com a criação da Imprensa Régia no Rio de Janeiro, em 13 de maio de 1808. Mas aí a presença da Corte em sua nova sede e todas as novas necessidades daí decorrentes fariam com que as condições de existência de uma literatura em espaço colonial se modificassem estruturalmente. Afinal, a América portuguesa já não seria mais, propriamente, uma colônia.

Portanto, os livros que circulavam na colônia eram impressos em Portugal e outros países. E, embora sua presença em coleções públicas e privadas da época corresponda às dimensões e densidades dos próprios espaços da literatura em geral, ela tem oferecido, aos estudiosos da matéria, boas oportunidades de adentrar, de maneira detalhada, nos meandros desses espaços, sem menosprezar seus importantes significados históricos. No século XVIII, as bibliotecas privadas até então existentes na América portuguesa, compostas quase que exclusivamente por livros de religião e de autores clássicos — devidamente subtraídos de passagens consideradas inadequadas pela censura —, começaram a se tornar mais numerosas, volumosas e diversificadas, tanto de temas quanto de perfil social de seus proprietários.[21] Uma tendência que seguiu segura pelo século XIX e que oferecia uma certa contrapartida ao fato de que, após a expulsão dos jesuítas em 1759, importantes bibliotecas de colégios, franqueadas ao público em geral — embora na prática servissem principalmente aos clérigos —, foram desmanteladas e seus acervos se dissolveram ou foram destruídos. Embora beneditinos, franciscanos e carmelitas tenham mantido suas coleções, as dos jesuítas eram as melhores.

Tais acervos concentravam-se em centros urbanos, não só dada a maior facilidade de para eles seguirem os livros como mercadoria, mas também por neles se encontrarem as maiores demandas pelos livros como fonte de leitura. Estimativas aproximadas indicam que nos primeiros anos do século XVIII o colégio jesuíta da Bahia contava com um acervo de três mil títulos; em 1760, com cerca de 15 mil volumes (e um número, portanto, menor de títulos). No mesmo ano, o colégio de Santo Alexandre, no Pará, tinha mais de dois mil volumes, e o de Vigia, no Grão-Pará e Maranhão, 1.010. Em 1775, a biblioteca do colégio do Rio de Janeiro contava com 5.434 títulos.[22]

As bibliotecas privadas eram, evidentemente, de porte muito menor. No século XVIII, as notícias até o momento mais abundantes localizam-nas também em centros urbanos, incluindo os de Minas Gerais, por muito tempo interditados à presença de ordens regulares e, portanto, onde não havia bibliotecas públicas. Nesses centros, o século observa o crescimento seguro também do comércio de livros, sendo seus compradores principalmente clérigos, advogados e cirurgiões, que tendiam a adquirir títulos relativos às suas especialidades profissionais, embora a maioria continuasse a ser de obras religiosas.[23] Mas a quantidade de livros em cada acervo era muito variável, conforme uma amostragem de 22 bibliotecas coligidas por estudiosos do tema:

Algumas bibliotecas privadas na América portuguesa (c.1700-c.1808)

Proprietário	Ocupação	Localidade	Quantidade
Bispo de Areópoli	Clérigo	Rio de Janeiro	3.000 volumes
Manuel Ignácio da Silva Alvarenga	Advogado e poeta	Rio de Janeiro	1.576 volumes
Manuel da Ressurreição	Clérigo	São Paulo	1.548 volumes
Francisco Agostinho Gomes	Clérigo	Salvador	Mais de mil volumes
Domingos da Encarnação Pontevel	Clérigo	Mariana	412 títulos, 1.066 volumes
Luís Vieira da Silva	Clérigo	Vila Rica	270 títulos, 800 volumes
José Pereira Ribeiro	Advogado	Mariana	201 títulos
Cláudio Manuel da Costa	Advogado e poeta	Mariana	383 volumes
João Mendes da Silva		Rio de Janeiro	250 volumes
Domingos da Silva Lisboa	Militar	Bahia	Mais de 150 títulos
Manoel de Siqueira	Clérigo	Cuiabá	98 títulos

(*cont.*)

Bernardo Madeira	Clérigo	Vila Rica	136 volumes
José Barbosa de Sá	Advogado e historiador	Cuiabá	79 títulos, 131 volumes
Mariano José Pereira da Fonseca	Formado em Matemática e Filosofia	Rio de Janeiro	96 volumes
Francisco de Paula Freire de Andrade	Militar	Vila Rica	84 volumes
Tomás Antônio Gonzaga	Advogado e poeta	Vila Rica	83 volumes
Cipriano Barata	Cirurgião	Salvador	30 títulos
Hermógenes de Aguilar Pantoja	Militar	Salvador	22 títulos
Francisco de Veras Nascentes	Estudante	Rio de Janeiro	14 títulos
Inácio José de Alvarenga Peixoto	Advogado e poeta	São João del-Rey	18 volumes
Domingos Fernandes da Cruz	Torneiro	Rio de Janeiro	8 títulos
José Aires Gomes	Militar	São João Del-Rei	4 títulos

Fonte: Araújo — *Perfil do leitor colonial...*, cit.; Villata, O que se fala e o que se lê..., cit.; Jancsó, A sedução da liberdade..., cit.; Moraes, Rubens — *Livros e bibliotecas...*, cit..

Segundo o levantamento de grande fôlego realizado por Jorge de Souza Araújo, tendo por base a leitura de inventários do século XVIII, algumas obras se faziam especialmente frequentes nas bibliotecas públicas e privadas da América portuguesa. Dentre as de cunho religioso, claro, a Bíblia era muito recorrente, assim como o *Prontuário de teologia moral* (1706), de Francisco Larraga; o *Catecismo de Montpelier* (1702), de François Aimé Pouget; a *Brasília pontifícia* (1749), de Simão Marques; as *Constituições primeiras do Arcebispado da Bahia* (1720), de Sebastião Monteiro da Vide; a *Prosódia in vocabularium trilingue, latinum, lusitanum et castellanum digesta* (1634), de Bento Pereira; e o *Missal romano*. Dentre os clássicos, destacavam-se Virgílio, Ovídio, Cícero, Horácio e Sêneca, seguidos de Suetônio, Marcial, Terêncio, Aristóteles, Lucano e Famiano. Dos autores espanhóis, os livros mais frequentes parecem ter sido os de Cervantes e Lope e Calderón; dentre os franceses, muitos dos quais eram proibidos, Montesquieu, Mably, Voltaire, Le Sage, Marmontel, Fenelon e Raynal; dos ingleses, Milton. Também havia obras de Dante, Petrarca, Goldoni e Pietro Metastásio; a *Rudimenta grammaticae philosophicae* (1628), de Gaspar Schopp; as obras médicas de Hipócrates e Curvo Semedo; os tratadistas de Direito Supico de Moraes, Cabedo, Gama, Nogueira, Reinoso, Pona, Souza e Sylva, bem como as várias *Ordenações* portuguesas e seus respectivos complementos.

Dentre os autores mais recorrentes nessas bibliotecas, Araújo ressalta Camões, com os *Lusíadas* (1572), Antônio Vieira, Sá de Miranda e Fernão Mendes Pinto, com sua *Peregrinação* (1614). Muito comuns eram também obras de autores imbuídos do espírito reformista português, como Luís Antônio Verney e o *Verdadeiro método de estudar* (1746); Antonio Nunes Ribeiro Sanches; Manuel do Cenáculo Villas Boas; Francisco José Freire (o "Cândido Lusitano") e seu *Secretário português compendiosamente instruído no modo de escrever* (1745); Nicolau Tolentino de Almeida; Sacheti Barbosa; os padres oratorianos Antonio Pereira de Figueiredo, Manuel Bernardes e Teodoro de Almeida, este com sua *Recreação filosófica ou diálogo sobre a filosofia natural* (1751-1799); e Severino Modesto e sua *Conversação familiar* (1750). Também o valenciano Jerônimo Cortés e seu *Lunário perpétuo* (1594) e os dicionários de Rafael Bluteau, Pedro José da Fonseca e Antônio de Morais e Silva. Dentre os autores naturais da América portuguesa — como esse último — que no século XVIII compuseram o que aqui estamos tratando como *literatura*, os inventários da época registram a presença de obras de Nuno Marques Pereira, Rocha Pita, Apolinário da Conceição, Pinto Alpoim, Jaboatão, João Pereira Ramos de Azeredo Coutinho, Matias Aires, Margarida da Orta, Basílio da Gama, Cláudio Manuel da Costa, Tomás Antônio Gonzaga, Silva Alvarenga, Santa

Rita Durão, Francisco de Melo Franco, frei Gaspar da Madre de Deus, Caldas Barbosa e frei Mariano Veloso. Muitos deles serão novamente abordados adiante.

A presença de livros na América portuguesa deve ser analisada à luz da forte oralidade que perpassava os ambientes sociais nos quais eles atenderam a algum tipo de demanda. A contração dos espaços de instrução formal, a baixa alfabetização dos seus habitantes, a presença da censura e a forte religiosidade que grassava mesmo no século XVIII engendravam vários tipos de leitura — públicas, privadas, em voz alta, em silêncio — que, realizadas com variáveis graus de público, poderiam agrupar pessoas de diferentes grupos sociais, o que implicava, evidentemente, múltiplas apropriações do que era lido.[24] Mesmo assim, não se devem ignorar as preferências sociais da literatura na América portuguesa: homens, brancos, alfabetizados, abastados. A própria estrutura societária da colônia — estamental e escravista — se encarregava de reservar à literatura aspectos de distinção social: saber ler e escrever, ter livros em casa, comprá-los e a eles referir-se em público, bem como escrevê-los, declamá-los e frequentar círculos sociais estabelecidos em função da dedicação às letras, eram práticas que habilitavam os homens à realização de encômios às autoridades reais — de acordo com os preceitos da poesia clássica — e à ocupação de cargos burocráticos, delimitando, com isso, um círculo de recebimento de honras, mercês e distinções sociais; mecanismos típicos dessa sociedade já desde o século XVI e que no XVIII encontravam condições favoráveis de multiplicação e delineamento. Afinal, o Império português passava por importantes mudanças que tocavam diretamente nos papéis reservados, em seu bojo, ao continente americano. O advento da mineração e a dinamização da economia colonial, sua diversificação a partir das últimas décadas do século, a política reformista que em suas diversas fases abria a possibilidade de uma maior mobilização social, bem como os novos ventos trazidos ao mundo português por formas de pensar marcantes do "Século das Luzes", eram circunstâncias que conspiravam favoravelmente a que a literatura fosse valorizada como espaço de nobilitação de quem, na colônia, a ela se dedicasse.

No entanto, essa dedicação jamais seria desprovida de contradições. Herdando um conjunto de valores europeus, que a designavam como lócus de realizações elevadas, a literatura na América portuguesa do século XVIII apresentava, ao mesmo tempo, uma série de entraves à plena realização do homem de letras, que poderia esperar que seu espaço de atuação fosse maior. Pode-se dizer, com Sérgio Alcides, que "os letrados na colônia estavam fora de seu lugar por excelência", contemplados apenas parcialmente em suas expectativas sociais e espirituais.[25] O vislumbre de uma sociedade que abrigasse um projeto ainda não concretizado tinha como contrapartida a frustração por sua persistente incompletude, do que resultava sentimentos que, em alguns casos, subsidiariam a materialização artística de sensibilidades que, não sendo ainda plenamente subjetivas e individuais, não deixam de ser o indicativo de uma má colocação do espaço colonial — ou de quem nele atua, ou de quem o representa — no conjunto do Império português.[26] Mas essa má colocação, longe de ser absoluta, ainda se enquadrava bastante bem nas brechas que a lógica sistêmica da colonização portuguesa reservava à acomodação das diferenças e pluralidades a ela inerentes. Isso só começaria a mudar no fim do século.

As academias brasílicas

As academias criadas na América portuguesa no século XVIII agregam manifestações bastante representativas da normalidade com que o sistema colonial contemplava elaborações de especificidades de partes do Império, sem que disso resultassem, necessariamente, fissuras. A produção poética, científica e historiográfica abrigada por algumas delas atesta isso de maneira clara, bem como toda a relacionada com o que se tornou uma certa convenção designar como "movimento academicista",[27] incluindo, portanto, festas e procissões nas quais, a exemplo dos eventos acadêmicos propriamente ditos — inaugurações, torneios literários, sessões solenes, reuniões ordinárias —, a literatura setecentista era produzida e se manifestava. Socialmente abrangentes, as festas e procissões imprimiram uma vitalidade nada desprezível aos contornos de uma literatura portuguesa na América, constituindo-se em espaço de promoção de habilidades letradas perfeitamente adequadas aos critérios de distinção social em vigência.

Embora presentes em diversos centros urbanos luso-americanos desde pelo menos a chegada a eles das notícias da restauração portuguesa de 1640, as festas e procissões se tornaram mais frequentes, sofisticadas e eloquentes no século XVIII, conhecendo uma grande concentração nas Minas Gerais.[28] Nas palavras de um dos principais estudiosos do tema, "poetas e oradores sacros, que isoladamente não despertariam maior atenção crítica ou historiográfica", nessas ocasiões têm a oportunidade de mostrar seus talentos que, embora pouco consideráveis no plano estético, são de fundamental consideração para a devida compreensão da literatura no mundo colonial.[29] Duas dessas ocasiões são bastante visitadas pela historiografia e devem ser aqui mencionadas: as festas por ocasião da inauguração da Sé de Vila Rica, em 1733, e aquelas em decorrência da entronização do primeiro bispo de Mariana, em 1748.

Da primeira resultou a obra *Triunfo eucarístico*, de Simão Ferreira Machado, natural de Lisboa, mas radicado em Minas Gerais, publicada em 1734; da segunda, a anônima narrativa intitulada *Áureo trono episcopal*, publicada em 1749, que traz uma antologia dos textos poéticos e dos pronunciamentos feitos na ocasião. Seus dez autores eram padres, alguns nascidos na América, outros em Portugal: Antônio Dias Cordeiro (c.1722-?), Diogo Álvares da Silva, Floriano de Toledo Piza, Francisco Xavier da Silva (?-1775), Gregório dos Reis e Mello, João Coelho Gato de Amorim (c.1717-?), José de Andrade e Moraes (1701-?), José Filipe de Gusmão e Silva, Manuel de Pinho Cardido e o autor escondido sob o pseudônimo de Sancho Pança de Apollo.[30] Em várias ocasiões, os textos recitados faziam referências à especificidade das coisas americanas, como no soneto de Francisco Xavier da Silva referente à viagem do bispo, que para chegar a Mariana tivera de empreender dura viagem terrestre a partir do Maranhão:

Maranhão e Mariana são dois mares,
Que por cada mar um deles principia:
Mariana mar de gosto, de alegria;
Maranhão mar de dores, de pesares.

De uma, e outra paixão, como exemplares,
Cada qual no seu nome traz a guia;
Ele a Mara passando, ela a Maria,
No amargor, na doçura singulares.

A inteireza do I figura é clara
Do insigne Bago do Pastor de Jetro,
Quando assiste em Mariana, e deixa a Mara.

E sem bago, ou com ele soa o metro,
No Maranhão de pena Lyra amara,
Em Mariana de glória doce plectro.[31]

O século XVIII luso-americano conheceu, em várias ocasiões, intentos de criação de academias enquanto espaços formais de agrupamento de letrados, mas apenas algumas saíram do papel e puderam funcionar por algum tempo. Geralmente efêmeras, as experiências das academias são, no entanto, importantes. Inspiradas em suas congêneres europeias, sobretudo as portuguesas, as academias tinham, em geral, um estatuto, um corpo de sócios efetivos internos, outro de correspondentes externos, hierarquias funcionais e um local-sede. Embora laicas, tais instituições invariavelmente possuíam ligações com a igreja e/ou ordens regulares, fosse pela presença de clérigos em seus quadros, fosse pela expressão de concepções de mundo religiosas em suas obras, até mesmo naquelas mais diretamente voltadas para questões "científicas", fosse ainda por sua estreita ligação com o poder real. Realizavam reuniões com certa regularidade, dedicando-se a atividades que costumavam passar pela elaboração de textos — em poesia ou prosa — e de discursos que, sempre, deviam ser submetidos à censura.[32]

Já em 1720 havia sido criada, na metrópole, a Academia Real de História Portuguesa, encarregada da projeção e consecução da escrita oficial de uma história nacional portuguesa, outrora confiada aos cronistas-mores do Reino, agora em uma perspectiva simultaneamente secular e eclesiástica e que deveria incluir, evidentemente, as colônias. A Academia Real se encaixava perfeitamente no projeto reformista português de contribuir para reerguer o combalido Império, devendo construir, inclusive no plano da história, uma imagem de Portugal como dotado de virtudes e capacidades mais promissoras do que as que o presente apresentava. Uma tarefa, portanto, em muitos sentidos conservadora e que reforçava o caráter católico da releitura das Luzes na Península Ibérica.[33] Da mesma forma a Arcádia Lusitana, cuja fundação em 1756 seria presidida pelo próprio Sebastião José de Carvalho e Melo, em franca ascensão política após o terremoto que destruiu uma parte de Lisboa, no ano anterior. Inspirada na Arcádia de Roma, a portuguesa contou, ao longo de seus oito anos de existência — seria extinta em 1764 —, com trinta sócios regulares. Sua proposta era mais específica em relação à da Academia de História, mas em muitos sentidos também a ela complementar: "Banir da poesia e da oratória portuguesas a linguagem conceituosa, hiperbólica, superornamentada e obscura, que por vezes confunde o entendimento e obstrui a livre expressão dos afetos humanos."[34] Voltava-se, sobretudo, contra o estilo de autores espanhóis como Góngora, valorizando, em contrapartida, o de autores portugueses e clássicos, considerado mais direto, simples, mais adequado à razão: no primeiro grupo, Camões, Sá de Miranda, Antônio Ferreira e Diogo Bernardes; no segundo, Horácio, Virgílio, Teócrito e Anacreonte. Quase todos, como vimos acima, bastante presentes nas bibliotecas luso-americanas do século XVIII.

Em solo americano, a Academia Brasílica dos Esquecidos foi criada em Salvador, em março de 1724, fechando suas portas em fevereiro do ano seguinte. Contando com sete sócios fundadores, 155 no total, realizou 18 sessões de acordo com seu objetivo principal, diretamente articulado ao da Academia Real de História peninsular: contribuir para a escrita de uma história portuguesa, mas em uma perspectiva local, específica, nos seus próprios termos, *brasílica*.[35] Estampava em seu nome a expressão de uma identidade referida aos portugueses da América, corrente em uma época em que praticamente não se fazia uso do vocabulário *brasileiro*, jamais referido a uma coletividade específica autônoma dentro da nação portuguesa.[36] Segundo Íris Kantor, tal nome carregava "certa ironia, fazendo alusão ao desejo de incorporação dos eruditos americanos ao orbe literário metropolitano", mas sem comportar nenhuma crítica direta ao poder real, sequer propondo uma separação de histórias entre o reino e a América.[37] A ela se sucederam outras com propostas variadas, mas sem estatutos ou programas bem-definidos, todas ainda pouco conhecidas dos historiadores: a Academia dos Felizes (Rio de Janeiro, 1736-1740), a Academia Militar (Rio de Janeiro, 1740) e a Academia dos Seletos (Rio de Janeiro, 1752). Da segunda, cumpre destacar a presença, entre seus sócios, de José Fernandes Pinto Alpoim (1695-1765), natural da Colônia do Sacramento e autor do *Exame de artilheiros* (1744) e do *Exame de bombeiros* (1748).

Caso diferente é o da Academia Brasílica dos Acadêmicos Renascidos, fundada em Salvador em 1759. Imbuída da proposta explícita de recuperar o trabalho da Academia Brasílica dos Esquecidos e dar prosseguimento a ele, a dos Renascidos contou com quarenta sócios regulares e 102 correspondentes,[38] dentre os quais vários autores importantes, inclusive nascidos na América: o frei beneditino Domingos do Loreto Couto (1696-?), natural de Recife e autor de *Desagravos do Brasil e glórias de Pernambuco* (escrita em 1757); o frei franciscano Antonio de Santa Maria Jaboatão (1695-1779), natural de Jaboatão e autor do *Novo orbe seráfico e brasílico* (1761); o também beneditino frei Gaspar da Madre de Deus (1715-1800), natural de Santos e autor da *Memória para a história da capitania de São Vicente* (1797); e Antonio José Vitoriano Borges da Fonseca (1718-1786), natural de Recife e autor da *Nobiliarquia pernambucana* (1748-1777). Apenas um de seus membros tinha feito parte da Academia dos Esquecidos: José Mirales, natural de Valencia (Espanha), mas radicado na Bahia e autor de *História militar do Brasil* (c.1772).

Mas nesse campo específico das narrativas sobre o passado, para o qual as academias estiveram fortemente voltadas, a obra de maior alcance é, sem dúvida, a de Sebastião da Rocha Pita (1660-1738), natural da Bahia, membro da Academia dos Esquecidos e também da Academia Real de História Portuguesa. Sua *História da América portuguesa* (1730) exerceria forte influência em toda a historiografia posterior, incluindo a nacional brasileira, contribuindo para que, já no século XVIII, os contornos de um campo autônomo do saber se vislumbrassem no seio da literatura em geral. Não convém, contudo, exagerar. Para José Honório Rodrigues, a *História* de Rocha Pita se constituiria negativamente na "mais lusitana história do Brasil", na qual "muitas vezes a história de Portugal substitui a da América portuguesa", sendo seu autor "bajulador", "anti-índio", "antinegro", "antijudeu", "pró-Portugal".[39] Na realidade, trata-se apenas, e muito tipicamente, de uma história *da América portuguesa*, produzida, portanto, na perspectiva reformista de complementaridade entre metrópole e colônias, de acordo com as convenções encomiásticas da escrita da época, mas certamente de um ponto de vista luso-americano. Pois esse ponto de vista é possível, *apenas e somente*, de acordo com a premissa de que a América portuguesa integrava organicamente o Império, o mesmo valendo, portanto, para a sua *história*. Tudo em consonância com marcas características da literatura portuguesa no ambiente colonial do século XVIII.

Ainda nesse campo, a produção acadêmica dos Esquecidos e dos Renascidos deveria, naturalmente, abordar espaços específicos dentro do conjunto do Império (Pernambuco, São Vicente etc.); ademais, a marca luso-americana de sua produção estava patente, conforme já destacado, nas próprias designações delas, bem como na naturalidade de muitos de seus sócios. Esse ponto, aliás, seria bem explorado por Sebastião José de Carvalho e Melo em seu programa de construção de sua imagem pública e que contaria com a estreita colaboração de poetas nativos da América, nos quais o poderoso ministro via uma possibilidade de reforçar sua política de promoção e nobilitação de quadros burocráticos que passava ao largo das tradicionais linhagens nobres portuguesas.[40] Finalmente, há que se salientar que a produção acadêmica contribuiria efetivamente para a construção de uma imagem de conjunto da América portuguesa até então pouco usual, porque pouco operativa. Doravante, seria possível conceber que as várias colônias portuguesas da América compunham um todo, a ser cada vez mais organizado em função de suas relações com a metrópole.[41]

Caracterizadas diante das estruturas gerais do sistema de colonização, fica claro como as marcas luso-americanas da produção acadêmica do século XVIII estão posicionadas em face da conjuntura imperial da qual, efetivamente, elas emergem. O reformismo luso não apenas concebia como *apregoava* a distinção entre metrópole e colônias, de modo a fomentar a complementaridade de funções recíprocas; mas essa política respondia também a sintomas negativos no tocante à capacidade do Império de se posicionar diante da competição mundial do século XVIII. Assim, as manifestações de tipicidade da condição colonial em meio a esse sistema, via literatura, se não são portadoras de agendas de ruptura, posteriormente serão apropriadas por outros agentes, encarregados de politizar tais manifestações e, aí sim, tocar nos limites das brechas de acomodação das diferenças que o sistema concebia.

Por isso, também em meio aos acadêmicos luso-americanos há lugar para desconforto. Os trabalhos produzidos no âmbito da Academia Brasílica dos Renascidos deveriam, necessariamente, receber a anuência tripla do Ordinário, do Desembargo do Paço e do Santo Ofício, enquanto os da Real Academia estavam isentos das duas últimas instâncias. Assim, lemos em um poema produzido no âmbito de suas atividades:

> Tempo virá que as imprensas
> Sem poder aturar tanto,
> As vossas obras imprimam
> Pelouros do parnaso.

Pendurem-se os instrumentos
Nos cedros e nos carvalhos
Emblemas da duração
Da permanência e treslados.

Algum dia as vossas Liras
Os acordes bem tocados
Farão abrandar as Fúrias
Atrairão os penhascos.[42]

Desconfortos que talvez expliquem o caráter efêmero de tais academias[43] e que ficarão mais evidentes com o passar dos anos, quando a América portuguesa conheceria, ainda no século XVIII, duas outras instituições congêneres: a Academia Científica do Rio de Janeiro (1772-1779) e a Sociedade Literária do Rio de Janeiro (1786-1794), essa última extinta por autoridades amedrontadas de que nela tivessem lugar atividades políticas subversivas que, em verdade, não existiam,[44] mas que, naquele momento, já poderiam perfeitamente existir.

Sensibilidades americanas

O século XVIII luso-americano conheceu autores obliterados pela crítica literária em função de sua suposta estatura estética inferior e que ainda necessitam de uma devida apreciação da parte dos estudiosos, não apenas em termos de informações básicas e preliminares acerca de suas vidas e obras, mas também de suas inserções institucionais e em estilos e convenções histórico-literárias. Outros, mais bem conhecidos, podem ser mais bem compreendidos se integrados àqueles, ao menos no que diz respeito aos elementos de especificidade ligados ao continente americano presentes em suas realizações. O que forçosamente implica considerá-las menos produto de individualidades artísticas/filosóficas do que artefatos culturais típicos de um momento em que a literatura seguia padrões ainda distantes daqueles consagrados pelo século XIX.

Cabe destacar alguns desses autores e suas contribuições para a construção da ideia dessas especificidades. Por exemplo, Manuel Botelho de Oliveira (1636-1711), natural de Salvador, que dedicou os poemas de seu livro *Música do parnaso* (1705) — como o famoso "A ilha da maré" — ao duque de Cadaval, destacando, já no primeiro lustro do século, a difícil "aclimatação" da literatura portuguesa na colônia:

> Nesta América, inculta habitação antigamente de bárbaros índios, mal se podia esperar que as Musas se fizessem brasileiras; contudo quiseram também passar-se a este empório, aonde como a doçura do açúcar é tão simpática com a suavidade do seu canto, acharam muitos engenhos, que imitando aos poetas de Itália, e Espanha, se aplicassem a tão discreto entretenimento, para que se não queixasse esta última parte do mundo que, assim como Apolo lhe comunica os raios para os dias, lhe negasse as luzes para os entendimentos. Ao meu, posto que inferior aos de que é fértil este país, ditaram as Musas as presentes rimas, que me resolvi expor à publicidade de todos, para ao menos ser o primeiro filho do Brasil, que faça pública a suavidade do metro, já que o não sou em merecer outros maiores créditos na Poesia.[45]

As palavras de Botelho de Oliveira se coadunam não só com a lógica de constituição e reprodução do Império português em terras americanas, mas também com o tópico clássico de "amor à pátria", de frequente utilização dos homens de letras no mundo ocidental do século XVIII. Conteúdos semelhantes encontram-se, anos depois, na obra de frei Manuel de Santa Maria Itaparica (1704-?), natural de Itaparica, *Eustáquidos. Poema sacro e tragicômico* (1769), junto à qual publicaria um poema independente, "Descrição da ilha de Itaparica, termo da cidade da Bahia". Logo em sua primeira estrofe, se lê:

> Cantar procuro, descrever intento
> Em um heroico verso, e sonoroso
> Aquela, que me deu o nascimento,
> Pátria feliz, que tive por ditoso:

Ao menos com este humilde rendimento
Quero mostrar lhe sou afetuoso,
Porque é de ânimo vil e fementido
O que à Pátria não é agradecido.[46]

Com mais ou menos expressões similares, cumpre ainda mencionar Nuno Marques Pereira, natural de Cairu, Bahia, cujo *Compêndio narrativo do peregrino da América em que se tratam vários discursos espirituais e morais, com muitas advertências e documentos contra os abusos, que se acham introduzidos pela malícia diabólica no Estado do Brasil* foi editado primeiramente em 1728 e reeditado várias vezes no mesmo século (1731, 1752, 1760 e 1765); o franciscano frei Apolinário da Conceição (1692-1759), natural de Lisboa, radicado no Rio de Janeiro e autor de *Primazia seráfica na região da América* (1733); Bernardo Pereira de Berredo (?-1748), natural de Serpa, Portugal, e que, tendo sido governador do Maranhão, pôde escrever os *Anais históricos da província do Maranhão* (1749); Matias Aires Ramos da Silva de Eça (1705-1763), natural de São Paulo e autor das *Reflexões sobre a vaidade dos homens* (1752); sua irmã Teresa Margarida da Silva e Orta (1711 ou 1712-1793), natural também de São Paulo e autora das *Máximas de virtude e formosura* (1752), editadas posteriormente com o título *Aventuras de Diófanes* (1772); João Pereira Ramos de Azeredo Coutinho (1722-1799), natural do Rio de Janeiro e autor de *Compêndio histórico do estado da Universidade de Coimbra* (1772); Baltasar da Silva Lisboa (1761-1840), natural da Bahia e autor de *Discurso histórico, político e econômico dos progressos e estado atual da filosofia natural portuguesa* (1786); Vicente Coelho de Seabra Silva Telles (c.1764-1804), natural de Congonhas do Campo, Minas Gerais, e autor de *Dissertação sobre o calor* (1788); o dicionarista Antônio de Morais e Silva (1755-1824), natural do Rio de Janeiro, cujo *Dicionário da língua portuguesa* (1789), elaborado a partir da obra de Bluteau, conheceria por anos a fio edições sucessivas, devidamente alteradas; Manuel Joaquim Henriques de Paiva (1752-1829), natural de Lisboa mas radicado na América, e autor das

Memórias da história natural, química, agricultura, artes e medicina (1790); o médico Francisco de Melo Franco (1757-1823), natural de Paracatu, Minas Gerais, e autor de vários livros de grande circulação à época, como o *Tratado da educação física dos meninos* (1790) e o poema satírico *Reino da estupidez* (escrito antes de 1785 mas editado somente em 1818); Domingos Caldas Barbosa (c.1738-1800), natural do Rio de Janeiro e autor de vasta obra, com destaque para *Viola de Lereno* (1798); e o português peninsular Luís dos Santos Vilhena (1744-1814), professor de grego na Bahia, que legou à posteridade um conjunto notável de manuscritos, reveladores da profunda dificuldade de adaptação de um erudito em um ambiente colonial de fins do século.

Dentre os mais bem conhecidos, vale destacar o jesuíta Manuel Ribeiro Rocha (1687-1745), natural de Portugal, mas radicado na América, autor do *Etíope resgatado, empenhado, sustentado, corrigido, instruído e libertado* (1758); Pedro Taques de Almeida Paes Leme (1714-1777), natural de São Paulo e autor da *Nobiliarquia paulistana histórica e genealógica* (escrita ao longo de cinquenta anos); o já mencionado e importante bispo José Joaquim da Cunha de Azeredo Coutinho, natural dos Campos de Goytacazes, Rio de Janeiro, e autor, dentre muitas obras, de um *Ensaio sobre o comércio de Portugal e suas colônias* (1794) e de uma *Análise sobre a justiça do comércio de resgate dos escravos da costa d'África* (1798); o também fundamental José da Silva Lisboa (1756-1835), natural de Salvador, futuro visconde de Cairu, e que ainda no século XVIII daria à luz seus *Princípios de direito mercantil* (1798); e, finalmente, frei José Mariano da Conceição Veloso (1742-1811), natural do Rio das Mortes, Minas Gerais, e autor do *Fazendeiro do Brasil* (1798), obra em dez volumes, impressa em Lisboa e enviada, em grande escala, para a América portuguesa, onde deveria ser vendida a preços baixos ou mesmo distribuída entre autoridades, lavradores e senhores de engenho, o que, verdadeiramente, não ocorreu.[47]

Em nenhum deles há qualquer manifestação de desejo de separação entre a América e Portugal, sequer indícios seguros de uma identidade nacional brasileira em gestação. Todos são plenamente portugueses, e suas obras integram de maneira orgânica e coerente essa literatura, que no século XVIII tinha na manifestação de especificidades da colônia em relação ao restante do Império uma de suas marcas mais típicas. No que possuem de comum, suas sensibilidades denunciam, isso sim, mudanças nesse Império, que em fins do século apontavam também para alterações nas relações entre metrópole e colônia. Se isso parece mais evidente em algumas outras obras da mesma época, muito provavelmente é devido ao fato de essas terem sido, até o momento, mais estudadas pelos especialistas, bem como por terem ostentado, durante longo tempo, o inadequado título de "pioneiras" da literatura nacional brasileira.

Seis autores compõem essa seleta relação, todos voltados para a literatura poética, naturais da América (com uma exceção), nela atuantes e dela extraindo alguns dos motivos mais sobressalentes de suas obras: José Basílio da Gama, Cláudio Manuel da Costa, Tomás Antônio Gonzaga, Inácio José de Alvarenga Peixoto, Santa Rita Durão e Manuel Inácio da Silva Alvarenga.[48] Com várias relações pessoais recíprocas, tributários do programa das arcádias Lusitana e de Roma, reagindo, portanto, contra os cânones literários europeus seiscentistas, tais autores — com exceção de Durão — costumam ser agrupados sob a denominação de um suposto estilo que lhes seria comum: *arcadismo*, por vezes referido também como *neoclássico*. De todos os modos, evitando classificações com base em critérios estético-literários — frequentemente alheios à historicidade da literatura setecentista —, preferimos considerá-los, simplesmente, portadores de sensibilidades especialmente agudas a revelarem indícios de transformações pelas quais passava o Império português nas últimas décadas do século, sobretudo no que diz respeito às formas de articulação entre a identidade nacional portuguesa — da qual eram portadores — e outras identidades coletivas de menor alcance, maldefinidas, mas que logo se constituiriam em esferas privilegiadas para a emergência de conteúdos politicamente inovadores. Não por acaso, a maioria desses autores deve parte de sua fama posterior a uma atuação política que, em alguns casos, extrapolou o âmbito tradicionalmente a ela confiado pela literatura.

José Basílio da Gama (1741-1795) pode ser considerado um autor-modelo em termos de sua estreita vinculação com códigos estéticos portugueses do século XVIII, bem como de sua umbilical relação com o poder instituído. Natural de São José do Rio das Mortes (atual Tiradentes), Basílio da Gama frequentou, em juventude, o colégio dos jesuítas no Rio de Janeiro, passando em seguida à Europa e tornando-se membro da Arcádia de Roma, sob o nome pastoril de Termindo Sipílio. Em 1767, retornou à América, especificamente ao Rio de Janeiro, justamente quando seu envolvimento anterior com os jesuítas despertou a animosidade do governo metropolitano. No ano seguinte, foi a Lisboa prestar explicações, dando início então a uma espécie de conversão, tornando-se um porta-voz extremamente qualificado da política real de reforço do Estado português via literatura; conforme observado acima, sua naturalidade americana se coadunaria perfeitamente bem com sua nova posição.[49]

O poema O *Uraguay*, vindo à luz em 1769, é a grande realização literária de Basílio da Gama, afinada com a política pombalina e detratora da ação da Companhia de Jesus.[50] O tema de fundo do poema prestava-se magnificamente a tais propósitos: as guerras de 1754-1756 entre um exército luso-espanhol e os grupos indígenas dos Sete Povos das Missões, armados pelos jesuítas e que resistiram ao cumprimento do Tratado de Madri, de 1750. Assim, a idealização dos povos indígenas, presente nos versos do poema, e que por tanto tempo foi lida como prenúncio da idealização oitocentista dos nativos "brasileiros", é bastante típica do pensamento das Luzes, além de, em boa medida, uma contrapartida à detração dos jesuítas, tidos por responsáveis pela exploração e pelo sofrimento daqueles povos; imagem que, para o autor, reforçava a sua própria adesão à política pombalina e a "limpeza" de aspectos comprometedores de seu passado pessoal. Manipulando convenções clássicas, Gama compôs um épico encomiástico de alto valor estético e fortemente coerente com a finalidade política da literatura portuguesa do século XVIII.[51]

É por isso que, visceralmente leal ao realismo português que lhe garantia posição social, colocando sua arte a serviço da política e atento ao continente americano como escopo de realizações reformistas a serem louvadas, Basílio da Gama pôde compor posteriormente, sem que isso representasse desvio de conduta, um *Soneto a Tupac Amaru, ao inca que no Peru armando algumas tribos declarou guerra aos espanhóis e por algum tempo os debelou.* Afinal, o homenageado, líder do grande movimento que sacudiu o Império espanhol na América entre 1780 e 1781, era, em última instância, simplesmente um "bom selvagem" da América e que, ainda por cima, se voltara contra a Espanha, agora adversária de Portugal:

Dos curvos arcos açoitando os ares
Voa a seta veloz do Índio adusto;
O horror, a confusão, o espanto, o susto,
Passam da terra, e vão gelar os mares.

Ferindo a vista os trêmulos cocares,
Animoso esquadrão de Chefe Augusto,
Rompe as cadeias do Espanhol injusto
E torna a vindicar os pátrios lares.

Inca valente, generoso Indiano!
Ao Real sangue, que te alenta as veias,
Une a memória do paterno dano.

Honra as cinzas de dor, de injúrias cheias,
Qu'inda fumando a morte, o roubo, o engano,
Clamam vingança as tépidas areias.[52]

Se nos voltarmos agora para a obra de Cláudio Manuel da Costa (1729-1789), encontraremos outros pretextos para a formulação de especificidades americanas. Natural da Vargem do Itacolomi, na cidade de Mariana, Costa estudou cânones na Universidade de Coimbra, tornou-se advogado e, regressando a Mariana em 1753, passou a se empenhar ativamente na tarefa de obter, simultaneamente, ascensão social e prestígio como homem de letras. Assim, foi sócio correspondente da Academia Brasílica dos Renascidos, tornou-se secretário de Governo da Capitania de Minas Gerais e dedicou suas *Obras poéticas* (1768) ao conde de Valadares, governador de Minas Gerais recém-empossado. Em Vila Rica, tentou estabelecer uma Arcádia Ultramarina nos moldes da Arcádia de Roma e, a despeito da colaboração recebida de Basílio da Gama, fracassou.[53]

A compreensão da obra de Cláudio Manuel da Costa, bastante perseguida pelos historiadores e críticos literários, muitas vezes padeceu de distorções causadas pelo seu envolvimento na Inconfidência Mineira, urdida entre 1788 e 1789; esquece-se, com isso, que pouca coisa do que ele escreveu corresponde ao momento mais crítico de seu envolvimento político, quando, a despeito da não comprovação de sua participação na conspiração, perderia a vida em um cárcere de Vila Rica: o *Munúsculo métrico* é de 1751; o *Epicédio*, o *Labirinto do amor* e os *Números harmônicos* são de 1753; as *Obras*, o *Parnaso obsequioso* e as chamadas *Obras poéticas*, de 1768; o *Vila Rica* foi concluído em 1773; e as *Poesias* — posteriormente chamadas de "inéditas" — em algum momento provavelmente entre 1775 e 1783. Assim, as manifestações de especificidade de sua terra natal, presentes em grande número de seus escritos, puderam ser tomadas como prenúncios seguros de um sentimento *brasileiro* que não só ele, mas nenhum de seus colegas implicados na conspiração contra o governo da capitania, concebia. Dois de seus mais famosos sonetos, eloquentes em referências à paisagem da terra natal do autor, parecem ter especialmente servido a interpretações desse tipo. O Soneto II:

> Leia a posteridade, ó pátrio Rio,
> Em meus versos teu nome celebrado,
> Porque vejas uma hora despertado
> O sono vil do esquecimento frio:
>
> Não vês nas tuas margens o sombrio,
> Fresco assento de um álamo copado;
> Não vês ninfa cantar, pastar o gado
> Na tarde clara do calmoso estio.

Turvo, banhando as pálidas areias,
Nas porções do riquíssimo tesouro
O vasto campo da ambição recreias.

Que de seus raios o Planeta louro,
Enriquecendo o influxo em tuas veias,
Quanto em chamas fecunda, brota em ouro.[54]

E também o Soneto XCVIII:

Destes penhascos fez a natureza
O berço, em que nasci: oh! quem cuidara
Que entre penhas tão duras se criara
Uma alma terna, um peito sem dureza!

Amor, que vence os tigres, por empresa
Tomou logo render-me; ele declara
Contra o meu coração guerra tão rara,
Que não me foi bastante a fortaleza.

Por mais que eu mesmo conhecesse o dano,
A que dava ocasião minha brandura,
Nunca pude fugir ao cego engano:

Vós, que ostentais a condição mais dura,
Temei, penhas, temei; que Amor tirano,
Onde há mais resistência, mais se apura.[55]

Graças a novas e vigorosas interpretações, podemos conceber tais referências como sintomas de desconfortos e inquietações que, manifestados a partir de uma experiência individual de seu autor, carregam consigo facetas de experiências coletivas dos letrados e da literatura portuguesa em sua condição colonial e que em fins do século podiam se tornar mais conflitivas.

Valeria considerar tais aspectos ao lado de outros contemporâneos e colegas de Cláudio Manuel da Costa, como Tomás Antônio Gonzaga (1744-1810) e Inácio José de Alvarenga Peixoto (1744-1793). Ambos estudaram em Coimbra e, a exemplo de Costa, valeram-se de seus talentos literários para galgar posições político-administrativas em Minas Gerais, até se envolverem na conspiração de 1788-1789 e serem degredados para a África (o primeiro para Moçambique, o segundo para Angola). Gonzaga era natural do Porto, e durante seus estudos superiores escreveu, de acordo com o ideário do reformismo pombalino, um *Tratado de direito natural*, no qual o ministro é tomado como modelo de virtude civil e de ação política. Entre 1787 e 1789, muito provavelmente foi o autor das *Cartas chilenas*,[56] sátira mordaz a autoridades governamentais luso-americanas bem dentro dos espaços tradicionalmente reservados a esse tipo de manifestação em ambiente colonial;[57] pouco depois, mesmo tendo sido Gonzaga condenado por seu envolvimento na inconfidência, foi publicada em 1792, em Lisboa, a primeira parte de seu livro *Marília de Dirceu* (1792), de imediato êxito editorial. Já Alvarenga Peixoto, natural do Rio de Janeiro e de menos apreço dos estudiosos, escreveu um *Canto genetlíaco* (redigido em 1782, publicado em 1794) dedicado ao filho do governador de Minas Gerais, Rodrigo José de Menezes. Logo em suas primeiras estrofes, encontra-se uma manifestação que é, de certo modo, exemplo das dificuldades de aclimatação da literatura europeia em solo colonial, tão típicas da época, mas aqui já bastante promissoras:

> Bárbaros filhos destas brenhas duras,
> Nunca mais recordeis os males vossos;
> Revolvam-se no horror das sepulturas
> Dos primeiros avós os frios ossos:
> Que os heróis das mais altas cataduras
> Principiam a ser patrícios nossos:
> E o vosso sangue, que esta terra ensopa,
> Já produz frutos do melhor da Europa.[58]

Dois últimos autores que cumpre destacar são Manuel Inácio da Silva Alvarenga (1749-1814) e Santa Rita Durão (1722-1784), ambos naturais de Minas Gerais, com passagens pela Universidade de Coimbra. O primeiro, de regresso ao Rio de Janeiro, se tornou professor de retórica e fundador da Sociedade Literária do Rio de Janeiro, em 1786. Publicaria uma vasta obra, na qual estariam presentes poemas líricos, caricaturas e críticas dirigidas a governantes — o que subsidiaria, parcialmente, as suspeitas de atividades subversivas nutridas pelo governador do Rio de Janeiro, conde de Resende, que em 1794 mandou fechar a Sociedade — mas também encomiásticas e enquadradas nos ditames do reformismo português, como *O desertor* (1774) e *Glaura: poemas eróticos* (1799), além de dedicar a Basílio da Gama uma *Epístola/A José da Gama, Termindo Sipílio.*[59] Santa Rita Durão seguiu para Portugal ainda criança. Ingressando na Ordem dos Eremitas Descalços de Santo Agostinho, estudaria filosofia e teologia e, adentrando na arena do jogo duro por posições de destaque na sociedade portuguesa peninsular, teria desentendimentos com autoridades eclesiásticas que o forçariam a exilar-se na Espanha e na península itálica; retornando a Portugal em 1777, foi nomeado catedrático de teologia na Universidade de Coimbra; quatro anos depois seria publicada sua obra máxima, o poema épico *Caramuru*, tendo como pretexto a mítica figura de Diogo Álvares e sua vida na Bahia do século XVI.[60]

Na abertura do poema, em umas "Reflexões prévias e argumento", Santa Rita Durão afirma que "os sucessos do Brasil não mereciam menos um poema que os da Índia. Incitou-me a escrever este o amor da Pátria";[61] o que não o impede de construir passagens tão perfeitamente integradas ao ideário de complementaridade entre metrópole e colônia, como no canto VII:

> O Brasil, Sire, infunde-me a confiança
> Que ali renasça o Português Império,
> Que estendendo-se ao Cabo da Boa Esperança
> Tem descoberto ao mundo outro hemisfério:

Tempo virá, se o vaticínio o alcança,
Que o candente esplendor do nome Hespério
O século, em que está, recobre de ouro,
E lhe cinja o Brasil mais nobre louro.[62]

Natureza, costumes, língua e história locais ofereciam a letrados luso-americanos do século XVIII um conjunto de pretextos, temas, sentimentos e identidades bastante eloquente. Resta, então, conceber em que termos no fim do século sua produção, permeada de convenções formais ainda típicas, indica, se não a emergência de uma identidade nacional brasileira, a *sensibilidade* — eventualmente a *consciência* — de transformações de monta em curso no mundo português.

Conclusão: mutações na condição colonial

Neste ponto, caberia retomar algumas proposições que vêm sendo cada vez mais trabalhadas pela historiografia voltada para a dinâmica do Império português em fins do século XVIII e inícios do XIX. Por sobre divergências quanto aos significados que possam ser atribuídos aos fenômenos históricos observados nesse período, parece haver certo consenso de que, definitivamente, algo de fundamental nele se processa, seja no plano das dinâmicas da economia colonial, no da política metropolitana, ou ainda, evidentemente, no contexto da política internacional. No que diz respeito diretamente aos problemas relacionados à literatura, entendida como um vasto campo de manifestações letradas, cumpre destacar que uma das faces visíveis dessas mudanças parece residir em uma crescente possibilidade de percepção da mudança em si, com a alteração das condições cotidianas de reiteração das formas tradicionais de existência que, aos poucos, vão se tornando menos tradicionais.

As reações individuais e coletivas criadas a partir das eventuais percepções dessa situação variarão a depender de múltiplos fatores e cruzarão o velho século generalizando-se pelos primeiros anos do novo.

Acompanharão uma nova sensibilidade que é também uma quebra de historicidade, a partir da qual surgirão uma literatura mais subjetivista, individualizada e autoral e uma crescente autonomização dos vários campos que até então a compunham; também novos referenciais de identificação coletivos — com novos atributos disponibilizados ao espaço que deixará de ser colonial — e de nacionalização de uma nova literatura, de uma nova historiografia, de novas ciências. Nada ficará alheio à aceleração do tempo, como muito bem percebera Cláudio Manuel da Costa:

> Do tempo a direção branda e madura
> Tudo sabe mudar; a natureza
> É vária, e em variar sempre é segura.[63]

Atingindo em cheio o universo político, logo se espraiando para outras dimensões da realidade, a possibilidade de mudanças radicais na ordem das coisas, se não trará, de imediato, elaborações programáticas consistentes nessa direção, começará a criar o ambiente propício para que isso, em breve, ocorra. No entanto, não se trata de movimento isolado, puramente autóctone. As singularidades do mundo luso-americano, por tanto tempo evocadas em manifestações literárias como as acima abordadas, deverão encontrar circunstâncias favoráveis de politização e ruptura com o sistema em um tempo no qual as mudanças — e, portanto, os novos paradigmas de ação coletiva — não estavam confinadas ao mundo americano. O surgimento de uma nacionalidade brasileira, ao longo do século XIX, não dependerá apenas do Brasil, mas do mundo em transformação que o envolvia.

O caráter fundamentalmente inovador das manifestações letradas que resultam do processo de liquidação das estruturas da colonização que enquadravam, de muitas maneiras, a vida social na América portuguesa parece suficientemente maduro de modo a representar, doravante, um ponto de partida para os estudiosos da matéria. Com o devido rigor e a precisão que escapam aos tradicionais anacronismos subjacentes à associação imediata entre as literaturas dos séculos XVIII e XIX, certamente cumprirá a tais estudiosos também enfrentar a difícil — e inescapável — questão dos termos e medidas em que a criação de campos de saberes nacionais brasileiros se valeu de uma densa experiência acumulada por homens e mulheres que, sendo plenamente portugueses, o eram também, e de muitas maneiras, americanos. Equívoco equivalente ao continuísmo a-histórico aqui suficientemente criticado seria a ignorância de toda e qualquer continuidade, mesmo que entre dois mundos fundamentalmente distintos. *Fundamentalmente*, mas não *totalmente*. O que forçosamente implica retomar e renovar o clássico tema do Brasil nacional como, em muitas medidas, condicionado por seu passado colonial.

Notas

1. Luiz Costa Lima, 2006, p. 321-322; Sérgio Alcides, 2003, p. 15, 131-32, 153.
2. É comum que estudiosos, cientes do anacronismo que frequentemente o termo enseja, utilizem, em seu lugar, expressões como "cultura letrada" ou "belas-letras". Optei por manter o termo "literatura", doravante utilizado em estrita observância à sua carga conceitual setecentista.
3. Affonso Ávila, 1991, p. 44-45.
4. *Apud* Ávila, 1991, p. 132. João Adolfo Hansen (1989) já demonstrou a perfeita inserção da obra atribuída a Gregório de Matos (1636-1695), natural da Bahia, em um conjunto de estilos e convenções que a fazem, em realidade, muito menos transgressora do que aparenta à primeira vista. Sua perspectiva reforça também a da tipicidade dos elementos "americanos" dessa obra, o que impossibilita, a rigor, considerá-la precursora de qualquer nacionalidade brasileira. Também Peres e La Regina, 2000.
5. Antonio Candido, s/d, p. 16.
6. Idem, p. 28.
7. Sérgio Buarque de Holanda, 1991; Alfredo Bosi, 1992; José Aderaldo Castello, 2004.
8. Para essa questão, elaborada no plano das identidades, ver: István Jancsó e João Paulo G. Pimenta, 2000, p. 126-175; e João Paulo G. Pimenta, 2006.
9. Dentre outros, cabe a referência a Sérgio Buarque de Holanda, 1978; Florestan Fernandes, 1976, p.11-63; e Fernando Novais, 1997. No campo específico da literatura, recentes contribuições caminharam nessa mesma direção, com destaque para Alcides, 2003, e Ivan Teixeira, 1999.

10. A questão foi tratada, com enfoques e temáticas distintas, por autores como Joaci Pereira Furtado, 1997 e Vânia Pinheiro Chaves, 1997. Também J. Hansen, 1989, e Peres e La Regina, 2000.
11. Luiz Villalta, 1997, p. 347 e segs.
12. Luiz Villalta, 1997; também Rubens Borba de Moraes, 1979, e Jorge de Souza Araújo, 1999.
13. Guilherme P. das Neves, 1998, p. 1707-28.
14. Luiz Villalta, 1997, p. 347-348; Rubens Borba de Moraes, 1979, p. 11; Bosi, 1992, p. 25; e Leila Mezan Algranti, 2004, p. 57 e 71.
15. Luiz Villalta, 1997, p. 356-357, baseado em trabalhos de Francisco Ribeiro da Silva, Rita Marquilhas e Maria da Guia Barata.
16. Luiz Villalta, 1997, p. 357, com base em trabalhos de Maria Beatriz N. da Silva.
17. Rubens Borba de Moraes, 1979, p. 51 e segs; Leila Mezan Algranti, 2004, p. 133 e segs e p. 165. Os decretos que extinguiram a censura são os de 21/9 e de 13/10/1820, completados pelo de dom João VI assinado no Rio de Janeiro em 2/3/1821.
18. Jorge de Souza Araújo, 1999, p. 102-103.
19. *Apud* Rubens Borba de Moraes, 1979, p. 64.
20. Jorge de Souza Araújo, 1999, p. 174; Floriano Bicudo Teixeira, 1976, p. 11-19.
21. Luiz Villalta, 1997, p. 361; Jorge de Souza Araújo, 1999, e Leila Mezan Algranti, 2004, cap. 5.
22. Dados extraídos de Rubens Borba de Moraes, 1979, p. 4, com base em trabalhos de Serafim Leite.
23. Jorge de Souza Araújo, 1999, p. 241-242.
24. Luiz Villalta, 1997, p. 373-374.
25. Sérgio Alcides, 2003, p. 127.
26. O autor trabalha o caso específico de Cláudio Manuel da Costa, mas em uma perspectiva que indica a possibilidade de generalizar tal "deslocamento" para a situação de outros letrados no século XVIII. É o que fazemos aqui.
27. José Aderaldo Castello, 2004, p. 90-93.
28. A respeito: Laura de Mello e Souza, 2001, p. 183-195; e Sílvia Hunold Lara, 2007, cap. 4.
29. Affonso Ávila, 1991, p. 158-159.
30. Idem, p. 89-90.
31. Idem, p. 123.
32. José Aderaldo Castello, 2004, p. 90-93.
33. Íris Kantor, 2004, p. 30-31, 87.
34. Sérgio Alcides, 2003, p. 39.

35. Carlos Eduardo Mendes de Moraes, 1999, Introdução.
36. Laura de M. e Souza, 2001, p. 61-86; também João P.G. Pimenta, 2006.
37. Íris Kantor, 2004, p. 95.
38. Idem, p. 103 e segs. e p. 217.
39. José Honório Rodrigues, 1979, p. 496-499.
40. Floriano Bicudo Teixeira, 1999, p. 49. Voltaremos a alguns desses poetas mais adiante.
41. Íris Kantor, 2004, p. 244.
42. *Apud* Íris Kantor, 2004, p. 197-198.
43. A sugestiva hipótese é levantada por Íris Kantor, 2004.
44. Afonso C. Marques dos Santos, 1992.
45. *Apud* Roberto de Oliveira Brandão, 2001, p. 150-151.
46. Roberto de Oliveira Brandão, 2001, p. 179.
47. Os dados foram retirados de José Honório Rodrigues, 1979; e de Rubens Borba de Moraes, 1969.
48. Antonio Candido, 1995, p. 215-231.
49. Dados extraídos de Ivan Teixeira, 1996. Também Vera Pinheiro Chaves, 2000, cap.1.
50. Floriano Bicudo Teixeira, 1999, p. 17.
51. Ibidem, p. 32-33.
52. *Apud* Floriano Bicudo Teixeira, 1996, p. 362.
53. Sérgio Alcides, 2001, p. 775-798. Vários autores recentes compartilham da convicção de que tal academia chegou a ser fundada, mas não prosperou.
54. *Apud* Sérgio Alcides, 2003, p. 19-20.
55. Sérgio Alcides, 2003, p. 14-15.
56. À época, as *Cartas* circularam em manuscrito; começariam a ser publicadas somente em 1845.
57. Joaci Pereira Furtado, 1997. No plano geral: István Jancsó, 1997, p. 387-437; e Luciano Figueiredo, 2001.
58. *Apud* Roberto de Oliveira Brandão, 2001, p. 279. Sobre o *Canto genetlíaco*: Laura de Mello e Souza, 2006, cap. 10.
59. Ivan Teixeira, 1999, p. 52-53.
60. Berty R. R. Biron, 2008, p. 344-347.
61. *Apud* Ivan Teixeira, 2008, p. 359.
62. Ivan Teixeira, 2008, p. 546.
63. Écloga XII. *Apud* Sérgio Alcides, 2003, p. 81-82.

Bibliografia

ALCIDES, Sérgio. *Estes penhascos: Cláudio Manuel da Costa e a paisagem das Minas, 1753-1773*. São Paulo: Hucitec, 2003.

______. "Expectativa e metamorfose: saudades da Idade de Ouro na América portuguesa". In: JANCSÓ, István e KANTOR, Íris (orgs.). *Festa: cultura e sociabilidade na América portuguesa*, v. 2. São Paulo: Hucitec/USP/Fapesp, p. 775-798.

ALGRANTI, Leila Mezan. *Livros de devoção, autos de censura: ensaios de história do livro e da leitura na América portuguesa (1750-1821)*. São Paulo: Hucitec/Fapesp, 2004.

ARAÚJO, Jorge de Souza. *Perfil do leitor colonial*. Salvador/Ilhéus: UFBA/Uesc, 1999.

ÁVILA, Affonso. *O lúdico e as projeções do mundo barroco*, 3ª. ed., atualizada e ampliada. São Paulo: Perspectiva, 1991, 2 v.

BIRON, Berty R.R. "Luzes, razão e fé em *Caramuru*". In: TEIXEIRA, Ivan (org.). *Épicos*. São Paulo: USP/Imprensa Oficial do Estado, 2008, p. 317-354.

BOSI, Alfredo. *Dialética da colonização*. São Paulo: Companhia das Letras, 1992.

BRANDÃO, Roberto de Oliveira. *Poética e poesia no Brasil (Colônia)*. São Paulo: Edunesp/Imprensa Oficial, 2001.

CANDIDO, Antonio. *Formação da literatura brasileira (momentos decisivos)*, 4ª. ed. São Paulo: Martins, s/d.

______. "Os ultramarinos". In: *Vários escritos*, 3ª. ed., revista e ampliada. São Paulo: Duas Cidades, 1995, p. 215-231.

CASTELLO, José Aderaldo. *A literatura brasileira: origens e unidade*, v. 1. São Paulo: USP, 2004.

CHAVES, Vera Pinheiro. O Uraguay *e a fundação da literatura brasileira*. Campinas: Unicamp, 1997.

______. *O despertar do gênio brasileiro: uma leitura de* O Uraguay *de José Basílio da Gama*. Campinas: Unicamp, 2000.

FERNANDES, Florestan. *Circuito fechado: quatro ensaios sobre o poder institucional*. São Paulo: Hucitec, 1976.

FIGUEIREDO, Luciano. "O império em apuros: notas para o estudo das alterações ultramarinas e das práticas políticas no império colonial português, séculos XVII e XVIII. In: FURTADO, Júnia (org.). *Diálogos oceânicos: Minas Gerais e as novas abordagens para uma história do império ultramarino português*. Belo Horizonte: UFMG, 2001.

FURTADO, Joaci Pereira. *Uma república de leitores: história e memória na recepção das* Cartas chilenas. São Paulo: Hucitec, 1997.

HANSEN, João Adolfo. *A sátira e o engenho: Gregório de Matos e a Bahia do século XVII*. São Paulo: Companhia das Letras/Secretaria de Estado de Cultura, 1989.

HOLANDA, Sérgio Buarque de. *Raízes do Brasil*, 12ª ed. Rio de Janeiro: José Olympio, 1978.

______. *Capítulos de literatura colonial*. São Paulo: Brasiliense, 1991 (organização e introdução de Antonio Candido).

JANCSÓ, István. "A sedução da liberdade: cotidiano e contestação política no final do século XVIII". In: NOVAIS, Fernando (dir.). *História da vida privada no Brasil*. São Paulo: Companhia das Letras, 1997, p. 387-437 (v. 1: "Cotidiano e vida privada na América portuguesa", org. de Laura de M. e Souza).

JANCSÓ, István & PIMENTA, João Paulo G. "Peças de um mosaico (ou apontamentos para o estudo da emergência da identidade nacional brasileira)". In: MOTA, Carlos Guilherme (org.). *Viagem incompleta: a experiência brasileira. Formação: histórias, 1500-2000*. São Paulo: Senac, 2000.

KANTOR, Íris. *Esquecidos e renascidos: historiografia acadêmica luso-americana (1724-1759)*. São Paulo/Salvador: Hucitec/UFBA, 2004.

LARA, Sílvia Hunold. *Fragmentos setecentistas: escravidão, cultura e poder na América Portuguesa*. São Paulo: Companhia das Letras, 2007.

LIMA, Luiz Costa. *História. Ficção. Literatura*. São Paulo: Companhia das Letras, 2006.

MORAES, Carlos Eduardo Mendes de. *A Academia Brasílica dos Esquecidos e as práticas de escrita do Brasil colonial*. São Paulo: USP, 1999, 2 v.

MORAES, Rubens Borba de. *Livros e bibliotecas no Brasil colonial*. Rio de Janeiro/ São Paulo: Livros Técnicos e Científicos/SCCT-SP, 1979.

______. *Bibliografia brasileira do período colonial*. São Paulo: IEB/USP, 1969.

NEVES, Guilherme P. das. "Repercussão, no Brasil, das reformas pombalinas da educação: o Seminário de Olinda". *Revista do Instituto Histórico e Geográfico Brasileiro*, Rio de Janeiro, 159 (401), 1998, p. 1707-28.

NOVAIS, Fernando. "Condições da privacidade na colônia". In: *História da vida privada no Brasil*. São Paulo: Companhia das Letras, 1997, p. 13-39 (v. 1: "Cotidiano e vida privada na América portuguesa", org. de Laura de M. e Souza).

PERES, Fernando da Rocha & LA REGINA, Sílvia. *Um códice setecentista inédito de Gregório de Matos*. Salvador: UFBA, 2000.

PIMENTA, João Paulo G. "Portugueses, americanos, brasileiros: identidades políticas na crise do Antigo Regime luso-americano". *Almanack Brasiliense*, nº. 3, maio/2006.

PROENÇA FILHO, Domício (org.). *A poesia dos inconfidentes: poesia completa de Cláudio Manuel da Costa, Tomás Antônio Gonzaga e Alvarenga Peixoto*. Rio de Janeiro: Nova Aguilar, 2006.

RODRIGUES, José Honório. *História da história do Brasil*. 1ª. parte: historiografia colonial. 2ª. ed. São Paulo: Companhia Editora Nacional, 1979.

SANTOS, Afonso C. Marques dos. *No rascunho da nação: inconfidência no Rio de Janeiro*. Rio de Janeiro: Prefeitura da Cidade do Rio de Janeiro/Secretaria Municipal de Cultura, Turismo e Esportes, 1992.

SOUZA, Laura de Mello e. "O nome do Brasil". *Revista de História*, nº. 145, São Paulo, USP, 2º. sem. de 2001, p. 61-86.

______. "Festas barrocas e vida cotidiana em Minas Gerais". In: JANCSÓ, István & KANTOR, Íris (orgs.). *Festa: cultura e sociabilidade na América portuguesa*. São Paulo: Hucitec/USP/Fapesp, 2001, v. 1, p. 183-195.

______. *O sol e a sombra: política e administração na América portuguesa do século XVIII*. São Paulo: Companhia das Letras, 2006.

TEIXEIRA, Floriano Bicudo. "Primeiras manifestações da gravura no Brasil". *Anais da Biblioteca Nacional*, v. 96, Rio de Janeiro, 1976, p. 11-19.

TEIXEIRA, Ivan. *Mecenato pombalino e poesia neoclássica*. São Paulo: USP/Fapesp, 1999.

______. (org.). *Obras poéticas de Basílio da Gama*. São Paulo: USP, 1996.

______. (org.). *Épicos*. São Paulo: USP/Imprensa Oficial, 2008.

VILLALTA, Luiz. "O que se fala e o que se lê: língua, instrução e leitura". In: NOVAIS, Fernando (dir.). *História da vida privada no Brasil*. São Paulo, Companhia das Letras, 1997, p. 331-385 (v. 1: "Cotidiano e vida privada na América portuguesa", org. de Laura de M. e Souza).

CAPÍTULO 13 Inconfidências e conjurações no Brasil; notas para um debate historiográfico em torno dos movimentos do último quartel do século XVIII

*João Pinto Furtado**

Uma das vantagens cognitivas do historiador sobre os agentes que são seu objeto de estudo, no que concerne à compreensão de sua inserção na história, é o fato de que ele conhece seu futuro melhor do que eles mesmos. Se, por um lado, isso pode causar certo sentimento de onipotência, o qual pode facilmente resvalar para a teleologia, por outro, é inegável o potencial de extração de benefícios, desde que metodologicamente bem orientados. Indo um pouco além da obviedade dessa constatação, podemos atingir uma discussão mais profunda sobre o próprio ofício do historiador em suas matrizes constitutivas e do diálogo com os clássicos. De fato, é grande a tentação, de posse do conhecimento do futuro de nossos agentes, de lhes atribuir certa coerência e mesmo clarividência em relação a seus projetos e ações, o que quase sempre redunda em uma leitura insuficientemente clara de seus propósitos, se não flagrante ana-

*Professor do departamento de História da Universidade Federal de Minas Gerais.

cronismo, como se verifica em farta historiografia marxista tão popular entre os anos 1970 e o fim dos anos 1980.

Assim, inspirados provavelmente por seus próprios projetos políticos e na tentativa de compreensão das longevas estruturas de dominação vigentes no Brasil de então, não foram poucos os trabalhos que procuraram compatibilizar fenômenos estruturais com os acontecimentos da curta duração. Tal é o caso da reflexão sobre o sentido e a real vinculação entre as inconfidências ocorridas a partir do último quartel do século XVIII e os acontecimentos que lhes seriam subsequentes. Em uma historiografia de inspiração marxista e que procurou vincular alguns acontecimentos da curta duração aos grandes processos que varriam de leste a oeste toda a civilização ocidental, conceitos como os de Revolução Atlântica, por exemplo, procuraram inserir diferentes problemáticas e contextos abaixo de um mesmo aparato teórico, no qual se objetivava, enfim, enxergar nos contornos da crise do Antigo Regime apenas os aspectos que realçavam a consolidação do capitalismo.[1]

Também inspirados pelo materialismo histórico, e na esteira de Caio Prado Jr.,[2] textos mais rigorosos e alentados como os de Fernando Antônio Novais chegaram a fundar expressiva e prolífica escola interpretativa e, no que se refere a muitos aspectos, seguem revestidos de atualidade. Pecam, no entanto, até pela recusa teórico-metodológica em atribuir ao indivíduo capacidade volitiva, pela compreensão precária do acontecimento *stricto sensu*. No capítulo terceiro de sua alentada obra *Portugal e Brasil na crise do antigo sistema colonial*, no qual discute as "manifestações da crise", o autor tece uma série de comentários sobre o impacto das ideias "revolucionárias" do século na colônia. Assim escreve o autor:

> Do início para o fim do século XVIII, entretanto, acentuam-se e se aprofundam as contradições, agora induzidas por mecanismos estruturais que acabam por configurar a crise. Os colonos começam a tomar consciência das oposições de interesse, a assimilar ideias revolucionárias que condu-

> zem a atitudes não só de inovação, mas até abertamente de contestação. Era aquele "enlace tão natural", aquele "feliz nexo" em que acreditava D. Rodrigo de Souza Coutinho que se ia inapelavelmente rompendo.[3]

E mais adiante acrescenta:

> O antigo sistema colonial, na realidade, como já indicamos, era parte de um todo, que se explica nas suas correlações com este todo: o Antigo Regime (absolutismo, sociedade estamental, capitalismo comercial). Os mecanismos de base atuam no conjunto e uma vez rompido o primeiro elo — a independência das colônias inglesas da América setentrional — todo o arcabouço do Antigo Regime entra em crise. É nesse sentido que os movimentos sediciosos ou mesmo de emancipação das colônias participam do mesmo quadro das revoluções atlânticas, como formulou Godechot.[4]

Pode se perguntar o leitor, a esta altura, por que discutir agora, cerca de trinta anos depois, um texto que se supõe poderia ser também revisitado através de seus seguidores ou de trabalhos mais atuais. Trata-se aqui de investigar precisamente as matrizes de pensamento que ainda balizam a construção de um paradigma de conhecimento sobre a transição para a Independência,[5] paradigma esse que insiste em balizar a produção intelectual concernente ao tema, o que também é atestado pelas sucessivas reedições dos trabalhos aqui mencionados, o que, longe de se converter em sintoma de estranhamento, na verdade reitera a força desse mesmo paradigma. Finalmente, antes de tentar sistematizar uma crítica mais substantiva, gostaria de fazer uma última citação do mesmo Novais, agora concernente à recepção das ideias ilustradas na colônia em decorrência da ruptura do mesmo "elo":

> Se retomarmos, agora, as considerações precedentes sobre as tensões de conjunto que emergem nesse período final do século XVIII e início do XIX, engendradas pela passagem lenta, mas persistente, ao capitalismo industrial, temos o quadro de receptividade de ideologia anticolonialista da ilustração. Será, *grosso modo*, a face reformista das luzes que incidirá mais sobre a metrópole; na colônia, a face revolucionária.[6]

Dentro desse marco referencial, os eventos articulados em torno das diversas inconfidências setecentistas do último quartel (Mineira, de 1788-89; do Rio de Janeiro, de 1794; e Baiana, de 1798) parecem mesmo sugerir a alguns autores a relativa complementaridade entre elas, num crescendo de conscientização e radicalismo que se expressaria nas propostas e falas de seus protagonistas, assim como no aumento da abrangência dos grupos sociais envolvidos.[7] Embora tentadora e podendo eventualmente apresentar algum nível de embasamento empírico, essa articulação não nos parece esgotar o problema à luz do exame da documentação e historiografia mais recentemente publicadas.

Em primeiro lugar, seria preciso, a partir de uma breve análise comparativa,[8] tentar restabelecer em bases realistas as possíveis conexões entre os eventos em destaque. São mínimas, na verdade. Tanto no que respeita à composição social quanto no que concerne ao conjunto das ideias que se veiculavam, perceptíveis através dos respectivos autos de devassa e outros, percebemos que as problemáticas estritamente locais parecem se sobrepor à diferenciação dos movimentos e interferir profundamente nela. O que se percebe, de fato, é que a comunhão e a circulação das ideias entre os três eventos foram muito restritas, para não falar da praticamente inexistente circulação dos personagens e da heterogeneidade de agentes envolvidos, o que seriam variáveis bastante expressivas se quiséssemos demonstrar que sua sucessão no tempo não seria obra do acaso.

Hoje sabemos, a partir de documentação e também de análises historiográficas mais estruturais, que entre mineiros e baianos, por exemplo, são maiores as diferenças do que as aproximações. Sem aprofundar o exame da conjuntura econômica regional, significativamente distinta nos dois casos, diríamos que, enquanto a maioria dos primeiros era positivamente defensora das instituições do Antigo Regime português, desde que depurados alguns dos excessos do Absolutismo, os baianos certamente se inspiravam nas recentes transformações que ainda se processavam no ambiente francês. Se entre os primeiros não foram poucos os monarquistas, por outro lado, entre os não monarquistas mesmo o sentido da apropriação do termo república era radicalmente diferente do que sugeriria o movimento republicano a partir dos anos 1870.

Os baianos, por seu turno, mais referenciados aos acontecimentos franceses coevos, ainda não chegavam a ser "republicanos" ou minimamente democráticos no sentido em que o século XIX consagraria, mesmo porque seu repertório político ainda seria fortemente marcado pela cultura política que por séculos condicionara padrões de ação e representação política. Não seriam revolucionários como sugeriria Novais, na medida mesma em que o levante não se compunha de um grupo socialmente homogêneo, tanto no que respeita à extração de classe quanto no que respeita aos interesses propriamente ditos. É o caso da tão frequentemente alardeada conotação popular que se afirmaria basicamente a partir de uma expressiva adesão de elementos de "baixa" extração social, artesãos e oficiais, sobretudo, bem como negros e mestiços. Nesse caso, é preciso lembrar que o próprio fato de que o movimento tenha se materializado inicialmente a partir da divulgação de textos escritos supõe algum nível de formação cultural e inserção social relativamente elevado. Em termos mais propriamente políticos, não deixa de ser surpreendente e avançada, no entanto, a progressiva constituição da esfera pública enquanto lócus privilegiado da ação política, conforme demonstrou Istvan Jancsó.[9]

Por outro lado, ainda que admitindo que houve alguma renovação no modo de se fazer política, não podemos aceitar facilmente a tese de que o que contrapõe os dois movimentos seria, fundamentalmente, o caráter elitista e reformista da Inconfidência Mineira *vis-à-vis* o caráter popular da Baiana, frequentemente vista como "revolucionária", pelos motivos que expomos. Ora, no século XVIII, mesmo tardio, o contraponto elite-povo não se processava do mesmo modo que nas democracias modernas. Pelo contrário, na ordem setecentista, perpassada pela cultura política do Antigo Regime, o povo era ainda uma "substância" um pouco disforme, heterogênea, relativamente "inclassificável", na qual ricos e pobres eventualmente caminhavam de mãos dadas contra o Estado e a nobreza, ou sua fração dominante, sobretudo no que concerne aos excessos tributários. Nesses casos, não era incomum que os pobres contassem com a liderança e a proteção simbólica muito frequentemente oferecidas pelos ricos.

A dicotomia elite e povo, em algumas formulações traduzida como conflito de classes, tão decisiva e marcante na abordagem marxista e nas lutas que caracterizariam a sociedade contemporânea a partir da segunda metade do século XIX, não seria, portanto, a marca inequívoca dessas sedições do tardio Antigo Regime. São exemplares, nesse sentido, os casos das inconfidências de Minas Gerais, que, além das elites, invariavelmente contavam com algum nível de envolvimento de pessoas de baixa extração social, seja como membros de redes clientelares, seja movidas pelo senso de oportunidade, como exemplificaremos a seguir. Por outro lado, cumpre lembrar que a Inconfidência Baiana contou, a princípio, com forte adesão de muitos membros da elite soteropolitana e baiana, os quais foram progressivamente eximidos de participação no correr da devassa. Tanto em um caso como em outro, a versão dominante na historiografia fez "tábula rasa", eliminando, na prática, setores populares de uma e as elites de outra. Nesse processo de construção de memória sobre os movimentos sediciosos do último quartel do XVIII, foi decisiva a ação dos "devassantes" em cada caso.

A questão da interferência dos detentores do poder local no curso das devassas que investigaram os três eventos nos remete diretamente ao problema, ainda em aberto e que persiste como um tema provocante para a historiografia, da relação entre a Inconfidência do Rio de Janeiro, a "dos letrados" e as demais do período. A questão que se levanta é, fundamentalmente, sobre o que, afinal, define um crime de Inconfidência nesse contexto: a posse e a leitura de livros e textos interditos? Ou, simplesmente, o fato de ter, de algum modo, caído em desgraça junto a membros do *establishment* luso-brasileiro e, portanto, ser objeto de devassa? A pergunta se aplica fundamentalmente ao caso dos cariocas que vinham, como centenas ou milhares de outros membros do mundo ibero-americano, se deliciando com debates teóricos acerca de um novo mundo ou uma nova ordem, mas, na prática, não chegaram a gerar uma única ação concreta no sentido de sua transformação. Em Minas Gerais, graças ao caráter meticuloso dos sequestrantes de Luís Vieira da Silva e Cláudio Manuel da Costa, pudemos ter acesso aos títulos que integravam suas extensas livrarias, mas nada nos autoriza a crer que esposavam integralmente suas ideias, sobretudo se as cotejamos às principais propostas do movimento.[10]

É, por exemplo, o caso de Montesquieu, autor presente com seu tratado *De l'esprit des lois* (1748), na livraria do cônego Luís Vieira da Silva. Segundo Kenneth Maxwell e Márcio Jardim, o cônego Vieira seria, junto a Tomás Antônio Gonzaga e Cláudio Manuel da Costa, um dos elaboradores da constituição da futura República.[11] Como para o primeiro (Gonzaga) não foram identificados os títulos dos volumes sequestrados e para o segundo (Cláudio) não constam obras de teoria política que possam ser convenientemente utilizadas para discutir a questão aqui tratada, optamos por apenas sugerir a discussão de alguns dos princípios enunciados por Montesquieu. Não nos esqueçamos, por outro lado, de que o fato de um indivíduo possuir livros não significa necessariamente que os leia ou compartilhe de seu conteúdo.

Vejamos brevemente, à guisa de exemplo, como os inconfidentes mineiros de 1788-89 podem nos ajudar a relativizar o alcance das ideias "revolucionárias" na América portuguesa. Na longa tradição de debates concernentes à construção dos conceitos de república, sistema representativo e democracia, os inconfidentes de Minas estariam situados, precisamente, num momento de redefinição. Tiveram acesso, segundo pode ser documentado pelos *Autos de sequestro* e depoimentos, aos textos de Montesquieu, ao *Recueil des lois constitutives*[12] e ao texto do abade Raynal.[13] Havendo, como há, muitos pontos divergentes entre as várias concepções evocadas por cada um, precisamos tentar identificar, a partir de análise de alguns dos fragmentos do discurso inconfidente, como poderiam ter sido apropriados nas Minas setecentistas.[14]

Os inconfidentes não pareciam, pelo que foi por nós apurado, ter ido muito além da constituição de uma República que ficasse circunscrita a um exíguo território central das Minas e, tampouco, parecem não ter avançado muito no que tange à criação de um sistema de governo que fosse um pouco mais participativo e aberto nos termos de uma democracia.[15] Tudo muito pouco "revolucionário". Não julgamos ser possível afirmar que, com alguma coerência, os princípios constitutivos de uma democracia participativa e da soberania popular pudessem ser minimamente associados ao contexto setecentista luso-brasileiro, em geral, e a nossos diferentes protagonistas, em particular. Vejamos alguns dos pontos destacados a partir de Montesquieu, procurando relacioná-los às interpretações correntes na historiografia e ao testemunho dos inconfidentes mineiros, expressos em alguns dos fragmentos que se tornaram conhecidos.

No que se refere ao primeiro problema, levantado a partir do que escreve Montesquieu no *Espírito das leis,* o do espaço da República, da abrangência geográfica, de fato, nossas investigações revelaram a necessidade de redimensionar, com expressiva redução da abrangência, o alcance do projeto tal como descrito pela historiografia de referência da Inconfidência Mineira. Segundo Joaquim Norberto, conforme já mencionamos, a República projetada, "(...) quando muito, estender-se-ia ao Rio de Janeiro e a São Paulo, deixando o resto da colônia entregue ao cativeiro".[16] Kenneth Maxwell, por seu turno, afirma que os inconfidentes "se inspiravam no exemplo da América do Norte e nas constituições dos estados da união americana",[17] o que nos faz supor que os inconfidentes poderiam estar tratando de uma confederação de Estados independentes a ser estabelecida a partir da ruptura de alguns deles com a metrópole. Já Márcio Jardim afirma textualmente:

> (...) tinham em vista a Independência Global do Brasil, não tendo jamais passado por seus planos a hipótese de formar uma república somente em Minas Gerais. A documentação existente permite afirmar que o plano era iniciar a revolta por Minas, estendê-la ao Rio de Janeiro (garantindo a vital saída para o mar) e em seguida às demais capitanias.[18]

Logo adiante, o mesmo autor afirma ainda:

> A república seria unitária, mas dividida em províncias, departamentos ou regiões administrativas. É o que se pode depreender da afirmação de que haveria um parlamento principal e outros em diversos locais. No depoimento de José de Resende Costa Filho apareceu o número de sete parlamentos. Parlamento, logicamente, significava organismo semelhante às nossas atuais assembleias legislativas.[19]

Em que pese o reconhecimento do domínio das fontes, manifesto em várias oportunidades por nosso último autor, devemos fazer o reparo sobre sua interpretação, plena de anacronismos. "Logicamente", os inconfidentes tenderiam a referir-se antes aos parâmetros que eram deles conhecidos do que aos que viriam a ser ainda criados ao longo do século XIX.

Tendo em vista os problemas levantados e a tentativa de inserção do conceito de república em sua temporalidade, diríamos que os "vários parlamentos", nesse caso, seriam tão somente os sucedâneos das câmaras municipais, talvez as mesmas câmaras, porém fortalecidas e revigoradas. Como sabemos, no Antigo Regime português, em todo o Império, as câmaras eram os órgãos de representação que reuniam, sobretudo, os "homens bons" de cada comunidade.[20] Embora tivessem sido recentemente golpeadas, àquela altura, pela centralização política pombalina, não teriam perdido uma de suas maiores prerrogativas: a de, mesmo submetidas aos governadores, possuírem o direito de representação direta ao rei. É conforme se lê mesmo no glossário dos ADIM: "As câmaras possuíam direito de representação direta à Coroa a ao Desembargo do Paço. Como expressão da vontade dos povos, gozavam de imunidades e alta consideração."[21]

Não está afastada, portanto, a possibilidade de que, mesmo ao aventar uma nova ordem, os inconfidentes não estivessem atentos à não desprezível possibilidade de recuperação de um arcabouço institucional que lhes assegurasse algum nível de representação no mundo luso-brasileiro. A República por eles aventada, de fato, teria "vários parlamentos", mas, segundo indicam as evidências, distribuídos entre a capital, São João del-Rey, e as principais localidades que polarizavam a economia das Minas Gerais.[22] Provavelmente, os "parlamentos" seriam distribuídos entre os principais polos regionais, tradicionais e consolidados — Vila do Carmo, depois Cidade Mariana,[23] Vila Rica, Vila Real do Sabará, Vila de São João del-Rey, Vila do Príncipe — e, ainda, alguns emergentes. Nessa última categoria, provavelmente, se destacariam o Arraial de Igreja Nova, que foi logo depois elevado à condição de vila (Vila de Barbacena, em 1791), e o da Campanha do Rio Verde (pouco depois, em 1798, Vila da Campanha da Princesa da Beira).[24]

De fato, tal perspectiva é a que parece se depreender do depoimento de José Resende Costa, o mesmo inconfidente citado por Márcio Jardim. Ainda como testemunha, diz o protagonista:

> [o padre Toledo] viera a Vila Rica e achara uns poucos conjurados a fazerem um levante e a reduzirem as Minas a uma República, fazendo vários parlamentos, um na dita Vila, um na de São João, e outros mais, ficando a Vila de São João sendo a Capital; e que os vigários haviam de cobrar todos os dízimos e ficarem com as desobrigas de graça; que o comércio da República havia de consistir na permutação dos efeitos, sem que jamais saísse o ouro para fora.[25]

Observe-se que a testemunha também se refere ao "comércio da República" e, ao que parece, aludindo a um fechamento das fronteiras, "sem que jamais saísse o ouro para fora". Seriam esses pequenos excertos possíveis indicadores das concretas ligações com os comissários do Rio de Janeiro? Ainda uma vez, é preciso que se dê voz aos protagonistas, nesse caso Francisco Antônio de Oliveira Lopes. Em seu primeiro depoimento, diz o coronel sobre os "cariocas" e sua relação com o levante que se projetava:

> (...) naqueles conventículos, se havia deliberado que tivessem as Minas o brasão de saírem primeiro; e que, feito o levante, deputaria a República [das Minas] enviados ao Rio de Janeiro dizendo que se queriam que as Minas satisfizessem o que se devia àquela praça, praticassem ali o mesmo.[26]

Anote-se que as ligações financeiras são colocadas em outro plano, e, ao que tudo indica, não é exatamente o plano da contiguidade dos mercados ou da existência de interesses partilhados. Pelo contrário, o coronel sugere certo nível de tensão ligado à existência de dívidas consideráveis dos mineiros em relação aos cariocas, que, já àquela altura, haviam sido referidos por Tiradentes como "vis, patifes e pusilânimes".[27]

O depoimento do coronel remete-nos, ainda, a um problema conexo: no plano da identificação dos desequilíbrios intrarregionais, a percepção das diferenças entre as várias comarcas às vezes sugere a inexistência de "complementaridade de interesses" entre os próprios colonos. É preciso considerar, na análise da questão, o fato de que, na organização político-administrativa da Capitania de Minas Gerais, a Comarca do Rio das Mortes, a que mais crescia em termos econômicos e demográficos, estaria relativamente sub-representada, em fins do século XVIII, no que se refere ao número de câmaras existentes, em relação a seus contingentes demográficos, suas ligações comerciais e atividades econômicas ali empreendidas.[28] Provavelmente, esse também terá sido, ao mesmo tempo, fator de descontentamento e um dos fatores de desagregação do movimento.

De fato, localidades como a Campanha do Rio Verde ou como Borda do Campo/Igreja Nova são sobejamente referidas nos autos como algumas daquelas em que grassava maior descontentamento. São os locais de procedência e maior inserção econômica de Francisco Antônio de Oliveira Lopes e do padre Toledo, os únicos que insistiram na deflagração do movimento mesmo após a suspensão da derrama. Campanha do Rio Verde era a sede dos negócios de Alvarenga Peixoto, que foi, embora tivesse recuado dos propósitos após a suspensão da derrama, junto a Toledo, quem esposou o fim da escravidão. Além disso, Borda do Campo, um dos locais onde o movimento ganhou maior publicidade, foi palco da exibição de um dos "quartos" do alferes.[29]

Por todo o exposto, segundo acreditamos, não seria mera coincidência o fato de que exatamente aqueles focos de maior rebeldia da Comarca do Rio das Mortes tenham sido, logo em seguida à repressão do levante, os primeiros (e únicos) arraiais atendidos no seu antigo desejo de serem alçados à condição de vila. Isso lhes conferia o direito, não desprezível na ordem setecentista, de constituir Câmara e, portanto, passar a possuir melhor representação "dos povos" ou "das gentes", inclusive com eventual acesso direto à metrópole na forma de petições e requerimentos que pudessem ser apresentados à revelia dos governadores. Nesse sentido, é lícito admitir que, embora o termo república já fosse usado pelos inconfidentes de 1788-89 no sentido de uma forma de governo, seu detalhamento e sua definição ainda guardam muita relação com as instituições e práticas do Antigo Regime e da tradição ibérica.

Assim como os cariocas de 1792-94, muitos dos personagens do mundo intelectual coevo se reuniam em grupos para leitura pública e discussão de textos, o que se explica, sem uma hierarquia necessária entre esses fatores, tanto pelo alto custo do objeto livro quanto pelo desejo de compartilhar ideias e experiências. Por que só uns poucos foram indiciados? São notáveis, no caso do Rio de Janeiro, o reduzido alcance da disseminação intelectual e a nulidade das ações práticas para se pôr em marcha o "levante". Se já se definiu a Inconfidência Baiana como apenas um "ensaio de sedição" (Jancsó, 1995), o que dizer daquela "dos letrados"?

Não sendo de segundo plano, no caso, a análise dos discursos e das falas presentes na documentação de época, seria necessário levantar alguns problemas e questionamentos quanto às abordagens mais generalistas, sistêmicas ou estruturais quanto ao tema das inconfidências e conjurações do último quartel do século XVIII. O problema que se coloca explicitamente reside no fato de que, na parte que trata de temas conjunturais, expressos em falas e práticas, autores como Carlos Guilherme Mota e Fernando Novais se apegaram exclusivamente aos instrumentos interpretativos da longa duração econômica, o que nos parece insuficiente no que respeita a uma abordagem das grandes transformações pelas quais passava a ordem mundial no período. Em última instância, o que estamos a sugerir é que a passagem da análise estrutural ao exame dos processos de curta duração, nesse caso, ficou aquém do potencial do tema exatamente porque não conseguiu perceber as filigranas contidas nessa última dimensão, conjuntural, em que a autopercepção dos agentes não é questão menor ou desprezível.

Isso nos leva à suposição de que o arcabouço conceitual criado para servir como ferramenta explicativa de um certo ordenamento político-econômico de longa duração, o chamado Antigo Sistema Colonial da era mercantilista, foi, efetivamente, verdadeiro fundador de uma escola interpretativa sobre o passado colonial brasileiro que subsiste e se atualiza em vários trabalhos. Se, por um lado, podemos afirmar que seu arcabouço teórico-conceitual foi produtivo e eficiente na exploração de inúmeras facetas da história colonial brasileira, por outro lado também podemos afirmar que, por definição, sua aplicabilidade à interpretação de fenômenos de curta duração, como é o caso das inconfidências, é, no mínimo, problemática. Nesse sentido, são questionáveis algumas das observações de Novais (1986) no que se refere à interpretação das inconfidências, em especial a Mineira. Sua concepção de que as ideias que em Portugal possuíam uma face reformista, quando transpostas a uma situação colonial, ganhavam uma face "revolucionária" nos parece hoje inadequada e mesmo insustentável. O que a pesquisa empírica e a crítica dos testemunhos sugerem é o fato de que as ideias iluministas, no Brasil e em Portugal, como alhures, podiam ser tanto reformistas quanto revolucionárias, dependendo de por quem, como e quando fossem enunciadas, na medida mesma em que circulavam por várias partes de um mesmo Império, seja através de textos, seja através de valores e práticas compartilhados.

Apenas através de um trabalho de crítica documental e historiográfica que valorize, recupere e questione, simultaneamente, testemunhos e procedimentos judiciais podemos revelar e iluminar aspectos até então obscurecidos pelos grandes cortes temporais e/ou conceituais. Tomando como exemplo a Inconfidência Mineira de 1788-89, podemos afirmar que não era nacionalista e, tampouco, revolucionária, como também sugerem algumas passagens de Kenneth Maxwell.[30] Não obstante o reconhecimento dos grandes e indiscutíveis méritos do historiador inglês, que tem sido uma grande referência para nosso próprio trabalho no que tange à uma abordagem mais geral e sistêmica das relações Brasil/Portugal/Inglaterra no período da Inconfidência Mineira, seu texto não foi suficientemente feliz na interpretação das falas, propostas e práticas dos inconfidentes mineiros de 1788-89. Nesse caso, arguimos que a Inconfidência Mineira seria antes um "motim de acomodação" no interior do Antigo Regime português do que até mesmo um ensaio de sedição, à moda do que se sugeriu em relação aos baianos. Nesse caso, argumentos como a permanência de vários inconfidentes nos quadros da burocracia do Estado português, mesmo após condenados, bem como a percepção da recorrência e impunidade desse tipo de levante no contexto do período descrito, são poderosos indícios em favor dessa hipótese. A semântica e a sintaxe "revolucionárias", de ruptura mesmo com os padrões do Antigo Regime, eventualmente, poderiam estar mais presentes na Bahia de 1798. Mas em Minas de 1789, seguramente, a questão não seria incontroversa.

Por todo o exposto, somos remetidos a alguns aspectos muito importantes a serem considerados no exame daqueles três eventos em conjunto. Conforme já analisamos anteriormente, não se pode elidir o fato de que, na ordem setecentista, não representativa no sentido moderno, os motins, bem como as devassas, são poderosos instrumentos de manifestação de vontade, num caso, e de gestão política, no outro. Tomemos, para promover essa investigação, alguns exemplos concretos oriundos, sobretudo, da Inconfidência Mineira de 1788-89.

Contiguidade *versus* contradição de interesses em dois registros

Em janeiro de 1788, o secretário de Negócios Ultramarinos, Martinho de Mello e Castro, ainda destacaria intensamente o tema da tributação nas instruções que ministra ao novo governador nomeado para as Minas, o mesmo que nosso etílico ativista pretendia depor.[31] As instruções se iniciam pela afirmação da importância da capitania das Minas para a

Coroa e continuam por oferecer um balanço dos abusos dos clérigos no que tange à cobrança de suas próprias taxas. Logo a seguir, as instruções apresentam algumas páginas sobre os problemas da justiça, ressaltando que esta não deve ser morosa para os súditos da monarquia, e, ainda, reafirmam *en passant* que não se devem exigir "espórtulas ou contribuições que não sejam as taxadas pela lei".[32]

Logo em seguida, no item intitulado "Da insubmissão popular em Minas", as instruções nos interessam mais de perto, sobretudo porque procuram oferecer uma visão panorâmica dos (muitos) levantes que colocaram, lado a lado, "potentados" e demais "povos" contra a metrópole:

> Todos, ou a maior parte dos régulos e levantados motores das precedentes desordens se achavam em Minas Gerais à sombra do perdão geral que haviam obtido, (...) e todos, cada um a seu modo, com maior ou menor influência nos povos e proporcionalmente com um grande número de escravatura, que conduziam a seu arbítrio; sendo o grande objeto dos referidos magnatas e potentados a independência das leis e do governo; e o mais favorecido sistema, assim deles como dos povos, a isenção de pagarem quinto e fraudarem a real fazenda por todos os modos possíveis.[33]

O ministro parece, a todo tempo, se apegar a uma certa concepção de legalidade que no Antigo Sistema Colonial português possui sua lógica própria, marcada por uma concepção centralizadora de Estado e poder e que, no texto, procura "sustentar" todo o arrazoado.[34] Ainda na perspectiva do ministro, percebe-se que o grande eixo de articulação entre os "grandes" das minas e os "povos" parece ser o intuito de sonegar o imposto, justo e devido. Enquanto os primeiros aspiram à independência das leis e do governo, bem como à isenção de tributos, os últimos se concentram apenas na última questão. Todo o resto do balanço evolui no sentido de apresentar, em perspectiva histórica, o melhor modo de se coibir esse tipo de evasão de receitas, ainda corrente em 1788. Nesse bloco específico, Martinho de Mello e Castro termina por expressar sua simpatia pelos métodos de governo do famigerado conde de Assumar, que na década de 1720 já havia se destacado na repressão à sedição de Vila Rica:

> Convindo os povos de Minas em todas essas mudanças e alterações, sem repugnância nem dificuldade que se fizesse reparável ou suspeitosa; o que tudo faz evidentemente conhecer que aqueles habitantes, depois do governo do conde de Assumar, reconhecendo o seu reprovado e criminoso comportamento, com que mereceram as severas demonstrações daquele hábil, ativo e determinado governador, se resolveram, como deviam, a cumprir com as obrigações de leais vassalos.[35]

Legalidade, legitimidade e protesto popular; tributo justo, injusto ou aviltante; métodos conflitantes de administração e cobrança de direitos da Coroa; o próprio *modus operandi* da empresa colonial no limiar do século XVIII; todos são temas que emergem das instruções de 1788. Incipientemente, elas expressam e traduzem, mais do que uma simples iniciativa de governo, um conflito visceral que contrapôs, no interior da monarquia portuguesa, grupos políticos, projetos diferenciados e personagens ávidos por conquistar algumas relevantes posições de poder.[36]

A monarquia portuguesa esteve, por todo o século XVIII, às voltas com a necessidade de redefinição do formato de seu modelo colonial. Duas concepções básicas pareciam rivalizar no que tange à definição das linhas gerais da administração colonial, sempre resguardados os interesses da Coroa, "legítima" possuidora de todos os domínios de ultramar, bem como as especificidades conjunturais de cada época. Uma delas era representada por gestores como dom Luís da Cunha, o conselheiro Antônio Rodrigues da Costa, o duque Silva-Tarouca, o próprio marquês de Pombal e, mais tarde, dom Rodrigo de Souza Coutinho.[37] Fundamentalmente, não obstante reafirmassem incontestavelmente a autoridade da Coroa sobre seus domínios, esses gestores pareciam mais sensíveis à percepção da relativa complementaridade de interesses entre metrópole e colônia que, *em certas relações, marcham unidas*.[38]

Na visão desses gestores, com frequência, as fronteiras internas ao mundo luso-brasileiro são vistas antes sob o signo da "contiguidade" do que da "ruptura", o que, em certo sentido, explica o fato de que, sob sua orientação, *homens bons* nascidos e definitivamente estabelecidos na América portuguesa, ou no Oriente, ocupassem posições de destaque e fossem com frequência ouvidos em seus pleitos como súditos de Portugal. São exemplares as instruções do marquês de Pombal ao governador de Mato Grosso, Luís Pinto de Souza Coutinho, em 1767:

> O povo que V. Sa. vai governar é obediente e fiel a El-Rei, a seus governadores e ministros, é humilde, amante do sossego e da paz... a razão natural ensina que a obediência forçada é violenta e suspeitosa, e a voluntária segura e firme... não altere coisa alguma com força ou violência; porque não é preciso mudar costumes inveterados, ainda que sejam escandalosos... Contudo quando a razão o permite, e é preciso desterrar abusos e destruir costumes perniciosos *a benefício do Rei, da justiça e do bem comum, seja com muita prudência e moderação: que o modo vença mais que o poder.*[39] (Grifos nossos)

Percebe-se com clareza que existe uma série de pressupostos, na assertiva de Pombal, que evidencia suas concepções das relações entre a Coroa e os *povos*. Estão claramente expressos certa concepção da natureza dos colonos, o reconhecimento de alguns de seus direitos e, mais importante, a ideia de que, sendo súditos do rei que eventualmente se revelem insubmissos, deverão ser reconduzidos à condição de leais vassalos, através de uma mistura de astúcia e autoridade.

No sentido que vimos aqui desenvolvendo, seria oportuno citar algumas fontes e alguns testemunhos que possam, por assim dizer, dar voz aos agentes históricos, os quais efetivamente seriam aqueles que vivenciaram o processo em tela e, por via de correspondência ou depoimentos, deixaram o registro de suas impressões. Observe-se, a propósito, o trecho abaixo, emanado de morador da capitania das Minas Gerais na década de 1780:

> propusera (...), a partir de 1780, as seguintes medidas: a) *liberdade para as indústrias*; b) organização de um serviço de correios; c) concessão de empréstimos aos mineiros a juros de 8 a 9% ao ano; d) *supressão das Casas de Fundição;* e) *instalação de uma casa da moeda em Minas, para absorver todo o ouro em pó e transformá-lo em papel-moeda*; f) *criação de uma siderúrgica.*[40] (Grifos nossos)

É possível dizer, numa primeira aproximação, tratar-se de um discurso sedicioso, tipicamente inconfidente, na medida em que propõe exatamente a quebra de alguns dos principais mecanismos de acumulação do Antigo Sistema Colonial. De fato, excetuando-se a proposta de criação de uma universidade nas Minas, está aqui sintetizada parte expressiva do programa econômico dos inconfidentes de 1788-89. E se trataria, verdadeiramente, de uma Revolução Industrial na América portuguesa, a qual romperia o "elo" com a metrópole e, certamente, lançaria as bases para a futura emancipação. No entanto, o conjunto dessas proposições está quase todo contido em correspondência oficial de dom Rodrigo José de Meneses, enviada à Coroa portuguesa a partir de 1780. O governador das Minas propusera ao governo da metrópole uma série de medidas de diversificação econômica no sentido de reverter o quadro de decadência em que se encontrava a capitania, o que nos pareceu extremamente funcional à continuidade do exercício do controle metropolitano sobre as Minas.

Bastante diversa é a outra linha de intervenção nos assuntos administrativos coloniais, da qual o conde de Assumar, nas primeiras décadas do século, e Martinho de Mello e Castro, nas últimas, seriam os maiores expoentes.[41] Nessa outra perspectiva, os colonos são tidos como, por definição, insubmissos, desleais e perigosos. O uso de todo o peso da autoridade metropolitana, e da força, nessa perspectiva, é tido como recurso político inerente e desejável, uma vez que só através dela se anulam e minimizam os efeitos da descontiguidade absoluta de interesses, que seria, nessa perspectiva, a principal característica das relações entre metrópole e colônia. Em nossa perspectiva, a adoção dessa concepção de gestão dos negócios coloniais, diametralmente oposta à de Pombal, foi um dos fatores decisivos na natureza do conflito que se prefigurou em Minas Gerais nos anos 80 do século XVIII.

Tal disputa de concepções, nas Minas, parece ter ganhado nos idos de 1788-89 coloração própria e, segundo acreditamos, era o referente fundamental de muitos dos principais envolvidos na trama. Pretextando, sob o signo da ilustração, o estudo e a discussão de revoluções alhures ocorridas, homens como o cônego Vieira, Tomás Antônio Gonzaga, Cláudio Manuel da Costa e Francisco de Paula Freire de Andrade preocupavam-se antes com os rumos da monarquia portuguesa na última quadra do Setecentos do que com os sucessos americanos em si. O próprio visconde de Barbacena é uma figura *sui generis* nesse processo. Ilustrado membro da Academia de Ciências de Lisboa, Barbacena teria vindo para as Minas numa espécie de exílio voluntário, tendo usado, inclusive, de toda a influência de sua família para conter as reservas de Martinho de Mello e Castro à sua nomeação, posto que era reconhecidamente participante do círculo pombalino e vinculado a ele, bem como membro de uma associação que geraria, pouco mais tarde, o projeto de constituição do Império luso-brasileiro.[42]

A tradição insurgente mineira

Se tomarmos a história das Minas desde seus primórdios, e ao longo de todo o século XVIII, veremos que existe um histórico, não desprezível, de sedições e motins, seja com maior ou menor repercussão, nos quais os mineiros, ricos e pobres, procuravam impor certos limites às políticas administrativas metropolitanas, com especial ênfase no que respeita às novas políticas tributárias que com frequência se propunham.[43] As reações se faziam através dos mais diversos artifícios, que iam desde as representações através das câmaras, local de expressão dos *homens bons*, até os movimentos mais propriamente coletivos e de caráter mais insurgente, entre os quais as diferentes conjurações da segunda metade do século XVIII certamente se situariam.[44]

Parecia ter se delineado, ao longo do século XVIII, uma certa concepção, relativamente arraigada nos costumes e práticas, do que seria um tributo justo, como o quinto real devido à Coroa[45] — embora o método de sua arrecadação fosse sempre objeto de acre disputa, o que sugere mesmo a prática recorrente da sonegação — e o tributo injusto, sobreposto ao primeiro, circunstancial, episódico e com frequência visto como extorsivo. Carla Anastasia, a partir de atenta leitura de E.P. Thompson, sugere algumas questões pertinentes no que respeita à análise do problema nas Minas setecentistas:

> Se na análise de Thompson fica claro que o costume só é confirmado pela lei comum, ou efetiva sua prática cotidiana na medida em que é razoável, seguro e possa ser conciliado com outros costumes e com a lei comum, em [no *Tratado de direito natural* de] Tomás Antônio Gonzaga o costume não é visto de forma diferente. Segundo Gonzaga, o costume é uma frequência de atos externos praticados pela maior parte da sociedade e pode ser de fato ou de direito. É de fato quando se insere nas áreas indistintas das crenças não escritas, das normas sociológicas, e, portanto, é afeito à prática e à tradição oral e não tem força de lei. É de direito quando tem força de lei e constitui direito não escrito. Em ambos os casos, o costume deve ser honesto, útil à sociedade e pode ter, inclusive, força para revogar a lei comum, uma vez que obtenha a aprovação do príncipe.[46]

Anote-se que no fim a autora destaca a necessária aprovação do príncipe como legitimadora, em última instância, da "consagração do costume". A autora destaca, desse modo, a relativa fragilidade da ideia do direito consuetudinário português comparativamente ao inglês. Ainda assim, prossegue no argumento, discutindo as possibilidades de sustentar e identificar alguns aspectos da interveniência da concepção dos *direitos dos povos* no entendimento do contexto das Minas setecentistas:

> No que se refere às relações cotidianas, baseadas no que entendo pela força do direito natural, é possível detectar a percepção dos direitos dos povos nas representações das câmaras, nas querelas, na correspondência privada. Mas e no que se refere à percepção de direitos dos povos em relação à lex, em relação às ordens emanadas do soberano? Nesse caso afirmo que só a podemos detectar nas revoltas, no rompimento das formas acomodativas que expressavam o entendimento de justiça dos povos.[47]

Cabe destacar, nesse último caso, uma série de movimentos de contestação que se estende por amplo espaço temporal e geográfico: os levantamentos da Vila do Carmo, em 1713; os de Sabará, Vila Nova da Rainha, Vila Rica e, novamente, Vila do Carmo, em 1715; os motins de Catas Altas, entre 1717 e 1718; os motins de Pitangui, entre 1717 e 1720; a Rebelião de Vila Rica, em 1720; a Sedição do São Francisco, em 1736, e os levantamentos em Campanha do Rio Verde, em 1746, entre outros, confirmam o potencial contestador da população mineira desde os primórdios da ocupação.[48]

A Região das Minas tornou-se, ao longo de todo o século XVIII, e não apenas no fim, um grande foco de agitação social e política. Nesse contexto, disseminavam-se ideias que iam desde as iniciais demandas mais localizadas ao afrouxamento da presença metropolitana, na qual se inclui o fisco como instrumento de afirmação de poder e transferência de renda, até, ao "apagar das luzes" setecentistas, a propaganda de inspiração anticolonial, passando também pela pregação autonomista localizada. Tais ideias fermentavam em meio a uma massa populacional heterogênea: atingiam em boa medida algumas parcelas dos setores menos favorecidos e encontravam guarida também em meio às classes mais favorecidas, embora entre essas adquirissem um significado especial. Quanto à participação dos setores menos favorecidos da população, é elucidativa a descrição de Carla Anastasia sobre os levantamentos de conotação mais popular:

> Em geral, esses levantamentos apresentaram uma perspectiva política mais ampliada, envolveram vários segmentos da sociedade e buscaram reorganizar as relações de poder entre a comunidade e setores dominantes

> e/ou a metrópole. Nesses motins constatamos a participação de elementos considerados perigosos pelas autoridades portuguesas — negros, forros, índios, mamelucos, vadios — e, além de atos de vandalismo contra a propriedade, observamos mortes, estupros e outros comportamentos bárbaros.[49]

"Ataques contra a propriedade", "mortes" e "estupros" expressam radicalismo e violência inusitados, aspectos da história de Minas Gerais que a historiografia da Inconfidência Mineira jamais trouxe à tona. Ao fim do século XVIII, em situação sensivelmente agravada pela miséria que grassava em algumas comarcas, a comoção popular poderia se tornar relativamente incontrolável, não seria dirigida apenas a uma suposta supressão do pacto colonial; a própria sobrevivência da ordem social poderia ser colocada em questão.

Em 1788, Antônio de Oliveira Lopes, um humilde *piloto* (agrimensor), quase anônimo protagonista da Inconfidência Mineira, recém-instalado numa hospedaria da estrada real, teria dito entre goles de cachaça e outras bravatas políticas: "pois em sendo onze [os revoltosos] eu faço a dúzia."[50] Referia-se nosso entusiástico ativista político à possível eclosão de um conflito destinado a depor o governador da capitania das Minas Gerais, então o visconde de Barbacena, primeiro expoente da estrutura de poder da Coroa na então mais rica capitania da América portuguesa. O que explica tão veemente adesão a um motim do qual há tão pouco se informara? Apenas os efeitos da aguardente?

Por outro lado, tomemos o igualmente anônimo Vitoriano Gonçalves Veloso, o alfaiate mulato que teria percorrido, em apenas dois dias, os 120 quilômetros dos tortuosos caminhos que ligavam a Ponta do Morro (Prados), na Comarca do Rio das Mortes, à sede da Comarca de Vila Rica. Fez tudo isso supostamente a mando de seu compadre Francisco Antônio de Oliveira Lopes e apenas para levar um bilhete sedicioso ao vacilante Francisco de Paula Freire de Andrade,[51] que, diga-se de passagem, continuaria "indeciso" até ser preso. Por que faria o alfaiate tal jornada e com tamanho empenho?

Os dois inconfidentes citados são, de fato, apenas protagonistas menores do levante. Embora igualmente condenados, não tinham grande participação nos conventículos sediciosos de Minas. Provavelmente eram mais claramente identificados com o perfil mediano da população setecentista mineira e sua presença entre os condenados pode se constituir em uma ligação que nos permita refletir sobre uma das poucas certezas que pareciam permear todos os discursos ali presentes, inclusive o da memória sobre o movimento mineiro de 1788-89: a de que a cobrança dos débitos acumulados havia décadas desestabilizaria completamente a capitania. É como se houvesse uma certeza generalizada de que havia, nas Minas setecentistas, certo "repositório cultural" no qual, apenas adormecida, repousava uma velha tradição insurgente, da qual o levante, se efetivado, se constituiria em apenas mais um capítulo.

Laura de Mello e Souza, escrevendo sobre as viagens de dom Rodrigo José de Meneses, cita um conjunto de documentos por ele remetidos a Martinho de Mello e Castro. De uma apreciação geral, que inclui nosso arguto governador, conclui a autora:

> O conjunto dessas cartas, escritas por autoridades administrativas e militares da capitania, deixa entrever a luta surda e constante que opôs os homens do governo à população local, indício do divórcio entre os propósitos de uns e a prática cotidiana de outros. (...) É possível, com base nessas fontes, refazer um pouco da revolta permanente e difusa que caracterizou a vida nas Minas durante a segunda metade do século XVIII. Revolta que esteve longe de contestar o jugo colonial, mas que se valeu, com astúcia e determinação, do que Carla Anastasia conceituou com propriedade de contextos de soberania fragmentada, múltiplos e variáveis conforme a circunstância histórica, mas capazes de criar uma tradição contestatória e uma memória insurgente.[52]

Por isso se explicam, em nossa perspectiva, alguns dos receios apresentados pelos inconfidentes em seus conventículos quanto ao problema dos escravos e à possibilidade de sua alforria. Não se sabia ao certo como, ou se era possível, controlar a turba que acorreria às ruas "como as moscas que correm ao lugar aonde sentem o derramado mel" ou se ajuntaria "nos ermos, onde fede a carne podre".[53] Por isso, talvez, tenham ocorrido, já em fins de 1788, algumas desistências importantes como as de Tomás Antônio Gonzaga, Cláudio Manuel da Costa e do cônego Vieira,[54] todos eles homens do Antigo Regime, alguns dos mais argutos e informados observadores das Minas em fins do século XVIII, detentores das maiores livrarias e, ainda, todos da Comarca de Vila Rica, a que experimentava maior crise econômica.

No bojo da crise prenunciada, também se colocaria, para os membros da plutocracia local ameaçada, a possibilidade de manter sob controle a massa populacional livre e escrava, fundamental à continuidade do processo produtivo e à lucratividade de seus negócios. Nesse sentido, burocratas, fazendeiros e poderosos mineradores, ao mesmo tempo que não "suportariam" a derrama, exasperavam-se com a possibilidade de uma ruptura da ordem que poderia colocar em questão sua própria sobrevivência; e onde as tensões decorrentes da instabilidade social e política das Minas tocariam necessariamente no problema dos escravos e demais excluídos da população. A historiadora Laura de Mello e Souza já afirmava em 1989:

> (...) por todo o século XVIII, as Minas se viram às voltas com levantes e sedições e sua formação social densa mantinha os governantes e os poderosos em constante sobressalto. Com o avançar do século, a insatisfação se enraizou no cotidiano, manifestando-se na proliferação dos quilombos e nas andanças desordenadas de desocupados.[55]

Não é fortuito o fato de que alguns dos principais expoentes do movimento da Inconfidência Mineira fossem senhores de escravos e mineradores. Também não é fortuito que sejam conhecidas apenas duas vagas defesas da abolição: uma em suposta fala de Alvarenga Peixoto e outra do padre Carlos Correia de Toledo, ambas por questões meramente estratégicas, na reunião de 26 de dezembro de 1788. A nítida associação entre sistema tributário e controle político, que hoje parece relativamente inacessível ao cidadão médio, era, no século XVIII, bastante generalizada entre os ricos e pobres moradores das Minas. Nessas condições, eventualmente, as críticas aos excessos do sistema fiscal poderiam evoluir, conforme as circunstâncias de cada caso, até a crítica à própria intensidade e natureza do domínio da Coroa sobre seus súditos de além-mar, mas provavelmente não chegaria a alcançar a ordem social. Por isso, talvez, se expliquem as dificuldades existentes quanto ao estabelecimento de uma tipologia dos motins setecentistas mineiros — como tentam fazer Luciano Figueiredo e, num certo sentido, Carla Anastasia — em que se possam distinguir com relativa clareza os motins da primeira metade do século XVIII e os da segunda metade, nos quais o sentimento anticolonial possa ser visto como mais exacerbado.[56] Nesses casos, conforme a pesquisa empírica tem demonstrado com frequência, existe intensa diversidade de casos nos quais "grandes potentados", outros de "menor poder" e ainda homens de "menor nota" estiveram marchando juntos em várias ocasiões que, se inscritas no tempo e analisadas como constituintes de uma tradição, também nos afastam, simultaneamente, de algumas das premissas de Kenneth Maxwell, que define o movimento de 1788-89 em termos intrinsecamente oligárquicos quanto à sua origem e execução.

Embora se concentre sobre os motins da primeira metade do século XVIII, um levantamento exemplar está expresso nos trabalhos de Carla Anastasia, que demonstram que em não poucas oportunidades os grandes potentados rebeldes das Minas estiveram cercados de muitos *povos de menor monta* que, às vezes, deles se descolaram, se tornando quase incontroláveis. Seria, nesse sentido, preciso considerar o fato de que a derrama, famigerado e temido sistema acordado entre a Coroa e as câmaras desde 1734,[57] se efetivamente lançada, acabaria por novamente significar a distribuição, pelo conjunto da capitania, de um ônus que dificilmente seria suportado com "lealdade" pelos súditos de Portugal, fossem eles ricos ou pobres. A derrama já estava regulamentada por alvará régio de 3 de dezembro de 1750 e, embora com previsão de lançamento anual e devida pelo menos desde o início da década de 1760, só foi lançada em 1763-1764 e 1771-72. Não se conhecem muitos detalhes sobre as vicissitudes que marcaram a arrecadação nessas duas oportunidades, mas não é improvável que as câmaras não tenham se restringido a visar a apenas mineradores e sonegadores para sua arrecadação, fato que talvez explique parte da impopularidade da medida,[58] sobretudo quando era do conhecimento público que muitos dos grandes das Minas (os contratadores em especial) estavam envolvidos nos ilícitos de contrabando e jamais haviam honrado seus compromissos junto ao fisco.

É ainda digno de nota o fato de que, segundo apuramos na leitura dos diversos depoimentos dos ADIM, o conceito que se fazia sobre a derrama parecia, em 1788-89, ter perdido sua referência original, qual seja, o de um método de arrecadação adicional que incidiria, sobretudo, sobre mineradores e cujo objetivo era conter o contrabando e minimizar a saída de ouro não quintado. A derrama, nesse sentido, pareceria aos mineiros da última quadra do século o sucedâneo natural da taxa de "capitação", fonte dos mais diversos conflitos na primeira metade do século XVIII. Conforme nos alerta Charles Boxer acerca daquele tributo:

> A taxa de capitação mostrou ser altamente impopular, pelas seguintes razões, entre outras: incidia mais duramente sobre os pobres do que sobre os ricos, pois os mineiros cujos escravos tinham sorte na lavagem do ouro pagavam sobre cada escravo a mesma quantia que pagavam os outros mineiros cujos escravos pouco ou nada ganhavam — e esses formavam a grande maioria. Da mesma forma os donos de oficinas, lojas e hospedarias que não davam lucros pagavam as mesmas taxas impostas sobre aqueles que estavam tirando grandes proventos de seus estabelecimentos. Fazendeiros e lavradores tinham de pagar não só dízimos sobre suas safras, mas também os quintos sobre seus escravos, sofrendo, dessa maneira, dupla taxação. Numerosas moças mulatas, ou de cor, eram compelidas à prostituição a fim de conseguir ouro para sua taxa de capitação.[59]

Em 1788-89, até pela crise da mineração e pelo sensível crescimento agrícola que experimentava a Comarca do Rio das Mortes (que teve o maior número de participantes e condenados), parecia a quase todos que a derrama deveria incidir sobre todos os moradores das Minas, o que, novamente, colocaria lado a lado pobres e ricos. Note-se, inclusive, que alguns dos personagens citados por Boxer, embora não estivessem na última reunião dos inconfidentes, de 26 de dezembro de 1788, estão presentes nas articulações do levante ou com ele foram relativamente coniventes, como é o caso das *pilatas* ("moças mulatas e prostitutas") do estalajadeiro João da Costa Rodrigues e de pequenos lavradores, como João Dias da Mota, os quais Kenneth Maxwell não mencionou em sua descrição do *grupo de pensamentos afins* (que de resto não era assim tão homogêneo quanto aos pensamentos) que se reunira em casa de Freire de Andrade para *deitar as linhas do negócio.*[60]

Em 1788-1789, a crítica ao sistema tributário e de poder poderia se apresentar sob nova terminologia, com roupagem mais propriamente anticolonial, ou com suave verniz iluminista, segundo se depreende dos testemunhos de alguns dos inconfidentes, mas não nos parece surgir apenas de uma consciência inteiramente nova dos potentados das Minas sobre os excessos do neomercantilismo de Martinho de Mello e Castro. O conteúdo do movimento adviria de uma síntese que também bebe de uma tradição que já havia, num certo sentido, demarcado o profundo descontentamento dos colonos ricos e pobres com os excessos fiscais da Coroa.

Em 1732, o conselheiro Antônio Rodrigues da Costa, membro do Conselho Ultramarino da Coroa Portuguesa, parecia dialogar, *avant la lettre,* com os trechos acima citados e revelar aguda sensibilidade quanto a problemas análogos, agora relativos aos domínios e súditos de Portugal na América. Em atitude sem dúvida bastante "liberal" comparativamente à do ministro Martinho de Mello e Castro, secretário de Ultramar à época da Inconfidência, o conselheiro Rodrigues reconhece a fragilidade das forças militares portuguesas em caso de uma rebelião colonial que contasse com apoio externo, recomenda uma série de concessões do ponto de vista tributário, que seriam parcialmente incorporadas pelo conselho, e ainda sugere a imposição de severos limites à ação dos representantes da Coroa na América.[61] O conselheiro Rodrigues, em algumas de suas assertivas logo no início do texto, referindo-se aos perigos que podem se interpor entre "sua majestade, o rei de Portugal" e as "grandes riquezas que se tem descoberto no estado do Brasil", escreve:

> A dois gêneros de perigos estão sujeitos todos os Estados, uns externos, outros internos: os externos são os da força e violência que poderão fazer as outras nações; os internos são os que poderão causar os naturais do país, e os mesmos vassalos. Ainda se pode considerar terceira espécie de perigo, qual é mais arriscada, e nasce dos dois primeiros; que é quando a força externa se une com a vontade, e força interna dos mesmos vassalos e naturais.[62]

Logo em seguida, prossegue o conselheiro ponderando sobre as dificuldades recentemente vividas pelos brasileiros quando das duas invasões dos franceses no Rio de Janeiro e, mais remotamente, quando da presença dos holandeses no Nordeste:

> Os nossos riquíssimos tesouros do Brasil se acham tão mal guardados que apenas têm algumas praças defesas na Marinha, porque sendo essa tão larga não é possível fortificar: além de que esta pouca e má fortificação é de tal natureza e condição que lhe pode suceder muito naturalmente que sem o pensar ache sobre si, de um dia para o outro, uma armada e vemos que, no Rio de Janeiro, sendo investido duas vezes pelos franceses, de ambas foi entrada a cidade. (...) e os Holandeses nos tomaram a Bahia no ano de 1620 com mui pequenas forças sem lhes ser necessário mais que saltar em terra. Desses sucessos se deixa bem ver o grande perigo em que estão aqueles tesouros porque nem o Rio nem a Bahia, nem os mais portos e marinha se acham hoje com melhor fortificação do que tinham, quando foram entradas aquelas praças.[63]

Claro está, no arrazoado por ele desenvolvido, sobretudo quando alude logo em seguida à fragilidade da esquadra naval portuguesa, que o perigo externo está longe de se constituir em questão resolvida no âmbito do sistema colonial português.[64] Como minimizar, nessa conjuntura, as ameaças aos domínios de Sua Majestade? É aqui que os argumentos do conselheiro nos interessam mais de perto. Ato contínuo, prossegue ele na consulta:

> O perigo interno, que tem os Estados, e nasce dos mesmos vassalos, consiste na desafeição e ódio que concebem contra os dominantes, o qual ordinariamente procede *das injúrias e violências com que são tratados pelos governadores*, da iniquidade com que são julgadas as suas causas pelos ministros da justiça, e *da dificuldade, trabalho, despesa e demora de que necessitam para recorrerem à corte*, para se queixarem das sem razões que padecem e injustiças que lhe fazem. (...) e também nasce *muito principalmente do encargo dos tributos, quando entendem que são exorbitantes, e se lhes fazem intoleráveis*, se persuadem que não houve acusa justa e inevitável para lhes imporem.[65] (Grifos nossos)

Em seguida, o conselheiro proporá uma série de medidas para minimizar cada um desses males. Discutindo a questão dos "excessos" tributários, vejamos o que ele nos escreve, ainda no mesmo texto:

> Os povos do Brasil estão gravemente tributados. (...) A esse encargo tão grande se juntou de novo a contribuição de sete milhões para as despesas dos casamentos de Vs. Altezas, e essa quantia é tão excessiva, que nunca coube nos cabedais da nação portuguesa (...) nem os portugueses souberam nunca pronunciar sete milhões. E assim parecia da real piedade e generosidade de Vossa Majestade, o levantar deste tributo (ou ao menos minorá-lo), porque além de o pedir assim o justo escrúpulo que nele deve haver, o pede também a prudente razão de Estado, que aconselha não ter os vassalos descontentes e vexados, porque a conservação dos Estados consiste primeiramente no amor a afeição dos súditos, e as máximas contrárias a estas são todas iníquas, abomináveis e tirânicas; o que é muito oposto à primeira e principal máxima dos senhores reis de Portugal.[66]

No fim, afirma que para o êxito do bom governo, necessariamente, deveriam ser contidos os abusos tributários e administrativos e encerra com a seguinte assertiva:

> Por todas as razões que ficam ponderadas, se vê manifestamente que estamos neste último perigo, [o terceiro] e naturalmente cairemos nele se pronta e eficazmente se lhe não aplicarem, os remédios que ficam apontados, ou outros de igual força e vigor, que se não sabe quais poderão ser. Nem se pode dizer que esse discurso é fundado em um terror pânico, e contém em si uma ideia platônica; porque pelo contrário, se pode mostrar que é tirado não só das máximas de todos os políticos, mas também estabelecido nas razões práticas e naturais e que se tem experimentado em quase todos os estados do mundo civil e político: antes tudo o que se opõe a estas proposições parece ser uma confiança frívola, e que não se pode deixar de ser muito perigosa.[67]

Seriam muitos os temas a explorar a propósito dos trechos acima. Para os efeitos deste texto, basta apontar, além do aparato de erudição, o atento olhar sobre a contemporaneidade do mundo setecentista, sobre as *razões práticas e naturais* que devem presidir o governo dos homens, para a conservação dos domínios de Sua Majestade. A última frase contém, associadas, duas expressões lapidares, *confiança frívola* e *muito perigosa*, que repõem o perigo que paira sobre os domínios de ultramar e são, em tudo, aparentadas com a conhecida advertência de Maquiavel no capítulo XX de *O príncipe*: "Uma vez que os súditos se levantem em armas contra o monarca, nunca faltarão estrangeiros para assisti-los",[68] como certamente foi o caso dos americanos-ingleses e seus aliados franceses nas lutas de independência.

O que gostaríamos de destacar é o fato de que cada um dos temas levantados pelo conselheiro Antônio Rodrigues da Costa esteve presente nas discussões e nas propostas dos inconfidentes de 1788-89. E, no entanto, o conselheiro escreveu em 1732. A fragilidade e a vulnerabilidade de Portugal no contexto das relações internacionais,[69] bem como o correlato esforço dos naturais da terra na defesa dos domínios de sua majestade, estão expressas nos depoimentos de Tiradentes e do cônego Vieira. Também "dialogam" com sua consulta de 1732 a proposta esposada por Toledo e Paula Freire, de expulsão do governador da capitania, pelas *injúrias e violências* supostamente cometidas nas Minas; a crítica aos *ministros de Sua Majestade*, notavelmente expressa na lírica de Gonzaga; a *demora de que necessitam para recorrer à corte*, da qual a criação da Vila de Barbacena poderia ser um subproduto e solução; e, finalmente, o *problema tributário*, notavelmente representado pela suspensão, prévia à denúncia, da temível derrama. Parece que em 1732 já se prefigurava parte da mesma problemática de 1789.

O conceito de razão de Estado, evocado pelo conselheiro Rodrigues da Costa, comumente aceito pela teoria política como tributário das formulações de Maquiavel no início da época moderna,[70] também emerge, embora com formulação híbrida, em diversos trechos do tratado de direito natural de Gonzaga.[71] No que nos interessa aqui, vale anotar o sentido de conservação, implícito no próprio conceito, correlativo, sobretudo, à defesa do Estado contra possíveis ameaças externas e, contida a tirania, ao resguardar, nos súditos, "o amor ao soberano". Seria bem oportuno evocar ainda as ligações entre o pensador italiano, tido como fundador da ciência política, teórico do Estado moderno, o conselheiro Rodrigues e, ainda, a proposta de conciliação entre o *agro e o doce*, tão bem apontados por Laura de Mello e Souza, como predicados de uma boa administração na visão de alguns governadores das Minas.[72]

Por tudo que foi exposto, parece que nossos diferentes protagonistas estão, ainda no último quartel do século XVIII, circulando em torno de determinados temas, ideias e conceitos do Antigo Regime. Esse não está, definitivamente, afastado dos horizontes de reflexão e intervenção de muitos dos inconfidentes mineiros e cariocas, quiçá dos baianos. Entre os governadores e homens de governo a serem destacados para a América portuguesa, que desde muito cedo eram fonte das maiores expectativas e receios da Coroa, escolhem-se alguns dos mais ilustrados e bem-preparados.[73] Dentre eles, apesar do curto mandato, se destacaria, como vimos sugerindo, dom Rodrigo José de Meneses, governador da capitania entre 1780 e 1783, que, além de "comungar" do projeto econômico dos inconfidentes, deixaria registrada para a história notável correspondência, citada por Laura de Mello e Sousa, que a nosso ver sintetiza exemplarmente alguns dos "talentos" e "luzes" que, cinquenta anos antes, o governador Pina e Proença estabelecera como predicados de uma boa gestão. Afirma dom Rodrigo:

> Sempre me persuadi que uma *bem-calculada e dirigida prudência seria suficiente em quem governa, para ganhar o coração dos homens e obrigá-los com força voluntária a cumprirem as suas obrigações sem que parecessem conduzidos mais que pela própria vontade*, e sem que percebessem mão superior e estranha que desse movimento às suas ações.[74] (Grifos nossos)

Note-se que, para minimizar a natureza essencialmente turbulenta dos mineiros, estão supostos muita prudência e cálculo político, como se percebe nas palavras do governador e como exatamente parece ter faltado a Martinho de Mello e Castro às vésperas da Inconfidência Mineira. Cálculo político não faltaria também a alguns dos ilustrados inconfidentes ou ao visconde de Barbacena um pouco mais tarde. São dignas de nota algumas das iniciativas desse último.

O indiciamento tardio (18/5/1791) do abastado latifundiário coronel José Aires Gomes, que parece ter tido participação quase inexpressiva na preparação do levante, talvez possa ser mais bem compreendido se temos em conta o fato de que seus bens caracterizam a segunda grande fortuna sequestrada e completam, junto às demais, praticamente o equivalente ao lançamento da derrama do ano de 1789. Sugestivamente, o visconde de Barbacena, em consórcio com a autoridade real sediada no Rio de Janeiro, parece ter conseguido aumentar substantivamente as receitas da Coroa naquele ano, sem necessariamente "vexar os povos" e cumprindo rigorosamente o que havia sido sugerido pela rainha em carta régia e nas instruções de 1788. O volume total do sequestro dos inconfidentes praticamente correspondeu à arrecadação do quinto real sobre o ouro no ano de 1789.[75]

De fato, se iluminado a partir de seus elementos mais estruturais cruzados com os depoimentos, ambos relidos a partir de um trabalho mais refinado com a temporalidade, o movimento mineiro de 1788-89 poderia apresentar também um forte conteúdo de recuperação de privilégios e posições de poder, bem como de crítica apenas a alguns dos excessos da Coroa como praticados por seus prepostos. Ameaçados e alijados de seus privilégios desde a gestão de Luís da Cunha Meneses, o Fanfarrão Minésio, alguns dos inconfidentes julgavam acintosa a presença de indivíduos de pouca tradição, ou mesmo de ascendência negra, em postos que anteriormente eram deles e aos quais queriam de novo se reconduzir. Nesse sentido, é lícito afirmar que homens como Cláudio Manuel da Costa, Tomás Antônio Gonzaga, o cônego Vieira e Alvarenga Peixoto provavelmente queriam a reforma do sistema de poder nas Minas, mas antes no que se refere à troca de alguns nomes e algumas funções do que em seus pilares e fundamentos. Nesse sentido, o foco da luta seria muito mais interno ao Império luso-brasileiro do que referido aos grandes temas iluministas mais revolucionários.

Fica a pergunta: se os objetivos eram tão localizados, por que, então, projetar ou integrar um levante, uma sedição ou, em termos mais radicais, uma revolução? Não julgamos, em virtude disso, que todos os inconfidentes comungassem dos mesmos propósitos ou objetivos. Kenneth Maxwell, no sentido geral de sua obra, alude ao fato de que, embora motivados por diferentes interesses, os agentes e protagonistas de 1788-89 teriam se organizado em torno de objetivos comuns. Como "um grupo de pensamentos afins", tinham se disposto a fomentar uma "revolução".

Concordamos com o historiador inglês no que respeita às diferentes motivações que animavam os inconfidentes. Não eram, no entanto, "um grupo de pensamentos afins". Não projetaram, conforme alguns dados e documentos apresentados, uma "revolução". Os mais destacados de seus líderes trabalhavam no plano de uma reestruturação dos sistema de poder nas Minas, talvez, no limite, com o acréscimo de algumas prerrogativas para os moradores da capitania. Para esses, não se tratava de uma revolução, era tão somente mais uma "disputa interna" no coração do mundo luso-brasileiro, e para essa, a monarquia lusitana já tinha adquirido alguma experiência, sobretudo a partir de algumas práticas consagradas nas Minas.

A esse respeito, lembremos ainda a intensidade e a natureza de algumas das rebeliões que ocorreram ao longo do século XVIII, bem como os problemas teóricos que elas ensejam. A curiosa fórmula "Viva el-rei, viva o povo e morra o governador" é recorrentemente empregada nos motins setecentistas. Laura de Mello e Souza, escrevendo sobre as tensões sociais em Minas no século XVIII, aponta sugestiva descrição, em 1737, dos receios do governador interino Martinho de Mendonça de Pina e Proença: "(...) na noite de 30 de outubro de 1737 sobressaltou-se com as vozes que, alto e bom som, proclamavam na principal rua da Vila do Carmo, depois Mariana: 'Viva El-Rei, viva o Povo e morra Martinho de Mendonça.'"[76] Explicando a natureza do protesto, prossegue a autora: "Refrão clássico dos levantes da sociedade de Antigo Regime, no qual se poupava a figura do rei, pai e protetor de seu povo, e se atacava a do executor das leis duras — no caso a tributação do ouro."[77]

Também Luciano Figueiredo, em trabalho já citado, alude ao mesmo tipo de relação entre o soberano e seus súditos. Referindo-se à ritualística dos motins do Antigo Regime, nos diz o historiador:

> O reforço à figura do soberano, e ao amparo que deveria proporcionar aos vassalos, estaria configurado em um dos rituais adotados nessas revoltas: os gritos de "Viva o rei", nos quais se manifestava antecipadamente o reconhecimento público da lealdade que, na perspectiva desses colonos, ao lado dos clamores contra a usurpação dos direitos tradicionais de súditos, legitimava a prática da rebelião. Aparentemente ambíguos, tais protestos se aproximaram corajosamente dos mais graves dos crimes, a traição de lesa-majestade, mas proclamavam fidelidade absoluta.[78]

É como se, ao cabo de uma luta interna ao sistema de poder, homens de condição com frequência recorressem ao arbítrio do rei, sob cuja proteção julgavam ambos lutar, e em nome do qual ambos rendiam a mais absoluta fidelidade. De fato, as autoridades luso-brasileiras, quando se tratava de motins que envolvessem homens de alguma qualidade, frequentemente oscilaram entre o perdão e a devassa. Lembremo-nos, a propósito, que Tomás Antônio Gonzaga, os Resende Costa (pai e filho) e José Alvares Maciel seguiram suas carreiras administrativas no degredo, sempre exercendo com zelo os afazeres atinentes ao serviço da Coroa.[79] José de Resende Costa Filho, inclusive, embora já tivesse sido anistiado há algum tempo, só voltou ao Brasil junto com a corte de dom João VI, de quem era funcionário de especial confiança. Voltamos a nos perguntar: seria mesmo uma revolução? Ou, do ponto de vista de homens como Gonzaga, Cláudio, Resende Costa e Freire de Andrade, seria apenas um ensaio de sedição destinado a lutar por melhores posições de poder no interior do aparelho do Estado português?

É o padre Manoel Rodrigues da Costa, não obstante suspeito pela conjuntura em que escreve, quem nos ajuda a pensar. Em 1839, em texto encomendado pelo Instituto Histórico e Geográfico Brasileiro (IHGB), em que procura historiar o levante, em relato remanescente de um de seus protagonistas, escreve o padre alguns elementos em reforço da hipótese:

> (...) estava bem persuadido que aquela sentença de iniquidade fora proferida, não conforme a justiça, mas conforme o sanguinário espírito de Martinho de Mello, então ministro da repartição ultramarina. O que se fez bem patente, pela exclusão de ministros que não quiseram sentenciar aquela causa sem que vagarosamente com atenção examinassem o processo, fato esse tão verdadeiro que me foi comunicado pelo Desembargador Leal, que por aquele motivo foi excluído. O Exmo. Visconde de Barbacena, que conheceu de fundo toda aquela trágica cena, disse [anos mais tarde] que aquela sentença fora proferida com pena, deixando-o a pensar qual o motivo daquela severidade. (...) Porém o sanguinário Martinho

> de Mello, ou receando que a piedosa rainha voltasse ao governo ou que seu augusto filho imitasse a piedade de sua augusta mãe e melhorasse a sorte dos eclesiásticos, tratou de os remeter para Angola. Porém, como não o podia executar que o participasse ao príncipe, este não convindo na sua pretensão, ficou esta sem efeito.[80]

Estaria o padre tão somente arrependido? Tantos anos depois e praticamente fora da vida pública, por que isentar de culpas a "piedosa" rainha e seu igualmente "piedoso" filho? Só a lealdade à dinastia persistente explicaria o fato? Não julgamos que a questão seja tão simples. Segundo se depreende do relato do padre, se a pena foi desproporcional ao delito, é preciso que se considere a possibilidade de que a Inconfidência Mineira era parte de uma luta por posições de poder entre os homens do sistema colonial, fato inerente à estrutura administrativa da monarquia portuguesa, o que é, de fato, um pequeno delito para os padrões vigentes à época.[81]

É ainda digno de nota o fato de que, depuradas as Minas da presença inquietante de alguns dos inconfidentes, o mesmo visconde de Barbacena, que se queixava, em carta ao ministro do Ultramar, da fragilidade de suas milícias para combater os inconfidentes, caso não tivesse havido a pronta repressão ao movimento, suprimida a revolta, não tenha feito mais qualquer gestão nesse sentido, não tendo havido qualquer acréscimo de contingentes militares aos efetivos da capitania. Pelo contrário, sua maior providência teria sido, além de oficializar a suspensão da derrama, com o que, de fato, se afastaria a possibilidade de um motim de contornos mais populares (ou com adesão popular), ainda que nos termos do Antigo Regime, foi a criação, em 1791, da Vila de Barbacena, à qual generosamente deu seu próprio nome.

Percebe-se, a partir dessa atitude, e de muitas outras ao longo do processo da devassa, como já apontamos, que o visconde de Barbacena não era, definitivamente, um simples "escudeiro de aldeia", ou desprovido de "luzes" e "brilho" para gestão dos negócios da Coroa.[82] Ao que tudo indica, também o visconde era dado ao hábil preceito de misturar o *agro* e o *doce*. Isso sugere que alguma astúcia e muita flexibilidade eram os principais predicados de uma administração que, embora já estivesse, desde o século XVII — como também nos alertou o conselheiro Rodrigues em 1732 —, um tanto fragilizada no plano das relações internacionais,[83] investiu muito na formação de uma burocracia altamente intelectualizada que conseguiu dotar seu sistema colonial de uma longevidade notável para os padrões de época.

Homens como dom Luís da Cunha, tio-avô do Fanfarrão Minésio, hábil estadista que tanto se destacara na primeira metade do século XVIII;[84] o conselheiro Antônio Rodrigues da Costa, autor de brilhantes páginas "quase" iluministas; o próprio marquês de Pombal,[85] um pouco mais tarde, e assim também o visconde de Barbacena, um dos fundadores e primeiro secretário da Academia de Ciências de Lisboa,[86] revelam, nas linhas e entrelinhas de seus relatórios, possuir sólida bagagem intelectual e muita sensibilidade política. Até mesmo o Fanfarrão Minésio, alvo das picardias de Gonzaga (e de uma miríade de autores que a ele se seguiram), seria, além de descendente de uma linha de grandes eruditos e leitores atentos aos problemas de seu tempo, dono de formação não desprezível.[87]

Nesse sentido, diríamos que os acontecimentos que marcaram o último quartel do século XVIII não se caracterizariam, *tout court,* pela disputa polarizada entre "luzes inconfidentes" e "trevas metropolitanas" ou entre "revolução" e "absolutismo". Também os ministros da Casa Real, e não apenas os inconfidentes, liam e aplicavam Platão, Políbio, Heródoto, Virgílio, Maquiavel, Montesquieu, Rousseau e Bossuet, entre tantos outros. Intrigante e sugestivo é o fato de que, com frequência, a autoridade real pudesse sair imaculada de um sem-número de conflitos pelos quais era diretamente responsável.

Lembramos, ainda uma vez, alguns trechos da sentença final da alçada que condenou os réus de Minas Gerais em 1792:

> Lançada a derrama, se gritaria uma noite pelas ruas de Vila Rica — Viva a Liberdade — a cujas vozes sem dúvida *acudiria o povo, que se achava consternado*, e o réu Francisco de Paula formaria a tropa, fingindo rebater o motim, manejando-a com arte e dissimulação, enquanto da

> Cachoeira, onde assistia o Governador geral, não chegava *a sua cabeça, que devia ser-lhe cortada, ou segundo o voto de outros, bastaria que o mesmo general fosse preso e conduzido fora dos limites da capitania*, dizendo-se-lhe que se fosse embora, e que dissesse em Portugal que já *nas Minas se não necessitava de Governadores.* (Grifos nossos)

Se, por um lado, "cortar a cabeça" e "não necessitar mais de governadores" poderiam sinalizar para a efetiva constituição da pequena República Mineira, por outro "gritar à noite pelas ruas de Vila Rica" e "conduzir o governador para fora dos limites da capitania" podem sinalizar para outro sentido: o da ritualística típica dos motins do Antigo Regime que, mesmo que cheguem os novos governadores, acabam por sempre reafirmar a autoridade real.

Quanto aos *povos* ou as *gentes*: acudiriam "consternados" aos gritos de liberdade ou, por outro lado, os mineiros expressariam sua fidelidade de leais vassalos de dona Maria? Não se sabe. Uma coisa é certa na perspectiva setecentista: só com a derrama os *povos* e as *gentes* acordariam de um sono profundo e recolocariam as Minas em estado de novamente "destilar venenos", "tocar desaforos", "vomitar insolências" e, apenas eventualmente, evoluir dessa comoção para a criação de uma república cujos contornos só seriam delineados no processo. Suspensa, no entanto, a derrama, não se poderia afirmar que o projeto inconfidente de república deveria aguardar mais trinta ou cem anos, mesmo porque esse não era, como discutimos, parte de um amplo consenso que se disseminara nas Minas e não seria, seguramente, o mesmo após tantas vicissitudes.

De todo o exposto, fica a sugestão de que, dentre o repertório político disponível, os inconfidentes do último quartel do XVIII teriam feito heterodoxa leitura. De Raynal e dos "americanos ingleses" teriam bebido a ideologia e as práticas anticoloniais. De Montesquieu, provavelmente beberam algumas teses selecionadas. Se, por um lado, trabalharam no horizonte de uma república, ainda que de reduzidas dimensões, por outro pouco avançaram na discussão do tema da participação política ou da tripartição de poderes, elementos fundantes da república representativa e uma das maiores contribuições de Montesquieu ao pensamento político. Em último lugar, se Montesquieu, acerca das diferentes forças de integração social que articulam as formas de governo, nos afirma que "na República é a virtude que leva os cidadãos a antepor o bem do Estado ao interesse particular; e na monarquia é o senso de honra da nobreza que é sustentáculo, e ao mesmo tempo limite, do poder do rei", diríamos que, ao findar o século XVIII, há um permanente jogo de trocas entre virtude e honra que, entendido no contexto setecentista, dificilmente separaria com clareza interesses públicos e virtudes privadas ou vice-versa. Em suma, quer nos parecer que nenhum dos projetos em curso em fins dos setecentos se referiria, portanto, à emancipação política do país ou a um projeto de nação em sentido contemporâneo, sequer em "rascunho". O apelo republicano, por seu turno, esteve estreitamente associado a uma definição relativamente circunscrita no seu tempo e que, por sua vez, representa um momento de transição no pensamento político ocidental. Quanto à natureza dos levantes em relação ao grau de ruptura ou radicalismo que se pretendia, ou seja, se era um ambiente "reformista", "revolucionário" ou, ainda, mais um episódio de conflito e negociação entre a Coroa e seus súditos de além-mar, é um tema que precisa ser mais bem investigado pela historiografia.

Notas

1. Certamente um trabalho representativo dessa tendência seria o de Carlos Guilherme Mota, 1989, editado no início dos anos 1970 em Portugal e reeditado sem alterações em fins dos anos 1980.
2. Caio Prado Jr., 1987.
3. Fernando A. Novais, 1986, p. 143.
4. Ibidem, p. 144.
5. Tomo aqui o sentido de "paradigma" de empréstimo a Thomas S. Kuhn, historiador da ciência que formulou interessante teoria em torno da construção e longevidade das matrizes de pensamento no mundo acadêmico. Ver Kuhn, 1986.
6. Fernando A. Novais, 1986, p. 158.

7. Os parágrafos a seguir retomam e aprofundam alguns aspectos que abordei anteriormente em João P. Furtado, 2006, p. 99-121. Ver também João P. Furtado, 2007, p. 629-648.
8. Para uma visão de conjunto, veja-se a extensa produção de Luiz Carlos Villalta a respeito das relações entre reformismo e ilustração. Cf. Luís C. Villalta, 1999. Para uma compreensão panorâmica das diferentes inconfidências do último quartel do XVIII, Luiz Carlos Villalta, 2000. Ver também o mais recente: Luiz Carlos Villalta, 2007, p. 579-608.
9. Cf. István Jancsó, 1995 e 1997.
10. Já exploramos o tema mais detidamente em João Pinto Furtado, 2002.
11. Sobre a autoria das leis, ver Kenneth Maxwell, 1986, p. 147. (Recentemente republicado em língua inglesa, sem alterações: *Conflicts & conspiracies. Brazil and Portugal (1750-1808)*. Nova York/Londres: Routledge, 2004.) Jardim, 1989, p. 353. Sobre a livraria do cônego, ver ADIM, v. 6, p. 87.
12. *Recueil des loix constitutives des colonies angloises, confédéerées sous la dénomination d'États Unis de l'Amérique Septentrionale,* documento que fazia parte das discussões de alguns dos inconfidentes de Minas, segundo várias menções nos ADIM. Para o apontamento dos possíveis possuidores do texto, ver ADIM, v. 3, p. 20-23.
13. O cônego Luís Vieira era, talvez, seu mais fiel leitor e prosélito. Ver Guillaume-Thomas François Raunal, *Histoire philosophique et politique des étabishments et du comerce des europeens dans les deux Indes* (1770). Traduzido contemporaneamente no Brasil, em partes: 1993; Guillaume-Thomas François Raynal, 1998. Sobre sua recepção na América portuguesa em geral e evidências de sua importância entre os inconfidentes, ver Luciano Figueiredo, Prefácio, Guillaume-Thomas Raynal, 1993; ADIM, v. 2, p. 67; p. 92; e ADIM, v. 9, p. 144.
14. Sobre a inventividade dos leitores e as apropriações pelas diversas inconfidências da segunda metade do século XVIII, ver Luiz Carlos Villalta, 2007 (*passim*).
15. Esse último termo, nem mesmo como vaga menção, pode ser associado ao projeto dos inconfidentes de Minas e do Rio de Janeiro. Segundo tudo indica, esses sempre trabalharam na perspectiva de um governo, mesmo que reformado e liberto de amarras neomercantilistas, de *homens bons*. Kenneth Maxwell afirma desconhecer, e nós compartilhamos inteiramente da tese, o uso da palavra democracia por qualquer inconfidente mineiro. A não ser nas notas dos comentadores, o termo não é citado nos dez volumes dos ADIM. Provavelmente, uma das primeiras associações do termo ao evento seja a que ocorre em 1822, em petição do padre Rolim, quanto ao ressarcimento de seus bens, ao então presidente dom Manuel de Portugal e Castro. Cf. Kenneth Maxwell, 1986, p. 155 e 167.
16. Cf. Silva, 1948.

17. Cf. Kenneth Maxwell, 1986, p. 151.
18. Cf. Márcio Jardim, 1989, p. 344.
19. Idem, p. 354.
20. Sobre as câmaras e suas funções, atribuições, importância e organização na ordem setecentista, ver Heloísa L. Bellotto, 1986.
21. Cf. ADIM, v. 1, p. 351.
22. A respeito da evolução urbana das Minas no contexto setecentista, ver Fernanda B. Moraes, 2006; Paul Singer, 1977, p. 199-213.
23. É curioso que a única cidade das Minas setecentistas, Mariana, o seja em virtude da necessidade de se ter uma sede para o bispado, privilégio só conferido àquele ente jurídico, dotado de relativa autonomia em relação ao poder real. Todos os demais moradores das Minas, portanto, seriam *vilões*, o que, segundo Diogo de Vasconcelos, os privava de uma série de prerrogativas já relativamente disseminadas entre "cidadãos" portugueses, como os de Lisboa, Coimbra e Porto. A respeito, ver Roberta M. Delson, 1997; Cláudia D. Fonseca, 1998; Diogo Vasconcelos, 1935.
24. Anote-se que quase todas as principais localidades apresentam, como parte da simbologia que reafirma a autoridade da Coroa, estreita associação aos seus "donos", os membros da casa real portuguesa. Os principais núcleos urbanos são "marianos", "reais", "del-rei", "da rainha", "do príncipe", "da princesa" ou, no mínimo, "do governador" (Barbacena). A respeito, ver Joaquim Ribeiro Costa, 1970, pp. 15-20.
25. Cf, ADIM, v. 1, p. 258.
26. Depoimento em 15 de junho de 1789. Cf. ADIM, v. 2, p. 49.
27. Cf. depoimento do alferes Jerônimo de Castro e Souza, em 15 de maio de 1789. Ver ADIM, v. 4, p. 64.
28. A respeito, ver Waldemar de Almeida Barbosa, 1995 (*passim*).
29. Cf. ADIM, v. 7, p. 235.
30. Kenneth Maxwell, 1986, 1993, 2004 (*passim*).
31. Cf. ADIM, v. 8, p. 41-105.
32. Idem, p. 52.
33. ADIM, v. 8, p. 56.
34. Cf. Antônio Manuel Hespanha, 1994.
35. Cf. ADIM, v. 8, p. 59.
36. Nesse aspecto, Kenneth Maxwell apresenta um interessante arrazoado nos tópicos *Disposições*, *mudança* e *acomodação*. Cf. Kenneth Maxwell, 1985, p. 21-83; 233-271.
37. A respeito dos gestores citados, ver Kenneth Maxwell, 1985, p. 21-107.
38. Como escreveriam em 1788 os membros da Câmara de Vila Rica, saudando a suspensão da derrama por Barbacena. Cf. ADIM, v. 8, p. 217-227.

39. Cf. marquês de Pombal, *apud* Kenneth Maxwell, 1985, p. 65.
40. Cf. Márcio Jardim, 1989, p. 39; Lúcio José Santos, 1972, p. 52.
41. Observe-se, nesse caso, que a descontinuidade temporal entre as diferentes gestões, com seus "avanços" e "retrocessos", também contribui para derrubar a hipótese marxista de uma história "ascendente", na qual a tomada de consciência vem num "crescendo", ao longo de todo o século XVIII, na sociedade ocidental ou "atlântica".
42. Sobre sua relação com os círculos ilustrados portugueses, ver Márcio Jardim, 1989, p. 218-231.
43. Luciano Figueiredo alude a que, ao longo do século XVIII, as Minas chegaram a sofrer a incidência de mais de oitenta diferentes tipos de impostos, representando, possivelmente, "o mais completo sistema tributário da colônia". Cf. Luciano Figueiredo, p. 98.
44. Além da síntese contida nas próprias instruções de 1788, ver a criteriosa descrição da evolução do sistema tributário, bem como das reações e negociações a ela ligadas, em Charles R. Boxer, 1969, p. 183-222. Também sobre as outras inconfidências mineiras da segunda metade, de 1760-63, de 1768, 1775 e 1776, ver, em especial, diversos capítulos da "Parte IV — As inconfidências". In: Maria E. L. Resende e Luiz C. Villalta, 2007.
45. Carla Anastasia cita ilustrativo refrão pronunciado por mineiros rebelados em São Romão, ao norte da capitania, em 1736: "Viva D. João, o Quinto, e morram os traidores e régulos à coroa." Embora o rei de Portugal à época fosse dom João V, não seria impossível, segundo nosso entendimento, que o refrão também aludisse ao "quinto real", concebido como imposto justo e devido, sobretudo porque se contrapunha à "capitação" e porque não incidia diretamente sobre a pecuária, atividade principal dos rebeldes de São Romão. A respeito, ver Carla M. J. Anastasia, 1995, p. 66. Por seu turno, Luciano Figueiredo também sugere que esse tributo, em regra, não seria objeto de tão intensas reações, por parte das câmaras, quanto os demais. Cf. Luciano Figueiredo, 1993, p. 102.
46. Cf. Carla Anastasia, 1999, p. 108.
47. Cf. ibidem.
48. A respeito, ver Carla M. J. Anastasia, 1995; Luciano R. A. Figueiredo, 1995, p. 56-88.
49. Cf. Carla M. J. Anastasia, 1995, p. 30.
50. Cf. ADIM, v. 1, p. 179-180, 230; v. 5, p. 43.
51. Tarquínio José Barbosa de Oliveira, comentador e organizador dos ADIM, alude ao fato. Para um resumo de sua jornada, ver Márcio Jardim, 1989, p. 199.
52. Cf. Laura de Mello e Souza, 1999, p. 141.
53. Cf. Tomás Antônio Gonzaga, 1995, p. 73-74.

54. Márcio Jardim concorda com a tese de que em dezembro de 1788 os dois últimos já estariam "fora" do levante, porém em virtude da adoção do sistema republicano, do qual seriam divergentes. A respeito das várias defecções, ver Márcio Jardim, 1989, p. 365-375.
55. Ver Laura M.Souza, 1989, p. 35.
56. A respeito, ver Carla Anastasia, 1995, e Luciano R. A. Figueiredo, 1995, p. 56-88.
57. A derrama derivava de uma espécie de acordo tácito entre a Coroa e as câmaras, já esboçado desde 1734 mas não regulamentado até 1750 e, menos ainda, cumprido rigidamente ao longo do século XVIII. Segundo o acordo, o objetivo da derrama, um método complementar de apuração dos quintos reais, era o de completar as expectativas de arrecadação metropolitanas quando não fosse obtido um patamar satisfatório (cem arrobas anuais em 1734) através do ouro "quintado" nas casas de fundição. Embora pesasse — segundo o acordo original recomendado pelo conde de Galvêas ao rei — predominantemente sobre os mineradores de toda a capitania, tudo indica que caberiam às câmaras, em consórcio com o governo da capitania, sua arrecadação e administração. Cf. Luciano Figueiredo, 1995, p. 104-106.
58. Sobre o tema, ver Charles Boxer, 1969, p. 216-219.
59. Cf. Charles R. Boxer, 1969, p. 217.
60. Cf. Kenneth Maxwell, 1986, p. 143.
61. Advertência que não é de todo original. Já afirmara Maquiavel em 1513, no Capítulo XXII de *O príncipe*: "A escolha dos ministros por um príncipe não tem pouca importância: os ministros serão bons ou maus de acordo com a prudência que o príncipe demonstrar. A primeira impressão que se tem de um governante, e da sua inteligência, é dada pelos homens que o cercam." O padre Antônio Vieira, já no século XVII, em notável metáfora, alertava os governantes para o perigo imposto pelo distanciamento entre a realeza e seus prepostos no mundo ultramarino: "A sombra, quando o sol está no zênite, é muito pequenina e toda se vos mete debaixo dos pés; mas quando o sol está no oriente ou no ocaso, essa mesma sombra se estende tão imensamente que mal cabe dentro dos horizontes. Assim nem mais nem menos os que pretendem e alcançam os governos ultramarinos. Lá onde o sol está no zênite, não só se metem essas sombras debaixo dos pés do príncipe, se não também dos de seus ministros. Mas quando chegam àquelas índias, onde nasce o sol, ou a estas, onde se põe, crescem tanto as mesmas sombras, que excedem muito a medida dos mesmos reis de que são imagem." Tomás Antônio Gonzaga, por seu turno, também escreveria em fins do século XVIII: "Os mesmos magistrados se revestem/Do gênio, e das paixões de quem governa./Se o rei é piedoso, são benignos/Os severos ministros: se é tirano,/ Mostram os pios corações de feras./Por isso, Doroteu, um Chefe indigno/É mui-

to, e muito mau, porque ele pode/A virtude estragar de um vasto Império." Cf. Nicolau Maquiavel, 1979, p. 87; Vieira, *apud* Laura de Mello e Souza, 1986, p. 91; Tomás A. Gonzaga, 1995, p. 88.

62. Cf. "Consulta do Conselho Ultramarino a S. M. no anno de 1732, feita pelo conselheiro Antônio Rodrigues da Costa". *Revista do Instituto Histórico e Geográfico Brasileiro*, t. VII (3ª ed.), Rio de Janeiro, Imprensa Nacional, 1931 (1ª. ed. 1845), p. 475.
63. Ibidem, p. 476.
64. Curiosamente, o cônego Luís Vieira da Silva e Tiradentes citavam recorrentemente os mesmos exemplos: a reconquista do Nordeste aos holandeses fora feita sem nenhum investimento da Coroa portuguesa e igualmente a luta contra os franceses teria sido praticamente assegurada pelos naturais da terra.
65. Cf. "Consulta...", p. 477.
66. Ibidem, p. 480-481.
67. Cf. "Consulta...", p. 480-481.
68. Cf. Maquiavel, 1979, p. 85.
69. É essa a obsessão que o visconde de Barbacena procurava alimentar com a associação dos acontecimentos de Minas aos contatos de José Joaquim da Maia e Thomas Jefferson na França.
70. Cf. Sérgio Pistone, 1986.
71. Uma interessante abordagem do texto de Gonzaga foi empreendida por Carla Anastasia. A respeito, ver Carla Anastasia, 1999, p. 103-113.
72. Cf. Laura de M. Souza, 1986, p. 86.
73. A respeito, ver também o mais recente, e também mais exaustivo, trabalho de análise de Laura de M. e Souza, em Souza, 2006, Laura M. Também Souza, 1986, p. 175-199.
74. Ibidem, p. 86.
75. Cf. Furtado, 2002.
76. Cf. Laura de Mello e Souza, 1999, p. 89.
77. Ibidem.
78. Cf. Luciano R. Figueiredo, 1999, p. 7
79. A respeito dos destinos finais e carreiras na África, são elucidativas as biografias feitas pelos anotadores dos Autos, as quais precedem cada depoimento no volume V dos ADIM.
80. Cf. ADIM, v. 9, p. 442-443.
81. Seria apenas mais um caso relativo à mística do rei traído. Cf. Luciano Figueiredo, 1999.
82. Seu profundo tino político e administrativo é, sob todos os aspectos, notável. Provavelmente envolvido em vários dos ilícitos dos inconfidentes, o visconde

conseguiu desviar todo o curso dos acontecimentos e das investigações no sentido de fornecer certa coloração política que o movimento provavelmente não teria adquirido. Ver João P. Furtado, 2002 (Caps. 1 e 3, em especial).

83. É exemplar o último livro de Evaldo Cabral de Melo, sobre as negociações diplomáticas entre Portugal e Holanda acerca da indenização requerida, e paga, pela devolução das antigas possessões holandesas na América portuguesa. Cf. Evaldo Cabral Melo, 1999.
84. Sobre alguns desses hábeis administradores e suas respectivas formações, ver Maria de Lourdes Viana Lyra, 1994.
85. Sobre o marquês de Pombal, ver Kenneth Maxwell, 1997.
86. Que logo depois seria o cenário privilegiado da (re)criação da utopia do Império luso-brasileiro.
87. Cf. Joaci Furtado, 1994.

Bibliografia

ADIM (Autos de Devassa da Inconfidência Mineira). Brasília/Belo Horizonte, Câmara dos Deputados/Imprensa Oficial de Minas Gerais, 1978, 12 v.

ANASTASIA, Carla M. J. *Vassalos rebeldes: violência coletiva nas Minas na primeira metade do século XVIII*. Belo Horizonte: FAFICH/UFMG, 1995.

______. "América portuguesa, mais direitos, menos revoltas". In: COSENTINO, Francisco Carlos. *1500 — 2000. Trajetórias*. Belo Horizonte: Unicentro Newton Paiva, 1999.

BARBOSA, Waldemar de Almeida. *Dicionário histórico e geográfico de Minas Gerais*. Belo Horizonte: Itatiaia, 1995.

BOXER, Charles R. *A idade de ouro do Brasil*. São Paulo: Companhia Editora Nacional, 1969.

DELSON, Roberta M. *Novas vilas para o Brasil-Colônia; planejamento espacial e social no século XVIII*. Brasília: Alva-Ciord, 1997.

FIGUEIREDO, Luciano R. A. "Práticas políticas e ideias ilustradas na América portuguesa". Texto apresentado no 10th International Congress on the Enlightenment, Dublin, July 25-31, 1999.

______. "Protestos, revoltas e fiscalidade no Brasil Colonial". *LPH — Revista de História*. Mariana, 1995, nº 5, p. 56-88.

______. "Tributação, sociedade e a administração fazendária em Minas no século XVIII". *Anuário do Museu da Inconfidência*, Ouro Preto (9), 1993, p. 98.

FONSECA, Cláudia D. "O espaço urbano de Mariana; sua formação e suas representações". *Termo de Mariana; História e Documentação*. Mariana: Ufop, 1998.

FURTADO, Joaci. *Uma república de leitores: história e memória na recepção das* Cartas chilenas. São Paulo: USP, 1994 (Dissertação de mestrado).

FURTADO, João P. "Das múltiplas utilidades das revoltas: movimentos sediciosos do último quartel do século XVIII e sua apropriação no processo de construção da nação". In: MALERBA, Jurandir (org.). *A independência brasileira, novas dimensões*. Rio de Janeiro: FGV, 2006, p. 99-121.

———. "Inconfidência Mineira: um novo tempo ou reedição dos motins do Antigo Regime?" In: RESENDE, Maria E. L. e VILLALTA, Luiz C. (orgs.). *História de Minas Gerais; as Minas setecentistas*. Belo Horizonte: Autêntica/Companhia do Tempo, 2007, p. 629-648.

———. *O manto de Penélope; história, mito e memória da Inconfidência Mineira de 1788-9*. São Paulo: Companhia das Letras, 2002.

GONZAGA, Tomás Antônio. *Cartas chilenas*. (1ª ed. c.1786). São Paulo: Companhia das Letras, 1995.

GUIMARÃES, Manoel L.S. "Nação e civilização nos trópicos: o IHGB e o projeto de uma história nacional". *Estudos Históricos*, v. 1, nº. 1, Rio de Janeiro: UFRJ, 1988, p. 4-27.

HESPANHA, António Manuel. *Às vésperas do Leviathan; instituições e poder político (Portugal — séc. XVII)*. Coimbra: Almedina, 1994.

JANCSO, Istvan. "A sedução da liberdade: cotidiano e contestação política no final do século XVIII". In: SOUZA, Laura de Mello e (org.). *História da vida privada no Brasil*, v. I. São Paulo: Companhia das Letras, 1997.

———. *Na Bahia, contra o Império. História do ensaio de sedição de 1798*. São Paulo: Hucitec, 1995.

JARDIM, Márcio. *Inconfidência Mineira: uma síntese factual*, 2ª ed. Rio de Janeiro: Biblioteca do Exército, 1989.

KUHN, Thomas S. *A estrutura das revoluções científicas*. São Paulo: Perspectiva, 1986.

MAQUIAVEL. *O príncipe*. Brasília: UnB, 1979.

MAXWELL, Kenneth. *A devassa da devassa: a Inconfidência Mineira, Brasil-Portugal, 1750-1808*, 3ª ed. Rio de Janeiro: Paz e Terra, 1986.

———. "A geração de 1790 e a ideia de um império luso-brasileiro". In: *Chocolate, piratas e outros malandros*. São Paulo: Paz e Terra, 1999.

———. *Conflicts & conspiracies; Brazil and Portugal (1750-1808)*. Nova York & Londres: Routledge, 2004.

———. "História da Inconfidência Mineira: dimensões internacionais". *Anuário do Museu da Inconfidência*, Ouro Preto, 1993, n.º 9, p. 17-31.

MORAES, Fernanda B. *A rede urbana de Minas Gerais: a urdidura do tempo e do espaço*. Tese de Doutoramento apresentada à FAU/USP, São Paulo: USP, 2006.

MOTA, Carlos Guilherme. *1822; dimensões*, 2ª ed. São Paulo: Perspectiva, 1984.

———. *Ideia de revolução no Brasil (1789-1801)*, 2ª ed. São Paulo: Cortez, 1989.

NOVAIS, Fernando Antônio. *Portugal e o Brasil na crise do Antigo Sistema Colonial (1777-1808)*, 4ª ed. São Paulo: Hucitec, 1986.

PISSTONE, Sérgio. "Razão de Estado". In: BOBBIO, Norberto. *Dicionário de política*. Brasília: UnB, 1986.

PRADO JR., Caio. *Formação do Brasil contemporâneo*, 20ª ed. São Paulo: Brasiliense, 1987.

RAYNAL, Guillaume-Thomas François. *A revolução na América*. Rio de Janeiro: Arquivo Nacional, 1993.

______. *Os estabelecimentos portugueses no Brasil*. Rio de Janeiro: Arquivo Nacional, 1998.

RESENDE, Maria E.L. & VILLALTA, Luiz C. (orgs.). *História de Minas Gerais; as Minas setecentistas*. Belo Horizonte: Autêntica/Companhia do Tempo, 2007.

SANTOS, Lúcio José dos. *A Inconfidência Mineira: papel de Tiradentes na Inconfidência Mineira*, 2ª ed. Belo Horizonte: Imprensa Oficial, 1972.

SILVA, Joaquim Norberto de Souza e. *História da Conjuração Mineira*. Rio de Janeiro: Imprensa Nacional, 1948.

SINGER, Paul. *Desenvolvimento econômico e evolução urbana*. São Paulo: Companhia Editora Nacional, 1977.

SOUZA, Laura de Mello e (org.). *História da vida privada no Brasil*, v. 1. São Paulo: Companhia das Letras, 1997.

SOUZA, Laura de Mello e. *Desclassificados do ouro*. Rio de Janeiro: Graal, 1986.

______. *Norma e conflito: aspectos da história de Minas no século XVIII*. Belo Horizonte: UFMG, 1999, p. 141.

______. *O sol e a sombra*. São Paulo: Companhia das Letras, 2006.

______. "Os ricos, os pobres e a revolta nas Minas do séc. XVIII (1707-1789)". *Análise & Conjuntura*, Belo Horizonte, v. 4, nºˢ 2 e 3, p. 35, maio/dez. 1989.

VASCONCELOS, Diogo. *História da civilização mineira — 1ª parte — Bispado de Mariana*. Belo Horizonte: Apollo, 1935 (Biblioteca Mineira de Cultura).

VILHENA, Luís dos Santos. *Recopilação de notícias soteropolitanas e brasílicas (1802)*. Bahia: Imprensa Oficial do Estado, 1921. *Apud* NOVAIS, Fernando A. "Condições de privacidade na colônia". In: SOUZA, Laura de Mello e (org.). *História da vida privada no Brasil*, v. 1. São Paulo, Companhia das Letras, 1997.

VILLALTA, Luís C. *Reformismo ilustrado, censura e práticas de leitura: usos do livro na América portuguesa*. Tese de doutoramento apresentada à FFLCH/USP, São Paulo: USP, 546 p., 1999.

______. *1789-1808. O império luso-brasileiro e os Brasis*. São Paulo: Companhia das Letras, 2000.

______. "As origens intelectuais e políticas da Inconfidência Mineira". In: RESENDE, Maria E.L. & VILLALTA, Luiz C. (orgs.) *História de Minas Gerais; as Minas setecentistas*. Belo Horizonte: Autêntica/Companhia do Tempo, 2007.

PARTE IV Mudança e transformação

CAPÍTULO 14 Conduzindo a barca do Estado em mares revoltos: 1808 e a transmigração da família real portuguesa

*Maria Fernanda Vieira Martins**

É hoje difícil imaginar o imenso volume de projetos, expectativas, esperanças e prognósticos sombrios que se reuniam entre aqueles que deixavam o porto de Lisboa naquela madrugada de 29 de novembro de 1807, quando a esquadra portuguesa, comandada pelo vice-almirante Manuel da Cunha Souto Maior, levantou âncoras rumo aos *estados da América*. Aquelas naus, fragatas e escunas, que conduziam ao Brasil príncipes, rainhas e nobres de Portugal, além das gentes, bagagens e utensílios de todo tipo, destinados a garantir-lhes um mínimo conforto nas selvagens terras da conquista, levavam também, em alguma medida, os destinos de Brasil e Portugal. Assim, é difícil imaginar o quanto se sabia que esse evento iria trazer profundas transformações, alterando, sem possibilidade de retorno, os caminhos da história de ambos os países e daqueles que a faziam nos dois lados do Atlântico.

---

*Professora da Universidade Federal do Rio de Janeiro.

A decisão da partida vinha amadurecendo a cada dia desde os ultimatos enviados pelo imperador dos franceses ao regente de Portugal, dom João, e se concretizou a partir de convenção secreta acordada em Londres em outubro daquele ano, confirmada em Lisboa dias depois, em 8 de novembro. De fato, após a assinatura dos tratados de Tilsit (1807), que estabeleceram os termos de paz entre a França e os derrotados Império da Rússia e reino da Prússia, Napoleão voltava-se com toda a disposição para a guerra no *front* ocidental, onde projetava enfrentar a longa resistência inglesa fazendo valer as disposições do bloqueio dos portos continentais ao comércio inglês, uma vez que aquele país se mostrava irredutível nos confrontos marítimos. O bloqueio, que vedava ao comércio britânico todos os portos situados em territórios aliados ou sob o domínio direto dos franceses, havia sido decretado em 1806 e visava estrangular a economia inglesa e forçar sua rendição, estratégia que vinha fracassando devido à continuada aliança política e comercial entre Inglaterra e Portugal.

A partir da decretação do bloqueio, Portugal, que desde o início dos conflitos se colocara em posição de neutralidade, tentara conciliar interesses e adiar uma ação mais peremptória no sentido de declarar seu apoio, seja a ingleses ou franceses, assinara diversos tratados cujos rompimentos recorrentes acarretavam-lhe vultosas multas. As pressões internacionais, naturalmente, faziam-se presentes na própria corte portuguesa, na qual ministros e conselheiros do rei se dividiam entre o apoio a ambas as causas. Em agosto de 1807, entretanto, o príncipe regente dom João recebeu em Lisboa o ultimato de Napoleão Bonaparte: Portugal deveria, em cerca de um mês, definir-se pela adesão ao bloqueio continental, declaração de guerra aos ingleses e perseguição de seus bens e interesses no país. A consequência da não aceitação desses termos, assim se entendia, implicaria a imediata invasão do país por tropas francesas e a destituição da dinastia de Bragança.

Convocando seu Conselho de Estado, em um primeiro momento o regente viu sair vitoriosa a posição do chamado "partido francês", ali liderado pelo ministro e secretário de Estado dos Negócios do Reino,

Antônio de Araújo e Azevedo, conde da Barca, que defendia a aliança com aquele país. Saía derrotada a proposta capitaneada por dom Rodrigo de Sousa Coutinho — e amplamente apoiada pelo governo britânico — que defendia a guerra contra a França e a Espanha e uma antiga ideia, já preconizada em parecer sobre a situação do Reino e suas colônias diante da crise econômica, de 1803, da instalação da corte no Brasil, caso Portugal fosse derrotado. Na continuidade das pressões francesas e daqueles que defendiam, em Portugal, a paz com Napoleão, dá-se a queda de dom Rodrigo e de seus correligionários, muito embora as reuniões seguintes do Conselho de Estado aprovassem a partida para o Brasil do herdeiro do trono, príncipe da Beira, transformada, diante da iminência da invasão francesa, em preparativos para a viagem de toda a corte, o que terminou por ocorrer naquela madrugada de novembro de 1807, apenas algumas horas antes da chegada a Lisboa das tropas francesas, lideradas pelo general Junot.

Entretanto, o evento, já efetivamente dramático, se configuraria muito mais complexo. O projeto de transferência da corte portuguesa para o Brasil possuía uma longa história pregressa, envolvendo uma série de interesses e um vasto emaranhado de conexões transatlânticas, o que traria, a partir de 1808, consequências diretas sobre as estruturas e redes de poder na América portuguesa.

A instalação da corte no Rio de Janeiro, a chamada *inversão brasileira*, que se definia pelo fato inédito de os domínios coloniais passarem a abrigar, em seu próprio território, a sede da monarquia metropolitana, é recorrentemente interpretada como uma ruptura política e institucional fundamental para o entendimento do desenrolar do processo de construção da autonomia e independência brasileira diante do domínio português.

Dentre as possíveis e diversificadas abordagens que o evento suscita, diante de uma inusitada e surpreendente conjuntura política, destaca-se a constituição progressiva, no Brasil, de um novo centro de poder, materializado na nova estrutura e configuração da cidade do Rio de Janeiro, a partir de então destinada a comandar de perto as diferentes províncias, os reinos e as regiões que integravam o Império luso-brasileiro. A questão que se impõe seria, então, compreender até que ponto essa nova situação, sob perspectiva política, jurídica e institucional, representou uma ruptura com o passado colonial, em consonância com os projetos então vivenciados pelas potências europeias e pelos novos Estados que se constituíam na América em suas relações com os ideais liberais-revolucionários em curso. Assim, trata-se de investigar o quanto a nova estrutura de poder instalada no Rio de Janeiro tornou possível o desenvolvimento de uma autoridade central, contribuindo, a longo prazo, para a construção da autonomia dos domínios coloniais.

Conexões transatlânticas: a história de uma nova "velha" ideia

Desde meados do século XVIII os domínios portugueses na América vinham sendo alvo de importantes transformações e reformas, que iriam influir diretamente na composição e no equilíbrio de forças e interesses na colônia. Ao se tornar figura central da administração reinol, Sebastião José de Carvalho e Melo, marquês de Pombal, nomeado secretário de Estado de dom José I (1750), procurou empreender uma série de reformas de modo a reverter a situação de crise que vivia o reino português, situação que, em linhas gerais, era atribuída à preponderância dos interesses ingleses no Brasil, particularmente no que se referia ao destino dos recursos provenientes da colônia, que auferiam escassos lucros a Portugal.[1]

A crise política e econômica do Reino, que já se prolongava desde a Restauração, após a União Ibérica (1580-1640), contrastava com a intensa atividade e o florescimento das terras de ultramar, onde pernambucanos haviam expulsado os holandeses no norte, recuperando a integridade dos domínios lusitanos, e paulistas e gaúchos ampliavam a presença portuguesa na América, expandindo as fronteiras para o sul e oeste, para os lados de Goiás. Concomitantemente, mineiros e paulistas seguiam descobrindo e explorando novas jazidas de ouro e diamantes desde o planalto central até as Minas Gerais, movimentos que se integravam em uma dinâmica mais ampla de expansão e consolidação de interesses mercantis e financeiros na colônia.[2]

A partir do século XVIII, no entanto, o processo de expansão dos poderes da monarquia começava a ganhar um novo significado e uma nova direção, afastando-se progressivamente da tradicional concepção jurisdicionalista do poder. Segundo esse entendimento, a função essencial do rei era garantir o exercício da justiça, no qual a tomada de decisão se amparava em diferentes instâncias e órgãos consultivos, o que submetia a ação da monarquia aos princípios legais da *prudência* e *arbítrio*, antes do que à *razão de Estado*, como começavam a veicular os novos teóricos do poder. Em Portugal, essas modernas concepções começam a ganhar força com a difusão dos ideais iluministas, a partir de meados do século, quando se consolida a ideia do monarca como chefe da *república*, que governa a partir das razões de Estado, geridas pelas noções de conveniência política e necessidade de impor uma ordem, independentemente das leis naturais da sociedade, o que deveria ser perseguido a partir do planejamento de reformas, racionalização da administração do *público* e, consequentemente, de uma maior centralidade política. Segundo José Subtil,

> inaugura-se, por outras palavras, uma era de "administração ativa", com quadros legitimadores, métodos e agentes muito distintos dos da "administração passiva", jurisdicionalista. Agora o governo legitima-se planificando reformas e levando-as a cabo, mesmo contra os interesses estabelecidos (...). De uma situação de impossibilidade governativa para mudar o *status quo*, típica da "administração passiva" jurisdicionalista, passa-se para uma situação interventora, em que a capacidade dos atos governativos se mede pela ação exequível dos programas políticos...[3]

Nesse sentido, visando ampliar e racionalizar os mecanismos de controle da colônia, a administração pombalina promoveu medidas como a alteração dos métodos de cobrança e fiscalização dos impostos nas Minas;

ampliação da estrutura de inspeção nas cidades portuárias; criação de companhias monopolistas de navegação e comércio, além de uma ampla política de estímulo, tarifas preferenciais e subsídios para o desenvolvimento de empreendimentos manufatureiros e da produção agrícola e de gêneros industriais, com o apoio da recém-criada Junta Comercial de Lisboa (1755).[4] A essas medidas somava-se a criação das juntas de fazenda nas capitanias, peça fundamental na execução da modernização do sistema fiscal que então se desenhava. As reformas assumiram um caráter mais amplo ao incluir a extinção das últimas capitanias hereditárias, a unificação dos estados do Brasil e do Maranhão, a criação do Tribunal da Relação no Rio de Janeiro, assim como a constituição de novas capitanias nas fronteiras. Paralelamente, Pombal ainda promoveu a mudança da capital colonial, até então localizada na Bahia, para a cidade do Rio de Janeiro em 1763, medida que procurava, principalmente, racionalizar o controle quanto ao acesso à região das minas e zelar pela integridade das fronteiras setentrionais, constantemente ameaçadas pelos interesses espanhóis e de seus colonos na América.[5]

As reformas pombalinas na colônia atingiram diretamente não apenas a estrutura administrativa, mas ainda as bases e redes de poder local, promovendo a progressiva especialização e ampliação dos cargos e a extensão do controle sobre as capitanias. Ao dinamizar a administração colonial, a política pombalina possibilitou, indireta e progressivamente, a ascensão de diversos setores da economia e governança, que transformavam suas estratégias e seus projetos políticos em função das novas diretrizes e perspectivas que então se criavam. Ao atingir principalmente o equilíbrio de poder entre agentes da Coroa e potentados locais, essas transformações tiveram ainda consequências diretas sobre as práticas políticas de negociação e intermediação, que também precisaram se adequar aos novos tempos.

Embora a *Viradeira*, que se seguiu à demissão de Pombal com o fim do reinado de dom José I e a ascensão ao trono de dona Maria I, em 1777, em alguma medida procurasse anular os efeitos dessas transformações, já em 1796 o príncipe regente, dom João, demonstrava indiretamente a força e a profundidade das reformas ao nomear para seu governo dom Rodrigo de Souza Coutinho (1745-1812), mais tarde conde de Linhares, egresso do Colégio dos Nobres e um dos primeiros graduados pela nova Universidade de Coimbra, instituições caras ao projeto pombalino. Assim, a política reformista, particularmente no que se referia aos domínios da América, teve continuidade, após a queda de Pombal, nos reinados de dona Maria I (1777-1792) e do príncipe regente dom João (1792-1816), quando assumiram os Negócios Ultramarinos, respectivamente, Martinho de Mello e Castro e dom Rodrigo de Sousa Coutinho.

Dom Rodrigo, em especial, se tornaria um fundamental elo entre os eventos que relacionavam o reino e os domínios do ultramar, ou mesmo as transformações que marcaram a passagem do século XVIII para o XIX. Afilhado do marquês de Pombal e um dos principais nomes entre os chamados *estrangeirados*, dom Rodrigo substituiu Martinho de Mello e Castro como secretário de Estado da Marinha e Domínios Ultramarinos, posto no qual permaneceu até 1801, quando assumiu a presidência do Real Erário, até 1803. Afastado do cargo em decorrência de suas ideias "extravagantes" em matéria econômica, retornou ao cenário político na conjuntura explosiva de 1807, como conselheiro e secretário de Estado, quando se tornou o principal artífice da transferência da corte e o fundamental esteio do governo de dom João VI no Brasil.

Em diversos sentidos, portanto, a atuação de dom Rodrigo dava continuidade à política pombalina, basicamente quanto ao destaque que era então concedido aos domínios portugueses na América. Em sua proposta política, cabe ressaltar a ênfase com que era tratado o desenvolvimento das relações e alianças entre o reino e seus diferentes territórios, laços que deveriam se estreitar na perseguição de melhores resultados políticos e econômicos para a grandeza do Império, cuja unidade parecia ameaçada por movimentos e ideias que com frequência crescente envenenavam essas relações. Dom Rodrigo, certamente, não desprezava a importância e repercussão de eventos então recentes, como a guerra de independência das colônias norte-americanas e os movimentos da França revolucionária, assim como aqueles que surgiam como seus desdobramentos no ultramar, a Inconfidência Mineira, as conjurações do Rio de Janeiro e da Bahia e a revolta de escravos na colônia francesa de São Domingos.

> No ano de 1797 ou 1798, o ministro da Marinha e Ultramar, dom Rodrigo de Sousa Coutinho, apresentou a Memória Sobre o Melhoramento dos Domínios de Sua Majestade na América, lançando assim o "programa de reformas", cujo propósito principal era a regeneração do Império português. No programa, Portugal passava a ser concebido como o centro das decisões políticas e das relações comerciais, enquanto os domínios no ultramar passariam a constituir "províncias da Monarquia", reunidas todas num "mesmo sistema administrativo" e "sujeitas aos mesmos usos e costumes". O objetivo fundamental era o resguardo do sacrossanto princípio da unidade, primeira base da Monarquia que se deve conservar com o maior ciúme a fim de que o português nascido nas quatro partes do mundo português se julgue somente português e não se lembre senão da glória e grandeza da Monarquia, a que tem a fortuna de pertencer.[6]

Sua ação política tratou de reforçar esses laços mediante a ampliação de suas bases de poder na América, a partir de sucessivas nomeações para os principais postos administrativos de homens que, além de comprometidos com seus princípios políticos, ligados aos ideais da ilustração, compartilhavam suas ideias quanto à necessidade de racionalização administrativa e desenvolvimento econômico da colônia e pertenciam também ao seleto círculo de suas amizades. Tratava-se de uma geração destinada a consolidar a ideia do Império luso-brasileiro.[7]

Assim, ao longo da segunda metade dos Setecentos ganhava força a ideia da integração do Império, particularmente no que se referia às relações entre o reino e os domínios na América, vistos então como a principal solução para as crises enfrentadas por Portugal. Mesmo a proposta de instalação do centro do Império no Brasil não era nova e já vinha sendo eventualmente considerada ou sugerida em diferentes momentos da história portuguesa, em geral quando se configuravam ameaças mais diretas à soberania do país, no que se referia tanto a sua posição na Europa quanto à integridade de seus domínios na América.[8]

Entretanto, seria através dos projetos "modernizantes" de dom Rodrigo que a proposta ressurgiria nos primeiros anos do século XIX pela primeira vez como um consistente projeto para o Império, a partir de uma filosofia política e econômica baseada nas novas noções do liberalismo econômico e racionalização administrativa, independentemente de conjunturas externas, relacionadas às guerras europeias. Em diversos sentidos, é essa filosofia que conduz os projetos de reforma por ele defendidos quando esteve à frente da Secretaria de Estado, bem como do próprio Real Erário, entre 1801 e 1803.[9]

Assim, naquela conjuntura de 1807, não é de surpreender a posição assumida por dom Rodrigo diante do Conselho de Estado, em função das ameaças seguidamente enviadas por Napoleão Bonaparte:

> O único meio que ainda resta de segurar a Independência da Coroa de V.A.R. é que, conservando a bem fundada esperança de se poder assegurar a defesa do Reino, deixa a certeza de ir em qualquer caso V.A.R. criar no Brasil um grande Império, e assegurar para o futuro a reintegração Completa da Monarquia em todas as suas partes. Quaisquer que sejam os perigos que acompanhem uma tão nobre e resoluta Determinação, os mesmos são sempre muito Inferiores aos que certamente hão de seguir-se da entrada dos Franceses nos Portos do reino, e que ou hão de trazer a Abdicação de V.A.R. à sua Real Coroa e a abolição da Monarquia, ou uma opressão fatal qual a que geralmente se diz que experimentaram os Napolitanos, e a dilaceração dos Vastos Domínios da Coroa de V.A.R. nas Ilhas contíguas à Europa, na América, na África e na Ásia, procurada pelos Ingleses para [se] indenizarem da falta de Comércio com Portugal.[10]

Se os conselhos de dom Rodrigo terminam por ser seguidos pelo príncipe regente em um momento de extremada crise política, em que estava em jogo a própria continuidade da dinastia de Bragança no trono português, a ameaçadora conjuntura e a necessidade de salvaguardar a integridade do Império e da monarquia serviram para dilapidar as resistências que naturalmente ainda se mantinham na corte quanto à transferência do centro político e administrativo do Império para o Brasil. Entretanto, a premência que essa conjuntura impunha à ação do regente e seus ministros de Estado não deve ocultar o fato de que havia ali um projeto de uma nova configuração para o Império português, que viria a ser perseguida a partir da instalação da corte no Rio de Janeiro.

A condução da barca do Estado: a política joanina no Brasil

A instalação da corte portuguesa no Brasil em 1808 provocou uma singular e profunda alteração na estrutura administrativa luso-brasileira, particularmente a partir da montagem de um vasto instrumental político-institucional que se criava com o objetivo de adaptar os domínios coloniais à nova conjuntura, mesmo considerando-se que se tratava de um processo já em curso desde o desenvolvimento da política pombalina, uma vez que a cidade do Rio de Janeiro era já a capital dos domínios portugueses na América, abrigando, desde 1763, a sede do governo e residência oficial dos vice-reis do Brasil.

> Em setembro de 1808 esse arranjo governativo foi completamente eliminado, posto que dom João, o príncipe regente, assumiu ele próprio — em pessoa, como de fato deveria ser — a condução da governação portuguesa, estando a Coroa na América. Até então, esse governo havia sido encabeçado pelo vice-rei, acima de quem se encontrava apenas o governo metropolitano situado no reino. Era ele que atuava como o principal elo — expressão cunhada por Raimundo Faoro — de vinculação entre as esferas da governação colonial — camarária e capitanial — e reinol — metropolitana. Nesse sentido, os vice-reis demonstravam — por natureza do próprio cargo — uma extraordinária capacidade de mediação entre os diversos interesses envolvidos na governação do Estado do Brasil. Eles

> estavam em contato direto com os recursos materiais e humanos efetivamente disponíveis para a realização de diversas políticas e interesses que predominavam na região, bem como aqueles disponibilizados pelo reino. Era a sua capacidade de mediação, de se constituir em elo entre as demais esferas da governação, que acabava por favorecer a adesão dos mesmos a determinadas políticas governativas de médio e longo prazo observadas no Brasil.[11]

A mudança substancial no arranjo tradicional da governação portuguesa na América impunha medidas consistentes no sentido de manter-se o equilíbrio que, em última instância, garantia a sua sobrevivência. Nesse sentido, uma das primeiras ações do príncipe regente no Rio de Janeiro, em 10 de março de 1808, foi a destituição do então corrente Ministério e a organização de um novo Gabinete, composto por dom Rodrigo de Souza Coutinho, que nesse ano se tornaria conde de Linhares, para a pasta dos Negócios Estrangeiros e da Guerra; dom Fernando José de Portugal e Castro, futuro marquês de Aguiar, para os Negócios do Reino, e dom João Rodrigues de Sá e Menezes, visconde de Anadia, para os Negócios da Marinha e Ultramar. Todos apresentavam uma trajetória profundamente relacionada à administração colonial, principalmente na América: dom Fernando havia sido governador da Bahia (1788-1801) e vice-rei do Brasil (1801-1806); de dom Rodrigo já se afirmaram suas conexões com a América; dom João, além dos cargos na administração régia, havia sido também secretário de Estado dos Negócios da Marinha e Domínios Ultramarinos. Da mesma forma, tal Ministério corroborava a influência do grupo dos que defendiam as reformas necessárias para arrancar das garras de seu tradicional atraso o Império português.

Quanto às reformas que começavam a ser implantadas, a profícua atividade da administração joanina pode ser percebida analisando-se o amplo volume de decretos, alvarás e ordens régias emitidos em seus primeiros anos no Brasil. De um modo geral, o conjunto dos instrumentos legais emitidos ainda em 1808 demonstra que se delineava um amplo programa de organização e estruturação política, econômica e institucional que iria atingir todas as áreas do governo. Essas ações incluíam desde a reorganização do aparato eclesiástico — nomeação de bispos e capelães — e do aparato militar — prevendo-se a criação de regimentos, tropas de linha, postos e cargos, bem como a regulamentação de seu funcionamento e a reestruturação de organismos já existentes, como a Brigada Real e o Arsenal de Marinha — até reformas fiscais, com a criação e regulamentação de impostos, cargos, alfândegas e instâncias de arrecadação e controle sobre produtos ou direitos de entrada e a imposição da décima sobre os prédios urbanos nas vilas e cidades.

Compreenderam ainda a reorientação da política econômica — principalmente a partir da decretação da abertura dos portos brasileiros às *potências que se conservam em paz e harmonia com a minha real Coroa, ou em navios dos meus vassalos* e do alvará que revogava a proibição de instalação e funcionamento de fábricas e manufaturas no Estado do Brasil e domínios ultramarinos — e novos mecanismos de controle para a política monetária, controle e aldeamento dos índios para expansão da agricultura etc. Além dessas medidas, foram ainda criados a Impressão Régia, a Real Fábrica de Pólvora, o Real Horto, a Academia Militar, a Escola Cirúrgica no Hospital da Misericórdia, a Academia dos Guardas-Marinhas, a Biblioteca Real, o Museu Nacional, a Escola de Ciências, Artes e Ofícios, sem mencionar a política externa, marcada pela declaração de guerra à França e Espanha, pela tomada de Caiena, em represália à invasão francesa no Reino, e o crescente interesse pela região do Prata, que levaria à anexação da Província Cisplatina em 1821.

As reformas incluíram ainda a retomada e regularização da política de distribuição de sesmarias, para as quais a confirmação das concessões fornecidas por governadores e capitães gerais nas capitanias, em virtude da interrupção das comunicações com Lisboa, deveria ser transferida do Conselho Ultramarino para a recém-criada Mesa do Desembargo do Paço no Rio de Janeiro, à qual caberiam ainda as concessões de terras na capitania. O governo do príncipe regente também ampliou o número de comarcas e ouvidorias, acrescentando-se a isso um enorme conjunto de nomeações para novos cargos de fiscalização e justiça, particularmente inúmeros novos juízes de fora, então designados para diversas vilas e cidades, e toda a ampla gama de funções (escriturários, escrivães, amanuenses, contadores etc.) necessárias ao funcionamento da nova estrutura que então se criava.[12]

Seguindo-se a esses instrumentos legais, cabe destacar, ainda em 1808, a criação de um conjunto emblemático de instituições políticas e jurídico-administrativas, a maior parte das quais já existente em Portugal, que espelhavam o verdadeiro espírito da monarquia e carregavam todo o pesado ônus da tradicional administração portuguesa. Assim, usando-se a justificativa da paralisação das comunicações com o reino em virtude das guerras com os franceses e as necessidades de seus *reais vassalos* de manterem-se abrigados pelas instituições que lhes garantiam a ordem e a justiça, foram recriados no Rio de Janeiro, sem que fossem desautorizados ou extintos seus similares existentes em Lisboa, o Conselho Supremo Militar e o Tribunal da Mesa do Desembargo do Paço e da Consciência e Ordens, que em Portugal funcionavam de forma autônoma; a Chancelaria Mor do Estado do Brasil; a Casa da Suplicação do Brasil, mediante alvará que dava ainda *outras providências a bem da Administração da Justiça*; a Intendência Geral da Polícia no Estado do Brasil; a Real Junta do Comércio, Agricultura, Fábricas e Navegação; o Erário Régio e o Conselho da Fazenda, além do primeiro banco a funcionar em terras brasileiras, o Banco do Brasil. A todas essas instituições, conforme o caso, eram dados diretrizes de funcionamento, cargos nomeados, estatutos, competências e jurisdição.

Especial atenção era concedida à estrutura do judiciário, que, no âmbito local, funcionava com base em cargos cujas jurisdições ainda careciam de melhor definição:

> Até a vinda do príncipe D. João, a estrutura judiciária da colônia era bastante genérica. Na ordem municipal, estava representada pelos juízes ordinários — já substituídos, em algumas cidades, por juízes de fora — e pelos juízes de vintena. Numa ordem mais elevada, achavam-se os ouvidores de comarca, os ouvidores gerais e, por fim, as relações, todos

> eles julgando qualquer tipo de feitos e apenas diferenciando-se pela sua jurisdição e alçada. Embora setoriais, os juízes do povo eram, mais do que verdadeiros juízes, representantes políticos e agentes de autorregulação, posto que, cometendo um delito comum, os seus jurisdicionados saíam da sua competência.[13]

No Brasil, as mesas do Desembargo do Paço funcionavam junto aos Tribunais da Relação; embora essa situação se mantivesse inalterada na Bahia, no Rio de Janeiro a Relação transformava-se na Casa da Suplicação do Brasil, por alvará de 22 de abril de 1808. Passava a ser considerada Superior Tribunal de Justiça, ou seja, tribunal de última instância, sendo para essa finalidade ampliados sua estrutura e o número de desembargadores, que teriam "a mesma alçada que têm os da Casa da Suplicação de Lisboa" e ao qual ficariam submetidos os agravos e as apelações originários das capitanias do Pará e Maranhão, Ilhas dos Açores e Madeira e da Relação da Bahia.[14]

No que se refere ainda à questão da estrutura da Justiça, além do amplo contingente de juízes de fora, foram instaladas novas juntas de justiça nas capitanias de Rio Grande de São Pedro e Mato Grosso, além da reorganização da junta em São Paulo, bem como juntas do Desembargo do Paço em Goiás e Mato Grosso. Acresce-se a essa ordem o surgimento do cargo de juiz das sesmarias, (re)criado em 1809, ao qual caberiam a delimitação e medição das sesmarias, embora os eventuais litígios mantivessem-se na alçada da justiça tradicional, com recursos dirigidos aos ouvidores das comarcas. Seriam designados pelos governadores ou pelas mesas do Desembargo do Paço, que decidiriam a nomeação a partir de listas tríplices, elaboradas pelas câmaras.

A Real Junta do Comércio, Agricultura, Fábricas e Navegação foi criada em 23 de agosto de 1808, na sequência da revogação do alvará que em 1775 proibira a instalação e o funcionamento de fábricas e manufaturas nos domínios ultramarinos. Além da missão inicial de promoção das atividades econômicas, a importância do órgão traduzia-se no amplo leque de funções e competências que se lhe atribuía: a supervisão do funcionamento das Mesas de Inspeção nas capitanias; das atividades de importação e exportação; dos consulados comerciais, das companhias de seguro, comércio e navegação; a criação de Aulas de Comércio; a construção de uma praça de comércio; a supervisão de estradas, pontes e canais; a administração de espólios e falências comerciais; a matrícula dos comerciantes; o controle de patentes e incentivo a introdução de invenções e maquinaria etc.

A presidência do tribunal coube ao então ministro dos Negócios do Reino e presidente do Real Erário e Conselho da Fazenda, dom Fernando José de Portugal e Castro, marquês de Aguiar, que ocupou o cargo desde a instalação da Junta, em 1809, até sua morte, em 1817.[15] Dom Fernando, a quem cabia a nomeação da diretoria, designou para esse fim, entre outros, Luís José de Carvalho e Melo, desembargador do Paço e futuro visconde da Cachoeira, Leonardo Pinheiro de Vasconcelos, membro do Conselho da Fazenda, Manoel Moreira de Figueiredo, negociante mineiro e desembargador da Casa da Suplicação, e José da Silva Lisboa, desembargador da Relação da Bahia e futuro visconde de Cairu, além dos negociantes João Rodrigues Pereira de Almeida, Elias Antonio Lopes e Antonio da Silva Lisboa, que representavam a nata dos grandes comerciantes que atuavam na Praça do Rio de Janeiro.

> Na diretoria empossada em 1809, José da Silva Lisboa, futuro barão e visconde de Cairu, ao lado do presidente do Tribunal, o marquês de Aguiar, formavam o "braço forte" do organismo durante a administração joanina. Velhos amigos desde a passagem de dom Fernando pelo governo-geral da Bahia, em que Silva Lisboa ocupava o cargo de deputado da Mesa de Inspeção da Capitania, já nessa época relações pessoais estavam por trás dos bastidores das nomeações. Passaram também pelo Tribunal importantes nomes, como Silvestre Pinheiro Ferreira, José Albano Fragoso e os negociantes de grosso trato "fluminenses", os irmãos Manoel e Amaro Velho da Silva.[16]

O Real Erário e o Conselho da Fazenda foram criados por alvará de 28 de junho de 1808 e vinham substituir a Junta de Fazenda do Rio de Janeiro, que atuava sob a jurisdição do Erário Régio em Lisboa.[17] Seguindo, em linhas gerais, seu modelo lisboeta, ao Erário eram destinadas as funções de administração, arrecadação, distribuição, assentamento e expediente da Real Fazenda, que se distribuíam regionalmente por três contadorias gerais: a primeira, responsável pela cidade e província do Rio de Janeiro; a segunda, a cargo dos domínios portugueses na África e Ásia, além dos governos de Minas Gerais, São Paulo, Mato Grosso, Goiás e Rio Grande de São Pedro do Sul; a terceira, englobando os governos de Bahia, Pernambuco, Maranhão, Pará, Piauí, Ceará, Paraíba, Cabo Verde e as ilhas dos Açores e Madeira. Cabiam às contadorias a fiscalização, cobrança e escrituração das rendas e administração dos respectivos contratos, bem como o controle do funcionamento das juntas de fazenda nas capitanias. Funcionando junto ao Real Erário, era ainda criado, pelo mesmo alvará, o Conselho da Fazenda, que também seguia os moldes do Conselho de Lisboa, e ao qual passavam a pertencer os expedientes de todos os negócios referentes aos armazéns reais, o Arsenal Real do Exército, minas e exploração de minérios, além dos diversos impostos e tributos.[18]

Outra fundamental instituição que se instalou nessa mesma conjuntura foi o primeiro Banco do Brasil. Criado como banco emissor, em 12 de outubro de 1808, a partir de capital privado, com a expressa intenção de *animar o comércio e promover os interesses reais e públicos*, financiar os gastos do Estado, particularmente o fornecimento do crédito necessário à instalação e manutenção da própria Corte e da estrutura do Estado, o banco funcionou até 1829, sobrevivendo à volta de dom João VI a Portugal, mas mostrando-se incapaz de resistir à crise do final do Primeiro Reinado. Sua primeira diretoria, nomeada por decreto datado de 24 de janeiro de 1809, era composta, basicamente, pelos grandes negociantes fluminenses, como João Rodrigues Pereira de Almeida, José Marcelino Gonçalves, Manoel Caetano Pinto e João Morgan. Os deputados da junta eram José Pereira Guimarães,

Fernando Carneiro Leão, Antonio Gomes Barroso, Antonio da Cunha, Domingos Antunes Guimarães, Luiz de Sousa Dias, Antonio da Silva Lisboa, Joaquim Antonio Alves, Ignácio João Bento de Azevedo e Bernardo Lourenço Vianna.

> O Banco descontava notas de efeitos comerciais, fazia empréstimos, recebia depósitos, aceitava letras e efetuava o câmbio de moedas. Possuía o monopólio do comércio de diamantes, pau-brasil e marfim e realizava as operações financeiras do governo. A emissão de bilhetes foi a principal atividade e fonte de lucros da instituição. Foi o quarto banco emissor a surgir no mundo, seguindo os da Suécia, Inglaterra e França.[19]

De um modo geral, pode-se afirmar que a política joanina era comandada pelo conde de Linhares e seus *modernos* ideais de administração. No período em que esteve à frente do governo, procurou implementar seu projeto original de desenvolvimento e expansão da lavoura no interior e da produção *industrial* nos principais centros urbanos, estimulando, em geral via isenção de tributos ou perdão das dívidas com a Fazenda Real, a instalação de áreas e unidades produtivas. Da mesma forma, buscou-se dinamizar a atividade mercantil com o melhoramento de portos, o controle de fraudes e contrabando, a abertura de estradas e vias para circulação de mercadorias e gêneros agrícolas, de forma a encurtar distâncias e unir as diferentes regiões do Centro-Sul do país, de Goiás e Mato Grosso ao Rio Grande e aos portos de Santos e do Rio de Janeiro, o que indiretamente também ajudaria a promover a integração do território, como assinalaria Oliveira Lima:

> As comunicações da capital com as capitanias vizinhas pela via terrestre eram relativamente difíceis e irregulares, apesar de existirem caminhos sofríveis para São Paulo e para Minas e de os sertanejos, inclusive os de Goiás, se não incomodarem com as viagens as mais prolongadas, de muitos meses de duração, feitas para venderem seus produtos e realizarem suas compras. Essas comunicações eram todas executadas por tropas de mulas e, fora do estreito campo mercantil em que laboravam, os

> habitantes do interior pouca ou nenhuma curiosidade experimentavam sobre o que ocorria à beira-mar, segregados por completo, em corpo e espírito, de um mundo que estava caminhando a passos tão largos para melhor destino. Conta Luccock que na sua viagem a Minas encontrou dois mercadores de Cuiabá, os quais lhe confessaram que até bem pouco (provavelmente até a chegada da família real e abertura do Brasil aos estrangeiros) se não tinha ouvido falar no seu canto de mundo de guerras europeias, supondo eles que somente existiam dois povos, espanhóis e portugueses, sendo tudo mais gentio.[20]

Assim, a grande obra da administração joanina, a partir de uma intensa atividade legisladora, seria a normatização das instituições centrais e a expansão do espectro de atuação da monarquia sobre as capitanias, mediante a imposição de uma ampla gama de funcionários régios, repartições e organizações que nelas se instalavam sob a orientação do Rio de Janeiro, principalmente no que se referia à ampliação do aparato judiciário e da estrutura de Fazenda, inclusive em função da necessidade de otimizar os mecanismos de fiscalização, arrecadação e uniformização da Justiça. Mas se por um lado a administração caminhava no sentido da integração e expansão do controle do território e da racionalização de suas funções, em diversos aspectos se embaralhava no emaranhado de suas leis e no peso de sua estrutura tradicional. O erário régio seguia carregando o ônus de uma corte parasitária, que precisava ser sustentada em troca da lealdade posta a serviço de Sua Majestade.[21]

No que se refere à avaliação do alcance das reformas e do teor *progressista* dessas transformações, no sentido da superação dos antigos entraves típicos às administrações do Antigo Regime, basta lembrar que o tom geral das ações do governo de dom João VI era dado por aquele que, por isso mesmo, surgia como seu principal ministro, ou seja, moderno quanto à questão econômica e conservador quanto à política, exatamente à moda de seu outrora poderoso padrinho, o marquês de Pombal.

> Nesse sentido era o conde de Linhares homem que chegava a escrever ao Príncipe Regente considerar perfeita loucura dos Governadores do Reino dizerem haver consultado sobre o modo de taxação os tribunais, "para suprirem as Cortes como se entre nós fosse necessário convocar Cortes para lançar qualquer imposto". E acrescentava com sua habitual vivacidade, a mesma vivacidade que lhe não permitia medir os obstáculos aos empreendimentos, por vezes gigantescos, a que se abalançava: esta lembrança dos Governadores deve ser fortemente rebatida, e um tal princípio pode ter as mais sérias consequências para a autoridade de V.A.R. e para a Monarquia, e quem o lembrou é mais Traidor do que aqueles que a cara descoberta atacam a Monarquia. (...). A ideia fundamental de dom Rodrigo em matéria administrativa parecia ser a de acelerar extraordinariamente o movimento sem mudar o sistema do maquinismo, apenas aumentando-lhe as pegas e carregando demasiado a pressão. Na lida não ocorria ao precipitado engenheiro indagar se a velha e carcomida armação aguentaria a refrega.[22]

A capital imperial e seu novo ordenamento: o Rio de Janeiro e a Intendência Geral de Polícia

A esquadra portuguesa que aportara no Rio de Janeiro em 1808, e à qual se reuniriam os navios que traziam o príncipe regente e parte de sua comitiva desviada para Salvador, Bahia, onde o monarca permanecera por cerca de um mês, trazia entre 10 mil e 15 mil pessoas, entre nobres, advogados, médicos, militares, clérigos, magistrados, funcionários régios e criados, que ali passariam a residir. É de se presumir que a primeira impressão da cidade não fosse das mais favoráveis, com a possível exceção do próprio príncipe regente, que mostrava uma proverbial boa vontade para com o que via, principalmente diante do contraste entre os desagradáveis momentos da partida de Lisboa e a recepção que agora o aguardava:

> O desembarque da família real portuguesa no Rio Janeiro, aos 8 de março de 1808, foi mais do que uma cerimônia oficial: foi uma festa popular. Os habitantes da capital brasileira corresponderam bizarra-

> mente às ordens do vice-rei conde dos Arcos e saudaram o Príncipe Regente, não simplesmente como o estipulavam os editais, respeitosa e carinhosamente, mas com a mais tocante efusão. Dom João pôde facilmente divisar a satisfação, a reverência e o amor que animavam os seus súditos transatlânticos nos semblantes daqueles que em aglomeração compacta se alinhavam desde a rampa do cais até a Sé, que então era a igreja do Rosário; os sacerdotes paramentados de pluviais de seda e ouro, incensando-o, ao saltar da galeota, com hissopes de ouro, tanto quanto os escravos humildes que de precioso só podiam ostentar num riso feliz as suas dentaduras nacaradas.[23]

Entretanto, para a maioria, pareciam confirmar-se as apreensões iniciais e os prognósticos sombrios de uma vida de privações e desconfortos. Instaladas inicialmente no paço dos vice-reis e no convento do Carmo, a família real e sua corte logo teriam a oportunidade de aprofundar suas impressões. A cidade apresentava-se extremamente modesta e acanhada, com ruas de terra, *sujas, maltraçadas e descuidadas*, prédios insignificantes e pobres moradias, sem mencionar o mau cheiro, a hostilidade do clima tropical, a algazarra e a falta de modos e higiene de uma população composta, em sua maioria, por negros e gente mestiça.

> Todavia o Rio de Janeiro, cuja importância política só datava propriamente de um século, depois de começada a exploração das minas, e de cujo aformoseamento apenas tinham cuidado muito mais tarde os vice-reis transferidos da Bahia, Luiz de Vasconcellos e Rezende especialmente, ainda era uma mesquinha sede de monarquia. As ruas estreitíssimas, lembrando mourarias; as vivendas sem quaisquer vislumbres de arquitetura, afora possíveis detalhes de bom gosto, um portal ou uma varanda; os conventos numerosos, mas simplesmente habitáveis, exceção feita dos de São Bento e Santo Antonio, situados em eminências e mais decentemente preparados; as igrejas, luxo de toda cidade portuguesa, frequentes porém inferiores nas proporções e na decoração de talha dourada às da Bahia, provocando por isso entre a devoção e caridade dos fiéis um estímulo de obras de embelezamento...[24]

Definitivamente, a cidade, então com cerca de 45 mil habitantes, não estava preparada para abrigar todo aquele contingente. Para além das questões de embelezamento e dinamização da vida cultural, faziam-se necessárias intervenções contínuas de maior monta no que se referia à infraestrutura urbana e de segurança pública, para cujo planejamento e execução dom João se apressara a criar, em 10 de maio de 1808, o cargo de intendente-geral de Polícia da Corte e do Estado do Brasil. A Intendência se configuraria, então, como uma das mais emblemáticas instituições dentre as que se formalizavam nesse momento, quer pela identificação direta com as necessidades da corte, quer pela proximidade sempre demonstrada junto ao paço, quer pela extensão de suas ações, ou, mais ainda, como símbolo dos anseios de *civilizar-se* a cidade colonial. Portanto, "impunha-se à tarefa de transformar a velha capital do Estado do Brasil na nova corte do Império lusitano, fato que implicava modificações de natureza bastante variada e que, no limite, apontavam para uma *metropolização* da antiga sede política".[25]

Entre os principais decretos que se emitiam naquele ano, o que criava o posto de intendente era um dos mais econômicos em letras; não se definiam funções, estrutura de funcionamento, prerrogativas ou jurisdições, estabelecendo-se apenas o ordenado do ocupante do cargo. Embora ali se dissesse que era criado aos moldes do que já havia em Lisboa, isso poderia parecer pouco para as autoridades e, principalmente, a população local, não estivessem essas já razoavelmente habituadas às ações daquele que assumiria efetivamente o cargo, entre 1808 e 1821, o desembargador do paço e ouvidor-geral do crime no Rio de Janeiro, Paulo Fernandes Viana. O novo intendente era já pessoa de grande importância, dadas as suas origens, relações e trajetória, e parecia conhecer profundamente a cidade e suas mazelas.[26]

O alvará de 25 de junho de 1760 e a Intendência de Polícia que passou então a funcionar em Lisboa, aos quais se refere o decreto de 1808, foram considerados por Hipólito da Costa símbolos do autoritarismo e despotismo da monarquia, pelas prerrogativas e pela ampla jurisdição que se lhe conferia e pela arbitrariedade com que o cargo foi exercido, principalmente pelo famoso intendente de Lisboa, Diogo Inácio de Pina Manique. O alvará conferia aos intendentes-gerais de Polícia, entre outras atribuições, a ilimitada jurisdição em assuntos de polícia sobre todas as autoridades civis e criminais; a função de zelar pela observância da lei e dos regimentos estabelecidos para a polícia da corte em todas as vilas e cidades do reino; a inspeção de todos os crimes de armas proibidas, insultos, sedições, ferimentos, latrocínios, mortes e demais delitos; a supervisão e inspeção das ações dos corregedores e juízes do crime, quanto às suas obrigações no cumprimento da lei; o registro de moradores; o controle de entrada e permanência de estrangeiros etc.[27]

Imediatamente após a sua nomeação, encarregou-se o intendente da montagem de uma infraestrutura básica de serviços, composta por cerca de vinte funcionários administrativos e uma polícia de vigilância, a Divisão Militar da Guarda Real de Polícia, criada no ano seguinte e formada por uma companhia de cavalaria e três de infantaria, em um total de 218 praças, além dos respectivos oficiais. As funções da Intendência, na prática, eram múltiplas, um misto de governo municipal, polícia política e força militar. Reunia competências administrativas — conservação de prédios, logradouros e equipamentos públicos, limpeza e iluminação urbana, abastecimento de água, conservação de estradas, praças, chafarizes, aqueduto, fiscalização de transportes, teatros, casas de diversão, estalagens e hospedarias — de vigilância, ou seja, repressão ao crime, à mendicidade e vadiagem; controle de estrangeiros; posturas gerais, obras públicas, censura política (particularmente a perseguição e vigilância na difusão das chamadas "ideias francesas" e atuação de sociedades secretas) e até de justiça, na administração e conciliação de litígios cotidianos.[28]

A amplitude de sua atuação pode ser mais bem compreendida a partir do sucinto relatório que Fernandes Viana elaborou em 1821, quando deixou o cargo. Nele se percebe que, além das funções tradicionais já relacionadas, o intendente deu ao cargo uma importante conotação política, inclusive ao centralizar diversas ações sobre as províncias, no que respeitava às infraestruturas de transporte e comunicação e às estruturas de poder policial e controle das diferentes regiões. Além disso, ensaiou uma política geral de imigração e colonização portuguesa, iniciativa apoiada pelo regente e que, por um lado, visava ao aproveitamento na lavoura do Brasil daqueles que fugiam da guerra e dominação francesa no reino e, por outro lado, promover o *branqueamento* da população.

> Por minhas estâncias projetei e consegui que das Ilhas dos Açores se transportassem casais de ilhéus, que viessem aumentar a população branca deste país; e vieram com efeito muitos à custa das rendas da Intendência, pagaram de frete de 50$ a 70$ por cada cabeça, exceto das crianças de peito, arranjaram-se com mesadas por dois anos nesta província, na de São Paulo, Porto Seguro e capitania do Espírito Santo; a todos se deram casas, terrenos, ferramentas, carros e bois, ou cavalgaduras, e ainda que em nenhuma parte prosperassem tanto como na capitania do Espírito Santo pela inconstância de seus gênios e pouco amor ao trabalho, na capitania, pelos cuidados do governador que ali estava, o capitão de mar e guerra Francisco Alberto Rubim, se erigiu com esses casais a linda povoação de Viana (...), e tem-se ali promovido entre si e com famílias do país 18 casamentos, e com esses e com os mais espalhados pelos outros lugares indicados, e mesmo nas vizinhanças desta corte, se tem conseguido prosperarem em frutos e em população branca com muita vantagem deste país...[29]

Por sua vez, a ênfase na questão do *branqueamento* relacionava-se à péssima impressão que o predomínio de uma população "de cor" sempre causara aos novos e ilustres moradores, particularmente pela associação direta à questão da ausência de moralidade e decoro e à própria criminalidade e segurança pública. Essas concepções permitem compreender a atenção especial que essa matéria encontrará nas ações cotidianas da Intendência, voltadas para a repressão da vadiagem e o controle da população escrava e liberta, que crescia progressivamente.[30]

> A escravidão era o elemento que se fazia presente de modo irremediável, teimando em comprovar o estatuto diferenciado da nova corte portuguesa nos trópicos. Ao levar a cabo uma política de metropolização da cidade, os oficiais régios almejavam restringir e desbotar a demonstra-

> ção pública da presença da escravidão, redefinindo assim as fronteiras físicas e sociais estabelecidas pela incontornável presença dos escravos africanos e afrodescendentes na cidade. Juntos formavam um contingente populacional que somava praticamente metade do total da população da cidade no período. O conjunto de tais esforços, entretanto, esbarrava na efetiva necessidade da intensificação do uso do trabalho escravo e o apego dos oficiais reinóis a certos ideais sociais e políticos acerca dos melhores meios para assegurar a ordem na cidade.[31]

No relatório, Fernandes Viana declarava ainda que boa parte das iniciativas e atividades desenvolvidas pela Intendência havia sido sustentada e executada "por meu crédito e dos meus amigos", sem ônus para os cofres públicos, ou seja, *agenciando subscrições e angariando donativos entre a classe rica*, o que sugere que sua autoridade estava baseada em uma ampla rede de relacionamentos, conferindo-lhe também a força política essencial ao exercício do cargo. Mas os amplos poderes que vinham sendo amealhados pelo intendente também geravam críticas e tensões na Corte, o que pode ser exemplificado com o decreto do príncipe regente que, em 1812, modificava o procedimento corrente ao determinar que nenhum preso do intendente-geral da Polícia poderia ser solto por qualquer autoridade, mandados, sentenças ou assentos de visita sem o seu prévio conhecimento. Pela crítica que gerou, o decreto foi revogado no ano seguinte, embora não antes que o eminente editor do *Correio Braziliense*, Hipólito da Costa, lhe denunciasse a arbitrariedade:

> A segurança pessoal dos indivíduos é o primeiro dever do governo, o fim primário de sua instituição; confiá-la ao capricho de um intendente da polícia é tratar de bagatela um objeto da primeira importância. Mais diríamos: porém sempre declaramos que tais medidas nos parecem as mais próprias para fazer impopular o governo mais bem estabelecido; e para um vacilante, novo, e há tão pouco tempo obrigado a ir procurar asilo em praias distantes, pode ser de consequências as mais tristes; e tais que nem nós ou nenhum homem honrado desejaria testemunhar.

A atuação do poderoso intendente também suscitou conflitos cotidianos com o Senado da Câmara, não apenas porque Fernandes Viana dava demonstrações frequentes de sua ampla autoridade, mas, principalmente, porque atraía para sua alçada tradicionais incumbências daquela instituição. Estrutura fundamental de poder e representação ao longo de todo o período colonial, era nela que se concentravam as elites coloniais e os interesses locais. No caso específico do Rio de Janeiro, a Câmara, até meados do século reduto da nobreza da terra, vinha se transformando progressivamente, na medida em que a pressão exercida pelos grandes negociantes havia lhes granjeado uma participação crescente.[32] Nesse sentido, a Intendência surgia como uma nova instância de poder que, contando com o apoio direto do próprio monarca, disputava com o Senado da Câmara "a jurisdição administrativa sobre a gestão da cidade", atingindo diretamente sua autonomia quanto a questões centrais, como abastecimento, segurança, higiene, circulação de pessoas, produtos e informações.[33]

Um último aspecto a ressaltar quanto ao papel desempenhado pela Intendência de Polícia na nova ordem governativa refere-se a sua atuação para além das fronteiras municipais. Nesse sentido, "uma das características mais marcantes da ação de Paulo Fernandes Viana era justamente a construção de uma grande rede de comunicação entre as principais autoridades governativas espalhadas pelo Brasil joanino",[34] revelada na vasta correspondência enviada a diversas autoridades, desde ministros de Estado até juízes locais, sobre os mais variados temas, o que concorreu para a uniformização, integração e padronização da prática policial e judiciária e, consequentemente, para a afirmação da centralidade da ação da monarquia.

Seja como for, o Rio de Janeiro transformou-se rapidamente, processo que não pode ser compreendido sem a associação imediata à atuação da Intendência de Polícia, que procurou adequar a antiga cidade à sua nova condição de capital do Império, perseguindo a ordem que se julgava necessária ao pleno desenvolvimento que se lhe impunham seu papel como centro político e administrativo e o consequente e acelerado crescimento de sua população, que, por sua vez, demandavam uma nova dinâmica de abastecimento, habitação, segurança e comunicação com o interior do território. Uma obra, entretanto, que só poderia ser empreendida mediante a constituição de novas alianças de poder, capazes de relativizar o peso de antigas e tradicionais lideranças locais e a construção cotidiana de um precário equilíbrio de forças, que seguia como o principal esforço na reformulação da cidade e sua adequação à nova ordem.

Novas e antigas tensões e conexões: corte, províncias e poderes locais

As transformações empreendidas pelo governo joanino não puderam se realizar senão à custa de uma intensa negociação e conciliação de interesses entre os empreendedores da nova ordem e os poderes constituídos e enraizados na colônia. A arquitetura da nova configuração do poder foi buscada por ambos os lados e se beneficiou amplamente das redes de relacionamento e alianças tradicionais entre as autoridades régias e as elites locais, que já se reproduziam desde os primórdios da colonização, mas que haviam se intensificado na segunda metade do Setecentos, especialmente a partir das reformas empreendidas pela política pombalina e a ação posterior dos responsáveis pela condução dos negócios ultramarinos, como o conde de Linhares.

Nesse sentido, cabe assinalar a importância do estabelecimento de laços de parentesco na direção das famílias de magistrados e altos funcionários portugueses, que com frequência crescente, desde fins do século XVIII, se instalavam no Brasil. Essa proximidade, que se ampliava, malgrado as medidas em contrário constantemente empreendidas pelas autoridades metropolitanas, paulatinamente promoveu a progressiva ascensão de uma elite mais efetivamente colonial, que aos poucos começou a abalar o monopólio dos altos cargos jurídicos e administrativos na colônia, em geral privilégio das elites reinóis. Essa relação fazia-se pela mediação de interesses e conciliação das tensões e dos conflitos a ela inerentes.

As relações com as elites locais são particularmente observadas a partir dos juízes e desembargadores das Relações:

> Apesar das tentativas reais para fazer com que os juízes fossem simples representantes dos direitos reais, e para os separar da sociedade colonial por intermédio de altos salários, das promoções por bons serviços e da proibição dos contatos locais, os magistrados desenvolveram os seus próprios interesses de classe e entraram constantemente em relacionamentos com as sociedades locais, comprando propriedades, casando-se com noivas coloniais e estabelecendo laços de negócios e de família. Dos 169 juízes que serviram na Relação da Bahia entre 1609 e 1755, 10 eram brasileiros, 15 casaram com noivas coloniais e muitos outros tinham laços de compadrio, de negócios, de amizade ou familiares com a sociedade local.[35]

Assim como parecia ocorrer na Bahia, situação semelhante se verifica quanto à Relação do Rio de Janeiro, com destaque para a influência crescente que sobre ela viriam a exercer os grandes comerciantes:

> Havia, aparentemente, uma rede de interesses envolvendo comerciantes e produtores agrícolas devedores da Fazenda Real, que chegara a influenciar o ânimo de seus julgadores, os magistrados do Tribunal. Que a Relação era com frequência acionada a propósito de dívidas entre particulares e com a Fazenda Real, os registros de provisões e alvarás o atestam, o que permite aventar a hipótese de haver vários tipos de pressão sobre os desembargadores.[36]

A partir de 1808, a nova organização institucional começaria a influir diretamente em uma das mais tradicionais bases de poder formal das elites locais, as câmaras municipais, particularmente no Rio de Janeiro. Malgrado as disputas já assinaladas entre a Intendência de Polícia e o Senado da Câmara na gestão da cidade, este assistiria a uma progressiva restrição de sua autonomia, inicialmente na decisão que, em 1809, estabelecia que na ausência do juiz de fora a escolha da presidência se faria através do regedor da Casa da Suplicação, e não a ocupação da função pelo vereador mais antigo, como até então ocorria. O mesmo princípio passava a valer no caso de impedimento prolongado dos oficiais da Câmara, como os procuradores, cuja substituição passava a ser feita por indicação da Coroa, e não mais por eleição interna. Talvez a mais polêmica medida restritiva de sua autonomia tenha sido a determinação que ordenava a transferência imediata dos recursos até então guardados no Cofre do Depósito Público, controlado pelo Senado da Câmara, para o Banco do Brasil, alegando-se a ausência de um controle efetivo sobre os valores ali depositados.[37]

Se o Senado da Câmara perdia espaço político no âmbito municipal, são particularmente relevantes e representativos da nova ordem advinda com a instalação da corte joanina as estratégias e o comportamento dos grandes negociantes fluminenses, que buscavam ampliar seu status, poder político e decisório em direção aos novos cargos que se criavam na corte. Nesse sentido, são abundantes as subscrições e os donativos, que vinham a complementar as rendas da Coroa. Em contrapartida, diversos deles seguiam sendo condecorados com títulos, comendas e honrarias, como Elias Antonio Lopes, Manoel Caetano Pinto e seu genro, Antonio José Ferreira, José Inácio Vaz Vieira, Antonio Gomes Barroso e Brás Carneiro Leão, cuja viúva é ainda condecorada com o título de baronesa de São Salvador de Campos, em 1812, e o filho, José Fernando Carneiro Leão, feito conde de Vila Nova de São José.[38]

Esses negociantes já vinham se inserindo nas instâncias decisórias no âmbito municipal, particularmente no Senado da Câmara do Rio de Janeiro, desde o último quartel do século XVIII,[39] em trajetórias que lhes permitiriam, no período joanino, a concentração de cargos econômicos e financeiros na nova estrutura institucional, como a Real Junta de Comércio, o Banco do Brasil e o Real Erário. Em trajetória ascendente, no que se refere às estruturas de poder, também intensificaram as alianças familiares com tradicionais proprietários de terra e com os detentores de cargos judiciários e administrativos, assim como começavam a garantir espaço para seus descendentes.

Um bom indicador das estratégias que eram então empreendidas pelo grupo seria a observação do elevado número de filhos de negociantes dentre aqueles que chegavam ao curso de direito da Universidade de Coimbra. Entre os 526 estudantes brasileiros na universidade no período de 1772 e 1800, cerca de 85% eram provenientes do Rio de Janeiro (125), Minas Gerais (118), Bahia (114), Pernambuco (66) e São Paulo (24). No que se refere aos estudantes do Rio de Janeiro, considerando-se apenas aqueles acerca dos quais foi possível identificar a ocupação dos pais, 56% eram filhos de comerciantes que atuavam na cidade, como Bento Esteves de Araújo — que enviou seus três filhos para a Universidade —, Braz Gonçalves Portugal, João Homem do Amaral, Antônio de Oliveira Durão, Domingos Pereira da Fonseca, José Vieira Souto, Lourenço Fernandes Viana, entre outros. Assim, na medida em que avançava a especialização de cargos e funções, em que se consolidava o novo modelo administrativo, fazia-se necessário o desenvolvimento de novas estratégias para garantir a manutenção do *status quo* e as vias de acesso às instâncias decisórias.

Quanto à presença de alunos em Coimbra, situação semelhante pode ser observada para as demais províncias mencionadas, no que se refere tanto aos comerciantes quanto às antigas famílias detentoras de poderes locais; quanto a São Paulo, podem ser citadas as famílias Andrada, Arouche Rendon e Bueno; em Minas Gerais, os Nogueira da Gama e Monteiro de Barros; na Bahia, os Carneiro de Campos e Ferreira França; em Pernambuco, os Pires Ferreira, Maciel e Cavalcanti de Albuquerque.

No que se refere aos cargos ocupados por seus descendentes e parentes ao longo do período joanino, há inúmeros exemplos. Apenas na família do comerciante Brás Carneiro Leão destacam-se o filho José Fernando Carneiro Leão, conde de Vila Nova de São José, nomeado diretor do Banco do Brasil, e os genros, o mineiro Manoel Jacinto Nogueira da Gama, futuro marquês de Baependi, que se tornou funcionário do Real Erário e do Conselho da Fazenda; Paulo Fernandes Viana, nomeado para o poderoso cargo de intendente-geral de Polícia, como já referido, também filho de outro negociante fluminense, Lourenço Fernandes Viana; o baiano Luiz José de Carvalho e Melo, mais tarde visconde da Cachoeira, nomeado desembargador da Casa da Suplicação do Rio de Janeiro. Baependi e Cachoeira se tornariam ainda importantes nomes da política imperial, como ministros e conselheiros de Estado.

Outros nomes que igualmente ocupariam importantes posições na nova estrutura institucional da corte foram o mineiro Francisco de Sousa Guerra Araújo Godinho, antigo ouvidor e intendente do ouro de Sabará, filho de importante proprietário local e que se tornou conselheiro da Fazenda, assim como o fluminense Francisco Lopes de Sousa de Faria Lemos, genro do negociante e vereador coronel Antonio Gomes Barroso; Cláudio José Pereira da Costa, português, desembargador da Relação na Corte, casado com a filha de Manuel Velho da Silva, comerciante e vereador do Senado da Câmara do Rio de Janeiro; José Joaquim Carneiro de Campos, futuro marquês de Caravelas, filho do negociante baiano José Carneiro de Campos, nomeado oficial maior da Secretaria de Estado dos Negócios Estrangeiros; o fluminense Mariano José Pereira da Fonseca, futuro visconde e marquês de Maricá, filho do negociante português radicado no Rio de Janeiro Domingos Pereira da Fonseca e genro do negociante mineiro capitão Julião Martins da Costa e que se tornou deputado da Junta do Comércio e tesoureiro da Real Fábrica de Pólvora; o baiano José Egídio Álvares de Almeida, mais tarde barão, visconde e marquês de Santo Amaro, filho de José Álvares Pinto de Almeida, fidalgo cavaleiro da Casa Real e capitão-mor das Ordenanças da Bahia, que passava a integrar o Conselho da Fazenda, no Rio de Janeiro. Também entre esses, quase todos tiveram inserção na alta cúpula da política imperial, a partir do Primeiro Reinado.

Quanto às relações que se reproduziam entre os grandes nomes da administração portuguesa e as redes familiares locais, podem-se citar Francisco de Assis Mascarenhas, futuro marquês de São João da Palma, ex-governador de Goiás e nomeado sucessivamente governador de Minas

Gerais (1810), São Paulo (1814) e Bahia (1818), além de regedor da Casa da Suplicação (1821), casado com a filha de um eminente comerciante fluminense, coronel Joaquim Vicente dos Reis, que se tornara abastado fazendeiro em Campos dos Goytacazes, após arrematar em 1781 a antiga fazenda do Colégio, montada pelos jesuítas; e o poderoso secretário de Estado dom Rodrigo de Sousa Coutinho, conde de Linhares, que casaria seu filho, Francisco Afonso Meneses Sousa Coutinho, visconde e marquês de Maceió, com uma neta de Brás Carneiro Leão, filha do conde de Vila Nova de São José.[40]

Por outro lado, deve-se ainda considerar que as representações no Senado da Câmara ou mesmo a ascensão para cargos políticos e jurídicos na corte já se faziam mediante intrincadas redes que relacionavam proprietários de terras, comerciantes, oficiais régios e poderes locais. Um exemplo seriam as trajetórias e alianças desenvolvidas pelos irmãos João e Antônio Gomes Barroso, comerciantes portugueses que se estabeleceram no Rio de Janeiro em fins do século XVIII, proprietários dos engenhos de Itaguaí e Piraí, provedores da Santa Casa da Misericórdia do Rio de Janeiro, fidalgos cavaleiros da Casa Real e vereadores do Senado da Câmara do Rio de Janeiro. Antônio Gomes Barroso casara-se com uma filha de outro comerciante e proprietário mineiro, Francisco Lopes de Souza, por sua vez irmã do conselheiro de Fazenda Faria Lemos, já mencionado, e que se tornaria também seu genro. João Gomes casou-se com a filha do mestre de campo Alexandre Álvares Duarte de Azevedo; sua filha se uniria a Paulo Fernandes Carneiro Viana, conde de São Simão, filho de Paulo Fernandes Viana — genro de Brás Carneiro Leão —, e neta de Pedro Justiniano Carneiro de Carvalho e Melo, 3º visconde da Cachoeira. Duarte de Azevedo era proprietário de engenho e de vastas terras no vale do Macacu, familiar do Santo Ofício, sargento-mor nas vilas de Macacu e de Santo Antonio de Sá, onde havia se unido às famílias de tradicionais proprietários da região, como os Azeredo Coutinho, Macedo Freire e Duque Estrada.

Entretanto, se por um lado devem-se destacar as estratégias dos comerciantes fluminenses no que se refere à ocupação de cargos e extensão de suas áreas de influência em um momento de reordenação da ordem política, são também notáveis as articulações que se desenvolviam no sentido da aproximação das elites regionais originárias de outras capitanias (principalmente da Bahia e Minas Gerais) em direção aos novos cargos que surgiam na corte, para além da própria estrutura tradicional de poderes no Rio de Janeiro. Essas relações, que no período joanino se articulavam e se consolidavam em torno das novas instituições, tinham como instrumento fundamental a vivência de jovens estudantes em Coimbra e as relações e trajetórias que se faziam no reino. Nesse sentido, era relativamente comum a ocupação de cargos e ascensão profissional ainda em Portugal, em especial no que se refere àqueles provenientes de famílias já tradicionais — como ocorreria com o paulista José Bonifácio de Andrada, o fluminense Paulo Fernandes Viana, o mineiro Manoel Jacinto Nogueira da Gama e o baiano Joaquim José Carneiro de Campos, apenas para referenciar alguns nomes já citados[41] — o que significa dizer que a universidade, além de formar quadros para administração lusa no ultramar, possibilitava o estabelecimento e a reprodução de novas e antigas redes comerciais, políticas, familiares e sociais, o que, aliado às transformações administrativas que se efetuavam na corte, acelerava a ascensão político-administrativa dessas elites.

Assim, como já apontava a historiadora Maria Odila Dias de Carvalho, consolidavam-se

> (...) o processo de enraizamento da metrópole na colônia, principalmente através da organização do comércio de abastecimento do Rio e consequentemente integração do Centro-Sul; as inter-relações de interesses comerciais e agrários, os casamentos com famílias locais, os investimentos em obras públicas e em terras ou no comércio de tropas e muares do Sul, no negócio de charque [...] processo esse presidido e marcado pela burocracia da corte, os privilégios administrativos e o nepotismo do monarca.[42]

Centralidade e unidade: interiorização da metrópole e metropolização do território

Quando as transformações iniciadas com a instalação da corte no Brasil começavam a se consolidar em uma nova cultura política, que havia promovido os novos padrões governativos decorrentes dos ajustes necessários àquele cenário, a conjuntura internacional trazia um novo impasse, relacionado à derrota de Napoleão Bonaparte e o decorrente processo de restauração da antiga ordem na Europa. No reino, ou mesmo nos bastidores do Congresso de Viena, colocava-se a questão do retorno da corte a Portugal, uma decisão que estava destinada a testar o alcance das mudanças representadas por todo esse processo. Curiosamente, talvez, não se repetiriam aí as indecisões que marcaram e tanto adiaram a solução do impasse anterior, quando das ameaças francesas e das pressões em prol ou contra a instalação da sede de governo no Rio de Janeiro, cerca de oito anos antes. Ao contrário, a solução surgiu relativamente rápida, no decreto que, em 16 de dezembro de 1815, elevava o Brasil à condição de Reino Unido a Portugal e Algarves.

Em certo sentido, argumentos semelhantes àqueles que em 1807 trouxeram a corte para o Rio de Janeiro concorriam agora para a manutenção do centro do Império no Brasil: a dependência econômica de Portugal, a necessidade de manutenção da integridade e unidade dos domínios ultramarinos em uma conjuntura de afloramento de revoltas liberais e autonomistas, em especial na América. Tal decisão ajuda a responder à pergunta inicial, quanto ao alcance e à importância do evento da transmigração da Corte como uma fundamental ruptura na história das relações entre ambos os países: a alteração do estatuto colonial dava "uma forma jurídica e política à realidade da mudança da corte, reconhecendo uma situação de fato, projetando-a no interior, em todas as capitanias, como unidade de poder".[43]

A questão seria, então, como se construiu essa unidade. Se por um lado o processo de ascensão das elites coloniais já estava em curso, é necessário reafirmar que a importância dos eventos de 1808 residiu principalmente no fato de que a situação singular do estabelecimento da corte no Brasil não apenas gerava novas e fundamentais oportunidades de mobilidade social e política, mas ainda impunha a necessidade de articulação interna e o desenvolvimento de projetos e estratégias específicos à nova conjuntura. Esse aspecto seria particularmente relevante quando se consideram os conflitos que surgiam das tensões cotidianas pelas disputas de jurisdições, entre as câmaras e as novas instituições criadas pela Coroa, na proliferação de cargos relativamente estranhos aos contextos locais, na imposição de novas instâncias regulatórias, inerentes ao embate entre as estruturas tradicionais de poder e a nova política centralizadora da monarquia.

Por outro lado, cabe ressaltar que esse processo, ao engendrar a conformação de um novo centro de poder no Rio de Janeiro, atraía progressivamente para sua órbita antigas redes coloniais até então restritas aos interesses locais, cujas ligações se faziam e se mantinham quase que exclusivamente no âmbito regional.[44] Assim, a participação crescente das elites coloniais nas instâncias decisórias da corte demonstrava que, para além da questão das tensões típicas do período, se desenvolvia um movimento de aproximação em direção ao centro, o que traria consequências diretas para o longo processo de integração e unidade da antiga colônia.

Nesse sentido, sempre será oportuno lembrar que as relações entre o poder central e os poderes locais traduzem muito mais negociações e colaborações do que dominação e confronto, ou seja, se apresentam tanto pelas continuidades da representação quanto pela imposição de um controle externo e, literalmente, estrangeiro à região, em uma dinâmica que, na prática, se orienta mais pelas diferentes conjunturas do que por projetos preestabelecidos. Nessa perspectiva, as instituições centrais funcionam como instâncias de representação de diferentes interesses e como lócus por excelência de negociações quanto aos *espaços* de autonomia, que precisam ser conduzidas cotidianamente e por iniciativa de ambos os lados, centro e região. Se à monarquia interessava a ampliação do alcance de suas ações, aos poderes locais fazia-se cada vez mais importante a aproximação em direção ao centro quanto mais se distanciava a esfera de decisão, o que ocorria com a progressiva centralização do poder.[45]

Da mesma forma, deve-se salientar o fato de que essa aproximação por parte das elites coloniais também se dava pelo próprio prestígio da Coroa, em especial da justiça real, arbitral, a quem cabiam a desejada expansão da *ordem*, o legítimo combate à violência e a generalização da lei, aspectos típicos da cultura política tradicional do Antigo Regime:

> A Coroa costumava aparecer como um poder arbitral superior ao qual se recorria para resolver conflitos domésticos entre populações, entre facções urbanas, entre senhores nobres, sabendo sempre tirar bom partido disso. O crescente prestígio da justiça real, considerada mais técnica e imparcial, abriu muitas vezes o acesso de novos setores sociais aos ministros do rei.[46]

Nesse sentido, assume especial relevância para a questão da centralidade e unidade do território a ampliação do aparato judiciário, com a instalação de cortes supremas autônomas, tanto quanto a generalização de cargos no nível local, como os juízes de fora. Muito embora suas atribuições se assemelhassem àquelas dos tradicionais juízes ordinários, esses eram, em geral, leigos e escolhidos entre as elites locais, enquanto os juízes de fora eram nomeados pela Coroa para a presidência das câmaras, se diferenciando dos anteriores exatamente pela formação jurídica e por seu papel de uniformização do direito e correta aplicação da justiça diante de um direito *costumeiro* e ao que se entendia como a frequente parcialidade dos juízes locais eleitos. O mesmo poderia ser afirmado em relação ao conjunto das autoridades régias, nomeadas para as diferentes regiões pelo poder central. Embora deva ser relativizado seu papel como fiéis agentes da autoridade central, na medida em que terminavam também por se envolver com os interesses e as disputas locais, na prática a institucionalização e generalização de cargos desse gênero contribuíam indiretamente para o processo de centralização "através da hegemonização dos parâmetros jurídico-administrativos veiculados pelo poder central".[47]

Assim, no Brasil, se por um lado a monarquia penetrou no interior e estendeu, de uma forma ou de outra, o sentimento de pertencimento a Portugal e lealdade à monarquia, por outro lado, e através dos mesmos mecanismos, possibilitou que grupos regionais se aproximassem da nova estrutura de poder, levando consigo, para legitimar e consolidar essa participação, todo o peso de suas redes sociais, fossem elas horizontais, entre iguais, fossem verticais, obedecendo às relações hierárquicas e clientelares, às cadeias de lealdade e dependência pessoal. Assim, importa menos a intencionalidade da monarquia em centralizar o poder do que o resultado óbvio do processo de construção de uma autoridade central sobre províncias distribuídas em um vasto território fragmentado. O paradoxo central se configuraria no fato de que a crescente concentração de poderes se fazia mediante uma dependência cada vez maior em relação "a forças sociais periféricas".[48]

Por sua vez, o que poderia ser identificado como uma maior perceptibilidade do centro se concretizava na imagem da nova capital do Império e suas instituições, que faziam da monarquia o depositário dessa mesma centralidade. Nesse aspecto, a capital constituída e a redefinição do território, mediante a extensiva presença da Coroa, seriam aspectos fundamentais para a percepção e o entendimento da unidade:

> A coletividade, circunscrita a limites territoriais cada vez mais definidos, era dirigida a partir de um centro cada vez mais perceptível — a capital. Tão importantes, pois, como as relações entre o rei e os seus súditos, chegaram a ser as relações entre a capital e os territórios. Sob a vontade do conhecimento e do domínio, espaço geográfico e espaço político acabavam por constituir uma mesma realidade.[49]

Portanto, a presença da monarquia em terras coloniais, com todo seu aparato político-administrativo, seus símbolos e rituais, suas prerrogativas e o exercício de poderes, estava destinada a materializar no cotidiano de seus súditos da América uma nova vivência do Império e da monarquia, uma proximidade que influenciou diretamente e direcionou o rumo que tomariam as diferentes estratégias de ação tanto das elites coloniais quanto daqueles grupos e interesses que ali se instalavam. Nesse processo, fundava-se uma nova ordem política, em cuja base se reconheciam os princípios embrionários da construção da autonomia.

Notas

1. Kenneth Maxwell, 1986, p. 335-395. Ver também Kenneth Maxwell, 1973.
2. Segundo Russell-Wood, "a descoberta do ouro de aluvião na década de 1690, seguida das corridas de ouro e da chegada do metal em grandes quantidades em Lisboa, possibilitou a D. João V realizar suas ambições absolutistas, rivalizando com Luís XIV. Da mesma forma, a descoberta dos diamantes na década de 1720 fez do Brasil o cenário central para o rei". Russell-Wood, 1998, p. 187-250. Ver também a análise acerca da valorização do cargo de vice-rei do Brasil em relação ao da Índia, em Mafalda Soares da Cunha e Nuno Gonçalo F. Monteiro, 2005, p. 22.
3. José Subtil, 1999, p. 160-161.
4. Kenneth Maxwell, 1986, p. 335-395.
5. Francisco Bethencourt e Kirti Chaudhuri, 1998, p. 35-36.
6. *Apud* Maria de Lourdes Viana Lyra, 1994, p. 87. Ver também Iara Lis S. Carvalho Souza, 1999, p. 31-33.
7. De fato, as redes de poder e sociabilidade nas quais se inseria incluíam nomes como Luís Vasconcelos e Sousa (1742-1809), vice-rei do Brasil entre 1778 e 1790, e o seu primo Luís Pinto de Sousa Coutinho, visconde de Balsemão, que havia governado a Capitania de Mato Grosso (1769-1772) e alcançara o topo da hierarquia da administração lusa ao ser nomeado secretário de Estado durante o reinado de dona Maria I e na regência de dom João, ocupando o cargo entre 1788 e 1801, que acumulava com o posto de secretário de Estado dos Negócios Estrangeiros e da Guerra, no mesmo período. As intenções de garantir a boa execução da política reformista na colônia a partir da formação de uma rede de autoridades comprometidas com essas metas e programa, a ocupar posições-chave na administração do ultramar, aparecem com clareza em sua atuação como secretário de Estado dos Negócios da Marinha e Domínios Ultramarinos, em especial na indicação dos nomes que deveriam ocupar o governo das capitanias no Brasil: dom Antônio de Noronha, antes governador de Minas Gerais, para o Rio de Janeiro; seu irmão Francisco Afonso de Sousa Coutinho, marquês de Maceió, ex-governador do Pará, para a Bahia; dom Bernardo José Maria da

Silveira e Lorena, conde das Sarzedas, ou Manuel Antônio Maria Baltasar de São Paio de Lusignano, conde de Sampaio, para o Pará e Pernambuco, entre diversos outros. O que esses nomes pareciam ter em comum eram a vasta experiência da administração colonial e os laços que os uniam ao próprio dom Rodrigo, seja através de uma formação comum, no Colégio dos Nobres ou na Universidade de Coimbra, seja pela prática intelectual ou parentesco, quaisquer desses argumentos utilizados igualmente para justificar as sugeridas nomeações. Ver Nívia Pombo Cirne dos Santos, 2002, e Kenneth Maxwell, 1973.

8. A ideia da transferência da capital já havia sido aventada, entre outros, pelo padre Antônio Vieira, por dom Luiz da Cunha, em 1736, e pelo marquês de Pombal, em 1761, em geral para o Rio de Janeiro. Alexandre José de Mello Moraes, 1872, p. 18-20.
9. Suas gestões em ambos os cargos aparecem marcadas por uma intensa atividade no que diz respeito às investigações quanto ao potencial econômico da colônia, à condenação de práticas monopolistas, ao incentivo à formação de quadros técnicos no Brasil e em Portugal, às expedições científicas e diferentes memórias acerca do estado das atividades comerciais e às condições e estruturas de exploração dos recursos minerais etc., ações que, naturalmente, iriam ampliar suas relações com a colônia e suas elites. Ver Alex Gonçalves Varela, 2008, p. 1201-1208.
10. Patrick Wilcken, 2005, p. 98.
11. Maria de Fátima Silva Gouvêa, 2008.
12. Apenas no que se referia à designação de novos cargos de juiz de fora e *seus oficiais competentes*, ainda em 1808, relacionavam-se aqueles para dois bairros da corte, para as vilas da Ilha Grande, Paraty, Santo Antonio de Sá, Macacu, Magé, Goiana (Pernambuco) e vila de Goiás; até 1811, seriam ainda designados juízes para diversas vilas na Bahia, em Pernambuco e no Rio Grande de São Pedro do Sul. BRASIL. *Coleção,* 1891.
13. Memória da Justiça Brasileira — 2.
14. Instalada em julho de 1808, a Casa da Suplicação era composta por um procurador dos Feitos da Coroa e Fazenda, um corregedor do Crime da Corte e um ouvidor do Crime, além do corpo de desembargadores, funções que naquele momento seriam exercidas, respectivamente, por José de Oliveira Pinto Botelho e Mosqueira, Luiz José de Carvalho e Melo, Joaquim de Amorim Castro, Francisco de Souza Guerra Godinho, Francisco Lopes de Souza de Faria Lemos, Francisco Batista Rodrigues, Pedro Alvares Diniz, Jacinto Manoel Oliveira, Antonio Ramos da Silva Nogueira, José Albano Fragoso e José Duarte da Silva Negrão Coelho. A função de regedor, também prevista, só seria ocupada anos depois. Memória da Justiça Brasileira — 2.

15. A junta funcionaria regularmente até 1850, quando foi extinta pela promulgação do Código Comercial do Império.
16. Carlos Gabriel Guimarães, 2008, p. 290.
17. A Junta havia sido criada em 1760 e era composta pelo governador e capitão- geral, que exercia da função de sua presidência, o chanceler da Relação, o procurador da Coroa e o provedor da Fazenda.
18. Presidido ainda pelo marquês de Aguiar, era composto por Diogo de Sousa Coutinho, conde de Rio Pardo; desembargador Luís Beltrão de Gouvêa de Almeida; José Egídio e Álvares de Almeida, marquês de Santo Amaro; desembargador Francisco de Sousa Guerra e Araújo Godinho; Leonardo Pinheiro de Vasconcellos. O tesoureiro-mor era Francisco Bento Maria Targini, antigo escrivão da extinta Junta da Real Fazenda, e o escrivão da tesouraria-mor, Manoel Jacinto Nogueira da Gama, antes escrivão da Real Junta de Fazenda da Capitania de Minas Gerais.
19. Théo Lobarinhas Piñeiro, 2008, p. 56.
20. Oliveira Lima, 1908, p. 210-214.
21. Segundo Oliveira Lima, o comerciante inglês John Luccock, ao discriminar a população do Rio de Janeiro, estimara "um milhar de empregados públicos e outro milhar de dependentes da corte". Oliveira Lima, 1908, p. 181-182.
22. Oliveira Lima, 1908, p. 169-170.
23. Ibidem, p. 171.
24. Ibidem, p. 174.
25. Maria de Fátima Gouvêa, 2005, p. 707-752.
26. Paulo Fernandes Viana nasceu no Rio de Janeiro em 1757, filho do contratador português Lourenço Fernandes Viana. Após frequentar a Universidade de Coimbra, seguiu carreira ainda em Portugal, sendo ouvidor-geral do crime em Lisboa, voltando ao Brasil, em 1798 era intendente-geral do ouro em Sabará, até ser nomeado desembargador da Relação do Rio de Janeiro. Em 1802, casou-se com Luiza Rosa Carneiro da Costa, filha de Brás Carneiro Leão.
27. Ver Francisco Luiz Teixeira Vinhosa, 1985, p. 150-152.
28. Maria Beatriz Nizza da Silva, 1986, p. 187-204. Ver também Francisco Luiz Teixeira Vinhosa, 1985, p. 154.
29. Paulo Fernandes Viana, 1892, p. 373-380.
30. De acordo com K. Schultz, o Rio de Janeiro contava com uma população entre 45 mil a 60 mil habitantes, dos quais 45% eram identificados como brancos, 35%, escravos, e 20% eram pardos e pretos libertos. Kirsten Schultz, p. 77. Segundo a autora, "para os funcionários régios 'civilizarem' o Rio de Janeiro, tornando-a cosmopolita, precisavam também confrontar um atributo colonial mais formidável do que as gelosias, os hospitais mal-administrados e os hábitos

provincianos. De fato, a diferença mais marcante entre a velha corte e a nova não era a arquitetura ou os comportamentos, mas, acima de tudo, o fato de que metade da população da nova sede imperial era composta de escravos". Para uma análise da atuação da Intendência de Polícia quanto ao problema da escravidão na corte, ver Kirsten Schultz, 2008, p. 5-27.

31. Maria de Fátima Silva Gouvêa, 2008.
32. Ver João Fragoso, 2007, p. 33-120.
33. Maria de Fátima Gouvêa, 2005, p. 707-752.
34. Ibidem, p. 724-725.
35. Stuart B. Schwartz, 1979, p. 149-150. Quanto às estratégias de ascensão política e social de grandes negociantes, ver principalmente João Fragoso, 1992, cap. IV.
36. Arno Wehling, 2004, p. 310.
37. Para um aprofundamento da questão dos conflitos entre esse órgão e a estrutura de poder na corte joanina, ver Maria de Fátima Gouvêa, 2005, p. 707-752, p. 738-739.
38. Quase todos, em geral, ligados ao tráfico negreiro, ao comércio de abastecimento e às atividades financeiras/crédito. Quanto à importância, fortuna e trajetórias desses comerciantes, ver João Fragoso, 1992, cap. IV.
39. João Fragoso, 2007, p. 33-120.
40. Acerca do comportamento da nobreza portuguesa no Brasil, ver Nuno Gonçalo Monteiro, *A monarquia e o governo dos domínios*.
41. Fernandes Viana fora ouvidor do crime em Lisboa, Carneiro de Campos era preceptor dos filhos do conde de Linhares, José Bonifácio era intendente-geral das minas no reino.
42. Maria Odila Dias de Carvalho, 1976, p. 171.
43. Raimundo Faoro, 1958, v. 1, p. 264.
44. A extensão ainda restrita das redes coloniais é afirmada por Russell-Wood; segundo esse autor, "a maior participação dos colonos no processo de tomada de decisão nos níveis local e regional poderia ser traduzida como um aumento de autonomia. Todos aqueles envolvidos na criolização do governo estavam mais motivados pela perspectiva de autoenriquecimento do que preocupados com o provimento de impostos adicionais ao Erário Régio; por lealdades derivadas de relações de parentesco ou por uma intrincada rede de interesses especiais locais, do que com a existência de um monarca distante; por interesses regionais ou setoriais do que com aqueles ligados à metrópole". *a. j. r.* Russell-Wood, 1998, p. 187-250.
45. Quanto a esse aspecto, segundo Giovanni Levi, essa situação gerava maior insegurança, porém, por outro lado, provocava, no nível local, a necessidade constante de adaptação de forma a garantir vias de acesso à informação: "O aprimoramento

da previsibilidade para aumentar a segurança foi um potente motor de inovação técnica, psicológica, social, e as estratégias nas relações foram parte das técnicas de controle do ambiente. [...] Se é exatamente a incerteza a sugerir a criação de normas que tornem previsível o comportamento de cada um a todos os outros, é a própria dificuldade de previsão que sugere que essas normas sejam elásticas, ambíguas, de modo a consentir uma contínua adaptação." Giovanni Levi, 2000, p. 104-105.

46. Xavier Gil Pujol, 1991, p. 119-144.
47. Maria Fernanda Bicalho, 2003, p. 347.
48. Xavier Gil Pujol, 1991, p. 119-144.
49. Ibidem, p. 119.

Bibliografia

BETHENCOURT, Francisco e CHAUHURI, Kirti (dir.). *História da expansão portuguesa*. Navarra: Círculo de Leitores, 1998.

BICALHO, Maria Fernanda. *A cidade e o império: o Rio de Janeiro no século XVIII*. Rio de Janeiro: Civilização Brasileira, 2003, p. 347.

CARVALHO, Maria Odila Dias de. "A interiorização da metrópole". In: MOTA, Carlos Guilherme. *1822. Dimensões*. São Paulo: Perspectiva, 1976.

Coleção das leis do Império do Brasil. Rio de Janeiro: Typ. Nacional, 1891.

CUNHA, Mafalda Soares da & MONTEIRO, Nuno Gonçalo F. "Governadores e capitães-mores do império atlântico português nos séculos XVII e XVIII". In: Cunha, Mafalda Soares da, Monteiro, Nuno Gonçalo F. e Cardim, Pedro (orgs.). *Optima Pars: elites ibero americanas do Antigo Regime*. Lisboa: Imprensa de Ciências Sociais, 2005, p. 22.

FAORO, Raimundo. *Os donos do poder: formação do patronato político brasileiro*. Porto Alegre: Globo, 1958.

FRAGOSO, João. "Fidalgos e parentes de pretos: notas sobre a nobreza principal da terra do Rio de Janeiro". In: Fragoso, João; Sampaio, Antônio Carlos Jucá de; e Almeida, Carla (orgs.). *Conquistadores e negociantes: histórias de elites no Antigo Regime nos Trópicos. América lusa, séculos XVI a XVIII*, 1ª ed. Rio de Janeiro: Civilização Brasileira, 2007.

______. *Homens de grossa aventura: acumulação e hierarquia na praça mercantil do Rio de Janeiro (1790-1830)*. Rio de Janeiro: Arquivo Nacional, 1992.

GOUVÊA, Maria de Fátima Silva. "1808: Rio de Janeiro, única capital imperial das Américas". In: Colóquio Internacional Portugal, Brasil e a Europa Napoleônica,

Lisboa, dez. 2008. Disponível em http://www.euronapoleon.com/pdf/private/Maria_de_Fatima _Gouvea.pdf

______. "As bases institucionais da construção da unidade. Dos poderes do Rio de Janeiro joanino: administração e governabilidade no Império luso-brasileiro". In: JANCSÓ, István (org.). *Independência: história e historiografia*. São Paulo: Hucitec, 2005.

GUIMARÃES, Carlos Gabriel. "Junta de Comércio". In: VAINFAS, Ronaldo; NEVES, Lúcia Bastos P. das. *Dicionário do Brasil joanino, 1808-1821*. Rio de Janeiro: Objetiva, 2008.

LEVI, Giovanni. *A herança imaterial: trajetória de um exorcista no Piemonte do século XVII*. Rio de Janeiro: Civilização Brasileira, 2000, p. 104-105.

LYRA, Maria de Lourdes Viana. *A utopia do poderoso império: Portugal e Brasil — Bastidores da política, 1798-1822*. Rio de Janeiro: 7Letras, 1994.

MAXWELL, Kenneth. "Condicionalismos da Independência do Brasil". In: SILVA, Maria Beatriz Nizza da (coord.). *O Império luso-brasileiro, 1750-1822*. Lisboa: Estampa, 1986.

______. "The generation of the 1790's and the idea of Luso-Brazilian empire". In: ALDEN, Dauril (ed.). *Colonial Roots of Modern Brazil: Papers of the Newberry Library Conference*. Berkeley: University of California Press, 1973.

Memória da Justiça Brasileira — 2. Disponível em: www.tj.ba.gov.br/publicacoes/mem_just/volume2/

MONTEIRO, Nuno Gonçalo. *A monarquia e o governo dos domínios. Elites da corte e elites brasileiras antes e depois de 1808*. Disponível em: http://www.euronapoleon.com/pdf/private/Nuno_Goncalo_Monteiro.pdf.

MORAES, Alexandre José de Mello. *História da trasladação da corte portuguesa para o Brasil em 1807-1808*. Rio de Janeiro: E. Dupont Editor, 1872.

OLIVEIRA LIMA. *D. João VI no Brasil*. Rio de Janeiro: Jornal do Commercio, 1908.

PIÑEIRO, Théo Lobarinhas. "Banco do Brasil". In: VAINFAS, Ronaldo; NEVES, Lúcia Bastos P. das, op. cit., p. 56.

PUJOL, Xavier Gil. "Centralismo e localismo? Sobre as relações políticas e culturais entre capital e territórios nas monarquias europeias dos séculos XVI e XVII". *Penélope*, nº. 6, 1991.

RUSSELL-WOOD, A.J.R.. "Centros e periferias no mundo luso-brasileiro, 1500-1808". *Revista Brasileira de História* [online], 1998.

SANTOS, Nívia Pombo Cirne. "D. Rodrigo de Sousa Coutinho e a geração de 1790". In: X Encontro Regional de História — ANPUH-RJ. História e Biografias, 2002. Disponível em: www.rj.anpuh.org/resources/rj/.../Santos%20Nivia%20P% 20C.doc.

SCHULTZ, Kirsten. *Versalhes tropical. Império, monarquia e a corte real portuguesa no Rio de Janeiro*. Rio de Janeiro: Civilização Brasileira, 2008.

______. "Perfeita civilização: a transferência da corte, a escravidão e o desejo de metropolizar uma capital colonial. Rio de Janeiro, 1808-1821". *Tempo*, 2008, nº. 24, p. 5-27.

SCHWARTZ, Stuart B. *Burocracia e sociedade no Brasil Colonial. A Suprema Corte da Bahia e seus juízes.* São Paulo: Perspectiva, 1979.

SILVA, Maria Beatriz Nizza da Silva. "A Intendência Geral de Polícia: 1808-1821". *Acervo*, Rio de Janeiro, 1986, v. 1, nº. 2, p. 187-204.

SOUZA, Lis S. Carvalho. *Pátria coroada*: *o Brasil como corpo político autônomo — 1780-1831.* São Paulo: Unesp, 1999.

SUBTIL, José. "Os poderes do centro". In: MATTOSO, José (org.). *História de Portugal.* Quarto Volume: O Antigo Regime (1620-1807). Lisboa: Estampa, 1999.

VARELA, Alex Gonçalves. "Atividades científicas no Império português: um estudo da obra do metalurgista de profissão Manuel Ferreira da Câmara (1783-1820)". *História, Ciências, Saúde-Manguinhos*, 2008, v. 15, p. 1201-1208.

VIANA, Paulo Fernandes. "Abreviada demonstração dos trabalhos da Polícia em todo tempo que a serviu o desembargador do Paço Paulo Fernandes Viana". *RIHGB*, 1892, v. 1, p. 373-380.

VINHOSA, Francisco Luiz Teixeira. *Brasil sede da monarquia. Brasil reino* (2ª parte). Brasília: Funcep, 1985.

WEHLING, Arno. *Direito e justiça no Brasil Colonial — O Tribunal da Relação do Rio de Janeiro (1751- 1808).* Rio de Janeiro: Renovar, 2004.

WILCKEN, Patrick. *Império à deriva*: *a corte portuguesa no Rio de Janeiro, 1808-1821.* Rio de Janeiro: Objetiva, 2005.

*O texto deste livro foi composto em Sabon,
desenho tipográfico de Jan Tschichold de 1964
baseado nos estudos de Claude Garamond e
Jacques Sabon no século XVI, em corpo 11/15,5.
Para títulos e destaques, foi utilizada a tipografia
Frutiger, desenhada por Adrian Frutiger em 1975.*

*A impressão se deu sobre papel off-white
pelo Sistema Digital Instant Duplex da Divisão Gráfica
da Distribuidora Record.*